Это есть Моё Слово

А и Ω

Евангелие Иисуса

Откровение Христа,
которое теперь уже знают истинные
христиане во всём мире

*Вечное Слово,
единый Бог, свободный Дух,
говорит через Габриэле,
как и через всех пророков Бога –
Авраама, Моисея, Исаию, Иова, Илию,
Иисуса из Назарета,
Христа Бога*

Это есть Моё Слово
А и Ω

Евангелие Иисуса

*Откровение Христа,
которое теперь уже знают истинные
христиане во всём мире*

*Христос,
Сын Бога,
Соправитель Небес,
Избавитель всех людей и душ,
Строитель и Правитель
Царства Бога на Земле,
даёт откровение о Своей
жизни, мышлении и деятельности
будучи Иисусом из Назарета
через пророчицу Бога,
Габриэле*

Это есть Моё Слово
А и Ω
2-е издание, декабрь 2022 г.
опубликовано:

© Gabriele-Verlag Das Wort GmbH
Max-Braun-Str. 2, 97828 Marktheidenfeld
Германия

www.gabriele-verlag.com
www.gabriele-publishing.com

Немецкое название:
Das ist Mein Wort. A und Ω
Das Evangelium Jesu
Die Christus-Offenbarung, welche inzwischen
die wahren Christen in aller Welt kennen

Немецкое название: перевод представляет собой
7-е издание немецкого издания. с 2018 года.

Немецкое издание является справочным пособием для
всех вопросов по смыслу содержания.

Авторизованный перевод с:
Gabriele-Verlag Das Wort GmbH

№ заказа. S007TBRUpod

ISBN 978-3-96446-374-6

Содержание *

1. Предсказание рождения Иоанна Крестителя – *Иоанн Креститель; его происхождение и задача в Деле избавления (4– 6). Объяснение немоты Захарии (8)* 71

2. Чистое зачатие Иисуса Христа – *Первое указание на род Давида и его задание (5). Искра Избавителя – Освобождение от греха (6). Ангел Господа обратился к Марии на световом языке небес (8). Старое представление о карающем Боге; Бог любви, проявленный от Христа (17).*

---

* *Заголовки глав «Евангелия Иисуса» набраны полужирным курсивом; обычным курсивом воспроизведены подзаголовки, относящиеся к объяснениям, исправлениям и углублениям «Евангелия Иисуса» через Христа сегодня (1989 г.). Числа, приведённые в скобках, обозначают соответствующие стихи «Евангелия Иисуса», к которым относятся объяснения, исправления и углубления Христа.*

**25. *Нагорная проповедь (1-я часть)* – *Нагорная проповедь, Внутренний путь к совершенству – Блаженные – «Бедные» – Переноси своё страдание правильно – Кротость, свойство бескорыстно любящих – Десять заповедей и Нагорная проповедь как путь к истине и справедливости – Милосердие, врата к вечному Бытию – Чистые души в Абсолютном законе Бога – Миротворцы имеют мир в себе – Борьба пионеров на нескольких фронтах – Церковные деятели, фарисеи, волки в овечьей шкуре – Поле битвы за туманной стеной – Молитесь за непросветлённые души (2-4). Земное богатство как обязанность и задача – Неправильное употребление богатства имеет тяжёлые последствия – Предостережение насмешникам – Богачи, властители, лжепророки, льстецы, мнимые христиане: инструменты Сатаны (5). Праведники, которые выносят на свет несправедливость, являются солью земли (6). Призвание и задание пророчицы и посланницы Бога – Деятельность пионеров при прямом обучении и руководстве – Новый Иерусалим (7). Освобождение от закона посева и жатвы через Христа, связывание в законе падения через конфессии и догмы – Христос ведёт сегодня во всю истину (8). Ложные и истинные учителя (9). Спасение лишь посредством веры и осуществления (10). Христос преобразует добровольно*

господство от имени Христа посредством инструментов демонов (2-3). Этот могучий поворот времён позволяет всему противоположному стать явным – Тьма в своих последствиях и собственно выкованных цепях (4). Обещание Святого Духа (5). Неси Христа в себе (6). Я приду вновь во всём величии (7). Бескорыстная любовь – это неразрывная лента (8). Иисус на себе испытал и претерпел как человек то, что значит быть человеком (9-10)

96. *Излияние Святого Духа* *– О задачах и положении учеников (1-3). Кто велик в Духе, служит и даёт со смирением и благодарностью (4-5). Истоки церковной иерархии через высокопоставленных и сановных лиц – Бескорыстные служители всё дают из сердца (6-7). Что происходило при втекании Святого Духа? (8-9). Истинное братство Христа в служении на общее благо (10). Один за всех, Христос (11). Человеческое в праобщинах – Раскол праобщин из-за разногласий и авторитарного мышления (12-13). Церемонии и другие человеческие дела не принадлежат к учению Назарянина (14-15). Созвучие убеждений способствует свободе и единству (16). Объяснение основных принципов веры (17-23). Кто последует за Мной, тот становится храмом любви (24-25). Я Есть истина*

В напутствие К сопровождении

В могучем откровенческом слове Христа Бога «Это есть Моё Слово – Альфа и Омега» Христос через Габриеле, пророчицу и посланницу Бога, говорит из Царства Бога о прошлом, настоящем и будущем.

В Своём произведении, являющимся историческим произведением, Он обращается ко всем людям, чтобы прояснить то, чему Он учил, будучи Иисусом из Назарета, как протекала Его земная жизнь, и Он показывает взаимосвязи с великим Делом избавления, которое имеет своё происхождение в Царстве Бога. Поэтому Христос охватывает события прошлого, объясняет их в свете настоящего и говорит также вглубь будущего, к людям, которые будут жить когда-то в Царстве мира Иисуса Христа.

В начале восьмидесятых годов прошлого столетия Христос Бога посылал Свою пророчицу, Габриэле, по всему миру, чтобы призвать людей, вместе с Ним, Христом Бога, создать фундамент грядущего Царства мира Иисуса Христа.

Следуя мощному призыву Христа Бога, многие люди ощутили в своём внутреннем желание и лежащее в их душах поручение, сотрудничать в сообществе, чтобы построить фундаменты для Царства мира Иисуса Христа.

Многие люди свернули свои старые шатры, объединившись вместе, чтобы с Богом, Вечным, заключить союз для строительства Нового Иерусалима для того, чтобы было так, как оно дано в молитве единства Иисуса из Назарета: «Как на Небе, так и на Земле.»

Они основывали вблизи Вюрцбурга жилые сообщества и предприятия, чтобы жизнь в Духе Бога применять на деле во всех жизненных сферах.

Из самых разных жизненных условий и из многих народов люди объединялись под нормой пяти принципов: равенство, свобода, единство, братство = сестринство, из чего получается справедливость.

Всё же не каждый старался жить по этим пяти принципам. Так, некоторые хоть и меняли своё место жительства, однако оставались пойманными в своих старых желаниях, стремлениях и поведении.

Габриеле во все эти годы непоколебимо выступала за Царство Бога и в каждой ситуации и проблематике в выстраиваемом сообществе вносила новый подход согласно закономерностей Царства Бога. Хотел ли кто-то в отдельности принять или отвергнуть это, было предоставлено каждому, так как Бог, Вечный – это свободный Дух.

Христос проявляет в Своём откровенческом произведении «Это есть Моё Слово. Альфа и Омега» для людей в грядущем Царстве мира Иисуса Христа о начале постройки Союзной общины Новый Иерусалим:

«После Моисея, а также после Моего земного существования Бог, Всемогущий посылал снова и снова пророков, пророчиц и просветлённых мужчин и женщин. Все они были глашатаями человечества и провозвестниками Царства Бога. Они учили пути вовнутрь и излагали заповеди Господа на языке соответствующего времени.

Многие из этих глашатаев и провозвестников готовили также путь на Землю и частичному лучу божественной мудрости – посланнице Бога, которая действовала в могучем повороте времён и имела подобное поручение как тогда Моисей и Я, будучи Иисусом из Назарета.

Я, Христос, и херувим божественной мудрости проявляли через воплощённый женский принцип божественной мудрости вечные законы и собирали таким образом народ Бога, чтобы вести его во внутреннее, в Королевство Бога, находящееся внутри в каждом человеке.

Снова это было похоже на времена Моисея. Те, которые позволяли себе быть затронутыми Богом и – соответственно своему сознанию – могли слово Бога и руководство через Меня, Христа, понять, старались – опираясь единственно лишь на слово – идти путями Бога. Однако в тот момент, в который им бы следовало работать над самими собой, чтобы также и исполнять то, что Я заповедал им – раскаиваться, прощать, просить прощения и больше не делать такие же ошибки и грехи – многие становились упрямыми; ибо они не хотели рассматривать свои ошибки и слабости, и таким образом их также и очищать. Они хотели лишь слышать слово Бога и дискутировать про услышанное, однако, оставаться старыми. Они зависали на владениях и собственности и ставили деньги и имущество перед изобилием Бога. Так они сомневались в слове Бога и приставляли пророчицу Бога к позорному столбу.

Следующая группа людей хотела низкое, человеческое, сохранить и жить им, одновременно стремясь также и к высшему. Человек, однако не может служить двум господам, мамоне и Богу. Из-за этого возникали большие трудности и разногласия.

Опять же иные люди закрывали свои противоположные мысли лицемерными словами, выдавая это за духовность. Опять же иные люди говорили о следовании Христу, а действовали противоположно, преследуя истинных последователей.

Однако, из этой пёстрой смеси человеческого «я», из лицемеров, искажателей слов, клеветников, скептиков и ханжей постепенно выкристаллизовывался народ Бога.»

От всех этих событий Габриеле очень страдала. Таким образом, через некоторых из этой пёстрой смеси людей пророчица Бога зло оклеветывалась, подвергая дело Христа-Бога грязным фантазиям уполно-

моченных по сектам и услужливым им журналистам, которые для своих лживых мнений всегда получали место в церковных СМИ, чтобы распространять свою кампанию дискредитации против слова Бога. Но несмотря на всю клевету, вечная истина приходит к прорыву.

Два-три поколения назад возникла община, из которой позже развилась Союзная община Новый Иерусалим. Через божественно-пророческое слово община была обучена законам – для грядущего родоначального народа на Земле, согласно Нагорной проповеди Иисуса, Христа.

Необходимая инфраструктура для строительства единого народа по воле Вечного была проявлена Христом Бога.

На это фундаментальное откровение Христа Бога около 800 братьев и сестёр дали Вечному своё добровольное «да» на строительство Царства мира Иисуса Христа.

В этой связи было дано много, очень много обучений, чтобы Нагорную проповедь, центральный свет для строительства Нового Иерусалима, суметь понять и применять.

Вечный держался Своего слова. Из Царства Бога приходила помощь за помощью. Сила для этого становилась ощутимой.

Люди, которые Вечному и Его Сыну, Христу Бога, добровольно отдали своё «да», начали со строительства для Нового Иерусалима: возникли первые предприятия, возникла клиника, была построена школа по принципам духовной жизни Нагорной проповеди, одновременно детский сад, дом отца-матери, ремесленные мастерские и многое другое.

К всеохватной концепции Нагорной проповеди для предприятий Христа подключились сельскохозяйственные предприятия, а также и крестьянские дворы, которые работали по принципу Нагорной проповеди, от выращивания до заказчика.

Также и в этой связи были даны обучения за обучениями, например: как следует обращаться с полями и лесами, и как ухаживать за животными, также и за так называемыми животными в стойлах?

Точно так же были даны фундаментальные обучения через Габриеле, пророчицу Бога, в которых она излагала, что каждое животное имеет сознание и как духовная эссенция присутствует в каждой душе, в каждом духовном теле коммуникативно как единство и сила.

Для духовной жизни родоначального народа в следовании Христу Бога, таким образом обучалось и об-

учалось. Обучения шли всё больше и больше в деталях, например: что у каждого поля есть сознание, что у всех плодов есть в конечном итоге сознание и что природа охвачена в коллективы – и многое другое.

Люди Союзной общины Новый Иерусалим, которые работали в местах продаж согласно производственной программы предприятий Христа, обучались тому, что каждый плод по принципу жизни – это дар жизни, с которым также соответствующим образом нужно обращаться и нужно его ценить.

Также и хлеб из зерна полей следует обрабатывать соответственно этому, от выращивания до заказчика. Обучалось такому: каждый кусок хлеба имеет свою ценность – и многому, многому другому.

Ничто не оставалось без обучения. На каждый вопрос – для всех сфер жизни – отвечал, либо сам Христос Бога, либо из раскрытого сознания Габриеле, в соединении с братом Эмануэлем, херувимом божественной мудрости.

Всё проявлялось через божественное пророческое слово, рог изобилия божественной мудрости, Софию.

Всем людям Союзной общины также предлагалось идти Внутренним путём, чтобы упорядочить личную жизнь и шаг за шагом исполнять Десять заповедей Бога и Нагорную проповедь Иисуса из Назарета.

Начался внутренний и внешний подъём, пока в отдельных людей не ворвался этот мир с его махинаци-

ями и соблазнами и выдвинул на передний план безразличие, равное эгоцентризму.

Постепенно-постепенно Союзная община Новый Иерусалим стала переживать застой.

Люди, которые дали Вечному своё «да» на строительство Нового Иерусалима, на родоначальный народ для Царства мира Иисуса Христа, начинали спорить.

Как говорится: «да» Вечному начинало у многих постепенно крошиться, вследствие чего дальнейшая постройка Союзной общины Новый Иерусалим постепенно-постепенно переживала застой и лишь кое-что ещё светское велось дальше.

Гасла одна падающая звезда за другой.

Лишь некоторые из немногих объединялись вместе, чтобы вести дальше своё «да» Богу, Вечному, чтобы строить дальше, в сознании: мы вкладываем, мы строим – для Нового времени.

«Да» Вечному не погасло.

Люди в Его Духе дают снова Богу, Вечному это «да», чтобы строить то, что оставили поколения перед ними.

Некоторые из второго поколения строят дальше с третьим поколением и закладывают краеугольный камень для более светлой Земли, которая, как написано, от поколения к поколению становится светлее,

потому что также и более светлые души воплоща-
ются для Нового времени, так же как это предсказа-
но в «Это есть Моё Слово. Альфа и Омега».

Как и проявлено, корень родоначальному наро-
ду дан, закономерности для Нового Иерусалима, для
Царства мира Иисуса Христа.

Для некоторых из второго и третьего поколения, а
также для будущего четвёртого поколения имеет вес
следующее: они подключаются к задачам для бывшей
Союзной общины и рассматривают эти задачи как
духовный корень для родоначального народа, чтобы
стать единой Союзной общиной.

Они ориентируются на то, что проявлено, а так-
же всё больше и больше на законы для грядущего Цар-
ства мира Иисуса Христа (см. на стр. 1144) и знают
обо всём, что происходило в первом и втором поколе-
нии. Но они не ориентируются на поведение первого и
второго поколения.

Их девизом в мессианскую, софианскую эпоху явля-
ется: мы вкладываем, мы строим – для Нового Иеру-
салима в грядущем Царстве мира Иисуса Христа.

Центром Нового времени является могучее мону-
ментальное сооружение, Святыня Бога на Земле.
Оно основано на скале, о которой Исаия, сын Амо-
са, услышал в видении об Иудее и Иерусалиме:

«В конце дней произойдёт:
Гора с домом Господа стоит твёрдо основанной как
самая высокая из гор; она возвышается над всеми
холмами.
К ней устремляются все народы.
Много наций отправляются в путь.
Они говорят: Пойдём, подымимся на гору Господа
и в дом Бога Иакова.
Он да покажет нам свои пути, по его тропам мы
хотим идти. Ибо от Сиона исходит указание
Господа, из Иерусалима его слово.»

Это есть скала Христа-Бога, это учения для постройки Нового Иерусалима, грядущего Царства мира, который является центральным светом для Земли, под знаком лилии.

Союзный народ есть и остаётся родоначальным народом для Нового времени, который произошёл из Союзной общины Новый Иерусалим и строит на скале Христа.

Между тем, Его вечное слово уже является всемирным и включает в себя всемирные свободные сообщества под знаком лилии.

Это означает, что созревает всемирное дело Христа-Бога, в котором созревают свободные сообщества для народа Христа, имеющем свои корни в союзе с Богом и в Его проявленном послании, доступном в шатре Бога, ковчеге свободного Духа:

*Вечное слово,
от Авраама до Габриеле.
Вчера и сегодня*

Вместе с тем реабилитируемы также пророчица и посланница Бога, Габриеле, как и херувим божественной мудрости, когда-то бывший в Исаие, называемый на Земле братом Эмануэлем.

Слово Бога, Вечного, и Его Сына, Христа Бога, а также слово херувима божественной мудрости, князя пред троном Бога, бывшем когда-то в Исаие, является истиной и остаётся истиной, во всю вечность, так же, как это уже было провозглашено через Исаию:

*«Ибо как дождь и снег
падает с неба и не возвращается туда,
но земля его впитывает и
приводит к росткам и всходам,
как он даёт сеятелю семя и хлеб для еды,
так это также и со словом,
покидающим Мои уста:
Оно не возвращается ко Мне пустым,
но вызывает то, что Я хочу,
и достигает всего того,
для чего Я его отправил.»*

Предисловие

брата Эмануэля,
херувима божественной мудрости

Для некоторых читателей является непонятным то, что Христос, Сын Бога, обращается к далеко неизвестному евангелию и не только выстраивает на нём, но и объясняет, исправляет и углубляет, то есть также дополняет.

Причина этого заключается в следующем:

Христианские конфессии и сообщества, как и многие знатоки Библии, сделали своей собственностью «свою Библию», которую они считают за полную и чистую истину. Они заблуждаются в том убеждении, что слово Бога было дано в их Библии раз и навсегда, на все времена, и тем самым завершено. Вследствие этого, Христу, Избавителю всех душ и людей, было невозможно внутри ещё существующих христианских конфессий и привязывающих к себе сообществ, объяснить, исправить и углубить ту книгу, их Библию.

Поэтому Христос пошёл иными путями: Он открывал и открывает истину, находясь вне пределов христианских конфессий и связывающих сообществ. Поскольку всем существам и всем людям следует испытать Бога, вечный свет, безграничную истину. Всем дана свободная воля, принять или отвергнуть это.

Христос, Сын живого Бога, Избавитель всех людей и душ, является вдохновителем в Своём Деле избавления, Универсальной Жизни – из которой происходит Царство мира Иисуса Христа. В начале этого десятилетия [1980] Он попросил нескольких братьев – которые все, за исключением одного, были знатоками Библии – выписать суть истины, как из Ветхого Завета, так и из Нового Завета.

Стремлением Христа Бога было и остаётся то, чтобы факты о Его жизни и мышлении как Иисуса из Назарета были записаны, с тем, чтобы они были в наличии в более позднее время в виде исторического доклада для тех, кто будет жить в Царстве мира Иисуса Христа и кто через Него в значительной мере достигнет совершенства.

В Своём откровении Он сказал этим братьям по смыслу следующее:

Возьмите в руки библейские тексты, которые Я вам приведу, и позвольте вашему духовному сознанию проскользить над текстами. Это значит: читайте глазами истины – а не умом, ибо он заволакивает глаз и чувство для истины. Глаз истины падёт тогда на те места в тексте, которые содержат истину, имеющую значение для современности и для грядущего времени, ибо Я введу это в ваши сердца. Затем Я буду через вас объяснять, исправлять и углублять. Это те слова Бога, которые великие пророки и просветлённые получали из Духа истины в качестве предварительного просмотра сегодняшнего и грядущего времени.

Его движущим мотивом было и остаётся то, чтобы те, которые Его, в данной современности и в значительной мере совершенные люди грядущего времени в Царстве мира, смогли бы прочесть и постигнуть то, что Он принёс человечеству как Иисус из Назарета – и кто Он был и остаётся в духе. Когда Царство мира Иисуса Христа охватит Землю, то в людях избавление завершится, так как в Царстве мира будут воплощаться только лишь почти совершенные души.

В Царстве мира Иисуса Христа духовные знания становятся маловажными, потому что в большей степени совершенные люди близки божественному, потому что они обладают мудростью и не должны больше находить путь к мудрости через духовные знания. Также и многочисленные версии Библии, на которые в это время [1989] ещё опираются конфессии, тогда станут маловажны. Ибо кто достиг божественной мудрости, тот раскрыл своё духовное сознание, и его чистое духовное тело, в котором полностью действует эссенция бесконечности, является для него тогда книгой божественной мудрости. Когда Царство мира Иисуса Христа охватит Землю, то не будет уже в наличии никаких человеческих произведений. Человеческими произведениями являются также конфессии и их Библии, в которые они внесли многое по своему усмотрению, и откуда они обучали тому, что им, исходя из их конфессионального мышления, казалось необходимым.

Многие духовные существа шли ради Дела избавления на воплощение. Это как большая мозаика, в которой содержатся все четыре уровня очищения, включая Землю. Каждое из этих духовных существ приняло задание в деле Избавителя; оно взяло в своё духовное тело, как долю своего задания, один или несколько «камешков мозаики» с тем, чтобы в земном существовании суметь выполнить то, что оно приняло в качестве задания. Эта доля задания, таким образом, выгравирована в душе и должна быть исполнена.

Некоторые духовные существа приняли в свои мозаичные камешки различные возможности. Это означает: если задание, ради которого духовное существо пошло на инкарнацию, не было выполнено, тогда «дебет», который тем самым выгравировывается в его духовном теле, должен быть исполнен им по-другому – либо в дальнейшем воплощении, либо же в местах очищения.

Однако, если подошло время, в которое эти мозаичные камешки должны быть вставлены на Земле, тогда другие воплотившиеся духовные существа берут на себя то, что не сделали в поручении их ближние – на основании отягощения или соблазнения сатаной чувств. Эти мозаичные камешки, выполненные теперь другими воплотившимися духовными существами, то есть людьми, аннулируются тогда из потенциала заданий для Земли. Однако, упомянутое духовное существо, которому не удалось своевременно провести свою долю в задании Избавителя, должно исправить это по-иному.

Когда, таким образом, и тут и там двери для Христа остаются закрыты, то Он идёт другими путями, как это, например, произошло и с имеющейся здесь книгой «Это есть Моё Слово».

Если Господь обращается к духовным дарам в человеке, например, Он напоминает этим братьям об их духовном задании, то и князь этого мира имеет возможность подвергнуть их испытанию и при случае соблазнить – таким образом, также и тех, кто живут как люди среди людей, чтобы нести в этот мир истину и мир. Они в Царстве света решили исполнять в земном одеянии дела Бога и служить Христу и своему ближнему в этом мире, являющимся территорией тьмы. Однако, в каждое мгновение каждый человек стоит на распутье – перед решением за или против Бога.

Братья, которые пошли на воплощение с духовным поручением составить, написать произведение, имеющее значение в настоящем и будущем, уступили человеческому. Они не смогли планомерно исполнить то, что ввели в своё духовное тело. Так был предпринят иной путь, то есть открыта иная возможность: путь через нашу сестру, пророчицу и посланницу Бога. Ибо написание книги «Это есть Моё Слово» является важным строительным камнем в деле Господа, Универсальной Жизни, потому что эта книга приобретёт свою значимость преимущественно в Царстве мира Иисуса Христа. Она содержит все важные события, которые Христос, правитель Царства мира, пережил и выстрадал, будучи Иисусом из Назарета. Ибо Своей жизнью и мышлением, и любовью к людям, Он принёс избавление.

Единственно лишь через Его Поступок избавления, на Земле возникнет Его Царство мира. Блаженные, то есть почти совершенные люди, будут тогда жить в нём и овладевать им больше и больше, поскольку господство тьмы подходит к своему концу. Ибо после Его «Свершилось» на кресте, сатанинское связывает себя всё больше. Когда Царство мира охватит Землю, тогда сатанинское будет связано. Только через поступок Избавителя такое стало возможным!

У Христа, Избавителя всех людей и душ, таким образом, имеется много путей, чтобы добиться того, что – для сегодняшнего времени [1989] и особенно для Новой эры – имеет значение.

Книга «Это есть Моё Слово» не стояла в непосредственном задании нашей сестры, пророчицы и посланницы Бога. Она приняла такую возможность, которая лежит в том, чтобы книгу «Евангелие Иисуса»* сделать основой откровенческого произведения «Это есть Моё Слово». Христос с этой книгой пошёл ей навстречу, поскольку задачи принять такое произведение для настоящего и будущего, непосредственно в её задании не стояло. Христос, среди прочего, сказал нашей сестре по смыслу следующее:

Поскольку ныне необходимо вступить на иной путь, а ты, однако предусмотрена для духовных задач своего непосредственного поручения, то Я хочу – насколько это на Земле возможно – пойти тебе навстречу с этим письменным трудом. Чтобы ты смогла исполнять свои непосредственные задания для этой земной жизни и поскольку время на это ценно, Я буду выстраивать на книге «Евангелие Иисуса» через объяснения, исправления и углубления.

Книга, называемая людьми «Евангелие Иисуса» – несмотря на переводы и, несмотря на слова, имеющие в сегодняшнее время [1989] иное значение – содержит в себе глубокий взгляд на события, совершившиеся в течение Моей земной жизни как Иисуса из Назарета.

Ты живёшь в земном одеянии. Поэтому нет необходимости с высокими усилиями писать совершенно новое произведение, поскольку это на долгое время

---

* *Евангелие Иисуса. Что было 2000 лет назад? (Роттвайл, 1986 г.) – здесь в дальнейшем также называется кратко как «Евангелие Иисуса».*

помешало бы тебе следовать заданиям твоего непосредственного поручения и исполнять их.

Поэтому Христос строит на истине, имеющейся в книге «Евангелие Иисуса». Он объясняет, исправляет и углубляет её, и тем самым исполняет через нашу сестру то, что находится в задании дела Избавителя: принести историческое произведение для Царства мира Иисуса Христа, произведение «Это есть Моё Слово».*

Поскольку воля нашей сестры покоится в воле Бога, которую она исполняет, то из книги «Евангелие Иисуса» возникло произведение «Это есть Моё Слово».

Это произведение впервые достигнет своей полной значимости в Царстве мира Иисуса Христа.

Будет ли оно читаться людьми в настоящее время или в будущем – вплоть до полного раскрытия Царства мира – Христос есть и остаётся тем же самым: Соправителем небес, а мы находимся с Ним как братья и сёстры из вечности в вечность.

Пока я обучаю через нашу сестру, пророчицу и посланницу Бога, я буду называть себя для человечества братом Эмануэлем. В Духе Бога, я херувим божественной мудрости, ответственный в Избавительном деле Иисуса Христа.

В этом произведении содержится как оригинальный текст из книги «Евангелие Иисуса», так и к отдельным разделам новый откровенческий текст от Христа – последний напечатан прямым шрифтом.

В Царстве мира будет действовать затем единственно лишь вечный закон любви. Тогда не потребуется больше никаких обучений и толкований вечного закона.

Я есть и остаюсь ангелом закона Бога, хранителем божественной мудрости.

Мир!

Я Есть

Мои речи как Иисуса из Назарета не были шелестом фарисеев и книжников, льстивших народу, чтобы получить признание, похвалу и вознаграждение. Мои речи как Иисуса из Назарета были ясны и однозначны – так же, как и Мои речи в качестве Христа, что текут через Мой инструмент, через Мою пророчицу, луч божественной мудрости.

Только грешники, те, которые желали оставаться в грехе, говорили Мне как Иисусу из Назарета: «Твоя речь жёсткая. Кто может её слушать?» Вечный закон абсолютен. И кто его слушает, тот познаёт, что он требует от человека решения и последовательности – либо за, либо против Бога. Кто, однако, не хочет решиться, потому что сам является сливками на молоке, чтобы также самому снимать с молока сливки, то есть, со всего что-то извлекать, чтобы затем для себя выхватить из этого выгоду, тот и говорит о жёсткости вечного закона.

Я Есть закон, абсолютность. Нерешительный является жёстким по отношению к своим ближним, однако мягок и нежен как молоко, когда доходит до его личного, до него самого. Он желает лишь двигаться по поверхности – подобно сливкам на молоке – а не исследовать глубину, истину, потому что вечный закон требует от него последовательности.

Кто читает Мои слова и отворачивается от них с аргументами бывших книжников, фарисеев и их приверженцев – «Его речь жёсткая. Кто может её слушать?» – тот пусть это оставит, пока не познает себя как сегодняшнего фарисея и книжника, который снова не хочет принимать Христа, который Я Есть, потому что он не желает решиться для истины.

Мои слова – это всезакон, вечный закон; они требуют решения за или против Меня. Кто может это постичь, да постигнет. Кто желает это оставить, да оставит. Каждый несёт то, чем он является – и за то, чем он является, он сам ответственен перед всезаконом, Богом.

Ты есть твоё ощущение, твоя мысль, твоё слово и твой поступок. Измеряй себя этим!

Это есть Моё Слово

А и Ω

Евангелие Иисуса

*Откровение Христа,
которое уже знают истинные
христиане
во всём мире*

Во имя Всесвятейшего.
Аминь

Здесь начинается Евангелие Иисуса, Христа, потомка Давида через Иосифа и Марию по плоти, и Сына Бога через божественную любовь и мудрость по духу.

Пролог

Из вечности в вечность
есть вечная мысль,
и вечная мысль есть слово,

Слово Бога – это вечное восприятие,[*]
это свет и сила

и слово есть дело,
и эти трое – это одно в вечном законе;
и закон – с Богом,
и закон исходит от Бога.

---

[*] *В этом произведении содержится как оригинальный текст из книги «Евангелие Иисуса», так и к отдельным разделам новый откровенческий текст от Христа – последний напечатан прямым шрифтом.*

Бог есть вечный закон.
Он излучается из Працентрального солнца
через все царства бесконечности
и через всех чистых существ,
через всё чистое Бытие.

*Всё создано через закон,
и без него не создано ничего,
что имеется в наличии.*

*В слове жизнь и субстанция,
огонь и свет.*

Слово Бога – это жизнь и субстанция,
это огонь и свет.

*Любовь и мудрость
едины для избавления всех.*

Из любви, поэтому, пришла мудрость
и обитает среди людей,
чтобы они восприняли то,
что Бог, любовь и мудрость,
имеет им сказать –
сегодня в великое время
освобождения поколений
от жизни в ограничении и печали.

И свет светит во тьме,
и тьма не скрывает его.

Свет есть крепость,
сила и власть.

Слово есть единый животворный огонь,
и, освещая этот мир,
оно становится огнём и светом в каждой,
вступающей в мир, душе.

Я Есть в мире,
и мир находится во Мне;
и мир того не знает.

Я Есть в мире,
и Я просвечиваю мир –
но мир того не знает.

Я прихожу в Свой собственный дом,
а Мои друзья Меня не принимают.
Всем же, принимающим и послушным,
дана власть
стать сыновьями и дочерями Бога,
равно как и тем, кто верит в святое Имя,
кто рождён не от воли плоти и крови,
но от Бога.

Я прихожу в Свой собственный дом,
ко всем душам и людям,
а Мои друзья Меня не принимают.
Всем же, принимающим Меня
и Мне послушным,
дана власть
сознательно стать сыновьями и дочерями Бога,
равно как и тем,
кто верит в святое Имя
и живёт согласно этому,
кто не поддаётся воле плоти
и крови,
но исполняет волю Бога.
Они осознанно рождённые от Бога.

*И слово стало плотью и обитает среди нас,
и мы увидели Его великолепие, полное милости.*

*Увидьте же доброту и истину,
и красоту БОГА!*

ГЛАВА 1

Предсказание рождения Иоанна Крестителя

Иоанн Креститель;
его происхождение и задача в Деле избавления (4– 6).
Объяснение немоты Захарии (8)

1. Во времена Ирода, царя Иудеи, жил священник из рода Авии по имени Захария, и его жена от дочерей Аарона, называемая Елизаветой.

2. Оба они были благочестивы пред Богом и жили безупречно по всем заповедям и законам Господа. И у них не было детей; ибо Елизавета была бесплодна, и оба были преклонного возраста.

3. И случилось, что по порядку своей службы он должен был исполнять обязанности священника. По обычаям должности священника выпало ему по жребию кадить, когда он войдёт в храм Иеговы. И целая толпа народа находилась снаружи и молилась во время каждения.

4. И явился ему ангел Господа, и встал над алтарём каждения. И когда Захария увидел его, то испугался, и страх напал на него. Ангел же сказал ему: «Не бойся, Захария; ибо услышана твоя молитва, и твоя жена Елизавета родит тебе сына; и тебе следует назвать его Иоанном.

5. И ты преисполнишься радостью и блаженством, и многие возрадуются его рождению. Ибо он будет велик в глазах Господа и не будет есть ни мяса, ни пить крепких напитков, и ещё во чреве матери наполнится Святым Духом.

6. И многих детей Израиля он обратит к Богу, их Господу. И будет предшествовать Ему в духе и силе Илии, чтобы обратить сердца отцов к детям, а непокорных к мудрости праведников, подготовить народ, чтобы он был готов для Господа». (Гл. 1, 1-6)

Я, Христос, объясняю, исправляю
и углубляю слово:

Такие слова услышал Захария по смыслу в своём сердце. Ибо Бог и Его ангелы не имеют языка людей.

В Иоанне не был воплощён херувим божественной воли, названный на Земле Илией, но дух Илии освещал Иоанна.

Существо, которое было воплощено в Иоанне, в Духе является непосредственным потомком херувима божественной воли.

Также и Иоанн имел уже задачу от Бога, призывать и учить детей Израиля. Им следовало обратиться и стать одним народом, чтобы они приняли и признали Меня тогда, когда Я, как Христос в Иисусе, вошёл бы в плоть. Ибо вместе с ними Я хотел исполнить Задание избавления. Я исполнил Дело избавления – но не вместе с народом Израиля, а один в Боге.

Так как дети Израиля не слушались, то план Бога затягивался. Он, тем не менее, исполняется, ибо Бог не знает времени. Бог зовёт до тех пор, пока дети Бога не станут одним народом и не будут выполнять волю Бога. Тогда Израиль и Иерусалим будут там, где люди делают волю Бога.

7. И Захария сказал ангелу: «Благодаря чему я это узнаю? Ибо я стар, и моя жена пожилая». Ангел сказал ему в ответ: «Я Гавриил, стоящий пред Богом, и послан говорить с тобой и принести тебе это радостное известие.

8. И смотри, ты будешь оставаться немым и не сможешь говорить до того дня, пока это не произойдёт; тогда развяжется твой язык, чтобы ты смог поверить моим словам, которые будут исполнены в своё время». (Гл. 1, 7-8)

Я, Христос, объясняю, исправляю
и углубляю слово:

Ангел Гавриил является херувимом божественного милосердия. Не ангел Господа забрал у Захарии речь, а испуг от могучего света ангела и сомнение в том, что он увидел и услышал, парализовали голосовые связки Захарии. Закон Бога не связывает. Он не возлагает на души и людей ни наказаний, ни нужды. Они являются следствиями причин, созданных самим человеком.

9. И народ ждал Захарию и удивлялся тому, что он так долго оставался в храме. И когда он вышел, то не мог говорить с ними, и они поняли, что он имел в храме видение; ибо он подавал им знаки и оставался немым.

10. И случилось, что, когда время его службы закончилось, он возвратился в свой дом. И после тех дней его жена Елизавета забеременела и скрывалась пять месяцев, и говорила: «Так сделал мне Господь в те дни, когда Он поглядел на меня, чтобы убрать с меня мой позор среди людей». (Гл. 1, 9-10)

ГЛАВА 2

Чистое зачатие Иисуса Христа

*Первое указание на род Давида
и его задание (5). Искра Избавителя – Освобождение от греха (6). Ангел Господа обратился к Марии на световом языке Небес (8). Старое представление о карающем Боге; Бог любви, проявленный от Христа (17). Расторжение Старого Союза – Новый Союз – Гимн грядущему Царству мира (25)*

1. И в шестой месяц был послан от Бога ангел Гавриил в город в Галилее, называемый Назарет, к деве, обручённой с мужчиной по имени Иосиф, из дома Давида, и деву звали Мария.

2. Иосиф же был порядочным и благоразумным человеком, и он был искусен в любом виде работ с деревом и камнем. И Мария была чуткой и прозорливой душой, и ткала покрывала для храма. И они оба были чисты перед Богом. И от них обоих был Иисус-Мария, названный Христом.

3. И к ней приблизился ангел и сказал: «Приветствую тебя, Мария, ты обрела милость; ибо материнство Бога с тобой, благословенна ты среди женщин, и благословен плод твоего чрева».

4. И увидев его, она смутилась от его слов и рассуждала в своих чувствах, что бы означало такое приветствие. И ангел сказал ей: «Не бойся, Мария, ты обрела милость у Бога. Смотри, ты станешь бе-

*ременной в чреве и родишь сына, который будет велик
и наречётся Сыном Всевышнего.*

*5. И Бог, Господь, даст Ему трон Его Отца Давида, и Он будет царствовать над домом Иакова всегда,
и Его Царству не будет конца».*

*6. Тогда Мария сказала ангелу: «Как это должно
произойти, когда я не знаю мужчину?» ... (Гл. 2, 1-6)*

Я, Христос, объясняю, исправляю
и углубляю слово:

Давид – родоначальник по плоти для всех существ
света, состоящих в задании Избавления. Вместе со
Мной они заложат Царство мира Иисуса Христа и
будут строить его в течение долгих периодов времени. При этом плотная материя постепенно утончится,
пока – в последней фазе Царства мира Иисуса Христа
– не станет более тонкой, светоматериальной материей. Поэтому сказано: и Бог, Господь, даст Ему трон Его
родоначальника на Земле, Давида.

Слова «Как это должно произойти, когда я не знаю
мужчину?» по смыслу означают: как это должно произойти, когда я только обручена с мужчиной?

*... И ангел сказал ей в ответ: «Святой Дух сойдёт
на Иосифа, обручённого с тобой, и сила Всевышнего*

осенит тебя, о Мария; потому и Святой, рождённый тобой, наречётся Христом, Сыном Бога, и Его имя на Земле должно быть Иисус-Мария; ибо Ему следует избавлять людей от их грехов, всякий раз, когда они проявят раскаяние и будут послушны Его закону». (Гл. 2, 6)

Я, Христос, объясняю, исправляю
и углубляю слово:

И так произошло. Я это совершил!

Мой свет избавления горит во всех душах вплоть до четвёртой сферы очищения – находятся ли они во плоти или как души в царстве душ.

Каждый – будь то душа или человек – лишь тогда обретёт освобождение от греха и вины, если он раскается и последует вечным законам. Грех человека и души сказывается в душе и человеке. Вина равна греху. Она часто связывает друг с другом нескольких людей, которые вместе причинили одинаковое или похожее, чтобы они простили друг друга и вместе очистили то, что их свело вместе.

7. Поэтому тебе также не следует есть ни мяса, ни пить крепких напитков; ибо ребёнок будет посвящён Богу ещё в лоне Его матери, и Ему не следует принимать ни мяса, ни крепких напитков, как не следует и бритве касаться Его головы.

8. И смотри, Елизавета, твоя родственница, называемая бесплодною, также беременна в своём возрасте сыном и ходит теперь на шестом месяце. Ибо с Богом нет никаких невозможных вещей». И Мария сказала: «Смотри, я служанка Господа, да случится мне по твоему слову». И ангел удалился от неё. (Гл. 2, 7-8)

Я, Христос, объясняю, исправляю
и углубляю слово:

Ангел Господа обращался к Марии на языке Небес, на языке света, проникающем в чистую душу. Он только намекнул на то, что произошло с Елизаветой, однако не говорил о месяце и бесплодности.

9. И в тот же день Иосифу во сне явился ангел Гавриил и сказал ему: «Привет, Иосиф, ты избран; ибо отцовство Бога с тобой. Благословен ты среди мужчин и благословен плод твоих бёдер».

10. И когда Иосиф размышлял над словами, он был смущён. И ангел Господа сказал ему: «Не бойся, Иосиф, сын Давида; ибо ты обрёл милость пред Богом, и смотри, ты зачнёшь ребёнка и тебе следует дать Ему имя Иисус-Мария; ибо Он избавит Свой народ от их грехов».

11. Но это случилось, чтобы сбылось то, что Господь сказал через пророка, который говорит тут: «Смотри, дева зачнёт и забеременеет, и родит Сына, и дадут Ему имя Эммануэль, что значит нечто вроде: Бог в нас».*

12. Когда Иосиф проснулся ото сна, он поступил так, как велел ему ангел, и пошёл к Марии, своей обручённой, и она зачала в своём лоне Господа. (Гл. 2, 9-12)

Я, Христос, объясняю, исправляю
и углубляю слово:

И так они были соединены перед Богом как муж и жена. Их союз был благословлён Богом.

13. Встав в один из этих дней, Мария поспешно пошла в горный район, в один из городов Иудеи, и вошла в дом Захарии, и приветствовала Елизавету.

14. И случилось так, что, когда Елизавета услышала приветствие Марии, взыграл младенец в её чреве. И Елизавета преисполнилась силой Святого Духа, и сказала ясным голосом: «Благословенна ты среди женщин, и благословен плод твоего чрева.

---

* *В произведении Господа проявлено: «Иммануэль» – это Бог, а «Эмануэль» – это Его слуга. Под Эммануэлем подразумевается Иммануэль.*

15. И откуда мне пришло такое, что мать моего Господа приходит ко мне? Смотри, когда я услышала голос твоего приветствия, вскочил от радости младенец в моём чреве. И благословенна та, которая поверила. Ибо свершится сказанное ей святым Единым».

16. И Мария сказала: «Моя душа прославляет Тебя, Вечного, и мой дух радуется в Боге, моём Спасителе. Ибо Он заметил смирение Своей служанки; ибо смотри, отныне все поколения будут называть меня блаженной.

17. Ибо Ты, который могуч, сделал мне великие вещи, и свято Твоё имя. И Твоё милосердие всегда у боящихся Тебя. (Гл. 2, 13-17)

Я, Христос, объясняю, исправляю
и углубляю слово:

Мария отнесла блаженство, прежде всего, к своему самому внутреннему, к своей пробуждённой душе – не к своему человеку. Она есть и остаётся чистым, бескорыстным существом в Боге, Его служанкой и служанкой людям. Блаженна, так считала она, душа того человека, который исполняет волю Бога.

Ветхий Завет находится на переходе от веры многобожия, веры в мир богов, к вере в истинно Единого, который есть из вечности в вечность. Поэтому вновь и вновь звучит тот карающий и наказывающий Бог, которого человеку следует страшиться. Я же говорю вам: человеку следует быть почтительным перед Богом тем, что он добросовестно исполняет заповеди Бога. Истинный вечный Единый является любовью. Он не карает и не наказывает. Кару и наказание налагает на себя сам человек, нарушающий заповеди Бога и получающий затем то, что он посеял – разве если вовремя не раскается и не очистит то, что он причинил. Я, Христос в Иисусе, раскрывал и запечатлевал в людях единого Бога и Отца любви, который является истиной и жизнью из вечности в вечность.

18. Ты употребил силу Своих рук, Ты рассеял тех, кто высокомерны в самомнении их сердец.

19. Ты столкнул могущественных с их престолов и возвысил смиренных и кротких. Ты наполняешь голодающих добром, а богатых пустыми отсылаешь прочь.

20. Ты помогаешь Своему слуге Израилю в память о Своём милосердии, как Ты говорил нашим отцам, Аврааму и его потомкам на все времена». И Мария оставалась у неё три месяца; после этого она снова возвратилась домой.

21. А это слова, что сказал Иосиф: «Благословен Ты, Бог наших отцов и наших матерей в Израиле; ибо в правильное время Ты услышал меня, и в день избавления Ты помог мне.

22. Ибо Ты сказал: Я хочу оберегать тебя и заключить с тобой союз с народом, чтобы обновить лик Земли и освободить безутешные места от рук губителей.

23. Чтобы пленникам Ты мог сказать: идите же и будьте свободны, а тем, кто бродят во мраке: покажитесь в свете. И они будут пастись на тропах радости и никогда больше не станут ни преследовать, ни убивать созданий, которых Я сотворил передо Мной радоваться.

24. Они больше не будут страдать от голода и жажды, ни жара их не погубит, ни холод их не истребит. И я хочу во всех Моих горах проложить дорогу для путников, и Мои вершины будут прославлены.

25. Пойте, Небеса, и ликуй ты, Земля, о, вы, пустыни, огласитесь пением! Ибо Ты, о Бог, помогаешь Своему народу и утешаешь тех, кто претерпел несправедливость». (Гл. 2, 18-25)

Я, Христос, объясняю, исправляю
и углубляю слово:

Народ Израиля остался глухим. Он не принял даров милости Христа Бога.

Теперь пришло новое время: любовь и мудрость действуют в плане избавления. Бог, справедливый Все-Единый расторг [1988] союз со старым Израилем и заключил новый союз с теми, кто служит в Моём

Деле избавления на Земле. И будет тогда на Земле Новый Израиль и Новый Иерусалим. Из этого народа, в ходе его эволюции, произойдёт Царство мира Иисуса Христа, и будет так, как по смыслу написано: «Идите же и будьте свободны!»

И те, которые до сих пор бродили во мраке, пойдут по дороге к свету и дадут свидетельство от света. И они будут пастись на тропах радости, и никогда больше не будут ни преследовать, ни убивать созданий, сотворённых Вечным. Они не будут больше страдать ни от голода, ни от жажды, ни жара их не погубит и холод не истребит. Ибо в Царстве мира будет сиять иное солнце, и элементы больше не будут находиться в противоположностях со струящейся любовью. Пойте, небеса, и ликуй ты, Земля – ибо всё будет плодоносным, включая и пустыни. Ибо Ты, о Бог, помогаешь Своему народу и утешаешь дарами внутренней жизни тех, кто претерпел несправедливость.

ГЛАВА 3

Рождение и присвоение имени Иоанну Крестителю

Подлинные пророки (5)

1. Когда Елизавете пришло время, что она должна была родить, она родила сына. И её соседи, и родственники услышали, как Господь оказал ей великое милосердие, и они радовались с нею.

2. И случилось, что на восьмой день они пришли, чтобы обрезать младенца и называли мальчика Захарией, по имени его отца. Но его мать сказала в ответ: «Не так, ибо его следует назвать Иоанном». И они сказали ей: «Но ведь в твоём родстве нет никого, кого бы так называли».

3. И они подали знак его отцу, как бы он хотел его назвать. И он потребовал дощечку, написал и сказал при этом: «Его зовут Иоанн». И они все удивились, потому что вдруг его уста раскрылись, и его язык разомкнулся, и он говорил, восхваляя Бога. (Гл. 3, 1-3)

Я, Христос, объясняю, исправляю
и углубляю слово:

Восприятие того, что Захарии было возвещено ангелом, и радость по поводу ребёнка, верно названного

Захарией Иоанном, разрешили в Захарии то, что он причинил.

4. И сошло великое благоговение на всех, бывших поблизости, и это событие стало известным во всём горном районе Иудеи. И все, это услышавшие, принимали это к сердцу и говорили: «Что же это за младенец? И рука Иеговы была с ним».

5. И его отец Захария преисполнился Святым Духом и пророчествовал, говоря: «Хвала Тебе, о Бог Израиля; ибо Ты принял и избавил Свой народ. И воздвиг нам рог спасения в доме Твоего слуги Давида. Как Ты говорил устами Своих святых пророков, бывших от начала мира. (Гл. 3, 4-5)

Я, Христос, объясняю, исправляю
и углубляю слово:

Слова часто имеют много различных значений. Это зависит от того, какие чувства вкладывает человек в слово. Так было и со словами «Своих святых пророков», подразумевавшими не только пророков, записанных в книгах так называемого Ветхого Завета.

Только один свят: Бог, Вечный.

Блаженными были и остаются посланные Богом пророки, исполнявшие Его волю и из собственной исполненной жизни дававшие слово Бога и призывавшие людей его принять и осуществлять. Это подлинные пророки.

6. Чтобы мы спаслись от наших врагов и от руки всех ненавидящих нас. Чтобы Ты показал милосердие, которое Ты обещал нашим отцам и вспомнил о Своём святом союзе,

7. клятве, которой Ты поклялся нашему отцу Аврааму, что Ты предоставишь нам то, чтобы мы, избавленные от рук наших врагов, могли Тебе служить без страха в святости и справедливости все дни нашей жизни.

8. И этот ребёнок наречётся пророком Всевышнего; ибо он пройдёт пред Твоим лицом, о Бог, чтобы подготовить Твои пути и принести Твоему народу познание спасения через прощение их грехов.

9. Через любвеобильное милосердие нашего Бога, благодаря которому посетил нас с высоты солнечный восход, чтобы Он дал свет тем, которые сидят во тьме и смертной тени и направил наши стопы на путь мира».

10. И ребёнок возрастал и становился сильным в Духе, и его миссия оставалась скрытой до дня его выступления перед народом Израиля. (Гл. 3, 6-10)

ГЛАВА 4

Рождение Иисуса Христа

Народ Израиля не справился со своей задачей – Господство Христа в Царстве мира подготавливается воплощёнными сыновьями и дочерями Бога из рода Давида (5). «Явления ангелов» пастухам были внутренними процессами (6-9). Признание земных законов в той мере, насколько они не противоречат божественным законам (12)

1. Рождение Иисуса, Христа, произошло таким образом: в то время случилось, что от кесаря Августа вышло повеление сделать перепись всего мира. И каждый в Сирии пошёл в свой родной город, чтобы зарегистрироваться; была середина зимы.

2. Также и Иосиф с Марией отправились из Галилеи, из города Назарета, в землю Иудея, в город Давида, называемый Вифлеем, потому что он был из дома и рода Давида, чтобы зарегистрироваться вместе с Марией, своей законной женой, которая была беременна.

3. Когда же они были там, наступило время, что она должна родить. И она родила своего первого Сына в скальной пещере и завернула Его в пелёнки, и положила Его в ясли, которые были в пещере; так как иначе им не было места на постоялом дворе. И смо-

три, пещера наполнилась светом и засияла как солнце в своём великолепии.

4. И были в этой пещере вол, лошадь, осёл и овца, а рядом с яслями лежала кошка со своими детёнышами; и были также над ними голуби, и у каждого животного имелся его спутник, самец или самка.

5. Так произошло, что Он родился среди животных. Ибо Он пришёл, чтобы также и их освободить от их страданий. Он пришёл сделать свободными людей от их невежества и эгоизма, и проявить им то, что они являются сыновьями и дочерями Бога. (Гл. 4, 1-5)

Я, Христос, объясняю, исправляю
и углубляю слово:

Я, будучи Иисусом, проявил Царство Бога, учил Его законам и жил по ним. С сыновьями и дочерями Израиля из рода Давида и со всеми сыновьями и дочерями Бога, которые исполняют волю Вечного, Я хотел основать и построить в Израиле Царство Бога – и после Моего возвращения в великолепие Моего Отца вновь прийти в Духе и с народом Израиля строить его дальше, и управлять Царством мира, которое достигнет своей наивысшей точки на тонкой материи. Но сыновья и дочери Бога и Израиля были ослеплены грехом.

После Моего поступка Избавителя, Бог, Вечный, вновь и вновь призывал во всех последующих столетиях сыновей и дочерей из рода Давида и из других родов, исполняющих Его волю, чтобы они познали, что является их заданием.

Теперь настало новое время: перелом времён от старого к новому миру, миру Христа. Я подготавливаю Свой духовный приход – снова через сыновей и дочерей из рода Давида и дальнейших сыновей и дочерей Вечного из других семейств, которые исполняют волю Бога. Посредством воплощённой божественной мудрости Я наставляю их и всех, кто следует за Мной, чтобы они стали сознательными сыновьями и дочерями Бога, исполняющими волю Бога.

Тогда осуществится то, что проявлено: Я приду в Духе. Тогда все люди будут жить в мире, а также и животные будут освобождены через Меня, Христа Бога, от их кабалы и страданий. Ибо кто помещает свою жизнь в сыновство и дочеринство Бога, тот не будет убивать – ни людей, ни животных.

6. И в той же местности были в поле пастухи и охраняли ночью своё стадо. И смотри, над ними появился ангел Бога, и блеск Всевышнего засиял вокруг них, и они очень испугались.

7. И ангел сказал им: «Не бойтесь, смотрите, я извещаю вас о той великой радости, которая случится со всем народом; ибо вам сегодня в городе Давида родился Избавитель, который есть Христос, святой

Единый Бога. И это будет знаком: вы найдёте младенца, завёрнутого в пелёнках и лежащего в яслях».

8. И внезапно за ангелом оказалось многочисленное небесное войско, восхвалявшее Бога и говорившее: «Честь Богу в вышине и мир на Земле всем, кто доброй воли».

9. И когда ангелы отправились от них на небеса, пастухи сказали друг другу: «Давайте пойдём теперь в Вифлеем и посмотрим, что там произошло, о чём возвестил нам наш Бог». (Гл. 4, 6-9)

Я, Христос, объясняю, исправляю
и углубляю слово:

Ангел говорил к пастухам. Однако, они видели его не человеческими глазами и слышали его не человеческими ушами. Они также не человеческими глазами и ушами видели и слышали войско, восхвалявшее и славившее Бога. Некоторые из пастухов наблюдали в своём внутреннем свет, а другие же слышали в своём сердце восхваление Бога. Ибо не несущее одеяния плоти, не имеет ни слова плоти, ни звучания слова. Слово Бога и слово существ Бога воспринимается во внутреннем человека.

Ангел Господа не стоял перед ними как человек. Они стояли у огня и грелись. Они увидели, как взметнулся вверх огненный столб. И в огне, они полагали, что видят фигуру ангела, воспринятую некоторыми из них в своём сердце. Пастухи не были едиными насчёт того, что они видели и слышали. Те же, кто в своём сердце прочувствовал смысл известия, отправились в Вифлеем.

Подобно, как и тогда, возвещают ангелы Бога также сегодня: приготовьте пути Господу! Приходит Христос, Избавитель, в Духе – и Он будет Пастухом единого стада, которым является народ Бога на Земле. Он будет управлять им в Своём царстве на Земле, и люди будут пребывать с Ним в Духе, потому что они придерживаются законов Бога.

10. И они пошли поспешно, и нашли Марию и Иосифа в пещере, и ребёнка, лежащего в яслях. И когда они это увидели, то передали слова, сказанные им об этом ребёнке.

11. И все, кто это слышал, удивлялись тому, что говорили им пастухи. Но Мария всё это сохранила и сберегла в своём сердце. И пастухи возвратились назад, и славили и хвалили Бога за всё, что они услышали и увидели.

12. И когда прошло восемь дней, и ребёнок был обрезан, Ему дали имя: Иисус-Мария, названное ангелом прежде, чем ребёнок был зачат в утробе матери. И когда дни её очищения по закону Моисея прошли, они принесли ребёнка в Иерусалим, чтобы преподнести Его Богу. (Как написано в законе Моисея: всё мужское, открывшееся материнским чревом, следует посвятить Господу.) (Гл. 4, 10-12)

Я, Христос, объясняю, исправляю
и углубляю слово:

Обрезание – закон евреев. Поскольку этот земной закон не противостоит вечному закону, то он – исключительно для людей – допускается Богом. Если существо из Бога посредством воплощения становится человеком, то человек подчиняется законам природы и должен бы придерживаться мирских законов в той мере, насколько они не противостоят законам Бога.

13. И смотри, был в Иерусалиме человек по имени Симеон, и он был справедливым и богобоязненным, и ждал утешения Израиля, и Святой Дух сошёл на него. И ему было предсказано, что он не увидит смерти, пока не узрит Христа Бога.

14. И он пришёл по внушению Духа в храм. И когда родители принесли ребёнка Иисуса, чтобы исполнить предписание закона, ребёнок явился ему, как будто Он был столб света. Тогда он взял Его на руки, прославлял Бога и говорил:

15. «Теперь Ты позволяешь Своему слуге отойти с миром, как Ты сказал. Ибо мои глаза увидели Твоего Спасителя, которого Ты приготовил быть светом перед лицом всех народов, чтобы просветить язычников, и во славу Твоего народа Израиля». И Его родители удивлялись всему, сказанному о Нём.

16. И Симеон благословил их, и сказал Марии, Его матери: «Смотри, этот ребёнок поставлен для падения и возвышения многих в Израиле и станет знаком пререканий (и, воистину, меч пронзит и твою душу), чтобы проявились мысли многих сердец».

17. И была там Анна, пророчица, дочь Фануила, из рода Асира, которая была в преклонном возрасте и никогда не покидала храма, но постом и молитвой служила Богу день и ночь.

18. Она также подошла к ним в тот час и славила Господа, и говорила о Нём всем, ожидавшим избавления в Иерусалиме. И когда они совершили всё по закону Господа, то возвратились в Галилею, на своё место жительства Назарет. (Гл. 4, 13-18)

ГЛАВА 5

Поклонение мудрецов и Ирода

Значение шести лучей звезды Вифлеема (5). Послания Бога и Его ангелов являются указаниями, а не прямыми высказываниями о возможном – Опосредованное руководство (13)

1. Когда Иисус родился в Вифлееме, на земле Иудея, во время царя Ирода, смотри, тут пришли в Иерусалим несколько мудрых мужчин с Востока. Они очистились и не принимали ни мяса, ни крепких напитков, чтобы суметь найти Христа, которого они искали. И они сказали: «Где новорождённый царь евреев? Ибо мы на Востоке видели Его звезду и пришли Ему поклониться».

2. Когда царь Ирод это услышал, то испугался, а с ним и весь Иерусалим. И он повелел созвать всех первосвященников и книжников народа, и потребовал от них узнать, где должен был родиться Христос.

3. И они сказали ему: «В Вифлееме, на земле Иудея, ибо так написано у пророка: и ты, Вифлеем на земле Иудея, не самый меньший среди князей Иуды; ибо из тебя выступит правитель, который будет править Моим народом Израиль».

4. Тогда Ирод тайком пригласил к себе мудрецов и выведал от них точно, когда появилась звезда. И

он послал их в Вифлеем и сказал: «Отправляйтесь и тщательно поищите младенца, и когда Его найдёте, то опять известите меня об этом, чтобы я тоже пришёл и поклонился Ему».

5. Когда же они выслушали царя, то отправились: и смотри, звезда, которую видели мудрецы с Востока, и ангел звезды шли перед ними до тех пор, пока звезда не пришла и не остановилась над местом, где был младенец. И звезда сияла шестью лучами. (Гл. 5, 1-5)

Я, Христос, объясняю, исправляю
и углубляю слово:

Что означает символ шести лучей? Сын Бога приносит закон Бога, семь основных лучей Небес, на эту Землю. Шесть лучей излучаются на Него в Духе – седьмой луч, милосердие, обитает среди людей: Сын Всевышнего в земном одеянии, Христос Бога в Иисусе. Также и Мария несла в себе частичный луч милосердия, ибо в Духе Господа она соединена с херувимом божественного милосердия.

6. Они отправились своей дорогой с их верблюдами и ослами, нагружёнными дарами. И в поисках ребёнка они так рьяно смотрели за звездой на небе, что на некоторое время забыли о своих уставших животных,

95

которые переносили грузы и дневную жару, и испытывали жажду и были обессилены. И звезда исчезла у них из виду.

7. Напрасно они стояли и вглядывались, и в замешательстве смотрели друг на друга. Тут они вспомнили о своих верблюдах и ослах, и поспешили разгрузить их грузы, чтобы те смогли отдохнуть.

8. Был же там неподалёку от Вифлеема у дороги колодец. И когда они склонились над ним, чтобы зачерпнуть воды для своих животных, смотри, там на тихой водной поверхности отразилась звезда, которую они потеряли.

9. И когда они её увидали, то преисполнились великой радости.

10. И они прославляли Бога, оказавшего им милосердие именно тогда, когда они сжалились над своими жаждущими животными.

11. И когда они вошли в дом, то нашли младенца с Марией, Его матерью, и пали ниц, и поклонились Ему. Они открыли свои сокровища и разложили перед Ним свои дары: золото, ладан и мирру.

12. И поскольку они были предупреждены Богом во сне не возвращаться к Ироду, они двинулись назад на свою родину по другой дороге. И они разожгли по своему обычаю огонь и молились Богу в пламени.

13. Когда же они уехали, смотри, тут Иосифу во сне явился ангел Господа и сказал: «Вставай, бери младенца и Его мать, и убегай в Египет, и оставайся

там до тех пор, пока я дальше не скажу тебе; ибо Ирод ищет убить Его». (Гл. 5, 6-13)

Я, Христос, объясняю, исправляю
и углубляю слово:

Написано: «... ибо Ирод ищет убить Его». Слова ангела и внушение из Духа прозвучали со следующим смыслом: «Теперь убегай с младенцем и Его матерью в Египет и оставайся там до дальнейших указаний». Вести о том, что Ирод хотел убить младенца, пришли к Иосифу из других источников и были соединены с высказыванием ангела.

Поскольку люди Новой эры через осуществление и исполнение вечных законов знают свободу в законе жизни, они будут сомневаться в таком или в подобных высказываниях: «Ирод ищет убить его». Ведь они знают: таких или подобных прямых высказываний Бог и Его ангелы не делают. Этим они бы подтверждали то, что ещё находится в подвешенном состоянии.

Поэтому Я, Христос, объясняю, исправляю и углубляю эти и другие высказывания, чтобы эта книга для многих была произведением познания.

Бог допускает передавать послания людям через другие источники, то есть опосредованно — тогда, когда намерение человека им уже высказано и может быть передано вторыми или третьими лицами, услышавшими его. Если оно имеет значение, то оно тогда дойдёт до затронутого человека опосредованно. Таким образом, Бог ведёт – в законе посева и урожая – опосредованно.

14. Он встал и взял ночью младенца и Его мать, и убежал в Египет, и оставался там около семи лет до смерти Ирода, чтобы исполнилось то, что Господь сказал через пророка, который тут говорит: «Из Египта Я позвал Моего Сына».

15. Также и Елизавета, когда услыхала это, взяла своего сыночка, пошла с ним в горы и спрятала его там. А Ирод послал своих людей к Захарии в храм, и повелел его спросить: «Где твой ребёнок?» И он отвечал: «Я служитель Бога и нахожусь постоянно в храме. Я не знаю, где он».

16. И он вторично послал к нему и велел спросить его: «Скажи мне честно, где твой сын, разве ты не знаешь, что твоя жизнь в моих руках?» Захария сказал в ответ: «Бог свидетель: если ты прольёшь мою кровь, то Бог примет мою душу, ибо ты прольёшь кровь невинного».

17. И они убили Захарию в храме между святилищем и алтарём; народ получил известие об этом через голос, который прокричал: «Захария был убит, и кровь его не должна быть смыта прежде, чем не явится мститель». И спустя некоторое время свя-

щенники бросили жребий, и жребий пал на Симеона, который занял его место.

18. Когда же Ирод увидел, что был обманут мудрецами, он крайне рассердился и послал своих людей, и повелел убивать в Вифлееме и его окрестностях всех детей, которым было тогда два года и меньше, в соответствии со временем, которое он узнал от мудрецов.

19. Так исполнилось сказанное пророком Иеремией: «В Раме слышен голос, плач, жалобные стоны и великая скорбь. Рахиль плачет о своих детях и не хочет утешиться; ибо их больше нет».

20. Но, когда Ирод умер, смотри, тут явился ангел Господа Иосифу во сне в Египте и сказал: «Вставай, возьми ребёнка и Его мать, и возвращайся в землю Израиль: ибо мертвы те, кто посягали на жизнь ребёнка».

21. И он встал, взял ребёнка и Его мать, и возвратился в землю Израиль. И жили они в городе по имени Назарет. И Его называли Назарянином. (Гл. 5, 14-21)

ГЛАВА 6

Детство и юность Иисуса

Храм внутреннего (4). Жених Христос и невеста (5). Бракосочетание как союз верности перед Богом – Опыт женских качеств для Иисуса из Назарета – Страдания и смерть на кресте не должны были бы иметь места (10). Правильное понимание текста – Мудрость египтян (11). Краткое сообщение о жизни Иисуса перед началом Его учительской деятельности (12). Иисус жил и давал из всемогущества и любви Бога, и исполнял заповедь «Молись и работай» (14). Последний союз, заключённый с праобщиной Новый Иерусалим – Тьма проиграла – Процесс очищения Земли (17)

1. Между тем Его родители, Иосиф и Мария, все годы ходили в Иерусалим на праздник Пасхи; они праздновали праздник по обычаю своих братьев, которые воздерживались от кровопролития, мясной пищи и крепких напитков. Когда Иисусу было двенадцать лет, Он пошёл с ними в Иерусалим, по праздничному обычаю. (Гл.6, 1)

Я, Христос, объясняю, исправляю
и углубляю слово:

Этим проявляется то, что Бог, Господь, не вмешивается в законы людей, насколько они являются обычаями, которые не противостоят небесному закону. Даже человек Иисус придерживался обычая, и Господь сопровождал Его Своим Духом.

2. И когда дни подошли к концу, и они возвращались, ребёнок Иисус остался в Иерусалиме, и Его родители об этом не знали. Они думали, что Он находится в компании с ними и далеко прошли в своём дневном странствии. Потом они искали Его среди друзей и знакомых. И поскольку они Его не нашли, то вернулись в Иерусалим и искали Его там.

3. Случилось так, что они нашли Его через три дня в храме среди учёных. Он сидел, слушал их и задавал им вопросы. И все, кто Его слышал, удивлялись Его пониманию и Его ответам.

4. Когда Его родители увидели Его, они были поражены. И Его мать сказала Ему: «Мой Сын, почему Ты нам такое причинил? Смотри, Твой отец и я искали Тебя, полные беспокойства». И Он сказал им: «Почему вы искали Меня? Разве вы не знаете, что Я должен быть в доме Моего Отца?» ... (Гл. 6, 2-4)

Я, Христос, объясняю, исправляю
и углубляю слово:

Словами «... что Я должен быть в доме Моего Отца» мальчик подразумевал не дом, храм из камня, а дом из плоти и кости – человека, в котором обитает Дух Бога, который говорил через мальчика Иисуса. Иисус подразумевал: Я должен покоиться в Себе, в храме внутреннего, чтобы давать людям – и отвечать тем, кто Меня об этом попросит.

Каждый человек есть храм Бога. Кто сохраняет этот храм чистым, тот чувствует, думает, говорит и поступает также чисто, и живёт благодаря этому в сознании Бога. Иисус учил из этого «храма внутреннего» в храме Иерусалима тех, кто хотел слушать Его в храме из камня.

... И они не поняли слов, которые Он им сказал. Но Его Мать сохранила все эти слова в своём сердце.

5. И некий пророк, Его видевший, сказал Ему: «Смотри, любовь и мудрость Бога объединены в Тебе, потому в грядущие века Тебя следует называть Иисусом, ибо через Христа Бог избавит человечество, которое сегодня воистину, как горькое море; но этой горечи следует превратиться в сладость; однако этому поколению невеста ещё не покажется, а также ещё и в века, что наступят». (Гл. 6, 4-5)

Я, Христос, объясняю, исправляю
и углубляю слово:

Пророк предсказал из Духа. Между тем прошли века. Всё-таки жених, Дух Христа, который Я Есть, теперь отправился в путь, чтобы призывать людей, которые верят в Меня и исполняют волю Отца, чтобы вести их в страну мира. Подобно наряженной невесте, украшенной украшением и добродетелью внутренней жизни, Мне навстречу идут многие души и люди – и всё больше становится тех, которые превращаются от горечи к сладости и появляются по правую сторону от Меня.

6. И Он пошёл с ними и пришёл в Назарет, и был им послушен. И Он делал с большим мастерством колёса и хомуты, а также столы. И Иисус набирал рост, а также приобретал милость у Бога и людей.

7. И однажды пришёл мальчик Иисус в одно место, где была поставлена ловушка для птиц, а возле неё стояло несколько мальчиков. И Иисус сказал им: «Кто сюда поместил эту западню для невинных созданий Бога? Смотрите, они таким же образом будут пойманы в западню». И Он увидел двенадцать воробьёв, которые были как мёртвые.

8. И Он подвигал над ними Своими руками и сказал им: «Летите прочь, и пока живы, помните обо Мне». И они поднялись и полетели прочь с криками. И евреи, видевшие это, были очень удивлены и рассказали об этом священникам.

9. И другие чудеса делал ребёнок, и видели, как под Его стопами произрастали цветы, там, где до сих пор была неплодородная почва. И Его товарищи обретали благоговение перед Ним.

10. Когда Иисус был в возрасте восемнадцати лет, Он женился на Мириам, деве из рода Иуды, и Он прожил с ней семь лет; и она умерла; ибо Бог забрал её к Себе, чтобы Он мог шествовать далее к более высоким задачам, которые Он должен был совершить и выстрадать ради всех человеческих сыновей и дочерей. (Гл. 6, 6-10)

Я, Христос, объясняю, исправляю
и углубляю слово:

Я никогда не был женат. В этом поколении слово «женатый» имеет иное значение. Для людей этого времени оно означает вступление в брак при регистрации в государственном учреждении и, возможно, церемонию в земной церкви перед священником и вместе с ним.

Также и слово «бракосочетание» имеет в Духе иное значение, чем «вступление в брак». Бракосочетание в Духе Бога означает: два человека заключают союз с Богом и стараются стать едиными в Боге. Женитьба, вступление в брак – это решение по законам этого мира. Бракосочетание же является союзом верности с ближним перед Богом, в котором два человека решают осуществлять божественные законы и совместно вести чистую, богонаполненную жизнь.

В этой книге слово «женатый» имеет такое значение: быть соединённым через любовь Бога.

Иисус был в духе соединён со всеми людьми и существами, со всем Бытием – так же как Я Есть, будучи Христом.

Будучи Иисусом, то есть Сыном Человеческим, Я должен был испытать и это соединение с женским полом, чтобы его понять и суметь ему помочь. Как Иисус из Назарета, Я имел глубокое, чистое соединение с этой женщиной, которая была очень близка Моей сущности. Закон гласит: подобное притягивает подобное. У этой женщины имелись некоторые, колеблющиеся подобно Моей душе, аспекты сущности. Через них мы состояли в глубокой коммуникации. Я ощущал Себя в ней, а она себя во Мне. Вместе с тем Я пережил мир чувств женского принципа в земном одеянии и благодаря этому понимал также и многих женщин, бывших со Мной в годы Моей учительской деятельности.

Незадолго до Моих лет учительства истекло земное время для этой женщины. Бог, наш вечный Отец, забрал её назад к Себе, как позднее и многих мужчин и женщин из Моего сопровождения. Ибо в этом мире приход и уход души являются закономерностью, подлежащей не произволу, а течению закона посева и урожая или закону света Бога.

Моим заданием как Иисуса из Назарета, Христа Бога, было погрузить в души людей искру Избавителя. Мои страдания и физическая смерть были знаком непреклонности людей. Если бы сыновья и дочери Бога из рода Давида позволили через Иоанна, а также через Меня позвать себя, и они преданно следовали бы Христу в Иисусе, то присоединились бы и дальнейшие сыновья и дочери Бога из других родов, чтобы преданно следовать за Мной. Из них получился бы народ, который сознательно смог бы быть народом Давида для Царства мира Иисуса Христа. Поскольку род Давида, состоящий в задании дела Избавителя, оставался в грехе, Я окутал Себя частью его вины, а также частями вины отдельных лиц из других родов. Вследствие этого, Меня смогли взять в плен. И так начались страдания.

Если бы род Давида не оставался в грехе, то Я, пожалуй, принёс бы искру Избавителя всем душам и людям; однако страданий и физической смерти на кресте Я бы тогда не должен был переносить. Так Я пострадал за сыновей и дочерей людей, потому что они не стали сознательными сыновьями и дочерями Бога, тем, что они выполняли бы волю Бога.

Если бы род Давида находился рядом со Мной, то всё развитие событий приняло бы иной ход. И если бы весь еврейский народ – включая его книжников и фарисеев – принял и признал Сына Бога, тем, что они исполняли бы законы Бога, тогда частичная сила осталась бы в прасиле. Ибо кто исполняет вечный закон, не нуждается ни в какой опоре.

Я, Христос, объясняю, исправляю
и углубляю слово:

Поскольку многие тексты этой книги понимаются
не по смыслу, а буквально, необходимо вновь и вновь
кое-что объяснять и исправлять.

Я уже проявлял, что некоторые слова при возникно-
вении этой книги имели иное значение, чем сегодня.
Также и человек, в то время воспринимавший и запи-
сывавший слово, обладал определённым словарным
запасом; лишь его он мог употребить. Также и переводчики опять же имели свой собственный словарный
запас для перевода. Поэтому и следует всё, что даётся
из божественного в слове, понимать по смыслу. Где
непременно необходимо объяснить, исправить или
углубить, Я буду снова и снова действовать через Мой
инструмент сегодняшнего времени и объяснять это,
исправлять или углублять.

Также и в этом тексте Я исправляю слова: «...опять
пошёл в Египет, чтобы научиться мудрости египтян,
как это делал Моисей». По смыслу они должны бы
означать: Он снова и снова встречался с египтянами,
чтобы поговорить с ними о мудрости Бога. Однако Я

не отправлялся в Египет, чтобы изучать мудрость Бога у египтян. Ребёнком Я был с Моими приёмными родителями в Египте, но и даже тогда не для того, чтобы изучать божественную мудрость.

В пустыне Я снова и снова встречался, кроме прочего, с мужчинами и женщинами, чтобы молиться и разговаривать с ними о вечной истине. Среди них опять-таки было много египтян. Уже как у мальчика Иисуса, мудрость Бога была явной во Мне; она также говорила через Меня. Оттого, уже, будучи мальчиком Иисусом, Я говорил из мудрости Бога с так называемыми учёными в храме. Мудрость Бога, таким образом, была действенна во Мне. Зачем же тогда её ещё и изучать?

... И Он пошёл в пустыню, медитировал, постился и молился, и Он получил власть святого Имени, посредством которой Он совершал многие чудеса.

12. И в продолжении семи лет Он говорил с Богом лицом к лицу, и Он изучил язык птиц и зверей, и целительные силы деревьев, трав и цветов, и скрытые силы драгоценных камней, изучил также движения солнца, луны и звёзд, и власть иероглифов, мистерии угловых мер и круга, и превращения вещей и форм, чисел и знаков. Оттуда Он вернулся назад в Назарет, чтобы навестить Своих родителей, и Он учил там и в Иерусалиме как признанный рабби, даже в храме, и никто не препятствовал Ему. (Гл. 6, 11-12)

Я, Христос, объясняю, исправляю
и углубляю слово:

Всё, что Бог сотворил и поддерживает, находится в душе человека. Кто живёт в Боге, тот получает от Бога и – даже, будучи человеком – поучается Богом. Как Иисус из Назарета, Я жил в Боге и получал от Бога, Моего Отца, с которым Я состоял в постоянной коммуникации.

Из внутренней сути Иисуса струилась божественная мудрость, и Он говорил с животными в воде, в воздухе, в земле и на земле. И Иисус, в котором Я жил, испытывал в Себе жизнь растений и камней.

Из внутреннего Я переживал, будучи Иисусом, движение небесных тел, о чём очень много беседовал с египтянами, среди которых были истинные мудрецы.

Поскольку Я, будучи Иисусом, учил в храме, многие люди называли Меня рабби. Но Я был пророком и Сыном Бога – тем Сыном Человеческим в земном одеянии, который учил законам Бога и жил по ним, и отдал себя на то, чтобы избавление в душах людей и в душах, живших в царствах падения, смогло наступить.

13. По истечении некоторого времени Он отправился в Ассирию и Индию, в Персию и в страну халдеев. И Он посещал их храмы и в продолжении многих лет говорил с их священниками и их мудрецами, и Он совершал много удивительных дел и исцелял больных во время перемещения по странам.

14. И животные полей ощущали перед Ним благоговение, и у птиц не было перед Ним никакого страха; ибо Он не пугал их, да и даже дикие животные пустыни чувствовали в Нём мощь Бога и служили Ему добровольно, и переносили Его с места на место. (Гл. 6, 13-14)

Я, Христос, объясняю, исправляю
и углубляю слово:

Будучи Иисусом, Я встречался со многими людьми разных сословий и различных языков, и беседовал с ассирийцами, индийцами, персами, халдеями, израильтянами и с другими мужчинами и женщинами из различных родов. Но Я не перемещался в их или другие страны, чтобы изучать мудрость Бога. Я прибывал в некоторые страны и доходил до границ некоторых стран. Часто препятствием был язык. Но когда мы говорили о законах любви, каждый знал, что хотел сказать ближний. Язык сердца не знает границ – даже и сегодня, во время близкое двухтысячному году.

Из любви к людям прорывалась также и целительная сила – чтобы помогать людям и давать свидетельство о том, что жило во Мне, Иисусе: всемогущество Бога.

Ещё существующая сегодня техника делает возможным быстрее переводить и передавать Моё слово, так что сердца людей пробуждаются, и они обучаются языку любви; он понятен всем мыслителям сердца.

Многие люди придерживаются того мнения, что Я много лет находился в дороге, чтобы собирать мудрость и совершать дела любви. Будучи Иисусом из Назарета, Я, пожалуй, и находился много в дороге, чтобы учить и совершать дела любви и милосердия. Однако Я не упускал возможности исполнять заповедь «Молись и работай».

Так же, как Иосиф и Мои родные братья Я, будучи плотником, осуществлял то, что Бог заповедовал людям: «Молись и работай».

Смысл выражения «и переносили Его с места на место» значит: многие животные проходили длительные расстояния вместе со Мной, некоторые от места к месту. Кто любит Бога, тот любит и природные царства. И природные царства служат тому, кто любит Бога. Ибо всё Бытие является жизнью из Бога – и кто любит Бога, тому служит всё Бытие.

15. Ибо Дух божественной человечности наполнял Его и таким образом наполнял все вещи вокруг Него и делал всё Ему подчиняющимся; и так исполнились слова пророка: «Лев должен бы лежать возле телёнка и леопард возле козлёнка, и волк возле ягнёнка, и медведь возле осла, и сова возле голубя. И ребёнок должен бы вести их.

16. И никто не должен бы быть поранен или убит на Моей святой горе; ибо Землю должно бы наполнить познание Святого, так же, как вода покрывает морское ложе. И в эти дни Я хочу ещё раз заключить союз с животными земли и птицами воздуха, с рыбами моря и со всеми созданиями Земли. И Я хочу сломать лук, а также меч, и все орудия войны Я хочу изгнать с Земли, и они должны быть сложены в надёжном месте, чтобы все жили без страха.

17. И Я хочу поклясться тебе навсегда в честности и в мире, и в доброте сердца, и ты должен бы познать своего Бога, и Земля должна бы производить зерно и вино, и масло, и Я хочу сказать тем, кто не является Моим народом: ты – Мой народ, а они Мне скажут: Ты – наш Бог». (Гл. 6, 15-17)

Я, Христос, объясняю, исправляю
и углубляю слово:

Это произошло! Поскольку израильтяне не приняли и не признали Меня, Христа, своим Избавителем, то Вечный и Я, Христос, собираем сыновей и дочерей Бога на другой части Земли. Там теперь «Израиль», и там же новый «Иерусалим». Ибо Бог не связывает себя с одним местом и обещанием людей, которые не сдерживают своего обещания, которые не исполняют того, что Он им заповедовал.

Другой народ состоит в союзе. Он – Мой народ, и Я буду его Пастухом. Оттуда теперь поднимутся вверх первые силы Царства мира.

Бог заключил новый союз – последний союз – с этим другим народом, с людьми, старающимися исполнять волю Бога. Они из великого рода Давида и из других родов, которые придерживаются заповедей жизни.

Вечный и Я, Христос, взывали и взываем в этот мир через уста пророков и собираем всех послушных сыновей и дочерей Бога: уже существующий малый народ вырастет в могучий народ Бога.

Последний союз заключён и имеет силу. Он приносит тем, кто его придерживается, много помощи из закона Бога. Я, Христос, возглавляю народ Бога и никакого человека не имею в качестве заместителя. Праобщина Новый Иерусалим, ставшая Союзной общиной, является этим народом Бога. Она является центральным светом в Универсальной Жизни.

Народу Бога предстоит ещё преодолеть некоторые барьеры. Но Дух истины и жизни с ним, и все, состоящие в союзе с честным сердцем, станут основателями и строителями Царства Бога на Земле. В это время – близкое двухтысячному году – обнаруживается, как по смыслу написано: Я, ваш Господь и Бог, заключу союз с другим народом.

Тьма проиграла; союз заключён; Земля очищается – так, как это было предсказано.

Земля задрожит, разверзнется и поглотит многих людей. Однако, прежде чем это всё произойдёт, на людей сойдут болезни, нужды, удары судьбы и гораздо большее. Ангел смерти отправляется вперёд и сгребает прочь всё больше людей. Нечистое исчезнет. Моря выступят из своих бассейнов и покроют всё противоположное, и небесные тела очистят Землю своими лучами. Тогда будут сломаны меч и все орудия войны. Тогда на всей Земле возникнет Царство мира, и на Земле будут жить люди, которые исполняют волю Бога. И будет мир. Тогда исполнится то, что написано:

«Лев должен бы лежать возле телёнка и леопард возле козлёнка, и волк возле ягнёнка, и медведь возле осла, и сова возле голубя. И ребёнок должен бы вести их». Всё это произойдёт!

18. И однажды Он шёл по горной тропе у края пустыни; там Он натолкнулся на льва, преследуемого толпой людей с камнями и пиками, и желавшими его убить.

19. Но Иисус побранил их словами: «Почему вы охотитесь на создания Бога, которые благороднее вас?

Посредством жестокости многих поколений они сделались врагами людей, которые, собственно, должны бы быть их друзьями.

20. Так же, как в них заметно могущество Бога, так показывается и Его терпение, и Его сострадание. Перестаньте преследовать это создание! Оно не желает чинить вам никакого вреда. Разве вы не видите, как оно бежит от вас и напугано вашим насилием?» (Гл. 6, 18-20)

Я, Христос, объясняю, исправляю
и углубляю слово:

Слово «сострадание» подразумевает помощь Бога. Я принёс избавление для всех людей и душ. В избавлении также находится и освобождение животных. Ибо через избавление всё в эволюционном процессе возвышается к единству, в свет Бога, являющийся единством, жизнью, субстанцией и силой.

21. И лев подошёл и лёг у ног Иисуса, показав Ему свою любовь. И народ очень удивился и сказал: «Смотрите, этот человек любит все создания, и Он имеет власть даже над животными пустыни, и они повинуются Ему». (Гл. 6, 21)

ГЛАВА 7

Проповедь покаяния Иоанна

*Значение символов и обрядов (4).
Суд: закон посева и жатвы – Очищение души (10)*

1. В пятнадцатый год правления кесаря Тиберия, когда Понтий Пилат был наместником в Иудее, а Ирод тетрархом в Галилее (Каиафа первосвященником, а Анна главой Синедриона), слово Бога сошло в пустыне на Иоанна, сына Захарии.

2. И Иоанн пришёл в местность близ Иордана и проповедовал крещение покаяния для прощения грехов. Как написано у пророков: «Смотри, Я посылаю перед Тобой Моего вестника, который подготовит перед Тобой дорогу. Это голос зовущего в пустыне: готовьте путь Святому и выровняйте тропы помазаннику.

3. Все долины должны бы заполниться и все горы, и холмы должны бы понизиться, и что согнуто, должно бы выпрямиться, и неровные дороги должны бы стать гладкими. И всякая плоть увидит избавление Бога».

4. Иоанн же имел одежду из верблюжьего волоса и пояс такой же вокруг поясницы, а его пищей были плоды горохового дерева и дикий мёд. И к нему шли Иерусалим и вся Иудея, и все из берега вдоль Иордана, и крестились им в Иордане и исповедовались в своих грехах. (Гл. 7, 1-4)

Я, Христос, объясняю, исправляю
и углубляю слово:

Также и в этом сообщении человек узнаёт, что Бог допускает привычки и обычаи, которые не против вечного, святого закона: тут это крещение водой.

Хочет ли человек ещё до того, как он не крещён Духом жизни, сохранять воду как символ очищения, Бог предоставляет это на усмотрение Своих человеческих детей.

Кто, однако, развил любовь к Богу и к своему ближнему, тот возвышен Духом Бога, то есть, он проникнут Духом истины.

Кто духовно созрел, тот всё меньше нуждается в символах и церемониях. Он живёт во внутреннем так же, как оно на Небе: чисто! Чистый наполнен Духом истины и проникнут Духом жизни: он, таким образом, крещён Духом Бога.

5. И он говорил народу, выходившему к нему для крещения: «О, ты, непослушный род! Кто вам просигналил бежать от гнева, который придёт? Принесите, потому, честные плоды покаяния и не начинайте говорить самим себе: мы имеем отцом Авраама.

6. Ибо я говорю вам: Бог может из этих камней породить детей Аврааму. И топор уже занесён над корнями деревьев, и всякое дерево, не приносящее добрых плодов, будет срублено и брошено в огонь».

7. И богатые спрашивали его и говорили: «Что же делать нам?» Он сказал им в ответ: «У кого две тужурки, тот отдай одну тому, у кого ни одной нет; и у кого есть пища, пусть сделает то же самое».

8. Но также приходили и некоторые сборщики налогов, чтобы креститься, и говорили ему: «Учитель, что нам делать?» И он говорил им: «Не требуйте более чем вам предписано, и будьте снисходительны на ваше усмотрение».

9. Также его спрашивали и воины: «Что нам делать?» И он сказал им: «Не делайте никому ни насилия, ни несправедливости и довольствуйтесь своим жалованьем».

10. И, обращаясь ко всем, он сказал: «Воздержитесь от крови задушенных и от мёртвых тел птиц и зверей, и остерегайтесь всякой жестокости и всякой несправедливости. Неужели вы думаете, что кровь животных и птиц может смыть грех? Я говорю вам: нет. Говорите правду! Будьте справедливы, будьте милосердны в отношении ваших ближних и всех созданий, тут живущих, и смиренно шествуйте с вашим Богом». (Гл. 7, 5-10)

Я, Христос, объясняю, исправляю
и углубляю слово:

Под словом «гнев» подразумевается суд, что сойдёт на тех людей, которые своевременно не обратятся: кто пренебрегает божественным законом, тот пострадает от того, что он посеял. Ни один человек не может избежать своего собственного суда, следствий своих собственных причин. Единственно раскаянием, просьбой о прощении и прощением, а также возмещением – насколько это ещё возможно – очищают душу от греха. То, что человек вложил в свою душу, свет и тень, то он носит с собой до тех пор, пока это не будет погашено. Всё равно, в какое время, всё равно в каком месте он находится – он носит с собой те тени, которые он сам вложил в свою душу – до тех пор, пока это не будет погашено.

Слова «И топор уже занесён над корнями деревьев и всякое дерево, не приносящее добрых плодов, будет срублено и брошено в огонь» означают: всякую не искупленную причину придётся нести. Топор – это закон посева и жатвы. Дерево – это тот человек, который не раскаивается в своих грехах и не исправляет то, что он причинил. Огонь означает очищение души; он является активным следствием на совершённый неискупленный поступок, причину.

Кто в том, что написано, способен охватить смысл, тот сознаёт, что душа и человек становятся чистыми лишь тогда, когда они познают свои ошибки и грехи, раскаиваются, прощают, просят о прощении и приносят покаяние – то есть исправляют и больше того же или подобного не совершают.

Познайте: вся природа, животные, растения и камни являются садом Бога, Его произведением творения. Кто этим пренебрегает, тот грешит – и он снова и снова будет представать перед своими грехами до тех пор, пока он не познает, не раскается и не принесёт покаяния. И если он больше не грешит и придерживается заповедей, то он будет жить во Мне, и Я осознанно через него.

Кто бескорыстно любит своего ближнего, тот также не будет больше убивать и поедать животных. Такой человек становится чист в своей душе, и плоды, которые он порождает, будут жизнью во Мне.

11. Однако народ пребывал в ожидании, и все думали в своих сердцах о том, является ли Иоанн Христом или нет. Иоанн говорил всем в ответ: «Я крещу вас водой; но после меня придёт более сильный, чей ремень обуви я не достоин развязать.

12. Он будет крестить вас водой и огнём. В Его руке лопата, и Он очистит Свой ток и соберёт пшеницу в Свой амбар, а отбросы сожжёт неугасимым огнём». И многое другое он говорил народу в своей проповеди покаяния. (Гл. 7, 11-12)

ГЛАВА 8

Крещение Иисуса, Христа

*Бог и Христос проявляют сегодня через серафима
божественной мудрости всю истину – Потомство Давида
подготавливает вместе с Христом Царство мира (3)*

1. *И была середина лета, десятый месяц. Тогда
Иисус пришёл из Галилеи на Иордан к Иоанну, чтобы
покреститься у него. Иоанн же запрещал Ему и говорил: «Мне нужно быть крещённым Тобой, а Ты пришёл ко мне?» Иисус сказал ему в ответ: «Прими это
таковым, ибо нам надлежит исполнить всю справедливость». Тогда он уступил Ему.*

2. *И когда Иисус покрестился, Он тотчас вышел
из воды; и смотри, Небеса раскрылись над Ним, и над
Ним явилось светящееся облако, а за облаком двенадцать лучей света, и оттуда на Него спустился Дух
Бога, похожий на голубя, и светился вокруг Него. И
смотри, голос с Небес сказал: «Это Мой возлюбленный Сын, в котором Я нахожу Своё удовлетворение.
И в этот день Я зачал Его». (Гл. 8, 1-2)*

Я, Христос, объясняю, исправляю
и углубляю слово:

Вода символизирует очищение души и тела. Вода
текуча – Дух текуч.

Событие после крещения Иисуса, о котором здесь сообщается, совершилось в духе. Иоанн видел его в своём внутреннем в этих символах. Слово «зачал» должно означать «призвал». Благодаря зову Вечного, Я, Христос, совершал то, что больше и больше становилось явным в Иисусе.

3. И Иоанн свидетельствовал о Нём и сказал: «Это был Тот, о Котором я говорил, что Он придёт после меня, и станет передо мной; ибо Он был раньше, чем я. И из Его изобилия мы все восприняли милость за милостью. Ибо закон лишь частично дан через Моисея, но милость и истина пришли через Иисуса Христа в изобилии. (Гл. 8, 3)

Я, Христос, объясняю, исправляю
и углубляю слово:

Вечная истина излучается теперь в этот мир бесчисленными гранями. Во многих поколениях Вечный давал из вечной истины, которой Он является, всегда те грани истины, которые могли бы понять стремящиеся к Богу люди и по которым они могли бы жить. Так, Он дал через Моисея соответствующие грани истины для тогдашних поколений. Я, Христос в Иисусе, дал изобилие из истины. Но немногие могли понять Меня.

Теперь настало время, в которое Я проявляю все грани истины. Кто может их постичь, да постигнет!

Познайте: вечная истина распространится теперь по всему миру, и всё ложное будет предано огню, так что изобилие, вся истина станет явной. Божественную мудрость Я избрал из Духа как родоначальницу Царства мира Иисуса Христа. Женский луч, серафим из мудрости Бога, пребывает сегодня во плоти и действует для Вечного и для Меня в качестве пророчицы и посланницы Бога. Через неё Вечный и Я, Христос, взывали и взываем в этот мир и приносим всем желающим людям всю истину — насколько это возможно в словах.

По воле Бога Давид, от которого произошёл род Давида, является по плоти родоначальником Царства мира Иисуса Христа. Ибо он принёс в этот мир семя и из него гены, образующие род Давида.

Существа из Бога воплощаются в тех людей, в которых активны гены Давида. Вместе с другими сыновьями и дочерями из других родов они состоят в Задании избавления в Моём деле, Универсальной Жизни.

Давид, следовательно, является родоначальником Царства мира Иисуса Христа по плоти, а луч божественной мудрости родоначальницей по духу.

Итак, Давид принёс семя и гены для народа Бога по плоти; божественная мудрость приносит всю истину в земном слове посредством её воплощённого частичного луча, серафима божественной мудрости.

Души во плоти призываются.

Через пророчицу и посланницу Бога души и люди получают от Меня, Христа, в откровенческом слове всю истину. Воплотившийся частичный луч божественной мудрости также во всех подробностях учит вечным законам и показывает всем желающим, как их можно исполнять в этом мире.

Время пришло. Мир подступает к двухтысячному году. Я готовлю Моё пришествие как Христа через избранный народ Бога, с которым Вечный и Я, Христос, во Всесиле, Боге, заключили последний союз. Только те души, и те люди встанут справа от Меня, которые знают всю истину, а также её исполняют.

4. Никто никогда не видел Бога. Лишь в Единорождённом, пришедшим из лона Вечного, проявлен Бог». И вот высказывание Иоанна, когда евреи из Иерусалима послали священников и левитов спросить его: «Кто ты?» И он не отрицал, а подтвердил: «Я не Христос».

5. И они спрашивали его: «Кто ты тогда? Ты Илия?» Он сказал: «Нет, это не я». «Не пророк ли ты, о котором говорил Моисей?» И он ответил: «Нет». Тогда они сказали ему: «Кто же ты? Чтобы мы дали ответ тем, кто нас послал. Что ты скажешь о себе самом?» И он сказал: «Я голос зовущего в пустыне. Приготовьте дорогу Святому, как сказал пророк Исаия».

6. И те, кто был послан, были от фарисеев и спросили его: «Почему же ты тогда крестишь, если ты не Христос, не Илия и не пророк, о котором говорил Моисей?»

7. Иоанн сказал им в ответ: «Я крещу водой; но стоит среди вас Тот, кого вы не знаете. Он будет крестить водой и огнём. Он Тот, кто придёт после меня, но всё же будет идти впереди меня; я не достоин того, чтоб развязать ремней Его обуви».

8. Это происходило в Вифаваре, по ту сторону Иордана, где крестил Иоанн. И Иисусу к этому времени было тридцать лет, по плоти Он действительно был сыном Иосифа и Марии, но по Духу Он был Христом, Сыном Бога, вечного Отца, как было властно провозглашено Духом святости.

9. И Иосиф был сыном Иакова и Элишебы, а Мария была дочерью Эли (наречённого Иоахимом) и Анны, которые были детьми Давида и Ватшебы, от Иуды и Шелы, от Иакова и Лии, от Исаака и Ребекки, от Авраама и Сары, от Сета и Мааты, от Адама и Евы, которые были детьми Бога. (Гл. 8, 4-9)

ГЛАВА 9

Четыре искушения

Тьме можно измерить себя со светом (1).
Кто живёт в Боге, тот соединён со всем Бытием и никогда
не бывает одинок (5)

1. Иисус был отведён Духом в пустыню, чтобы подвергнуться искушению дьявола. И дикие звери пустыни находились вокруг Него и служили Ему. И поскольку Он постился сорок дней и сорок ночей, то был голоден. (Гл. 9, 1)

Я, Христос, объясняю, исправляю
и углубляю слово:

Сатане было разрешено проверить Иисуса. Дух Моего вечного Отца допустил проверку. Также и Сатане следовало бы при этом суметь познать и измерить себя, чтобы испытать, что те, кто живут в Боге, сильнее власти тьмы.

Закономерностью из любви и милости Бога является то, что когда люди достигли знания и мудрости из Бога, то тьме можно измерить себя с ними. Благодаря этому также и самая глубоко падшая душа получает возможность самопознания: в своём поражении она на себе самой может испытать, что Сатану превосходит тот, кто живёт в Боге; ему служит чистое. Кто в своём внутреннем ещё не развил Дух Бога, тот подчинён Сатане, ибо он служит последнему во многих аспектах своей земной жизни.

Слово «поститься» означает: употреблять мало пищи.

2. И искуситель подступил к Нему и сказал: «Если Ты Сын Бога, то скажи, чтобы эти камни стали хлебом; ибо написано: Я хочу накормить Тебя отборной пшеницей и мёдом, и из скалы Я хочу насытить тебя».

3. Он же сказал ему в ответ: «Написано: не одним только хлебом жив человек, а всяким словом, исходящим из уст Бога».

4. Тогда дьявол поставил перед Ним женщину исключительной красоты и грациозности, утончённой души и живого ума, и сказал Ему: «Возьми её, если хочешь, ибо её желание для Тебя, и ты будешь наслаждаться любовью и счастьем всю Свою жизнь и увидишь детей своих детей. Разве не написано то, что не хорошо, чтобы человек был один?»

5. И Иисус сказал: «Убирайся прочь! Ибо написано: не позволяй себе соблазниться красотой женщины; ибо всякая плоть, как трава и как цветы в поле; трава засыхает, и цветы увядают, но слово Вечного про-

должается навсегда. Моя задача обучать и исцелять человеческих детей, и тот, кто рождён от Бога, сохраняет своё семя в себе». (Гл. 9, 2-5)

Я, Христос, объясняю, исправляю
и углубляю слово:

Смысл слов «сохраняет своё семя в себе» следующий: люди в Боге не станут растрачивать свои силы из-за наслаждений и раздражителей. Кто живёт в Боге, тот любит внутренние ценности человека, внутреннюю красоту и добродетель. Кто любит внутреннее человека, тот соединён со всеми людьми и существами. Он никогда не будет один и одинок, потому что он бережёт в себе хорошее от своего ближнего. Только таким образом исполняется заповедь «Не хорошо, чтобы человек был один».

Бог является единством — и кто живёт в Боге, тот живёт в соединённости со всем Бытием. И всё Бытие, чистое, находится с ним и действует через него.

Одинок только тот человек, который отвергает и обесценивает своих ближних.

6. И дьявол привёл Его в святой город и поставил Его на зубец храма. И он сказал Ему: «Если Ты Сын Бога, то бросься вниз, ибо написано: Он прикажет

Своим ангелам, чтобы они охраняли Тебя и несли на своих руках, так чтоб Ты и Своею ногой не ударился о камень».

7. И Иисус сказал ему в ответ: «Также написано: тебе не следует искушать Господа, твоего Бога».

8. Тогда повёл Его дьявол на очень высокую гору посреди большой равнины, а вокруг неё расположились двенадцать городов с их жителями. Оттуда он Ему показал в одно мгновение все царства мира. И дьявол сказал Ему: «Всю эту власть и её великолепие я хочу отдать Тебе, ибо она передана мне. И я отдам её тому, кому захочу; ибо написано: Тебе господствовать от моря до моря; Тебе править Своим народом в честности, а бедными с милосердием, и всякому угнетению положить конец. Если же Ты теперь пожелаешь поклониться мне, то всё это будет Твоим».

9. И Иисус сказал ему в ответ: «Убирайся прочь от Меня, Сатана; ибо написано: тебе следует поклоняться Богу и Ему одному служить. Без власти Бога не может наступить конец зла».

10. И так как дьявол со всеми искушениями зашёл в тупик, он отступил от Него на некоторое время. И смотри, явились ангелы Бога и служили Ему. (Гл. 9, 6-10)

ГЛАВА 10

Иосиф и Мария готовят Иисусу праздник – Андрей и Пётр находят Иисуса

К людям Нового времени:
не забывать Избавительный поступок Иисуса (2).
Характеристика последователей Иисуса из Назарета –
Земное присвоение имени и имя излучения души (10)

1. Когда Иисус вернулся из пустыни, Его родители приготовили Ему в тот же день праздник. Они передали Ему дары, принесённые Ему мудрецами в Его младенчестве. И Мария сказала: «Эти дары мы сохранили для Тебя до сегодняшнего дня». И они дали ему золото, ладан и мирру. И Он взял от ладана, золото же подарил Своим родителям и беднякам, а от мирры Он дал Марии, называемой Магдалиной.

2. Эта Мария была из города Магдала, в Галилее. И она была великой грешницей и многих соблазнила своей красотой и грациозностью. И она пришла ночью к Иисусу и исповедалась Ему в своих грехах, и Иисус протянул Свою руку и исцелил её. И Он изгнал из неё семь демонов и сказал ей: «Иди с миром; ибо твои грехи тебе прощены!» И она поднялась и оставила всё, и последовала за Ним, и служила Ему своим имуществом, пока Он действовал в Израиле. (Гл. 10, 1-2)

Я, Христос, объясняю, исправляю
и углубляю слово:

Для лучшего понимания, чтобы вечный закон был познан:

это была Мария, называемая Магдалиной, говорившая о семи демонах, которые оставили её. Она считала, что это и произошло. Просветлённый о таком не говорит. Он помогает и исцеляет, насколько оно хорошо для души.

Это объяснение, прежде всего, даётся для людей современности и начинающейся Новой эры, которые знают законы Бога.

Эта книга «Это есть Моё Слово», прежде всего, имеет значение для людей Новой эры. Ибо они переживают Христа как мирового правителя и уже не как Избавителя. Поэтому для них эта книга станет историческим произведением.

Людям Новой эры не следует забывать фундамента, избавления, на котором было выстроено Царство мира Иисуса Христа. Мысли, жизнь, деятельность и страдания Сына Бога в Иисусе из Назарета, являющегося ныне правителем Земли и руководителем Царства Бога на Земле, должны бы оставаться в памяти людей Новой эры.

3. На следующий день Иоанн видит идущего к нему Иисуса и говорит: «Посмотрите на ягнёнка Бога, который справедливостью забирает прочь грехи мира. Это Тот, о котором я сказал: Он был прежде меня. И я не знал Его; но, чтобы Он стал явным в Израиле, поэтому я пришёл крестить водой».

4. И Иоанн давал свидетельства, говоря: «Я видел Духа, спустившегося с Небес подобно голубю и пребывающего на Нём. И я не знал Его; но кто послал меня крестить водой, Тот сказал мне: на ком ты увидишь Духа, спустившегося и пребывающего на Нём, Тот и есть, кто будет крестить водой, огнём и Духом. И я видел это и свидетельствую, что это был Сын Бога».

5. Днём после того, Иоанн стоял у Иордана с двумя своими учениками. И как он увидел идущего Иисуса, то сказал: «Посмотрите на Христа, ягнёнка Бога!» И оба ученика услышали то, что он говорит, и последовали за Иисусом.

6. Иисус обернулся, увидел следовавших за Ним и сказал им: «Что вы ищете?» Они же сказали Ему: «Рабби (что значит: учитель), а где Твоё обиталище?» Он сказал им: «Пойдите и посмотрите». Они пошли и увидели, где Он жил, и пробыли у Него тот день; было же около десятого часа.

7. Один из этих двоих, слышавших Иоанна и последовавших за Иисусом, был Андрей, брат Симона Петра. Он находит своего брата Симона и говорит ему: «Мы нашли Мессию, (что значит: Христос)». И он привёл его к Иисусу. И когда его Иисус увидел, то сказал: «Ты – Симон Бар Иона, ты назовёшься Кифа (это значит: скала)».

8. На следующий день Иисус идёт в Галилею, находит Филиппа и говорит ему: «Следуй за Мной!» Филипп же был из Вифсаиды, города Андрея и Петра. Филипп находит Нафанаила, названного Бар Толмаем, и говорит ему: «Мы нашли Того, о котором написали в законе Моисей и пророки, Иисуса из Назарета, Сына Иосифа и Марии». А Нафанаил говорит ему: «Разве может из Назарета прийти что-то хорошее?» Филипп сказал ему: «Пойди и посмотри!»

9. Иисус видит идущего к Нему Нафанаила и говорит о нём: «Посмотрите, вот правильный израильтянин, в котором нет фальши!» Нафанаил говорит Ему: «Откуда Ты знаешь меня?» Иисус сказал ему в ответ: «Прежде, чем Филипп позвал тебя, когда ты был под фиговым деревом, Я видел тебя». Нафанаил сказал Ему в ответ: «Рабби, Ты – Сын Бога, Ты – Царь Израиля. Да, под фиговым деревом я нашёл Тебя».

10. Иисус сказал ему в ответ: «Нафанаил Бар Толмай, ты веришь, потому что Я тебе сказал, что видел тебя под фиговым деревом; ты увидишь ещё большее, чем это». И Он говорит ему: «Истинно, истинно говорю Я вам, отныне вы будете видеть небо открытым и ангелов Бога, восходящих и нисходящих к Сыну Человеческому». (Гл. 10, 3-10)

Я, Христос, объясняю, исправляю
и углубляю слово:

То, что уже довольно длительное время назад было записано в этой книге, во многих высказываниях соответствует по смыслу действительным событиям. Поэтому каждое высказывание следует понимать не буквально, а по смыслу.

Имелись большие разногласия среди тех, которые верили в Меня и следовали за Мной – перечислены ли они поимённо или нет. Зачастую это были вопросы веры или жизненные ситуации, которые разогревали нрав: один сразу же верил в Мою миссию, другой сомневался в ней, так как многого не мог понять из Моих речей к нему и к его ближним. Один хотел следовать за Мной, другой имел всё ещё мирские интересы, которые ему были важнее. А иные хотели взять с собой в странствие всё своё имущество, чтобы в подходящих местах его приумножить. Представления и интересы были многообразны, и мышление было таким же разным, как и сами люди. У многих имелись продолжительные туда и сюда, если бы да кабы. Нерешительность была для многих злым роком. На некоторое время они оставались – потом снова отделялись от Меня. Это был маленький, пёстрый народ верующих, скептиков, интересующихся и таких, кто хотел через Меня, через Моё мышление и жизнь как Иисуса из Назарета, делать бизнес.

Кто решался от сердца и осуществлял Моё учение, те стояли справа от Меня и оставались справа от Меня. Также и сегодня они стоят в духе справа от Меня. Праведники видели ангелов, служивших Сыну Человеческому. Многие из них действуют в духе ради великого целого. Некоторые приходили и приходят – в зависимости от своего духовного поручения – в земное одеяние снова и снова, чтобы в великом целом эволюционного процесса подготовить Мой приход.

Каждый человек имеет имя и фамилию, данные ему при земном рождении. Эти имя и фамилия соответствуют вибрации души ко времени воплощения. Если люди в течение земных лет преодолевают некую фазу душевного развития, то изменяется также и излучение их души. В космическом процессе эволюции изменяется затем и имя излучения души.

Если, например, между людьми кое-что очищено – как и между родителями и ребёнком – тогда также изменяются имена излучения душ. Это происходит как в эволюционном процессе человека, так и в эволюционном процессе души в местах очищения и в сферах подготовки до тех пор, пока духовное существо вновь не понесёт своё праимя от Бога, потому что оно вновь стало чистым.

Имена излучения человека, стало быть, изменяются в соответствии с развитием души. В местах очищения душа осознаёт это по мере перехода от одной эволюционной ступени к другой.

На Земле во многих случаях имеют силу застывшие формы. Так, человек сохраняет – как бы документ – свои имя и фамилию на протяжении всего своего земного существования. По земному закону застывшая форма присвоения имени остаётся также и при вступлении в брак. У отдельных народов жена носит тогда фамилию мужа, которая для её жизни может иметь положительное или противоположное значение. У других же народов люди изменяют свои имена согласно самостоятельно заданным точкам зрения и ритуалам.

К данному при рождении имени может прилипнуть много человеческого – такое как старые традиции или события, которые уже давно прошли, однако всё ещё сопровождают имя в виде воспоминаний. Поэтому Я давал некоторым из людей, желавшим следовать за Мной, имена, которые соответствовали их тогдашнему излучению души, а также их новому кругу деятельности.

Если бы земной закон учитывал эволюционный путь души и человека, то довольно многие земные имена могли бы быть изменены в соответствии со степенью зрелости души. Опасность тогда была бы уже не столь велика, чтобы из воспоминаний, из того, что оставлено, вновь возникли бы новые соответствия.

ГЛАВА 11

Помазание Иисуса Марией Магдалиной

Суждение по земному масштабу (6).
Просветлённый зрит (10)

1. И один из фарисеев попросил Его о том, чтобы Он с ним поел. И Он пришёл в дом фарисея и сел за стол.

2. И смотри, в городе была женщина из Магдалы, известная как грешница. Когда она услыхала, что Иисус сидит за столом в доме фарисея, она принесла алебастровый сосуд с мазью и стала позади Него. Плача, она омочила слезами Его ноги, осушила их волосами своей головы, целовала Его ноги и смазывала их мазью.

3. Когда же фарисей, пригласивший Его к себе, это увидел, то подумал про себя: «Если бы этот человек был пророком, то Он бы знал, кто это и какая женщина, что прикасается к Нему; ведь она грешница».

4. Иисус обратился к нему: «Симон, Я имею тебе кое-что сказать». Он сказал: «Говори, Учитель».

5. «У одного заимодавца было два должника. Один был должен пятьсот грошей, а другой пятьдесят. И поскольку они не могли заплатить, он простил им обоим их долг. Скажи мне теперь, кто из двоих будет любить его больше?»

6. Симон отвечал: «Думаю тот, которому он больше подарил». И Он сказал ему: «Ты рассудил верно». (Гл. 11, 1-6)

Я, Христос, объясняю, исправляю
и углубляю слово:

«Ты рассудил верно» означает: ты рассудил по земным масштабам.

Познайте: каждое осуждение является приговором и даёт свидетельство о духовном невежестве. Даже если должник, которому прощён более великий долг, любит заимодавца больше, то всё же это не Бог, который устанавливает эти масштабы. Он любит всех одинаково. Тот, кто любит Бога больше, тот к Нему ближе.

7. И Он сказал Симону: «Видишь ли ты эту женщину? Я пришёл в твой дом, а ты не дал Мне воды для Моих ног; она же слезами смочила Мои ноги и осушила их волосами своей головы. Ты не дал Мне ни единого поцелуя, а эта женщина не перестаёт, с тех пор как Я вошёл, целовать Мои ноги. Ты не помазал Мою голову маслом; она же смазала мазью Мои ноги.

8. Поэтому Я говорю тебе: ей прощаются многие грехи; ибо она много любила, не только людей, но и животных, и птиц в небе, и даже рыб в озере. Однако тому прощается мало, кто любит мало.

9. И Он сказал ей: «Тебе прощаются твои грехи». И те, что сидели с Ним за столом, начали говорить про себя: «Кто этот человек, что Он даже грехи прощает?

10. Ведь Он не сказал, Я прощаю тебя, но твои грехи прощаются тебе; потому что Он узнал в её сердце действительные веру и раскаяние». Иисус не нуждался в том, чтобы кто-то предоставлял свидетельства на другого; ибо Он знал сам, что находится в человеке. (Гл. 11, 7-10)

Я, Христос, объясняю, исправляю
и углубляю слово:

Просветлённый зрит душу и человека. Он зрит честность и искренность, и видит также грех и искупление. Он видит нечестность и лицемерие. Он обращается к ним, насколько это хорошо для души и человека, также безличностно. Когда человек раскаивается от сердца и больше не впадает в тот же самый грех, тогда грех прощён и вечным Отцом – если ближний, против которого согрешили, равным образом простил. Кого Бог освобождает от самой большой вины, тот погасил её в Боге, и потому она ему прощена.

ГЛАВА 12

Свадьба в Кане – Исцеление в Капернауме

Воплощённые духовные существа и их задание в Деле избавления (9). Бог – это любовь, Он не проклинает – Мстительных богов создают люди, далёкие от Бога – Идолопоклонством является также почитание земных властей и власть имущих – «Вечное проклятие» является глумлением над Богом (11). Небо и ад находятся в самом человеке – Атмосферная хроника (12). Жизнь в истине – Три шага к истине (16)

1. И на следующий день была свадьба в Кане Галилейской, и мать Иисуса находилась на ней. И Иисус, и Мария Магдалина были там, и Его ученики тоже пришли на свадьбу.

2. И когда не хватило вина, Его мать сказала Иисусу: «У них нет вина». Иисус сказал ей: «Женщина, что заботит тебя и Меня? Мой час ещё не пришёл». И Его мать сказала слугам: «Что бы Он вам ни сказал, то сделайте».

3. И вот были выставлены шесть каменных кувшинов для воды согласно обычаю еврейского очищения, которые на каждого вмещали от двух до трёх мер. И Иисус сказал им: «Наполните кувшины для воды водой». И они наполнили их до края. И Он сказал им: «Теперь зачерпните и принесите это распорядителю кухни». И они принесли это ему.

4. Когда же распорядитель кухни попробовал эту воду, то она стала вином. Он не знал, откуда оно поступило, позвал жениха и сказал ему: «Каждый подаёт сначала хорошее вино, а когда гости вдоволь напьются, подаёт вино похуже. Ты же сберёг хорошее вино на конец».

5. Этим Иисус положил начало чудесам в Кане Галилейской и проявил Своё великолепие. И многие Его ученики поверили в Него.

6. После этого Он направился в Капернаум, Он, Его мать и Мария Магдалина, Его братья и Его ученики, и они оставались там много дней.

7. И тогда между некоторыми из учеников Иоанна и евреями возник вопрос об очищении. И они пришли к Иоанну и сказали ему: «Учитель, тот, который был с тобой на другой стороне Иордана и о котором ты давал свидетельства, смотри, Он крестит, и всякий приходит к Нему».

8. Иоанн ответил: «Человек ничего не может получить, если это не будет дано ему с Неба. У вас у самих есть моё свидетельство, что я говорил: я не Христос, но я послан перед Ним.

9. У кого есть невеста, тот жених. А друг жениха стоит с ним рядом и слышит его, и очень радуется голосу жениха. Такая моя радость исполнилась. Он должен расти, а я должен убывать. Кто от Земли, тот земной и говорит о земных вещах. Кто же пришёл с Неба, тот находится над всем». (Гл. 12, 1-9)

Я, Христос, объясняю, исправляю
и углубляю слово:

С Небес приходило много духовных существ. Они рождались и рождаются в роде Давида и в других родах. Но существа, которые по плоти из рода Давида, несут ответственность за возникновение Царства мира Иисуса Христа, так как они состоят в задании, в Деле избавления. Эти и последующие посланцы Бога для того приходили с Небес на Землю.

Те, кто пришёл для Меня в плоть, они не от этой Земли. Они приносят силы Небес. Они приносят в своих душах то, что с Неба, что Земле дано Богом, Вечным. Им заповедано принести людям путь к сердцу Бога, основать и выстроить Царство мира Иисуса Христа, и всё больше возвышать Землю в свет Бога. Посланники Бога будут действовать до тех пор, пока их субстанции не станут тонкоматериальными и способными войти в жизнь, которая длится вечно – из вечности в вечность. Моё царство на Земле также будет и их царством. Ибо кто приходит с Неба, тот стоит над всем человеческим и имеет силы Все-Единого, которые он помещает на Земле для Неба. Это бескорыстные люди около двухтысячного года, а также все люди в Царстве мира.

Моё Дело избавления пришло на эту Землю, чтобы спасти души и людей. И все те, которые избавлены, возвысят вместе со Мной Землю и приведут её в более высокое излучение, так что старый мир исчезнет и возникнет новый мир – мир Христа. И кто следует закону любви, который Я проявлял и проявляю ему через божественную мудрость, тот станет сыном и дочерью Бога, которые идут передо Мной, чтобы подготовить Мне пути.

10. И некоторые из фарисеев пришли сюда и спросили Иисуса, сказав: «Как Ты это сказал, что Бог проклянёт мир?» И Иисус сказал в ответ: «Бог так возлюбил мир, что отдал Своего единородного Сына и послал Его в мир, чтобы все, верящие в Него, не погибли, а обрели вечную жизнь. Ибо Бог не послал Своего Сына в мир, чтобы проклянуть мир, но чтобы мир был через Него спасён.

11. Те, кто в Него верят, прокляты не будут, те же, кто не верят, уже прокляты, ибо они не поверили в имя единородного Сына Бога. И вот оно проклятие, что свет пришёл в мир, а люди любили тьму больше, чем свет; поскольку их дела были злы. (Гл. 12, 10-11)

Я, Христос, объясняю, исправляю
и углубляю слово:

Бог есть любовь!

Бог не проклинает! Однако, человек, думающий, говорящий и поступающий против божественного закона, отправляет себя на свой собственный суд и называет это проклятием.

Слова «проклинать» и «проклятие» возникли из страха перед Богом и веры в мстительных богов. Мстительные боги являются ничем иным, как человеческими представлениями, то есть идолами, созданными самим человеком, поскольку он из-за своих богоудалённых мыслей и поступков, стал беден энергией и вследствие этого отдалился от Истинного, Единого, Вечного. Отрицательные мысли принесли ему угрызения совести, ибо глубоко в своём внутреннем он сознавал, что противоположное, богоудалённое, не является его истинной жизнью. Поскольку его духовное наследство, божественный закон, из-за его греха не мог больше действовать через него, ему стало страшно, потому что не он уже господствовал над элементами, а элементы господствовали над ним. Отсюда он заключил, что руководителями элементов будут боги, которым он должен приносить жертву, чтобы настроить их на дружескую расположенность.

В последующие времена люди сами тогда возвышали себя до богов, приобретали богатство и уважение, выстраивали власть с тем, чтобы господствовать над целыми народами. В конце концов, богатство, уважение и власть стали затем даже идолами многих людей. Идолами этого мира, которых народ почитает ещё и в сегодняшнее время, являются также светская власть и церковное начальство. Их должностные лица располагают большим имуществом, уважением и влиянием, и тем самым осуществляют власть над народом. Кто их почитает, делается от них зависимым и возвышает их до идолов. Ибо привязка к людям, к человеческим склонностям и представлениям — это идолопоклонство.

Когда же затем к человеку прибывают следствия, причины которых он создал сам своим богоудалённым мышлением и поступками, то ему становится страшно, и он жалуется на Бога, называя Его мстительным Богом, который проклинает и карает.

Тебе, однако, не следует бояться своего небесного Отца, ибо Он любит тебя! Бойся своих человеческих мыслей, своих слов и своих противоположных поступков; ибо они могут ввести тебя в длительное «проклятие»! Бог есть любовь! Так что не бойся Бога, а будь почтителен по отношению к Богу и во всём, в своём мышлении, речах и действиях, оказывай Ему честь — однако же, не человеку. Людей, своих ближних, тебе следует уважать, однако не почитать, ибо одному только Богу, Вечному, Все-Единому, надлежит честь.

Бог является светом любви, и в Его свете находятся все — также и те, которые через свои грехи против закона жизни «проклинают» самих себя. Всякое идолопоклонство — также и почитание человеческого «я» — пройдёт, ибо не имеет постоянства ничего из того, что не от Бога. Также многочисленные религии и конфессии, которые всё ещё придерживаются представления о мстительном Боге и выводят из этого вечное проклятие, пройдут.

Лишь тот человек, который придерживается законов Бога, узнаёт единого, вечного Бога в себе. Он узнаёт Бога, который никогда не карает и не наказывает, Бога, который из любви предоставляет каждому человеку свободу для решения – за или против Него. Он узнаёт Бога любви, который не проклинает ни одно из Своих созданий. Для него «вечное проклятие» является глумлением над Богом. Он узнаёт Бога, говорящего людям о законе посева и жатвы, согласно которому человек пожинает то, что он сам посеял. Ибо человек сам является сеятелем своих добрых, менее добрых и плохих дел. Он пожинает то, что посеял. Каждый посев несёт уже в себе плод, и тот пожнёт плод, кто внёс семена в пашню жизни.

Близко то время, в которое греховная жизнь пройдёт, и люди внесут добрые семена в пашню жизни. Плодом будет тогда закон жизни, который они исполняют – и который их наполняет. Тогда среди людей останется только любовь Бога, потому что они будут жить бескорыстной любовью к Нему и к своим ближним. Из этого возникнет Царство мира Иисуса Христа, правителем которого Я Есть.

12. Все, кто делают зло, ненавидят свет, а также не идут к свету, чтобы их дела не были осуждены. Но те, кто делают правильно, идут к свету, чтобы их дела были явны; ибо они совершены в Боге». (Гл. 12, 12)

<h2 style="text-align:center">Я, Христос, объясняю, исправляю
и углубляю слово:</h2>

Все, кто сознательно действуют вопреки закону, они против света Отца и также не хотят приходить к свету, поскольку полагают, что они тогда не будут осуждены. В действительности же, они несут свой собственный суд в себе, ибо небо и ад находятся в самом человеке. Однако все люди, исполняющие закон, пребывают в свете и их дела явны, ибо они сделаны в Боге.

Избавленным* является тот человек, который раскаялся, попросил о прощении, простил и искупил, и больше не делает того, что причинил; тогда всё разрешено. Ибо Я, Христос, пришёл, чтобы развязывать – а не, чтобы связывать.

В могучий поворот времён, который в сегодняшнее время становится явным, постепенно очищается также и атмосферная хроника. Всё, что там ещё

---

* *Быть избавленным означает: достигнуть совершенства в значительной мере. Избавлением является избавительный свет души, ведущий душу к совершенству.*

записано от греховного, переходит постепенно на виновников – как на души в местах очищения, так и на людей. Всё незаконное – и даже незаконные намерения отдельных лиц, то, что люди всё ещё затевают для Земли и своими мыслями уже занесли в атмосферную хронику – будет либо стёрто, либо возвратится к своему инициатору, в зависимости от того, как в ходе дальнейших событий решает душа человека: за или против Бога. Также из атмосферной хроники исчезнут и все знания – книжные и библейские знания; лишь прожитая истина останется проявленной душам и людям.

13. И был там один дворянин, сын которого лежал больным в Капернауме. Когда он услышал, что Иисус пришёл в Галилею, то отправился к Нему и просил Его, чтобы Он пришёл и исцелил его сына; ибо он лежал при смерти.

14. И Иисус сказал ему: «Если вы не увидите знамений и чудес, то не поверите». Дворянин сказал Ему: «Господь, приди, пока мой ребёнок не умер».

15. Иисус сказал ему: «Иди, твой сын жив». И человек поверил слову, которое Иисус сказал ему, и пошёл своим путём. И пока он шёл, ему встретились его слуги и сказали: «Твой сын жив».

16. Тогда он спросил их о часе, в котором сыну стало лучше. И они сказали ему: «Вчера в седьмом часу горячка оставила его». Поскольку отец знал, что это было в тот самый час, когда Иисус сказал ему: «Твой сын жив». И он теперь поверил, а с ним и весь его дом. (Гл. 12, 13-16)

Я, Христос, объясняю, исправляю
и углубляю слово:

Вера сдвигает горы и делает людей здоровыми, когда это хорошо для их душ.

Когда люди живут вечной истиной, законом жизни, то они приносят Небо на эту Землю. Кто живёт в истине, тот является голосом истины, божественным законом. Он свободен от всякого зла. Ибо живущие в истине пребывают в свете истины, и их дела являются делами Бога.

Грядущее Царство Бога на Земле, Царство мира, которое будет от одной временной эпохи к другой временной эпохе утончаться, то есть становиться светлее, находится в свете Христа и является светом Христа. Живущие в истине будут осознанно называться сыновьями и дочерями Бога. Кто живёт в истине, тот не ощутит и не вкусит смерти. Он будет способствовать достичь жизни всем тем, кто верят в жизнь и совершают дела бескорыстной любви.

С самого начала многие люди цепляются единственно лишь за слово «вера». Они считают, что этого было бы достаточно. Кто, однако, цепляется исключительно за слово «вера», тот остаётся слепым в своём сердце, так как он не осуществляет последующего за верой шага.

Первым шагом к истине является вера. Она держит человека ещё в слепоте. Вторым шагом является доверие к Богу, позволяющее людям стать бдительными по отношению к своим закономерному или незакономерному мышлению, речам и поступкам. Если вера и доверие соединились, то следует третий шаг: осуществление божественных законов. Благодаря этому человек становится зрячим. Кто способен наблюдать истину в своём духовном теле, тот чист: ему проявлено всё.

ГЛАВА 13

Первая проповедь в синагоге

*Евангелие любви, путь во внутреннюю свободу (2).
Вера, доверие и осуществление как основа для помощи и
исцеления из Духа (4)*

1. И Иисус пришёл в Назарет, где Он вырос, и по Своей привычке в день шабата пошёл в синагогу и встал, чтобы читать. Там подали Ему свиток пророка Исаии.

2. Когда Он развернул свиток, Он нашёл то место, где было написано: «Дух Господа со мной, потому что Он помазал меня провозглашать евангелие бедным; Он послал меня исцелять разбитые сердца, проповедовать пленникам, что им следует быть свободными, возвращать слепым зрение и освобождать тех, кто связан; провозглашать год милости Господа». (Гл. 13, 1-2)

Я, Христос, объясняю, исправляю
и углубляю слово:

Что сказал и осуществил Исаия, Я углубил как Иисус из Назарета.

В нынешнее время, в этот великий поворот времён, в котором лист переворачивается от старого, греховного мира к новому миру, к Эре света, Царство мира больше и больше возникает в сердцах преданных, которые придерживаются законов Бога; это также становится заметным и в мире. Несмотря на возрастающий свет милости, больных и страдающих имеется всё больше. Ибо в это переломное время от старой, греховной к новой, чистой жизни всё, что ещё не искуплено, приходит к людям в более короткие интервалы.

Однако, кто верит и доверяет, тот пойдёт путём вовнутрь и узнает свободную жизнь во Христе, которая делает истинно богатым. Кто живёт во Мне, тот не будет больше взирать на бренное тело, потому что он нашёл царство внутреннего, своё истинное наследие. Когда душа проникнута светом Христа, тогда здоровым является также и тело.

Поэтому, пока Я не принял господства над этой Землёй, имеет силу следующее: раскайся, прости, попроси прощения и больше не греши! Тогда ты в себе познаешь и испытаешь, что Я служил тебе через твою живую веру в Меня. Ибо Я, Избавитель и Спаситель всех людей, провозглашал как Иисус из Назарета, евангелие любви, которое делает свободным. Я провозглашаю его вновь как Христос посредством тех, кто исполняют волю Бога. На пути вовнутрь, который Я принёс Моим и приношу, каждый может найти Меня.

Смысл высказывания «...провозглашать евангелие бедным» означает: Я нёс и несу евангелие бедным духом и беднякам страны, ибо всем людям следовало бы стать богатыми в сердце, чтобы они и на Земле обладали тем, в чём они нуждаются, чтобы жить как дети Бога.

«... исцелять разбитые сердца» означает: нести всем людям утешение, помощь и Дух истины, чтобы возрастали их вера и их доверие к Богу, и они становились мирными.

«... проповедовать пленникам» значит: доносить до всех людей ближе божественный закон свободы, чтобы они постепенно отделились от своих мнений и представлений, которые делают их пленниками своего «я», так чтобы они пробудились в божественной истине, которая делает их свободными.

«... возвращать слепым зрение» значит: вновь дать душе и человеку зрение, истинное видение, прозрение, которого они достигают посредством следования законам жизни, бескорыстной любви.

3. И Он свернул свиток, отдал его обратно служителю и сел. И глаза всех, кто был в синагоге, были устремлены на Него. И Он начал им говорить: «Сегодня это писание, услышанное вами, исполнилось». И они засвидетельствовали это и удивлялись тем любвеобильным словам, которые исходили из Его уст. Они сказали: «Разве это не сын Иосифа?»

4. И некоторые привели к Нему слепого, чтобы испробовать Его силу, и сказали Ему: «Учитель, вот сын Авраама, слепой от рождения: исцели его, как Ты исцелял язычников в Египте». И Он, посмотрев на слепого, заметил его неверие и неверие других, которые его привели, и их желание поставить Ему западню. И Он не мог в этом месте совершить никакого могучего действия из-за их неверия. (Гл. 13, 3-4)

Я, Христос, объясняю, исправляю
и углубляю слово:

«Сегодня это писание, услышанное вами, исполнилось» означает: Исаия, пророк, посланный Богом, провозгласил Мой приход: Избавителя и Мессии, который освободит людей от их рабства. Слово Исаии исполнено: за словами последовали дела Христа. Я исполнял и исполняю то, что раскрыл Вечный через Исаию.

Кто сомневается и лишь хотел бы подвергнуть испытанию своего ближнего, тот не может принять от Духа, ибо он не верит, а только испытывает. Его сомнения, опережающие его, являются препятствием к исцелению и помощи.

Кто желает Меня испробовать, тот не примет! Таким образом, Я также как Иисус из Назарета, не мог совершить никаких дел там, где господствовало неверие. Где отсутствует основа веры и доверия, где сомнение и эгоцентризм определяют человека, там слова истины не западают в сердце, и человек не может обрести из Духа помощи и исцеления. Поэтому сначала требуются обучения из истины. Если человек воспринял и осуществил обучения из вечной истины, тогда он создал настоящую основу веры и доверия – и он может посредством силы Духа исцелиться телом и душой.

Называет ли человек своего ближнего язычником или правоверным, истинно мудрый не обращает на то внимания. Кто не способен заглянуть в сердце своего ближнего, тот смотрит только на внешнее и слышит только слово. Он не смотрит глубже. Кто же смотрит глубже в сердце своего ближнего, тот наблюдает, кем тот воистину является. Он не говорит тогда уже о язычнике, поскольку тот, возможно, ещё имеет языческие обычаи; он даёт тому, кто держит сердце для Бога открытым – называют ли его люди всё ещё язычником или уже правоверным. Так Я придерживался этого как Иисус, и настолько же сохраняю это как Христос.

5. И они сказали Ему: «Всё, что мы услышали о Твоих делах в Египте, сделай это также и в Своей собственной стране». И Он сказал: «Истинно говорю Я вам, никакой пророк не признаётся дома или в своей собственной стране; так же мало, как и врач, который может исцелить тех, кто его знает. (Гл. 13, 5)

Я, Христос, объясняю, исправляю
и углубляю слово:

Смыслом является не: «о Твоих делах в Египте»,
но: «о делах среди египтян». Поистине, пророк не ценится – ни в своей земной семье, ни в своей собственной стране. Ибо люди видят только того человека, который с ними однажды жил и живёт – и который всё
же в сердце не думал, как они, когда речь заходила о
человеческом.

*6. Но Я расскажу вам одну истинную историю:
много вдов было в Израиле во дни Илии, когда небо
было заперто на три года и шесть месяцев, и большой голод царил по всей стране. Но Илия был послан
только в Сарепту, город в Сидоне, к женщине, которая была вдовой.*

7. И много прокажённых было в Израиле в то время, когда жил Елисей, пророк, и никто из них не очистился, кроме одного Наамана, сирийца».

*8. И когда они это услышали, все, кто был в синагоге, преисполнились гневом. Они поднялись и вытолкали
Его из города и привели Его к крутому склону горы,
на которой был построен их город, чтобы столкнуть
Его вниз. Но Он, пройдя посреди них, пошёл Своей дорогой и удалился от них. (Гл. 13, 6-8)*

ГЛАВА 14

Призвание Андрея и Петра –
Дрессировщик собак – Богачи

Путь следования за Христом возможен лишь после упорядочивания всех человеческих отношений и обстоятельств (1-3). Предпосылки для исцеления (4). Прегрешения против творения посредством пренебрежения и умерщвления собратьев по творению, и последствия – В переломное время причины воздействуют быстрее – Возможность инкарнироваться уменьшается с очищением Земли – Переломное время является временем катастроф – Христос защищает Своих – Жизнь на очищенной Земле (6-7). Внешнее и внутреннее богатство (11-12)

1. Ирод же, тетрарх, добавил ко всем другим злодеяниям, которые он уже совершил, ещё и это: он велел бросить Иоанна Крестителя в тюрьму после того, как тот призвал его к ответу за Иродиаду, жену его брата Филиппа.

2. Иисус начал проповедовать, говоря: «Покайтесь, ибо Небесное царство близко». И когда Он проходил вдоль Галилейского озера, то увидел Симона, названного Петром, и Андрея, его брата, как они закидывали в озеро сеть; ибо они были рыбаками. И Он сказал им: «Следуйте за Мной, и Я сделаю вас рыболовами людей». И они бросили свои сети и последовали за Ним.

3. Проходя, таким образом, дальше, Он встретил двух других братьев, Иакова, сына Зеведея, и Иоанна, его брата, и в лодке Зеведея, их отца, они чинили сети. И Он позвал их. И они тотчас оставили свои сети, лодку и своего отца, и последовали за Ним. (Гл. 14, 1-3)

Я, Христос, объясняю, исправляю
и углубляю слово:

Во всём следует познавать смысл высказывания, так же и в ниже записанном: «И они тотчас оставили свои сети, лодку и своего отца, и последовали за Ним». По смыслу это должно означать: они отказались от рыбной ловли, привели в порядок свои семейные дела и последовали за Ним.

Пока они не вступили в Моё последование, требовались некоторые указания и разъяснения, также их семьям и родственникам, далеко не сразу их от себя отпустившим. Многое необходимо было сперва подготовить, упорядочить и прояснить в доме, во дворе, в поле и на рабочем месте, чтобы оставшиеся не должны были принимать на себя ни нужды, ни лишений из-за смены убеждений тех, кто последовал Моему призыву.

Закон гласит: на путь к вечной истине можно ступить только добровольно. Кто, таким образом, добровольно идёт путём истины ради истины, тот за собой оставит всё упорядоченным и хорошо устроенным. Ибо в следование Христу Бога человеку не следует брать с собой ни ссор, ни вражды, ни беспорядка. Если человек расстаётся со своими ближними в ссоре и вражде, то ссора и вражда будут также его и сопровождать. Что не очищено перед законом Бога, то человек берёт с собой – всё равно, в какое место, в какую страну он уезжает и с какими людьми он странствует. Оно остаётся нерешённым, и нерешённое остаётся к нему прилипшим.

4. И Иисус ходил по всей Галилее и учил в синагогах, проповедуя евангелие Царства Бога и исцеляя среди народа всякие эпидемии и многие болезни. И слава о Его чудесах распространилась по всей Сирии, и к Нему приводили многих больных, поражённых болезнями, недугами и муками всякого рода. И там бывали лунатики и страдающие от подагры, и Он делал их всех здоровыми. (Гл. 14, 4)

Я, Христос, объясняю, исправляю
и углубляю слово:

Не всем Я мог помочь и не каждого Я мог исцелить. Закон Вечного гласит: верь, ибо по твоей вере будет тебе дано! Проси о прощении, прощай и исправляй то, что ты причинил – тогда иди и больше не греши! Здоровыми становились лишь те, которые были преисполнены верой в жизнь, и в чьём жизненном излучении можно было прочесть, что впредь они будут стараться больше не грешить.

5. И за Ним следовали большие толпы людей из Галилеи, из десяти городов и из Иерусалима, из Иудеи и из земли Иордана.

6. Когда Иисус шёл с несколькими учениками, то повстречал одного человека, который натаскивал собак на охоту за другими животными; и Он сказал тому человеку: «Почему ты делаешь это?» И человек ответил: «Потому что я с этого живу. Что за польза от этих животных? Эти животные слабы, а собаки сильны». И Иисус сказал ему: «Тебе не хватает мудрости и любви. Смотри, каждое создание, которое сотворил Бог, имеет своё назначение и цель. И кто может сказать, что в нём хорошего, и для какой пользы оно тебе или же человечеству?

7. А за твои средства для жизни: посмотри на поля, как они растут и плодородны, и на плодоносные деревья и травы! Чего ты хочешь ещё большего чем то, что даст тебе честный труд твоих рук? Горе сильным, злоупотребляющим своей силой! Горе хитрецу, ранящему создания Бога! Горе охотникам! Ибо они сами преследуемы будут». (Гл. 14, 5-7)

Я, Христос, объясняю, исправляю
и углубляю слово:

Я Есть истина! Кто поступает против жизни, тот также и против себя самого, поскольку он тоже является жизнью. Ибо в нём действуют все силы жизни – также жизнь животных и растений. Ибо всё является жизнью, струящейся из одного первоисточника, из Бога.

Человек страдает столь долго, пока он причиняет страдания своему ближнему, будь то люди, животные или растения. За прошедшие две тысячи лет сбылись Мои слова к людям о законе посева и жатвы, и они будут сбываться и впредь – до тех пор, пока закон посева и жатвы не преобразуется, потому что все люди будут бескорыстно любить друг друга.

Царство Бога приходит на Землю! В ходе дальнейших временных эпох большие области по всей Земле станут утончёнными. На них будут жить светлые люди. Они будут с животными, а животные с ними. Ягнёнок будет лежать возле льва, и оба будут понимать друг друга, потому что люди будут в значительной мере свободными от грехов.

Многие животные принимают колебания людей и ведут себя подобно людям. Если человек изменится, и будет жить по божественному закону, тогда и животные вновь станут доверчивыми и будут друзьями человека.

До тех пор, пока грешный мир не превратится в мир Бога, всё ещё многим людям, животным и растениям придётся страдать от непреклонности человека-господина, который выставляет себя против творения Бога.

Однако вся власть и величие даны Отцом Христу Бога, и никогда тому человеку, который пренебрегает законами Бога. Горе охотникам и горе тем, которые требуют мясного питания! Как охотники, так и те, кто, подобно каннибалам, жадно пожирают плоть животных, будут мучимы и гонимы горем, страданием и болью животных. То же самое касается и тех, кто оскверняет растительные и минеральные царства. Также и они будут страдать из-за своих злодеяний. Что человек посеет, то он и пожнёт — либо в земной жизни, либо как душа в местах очищения. Поэтому обращайте внимание на свои мысли, слова и поступки, ибо они могут стать для вас злым роком.

Моё Царство на Земле будет Царством единства и мира, как это и проявлено: человек и животное будут жить в мире друг с другом, потому что души людей будут чисты в значительной мере.

Теперь, в это время мощного перелома, когда быстрее наступают и следствия существующих причин, также Я, Христос Бога, действую в этом мире более всеобъемлюще и через тех, которые стараются исполнять волю Бога, чтобы ещё многие люди познали самих себя, раскаялись в своих грехах после этого и больше их не совершали.

Познайте: души некоторых людей, которые, несмотря на лучшее знание, творят противоположное и дальше, снова и снова подталкиваются к Земле. После их телесной смерти их неискупленные причины ещё остаются в атмосферной хронике. Эти души при дальнейшей инкарнации вызывают накопленное там и вновь живут со своими теми же самыми склонностями и желаниями в земном одеянии.

Однако теперь, в течение перелома времён, атмосферная хроника очищается от всех человеческих представлений, склонностей, мнений, желаний и всего не исполнившегося. Поэтому по закону причины и следствия то причинённое, то есть не искупленное, которое колеблется в атмосферной хронике, быстрее возвратится к человеку и душе. Как людям, так и душам это будет нести тяжело. Это может быть для некоторых душ так называемым адом.

В ходе больших периодов времени материалистический мир постепенно утопает. В эволюционных циклах одновременно возникает Царство Бога на этой Земле. Для тяжело обременённых душ это означает, что тогда, когда Земля станет светлее, они больше не смогут вернуться на Землю. Планетарные пути к Земле будут для тяжело отягощённых душ всё более и более ограничиваться и, в конце концов, отсекутся духовным слоем, универсальной атмосферой, слоем Христа, который будет озарять Царство Бога на Земле. В Царство мира Иисуса Христа будут рождаться только лишь в значительной мере чистые души, ибо новая, очищенная Земля будет также иметь и очищенную атмосферу.

В это мощное переломное время по всей Земле пройдут эпидемии, болезни и земные катастрофы. Но это ещё не конец данной человеческой временной эпохи. Пока человек хочет господствовать над Землёй, она будет сотрясаться и разверзаться.

В этот поворот времён вечный Дух усиленно излучает во все материальные солнца и небесные тела, и из Вселенной усиленно излучается свет, подобный огню. Он приводит моря к более усиленному движению, так что они выступят из своих бассейнов, затопляя и покрывая низко лежащие области. И небесные тела преобразуют нечистое в чистое.

Вследствие этих воздействий света Бога и небесных тел на моря и Землю, земная планета затем вновь станет плодородной.

Это всё произойдёт ещё до того, как лист будет полностью перевёрнут. Кто, несмотря на эти воздействия, которые приходят к человечеству, остаётся верен Богу, восхваляет Его и славит, тот спасён и будет выстраивать новую Землю, и оживлять её посевом и семенами любви.

В это время перелома от старого, греховного мира к миру Духа Я знаю, как защитить Моих преданных. Я сохраню также и их учреждения для Царства мира Иисуса Христа. Дух Бога окружит людей, которые пребывают в свете истины, то есть которые исполняют закон Бога, и отдалит от них всё противоположное. Им от Меня будет дана сила обрабатывать очищенную почву земли, основывать общины в Моём Духе и таким образом, подчинять себе земное царство в любви. Тогда им будет служить Земля и всё, что Земля несёт: камни, растения, животных. И не в последнюю очередь, для Царства Бога на Земле вместе со светлыми человеческими братьями и сёстрами будут жить и действовать ангелы Небес.

Мужчина в Моём Духе понесёт доброе семя, и чрево духовной женщины любовно зачнёт, и объединившиеся в Боге, муж и жена, будут хранить союз с Богом, а их дети, которые являются детьми Отца-Матери-Бога, будут нести свет божества. В их душах избавление уже завершено, так как души приходят из более высоких уровней света. Соответственно светлой души мужчины – который производит земное тело – и светлой души женщины – которая носит ребёнка под сердцем и рождает его – притянутся эти души. Ибо космический закон гласит: подобное притягивает подобное.

8. И мужчина очень удивился и отказался от того, чтобы натаскивать собак на охоту, и учил их спасать жизнь, а не губить её. И он принял учение Иисуса и стал Его приверженцем.

9. И смотри, тут подошли к Нему два богача, и один из них сказал Ему: «Добрый учитель!» Он же сказал Ему: «Не называй Меня добрым, ибо только Один вседобрый, и Он есть Бог».

10. А другой сказал Ему: «Учитель, какое доброе дело мне совершить, чтобы я жил?» Иисус же сказал: «Следуй закону и пророкам». Он ответил: «Я им последовал». Иисус сказал в ответ: «Иди и продай всё, что у тебя есть, поделись этим с бедными и следуй за Мной». Но эти слова ему не понравились.

11. И Господь сказал ему: «Почему ты говоришь, что последовал закону и пророкам? Смотри, многие твои собратья одеты в грязные лохмотья, они умирают от голода, а твой дом полон множеством добра, и они ничего не получают от этого».

12. И Он сказал Симону: «Трудно богатым войти в Небесное царство; ибо богатые заботятся о себе самих и презирают иных, у которых ничего нет». (Гл. 14, 8-12)

Я, Христос, объясняю, исправляю
и углубляю слово:

Я Есть истина и жизнь. Внешнее богатство очерствляет душу и делает её бедной. Жизнь в материальном богатстве не является жизнью во Мне – это лишь внешняя видимость; она касается оболочки души, а не истинного бытия. Люди, богатством которых является лишь имущество и блага этого мира, внешнее, отделяются от единства со своими ближними. Тем самым они одновременно отделяют себя от Бога и беднеют в своих душах. Лишь тот истинно богат, кто способен сделать богатыми своих ближних через дела бескорыстной любви. Он остаётся в единстве со своим ближним и вместе с тем также в единстве с Богом; ибо Бог находится в каждом, и каждый является частью Бога. Кто отделяет себя от своего ближнего, тот отделяет себя от Бога, потому что в ближнем действует любовь Бога.

ГЛАВА 15

Исцеление прокажённого, парализованного и глухого

Люди в Духе Господа

1. Случилось, когда Иисус был в одном городе, что некий прокажённый пал пред Ним ниц и сказал Ему: «Господь, если хочешь, можешь меня очистить!» И Иисус протянул Свою руку, коснулся его и сказал: «Блажен ты, который верит; Я хочу этого, очистись!» И тотчас оставила его проказа.

2. И Иисус настрого приказал ему, сказав: «Не говори об этом никому из людей, но пойди, покажись священнику и принеси жертву за своё очищение, как повелел Моисей, в доказательство за него». Но слава о Нём распространялась всё больше, и великие толпы приходили к Нему, чтобы услышать Его и исцелиться от своих страданий. Он удалился обратно в пустыню и молился.

3. Случилось однажды, когда Он учил, что там сидели фарисеи и книжники, чтобы Его увидеть. Они пришли из каждого города, из Галилеи и Иудеи, и из Иерусалима, и сила Бога присутствовала и исцеляла их.

4. И 'смотри, они принесли на постели одного человека, который был парализован, и они пытались

внести его и положить перед Ним. И поскольку из-за великой толпы народа они не нашли никакого способа, чтобы пронести его, они поднялись на дом. Они спустили его на постели через крышу вниз посреди народа перед Иисусом. И когда Он увидел их веру, то сказал ему: «Человек, твои грехи прощаются тебе».

5. И книжники, и фарисеи начали размышлять и сказали: «Кто же это такой, произносящий такие богохульства? Кто может прощать грехи кроме одного Бога?» Но так как Иисус воспринимал их мысли, Он сказал им в ответ: «Что вы думаете в ваших сердцах? Может ли даже Бог когда-либо простить грехи, если человек в них не раскаивается? Кто сказал: Я прощаю тебе твои грехи? Не сказал ли Я напротив: твои грехи прощаются тебе?

6. Что легче сказать: твои грехи прощаются тебе или сказать: встань и ходи? Но чтобы вы узнали, что Сын Человеческий имеет власть на Земле оценивать и произносить прощение грехов» – Он сказал парализованному: «Я тебе говорю, встань, возьми свою постель и иди домой».

7. И он немедленно встал перед ними, поднял постель, на которой лежал, и пошёл домой, восхваляя Бога. И они все удивились, восхваляли Бога, преисполнились благоговения и говорили: «Мы увидели сегодня удивительные вещи».

8. Когда Иисус пришёл в одну деревню, то встретил человека, который был глухим от рождения. И он

не верил в шум ветра или грома, ни в крики зверей или голоса птиц, жалующихся на голод или потому, что они были ранены, ни в то, что другие это слышали.

9. И Иисус дунул в его уши, и они открылись, и он слышал. И он с бесконечной радостью наслаждался тем звукам, которые он раньше отрицал. И он сказал: «Теперь я слышу всё!»

10. Но Иисус сказал ему: «Почему ты говоришь, что слышишь всё? Разве можешь ты услышать вздохи пленённых или язык птиц и животных, беседующих друг с другом, или голоса ангелов и духов? Подумай о том, как много ты не можешь услышать, и смирись со своим недостатком знаний». (Гл. 15, 1-10)

Я, Христос, объясняю, исправляю
и углубляю слово:

Живущие в истине, исполняют волю Бога. Они являются чистыми, которые уже в сегодняшнее время слышат ангелов Небес и наблюдают жизнь в её многообразии. Они читают мысли людей, слышат их вздохи и видят их страдания. От Моего имени и из Моего Духа они помогают и служат своим ближним.

Люди в Духе Господа понимают также и язык животных. Они познают в шуме ветра, в молнии и громе всеправящий закон, Бога. Кто живёт в этом высоком божественном сознании, тот поистине сын и дочь Бога. Они Мои преданные.

В этот мощный поворот времён начинаются первые шаги на пути к постепенно наступающему Царству мира Иисуса Христа: прасила приводит всё больше людей на путь вовнутрь, к Царству Бога, которое находится внутри у каждого человека. Люди, приближающиеся на пути эволюции к сознанию Христа, находят свой путь назад к праязыку любви. Им вновь открывается язык Вселенной.

ГЛАВА 16

Призвание Матфея – Новое вино в старых мехах

Возможность реинкарнации и погашения ограничена

1. И после этого Он пошёл дальше и увидел сборщика налогов по имени Левий, сидящего у таможни. И Он сказал ему: «Следуй за Мной!» И он оставил всё, встал и последовал за Ним. (Гл. 16, 1)

Я, Христос, объясняю, исправляю
и углубляю слово:

Также и так называемый Левий последовал за Мной, Иисусом только после того, как он всё урегулировал в своей семье и на своём рабочем месте, и позаботился о своих ближних, которых он покинул лишь во внешнем, чтобы служить истине.

2. И Левий приготовил Ему большой пир в своём доме. Собралась большая компания сборщиков податей и других, сидевших с Ним за столом. Но книжники и фарисеи ворчали и говорили Его ученикам: «Почему вы едите и пьёте вместе со сборщиками податей и грешниками?»

3. И Иисус ответил им, сказав: «Не здоровые нуждаются во враче, а больные. Я пришёл не праведников, а грешников призывать к покаянию».

4. И они сказали Ему: «Почему ученики Иоанна постятся так часто и молятся так много, и точно так же ученики фарисеев? А Твои ученики едят и пьют?»

5. Он же сказал им: «С кем Мне сравнить людей этого рода и кому они соответствуют? Не подобны ли они детям, которые сидят на базарной площади и, обращаясь друг к другу, говорят: мы перед вами свистели, а вы не плясали, мы еред вами горевали, а вы не причитали?

6. Ибо пришёл Иоанн Креститель, и он не ел и не пил, а вы говорили: он одержим дьяволом! Пришёл Сын Человеческий, и Он ест и пьёт плоды земли и молоко стад, и плод виноградной лозы, а вы говорите: смотрите, какой кутила и пьяница, друг сборщиков податей и грешников!

7. Можете ли вы позволить свадебным гостям поститься, пока с ними жених? Но придёт время, когда заберут у них жениха. Тогда они будут поститься в те дни». (Гл. 16, 2-7)

Я, Христос, объясняю, исправляю
и углубляю слово:

Жених – это Христос Бога в Иисусе. И жених от них уйдёт. Кто не сохраняет Его в сердце, тот также и не исполнит дел любви. В день ужаса, который сойдёт на человечество, он будет должен поститься; ибо Земля, которая очищается от человеческих махинаций, не даст больше хлеба тем, кто способствовали тому, чтобы растворялись атмосферные слои и загрязнялась Земля и её водоёмы.

8. И Он рассказал им такую притчу: «Никто не ставит заплатку из куска новой ткани на старую одежду. Ибо новое не подходит к старому, и одежда из-за этого становится хуже.

9. И никто не наливает нового вина в старые мехи; ибо новое вино прорвёт мехи и вытечет, и мехи испортятся. Но новое вино следует наливать в новые мехи, тогда сохранится и то и другое.

10. И никто, выпив старого вина, не пожелает потом сразу же нового. Ибо скажет, старое лучше. Но придёт время, когда новое станет старым, и тогда новое вино будет желанным. Ибо точно так же, как старую одежду обменивают на новую, также меняют и мёртвое тело на тело живое, и то, что прошло, на то, что придёт». (Гл. 16, 8-10)

Я, Христос, объясняю, исправляю
и углубляю слово:

До тех пор, пока существует греховный мир и души живут в колесе возрождений, будут ещё возможными воплощения прикреплённых к миру душ. Они снимают свою старую одежду, старые тела и проскальзывают опять в новую одежду, в новорождённые тела. Однако они снова и снова приносят с собой в новое одеяние то греховное, которое они не погасили как в предыдущих воплощениях, так и в местах очищения. Душа не может войти в более высокие и светлые царства до тех пор, пока она через покаяние, прощение, просьбу о прощении и через очищение не погасит того, что она наложила на себя.

Когда в ходе поворота времён – который простирается на длительные периоды времени – душа не очистит в земном одеянии того, что она на себя наложила, то после этого она уже не сможет пойти на воплощение. Будучи душой, она должна тогда будет претерпеть в душевных царствах то, что в земном одеянии она смогла бы очистить, возможно, за несколько лет. Ибо ей больше не будет предоставлено новое тело, потому что тогда на Земле будет обитать свет, и тени там, на время больше не будут иметь доступа.

ГЛАВА 17

Иисус посылает двенадцать

Прогресс Дела избавления зависит от преданности и развития доверенных лиц (3). Крещение Духом истины (6). Исцеление больных и пробуждение мёртвых – Групповая вина – Изгнание бесов – Дары любви не навязывают (7). Ад не место, а состояние души (10). Ничто не скрыто от Бога – Только кто живёт в свете истины, тот знает слово истины (13). Кто против Христа, против своего ближнего (14)

1. И Иисус пошёл на гору, чтобы помолиться. И после того, как Он призвал к Себе Своих двенадцать учеников, то предоставил им полномочия изгонять нечистых духов и исцелять всякие виды заболеваний и эпидемий. А имена двенадцати апостолов, стоявших за двенадцать колен Израиля, были:

2. Пётр, названный Кифой, за колено Рувима; Иаков за колено Неффалима; Фома, названный Дидимом, за колено Завулона*; Матфей, названный Левием, за колено Гада; Иоанн за колено Ефрема; Симон за колено Иссахара.

3. Андрей за колено Иосифа; Нафанаил за колено Симеона; Фаддей за колено Завулона; Иаков за коле-

---

* *Повторное название того же самого колена возвращает, пожалуй, к ошибке в переданном тексте «Евангелие Иисуса».*

но Вениамина; Иуда за колено Дана; Филипп за колено Асира. И Иуда Искариот, левит, который Его предал, был также среди них (но он не был одним из них), и Матфей и Варсава также были с ними. (Гл. 17, 1-3)

Я, Христос, объясняю, исправляю
и углубляю слово:

Под словами «нечистые духи» подразумеваются нечистые души, которые часто висят на человеке как грозди винограда.

Будучи Иисусом из Назарета, Я уже указал на грядущее, поручив двенадцати ученикам строительство двенадцати общин. Поскольку и они – как равным образом и люди в последующих поколениях – едва ли могли охватить глубину внутренней жизни, которая гласит: «Исполняй законы и тогда действуй», то они не могли исполнить многое из того, что Я им поручил. Я им это поручил, потому что они изведали много божественной мудрости, и пора было бы это влить в материальную форму. Вопреки всему, от одной временной эпохи к другой, следовали всё дальнейшие эволюционные шаги Царства мира Иисуса Христа.

Также и в сегодняшнее время, в которое на Земле становятся заметными первые фундаменты Царства мира Иисуса Христа, в Моём Деле избавления действуют многие Мои преданные из колена Давида и из других родов. Преданные находятся со Мной, и Я действую через них. Так же как тогда, так и сегодня есть некоторые среди них, кто не собирают, а разбрасывают. Они снова и снова образуют для тьмы врата вторжения. Оттого преданным с этим очень тяжело.

И всё же: Я Есть с ними победитель над Землёй и над местами очищения. Так же, как Я посылал в мир апостолов тогда, так Я буду постепенно посылать в мир в качестве духовных учителей Моих, которые исполняют закон жизни. Через Моих Я буду основывать новые праобщины во Мне, Христе, Универсальном Духе, так чтобы многие люди через эти станции общин нашли свой путь к центральному свету: Новому Иерусалиму на этой Земле с его двенадцатью вратами.

4. И ещё других двенадцать Он призвал таким же образом быть пророками, быть мужами света вместе с апостолами, и Он показал им тайны Бога. И их имена были: Гермес, Аристобул, Селений, Нерей, Аполлос и Варсава; Андроник, Луций, Апеллес, Закхей, Урбан и Клемент. А затем Он избрал дальнейших двенадцать человек евангелистами и двенадцать пастухами. Четырежды по двенадцать Он призвал и послал их к двенадцати коленам Израиля, по четыре на каждого.

5. И они стояли вокруг Мастера, одетые в белые льняные одеяния, призванные образовать святое свя-

щенство Бога в служении для двенадцати колен, к которым они будут посланы.

6. Этих четырежды по двенадцать Иисус послал и поручил им, сказав: «Я хочу, чтобы вы были Моими двенадцатью апостолами с вашими попутчиками, во свидетельство Израилю. Идите в города Израиля и к заблудшим овцам Израиля. И когда придёте туда, проповедуйте и говорите: Царство небесное близко. Как Я вас крестил водой, так крестите и вы всех, кто верит. (Гл. 17, 4-6)

Я, Христос, объясняю, исправляю
и углубляю слово:

В книге написано: «Как Я вас крестил водой ...». Это значит по смыслу: так что, как вы были крещены водой, так Я, будучи Христом Бога, буду крестить Духом истины всех, кого вы научили по законам жизни, и кто их исполняет, и они отныне будут говорить из Духа истины.

7. Помазывайте и исцеляйте больных, очищайте прокажённых, пробуждайте мёртвых, изгоняйте бесов. Даром получили, даром отдавайте. Не следует вам запасаться в своих кошельках ни золотом, ни серебром, ни медными деньгами, ни сумкой для ваших

179

путешествий, ни двумя тужурками, ни обувью, ни даже посохом. Ибо работник достоин своей пищи. И ешьте, что вам подадут; но не прикасайтесь к тому, что стоило жизни; ибо это не закономерно для вас. (Гл. 17, 7)

Я, Христос, объясняю, исправляю и углубляю слово:

«Помазывайте и исцеляйте больных» должно бы значить: очищайте и исцеляйте больных и прокажённых, и помазывайте их Духом, наставляя их в законах жизни и помогая им эти законы познавать и осуществлять — это значит очищать и больше греховное не совершать.

«... пробуждайте мёртвых, изгоняйте бесов» говорил Я из «сверхзакона», Абсолютного закона, который стоит надо всем человеческим. Пробуждать мёртвых возможно лишь тогда, когда душа не обременена тяжёлыми причинами и групповой виной. Это задание Я, пожалуй, и давал Моим апостолам и ученикам. Но одновременно Я также говорил, что такое возможно лишь тому, кто живёт в Абсолютном законе и действует из Абсолютного закона.

Пробуждение мёртвых было возможно в Моё время Иисусом из Назарета, ибо тогда беднякам редко приходилось вынашивать групповую вину. В сегодняшнее время большинство людей несёт часть групповой вины, так что пробуждение мёртвых в этом греховном мире вряд ли возможно.

Групповая вина возникает, когда люди сообща убивают людей или животных, оскверняют растительное и минеральное царства.

Душа так называемого мертвеца только тогда может быть позвана назад в тело, когда она духовно пробуждена и свободно решается на возвращение. В ином случае пробуждение мёртвого было бы против закона свободной воли души, ибо если её духовные глаза омрачены грехом, то она не может свободно решать. И душа, впрочем, может вернуться только тогда, пока она ещё соединена с телом через информационную ленту.

«Изгонять бесов» значит выгонять привязанные к земле, помрачённые души из храма, человека. Это возможно только тому, кто исполняет законы Бога, кто говорит с полномочием — и то только тогда, когда человек, притянувший привязанную к земле душу, больше не удерживает её мыслями, словами и поступками, которые её притянули.

Высказывание «Не следует вам запасаться в своих кошельках ни золотом, ни серебром, ни медными деньгами, ни сумкой для ваших путешествий, ни двумя тужурками, ни обувью, ни даже посохом» означает: вам не следует окружать себя балластом этого мира и утомительно нести то, что у вас имеется излишнего, ибо дороги каменисты, а вы идёте по ним своими ногами. Всё излишнее является балластом и только задерживает вас в путешествии.

8. *И в какой бы город вы ни пришли, разузнайте, есть ли в нём кто-то достойный. И там оставайтесь, пока не выйдете оттуда. Где же вы входите в дом, то приветствуйте его. И если дом будет достоин, то пусть ваш мир сойдёт на него; если же он не будет достоин, то пусть ваш мир возвратится к вам. (Гл. 17, 8)*

Я, Христос, объясняю, исправляю
и углубляю слово:

«... если же он не будет достоин, то пусть ваш мир возвратится к вам» должно бы значить: приносите любовь и мир в каждый дом. Кто не желает даров Небес, тому их не навязывайте. И если вас не примут, то не сердитесь. Тогда мир, который вы присудили дому и его обитателям, вновь будет с вами.

9. *Будьте мудры как змеи и без фальши как голуби. Будьте невинны и чисты. Сын Человеческий пришёл*

не чтобы уничтожать, а чтобы спасать, не чтобы забирать жизнь, а чтобы давать жизнь, телу, как и душе.

10. И не бойтесь тех, которые убивают тело, однако душу убить не могут. Бойтесь скорее того, кто тело и душу может погубить в аду. (Гл. 17, 9-10)

Я, Христос, объясняю, исправляю
и углубляю слово:

Только сам человек губит свою душу и своё тело своим человеческим мышлением, речами и поступками, благодаря чему устанавливает связь с мракобесом. Что против божественного закона, то приносит человеку погибель. Поэтому бойтесь единственно ваших собственных нарушений, ибо, что человек посеет, то он и пожнёт. И познайте: ад не место, а состояние души, предавшейся противоположному, «князю тьмы».

11. Разве не за копейки покупают двух воробьёв? Тем не менее, ни один из них не упадёт на землю без воли Всевышнего. Истинно, даже волосы на вашей голове все сосчитаны. Так не бойтесь поэтому. Если Бог заботится о воробьях, то разве не позаботится Он и о вас?

12. Достаточно для учеников, чтобы они были как их мастер, а слугам как их господин. Если хозяина дома назовут Вельзевулом, то не гораздо ли более назовут точно так же его домочадцев! Так всё же не бойтесь их. Нет ничего скрытого, что не стало бы явным, и нет ничего тайного, которое бы не узнали.

13. Что Я говорю вам втайне, то говорите при свете, когда придёт для этого время. И что услышали на ухо, то проповедуйте с крыш. Поэтому, кто бы ни исповедовал истину перед людьми, того и Я исповедую перед Моим Отцом, который на Небе. Кто же отречётся от истины перед людьми, от того и Я отрекусь перед Моим Отцом, который на Небе. (Гл. 17, 11-13)

Я, Христос, объясняю, исправляю
и углубляю слово:

Бог вездесущ. И всё, что есть, Он знает. Ибо Он жизнь и сила во всём. В каждом животном Его сила, и потому животное есть жизнь из Него. В каждом волосе сила Бога, Его жизнь. Он есть. И поскольку Он есть и есть во всём, Он знает также всё и ведает об этом. Насколько же больше вечный Отец знает Своё дитя, которое Он создал по Своему подобию! От Него, Вечного, ничто не скрыто. Даже если у человека имеются от других тайны, то эти кажущиеся тайными вещи, от

Него не сокрыты. Когда настанет время, всё станет явным, доброе и менее доброе.

Поэтому человеку следует бояться только своего человеческого, ибо это его посев. Когда посев начнёт всходить и расти, то он станет явным и зримым для самого человека, который посеял, а также для того, кто в этом участвовал или кого из-за этого безвинно презирали.

Потому будьте бдительны, чтобы вы сеяли только добрые семена, так чтобы вашим урожаем была внутренняя зрелость. Истину следовало бы высказывать. Она является светом души. И кто живёт в свете истины, тот знает слово истины. Он не станет ни судить, ни осуждать, но примет и признает своего ближнего в сердце и таким образом будет со Мной, Христом.

Вам снова и снова заново следует осознавать, что человеческие слова могут иметь различные значения. Кто живёт в Духе истины, не отрекается от своего ближнего. Кто от него отрекается, изгоняет его из своего сердца. Поэтому слова «...от того и Я отрекусь перед Моим Отцом, который на Небе» означают: кто не живёт законом, истиной, того Я не могу вести к Моему Отцу, и Он не может поднять его на Небо — ибо Небом является истина, а истина является законом.

Познайте: кто отвергает истину, потому что он не хочет принимать и осуществлять её из заповедей, тот не знает себя как существо света. Кто не знает самого себя, тот также и не может войти на Небо, которое является его истинной Родиной. Лишь после очищения своей души он узнает самого себя и войдёт на Небо.

Чистый – из истины и говорит из истины. Кто не живёт истиной, тот отрекается от истины, которой является Бог, которому всё явно. Поскольку Бог является проявленной истиной, то ничего не остаётся скрытым, а также тайным.

14. Истинно, Я пришёл передать мир на Землю. Но смотрите, когда Я говорю, за этим следует меч. Я пришёл, чтобы объединить; но смотрите, сын будет против своего отца, а дочь против своей матери, и сноха против свекрови. И врагами человека станут его собственные домочадцы. Ибо несправедливые не могут быть вместе со справедливыми. (Гл. 17, 14)

Я, Христос, объясняю, исправляю
и углубляю слово:

«Но смотрите, когда Я говорю, за этим следует меч» значит: кто слышит слово истины и ему не следует, а только о нём говорит, действует против истины и таким образом против Святого Духа. Он создаёт сам себе тот меч, который также называется причиной. И так Мои слова, являющиеся истиной, меч для тех, кто их не осуществляет.

«Я пришёл, чтобы объединить» значит: свести вместе всех людей и народы в один народ Бога.

Кто поступает против закона жизни, единства, тот также против Бога, который есть единство, и против Его Сына, Христа, который Я Есть. Кто думает, говорит и поступает против Бога и Моей деятельности на этой Земле, тот разбрасывает, а не объединяет. Он не следует законам жизни.

Кто не за Меня, тот против Меня. Кто против Меня, жизни, тот также и против своего ближнего. Так наступает то, что написано: «... сын будет против своего отца, а дочь против своей матери, и сноха против свекрови. И врагами человека станут его собственные домочадцы. Ибо несправедливые не могут быть вместе со справедливыми». Закон Бога гласит: подобное притягивает подобное; несправедливые притягиваются к несправедливым, справедливые к справедливым.

15. И не берущие на себя своего креста и не следующие за Мной, не достойны Меня. Кто находит свою жизнь, тот её потеряет; а кто теряет свою жизнь ради Меня, тот её найдёт. (Гл. 17, 15)

Я, Христос, объясняю, исправляю
и углубляю слово:

«Кто находит свою жизнь, тот её потеряет; а кто теряет свою жизнь ради Меня, тот её найдёт». Смысл этих слов такой: кто свою земную жизнь видит своей истинной жизнью, тот её потеряет и не узнает себя как душу, и не найдёт своей Родины. Кто ценит свою земную жизнь, но свою духовную жизнь ставит поверх всего, тот и найдёт её в себе. И он узнает также свою Родину, ибо он осознанно является сыном или дочерью Бога в царстве жизни.

ГЛАВА 18

Посылание семидесяти двух

О передавании истины (3).
Поведение гостя (6). Критерии для совместной
жизни людей; цель: бескорыстная любовь (10-12)

1. После этого призвал Господь к себе ещё семьдесят два ученика и отправил их вперёд парами во все те города и места колен, в которые Он сам хотел прийти.

2. Поэтому Он сказал им: «Урожай поистине велик, но работников мало. Потому просите Хозяина урожая, чтобы Он послал работников на Свой урожай.

3. Идите своей дорогой, смотрите, Я посылаю вас словно овец среди волков. Не несите ни кошелька, ни сумки, ни обуви и никого не приветствуйте по дороге. (Гл. 18, 1-3)

Я, Христос, объясняю, исправляю
и углубляю слово:

В то время, когда Я, Христос, будучи Иисусом, ходил по этой Земле, простые люди перемещались пешком; они не ездили верхом или в повозках. Ноги переносили тело от места к месту. Кто брал с собой много груза, продвигался вперёд лишь медленно. Слова «Не несите ни кошелька, ни сумки, ни обуви и никого не приветствуйте по дороге» означают:

Берите с собой в ваше странствие лишь столько, чтобы вы продвигались на пути вперёд и достигали тех, кто уже несёт духовные плоды, а также и тех, душевная пашня которых прежде должна быть обработана. Так даже воры увидят, что у вас нечего забрать и не станут вас преследовать.

«... и никого не приветствуйте по дороге» значит: не ведите бесполезных разговоров, а несите людям благо жизни, истину. Идите целеустремлённо далее, ибо отмерено время, в которое Я буду пребывать среди людей.

4. И когда бы вы ни входили в дом, то говорите сначала: «Мир этому дому!» И если там будет дух мира, то ваш мир будет покоиться на нём; если же нет, то он вновь возвратится к вам. (Гл. 18, 4)

Я, Христос, объясняю, исправляю
и углубляю слово:

Заходите в дом лишь тогда, когда сами имеете мир. Переносите, таким образом, ваш мир от дома к дому. Где он не принимается, тут он пойдёт с вами снова.

Там, где мир, истина жизни не принимаются, не следует больше говорить о мире и об истине. Каждый имеет свободную волю принимать или отклонять мир из Бога, истину. Поэтому не дискутируйте об истине. Несите её! Если мир, истина, не принимаются, то несите дары блага в другой дом. Тогда вы сохраните в себе самих мир.

5. И в какой бы город вы не пришли, и вас принимают, ешьте то, что вам подадут, кроме того, что было получено из живого. И исцеляйте больных, находящихся там, и говорите им: «Царство Бога приблизилось».

6. И оставайтесь в доме, ешьте и пейте то, что вам подадут без пролития крови; ибо работник достоин своего вознаграждения. Не уходите от одного дома к другому. (Гл. 18, 5-6)

Я, Христос, объясняю, исправляю
и углубляю слово:

«... ешьте то, что вам подадут, кроме того, что было получено из живого», «... ешьте и пейте то, что вам подадут без пролития крови» – в обоих высказываниях лежит следующий смысл: если ради вас проливают кровь животного, то откажитесь от этого вовремя, пока его не привели для вас на бойню, ибо ни одно животное не следует приносить в жертву – ни Богу, ни людям. Человеческие и животные жертвы – это мерзость перед Богом. Бог, Единый, говорил против животных и человеческих жертв, как в Старом Завете, так и в Новом Завете.

Если же вам принесут пищу, содержащую мясо и рыбу, и дары уже были приготовлены до вашего прихода, тогда съешьте от этого и предложите эти несколько кусочков в молитве Отцу-Матери-Богу. Его сила превратит тогда низкое в более высокое. Помните: то, что исходит из уст, может стать грехом, не то, что входит в уста и в осознании жизни из Бога доставляется телу.

7. И если же в каком-то городе вас не примут, то идите своей дорогой по улицам и говорите: «Даже пыль, которая от вашего города осела на нас, мы стряхиваем на вас; однако, будьте уверены, Царство Бога приблизилось к вам». (Гл. 18, 7)

Я, Христос, объясняю, исправляю
и углубляю слово:

Слова – это символы. Поэтому Я хочу также и слова, написанные в книге под названием «Евангелие

192

Иисуса», исправлять, смотря насколько их следует понимать в сегодняшнее время, ибо слова имеют от поколения к поколению различные значения.

Кого в городе не хотят видеть, тому следует стряхнуть пыль со своих ног. Это значит: ему следовало бы идти дальше, и всё же оставить после себя благословение Бога. Ибо положительные силы положительных людей продолжают действовать в тех людях, местах и городах, которым они были принесены. И так, некоторые, кто духовно созрели, воспримут плод, истину. Она словно течёт к тем, кто из истины. Ибо вечная истина – это Царство Бога, приходящее к тем, кто тоскует по Царству Бога и исполняет законы жизни.

8. Горе тебе, Хоразин! Горе тебе, Вифсаида! Если бы такие могучие действа как у вас произошли в Тире и Сидоне, они бы давно принесли покаяние во вретище и пепле. Но им будет лучше в дни суда, чем вам.

9. И ты, Капернаум, вознёсшийся до неба, ты будешь низвержен до ада. Те, кто слушают вас, слушают и Меня. А презирающие вас, презирают и Меня, и Того, кто Меня послал. Но пусть все придут к познанию в своём собственном духе».

10. И опять же говорил им Иисус: «Будьте милосердны, чтобы и вам получить милосердие. Прощайте другим, и вам также простится. Какой мерой вы мерите, такой же мерой и вы будете измерены.

11. И как вы делаете другим, так будет сделано и вам. И как даёте вы, так будет дано и вам. И как судите вы, так будут судить и вас. И как вы служите другим, так будут служить и вам.

12. Ибо Бог справедлив и награждает каждого по его делам. Что посеете, то и пожнёте». (Гл. 18, 8-12)

Я, Христос, объясняю, исправляю
и углубляю слово:

Обращайте внимание на то, чтобы вы не впали в искушение! Сохраняйте Меня в своих сердцах, тогда вы будете давать из вечной истины. Ибо Я пришёл учить людей истине и подготовить их к тому, чтобы они осуществляли закон Бога, единственно являющийся жизнью, истиной. Истина является жизнью. Бог есть истина, жизнь. Его закон, истина, жизнь – это бескорыстная любовь. Соблюдайте его, тогда вы не впадёте в искушение.

Теперь к словам, звучащим в книге под названием «Евангелие Иисуса»:

«Те, кто слушают вас, слушают и Меня. А презирающие вас, презирают и Меня, и Того, кто Меня послал. Но пусть все придут к познанию в своём собственном духе». «Будьте милосердны, чтобы и вам получить милосердие. Прощайте другим, и вам также простится. Какой мерой вы мерите, такой же мерой и вы будете измерены. И как вы делаете другим, так будет сделано и вам. И как даёте вы, так будет дано и вам. И как судите вы, так будут судить и вас. И как вы служите другим, так будут служить и вам. Ибо Бог справедлив и награждает каждого по его делам. Что посеете, то и пожнёте»:

Эти указания и предостережения имеют силу для всех людей от поколения к поколению, вплоть до возникновения такого человеческого рода, который живёт законом бескорыстной любви. Тогда эти указания и предостережения больше не нужны.

Пока же этот род внутренней жизни не перерастёт тьму и не встанет в свете истины, ещё будут действенны эти указания и предостережения. Они ведут к закону бескорыстной любви, к истине, к свету, который излучается в людях и через людей в Царстве мира Иисуса Христа. Это свет истины, который Я Есть: Христос.

ГЛАВА 19

Иисус учит молиться

Правильная и неправильная молитва (2-4). Эссенция всего Бытия находится в самом внутреннем каждой души – Кто осознанно живёт в соединении с Богом, тому служит Его всемогущество через все жизненные формы (6). Наставление из любви и серьёзности (8). Уважение к жизни растений и животных (9). Ответственность исцелённого (10)

1. Когда Иисус был на горе, чтобы помолиться, к Нему приблизились несколько Его учеников, и один из них сказал: «Господь, научи нас, как нам молиться». И Иисус сказал ему: «Когда молишься, то пройди в свою тихую каморку. И когда ты закроешь дверь, молись Отцу, который над тобой и в тебе. И твой Отец, видящий даже самое запредельное, открыто ответит тебе.

2. Но когда вы собрались вместе и совместно молитесь, то не используйте пустых повторений; ибо ваш небесный Отец знает, что вам нужно, прежде чем вы Его попросите. Поэтому вам следует молиться так:

3. «Наш Отец, Ты, который над нами и в нас, свято Твоё имя. Да придёт Твоё Царство ко всем в мудрости, любви и справедливости. Да свершится Твоя воля как на Небе, так и на Земле. Позволь нам день за днём иметь свою долю в Твоём святом хлебе и дай

нам плод живой виноградной лозы. И как Ты нам прощаешь наши долги, пусть также и мы простим всем тем, кто провинились перед нами. Пролей Свою доброту на нас, чтобы и мы делали другим то же. В час искушения избавь нас от зла.

4. Ибо Твоё есть царство, сила и великолепие: из вечности в вечность. Теперь и во всю вечность. Аминь». – (Гл. 19, 1-4)

Я, Христос, объясняю, исправляю
и углубляю слово:

Слово в слово установленные молитвы, которые лишь повторяются, имеют малую силу, ибо идут от ума, а не от сердца. Лишь так вот проговариваемые слова являются неодушевлёнными. Они не достигают Бога в самом внутреннем человека, так как человек не одушевил их жизнью из Бога. Умственные молитвы могут ещё дальше завести в заблуждение того, кто уже заблудился посредством своего ложного образа мышления и жизни. Кто молится, однако ведёт себя иначе, чем он говорит в молитве, тот впадает в дальнейшие обременения.

Поэтому вам следовало бы молиться сердцем. И если вы громко проговариваете ваши молитвы, то их следует одушевлять внутренней жизнью, которая Я Есть. Поэтому единственно значимо молиться от сердца, а не просто говорить слова. То есть вам не следует дословно повторять заранее установленные молитвы. Даже молитву, записанную здесь, не следует понимать буквально и механически повторять. Каждую молитву следует воспринимать по смыслу, поскольку язык сердца является языком ощущений души. Если ощущения сердца, одетые в слова, тем не менее, принимаются ближним буквально, то они теряют в смысловом содержании.

Которые Мои, которые преданно следуют за Мной, будут всё больше находить свой путь в совершенство жизни. Их молитвы будут тогда жизнью во Мне, то есть исполнением вечного закона. Кто раскрыл в себе Царство Бога, жизнь, к тому также приходит Царство Бога, и он впредь живёт жизнью из Бога.

«Позволь нам день за днём иметь свою долю в Твоём святом хлебе и дай нам плод живой виноградной лозы». Под этими словами подразумевается внутренняя жизнь, Дух, который также и в материальной субстанции поддерживает материальное тело.

Смысл выражения «В час искушения избавь нас от зла» звучит так: Господь, Ты ведёшь нас в искушении, чтобы мы нашли выход из лабиринта человеческого «я», чтобы тогда больше не находиться в зависимости у искусителя, зла.

5. И где бы семеро ни собрались во имя Моё, там Есть Я среди них; да, даже если их только трое или двое. И даже, если лишь один молится в тишине, то Есть Я с этим одним.

6. Поднимите камень, и вы найдёте Меня. Расщепите дерево, и Я Есть там. Ибо и в огне, и в воде, равно как и в любой форме жизни, Бог проявлен как её жизнь и её субстанция». (Гл. 19, 5-6)

Я, Христос, объясняю, исправляю
и углубляю слово:

Уважайте, цените и чтите творческую силу во всём Бытии! Смотрите: всё, что находится в силе и свете, каждый человек несёт в самом внутреннем своей души. Духовное тело в человеке является субстанцией всего Бытия, потому что Бог, вечный Отец, каждому в отдельности из Своих детей дал всё как эссенцию, как наследство. Во всех формах жизни находится вечный Дух, и Он течёт также из всех форм жизни.

Когда человек осознанно стал дитём Бога, то ему служит всемогущество Бога всеми формами жизни, через камень, дерево, огонь и воду, через цветы, травы, растения и животных. Все небесные тела служат тому, кто живёт во Мне, Духе истины. Когда творческая сила способна пропитать создание, потому что его душа исполнена светом и силой, тогда оно вновь осознанно является дитём, сыном или дочерью бесконечности и снова вступает в наследство, во всесилу.

Каждый земной день – это подарок человеку, чтобы он познавал и находил себя в нём. Царства природы предлагают себя человеку. Огонь и вода служат ему, а также небесные тела, днём и ночью. Познайте, как богат день для каждого в отдельности! Каждый человек богат, который раскрывает внутреннее богатство. Богат воистину тот, кто состоит в соединении со Всемогущим и, таким образом, вновь становится всемогуществом. Бог всемогущ, потому что Он вездесущ, и чистое существо является всесилой из Него. Оно божественно.

7. И Господь сказал: «Если твой брат согрешил словом семь раз в день и семь раз в день раскаялся, прими его». Тогда спросил Его Симон: «Семь раз в день?»

8. Господь сказал ему в ответ: «А Я говорю тебе, также и семь раз по семь; ибо даже у пророков, после того как они были помазаны Святым Духом, ещё были найдены высказывания из грехов. (Гл. 19, 7-8)

Я, Христос, объясняю, исправляю
и углубляю слово:

Любое возбуждение или высказывание, которое должно бы показать человеку его пределы, однако не истекающее из огня Святого Духа, то есть которое не прибывает из любви, серьёзности и силы Бога, будет не в Духе и не из Духа, а от человека и является грехом.

Потому внимательно следите за тем, чтобы то, что вы говорите, истекало из огня Святого Духа. Итак, как бы ни было серьёзно то, что вы говорите, и встряхивает человека, всё же оно должно быть сказано из бескорыстной любви и божественной серьёзности. Всё остальное против Святого Духа. Это относится ко всем людям, стремятся ли они к Богу или нет, или даже когда они призванные, как например, пророки.

Да будет вам ещё сказано следующее: если истинный пророк, призванный Богом и подчинивший себя Его воле, столь долго терзается ближними и впутывается ими в действия, до тех пор, что на это начинает уходить субстанция его внутренней силы, то он получает от Бога дополнительную энергию. Если он в этой ситуации возбуждается по поводу неосуществления, неисполнения или противоположных действий своих ближних, которые происходили, несмотря на хорошую осведомлённость, тогда он получает эту дополнительную энергию, устраняющую в нём то, что случилось из-за возбуждения. Ибо это наступило не из-за соответствия пророка, а от его истощения.

9. *Итак, будьте внимательны, добры, сочувственны и дружелюбны не только с равными вам, но и со всеми*

*созда– ниями, которые находятся под вашим присмо-
тром; ибо вы для них как боги, на которых они взирают в своей нужде. Остерегайтесь гнева, ибо многие
грешат в гневе и раскаиваются в этом, когда их гнев
прошёл». (Гл. 19, 9)*

Я, Христос, объясняю, исправляю
и углубляю слово:

Дитя Бога является подобием Бога-Отца и поэтому
является – в себе – вечно творческой силой, ибо оно
несёт в себе все субстанции вечной силы. Они все в
нём совершенно развиты. Поэтому животные, растения и камни взирают кверху на подобие Бога и желают себе единства со зрелыми существами из Бога, к
которым духовно развивается вверх всё более и более
принимающая форму жизнь.

Потому ощущайте соединённость с каждым созда-
нием, со всеми камнями и растениями, и защищайте
жизнь, которая вам доверена! Цветы и травы – это
жертвенные дары из рук Бога. Поэтому берите их для
вашего употребления только тогда, когда их внешняя
жизнь отцветает. И постарайтесь оставить в земле
корни. Берите то, что прорастает из корней, но только тогда, когда для этой формы жизни пришло время.
И если вы извлекли растения с корнями, то положите
их в тенистое место, так чтоб жизнь могла постепенно

удалиться, чтобы возвратиться в ту прасубстанцию, в которой объединены все силы. Делайте всё в настоящей любви и с пониманием, ибо всё живёт.

Никогда не забивайте животное ради вашего личного употребления. Смотрите, природа, жизнь творения заботится о вас. Плодов полей, садов и лесов должно бы хватать вам. И никогда преднамеренно не растаптывайте жизнь, ни жизнь животных, ни жизнь растений. Кто преднамеренно растаптывает жизнь, тот создаёт причины. Он как будто наступает на свою собственную жизнь и будет от этого страдать.

10. Один человек, рука которого усохла, пришёл к Иисусу и сказал: «Господь, я был каменщиком и зарабатывал себе на жизнь своими руками. Умоляю Тебя, возврати мне моё здоровье, чтобы мне не пришлось идти позорно просить себе хлеба». И Иисус исцелил его и сказал: «Есть дом, построенный не руками, смотри, чтобы и ты жил в нём». (Гл. 19, 10)

Я, Христос, объясняю, исправляю
и углубляю слово:

Человек, рука которого заболела в соответствии с законом посева и жатвы, получил жизнь в свою руку обратно, чтобы суметь вновь зарабатывать себе на жизнь. Но Я дал ему такой урок на его жизненном пути: войди в дом, не построенный человеческими руками – в своё внутреннее, ибо оно является храмом Бога. Если человек совершает это, то полученная от Меня сила действует в нём дальше. Если он не делает этого, то ему даётся лишь временно то, что Я ему подарил: жизнь в его руке. Кто, несмотря на этот дар жизни, грешит дальше, тот опять получает то, что Я упразднил: ибо тогда оно было лишь отодвинуто.

Бог даёт! Что человек затем из этого делает, зависит единственно от усмотрения души и человека. Человек получил указание из вечного закона, не грешить больше и войти в храм своего внутреннего. Таким образом, он уже не является невежественным. Знающий несёт тогда ответственность за то, что он знает.

ГЛАВА 20

Возвращение семидесяти двух

Успех или неудача посланников Христа – Утончение материи – Земные пятна, остатки отрицательных энергий: основа для последнего восстания демонов в конце Царства мира – Освобождение земной души – О «духах» (3). «Мудрецы» мира не признают сил Вселенной; ими управляют, и они борются против света (4). Христос проявляет Своё собственное положение и Своё соотношение к Богу, событие падения и Его поступок Избавителя (5). Христа в земном одеянии и Его посланцев могли и могут признать лишь те, кто развил внутреннее видение и слух – Кто слушает и осуществляет заповеди Христа, тому раскрывается божественный закон, и он живёт в Нём (6). Мощное излучение вечной истины через мудрость на переломе времён (7)

1. По прошествии некоторого времени семьдесят два вновь вернулись назад с радостью и говорили: «Господь, даже дьяволы подчиняются нам в Твоём имени».

2. И Он сказал им: «Я видел Сатану как молнию, упавшую с неба.

3. Смотрите, Я дал вам власть наступать на змей и скорпионов и быть над всеми силами врага; и ничто не повредит вам. Но не радуйтесь тому, что вам подчиняются духи. Радуйтесь скорее, что ваши имена написаны на Небе». (Гл. 20, 1-3)

Я, Христос, объясняю, исправляю
и углубляю слово:

Не все мужчины и женщины, которых Я по смыслу обозначил учениками, оставались верными закону Бога. Некоторые поддавались соблазнам этого мира. Они возвращались с пустыми руками. Вам также не следовало бы привязываться к числу семьдесят два. Рассматривайте это число понятием, которое гласит: их было много. Все, кого Я посылал и которые возвращались вновь, были однажды в дружине Моих последователей. Все, кто оставался в Духе истины, действовали из Духа Отца и побеждали во многих людях сатану чувств, ведя их, таким образом, к более высокой жизни. Словами «даже дьяволы подчиняются нам в Твоём имени», они подразумевали сатану чувств, ибо многие, которым они приносили учение жизни, его принимали, а также ему следовали.

Так было, когда Я в земном одеянии ходил по этой Земле: те, кого Я послал и кто жил во Мне, жизни, клали предел противоположному. Их так называемые враги не имели над ними власти, ибо они были оберегаемы законом жизни, поскольку они ему следовали. Так оно и в сегодняшнее время: все те, кто противостоят сатанинскому, осознанно станут детьми Бога, владеющими земным царством. Их имена уже сейчас написаны на Небесах. Посредством Моей силы они достигнут того, что для многих людей ещё является невообразимым: преобразование их человеческого «я» и преобразование этого мира от сатанинского к божественному. Им будет служить всё – Земля и всё, что есть на Земле. Ибо они являются теми, кто в Моём имени владеют земным царством.

По прошествии нескольких временных эпох Царства мира, в Царстве Бога люди будут едины духом, потому что они уже преодолели сатанинское в своих душах и осознанно живут во Мне, Христе. Через них Я буду совершать на Земле дальнейшие дела любви.

Хотя земная мантия и атмосфера Земли значительно очистятся созвездиями и морями, однако останутся ещё области Земли, так называемые земные пятна, являющиеся более грубой материей. Они являются центрами концентрации отрицательных энергий. Этими ещё имеющимися отрицательными энергиями являются остатки от древних времён, в которые на Земле действовала тьма, и отходы атомной переработки, остатки химических субстанций и всего дальнейшего противоположного, что человек причинил Земле. Эти энергии на долгое время будут оставаться неактивными, потому что они покроются лавой.

Даже в новой атмосфере останутся области, в которых ещё сохраняются аспекты страданий людей и животных. Эти области также долго будут оставаться неактивными, как и земные пятна на Земле.

В конце Царства мира с его более тонкой материей – прежде чем совершится это преобразование Земли –

Сатане, то есть демоническим силам, с помощью этих остатков негативных энергий будет ещё раз разрешено измерить себя с людьми и Землёй. Ещё раз Вечный во Мне, Христе, предоставит противнику возможность познать самого себя – прежде чем он посадит сам себя на цепь в духовных полях эволюции. Демонические существа борются до самого конца, чтобы спасти свою территорию. Бог-Отец во Мне, Христе, даст также и этим Своим детям вместе с тем ещё раз шанс для самопознания и обращения. Те души, которые не используют эту последнюю возможность, должны будут вновь восстанавливать себя на духовных полях эволюции, потому что структура частиц их духовного тела окажется повреждённой. Такое деформированное душевное тело потребует, следовательно, регенерации через духовные силы сознания животных, растений или даже минералов.

Также и земная душа высвободится от Земли – однако, лишь после многих энергетических световых лет. Это свершится подобно тому, как душа человека отделяется от материального тела и отправляется в тонкоматериальные царства. Человек называет такой процесс смертью тела.

Когда земная душа освободится от земной мантии, последняя разорвётся; это будет тогда растворением Земли. Однако до начала такого всемогущего процесса преобразования, Земле придётся вынести ещё многое. Как человек, так и Земля переживут ещё многое.

В высказывании «Но не радуйтесь тому, что вам подчиняются духи» Я хочу исправить слово «духи»:

Две тысячи лет назад, а также в более поздние века, «духами» именовались отягощённые души. «Духами» также обозначались природные существа и необъяснимые феномены. Они, однако, являются духовно сформированными энергиями, невидимыми для человека.

Действительность — это вечный Дух, всепроникающая жизнь, из которой происходят субстанции, принявшие форму существа, такие как: духовные существа, природные существа, животные, растения, минералы. Дух — это вечная, чистая, всепроникающая жизнь, которая поддерживает духовных существ, людей, животных, растения, минералы, да и вообще всё.

4. В тот час Иисус возрадовался в духе и сказал: «Благодарю Тебя, святой Отец Неба и Земли, что Ты сокрыл такое от мудрых и разумных, и проявил его несовершеннолетним. Да, Все-Святейший, ибо так кажется оно хорошим в Твоих глазах. (Гл. 20, 4)

Я, Христос, объясняю, исправляю
и углубляю слово:

Под словом «мудрые» здесь подразумеваются те люди, которые единственно на основании своего интеллекта, то есть своих умственных знаний, считают себя разумными. Истинно же мудр только человек, который исполняет законы Бога.

Многие, которые благодаря своему интеллекту держат себя за «мудрых» и разумных, сделали из Земли невозделанную пустошь. Они ещё не познали сил Отца и Его Сына, Христа, который Я Есть – те силы, которые всё больше и больше становятся действенными через сыновей и дочерей Бога в земном одеянии и которые изменяют мир. Эти силы вселенной ещё скрыты от тех, кто держит своё сердце закрытым к смыслу жизни. Они всё ещё верят, что должны совершить то, что соответствует их разуму и что они, поэтому, считают правильным и существенным. В этом, они полагают, что должны привести к выражению свою мудрость и ум.

Вы, люди в становящемся и растущем Царстве мира Иисуса Христа, вы, кто в последующих поколениях будете всё больше и больше владеть земным царством, познайте: вплоть до полного развёртывания Царства мира ориентированные на мирское люди будут снова и снова с усердием объединяться, чтобы бороться против дела Господа. Многие из них не осознают, что они, уже озарённые светом истины, ослеплены. Бессознательно и охваченные рабским усердием, они реагируют, как оно им внушается демонами – и борются против света.

Моим сегодняшнего времени, стремящимся к пути до истинной мудрости Бога, Я говорю: оставайтесь истинными! Ибо настало время, в которое Я, Христос, людей, которые доброй воли, всё больше омываю божественной любовью и мудростью, и делаю их настоящими инструментами Бога.

Путь к сердцу Бога, который Я изложил в Нагорной проповеди и во многих откровениях разъяснил, дополнил и углубил – это путь к любви и мудрости Бога, к настоящему человечеству. Постигните же это в сегодняшнее время!

Это также следовало бы знать людям во всех фазах развития в Царстве мира, Царстве Бога на Земле, чтобы они познали, что Я уже в сегодняшнее время интенсивнее был с Моими, что Я их обучал и вёл.

5. Это всё передано Мне Моим Отцом. И никто не знает Сына, как только Отец; ни кто такой Отец, как только Сын и тот, кому Сын хочет это проявить». (Гл. 20, 5)

Я, Христос, объясняю, исправляю
и углубляю слово:

«Это всё передано Мне Моим Отцом». Я Есть первоувиденный и перворожденный Сын Отца, Соправитель Небес. Я Есть в четырёх силах творения, четырёх сущностях Бога – Порядке, Воле, Мудрости и Серьёзности – вездесущий. В этих четырёх потоках сущностей течёт Моё духовное наследство. Оно является в четырёх силах творения излучением вездесущности в прапринципе Бог.

Таким образом, Я Есть Бог в творящем Духе Отца в четырёх сущностях – Порядке, Воле, Мудрости и Серьёзности. Три качества Бога – Терпение, Любовь и Милосердие – являются качествами детства. В них Являюсь Я Сыном среди всех сыновей и дочерей Бога. Бог значит: наивысшая, вездесущая энергия, которая всё породила и порождает, и которая существует из вечности в вечность.

Из этой вездесущей энергии, вечно струящегося прапотенциала, Духа, Я отделил большую часть Моего духовного наследства и внедрил его искрами в души, которые через пренебрежение закона в трёх качествах и четырёх сущностях Бога – считающихся в целом семью основными силами творения – отяготили себя, жизненная энергия которых тем самым трансформировалась вниз вплоть до нижних четырёх царств падения. Эти четыре нижние царства падения стали после Моего «Свершилось» уровнями очищения. С момента «Свершилось», искра Избавителя является для падших душ опорой и поддержкой, чтобы их духовная субстанция не растворилась в вечно струящемся Духе.

Ибо в первой мысли падения лежало желание к растворению всех духовных форм. Этим существа оппозиции хотели вызвать новое начало творения. Вечный Отец, Сын которого Я Есть, передал Мне силу совершить то, что находится в Его воле, в вечном законе: сохранить всё Бытие целым. Через поступок Избавителя каждая глубоко отягощённая душа получила искру Избавителя. Этим душа поддерживается и таким образом исключается возможность того, что она растворится в вездесущем Духе, потоке Бога, и перейдёт в него как струящаяся энергия. Через избавление душа вновь станет духовным существом и останется в духовной форме дитём Бога. Если бы Я не выделил из Моего наследства и не отдал это в качестве опоры и силы развития детям падения, то многие духовные тела вследствие всё более возрастающих отягощений тогда бы растворились. Из-за этого уравновешенность творения бы пошатнулась, и неминуемым следствием было бы растворение всех духовных форм.

Итак, Мне было Отцом дано действовать Избавителем для всех глубоко падших душ и людей, и привести этих Его детей вновь назад к Его сердцу. Для каждой души Я поэтому Являюсь до тех пор Избавителем, пока она не преодолеет четыре уровня очищения. Если душа активизировала эти четыре божественных луча сознания, то она притянется тремя уровнями качеств, уровнями подготовки – также называемыми уровнями развития к Абсолютности – которые являются силами статуса детства принципа Отца-Матери. В этих трёх уровнях качеств находящееся в процессе становления духовное существо вновь активизирует весь закон излучения, вечный празакон. Если весь празакон вновь активен в духовном теле, тогда чистое существо снова входит в Абсолютность, в вечное Бытие.

Когда душа на пути к совершенству развила четвёртый уровень очищения, сознание божественной Серьёзности, то в ней совершается избавление. Та часть Моего наследства, которая в качестве искры Избавителя подпирала, поддерживала и вела душу, возвращается тогда вновь в прасилу, во всесилу. На пути через три подготовительных уровня к абсолютности находящееся в процессе становления духовное существо принимает тогда вновь осознанно статус детства Бога.

Будучи Иисусом из Назарета, Я не мог ещё во всех подробностях учить о поступке Избавителя, об истечении Моего наследства, поскольку Я ещё не совершил Дела избавления. Моё наследство было ещё в празаконе. При Моём крещении в Иордане Иоанном, когда надо Мной появился Дух в символе голубя, Моё наследство в празаконе стало усиленно активным. На Голгофе с Моим словом «Свершилось» оно истекло и разделилось на духовные искры. Каждая глубоко падшая душа получила из этого опору, искру Избавителя.

Значение высказывания «... никто не знает Сына, как только Отец» следующее: человек, думающий лишь по-человечески, рассматривающий и признающий материю как единственную реальность, не чувствует Духа вечного Отца в себе. Только кто знает себя как дитя Бога, потому что он исполняет законы любви, тот также ощущает Отца, жизнь, в себе. Отца, поэтому могут почувствовать только те, кто осуществляют закон любви, которому Я как Иисус из Назарета учил и как Христос Бога проявляю и учу тех, кто любят Бога больше, чем этот мир.

6. И Он обратился к Своим ученикам и сказал им доверительно: «Блаженны глаза, которые видят то, что видите вы. Ибо говорю вам: много пророков и царей хотели видеть то, что видите вы, и не увидели, и хотели услышать то, что слышите вы, и не услышали». (Гл. 20, 6)

Я, Христос, объясняю, исправляю
и углубляю слово:

Я Есть в Боге, вашем и Моём Отце, Сын Бога и Бог в вечных четырёх силах творения.

Слова «Блаженны глаза, которые видят то, что видите вы» означают: Я, Сын Бога, Соправитель Небес, был в земном одеянии среди людей. Блаженной была душа в земном одеянии, которая узнала Меня, Сына Бога в земном одеянии. Человек видел Меня только таким, каким Я был, будучи человеком среди людей. Души блаженных узнавали во Мне подобие вечного Отца. Многие, пришедшие на эту Землю после Моей телесной смерти, слышали Меня через уста пророков.

Но Я больше не обращался к ним непосредственно; ибо кто больше не носит земное тело, не имеет больше и человеческого голоса. Тогда требуется передача слов Бога через пророков.

Также и внутреннее видение является лишь опосредованным, а не непосредственным; оно таково, каким его видят люди в трёхмерном мире. Я давал и даю через уста пророков слово жизни как после Моей телесной смерти, так и в сегодняшнее время, чтобы Мои нашли свой путь ко Мне и достигли блаженства, и после кончины своего земного тела узрели вечного Отца лицом к лицу.

Итак, кто слова жизни исполняет, тот после смерти тела узрит Отца и узнает Его. Он будет осознанно в Нём – так же, как Я Его знаю и в Нём Есть. Кто, однако, Мои слова лишь слушает или читает, и не включает их в свою жизнь, тот не почувствует в себе Отца, не узрит Его после смерти тела, а также Его и не узнает. Ибо Вечный является законом жизни. Кто его не придерживается, тот духовно мёртв. Только та душа и тот человек осознанно находятся в Отце, которые Мои слова принимают и живут по ним. Они станут снова Его подобием.

Подобно тому, как это было во время Моей земной жизни, так оно и в сегодняшнее время. Я, Христос в Иисусе, в продолжение Моих земных странствий стоял телесно перед Моими апостолами и учениками как подобие Отца. Но большинство из тех, кто за Мной следовал и Меня видел, не узнавали Меня. Лишь немногие из апостолов и учеников созерцали Меня, Христа в Иисусе. Так же, как было тогда, так оно и в эту временную эпоху: Христос видимый лишь для тех, кто раскрыл свои духовные глаза через жизнь по вечному закону любви.

Многим людям Я принёс послание Небес и говорил им о Моём пришествии как Христа. Немногие, однако, понимали спасительную весть. Они, среди прочего, не хотели Мессии в одежде скромного человека, Иисуса из Назарета, который был сыном плотника Иосифа. Ведь они хотели такого земного царя, который бы им уменьшил их ношу без того, чтобы они делали что-нибудь для этого. Многие люди слушали Меня, Назарянина, произносившего речи – и всё же Меня не слышали, потому что видели лишь Назарянина и слышали лишь слова Назарянина. Они не охватывали слово Бога, который говорил через Меня, Назарянина, потому что слышали лишь Иисуса, Назарянина – а не Бога через Его Сына в земном одеянии.

Также и в эту временную эпоху Моё слово во всей своей полноте течёт через воплощённый частичный луч божественной мудрости – человеческое дитя среди людей, которое несёт в себе близость Бога. Единство с вечным Отцом распознаётся в ней столь же мало, как когда-то и Я, Сын Человеческий среди людей, не был узнаваем.

Это старое представление человека, что каждый из его ближних должен быть таким, как и он сам. Так многие люди различают лишь между богатством и бедностью во внешнем, однако, не между внутренним богатством и душевной бедностью. Они не могут распознать и различить внутренние процессы. Поэтому они видят каждого человека с перспективы своего человеческого «я». Их окружающие имеют для них лишь то значение, которое их «я» им отмеряет. Поэтому посланники Бога в земном одеянии не опознаются, и слова жизни, текущие через них, принимаются лишь немногими как слово Бога, закон жизни.

Так слово Вечного через посланников Бога в земном одеянии, для многих людей является лишь словом человека – и всё же оно есть и остаётся словом Бога через Его посланных к людям посланников.

7. Благословенны вы, во внутреннем круге, кто слышит Моё слово и которым раскрываются тайны, вы, кто не ловит и не убивает невинных созданий, но во всём ищет доброе; ибо таким принадлежит вечная жизнь. (Гл. 20, 7)

Я, Христос, объясняю, исправляю
и углубляю слово:

Я объясняю высказывание «Благословенны вы, во внутреннем круге, кто слышит Моё слово и которым раскрываются тайны». Кто понимал на слух слово Отца через Меня, Его Сына в земном одеянии, Иисусе, тот также и жил по нему. Он истинно был благословен и входил во внутренний круг Моей стаи и осознанно находился во Мне, а Я в нём как свет мира. Поистине, благословение обильно текло через Меня, Иисуса, ко многим людям и к Моим апостолам и ученикам.

Аналогично, благословение, слово от Я Есть, течёт в это время через частичный луч воплощённой божественной мудрости. Оно даётся всем людям и вновь также и сегодня течёт во внутренний круг к тем, которые собираются вокруг Моего святого слова. Я даю его через того человека, в котором воплощено существо света, которое Я в сегодняшнее время, в начале могучего поворота времён, послал людям, чтобы они услышали через неё Моё слово и по нему жили. И если они осуществляют Моё святое слово, которому Я вновь их учу, и придерживаются Моей заповеди, бескорыстно любить друг друга – так, как люблю их Я, будучи Христом – то они вновь будут Моими истинными учениками, сыновьями и дочерями Бога, которые сознательно готовят Мой приход.

Будучи Иисусом из Назарета, Я учил Моих апостолов и учеников вечным законам. Кто из них осуществлял Моё учение, тому открывались так называемые «тайны», потому что пелена человеческого «я» спадала с него, и он благодаря этому жил в истине. Подобным образом Я учу теперь вновь как Христос через воплощённый частичный луч божественной мудрости закону любви. Кто его осуществляет, тот раскрывает вечный закон. Пелена его эгоизма рассеивается, и душа и человек стоят тогда в свете истины.

Людям в Духе проявлено всё, потому что они исполняют закон жизни. Сегодня Я во всех деталях учу пути к бескорыстной любви и веду всех желающих, готовых оставить своё человеческое «я», чтобы стать божественными, в Царство Бога, которое находится внутри каждого человека.

Только душа и человек, наполненные Моим Духом, придерживаются того, что Я им заповедал. Люди Духа не станут брать в плен невинных созданий, держать их в плену или даже убивать их. Кто живёт в истине, тот знает, что в каждом творении царит и действует бесконечная любовь. Люди в Духе истины живут с природой и со всеми её созданиями.

На пути к сердцу Моего Отца Я учу людей познавать самих себя и принимать себя существами из Бога, и во всех людях, и во всём, что к ним приходит, находить добро. Кто познаёт своё истинное бытие, тот придерживается заповеди заповедей: «Любите бескорыстно друг друга, так же как Я полюбил вас Иисусом и люблю как Христос». Моё учение – это закон жизни. Кто его осуществляет, тот наполнен Духом Отца и живёт во Мне, Христе. Все те, кто придерживаются заповеди заповедей, живут во Мне, и Я действую через них. Ибо через них Я исполняю то, что проявлено: Царство Бога на этой Земле.

Человечество стоит на великом повороте времён. Я, Христос, подготавливаю Мой приход и передаю далее Моё послание через сыновей и дочерей Бога, состоящих в задании Моего избавления, чтобы многие нашли свой путь ко Мне и стали едины под обширным покровом Универсальной Жизни – ибо Бог является универсальной жизнью, универсальным Бытием.

8. Благословенными будут те, которые воздерживаются от всего, что достигается кровопролитием и убийством, и практикуют право и справедливость. Благословенны вы, ибо вы обретёте блаженство».
(Гл. 20, 8)

Я, Христос, объясняю, исправляю
и углубляю слово:

На повороте от старого времени, времени под воздействием каузального закона, к Новой эре, Эре света, Я проявляю Себя из всех семи основных лучей Бога через частичный луч божественной мудрости. Могучая лучистая лента вечной истины протекает через божественную мудрость к людям. Ещё раз Моё мышление и жизнь как Иисуса из Назарета доносится до них. Также Я вновь учу всех тех, кто строит на Мне, Христе, законам жизни и их закономерному применению. Кто их осуществляет, тот начинает вступать в наполненную жизнь и является сопостроителем Царства мира Иисуса Христа, о котором возвестили в прошедшие временные эпохи пророки и просветлённые.

Истинно, истинно, блаженны те, кто держатся Меня, Христа, исполняя заповедь заповедей. Они не будут ни связывать, ни убивать. Они будут практиковать право и справедливость, чтобы мир был среди людей. Ибо пришло время, в которое Я ото всех четырёх ветров собираю тех, кто стараются придерживаться того, что Я им заповедал.

Знайте: несмотря на Мои указания и обучения, ещё многие люди будут разрушать сами себя посредством причин, которые они снова и снова создают, вопреки хорошей осведомлённости. Их души, однако остаются поддерживаемыми Мной, Избавителем. Все те, кто несмотря на лучшее знание пренебрегают заповедями жизни, будут пребывать по левую сторону от Меня до тех пор, пока не примут и не признают Меня, Избавителя, и не найдут и не будут придерживаться в себе мира и любви – и станут таким образом законом любви. Тогда они перейдут слева направо и будут со Мной до тех пор, пока справа от Меня не встанут все души, которых Я тогда, как подобия Бога, вновь приведу к Отцу.

ГЛАВА 21

Иисус порицает жестокость по отношению к лошади

Себялюбивый, эгоцентричный человек господствует над животными и мучит их – Кто живёт в Боге, един со всеми созданиями (2-4). Человек оскверняет и разрушает жизнь на Земле – Вымирание многих видов животных – Значение многих животных для экологического равновесия – Закон посева и жатвы имеет силу и в отношении обращения с творением (5). Бескорыстная любовь, ключ к пониманию и помощи ближнему, к прозрению в каузальном законе и его преодолению – Голод и жажда души по внутреннему источнику (7). Убийство животных, также как и жертва, это мерзость перед Богом – Каждому человеку следовало бы добровольно жертвовать своим «я» – Ложный образ Бога – Правильное понимание «Око за око, зуб за зуб» (8) и «То Я отвергну вас» – Передача и толкование библейских слов (10). Земные богатства и внутреннее богатство (11). Внешнее богатство лишь одолжено, чтобы использовать его для многих (12-13). Закон Бога абсолютен и будет исполняться – Крещение водой, символ – «Свершилось» – Христос учит ныне всей истине (14). Планирование и подготовка задания Избавителя и Дела избавления – Многие духовные существа остаются в задании до тех пор, пока не возвратятся все падшие существа (16)

1. *Случилось, что Господь, вышел из города и пошёл со Своими учениками через горы. И тут они подошли*

к горе с очень крутым подъёмом. Там они повстречали человека с навьюченным животным.

2. Лошадь же эта обессилела, ибо была перегружена. Человек бил её, пока не потекла кровь. И Иисус подошёл к нему и сказал: «Ты, сын жестокости, зачем бьёшь своё животное? Разве ты не видишь, что оно слишком слабо для своей ноши, и не знаешь, что оно страдает?»

3. Человек, однако же, возражал: «Какое Тебе дело? Я могу бить своё животное столько, сколько мне нравится; ведь оно принадлежит мне, и я купил его за солидную сумму денег. Спроси тех, кто с Тобой, они из моих соседей и знают это».

4. И некоторые из учеников сказали в ответ: «Да, Господь, это так, как он говорит, мы были там, когда он покупал лошадь». И Господь возразил: «Разве вы не видите, как оно истекает кровью, и не слышите, как оно стонет и взывает к жалости?» Они же сказали в ответ: «Нет, Господь, мы не слышим, чтобы оно стонало и взывало к жалости!» (Гл. 21, 1-4)

Я, Христос, объясняю, исправляю
и углубляю слово:

Даже когда человек и приобрёл животное, то оно несмотря на это не является его собственностью. Так же, как духовное тело, душа в человеке, принадлежит вечному Бытию, потому что Вечный сотворил духовное тело, и духовное существо живёт в вечном Бытии посредством Вечного, так и животное сотворено вечным Духом Творца и принадлежит к той жизни, которая есть и продолжается вечно – Богу.

Вся бесконечность является служащей любовью, служащей жизнью: также и человек призван Мной, Христом, служить своему ближнему бескорыстным образом. Сюда же принадлежит и меньший ближний, животное. Ведь и животное наделено дарами бескорыстного служения и служит охотно и добровольно тому человеку, который его любит.

Когда человек не любит бескорыстно своих ближних, то есть окружающих его людей, он не будет им и бескорыстно служить. Свою самоодержимость он переносит тогда равным образом на мир животных, растений и минералов.

Животное не может говорить. Молча оно страдает и терпит, и едва ли может передать сообщение о своей боли и своём горе. Только тот воспринимает боли и муки, переносимые животным, кто людей, животных, растения и камни любит бескорыстно.

Эгоцентричный, властолюбивый человек ожидает, чтобы окружающие его люди служили ему. Он требует и от животного того, чтобы оно служило ему сверх своих возможностей и сил. Сам он отдаёт распоряжения – и не служит. Поэтому он доставляет людям и животным невыразимые мучения. Если человек делает своих окружающих зависимыми от него – как бы рабами – то он будет порабощать и животных. Кто больше не прислушивается к своей совести, тот становится бессердечным по отношению к человеку и к животному. Он видит только лишь свои интересы, свою корысть. Он принимает себя самого за очень важного и при этом забывает, что его ближние и меньшие ближние, животные, вынуждены страдать под его эгоцентричным господством. Он тогда уже больше не чувствует того, что необходимо его ближнему и животному. Когда чувства человека огрубели, тогда весь человек обеднён чувствами. Однако, насколько же чувствительнее он реагирует тогда, когда обращаются к его собственному «я» и подвергаются сомнению его действия.

Познайте: кто лишь с этим миром, тот взирает только на маленький, ограниченный мирок своего «я». Из-за этого он становится тупым по отношению к закону жизни и будет, таким образом, духовным мертвецом. Духовные мертвецы немы и глухи к истинной жизни. Они до тех пор будут снова врождаться в материю, пока это ещё будет возможно по законам воплощения, чтобы в изменениях своих судеб узнать и пережить то, что чувствует и выносит их ближний, находящийся рядом с ними, а также животное – тем более, что все имеют жизнь от Бога.

Благо тем, которые признают то, что их дальнейшее существование может означать либо мучения, либо свободу, потому что человек пожинает то, что он сеет.

Близко подошло то время, в которое тяжело отягощённые души не смогут больше посещать временное, потому что тогда на Земле будет обитать свет. Тени человеческого «я» не смогут тогда уже господствовать над миром, потому что воля Бога станет проживаемой и заметной.

Кто посвятил свою жизнь Богу, тот становится бескорыстным. Его жизнь тогда состоит в бескорыстном служении ближнему. Человек в Духе Господа не говорит уже о твоём и моём. Он живёт в изобилии Бога из вечности в вечность – в том, что Бог передал ему по наследству: всё Бытие, вечность.

Итак, кто истинно живёт, тот наблюдает то, что духовный мертвец не видит – он слышит то, что духовный мертвец услыхать не может: жизнь, которая струится, из человека, животного, растения и камня, из всей бесконечности. Ибо кто живёт во Мне – един со всеми людьми, существами, животными, растениями, камнями и со всей бесконечностью. Он понимает язык любви.

5. И Господь стал печальным и сказал: «Горе вам, из-за тупости ваших сердец вы не слышите, как оно жалуется и взывает к своему небесному Творцу о сострадании, и трижды горе тому, против кого оно взывает и стонет в своём мучении!» (Гл. 21, 5)

Я, Христос, объясняю, исправляю
и углубляю слово:

Горе тем, кто грешат против человека, животного, растения, камня и против всего того, что дал им Бог для жизни в Нём! Нравы многих людей притупились, усеклись. Их человеческое «я» помышляет лишь о собственной выгоде. При этом эгоистичный человек обделяет своих окружающих и эксплуатирует также и царства природы. Человек этого времени налагал и налагает руку на великого землечеловека, Землю. Он загрязняет Землю, оскверняет жизнь на ней и вмешивается в атмосферу своим обращением с атомной энергией, а также с химикатами и другими средствами. Он, таким образом, оскверняет Землю и всё, что на ней живёт, и разрушает её атмосферную мантию, которая предоставляет защиту ей и всей земной жизни.

Именно на этом повороте времён, повороте от старого, греховного времени к Эре света, животные и растительные виды взывают силами своих чувств, языком своего сознания, к их Творцу о помощи и спасении. Невообразимым образом страдают животные и растения от бесчинств человеческого «я», человеческого эгоизма. Порабощённая жизнь взывает к жалости и избавлению.

Бог, Мой Отец, Творец всех жизненных форм, услышал порабощённые создания. Многие виды животных вымирают из-за противоположного образа действий людей. Их духовные силы либо отправляются назад в душу Земли, либо в чистые сферы вечного Бытия. Это для многих является избавлением. Многие из них, однако, потом придут вновь, когда на Земле будет обитать свет, потому что люди будут жить в единстве с Богом.

Знайте: всякое безнаказанное злодеяние и всякое жестокое обращение – будь то к людям, животным, растениям, даже к камням, то есть ко всей Земле и к атмосфере – падает назад на автора. Познайте: многие животные даны людям для того, чтобы они им служили. Многие даны, чтобы сохранять экологическое равновесие. Но правильное, взаимное служение может быть только тогда, когда человек развил любовь качеств детства из Отца-Матери-Бога и любовь Творца, которая действует в животных, растениях и камнях. Тогда он сможет также коммуницировать со всем Бытием.

Где есть чистая коммуникация, там и течёт вечная, космическая энергия. Где же силы любви связаны, там бессердечность, эгоизм и рабство. Там не бывает ни понимания, ни терпимости; там есть только взятие, и нет никакого течения из отдачи и приёма.

Это закон: что человек причиняет самому меньшему из Моих братьев, своему ближнему, то он причинил Мне, Христу – и, в конечном счёте, также и самому себе; ибо, что человек посеет, то он пожнёт. Урожай каждый раз соответствует посеву. Если человек нарушает вечный закон бескорыстной любви, он отворачивается от тех вечных энергий, в которых он нуждается для здоровой жизни, для благополучия его души, а также его тела. Итак, кто поворачивается к этому миру и его теням, тот отворачивается от Меня, света. И кто отворачивается от Меня, тот вступает в затенения человеческого «я». Кто остаётся в затенениях, тот страдает и чахнет, и становится рабом своего «я», а с другой стороны, делает рабами своих ближних.

Познайте: лишь тот позволяет себе сделаться рабом человека-властителя, кто сам стоит в затенении и, вследствие этого, уже порабощён. Он продаётся тогда человеку-властителю за несколько серебряников и предаёт таким образом своего истинного Господа. Это совершается в отношении людей, животных, растений, Земли и атмосферы.

6. И Он шагнул дальше и коснулся лошади, и животное поднялось, и его раны были исцелены. Мужчине же Он сказал: «Иди теперь своей дорогой и впредь больше не бей его, если тоже надеешься обрести милость».

7. И увидев подошедший народ, Иисус сказал Своим ученикам: «Из-за больного болен Я, из-за голодного Я страдаю от голода, из-за жаждущего Я страдаю от жажды». (Гл. 21, 6-7)

«Из-за больного болен Я» значит: кто бескорыстно любит, тот открыт для своего ближнего и может также в своём сердце почувствовать и воспринять как собственные, боль, страдание и болезнь в его ближнем. Люди, бескорыстные к своим ближним, получают от Меня силу давать больным утешение и помощь. Люди в Моём Духе служат бескорыстно своим ближним, если последние этого желают.

Познайте: каждый человек имеет свободную волю, и никому не следует навязываться своему ближнему. Поэтому человек лишь тогда должен бы оказывать помощь, если она желаема.

Дух любви течёт через бескорыстно служащих людей ко многим Его человеческим детям и позволяет, чтобы им была предоставлена помощь. Бог остаётся со Своими человеческими детьми в каждой ситуации, также и через тех людей, сердца которых бескорыстно бьются для Бога и для их ближних. Кто бескорыстно любит, также бескорыстно и служит. Благодаря этому приходит добро в этот мир: Бог.

Кто познаёт свои собственные причины, тот знает также и разматывающуюся в этом мире цепь тех причин, следствия которых приводили и приводят к разнообразным болезням, страданиям и мукам. Кто имеет представление о законе посева и жатвы, тот знает и выход из смуты и коллизий человеческого «я». И кто идёт по пути выхода из страданий, мук, болезней и немощей, тот будет создавать всё меньше причин. Благодаря этому сокращается скверный посев на пашне жизни. На ней тогда всходит добрый посев, жизнь во Мне, Христе.

«... из-за голодного Я страдаю от голода, из-за жаждущего Я страдаю от жажды» значит: как Иисус из Назарета Я чувствовал и как Христос знаю, почему многим из Моих человеческих детей не хватает питания и отчего они жаждут. Я наблюдал эту нехватку как Иисус и знаю её как Христос. Эта нехватка является недостаточным светом души. Пробудившаяся душа голодает и жаждет по Мне, Христу. Пробудившаяся во Мне душа не успокоится до тех пор, пока человек не узнает, отчего она голодает и жаждет. Если человек познал нужду души, и он очищает Моей силой то познанное, которое привело к бедности света в душе, тогда душа вздохнёт, и человек выздоровеет.

Познайте: душа живёт исключительно светом Бога. Если она имеет его слишком мало, тогда заболевает тело — или же человек должен голодать и жаждать; в зависимости от того, какой посев он внёс в пашню, в свою душу.

Каждый жаждущий стремится к источнику, к воде. Если источник внутренней жизни течёт в человеке лишь скудно, поскольку он отвернулся от источника, тогда страдают душа и человек. Кто живёт в Боге, чувствует страдания своего ближнего и не успокоится до тех пор, пока все души и люди не достигнут источника жизни, и души не объединятся с первоначалом источника, чтобы тогда самим вновь быть источником.

Пока все люди и души не станут жить в этом духовном сознании, Я буду, как Избавитель, вместе с людьми и душами, и буду сопереживать их болезни, их голод и их жажду, буду утолять голод и гасить жажду – до тех пор, пока всё человеческое не растворится, и душа вновь не станет сама источником из Бога, духовным существом Небес, подобием Бога.

8. И Он сказал также: «Я пришёл отменить жертвы и кровавые празднества. Если вы не прекратите жертвовать и пожирать мясо и кровь животных, то гнев Бога не прекратит обрушиваться на вас; точно так же, как он обрушивался в пустыне на ваших предков, которые предавались наслаждению мясом и заполнялись порчей и чахли от эпидемий. (Гл. 21, 8)

Я, Христос, объясняю, исправляю
и углубляю слово:

«Я пришёл отменить жертвы и кровавые празднества» значит: Я пришёл научить вас евангелию, закону любви, и показать это вам на собственном жизненном примере, с тем чтобы вы познали, что только тот человек в своём внутреннем богат духовной силой, кто придерживается законов Бога. Людям, обладающим внутренними ценностями, ни в чём не будет недостатка. Ибо, кто в своём сердце богат, тот со своим ближним, а не против него – и таким образом он за Бога, жизнь, которая является изобилием. Люди с внутренними ценностями находятся также вместе с животным и растительным мирами, а не против созданий Бога. Кто против своего ближнего, тот будет против него бороться и станет его убивать. И кто против своего ближнего, тот также не будет и за иную жизнь – ни за жизнь животных, ни за жизнь растений и камней.

Кто против жизни во Мне, Христе, тот голодает и жаждет успеха, богатства, власти и престижа. Ради своих празднеств и страстных влечений нёба он убивает животных и пожирает их плоть. Этим он показывает, что он далёк от Бога.

Богу, Вечному, также отвратительны жертвы животных. Он не желает, чтобы животных Ему приносили в жертву или посвящали. Бог дал жизнь всем формам Бытия, то есть также и животным. К чему приносить их Ему в жертву, если же Он, жизнь, сам в них обитает?

Если бы, однако, человек пожертвовал Мне, Христу, своё человеческое «я», свои страсти и вожделения, и устремился бы к богоугодной, то есть к посвящённой Богу жизни и вёл бы такую жизнь, то это способствовало бы единству всех форм жизни. Бог есть Дух любви и свободы! Поэтому каждому человеку следует добровольно жертвовать своим «я». Только тогда он станет кротким и смиренным от сердца, и найдёт свой путь к великому единству: Бог. Такое развитие человека в направлении к Нему, Бог любит в Своих детях.

И кто отдаёт себя вечному Отцу-Матери-Богу, преобразовывая своё человеческое в божественное, тот не станет забивать животных и поглощать их плоть, а также и никаких животных не станет убивать преднамеренно. Такие люди будут также с бескорыстной любовью встречать и мир растений, поскольку и он является подарком творения от Бога Его человеческим детям. Растения и плоды полей и лесов дарят себя человеку добровольно и хотят служить ему питанием и лекарством для его больного тела.

«Гнев Бога» происходит из мира представлений язычников, которые были ещё весьма живучи в Старом Завете: полагалось, что «боги» якобы будут воздавать месть людям. Было бы хорошо, если бы грешный человек познал, что он создал сам так называемый «гнев Бога». «Гневающийся Бог» — это человеческое «я», которое практикует месть за то, что оно само же и причинило; ибо, что человек посеет, то он и пожнёт.

Также и слова «око за око, зуб за зуб» истолковывались и истолковываются ошибочно. Человеку не следует мстить своему ближнему и отплачивать тем же самым за то же самое. Ему заповедано прощать своему ближнему, просить у него прощения и впредь не совершать того же самого или подобного. Кто этой заповеди не следует, тот передаёт себя сам закону погашения задолженности. Этот закон гласит: «Око за око, зуб за зуб». Тогда он пожнёт – «око за око, зуб за зуб» – то, что он посеял.

Познайте: раньше или позже гневное, господствующее «я», «я-бог» человека, разрушится – самое позднее тогда, когда из души истекут причины: то, что человек посеял.

Познайте далее: страдания животных и плоть преднамеренно убитых животных, которая была съедена, будут в свою очередь поедать плоть человека. Последствиями являются болезни и эпидемии. Они являются следствиями этих и подобных причин.

9. И Я говорю вам, даже если вы и соберётесь в Моём лоне, но не станете придерживаться Моих заповедей, то Я отвергну вас. Ибо если вы не желаете исполнять скрытого знания и в малом, как же Я тогда дам вам большее?

Я, Христос, объясняю, исправляю
и углубляю слово:

«И Я говорю вам, даже если вы и соберётесь в Моём лоне, но не станете придерживаться Моих заповедей, то Я отвергну вас» должно бы означать: даже если человек и взывает «Господь, Господь!» и много говорит обо Мне и о евангелии любви, однако не осуществляет и не следует в своей жизни тому, о чём он говорит, то он – своим человеческим «я» – отвергнет самого себя. Тем самым он выходит из закона любви и создаёт причины, следствия которых обрушатся на него, если он своевременно их не распознает, не раскается и больше не будет такого совершать. Не Я Есть, Бог, отвергает душу и человека. Человек отворачивается сам от закона любви и жизни; он создаёт тем самым свой собственный закон, от которого он затем страдает. Ибо человек получит то, что он посеял. Поэтому старайтесь пребывать в Моём лоне через жизнь во Мне, Христе, через бескорыстную любовь и бескорыстные дела.

Высказывание «то Я отвергну вас» никогда не исходит из Духа Бога, который Я Есть. Смысл этого высказывания таков: посредством своего собственного маленького «я» вы сталкиваете свою душу в ту долину причин, среди которых вы тогда будете страдать. Ибо единственно лишь «я» человека выстраивает в душе и в физическом теле закон посева и жатвы.

Во многие старые тексты, которые давались в прежние времена и снова и снова редактировались и переводились, втекали обороты речи из времени до и после Старого Завета. Если те, кто эти тексты редактировал и переводил, ещё были скреплены миром этих представлений, то они опять же использовали такие понятия и перенимали их в новых версиях текстов – полагая, что они правильно поняли имеющийся у них текст и потому также правильно его отредактировали и перевели.

Также и в ваши так называемые Библии снова и снова заимствовались такие старые понятия. Это происходит ещё и сегодня. Также и поэтому многие знатоки Библии и теологи не могут понять Моё проявленное слово для сегодняшнего времени и для Нового времени, времени света. Посредством закостенелого применения таких понятий в Библию вошло много человеческого труда. Не всегда интерпретации вносились в тексты осознанно – зачастую оно втекало неосознанно, по человеческому убеждению. Старые формы речи и старые понятия, которыми божественная истина воспроизводилась в человеческих словах, имеют, однако в сегодняшнее время часто иные смысловые содержания и значения.

Если бы человечество прислушивалось к посылаемым Богом пророкам – также и в пределах институций церкви –и исполняло бы то, чему учил Бог через Свои инструменты; если бы человечество также прислушивалось и к тому, чему Я, как Иисус из Назарета, учил и показывал на собственном примере, тогда эта временная эпоха была бы наполнена светом, то есть истиной – и уже не требовались бы пророки.

Познайте: кто не исполняет самую маленькую заповедь – практиковать понимание и терпимость по отношению к своим окружающим и уважать их свободную волю – тот не сможет исполнять и самую великую заповедь, заповедь любви. Кто не признаёт закона посева и жатвы и потому осуждает в качестве виновника своего ближнего, как он сможет получить более великое, закон любви, истинную жизнь?

Знание не является мудростью. Божественная мудрость остаётся скрытой для того, кто только копит знания.

Кто в самых малых вещах верен, искренен и честен к себе самому, тот таков же и по отношению к своему ближнему. Такие люди будут тогда также совершать и великое, которое является длительным, потому что они живут в Моей воле. Кто же в самом малом корыстолюбив, завистлив, ревнив и жаден, тот будет также и соответственно думать, говорить и поступать тогда, когда дойдёт до более великих вещей и дел.

Знайте: из-за зависти, ревности, корыстолюбия и спора возникали войны, убийства, разрушения и раскол между народами.

Обращение к людям в светлом Царстве мира: так было ещё и в ту временную эпоху, в которую Я проявил это произведение через воплощённый частичный луч божественной мудрости, в начале могучего поворота времён.

11. И если вы не были верны в греховном земном добре, кто доверит вам истинные богатства? И если вы не были верны в том, что принадлежит другому, кто даст вам тогда ваше? (Гл. 21, 11)

Я, Христос, объясняю, исправляю
и углубляю слово:

Когда вы рассматриваете своё земное добро как свою собственность и размышляете только над тем, чтобы приумножать его ради своих целей, то вы обеднены в самом внутреннем, ибо вы не управляете этим имуществом закономерно – на благо многих. Бог не доверит вам тогда истинных богатств: нести закон жизни в этот мир. Ибо кто не исполняет закон любви и жизни, тот духовно беден. И если вы перехитрили своих ближних, то есть не остались верны закону жизни и любви, как вы сможете достичь Небесного царства, бескорыстной жизни?

Кто хочет войти в Небеса, тот должен стать богатым во внутреннем – богатым внутренними ценностями и божественностью. Кто добыл себе на Земле богатства и рассматривает их как свою собственность, тот беден Духом жизни. Ибо то, что дано ему во внешнем богатстве, было доверено ему только для того, чтобы этим он способствовал всеобщему благу на Земле, а это значит: один за всех – и все за одного.

Кто считает земные богатства своей собственностью и своим заработком, тот не лучше того, кто завидует своему ближнему за его имущество и добро, и стремится отнять у него это или хочет этим обогатиться.

Кто же, прежде всего, стремится к Небесному царству, тот познал в себе вечную жизнь и осознанно её принял и вместил.

Кто развивает внутреннее богатство, тому и как человеку также ни в чём не будет недостатка. Ибо Бог, Отец-Мать-Бог, заботится о Своих земных детях, чтобы они не должны были бедствовать. Когда же люди бедствуют и голодают, то они в прошлых жизнях отказывали своим человеческим братьям и сёстрам в хлебе и помощи или, будучи знающими, часто не вели их закономерно по заповеди «молись и работай».

Многим людям Бог доверил внешнее состояние для того, чтобы они применили его для общего блага и правильным образом приумножили его на благо всех.

Кто страдает и бедствует, тому следовало бы получить утешение и помощь от тех, кому Бог дал дары, чтобы они правильным образом их распределили между Его нуждающимися и голодающими детьми. Однако этому следует распределяться закономерно, по заповеди «Молись и работай».

12. Никто не может служить двум господам. Ибо он должен будет либо одного ненавидеть, а другого любить; либо же будет должен держаться за одного, а другим пренебрегать. Вы не можете одновременно служить и Богу, и мамоне». И фарисеи, будучи корыстолюбивыми, слушали все эти слова и насмехались над Ним.

13. И Он сказал им: «Вы являетесь теми, которые оправдываются перед людьми; но Бог знает ваши сердца: ибо то, что высоко ценится среди людей, то отвратительно перед лицом Бога. (Гл. 21, 12-13)

Я, Христос, объясняю, исправляю
и углубляю слово:

Никто не может служить двум господам. Однако кто доверяет себя одному Господу, Отцу-Матери-Богу, исполняя волю Бога, тот станет служить Богу и в своём ближнем, и не будет ценить себя выше своего ближнего. Кто же называет внешнее богатство своей собственностью, тот будет взирать свысока на своих ближних и меньше ценить их. Такие люди часто эгоистичны, боязливы и бездушны, и в отношении к своему ближнему они недоверчивы и подозрительны; ибо считают, что ближний может их якобы обмануть и похитить у них то богатство, которым они по закону жизни даже и не владеют – которое лишь одолжено им для того, чтобы они правильным образом употребили его для многих. Такие люди любят только себя и своё мнимое богатство, и настроены против всех тех, которые, как они полагают, хотят их ограбить.

Во все времена были и остаются фарисеи, которые ведут изящные речи, и имеют много аргументов и отговорок, чтобы сохранить то, что они присвоили себе в качестве своей мнимой собственности.

Познайте: каждый, кто защищается и оправдывается, обвиняет себя и предоставляет свидетельство о том, кто он. Бог знает всех Своих детей! Он взирает не на речи каждого в отдельности, а в их сердца. От Вечного ничто не скрыто. Когда придёт время, Он всему позволит стать явным, чтобы всякий грешник познал сам себя, чтобы он раскаялся, попросил о прощении, простил, исправил и более такого не совершал, так чтобы он снова нашёл себя в Боге.

Для этого Я, Христос, вновь учу в эту временную эпоху Внутреннему пути, чтобы все люди, имеющие добрую волю, познали себя, вновь нашли свой путь к

Богу и достигли единства с Ним и со своими ближними посредством Сына, который Я Есть.

14. Закон и пророки были действительны до Иоанна. А с этого времени проповедуется Царство Бога, и каждый вступает в него. Но легче исчезнуть Небу и Земле, чем не исполниться одному малейшему пунктику закона. (Гл. 21, 14)

Я, Христос, объясняю, исправляю
и углубляю слово:

«Закон и пророки были действительны до Иоанна» значит: закон, которому учили пророки, был проявлен до появления Иоанна. То, чему пророки сверх того ещё учили из закона Бога, Я, будучи Иисусом, углубил и показал людям на примере Своей жизни. Я выстраивал на этом как Иисус и начал провозглашать Царство Бога и его законы, которые уже были объявлены пророками до Иоанна. Каждая душа, осуществляющая и придерживающаяся законов жизни, входит в Царство Бога.

Закон Бога абсолютен. От него не может быть отнято ни йоты. Закон Вечного будет исполняться на Земле, в Земле и в местах очищения, во всех гранях жизни. Я, будучи Иисусом из Назарета, пришёл для того, чтобы исполнять закон Бога; и кто шагает по Моим стопам, тот будет придерживаться его так, как Я этому учил, показывал на Своём жизненном примере и таким образом заповедовал.

В эту временную эпоху Я, Христос, через Мою пророчицу и посланницу учу вновь вечному закону, и веду Своих в царство внутреннего. Я учу их также вновь вечным законам для Царства Бога на этой Земле. Кто шагает по Моим стопам, по стопам Назарянина, тот является сооснователем и сопостроителем Царства мира Иисуса Христа на Земле.

Итак, Я, Христос, пришёл в Иисусе в этот мир, чтобы провозгласить Царство Бога на Земле и учить законам Царства Бога.

Под словами «учите, а потом крестите», Я подразумевал крещение Святым Духом. Ибо кто принял и исполнил учения из Духа, тот является духовно крещённым; он более не нуждается в крещении водой. Крещение водой может расцениваться всего лишь как символ. Ибо каждый человек, осуществляющий законы Бога, крещён Духом жизни и может войти в Небеса, потому что он исполняет закон жизни, Бога во Мне, Христе.

Я, Иисус, принял от Иоанна крещение водой как символ, и с этого момента Я начал проповедовать, учить и приближать к людям Царство Бога. Одновременно также и частичная сила из прасилы, световой потенциал для всех падших и отягощённых душ, всё больше и больше приходила в действие в Працентральном солнце. И так же, как Я, будучи Иисусом из Назарета, проповедовал Царство Бога и учил пути к нему, закону любви, и показывал пример Своей жизнью, так делали и все дальнейшие пророки, которых Я посылал после Моего «Свершилось» — и так же Я буду поступать и далее до тех пор, пока многие люди не станут жить в исполнении вечных законов.

Познайте: благодаря «Свершилось» каждой душе предопределён эволюционный путь в вечные Небеса. Ни одна душа не будет оставлена позади, ибо во всех, даже и в демоне, существует свет Избавителя — светоч души — который предохраняет её от растворения.

Только тот, кто вновь стал абсолютным законом любви, духовным существом, вернётся в те жилища, которые вечный Отец держит для него наготове. Ибо каждая вновь ставшая чистой душа должна целиком исполнять закон Бога; ни один пунктик закона не может остаться неисполненным.

Я, Христос, проявляю Себя вновь на этом рубеже времён, который ведёт в Новую эру, в Царство мира Иисуса Христа. Через божественную мудрость всеобъемлющий закон Бога вновь приходит на эту Землю во всех подробностях. Все те, кто доброй воли, не только находят выход из закона посева и жатвы; они получают также обучения и указания в отношении того, как они могут всеохватно применять на этой Земле вечный закон жизни.

Итак, Я, Христос, учу в эту временную эпоху всей истине. Кто от истины, тот понимает смысл проявленного Мною в слове и на письме. Ибо люди, приближающиеся к Вечному, уже более не цепляются ни за слово, ни за букву. Слова и буквы являются лишь знаками.

Люди, сознательно идущие шаг за шагом Внутренним путём любви, не будут больше расспрашивать о том, что стоит за так называемыми тайнами Бога. Для них проявится всё, потому что человек, приближающийся к внутренней жизни, открывает своё духовное сознание, то есть погружается в вечный закон, Бога, который закрыт только для тех, кто его не осуществляет и не придерживается.

Теперь уже богаты Духом жизни те люди, которые идут путём любви и поддерживают общность со своими ближними. Они могут быть уверены в том, что уже сейчас стоят справа от Меня.

Я повторяю: данный здесь текст из книги «Евангелие Иисуса» Я, Христос, объясняю и исправляю в той мере, насколько тогдашние понятия и слова более не соответствуют понятиям и словам нынешнего времени, потому что им придаётся иное смысловое содержание. Я также исправляю и существенные незакономерные интерпретации, которые влились – также и через переводы. Я углубляю также объяснения и добавляю дальнейшие закономерности. Поэтому всем тем, кто будет жить в Царстве мира Иисуса Христа, следует получить представление не только о том, что случилось в Моё время как Иисуса из Назарета, но и о том, что произошло вплоть до пробуждающегося Царства мира Иисуса Христа.

15. И к Нему подошли несколько женщин и принесли своих деток, держа их у груди, чтобы Он их благословил. Но некоторые говорили: «Зачем вы утруждаете Учителя?»

16. Но Иисус им сделал предупреждение, сказав: «Из них придут те, которые будут провозглашать Меня пред людьми». И Он взял их на Свои руки и благословил. (Гл. 21, 15-16)

Я, Христос, объясняю, исправляю
и углубляю слово:

Словами «Из них придут те, которые будут провозглашать Меня пред людьми» Я указал на приход тех, кто состоят со Мной в задании Отца-Матери-Бога, привести назад все падшие и отягощённые души, и всех людей к сердцу любви.

В вечном Бытии, в вечном городе Иерусалиме, в присутствии вечного Отца задание Избавителя было запланировано и подготовлено во всех деталях. Каждое существо, принявшее решение для этого задания, в качестве своего потенциала любви и помощи принесло один или несколько строительных блоков из величественной мозаики плана Избавителя падшим и отягощённым душам в Працентральное солнце и в призматические солнца, то есть, в солнца сущностей и качеств. Исходя из Працентрального солнца и из солнц сущностей и качеств, являющихся основными силами бесконечности, задание по избавлению излучилось во все падшие миры и в атмосферу этой Земли.

Во время этого могучего события сыновья и дочери Бога приняли свои доли в Деле избавления также и в свои духовные тела.

Многие сыновья и дочери Бога приняли решение проводить Дело избавления вместе со Мной, Христом, до тех пор, пока последняя душа вновь не окажется в вечном Бытии. Но не каждое духовное существо, состоящее в задании Избавителя, будет действовать со Мной, Христом, до самого конца, то есть до тех пор, пока все существа вновь не обретут чистоту. Эта грандиозная акция помощи – до тех пор, пока последняя душа не возвратится домой – вменяется в обязанность тем существам, которые взяли на себя обязательство к этому и которые происходят преимущественно из центра всего Бытия, из Святилища, где и приняло своё начало падение. Ими являются те, которые пришли в этот мир через род Давида, и будут приходить на Землю снова и снова до тех пор, пока Царство мира Иисуса Христа не достигнет своей наивысшей точки. Они остаются со Мной в задании Избавителя до самого конца, и вместе со Мной, Христом, они являются главными ответственными в Моём Деле избавления.

Каждое духовное существо, взявшее на себя ответственность за дело Избавителя, внесло из задатков своего духовного менталитета соответствующий духовный потенциал. Этот внесённый сыновьями и дочерями Бога духовный потенциал подготовил Мне, Христу, и им самим пути через сферы падения, которые после «Свершилось» стали уровнями очищения. Их внесённый духовный потенциал – это их различный духовный менталитет, которым они в человеческом одеянии развивают соответствующие способности для Царства мира Иисуса Христа.

Так, многие сыновья и дочери Бога, состоящие в Задании избавления, внесли в задание часть своего духовного потенциала, для приведения домой всех детей Бога, и теперь действуют в Деле избавления. Пробудившиеся души, которые приняли решение быть в земном одеянии за Меня, включаются, соответственно своему заданию, в великое целое и служат в Деле избавления, которое также является и их делом. Они несут в себе излучающееся задание, привести домой все души и всех существ к великому, вечному прасвету, Богу.

Род Давида и сыновья и дочери Бога из других родов образуют великий, могучий народ, народ Бога на этой Земле. Некоторые из них в инкарнациях обременили себя, и Я, Христос Бога, ещё не могу обратиться к ним, потому что их сердца ещё далеки от Меня. Другие сыновья и дочери Бога, которые состоят в задании, находятся ещё в пути, чтобы исполнить ту часть задания, которая вменяется им в обязанность. Некоторые из них снова вернулись в «мир», так как они ещё очень сильно прикреплены к этому миру. Их души, однако, услышали Мой призыв, и в надлежащее время вновь возвратятся к своему заданию, в Дело избавления. Их возвращение не обязательно должно быть в этой инкарнации, в этом земном существовании. Это может произойти также ещё и в последующих воплощениях, ибо Моё Царство мира на этой Земле ещё лишь в стадии строительства.

Другие же сыновья и дочери Бога постепенно срастаются со своей задачей и осознанно принимают своё задание.

Остальные уже полностью находятся в задании и выполняют то, что они внесли для этого духовным потенциалом в Працентральное солнце, в семь основных сил творения, в падшие миры и в атмосферу.

Многие сыновья и дочери Бога, которые состоят в задании, и другие дети любви, пробудившиеся в Духе жизни, будут провозглашать Сына Бога Избавителем всех душ и людей до тех пор, пока все души осознанно не примут избавление и не вступят на путь к совершенству.

Те сыновья и дочери Бога, которые приходили и приходят в мир через род Давида, будут оставаться в Задании избавления до тех пор, пока всё не будет завершено. На это Я указывал ещё, будучи Иисусом из

Назарета, когда некоторые женщины принесли Мне своих детей, чтобы Я их благословил. По излучению детей Я узнал, какая душа принадлежит к Заданию избавления. Каждое существо, состоящее в задании Избавителя, имеет в своём духовном теле печать излучения. Это излучается также и через земное тело, через центр Христа, действующий вблизи сердца.

ГЛАВА 22

Пробуждение дочери Иаира

Предпосылки для исцеления тела – Христос находится в тебе (2-5). Воскрешение «мёртвых» (6-12)

1. И смотри, тут пришёл один из настоятелей синагоги по имени Иаир. И, увидев Его, он упал к Его ногам и умолял Его, говоря: «Моя маленькая дочь лежит при смерти. Прошу Тебя, приди и возложи на неё Свои руки, чтобы она выздоровела и жила». И Иисус пошёл с ним, и много народа присоединилось к Нему и теснилось вокруг Него.

2. И там была одна женщина, имевшая кровотечение уже двенадцать лет и много претерпевшая от множества врачей и потратившая на это всё, что у неё было; и ничего не улучшалось, а ставало даже хуже.

3. Поскольку она услышала об Иисусе, то она протиснулась сзади Него и прикоснулась к Его одежде. Ибо сказала себе: «Если я хотя бы прикоснусь к Его одежде, то выздоровею». И тотчас кровь перестала течь. И она почувствовала в своём теле, что выздоровела от своих мучений.

4. И Иисус сразу же Сам ощутил то, что из Него вышла сила, и обернулся к народу, толпившемуся вокруг Него, сказав: «Кто коснулся Моей одежды?» И

Его ученики сказали Ему: «Ты видишь, что толпа напирает, и говоришь: кто Меня коснулся?»

5. И Он посмотрел вокруг, чтобы увидеть, кто это сделал. Женщина же испугалась и дрожала (ибо она знала, что с ней произошло), она подошла и пала пред Ним ниц и рассказала Ему всю правду. Он же сказал ей: «Дочь Моя, твоя вера сделала тебя здоровой. Иди с миром, и будь исцелённой от своей болезни». (Гл. 22, 1-5)

Я, Христос, объясняю, исправляю
и углубляю слово:

Что произошло тогда, может произойти и сегодня. Ибо смотрите, вы, читающие мои слова, Христос больше не ходит по этой Земле в Иисусе – Христос, о человеческое дитя, находится в тебе! И где бы ты ни был, куда бы ты ни шёл: Я Есть сила избавления в тебе, которая также способствует и исцелению твоего тела, если это хорошо для твоей души. Тебе, о человек, нет необходимости Меня искать – ты найдёшь Меня в себе! Тебе не надо ходить туда или сюда – Я Есть в тебе! И повсюду, где ты есть, там Есть Я. Удались в тихую комнатку и вступи в сердечную каморку, чтобы от сердца помолиться. Принеси в молитве Мне, принявшему жилище в тебе, свои сердечные стремления, и верь, что Я способен сделать всё.

И если ты в своей вере в Меня не допускаешь никаких сомнений, свершится то, что для тебя хорошо и что послужит благу твоей души. Так же как тогда, так и сегодня имеет силу закон: твоя вера тебе помогла. И если ты больше не грешишь – стараясь придерживаться заповедей жизни – то твоя просьба уже услышана в твоей душе. В твоей душе и на твоём теле благо тогда окажет своё действие, если это послужит дальнейшему развитию твоей души.

6. Пока Он ещё говорил, пришли некоторые из слуг настоятеля синагоги и сказали: «Твоя дочь умерла. Чего ты и дальше утруждаешь Учителя?»

7. Но как только Иисус услышал слова, сказанные тут, Он обратился к настоятелю синагоги: «Не бойся, но только верь!» И Он никому не разрешил следовать за Собой, кроме Петра, Иакова и Иоанна, брата Иакова.

8. И Он вошёл в дом настоятеля синагоги и увидел скопление народа и певцов храма, и все громко плакали и причитали.

9. И когда Он вошёл внутрь, то сказал им: «Отчего вы так шумите и плачете? Девочка не умерла, она просто спит». И они смеялись над Ним; ведь они думали, что она мертва, и не верили Ему. Но Он, прогнав всех прочь, взял с Собой двух Своих учеников и вошёл туда, где лежала девочка.

10. И Он схватил девочку за руку и сказал ей: «Талита куми!» Это значит что-то вроде: «Девочка, Я тебе говорю, вставай!»

11. И тотчас девочка поднялась и пошла. Ей было двенадцать лет. И они были удивлены сверх всякой меры.

12. И Он строго наказал им, чтобы никто никого не извещал об этом, и повелел дать ей что-нибудь поесть. (Гл. 22, 6-12)

Я, Христос, объясняю, исправляю
и углубляю слово:

Познайте в глубине ваших сердец Мою деятельность – не только как Иисуса из Назарета, но также и как Христа Бога! Ибо Я вновь пришёл к вам в Духе любви, чтобы вам помогать и служить.

Пока серебряная лента – называемая также информационной лентой – которая соединяет душу и тело, ещё не отделена от тела, ещё существует духовный круговорот, и жизненные энергии ещё текут от неотяготимого ядра сущности, Бога, в душу – от души в тело, а от тела опять же назад к душе и к ядру сущности, Богу. Это Я увидел у девочки и сначала безмолвно поговорил с силой Моего Отца во Мне, с обитающим внутри Я Есть. Потом Я установил духовную связь с душой ребёнка и через это позволил космическим силам умножено потечь по серебряной ленте. Через ядро сущности души эта усиленная жизненная энергия тогда потекла в душу, а через душу в клетки мозга и в организм ребёнка. Так Я пробудил человека от так называемой смерти.

Таким способом Я приводил обратно в плоть всех, чьё время в земном одеянии ещё не истекло. Они бы ушли с Земли лишь из-за внешних обстоятельств, которые лишили душу её опоры и, тем самым, выдворили бы её из тела прежде, чем ей предписывалось по космическим законам.

В законе жизни написано, что каждой душе в земном одеянии предписан определённый земной жизненный цикл. Этот цикл содержит в себе возможность более ранней или более поздней смерти земного одеяния. Земная смерть может также произойти в пределах этого временного промежутка. В этот временной промежуток Я, как Иисус из Назарета, мог силой Духа звать души назад, опять в их земное существование.

Эти дела любви Я совершал, когда оно было хорошо для души и человека. Я узнавал по излучению сознания души, отяготят ли себя заново душа и человек в дальнейшем земном существовании или же они усилят веру в Вечного через прощение, просьбы о прощении и исправления.

Заповедь для всех людей гласит: если ваша вера величиной хотя бы с горчичное зерно, тогда многое из действий божественной любви может произойти в вас и с вами.

ГЛАВА 23

Иисус и самарянка

Вода жизни, истина, вечно текущая сила (3-7). Кто серьёзно ищет, тот найдёт истину – Проверяйте тех, кто говорит об истине – О ценности внешних форм поклонения – Кто сегодня является народом Израиля? – Новый Иерусалим – Последний союз (16)

1. Иисус пришёл в самарийский город, который назывался Сихарь, поблизости от поля, что Иаков отдал своему сыну Иосифу.

2. Там же был и колодец Иакова. Так как Иисус утомился в пути, Он присел на край колодца. Было около шестого часа.

3. И тут приходит женщина из Самарии, чтобы зачерпнуть воды. Иисус говорит ей: «Дай Мне напиться». (Ибо Его ученики ушли в город купить еды).

4. Тогда женщина-самарянка говорит Ему: «Как же так, что Ты, иудей, просишь пить у меня, женщины из Самарии?» (Поскольку Иудеи не имели никакого общения с самарянами).

5. Иисус сказал ей в ответ: «Если бы ты познала подарок Бога и Того, кто говорит тебе: «Дай Мне напиться», то ты просила бы Бога о том, чтобы Он дал тебе живую воду».

6. Тогда женщина говорит Ему: «Господин, тебе и зачерпнуть-то нечем, а колодец глубок; откуда же

у Тебя эта живая вода? Неужели Ты более велик, чем наш отец Иаков, который дал нам этот колодец и пил из него, он и его дети, и его верблюды, и быки, и овцы?»

7. Иисус сказал ей в ответ: «Кто пьёт эту воду, тот будет снова испытывать жажду. Но кто будет пить воду, которую Я дам ему, тот никогда не будет испытывать жажду, а вода, которую Я дам ему, пробьётся в нём водным источником в вечную жизнь». (Гл. 23, 1-7)

Я, Христос, объясняю, исправляю
и углубляю слово:

Вода жизни сильнее втекает в этот мир со времени Моей деятельности как Иисуса из Назарета – и ещё сильнее с момента Моего «Свершилось».

Кто пьёт воду жизни, тот черпает из источника вечной истины, потому что он возвратился в праисточник всего Бытия. Он никогда не будет больше жаждать, и ни в чём не будет испытывать недостатка. Он обладает тем, что ему необходимо, и сверх того.

Люди в Духе истины сами являются духовным колодцем истины. Они дают и дают – и никогда не иссякают, потому что Дух Бога, действующий через них, является вечно текущей силой, началом источника и самим источником, истиной.

Познайте: Я Есть вода жизни. Кто Мою жизнь в качестве Иисуса из Назарета делает своей жизнью, придерживаясь того, что Я ему заповедал, тот будет жить во Мне, живой воде, и станет тем колодцем живого блага, из которого нескончаемо истекает вода жизни. Только тогда он сможет подать многим людям истинный, освежающий напиток живой воды. Они не будут больше впредь искать истину, поскольку уже нашли ту истину, которая Я Есть. Они более не испытают жажды, ибо они пьют из вечного источника истины.

Кто принимает воду жизни, тот не остаётся одиночкой; он не плывёт по течению старого, греховного времени. Он гребёт против него, не способствуя более человеческому, но устраняя его силой любви. Так он находит в себе вечность, жизнь, истину, изначальный источник, Бога.

Таким образом, постепенно возникает Эра света и новый человеческий род во Мне, Христе: люди, которые будут строить и поддерживать Царство мира, поскольку они сами являются мирными.

8. Тогда женщина говорит Ему: «Господин, дай мне этой воды, чтобы я больше не испытывала жажды и не должна была приходить сюда черпать». Иисус говорит ей: «Пойди, позови своего мужа и приди сюда». Женщина ответила: «У меня нет мужа».

9. Иисус посмотрел на неё и сказал ей: «Ты сказала правильно: у меня нет мужа. У тебя было пять мужей, и тот, которого ты имеешь ныне, не является твоим мужем. Ты сказала верно».

10. Тогда женщина сказала Ему: «Господин, я признаю, что Ты пророк. Наши отцы молились на этой горе, а вы говорите, что будто бы Иерусалим является тем местом, где следует поклоняться».

11. Иисус говорит ей: «Женщина, поверь Мне, наступит время, что вы не будете поклоняться Богу ни на этой горе, ни в Иерусалиме. Вы не знаете, чему поклоняетесь; мы же знаем, чему поклоняемся. Ибо спасение придёт из Израиля.

12. Но настанет время, и оно уже настало, когда истинные поклонники будут поклоняться Все-Отцу в духе и в истине. Ибо таких поклонников хочет иметь Все-Святой. Бог есть Дух, и поклоняющиеся Ему должны поклоняться Ему в духе и в истине».

13. Тогда женщина говорит Ему: «Я знаю, что придёт Мессия, называемый Христом. Когда Он придёт, то возвестит нам всё». Иисус говорит ей: «Это Я, кто говорит с тобой».

14. А тем временем пришли Его ученики и удивились, что Он разговаривает с женщиной. Однако никто не спросил: «Чего ты ищешь?» Или: «Почему Ты беседуешь с ней?»

15. Тогда женщина оставила свой кувшин, отправилась своим путём в город и сказала людям: «Пойди-

те и посмотрите на человека, который рассказал мне всё, что я когда-либо сделала. Не Христос ли Он?»

16. Тогда они отправились и пришли к Нему, и многие самаряне поверили в Него и просили Его остаться с ними. И Он оставался там два дня. (Гл. 23, 8-16)

Я, Христос, объясняю, исправляю
и углубляю слово:

Кто говорит из истины, слова того являются вечной жизнью. Они проникнуты жизнью и силой, которыми Я Являюсь в Отце-Матери-Боге. Кто серьёзно ищет воду жизни, истину, тот найдёт человека, который окажется способным указать ему путь к происхождению источника, и найдёт жизнь, истину, в своём самом внутреннем.

Слова жизни – это слова истины. Кто живёт по смыслу живого слова, тот исполняет закон жизни и обитает в Духе истины. Потому проверяйте людей, говорящих об источнике живого блага, несут ли они воду жизни, истину, или они лишь стоят у колодца истины.

Познайте: где находится свет, там и собираются те, которые стремятся к свету. Но много также и среди них таких, которые лишь говорят об истине, а в помыслах имеют мрак. Потому проверяйте меркой вашей честности, чтобы познать их дела. Не смотрите

262

на тех и не слушайте тех, которые ведут нечистые речи – даже если они и называют себя «Рабби». Проверяйте смысл их слов и их поведение по отношению к своим ближним – и они станут для вас открытой книгой. Люди Духа скромны, смиренны и кротки, однако их сущность пронизана и озарена тем, которым Являюсь Я: Христом, живой водой.

Кто живёт в истине, тот живёт из истины – и наблюдает истину, а также видит ложь. Глазами истины Я видел, будучи Иисусом из Назарета, женщину у колодца. Я видел её прошлую и нынешнюю жизнь. И из этого Я обратился к тому, что ей в тот день могло бы послужить познанием.

Во все времена, а также ещё и в сегодняшнее время люди создавали и создают себе внешние знаки и отличительные черты, чтобы поклоняться Богу. Эти внешние образы, отличительные черты и знаки для поклонения, как например, статуи, синагоги, церкви, площади, возвышения, горы или также ритуалы и церемонии, человек создаёт себе до тех пор, пока он Бога, Духа истины, не признает в себе и не станет придерживаться «порядка храма», заповедей жизни.

Каждый человек является храмом Бога. Поэтому не требуется никакого места, чтобы поклоняться Богу. Молись Богу в Святая святых твоего внутреннего и сохраняй свой храм чистым посредством благородных мыслей, богонаполненных слов и поступков; тогда ты придерживаешься «порядка храма» – и Бог даст тебе ответ на твои молитвы, потому что ты с Ним состоишь в коммуникации.

Даже и в сегодняшнее время многие люди ещё не знают, кому или чему они поклоняются. Они являются подражателями тех, кто создал и поддерживает культы, так как они ещё обеднены в своём сердце. Потому как им истинный, всемогущий Бог, Бог внутреннего, чужд, они нуждаются в боге внешнем. Такой, однако, внешний бог никогда не является Богом истины, но лишь идолом.

Я объясняю слова «Ибо спасение придёт из Израиля». Израиль находится там, где люди исполняют волю Бога.

Сегодняшний Израиль уже не тот Израиль, в котором Я жил как Иисус из Назарета. Он всего лишь название, которое ещё носит эта страна: большая часть израильтян не сохранила союза с Богом и не приняла Меня своим Избавителем. Поэтому Бог, Вечный, возобновил союз с некоторой частью людей, которые некогда были воплощены в старом Израиле, а в сегодняшнее время воплощены в другой стране, и всё ещё состоят в задании.

Бог, Вечный, заключил ныне союз также и с теми, которые во время Моего земного существования не были воплощены в Израиле, однако в истекшие столетия снова и снова входили в земное одеяние и подготавливали дело по возвращению домой. Также и они состоят в Задании избавления. Он заключил точно так же союз и с теми людьми, кто в Деле избавления осуществляет спасение для своих ближних и тем самым также участвует в задании по возвращению домой.

Итак, Израиль находится там, где воплощены люди, которые состоят в Задании избавления и которые готовы исполнять волю Бога.

Многие духовные существа из великого потенциала Задания по избавлению были воплощены во время Моисея, а также и во время Моего земного странствия в старом Израиле. Грех раскидал многих людей, состоящих в задании дела Избавителя, по всем четырём ветрам. Теперь Я собираю их в другой стране.

Новое поколение братьев и сестёр Я собираю в той стране, где учит и действует воплощённый частичный луч божественной мудрости: в Новом Иерусалиме. С братьями и сёстрами в Новом Иерусалиме, в возникающем Израиле, Вечный ныне заключил последний союз.

Народ Бога на этой Земле станет могучим народом. Потому приходит всё больше людей, чтобы заключить вечный союз с Богом. Ибо Я, Христос, призываю их — и они приходят. Они собираются, чтобы действовать для Нового времени, времени света. Они больше не поклоняются Вечному перед памятниками и статуями. У них нет никаких внешних церквей. Они не идут в горы, чтобы искать там Вечного, с верой Его там найти. У них нет никаких церемоний и обрядов. Они поклоняются Вечному в своём храме, в своём внутреннем; ибо там обитает Единый Вечный, Бог Авраама, Исаака и Иакова, Дух вечного Отца, детьми которого являются все духовные существа, люди и души. Они, конечно, встречаются в некоторых местах, но вовсе не для того, чтобы искать там Бога, а для того, чтобы побыть друг с другом в единстве и совместно помолиться Тому, кто является жизнью: Богу, Духу истины, который обитает в каждом духовном существе, в каждой душе и в каждом человеке.

Бог является также Духом-Творцом, который создал всё Бытие, который живёт в каждом растении, в каждом камне, в каждом животном, в каждом атоме — во всём Бытии. Бог есть Дух, и кто поклоняются Ему истинно, поклоняются Ему в духе и в истине, и они придерживаются законов.

Истинно, говорю Я вам: как Иисус Я ушёл от вас; как Христос, Воскресший, Я пришёл к вам, для того чтобы вы воскресли во Мне, Избавителе, чтобы снова войти в Бога, в прапоток.

Знайте: будучи Иисусом, Я оставался с людьми довольно продолжительное время — как Христос Бога Я обитаю в вас. И Я останусь в вас навечно; ибо Я Есть в вечном Отце, а Отец во Мне, и Мы являемся единым Духом истины, который обитает во всех людях.

ГЛАВА 24

Иисус осуждает жестокость –
Он исцеляет больных и изгоняет дьявола

Все нарушения против закона жизни обрушиваются назад на человека; природа и создания на Земле являются подарками Бога для благополучия людей (1). Объяснение «усохшей руки» (3). Спасение и исцеление телу, если это хорошо для души (7). Фарисеи вчера и сегодня – Борьба против возрастающего света на Земле и в местах очищения ещё и во время Царства мира – На переломе времён будет закладываться и обретать форму фундамент Царства мира – Напоминание людям в Царстве мира: не забывайте пионеров и воплощённого серафима божественной мудрости, Мою пророчицу и посланницу – Борьба за туманной стеной продолжается (8). Объяснение «чуда кормления» (12-13)

1. Когда Иисус проходил через деревню, Он увидел группу бездельников. Они мучили найденную ими кошку и гнусным образом жестоко с ней обращались. И Иисус приказал им от этого отказаться и начал их упрекать; но они не обращали внимания на Его слова и оскорбляли Его. (Гл. 24, 1)

Я, Христос, объясняю, исправляю
и углубляю слово:

Кто мучит людей и животных, и жестоко обращается с ними, тот однажды испытает мучения и жестокое обращение на собственном теле. То же самое касается и проступков в отношении растительного и минерального царств. Ибо что проявлено в материи как форма жизни, то также в качестве духовной субстанции находится и в душе. Итак, кто грешит против жизни, тот судит самого себя, поскольку он отягощает часть своего духовного наследства. Ибо всё, что из Бога, то также как эссенция находится в душе человека.

Познайте: Земля производит для людей питание. Люди нуждаются также в крове и одежде. Они не могут создавать себе пищу, кров и одежду как ангелы на Небе. Земля является носительницей жизни для всего. Её не следует ни осквернять, ни эксплуатировать. Земля и всё живущее на ней, животные, растения и камни, хотят служить людям. Предпосылкой является то, что человек принимает и вмещает свою Землю, то есть, о ней заботится, ибо Земля является большим живым организмом.

Бог, Вечный, дал людям животных и растения, и подарил им от Земли фрукты, овощи и зерно. Он дал это людям и сказал им: «Сделайте Землю подчинённой вам», что в своём правильном смысле означает: будьте внимательными и заботливыми к жизни во всех жизненных формах, и они будут служить вам.

Познайте: чистые жизненные формы животных созданы Богом, и каждое растение принадлежит к великому потенциалу творения Бога, продолжающему развиваться в эволюционном цикле. Таким образом, каждая жизненная форма является частью великого целого.

Человеку заповедано Богом ценить и любить жизнь, и придерживаться заповеди «Молись и работай». Потому жизнь так называемых бездельников-лентяев является пустой растратой дневных сил. Это те люди, которые крадут энергию Бога. Кто не использует день, но лишь им злоупотребляет, чтобы извлекать выгоду из своих ближних или осквернять животных и растения, тот действует против закона жизни.

Люди, которые думают только о своём благе, будут мучить животных, эксплуатировать Землю и отравлять жизнь на ней, потому что их мысли отравлены жадностью и завистью. Ибо люди, не знающие самих себя, мучают людей и животных, и они против природы. Они делают лишь то, к чему их подталкивает их эгоистическое мышление. Они сами гонимы и хотят, поэтому прогнать всё, что вокруг них, потому что им мешает всё то, что не соответствует их представлениям. Их человеческое «я» делает таких людей как бы невменяемыми.

Они не знают заповеди просьбы о прощении, прощения и исправления. Они рассчитываются со своим ближним: око за око, зуб за зуб. При этом, однако, они отягощают свою собственную душу тем, что причиняют своему ближнему! Ведь то, что человек доставляет своему ближнему – также животному, растению, да и всему организму Земли – это он причиняет себе самому. Так было и всё ещё есть в сегодняшнее, греховное время. Но подрастает новое поколение, и оно вступает в новую эру, в жизнь вместе друг с другом и с Богом.

2. Тогда Он сделал из верёвок с узлами плеть и погнал их прочь, сказав: «Эту Землю, созданную Моим Отцом на счастье и радость, вы превратили своими делами насилия и жестокости в глубочайший ад». И они убежали от Его лица. (Гл. 24, 2)

Я, Христос, объясняю, исправляю
и углубляю слово:

Плеть символизирует закон причины и следствия. Кто пренебрегает своими ближними, а также своими меньшими ближними, животными, и мучает их, кто совершает насилие и жестокость к человеку и животному, к растениям и минералам, и к остальной жизни в Земле и на Земле, тот — если только он вовремя не раскается — испытает в своей жизни следствия своих причин.

Закон причины и следствия будет как плетью бить всех тех, кто жестоко обращались и обращаются с жизнью — в какой бы форме и на каком бы уровне сознания она себя не показывала. Земля дана людям для того, чтобы они снова осознали, что они дети Бога, что их жизнь – как и всякая жизнь – из Бога, для того чтобы они научились ценить и любить жизнь. В какой бы форме и на каком бы уровне сознания жизнь не встречалась и не проявлялась человеку: во всём есть Бог – жизнь.

Всё чистое хотело бы служить бескорыстно, также и Земля с её царствами природы. Кто осознаёт, что его жизнь из Бога, и живёт соответственно, поддерживает мир со всеми созданиями, со всем, что даётся из лона Бога на радость и благополучие людей. Бог желает мирных и радостных детей. Кто не хочет, однако познавать Бога и принимать Его правление, тот против Него и против всего того, что дано людям из Его рук. Вследствие этого он становится угрюмым, несчастным, озабоченным и больным.

3. Но один, ещё хуже, чем другие, возвратился и угрожал Ему. И Иисус протянул Свою руку, и рука молодого человека усохла. И великий страх напал на всех. И кто-то сказал: «Он – волшебник» (Гл. 24, 3)

Я, Христос, объясняю, исправляю
и углубляю слово:

«И Иисус протянул Свою руку, и рука молодого человека усохла». Это событие было неправильно понято и поэтому было воспроизведено на такой лад. Никогда человек, живущий в законе Бога, не вмешивается в закон причины и следствия, чтобы ускорять и вызывать то, что преступник сам для себя причиняет и предопределяет.

Кто совершает насилие, тот пожнёт то же самое или подобное. Если бы Я, как написано, повелел руке усохнуть, то Я бы вмешался в закон посева и жатвы. Процесс протекал по закону посева и жатвы: при жестоком обращении с животным преступник ударился рукой о грубый, твёрдый предмет. Кровь застоялась, рука посинела, а затем бессильно повисла. Я протянул Свою руку и указал на следствие, чтобы объяснить ему причину. Поскольку люди тех времён знали закон посева и жатвы лишь в форме слов «око за око, зуб за зуб» и ко всему этому ещё и неправильно его толковали, то они полагали, что Я будто бы вызвал это и являюсь волшебником.

Таким способом Я снова и снова указывал людям, что они пожнут то, что сеют: кто вносит в пашню жизни плохое семя, тот будет также иметь и плохой урожай, ибо плод уже лежит в семени.

Но кто своевременно познаёт свои ошибки, раскаивается в них и больше их не совершает, тот принимает закон Бога и постепенно учится любить все формы жизни. Тогда он получает из милостивых рук Вечного, и его душа и тело обретут свет, благо и исцеление.

Познайте: не всегда посев тотчас же приносит урожай. Что человек в этой земной жизни сеет, то есть причиняет – также животному и растительному царствам – то он и пожнёт; если не в этом земном существовании, то в будущей земной жизни или как душа в местах очищения.

Потому живите каждый день осознанно! Ибо каждый день показывает каждому человеку то, что у него хорошо и менее хорошо, и что он сегодня, в этот день, может исправить.

4. На следующий день к Иисусу пришла мать этого молодого человека и просила Его, чтобы Он вновь исцелил его руку. И Иисус говорил им о законе любви и единства всей жизни в единой семье Бога. И Он сказал потом: «Как вы в этой жизни делаете вашим ближним созданиям, так оно случится и с вами в будущей жизни».

5. И молодой человек поверил и признал свои грехи. И Иисус протянул Свою руку, и усохшая рука стала такой же здоровой, как и другая. И народ восхвалял Бога за то, что Он дал такую силу человеку.

6. Когда Иисус оттуда уходил, смотри, тут последовали за Ним двое слепых. Они кричали и говорили: «Господь, Ты, сын Давида, помилуй нас». И когда Он вошёл в дом, слепые подошли к Нему, и Иисус сказал им: «Верите ли вы, что Я способен на это?»

7. И они сказали Ему: «Да, Господь». И Иисус коснулся их глаз и сказал: «Да свершится вам по вашей вере».

И вскоре их глаза вновь открылись. Иисус же строго наказал им: «Смотрите, чтобы вы никому не рассказывали об этом». Они же, после того как вышли, разнесли славу о Нём по всей стране. (Гл. 24, 4-7)

Я, Христос, объясняю, исправляю
и углубляю слово:

Кто верит, тому будет дано!

Исцеление из Духа жизни никакое не чудо, а закономерность.

Любовь и милость Бога пребывают с Его человеческими детьми. Правильная вера исходит из сердца. Люди глубокой веры остаются стойкими, что бы к ним ни подступало, и они принимают благо для своей души – ибо милость и помощь Бога изливаются сначала в душу. Оттуда приходят благо и исцеление для тела, если это хорошо для души, то есть если человек впредь более не совершает тех же грехов, которые привели к страданиям или болезням тела.

«Вскоре» означает: исцеление происходило не непосредственно напрямую, но по заповеди веры; ибо в первую очередь Я помню о душе. В ней закон жизни, закон, Бог. Если человек придерживается его настолько, насколько его осознаёт, тогда он обретает благо и исцеление также в теле и на теле.

Не всегда дары милости для души имеют в этом земном существовании свои последствия в этом и на этом теле. Они также могут развиться в царстве душ – тогда, когда душа бестелесна – или же только в одном из дальнейших воплощений. При этом противозаконное в душе постепенно превращается в положительную силу, которая затем устремляется в тело. Это означает, что душа от этого освобождена, а также и тело не должно больше нести того, что человек некогда причинил.

8. Как только они ушли, смотри, к Нему привели человека, который был немым и одержим демоном. И когда демон был изгнан, немой заговорил. И народ удивлялся и говорил: «Такого в Израиле ещё никогда не видели!» Но фарисеи сказали: «Он изгоняет дьяволов посредством высшего из дьяволов». (Гл. 24, 8)

Я, Христос, объясняю, исправляю
и углубляю слово:

Будучи Иисусом из Назарета, Я действовал там, где ставил Меня Мой Отец. Многим людям Я мог посредством мощи Отца принести облегчение и исцеление, а также вести их к познанию посредством живого слова.

Не каждому человеку, который ко Мне приходил, Я мог помочь и послужить. На многих Я возлагал руки, а они не выздоравливали. И не каждая тёмная сила, к которой Я обращался в человеке, отступала от него. Ибо закон жизни гласит: по твоей вере будет тебе дано! И: впредь больше не греши! Далее закон жизни говорит: верь также и тогда, когда ты в своём теле ещё и не чувствуешь того, что уже совершилось в душе. В теле и на теле станет действенным лишь то, что человек признаёт за ошибки и грехи, раскаивается, за что он просит прощения и прощает – и чего он более не совершает.

Познайте: каждый человек, говорящий иначе, чем думает, является фарисеем.

Ещё и сегодня фарисеи используют те же самые клеветнические речи, как и тогда, когда Я, будучи Иисусом из Назарета, ходил по Земле, и изливают те же самые насмешки и издевательства, чтобы подстрекать народ. Кто, однако же, способен заглянуть в сердце человека, тот узнает, что в своём основании каждый фарисей является тем напуганным человеком, который постоянно озабочен тем, чтобы его нагромождения лжи не пошатнулись. Именно фарисеи, а также и книжники насадили в мир уже много неправды и распространили её среди людей.

Ослеплённые фарисеи, вожди народов и многие церковные деятели говорят неосознанно, а частью и сознательно, много неправды. Они осознанно говорят ложь из страха перед тем, что могут потерять свой авторитет. Они неосознанно говорят ложь, потому что не контролируют свои чувства и мысли, и без самопознания растрачивают земные дни. Они не очищают своего неправильного поведения и позволяют своим агрессиям, разогреваемым их страхами, свободный ход.

Фарисеи, многие книжники и церковные деятели обвиняют своих ближних в неправде и осуждают тех, кто говорят из вечной истины. Кто даёт ложные свидетельства против своего ближнего, тот боится вечной истины, которой является Бог.

Многие фарисеи, носящие духовное одеяние, убеждены в своей компетентности в вопросах веры. Они обвиняют своих ближних в принадлежности к сатанинскому или к «дьяволу», потому что они сами своей жизнью и мышлением служат ему больше или меньше. Потому остерегайтесь тех, кто отвергает своих ближних и говорит о них зло, ибо они сами состоят в союзе со злом.

Для людей, которые затем будут жить в Царстве мира Иисуса Христа, важно знать, что борьба тьмы против света, как она имела место во время Моей земной жизни, будучи Иисусом из Назарета, продолжалась на протяжении последующих времён и ещё раз усиливается сегодня.

Всё, что Я как Иисус из Назарета пережил, пережили в последующие столетия многие преданные мужчины и женщины. Также и над ними издевались, их высмеивали и оклеветывали за истину. И всё же после своей телесной смерти их души вновь и вновь входили в земное одеяние, чтобы готовить Царство Бога на Земле – а теперь его основать и строить.

Первые шаги к Эре света осуществлялись – поначалу для людей этого мира незримо – посредством дел любви к ближнему. С течением времени, затем дела Бога на Земле становились всё более и более явными. Люди более высокого сознания вели своих окружающих, своих братьев и сестёр, по пути во внутреннее ко Мне, Христу Бога. Они приобретали земельные владения и основывали христианские предприятия, в которых люди начинали осуществлять Нагорную проповедь, закон Бога для этой Земли. Снова и снова эти предприятия разрушались противоположными силами.

То, что протекало в эти времена борьбы, в которые на Земле встречались свет и тьма, это совершается всё ещё и теперь – между тем как вы живёте на Земле в Эру света – на невидимых для вас ступенях в местах очищения. Там всё ещё действуют многие прежние книжники, фарисеи и церковные деятели, находившиеся в то время в земном одеянии. Они продолжают оказывать влияние на души некогда бывших у них в кабале людей, чтобы чинить раздоры и в местах очищения.

Вам, живущим в Эру света в Царстве Бога на Земле, следует знать то, что когда-то происходило на Земле и всё ещё совершается в нижних царствах душ, в сферах порядка. Когда вы после телесной смерти покинете этот земной мир и пройдёте через туманную стену, через которую физический взгляд не в состоянии проникнуть, вам следует быть осведомлёнными об этом. Ибо кто – как душа – проходит сквозь туманную стену, зная о ещё действующих причинах, тот не будет тогда испуган и удручён, а сразу же начнёт обучать и наставлять души, которые будут приведены к нему, чтобы они узнали о том свете истины, который уже обитает на Земле: о Христе Бога, который Я Есть.

Все те, кто в течение почти двух тысяч лет после Моей жизни как Иисуса из Назарета, действовал и боролся, и был преследуем за Царство Бога, являются для вас, живущих в Царстве мира Иисуса Христа, пионерами Новой эры. Они совершили великое. В различные эпохи после Моей земной жизни они вновь и вновь приходили в земное одеяние, создавали и всё больше увеличивали духовный потенциал для Царства Бога на Земле. Сначала это был тот невидимый духовный потенциал, который затем постепенно-постепенно обнаруживался на Земле, прежде всего в атмосфере. Время от времени кое-что из этого реализовывалось, то есть становилось зримым: там, где люди начинали жить и работать по Нагорной проповеди.

Затем наступил поворот времён, та временная эпоха, которая во всех деталях раскрыла Царство мира Иисуса Христа. Вновь на эту Землю пришли пионеры. Ими являлись воплощённые духовные существа, состоящие в Задании избавления, из рода Давида и из других родов. Теперь они позволили стать зримым тому, что они подготовили в предыдущих поколениях.

Тут и там великая семья Бога становилась видимой на Земле. Многие жили в христианских праобщинах. Центральным прасветом среди них была Союзная община «Новый Иерусалим», которая уже в то время несла ответственность за все возникающие праобщины и за устанавливающееся Царство Бога на Земле. В светоматериальном Царстве мира она теперь как город Иерусалим образует центр, из которого ведутся все праобщины.

Праобщины в Универсальной Жизни, которые образовывались ещё посреди греховного мира, состояли, прежде всего, из тех людей духа, которые больше и больше жили во Мне, Христе, и тем самым в законе Бога. Они создавали те общинные учреждения, в которых они, как люди, нуждались для жизни. Они приобретали и строили дома, в которых они совместно жили. Они основывали ремесленные предприятия, в которых они осуществляли закон «Молись и работай»; они коллективно основывали и строили клиники, дома для престарелых, детские сады, школы, дома отца и матери, столовые и всё, что ещё является необходимым для людей к жизни на этой Земле.

Среди них не было ни начальников, ни подчинённых. Все они осознанно чувствовали себя детьми Бога; они подтверждали сыновство и дочеринство в нашем вечном Отце. В соответствии со своими способностями они действовали ради великого целого, ради общего блага.

Среди этих пионеров Новой эры во Мне, Христе, жила, как уже было проявлено, женщина, воплощённый серафим божественной мудрости. Она действовала для Меня как пророчица и посланница, и шла впереди всех как яркий пример исполнения вечных законов. Через неё, инкарнированный частичный луч божественной мудрости, и её духовный дуал, позитив божественной мудрости, Я оповестил о Новой эре и начал её. Ибо в деле Избавителя действуют любовь и мудрость, а с ними все существа, все сыны и дочери Бога, которые поставили себе задачей принести – для Новой эры – то, что дано им Богом: силу, любовь и мудрость, порядок, волю, серьёзность, терпение и милосердие.

Все воплощённые личности света действовали сообразно своему духовному происхождению, своему духовному менталитету, которые сформировали их земные способности для Царства Бога на Земле. Эти пионеры Эры света точно так же переносили позор, издевательства и насмешки. Также и о них говорилось много злого. Но они старались жить во Мне, и Я был с ними.*

Я повторяю и говорю вам, ныне живущим в Новую эру, чтобы вы сохранили это в своём сердце: вновь и вновь фарисеи, многие книжники и церковные деятели тогдашнего времени боролись против пионеров. Посредством клеветы они натравливали на них народ. Однако, как это уже было в Моё земное время, так оно было и в эту временную эпоху: истина побеждала. Непоколебимо, что бы ни приписывали им клеветники, они действовали дальше с тем, чтобы готовить Мне, Христу, пути в Эру света. Они позволяли больше и больше становиться заметным тому, что служит Новой эре.

Радуйтесь вы, живущие сейчас в согласии и мире – и благодарно исполняйте законы любви! Помните ваших братьев и сестёр, которые, в качестве пионеров, готовили Мне пути в Новую эру, приобретали, основывали и строили для вас то, что вновь и вновь из

---

* *Некоторые пионеры вновь расходились своими дорогами. Но те, кто пребывали с Христом, строили и продолжают выстраивать для Новой эры, для Нового Иерусалима. Всё, что проявлено, продолжается в Новую эру*

менялось в излучении для Эры света – чем вы теперь владеете от Моего имени.

Но не забывайте: за туманной стеной ещё нет жизни во Мне! Там ещё продолжается борьба между светом и тьмой. Однако атмосфера Земли защищает вас от этих сил, чтобы вы могли жить на Земле в мире и согласии.

Через эти Мои слова вам следует постигнуть и узнать, что избавление ещё не завершено во всех сферах. Многие из вас за туманной стеной в низших царствах душ встретят подобное тому, что когда-то происходило на Земле – так, как Я это вам здесь проявил, и как оно в данной книге, «Это есть Моё Слово», записано в виде исторического рассказа. Оно для многих из вас станет современностью вновь, когда вы сложите земное одеяние и вступите со своим духовным телом за туманную стену. Ибо после вашей телесной смерти вам следует явиться в эти царства подготовленными и помогать, чтобы всё то, что ещё не соответствует божественному порядку, было приведено в порядок, и всё, что ещё связано, было развязано.

9. И Иисус ходил по всем городам и сёлам, учил в тамошних синагогах, проповедовал евангелие Царства Бога и исцелял в народе всякие эпидемии и все болезни. (Гл. 24, 9)

Я, Христос, объясняю, исправляю
и углубляю слово:

Я исцелял многие эпидемии и болезни – однако не «всякие эпидемии и все болезни» Я мог устранить. Ибо многие люди думали только о своём теле. Они не были готовы сперва помнить о своей душе. Многие страдающие стремились только к тому, чтобы спасти своё земное тело. Кто думал так, тот не мог принять. Он не добивался ни помощи, ни исцеления – ни для своей души, ни для своего тела. Многие поэтому отправлялись оттуда разочарованными, потому что в них и с ними ничего не происходило. Они затем высказывались против Меня и одновременно вторили устам фарисеев и книжников. Также и через такие речи разочаровавшихся, фарисеи и многие книжники приободрялись выступать против Меня, Христа в Иисусе.

10. Но, когда Он увидел толпу людей, Его охватило сострадание; ибо они были вялы и рассеяны, как овцы, не имеющие пастуха. (Гл. 24, 10)

Я, Христос, объясняю, исправляю
и углубляю слово:

«Сострадание» означает сострадать: Я видел их страдание и их нужду, и страдал вместе с ними. Видеть страдание из милосердия означает иметь жалость и помогать там, где помощь уместна.

11. Тут Он сказал Своим ученикам: «Урожай воистину огромен, а работников мало. Поэтому просите Господина урожая, чтобы Он послал работников на Свою жатву».

12. И Его ученики принесли Ему две небольшие корзины, наполненные хлебом и фруктами, и кувшин с водой. И Иисус поставил перед ними хлеб и фрукты, а также воду. И все они ели и пили, и насытились.

13. И они удивлялись; ибо каждому из них хватило и даже ещё кое-что осталось, хотя и было их четыре тысячи. И они ушли оттуда, восхваляя Бога за всё, что они услышали и увидели. (Гл. 24, 11-13)

Я, Христос, объясняю, исправляю
и углубляю слово:

Было много людей, почти четыре тысячи. Все они слышали слова Всемогущего через Меня, Иисуса. Слово Бога является субстанцией и силой. Многие из них принимали слово Бога как пищу с Небес. Они вознамерились ежедневно есть больше такого хлеба и таких плодов – это значит посвятить свою жизнь Богу, закону жизни. Благодаря этому освобождались позитивные энергии.

Часть этих позитивных энергий – которые возникли по желанию и воле многих присутствующих ежедневно всё больше и больше осуществлять в себе духовный хлеб и духовные плоды – Я взял, и уплотнил те духовные энергии, которые затем предстали для голодной толпы хлебом, фруктами, водой, а также рыбой, основной пищей тех людей. Уплотнение духовной энергии было манифестацией света из Духа Бога. Она содержала единственно лишь духовную жизнь, как в хлебе, так и в плодах, в воде и рыбе. То, что манифестируется из Духа, не является чисто материальной субстанцией. Оно не несёт в себе ни земной жизни, ни земного роста. Манифестированная духовная субстанция не может быть убита.

Присутствующие люди находились в приподнятых вибрациях. Они видели наполненные корзины, полные сосуды с водой, видели перед собой хлеб, плоды, воду и брали дары жизни из корзин и сосудов – и, однако же, всё происходило внутри них и из них. Они черпали эти дары из себя, потому что развили для этого более высокие энергии – через свою добрую волю, посвятить свою жизнь Богу, закону, и умножать в себе силы Бога. Они насыщались и утоляли свою жажду.

Потому как масса людей находилась в возвышенном сознании, Я, Христос в Иисусе, смог предпринять такую манифестацию света.

ГЛАВА 25

Нагорная проповедь (1-я часть)

Нагорная проповедь, Внутренний путь к совершенству – Блаженные – «Бедные» – Переноси своё страдание правильно – Кротость, свойство бескорыстно любящих – Десять заповедей и Нагорная проповедь как путь к истине и справедливости – Милосердие, врата к вечному Бытию – Чистые души в Абсолютном законе Бога – Миротворцы имеют мир в себе – Борьба пионеров на нескольких фронтах – Церковные деятели, фарисеи, волки в овечьей шкуре – Поле битвы за туманной стеной – Молитесь за непросветлённые души (2-4). Земное богатство как обязанность и задача – Неправильное употребление богатства имеет тяжёлые последствия – Предостережение насмешникам – Богачи, властители, лжепророки, льстецы, мнимые христиане: инструменты Сатаны (5). Праведники, которые выносят на свет несправедливость, являются солью земли (6). Призвание и задание пророчицы и посланницы Бога – Деятельность пионеров при прямом обучении и руководстве – Новый Иерусалим (7). Освобождение от закона посева и жатвы через Христа, связывание в законе падения через конфессии и догмы – Христос ведёт сегодня во всю истину (8). Ложные и истинные учителя (9). Спасение лишь посредством веры и осуществления (10). Христос преобразует добровольно переданный грех (11). Очиститься, прежде чем возникнет тяжёлая карма – Мнимый враг, твоё зеркало (12-13). Каждый получает то, что он сам посеял – Отдавайте любовь бескорыстно (14). Личные желания ведут до привязок к людям и вещам – «Жизнь в застойной луже» (16). Летучее семя в душевном наделе твоего ближнего – Путь очищения пионеров вплоть до Царства мира (17-18)

1. Тут Иисус, увидев толпы народа, взошёл на гору. И когда Он сел, к Нему подошли двенадцать. Он взглянул на Своих учеников и сказал:

2. «Блаженны духом те, кто бедные, ибо их есть Царство Небесное. Блаженны те, кто переносят страдания, ибо им надлежит утешиться. Блаженны кроткие, ибо они овладеют земным царством. Блаженны те, кто голодают и жаждут справедливости, ибо им надлежит насытиться.

3. Блаженны милосердные, ибо они обретут милосердие. Блаженны чистые сердцем, ибо они Бога узрят. Блаженны миротворцы, ибо они будут названы детьми Бога. Блаженны те, кто страдает от преследований за праведное дело, ибо их есть Царство Бога.

4. Да, блаженны вы, когда люди будут вас ненавидеть и изгонять вас из общества, и говорить всевозможное зло против вас и запрещать ваше имя из-за Сына Человеческого. Радуйтесь в тот день и прыгайте от радости, ибо смотрите, ваша награда велика на Небе. Ибо подобное делали их отцы пророкам. (Гл. 25, 1-4)

Я, Христос, объясняю, исправляю
и углубляю слово:

Нагорная проповедь – это Внутренний путь к сердцу Бога, который ведёт к совершенству.

Блаженные увидят Христа и со Мной, Христом, во всей кротости и смиренности будут владеть Землёй. Благо тому, кто во всём видит великолепие Отца-Матери-Бога! Он стал живым примером для многих.

Я веду Моих к познанию истины.

Кто из истины, слышит Мой голос, потому что является истиной и поэтому истину также слышит и видит.

Блаженные бесстрашны и радостны, ибо они зрят и слышат то, чего не видят и не слышат те, кто ещё прячутся за своим человеческим «я» и с запредельными усилиями удерживают его, чтобы не быть узнанными.

Но блаженные смотрят в темницу человеческого «я» и распознают самые скрытые мысли своих ближних. Они светят силой своего светлого сознания вовнутрь и взывают к своим ближним:

«Блаженны духом те, кто бедные, ибо их есть Небесное царство!»

Под словом «бедные» не подразумевается материальная бедность. Не это приносит блаженство в духе, а преданность Богу, из которой человек исполняет то, что является волей Бога. Преданность Богу является внутренним богатством.

Под словом «бедные» подразумеваются все те, кто не стремится к собственным владениям и не копит имущество. Их мысли и стремления относятся к жизни в обществе, при которой они закономерным образом управляют имуществом, которое Бог подарил всем. Они не замышляют мирского и не стремятся к нему. Они служат общему благу, протягивают свои руки к Богу и сознательно идут путём к внутренней жизни. Их цель Царство Бога в их внутреннем, которое они хотят провозгласить и нести всем людям, которые доброй воли. Их внутреннее богатство – это жизнь в Боге, для Бога и для их ближних. Они живут по заповеди «Молись и работай».

Они стремятся к Духу Бога и получают для своей земной жизни от Бога то, в чём они нуждаются и сверх того. Это блаженные в Духе Бога.

«Блаженны те, кто переносят страдания, ибо им надлежит утешиться».

Страдания человека не от Бога, а страдающий или сам причинил их себе – или его душа переняла в царстве душ часть вины души брата или сестры, чтобы вынести её за них в земном существовании, с тем, чтобы душа брата или сестры сумела войти в более высокие сферы внутренней жизни.

Кто несёт своё страдание, не обвиняя своего ближнего, и в страдании познаёт свои ошибки и слабости, раскаивается в них, просит о прощении и прощает, тому будет предоставлена Божья милость. Ибо Бог, Вечный, хотел бы утешить Своих детей и забрать от них то, что не является хорошим и полезным для их душ. Ибо когда страдания покидают душу, то есть, когда причины, которые стали действенны в душе, погашены, человек оказывается ближе к Богу.

«Неси своё страдание» означает: не жалуйся на это, не жалуйся ни на Бога, ни на своих ближних. Найди в своём страдании своё греховное поведение, приведшее к этому страданию.

Раскайся, прости и проси о прощении, и не совершай более того, что ты познал как грех. Тогда душевная вина может быть погашена Богом, и ты воспримешь от Него затем умноженную силу, любовь и мудрость.

Когда ты встречаешь страдающего и испытавшего много горя человека, и он тебя просит о помощи, то поддержи его и помоги ему, насколько оно тебе возможно и насколько оно хорошо для его души. И когда ты узнаешь, что твой ближний благодарно принимает помощь и основывается на ней, тогда дай ему сверх того, если тебе такое возможно.

Однако ты, оказывающий помощь, делай это бескорыстно. Если ты делаешь это только из-за внешней обязанности, то не получишь за то никакой духовной награды — и не окажешь душе страдающего и испытавшего много горя никакой услуги, а только лишь телу, повозке души.

«Блаженны кроткие, ибо они овладеют земным царством».

Кротость, смирение, любовь и доброта идут рука об руку. Кто стал бескорыстной любовью, тот также кроток, смирен и добр. Он исполнен мудрости и силы.

Люди в Моём Духе, бескорыстно любящие, овладеют земным царством. О, смотрите, путь к сердцу Бога – это путь в сердце бескорыстной любви. Из бескорыстной любви истекает мир Бога.

Люди, странствующие к сердцу Бога, и люди, уже живущие в Боге, действуют для Нового времени тем, что учат всех желающих людей пути к Богу. Тем самым они принимают земное царство всё больше и больше во владение в Моём Духе.

Бескорыстно любящие являются теми, кто будут жить в Царстве Бога на Земле, в Царстве мира. Радуйтесь, вы, которые уже теперь шествуют путём к сердцу Бога! Вы являетесь во Мне первопроходцами и пионерами Новой эры. Многие из вас будут рождаться в Новую эру, в Царстве света, и приносить с собой исполнение в Боге, потому что они уже сейчас идут путём, ведущим туда. Радуйтесь и будьте благодарны за осветление и очистку ваших душ, ибо вы тогда увидите Меня и будете осознанно жить и быть во Мне и со Мной.

«Блаженны те, кто голодают и жаждут справедливости, ибо им надлежит насытиться».

Кто голодает и жаждет справедливости Бога, является правдоискателем, тоскующим по жизни в Боге и с Богом. Ему надлежит насытится.

Мой брат, Моя сестра, ты, который тоскует по справедливости, по жизни в Боге и с Богом, будь увереным и возвысься из греховного человеческого «я»! Радуйся, ибо настало время, в которое Царство Бога приближается к людям, старающимся придерживаться заповедей жизни.

Смотри, Я, твой Избавитель, Есть истина в тебе самом. Так что в тебе самом Являюсь Я путём, истиной и жизнью.

Истина – это закон любви и жизни. В Десяти заповедях, которые являются выдержками из всеобъемлющего закона Бога, ты найдёшь сентенции для пути к истине. Соблюдай Десять заповедей, и ты всё больше будешь прибывать на путь Нагорной проповеди, в которой путь к истине основательно изложен.

Путь к истине – это путь к сердцу Бога, к вечной жизни, которая является бескорыстной любовью. Нагорная проповедь – это путь в Царство Бога, в законы для Царства мира Иисуса Христа. Если ты углубляешься в них и исполняешь их, тогда ты достигнешь божественной мудрости.

Ты уже прочитал, что частичный луч божественной мудрости находится в земном одеянии, чтобы давать слово Бога и интерпретировать законы Бога. Через этот Мой инструмент Я сейчас проявляю Нагорную проповедь во всех подробностях, веду и сопровождаю желающих на Внутреннем пути посредством учёбы и уроков, которые – при условии, что они осуществляются – приводят к Отцу, вечному свету. Кроме того, Я учу через Мой инструмент Абсолютному закону, закону вечности.

Познай: никому не следовало бы голодать или жаждать справедливости. Соверши первый шаг по направлению к царству любви тем, что ты сначала к самому себе будешь справедлив. Упражняйся в позитивной жизни и мышлении, и ты постепенно-постепенно станешь справедливым человеком. Тогда ты принесёшь справедливость Бога в этот мир; и также будешь представлять её, потому что ты исполняешь волю Бога, Господа, из Его любви и мудрости.

Познай: близко время, в которое случится то, что было проявлено. Лев будет лежать рядом с ягнёнком, потому что люди одержат победу над самими собой — через Меня, их Избавителя. Они образуют одну большую семью в Боге и со всеми животными и всей природой будут жить в единстве.

Радуйтесь, Царство Бога приблизилось — а с Царством Бога и Я, ваш Избавитель и мироносец, правитель Царства мира, Всемирного царства Иисуса Христа.

«Блаженны милосердные, ибо они обретут милосердие».

Милосердие Бога соответствует кротости и доброте Бога и является для всех душ вратами к совершенству жизни. Люди, которые посредством Меня, Христа, живущего в Отце-Матери-Боге, раскрыли в своих душах все семь основных сил жизни — закон от Порядка до Милосердия — снова войдут как чистые духовные существа через врата милосердия в бескорыстную любовь, в Царство Бога, в Небеса, и будут жить в мире. Врата к вечному Бытию образует седьмая основная сила, Милосердие – в Духе Бога называемая добротой и кротостью. Все люди, упражняющиеся в милосердии, также обретут милосердие и поддержат тех, кто находится на пути к милосердию.

Познайте: путь к сердцу Бога – это путь отдельного человека в сообществе с единомышленниками. Ибо Бог есть единство, а единство в Боге – это сообщество в Боге, с Богом и с ближними.

Кто сделал первые шаги на пути к совершенству, тот будет исполнять заповедь единства: Один за всех, Христос – и все за Одного, Христа.

Нагорная проповедь, как было проявлено, есть эволюционный путь ко внутренней жизни. Все те, кто продвинулся вперёд на этом пути развития к сердцу Бога, в свою очередь помогут тем, кто стоит лишь в начале пути. Во всех и над всеми светит Христос, который Я Есть.

«Блаженны чистые сердцем, ибо они Бога узрят».

Чистое сердце – это чистая душа, которая вновь вознеслась к абсолютному духовному существу через Меня, Христа в Отце-Матери-Боге.

Чистые души, вновь ставшие существами Небес, являются тогда вновь подобиями вечного Отца и вновь зрят Вечного лицом к лицу. Они зрят, живут и одновременно слышат закон вечного Отца, потому что они вновь стали духом из Его Духа – самим вечным законом.

Пока люди и души ещё должны прислушиваться в себе к Духу Бога, они ещё не являются духом из Его Духа, ещё не являются законом любви и самой жизни.

Кто, однако, вновь стал законом любви и жизни, тот зрит вечного Отца лицом к лицу и состоит с Ним в постоянной, сознательной коммуникации. Он зрит также и закон Бога, жизнь из Бога, как целое, потому что сам является жизнью и любовью, и движется в этом. Кто движется в Абсолютном законе Бога, тот также и открыл его полностью – от Порядка до Милосердия. Ему служат все семь основных сил бесконечности, потому что он находится в абсолютном единстве и гармонии со всем Бытием.

«Блаженны миротворцы, ибо они будут названы детьми Бога».

Эти слова означают по смыслу: блаженны те, кто поддерживает мир. Они также принесут истинный мир на эту Землю, потому что в себе самих они стали миролюбивы. Они осознанно являются детьми Бога.

Многие из сыновей и дочерей Бога, несущие в себе мир и передающие его этому миру, являются воплощёнными существами, которые состоят в задании Бога и борются за Новое время, чтобы возникло духовное человечество, живущее в Царстве мира Иисуса Христа, в Эру света.

Слова правителя Царства мира на Земле к людям Новой эры:

Вы, люди в Новой эре, во всё светлее становящемся Царстве мира Иисуса Христа, вы, кто читает эту книгу, «Это есть Моё Слово», познайте, что пионеры Христа были вынуждены бороться против сатанинского на нескольких фронтах одновременно, чтобы способствовать прорыву объявленного Царства Бога на Земле.

Итак, вы живёте в мире и согласии, во Мне, Христе, вашем божественном брате, правителе Царства мира. Но за туманной стеной живут и действуют те души, которые не позволили охватить себя Нагорной проповедью, путём во внутреннюю жизнь, которые всё ещё живут в тюрьме своего человеческого «я». Будучи людьми, они не хотели слышать зов странников к сердцу Бога. Они держали свои уши и сердца закрытыми для истины и прятались за своим человеческим «я», за своими представлениями, мнениями и теологическими воззрениями. Также и в подготовительный период от старого к Новому времени, к Эре света, они оставались фарисеями, лицемерами, гонителями и клеветниками.

Знайте, во всех душах вплоть до четвёртой сферы очищения, сияет свет избавления. Таким образом, также и они не потеряны. За туманной стеной действуют во имя Господа многие чистые духовные существа — среди них также многие сыновья и дочери Бога, которые на Земле в различных земных одеяниях в разные временные эпохи готовили Мне, Христу, пути в становящееся всё светлее Царство мира. Там в царствах душ они действуют дальше в бескорыстном служении своим ближним. Праведным мужчинам и женщинам, принёсшим закон любви и жизни в этот мир, приходилось очень трудно в ту временную эпоху.

Познайте вы, братья и сёстры, живущие ныне в Царстве Бога на Земле: пионеры Христа для Новой эры, на том великом повороте времён от старого, материалистически сформированного времени, к Новой эре, Эре света, также противопоставляли себя сатанинскому и демоническому.

«Блаженны те, кто страдает от преследований за праведное дело, ибо их есть Царство Бога».

Что происходило дальше в то подготовительное время? Пионеры Христа для Новой эры страдали от преследований из-за Царства Бога на Земле. Фарисеями и книжниками, церковными деятелями и всеми теми, кто был им послушен, они презирались и оклеветывались. Истина осознанно преподносилась в ложном свете и искажалась. Те, кто преданно боролся за истину, высмеивался за неё. Люди, нёсшие Меня, Христа, лишь на губах, однако не в сердце, проповедовали в своих церквях, а также вне церковных стен против них, клеветали на них и дискриминировали их. Их оскорбляли и обвиняли в лжеучении.

Мнимые христиане отказывали истинным последователям Христа в принадлежности к христианам, потому что сами они не жили так, как завещал им Я, будучи Иисусом из Назарета. Как и в Моё время Иисусом, они хотя и проповедовали из своих библий и набожно разыгрывали перед людьми веру в Меня – а были всё-таки волками в овечьей шкуре. Ибо они не делали того, что Я завещал людям: бескорыстно любить друг друга, так, как Я их люблю; поэтому они являются фарисеями и лицемерами. А кто пренебрегает заповедью любви к врагу, тот пренебрегает Христом, который Я Есть.

Кто будет читать это позже, пусть вспомнит пионеров Христа, которые подготовили земное царство и атмосферу Земли для Новой эры. Они приносили часть вечного закона излучения на Землю и в её атмосферу. Вспоминайте их в любви, ибо многие из них больше не будут входить в земное одеяние, чтобы жить и действовать в Царстве мира на Земле. Они продолжают бороться в местах очищения. Они борются за души, чтобы также и те стали свободными от своих грехов и смогли бы войти в то великолепие, которым Являюсь Я в Отце.

Познайте: что души на Земле не очистили, то они берут с собой за туманную стену. Там они должны познать и погасить то, что они в земном одеянии причинили. Кто, будучи человеком, не достиг самопознания и оттого также не совершил покаяния, тот как душа прозябает за туманной стеной словно блуждающий во сне и дальше, как и прежде в земном одеянии – которое он называл жизнью. Многие, бывшие однажды в земном одеянии лицемерами и фарисеями, вновь клевещут на своих братьев и сестёр также и в царстве душ, также и там они подымают их на смех, отказывают им быть христианами и хотят тем самым представить себя в хорошем свете. Это будет происходить столь долго, пока они – пожалуй, даже при величайших страданиях и боли – не осознают, что они причинили, и в каких сердцах истинно воскрес Христос.

По космическому закону притяжения душа на своём душевном теле переживёт то, что она в земном одеянии причинила своим ближним и не очистила. Душа видит образно свои грехи и одновременно в своём душевном теле сама переживает страдания и муки своих ближних, которые она доставила им будучи человеком. Грехи, активные теперь в ней, воздействуют на неё столь долго, пока душа от всего сердца не раскается, не попросит прощения и не будет готова простить своему ближнему. Только тогда греховная энергия изменяется в божественную силу, и душа становится светлее и чище.

Молитесь за тех, кто за туманной стеной ведут себя подобно тому, как однажды вели себя на Земле в земном одеянии! Молитесь, чтобы они познали себя и принесли покаяние. Многие из клеветников должны будут в своих душах познать, пережить и возможно вынести нужду и страдания пионеров, пока для них не станет уверенностью то, что Я, Христос, был с пионерами, с Моими братьями и сёстрами, а ныне Есть с ними как божественный брат.

Молитесь, чтобы они вовремя познали и почувствовали, что они в противоположном, жадном до власти мире были послушны тёмным силам! Тьма злоупотребляла даже Моим именем, чтобы соблазнять людей и затруднять пионерам, сынам и дочерям Бога на Земле, работу в винограднике Господа.

Познайте: кто последовал за Мной, мирскими не уважался, потому что и Я, будучи Иисусом, был ими тоже презираем. Во все времена люди, которые вступили в истинное следование за Назарянином, должны были много терпеть и страдать.

Однако многие из пионеров Новой эры непоколебимо шли вперёд и не покидали следов Моих ног. Вспоминайте о тех смелых мужчинах и женщинах, которые, непоколебимо веря в Меня, вели справедливую борьбу за Новую эру.

Радуйтесь вы, живущие в Новую эру, в Царстве мира, которое всё больше становится светоматериальным. Вы соединены с ними. Многие из вас в великий поворот времён находились в земном одеянии как пионеры, чтобы добиться прорыва для Царства

Бога. Борьба и победа ради Меня, Христа, остались воспоминанием в ваших душах. Некоторые из вас интуитивно чувствуют то, что они, в качестве пионеров соучаствовали в той эпохе. Вы чувствуете также, что в то время причины становились действующими всё быстрее, и положительное, Эра света, властно восходило, время Христа, в котором вы теперь вновь – в одеянии из утончённой материи – живёте.

5. Горе вам, которые богатые! Ибо вы получили своё утешение в этой жизни. Горе вам, которые сытые, ибо будете голодать. Горе вам, смеющимся ныне, ибо будете печалиться и плакать. Горе вам, когда все люди будут говорить о вас хорошо, ибо так поступали и их отцы со лжепророками. (Гл. 25, 5)

Я, Христос объясняю, исправляю
и углубляю слово:

«Горе вам, которые богатые! Ибо вы получили своё утешение в этой жизни».

Люди, рассматривающие своё богатство как свою собственность, бедны духом. Многим, кто богат земным добром, с колыбели была заложена духовная задача для их земной жизни, быть примером для тех богатых, которые с упрямыми, неуступчивыми сердцами привязываются к своему богатству и единственными помыслами и устремлениями которых является увеличивать это богатство для самих себя. Человек, богатый земным добром и осознавший, что его богатство есть некий дар, который он лишь для того получил от Бога, чтобы внести его в великое целое для блага всех и распорядиться им там правомерно для всех – осуществляет закон равенства, свободы, единства и братства. Он, как бескорыстно дающий, способствует тому, чтобы бедные не жили в лишениях, а богатые в роскоши.

Таким образом, постепенно будет установлено равновесие, повышенный средний уровень для всех, кто готов бескорыстно исполнять закон «Молись и работай». Так постепенно-постепенно вырастет истинное человечество в сообществе, члены которого не собирают никаких земных богатств для какой-либо персоны, но рассматривают всё как общинное владение, данное им Богом.

Когда богатый считает деньги и имущество своей собственностью и в этом мире уважаем из-за своего богатства, то он – вследствие своих причин – в последующих земных жизнях будет жить в бедных странах и просить там хлеба, в котором он когда-то, будучи богатым, отказывал бедным. Это может длиться до тех пор, пока такого рода воплощения ещё возможны.

Душа такого богача также не найдёт покоя и в сферах очищения. Бедные светом души, которые из-за него в земном одеянии должны были переносить страдание и голод, опознают его как того, кто удерживал от них то, что могло бы им помочь выйти из коллизий человеческого «я». Многие обвинят его, и тогда его душа сама почувствует то, как они страдали и голодали. Таким образом, душа, которая в земном одеянии как человек была богата и уважаема, может претерпеть огромную нужду; эта нужда гораздо больше, чем, если бы она в земном одеянии должна была просить хлеба.

Познайте: по законам Вечного каждому, кто бескорыстно придерживается заповеди «Молись и работай», полагается равное; ибо Бог даёт каждому то, в чём он нуждается, и сверх того. Однако, до тех пор, пока ещё не все люди придерживаются этой заповеди, на Земле имеются так называемые богатые. Их задачей является разделить своё накопленное богатство и жить так же, как те, кто бескорыстно исполняет заповедь «Молись и работай». Если они, таким образом, думают не о своём благополучии, а о благополучии всех, то постепенно внутреннее богатство обернётся наружу, и ни один человек не будет голодать или бедствовать.

Горе вам, богатые, вам, называющим свои деньги и имущество своей собственностью и заставляющим ближних работать для того, чтобы ваше состояние приумножилось! Я говорю вам: вы не увидите трона Бога, но будете и дальше жить там, где находятся стопы Бога – на Земле, вновь и вновь в земных одеяниях, до тех пор, пока это ещё возможно. Даже если вы и оказываете поддержку социальным мероприятиям, но сами всё-таки намного богаче тех, кого отсюда поддерживаете, то вы, тем не менее, подчинены сатане чувств, который хочет различий между богатыми и бедными.

Из-за этих различий возникают власть и покорность, зависть и ненависть. Из этого получаются ссоры и войны. Потому те, кто держится за своё богатство, и даже, если они иногда социально мыслят, служат сатане чувств и действуют против закона жизни: против равенства, свободы, единства и братства.

Кто деньги и имущественные блага рассматривает как свою собственность и копит их для себя, вместо того, чтобы позволить этой материальной энергии течь, тот по закону жизни вор, поскольку он утаивает от своих ближних часть их духовного наследства. Ибо всё есть энергия. Кто её связывает через «моё и мне», действует против закона, который является текущей энергией.

«Горе вам, которые сытые, ибо будете голодать».
Богатый, сытый человек, который наполняет только «свои» амбары, пуст сердцем. Он знает лишь «моё» и «твоё». Его чувства и мысли вращаются вокруг «моей» собственности, «моего» имущества, «моего» хлеба, «моей» пищи. «Всё это принадлежит мне» – таков его мир. Такой человек когда-нибудь будет голодать и бедствовать, пока не постигнет: всё есть Бытие; всё при-

надлежит Богу и всем людям, которые стараются совершать дела Бога: исполнять бескорыстную любовь и закон жизни для Земли «Молись и работай».

Люди, говорящие только о моём и твоём – бедные светом люди, которые уже в этом воплощении подготавливают дальнейший земной путь или долгое странствие своей души в душевных царствах, в каждом случае, в одеянии нищего.

Ослеплённая материальным душа, неосознанно жаждет света, потому что она бедна светом. Насильственно она пытается загладить это такими внешними вещами, как земное богатство, корыстолюбие, обжорство, пьянство или другими вожделениями и удовольствиями. Она ненасытна.

«Горе вам, смеющимся ныне, ибо будете печалиться и плакать».

Кто смеётся и насмехается над своим ближним, тот станет однажды очень грустным и будет плакать о себе самом – потому что он недооценивал тех, из-за кого он делался весел и кого он высмеивал. Он должен будет познать, что он в конечном счёте надсмехался, глумился и высмеивал самого себя. Ибо кто судит и рядит своего ближнего, надсмехается, глумится над ним и высмеивает его, тот судит, рядит, надсмехается, глумится и высмеивает Меня, Христа.

Познайте: кто грешит против самого малого из Моих братьев, тот грешит против закона жизни и ему придётся от этого пострадать. В то же время он привязывает себя к тем, кем он пренебрегал. Потому будьте осторожны и практикуйте самоконтроль. Не то, что входит через уста, загрязняет вашу душу, а то, что выходит из ваших уст, отягощает душу и человека.

«Горе вам, когда все люди будут говорить о вас хорошо, ибо так поступали и их отцы со лжепророками».

Когда вы вторите устам ваших окружающих с тем, чтобы они вас хвалили, и вы были бы у них уважаемы, то вы равны тем фальшивомонетчикам, которые ради своей выгоды платят фальшивой монетой.

Подобное происходило и происходит также со лжепророками. Они были и остаются уважаемыми у народа, потому что они поддакивали ему, и потому что именитые авторитеты народа держались за них, так как ожидали себе от этого личные преимущества и выгоду.

Познайте вы, люди в Царстве мира: в греховном мире многие праведные пророки, а также просветлённые мужчины и женщины подвергались клевете и преследованиям со стороны земных богачей и власть имущих этого мира, от церковных вождей и их приверженцев, и многих из них пытали и убивали. Во все времена сатанинское использовало в качестве орудий тех, кто хотел удержать и приумножить для себя своё земное богатство, кто стремился к власти, а также тех, кто был послушен богатым и власть имущим.

Вы должны это знать, чтобы вы понимали, почему старый, греховный мир погибал таким жестоким образом.

Лжепророками были среди прочих и те, которые хотя и проповедовали евангелие любви, однако же, сами по нему не жили. И ими были также и все те, кто называл себя «христианами», а в своей жизни вёл себя не по-христиански. Они часто становились известными из-за своего красноречия, почитались и восхвалялись за их богатство и авторитет.

О, смотрите, тем не менее, все истинные пророки и просветлённые способствовали в ходе времени тому, что кристалл внутренней жизни с его многими гранями вечной истины всё больше искрился и сиял. Таким образом, постепенно-постепенно выстраивалось Царство Бога на Земле.

Вам, дорогие братья и сёстры в Царстве мира, необходимо этот, теперь совершенный, искрящийся и сияющий кристалл, внутреннюю жизнь, оберегать и заботиться, стеречь и сохранять как драгоценный цветок: он есть закон любви и мудрости Бога, Его порядок, Его воля, Его мудрость, Его серьёзность, Его доброта, Его бесконечное излучение любви и Его кротость.

6. Вы являетесь солью Земли, ибо всякая жертва должна быть посолена солью, однако, если же соль потеряет свой вкус, то чем же будешь солить? Она

впредь ни к чему уже не пригодна, как только её вы-
сыпать и растоптать ногами. (Гл. 25, 6)

Я, Христос, объясняю, исправляю
и углубляю слово:

Праведные являются солью Земли.

Они будут снова и снова акцентировать внимание на плохое состояние дел этого мира, и прикладывать палец к ране греха. Ибо много бед происходило и происходит в этом ещё греховном мире – и многие люди стали жертвами ради евангелия.

Праведным, которые стали жертвой, следует от праведных мужчин и женщин быть реабилитированными, ибо всё будет проявлено через соль Земли. Теперь, во время перелома от старого, греховного мира к Новой эре, Эре света, праведные вынесут на свет несправедливость и позволят ей стать очевидной, чтобы те, кто совершил несправедливость, познали сами себя и покаялись.

Однако остерегайтесь вы, праведные, кто является солью Земли, чтобы соль не теряла свой вкус, то есть, чтобы вы оставались в справедливости и не позволяли себя соблазнить. Ибо кто же принесёт тогда справедливость в этот мир, и кто укажет на плохое состояние дел и грехи, созданные людьми? Конечно же, лишь те, кто знает Моё имя, и кто записаны в книге агнца.

309

Кто уже не является солью Земли, тот оказывается среди тех, которые злоупотребляли и злоупотребляют Моим именем ради своих целей и которые преследовали, клеветали и убивали праведных.

Когда же соль Земли потеряет свой вкус и человек пренебрежёт своими ближними, то он падёт под тяжестью своих собственных причин; образно говоря: он сам себя растопчет. Его неискупленные причины вызовут тогда болезни, чахлость и горе. Бедная светом душа будет бедствовать и ощущать на своём собственном душевном теле то, что она причинила своему ближнему.

7. Вы есть свет мира. Город, построенный на холме, сокрыт быть не может. И зажигая свечу, не ставят её под колпак, но ставят её на подсвечнике, и она даёт свет всем, кто находится в доме. Так позвольте же вашему свету светить перед людьми, чтобы они могли видеть ваши добрые дела и восхваляли вашего Отца в Небе. (Гл. 25, 7)

Я, Христос, объясняю, исправляю
и углубляю слово:

Я Есть свет мира.

Через Моих преданных, через мужчин и женщин, исполняющих волю Вечного, он теперь усиленно излучается в этот мир.

Свой свет Я поставил на подсвечник божественной мудрости и справедливости, чтобы он светил всем тем, кто имеет добрую волю.

Мои братья и сёстры в Царстве мира Иисуса Христа, для вас важно знать следующее: в воплощённом частичном луче божественной мудрости Я совершенно постепенно привёл Свой свет к сиянию. Я призвал человеческое дитя, в котором был воплощён женский принцип херувима божественной мудрости, и сообщил ему его духовное задание, которое затем в его душе становилось проявленным больше и больше.

Знайте, что когда в инкарнированной душе начинает пульсировать духовное задание, то закон желает того, чтобы человек на это обратил внимание и был спрошен о том, принимает ли он то, что является активным в его душе.

Человеческое дитя утвердительно ответило по смыслу: «Вечный, я Твоя служанка, да свершится со мной Твоя воля».

После этого началось для неё великое, всеохватывающее духовное задание, быть Моей пророчицей и посланницей для всей Земли. Всё ярче и мощнее становился Мой свет в её душе, пока он не пронизал человека полностью. Когда же и человек укрепился настолько, чтобы передавать Моё святое, вечное слово, Я послал её в этот мир: ведомая Моим Духом, она посетила страны и города на различных континентах.

В бесчисленных откровениях Я давал через неё Моё святое слово.

Многими гранями вечной истины Мой свет излучался в этот мир, на эту Землю. Он является мудростью из Бога.

В могучий поворот времён всё больше и больше сердец зажигалось от Моего света. Люди познавали вечную истину в Моём слове. Всё больше людей шли Внутренним путём и принимали подарок жизни, учения и уроки из вечной истины, чтобы приблизиться к Богу, вечному Бытию.

Многие мужчины и женщины становились Моими преданными, ибо они исполняли волю Бога. Они браталиcь в Моём Духе и становились пионерами Новой эры, кто заложил фундамент Царства Бога на Земле и начал строить на нём.

Всё больше людей становились искателями света. На пути к внутренней жизни они всё больше и больше разжигали своё внутреннее пламя Моим светом и объединялись с пионерами, чтобы сотрудничать для Новой эры.

Познайте далее: из глубоких обучений, которые Я давал через инкарнированную божественную мудрость, они познавали вечные законы и всё больше и больше пребывали в справедливости Бога.

Пионерам во все времена приходилось также справляться и с некоторыми поражениями. Однако в каждом поражении они познавали свои собственные слабости и затем преодолевали их вместе со Мной, Христом. Они раскаивались в своём противоположном поведении, хвалили и прославляли Бога за Его неутомимое руководство – также и из их поражений. Таким образом, мужчины и женщины крепли во Мне, Христе.

Победы во Мне, Христе, они не считали своими победами. Они благодарили, хвалили и прославляли вечное имя и радовались тому, что Вечный через Меня, а Я через них и вместе с ними, смогли совершить то, что было необходимо сделать для Эры света, в которой вы ныне живёте.

Посредством осуществления вечных законов, преданные мужчины и женщины всё более приближались ко Мне и осознавали Моё руководство. Через воплощённый частичный луч божественной мудрости Вечный, Бог, Отец всех нас, и Я, Христос, говорили с ними. Мы снова и снова увещевали пионеров сложить с себя свои ещё имеющиеся ошибки. Одновременно Мой Отец и Я, Христос, вели их к самопознанию тем, что мы – в соответствии с законом свободной воли – привлекали их внимание, как только они нарушали вечный закон. Мы разъясняли им, как они смогли бы исправить свои ошибки. Во всех существенных вопросах и ситуациях Вечный и Я, Христос, проявлялись им и приводили их к закономерному ответу и решению. Они сразу же очищали то, что стояло на очереди, так, чтобы смогло устраниться то, что не соответствовало вечному закону.

Время пионеров было великим временем, ибо пионеры разговаривали с Богом, который проявлялся им через великий свет божественной мудрости. Благодаря такой глубокой тесной связи с Отцом-Матерью-Богом и со Мной, их Избавителем и божественным братом, они укреплялись в своём внутреннем. Они всё более и более наполнялись любовью и мудростью.

То, что Я проявляю здесь в этой книге «Это есть Моё Слово», происходило в эволюционном процессе в течение поколений. Первые пионеры Новой эры ещё не осознавали тот великий свет, который жил среди них, потому что воплощённый частичный луч божественной мудрости вела себя как сестра среди братьев и сестёр, без выдвижения себя вперёд. Это скромное братосестринство, проистекавшее из великого смирения и благоговения перед Богом, вызвало затем и среди некоторых пионеров подлинное братосестринство. Для них высокая носительница света была сестрой, которая в любом жизненном обстоятельстве и ситуации могла им дать совет, потому что её духовное тело было едино с Богом, жизнью.

Познайте же вы, живущие в Новую эру: всё это – и гораздо большее, что не было записано – должно было произойти, чтобы Мой свет всё сильнее мог светить в этом мире. Он мощно светил на повороте времён и готовил через Моих преданных Новую эру.

Пионеры во Мне были той духовной боевой группой, которая боролась по закону жизни, любви и свободной воли.

После заключения союза с Богом, Вечным, они жили и действовали из центрального прасвета Союзной общины Новый Иерусалим в возникающем Новом Израиле. Из Союзной общины Новый Иерусалим в последующих поколениях возник мощный город Иерусалим на становившейся всё более тонкой материи Земли.

Город Новый Иерусалим, построенный на холмах, не может быть сокрыт. Он светит и излучает как центральный прасвет для всей Земли.

Из города, построенного на холмах, из Нового Иерусалима, даются импульсы для всего Всемирного царства Иисуса Христа. Город Новый Иерусалим является центральным координационным пунктом для Царства мира Иисуса Христа. Так оно было проявлено – и так оно и есть.

8. Вам не следует думать, что Я пришёл нарушить закон или пророков; Я пришёл не нарушить, но исполнить. Ибо истинно говорю Я вам: покуда не изчезнут небо и земля, ни малейшая буковка, ни единая закорючка не исчезнут из закона или пророков, пока всё не исполнится. Но смотрите, более великий, чем Моисей находится здесь, и Он даст вам высший закон, даже совершенный закон, и этому закону вам следует повиноваться. (Гл. 25, 8)

Я, Христос, объясняю, исправляю и углубляю слово:

Будучи Иисусом из Назарета Я учил мужчин и женщин, последовавших за Мной, и всех, кто слушал Меня, частям из совершенного закона, Абсолютного закона. Я объяснял им также, что Абсолютный закон любви излучается в закон посева и жатвы, так как Дух вездесущ и также действует в законе посева и жатвы, законе падения.

Через Меня как Иисуса из Назарета, воплощённого Христа, и через всех последующих истинных пророков Бога, Вечный обучал и увещевал Своих детей в несовершенных сферах о том, что закон падения, закон посева и жатвы, постоянно активен. Кто вовремя не одумается и не обратится, тому придётся претерпеть свои причины как следствия. Вечный стремился и стремится, также и в сегодняшнее время вести Своих человеческих детей и все души к Своему сердцу, к закону вечной любви, прежде чем к ним приблизится жатва – следствия установленных ими причин. Вечный вёл и ведёт их посредством Меня, Христа, к самопознанию. Он давал и даёт им силу очистить то, что они познали и познают как грехи и ошибки.

Христос, который Я Есть, пришёл в Иисусе из Назарета на эту Землю, в этот мир, чтобы как Сын Человеческий научить людей вечному закону и показать это на собственном жизненном примере, так чтобы они познали путь к вечному Отцу и исполняли Его закон – с тем, чтобы они снова смогли войти в те вечные жилища, которые Он для всех Своих детей держит наготове.

Люди, которые последовали за Мной в Моё земное время и осуществляли вечные законы, были Моими истинными последователями.

В последовавших затем поколениях тогда существовало христианство и мнимое христианство: истинные последователи, которые добровольно последовали за Мной, Христом, придерживаясь законов Нагорной проповеди – и мнимые христиане, которые обо Мне, Христе, лишь говорили, а действовали всё же против законов. Помимо того, имелось ещё так называемое принудительное следование: оно возникло из-за принудительной христианизации масс, проведённой церковью.

Познайте: в вечном законе не существует никакого принуждения. Бог, Вечный, дал всем Своим детям свободную волю. Кто решается свободно, у того при свободном решении есть сила на то, что формирует настоящее христианство: равенство, свобода, единство, братство и справедливость. Все принуждения исходят из закона посева и жатвы, который называется также законом падения. Человеку заповедано свободно выбирать свой духовный путь. Я, Христос, предлагал и предлагаю путь к сердцу Бога, но Я ни одного человека не принуждаю идти по нему. Кто принуждает своих ближних, сам живёт под принуждением закона падения и олицетворяет мысли падения.

Некоторые так называемые христианские вероисповедания принуждают своих верующих к крещению водой. Даже малые дети, свободная воля которых ещё не развита и которые поэтому ещё не могут решать сами, посредством крещения водой принуждаются к членству церкви и тем самым побуждаются к участию в остальных её ритуалах.

Это является вмешательством в свободную волю отдельного лица, как бы принудительной христианизацией. Это ход событий в законе падения.

Людям, которые Меня, Христа, принимают и признают не добровольно, не из глубочайшего внутреннего убеждения, бывает часто очень трудно правильным образом понять и принять Десять заповедей, выдержки из вечного закона, потому что они через многочисленные овнешнивания, догматические формы, ритуалы, обычаи и культы, были оттеснены на задний план. В вероисповеданиях эти овнешнивания стали главенствующими, однако с внутренним христианством, с внутренней религией, они не имеют ничего общего, но происходят частью непосредственно из эпохи многобожия и идолопоклонства и тем самым, из сфер плоскостей падения.

Лишь тогда, когда люди добровольно отделяются от навязанных им догм и застывших форм, от ритуалов и культов, а также от своих собственных представлений о Боге, их можно будет постепенно вводить в их внутреннее, в их истинную сущность. Там, в своём внутреннем бытии, они тогда найдут себя как истинные существа в Боге и как обитатели Царства Бога, которое находится внутри каждого человека. Эта внутренняя жизнь является истинной религией, внутренней религией.

Познайте: вечный, всеохватывающий, универсальный закон, закон Небес – неопровержим. Это закон всего чистого Бытия. Через падение возник закон посева и жатвы, и он может быть растворён только через осуществление вечных законов. Однако, обойдён он быть не может. Закон посева и жатвы действует столь долго в каждой душе, пока грехи не будут познаны, устранены, искуплены и переданы Мне, Христу Бога. Тогда закон падения отменяется в душе. Душа затем значительно освобождается от своей нечистоты. Она снова становится чистым существом в Боге, которое живёт по Абсолютному закону, так как оно вновь стремится к абсолютному, всеправящему закону любви и жизни.

Закон посева и жатвы остаётся в силе до тех пор, пока всё противоположное не будет возмещено и не преобразуется в положительную энергию, и пока каждое существо снова не будет жить в Боге, из которого оно произошло. По мере того, как все существа из Бога снова войдут в сердце Бога, в Абсолютный закон, все сферы очищения – все частично материальные и материальные сферы, включая Землю – преобразуются в космическую энергию, и снова будут колебаться в Абсолютном законе. Тогда закон падения будет отменён, а любовь Бога станет осознанной и всеправящей во всём Бытии, в каждом существе.

Ни малейшей «закорючки» не будет изъято из вечного закона, который принесли до и после Меня истинные пророки и, по которому Я, будучи Иисусом из Назарета, жил как пример.

Когда говорится: «ни малейшей буковки», то под этим подразумевается какой-либо отдельный аспект вечной истины, не буква и не слово людей как таковые. Человеческие слова часто являются лишь символами, скрывающими самое внутреннее. Только когда человек способен вчувствоваться в язык символов, он познаёт истину и смысл жизни, который лежит глубоко скрытым в человеческих словах.

«Высший закон» – это шаг в совершенный закон. Ему обучаются в подготовительных сферах, находящихся перед вратами Небес, в значительной мере очистившиеся существа, приходящие сюда с Земли и из царств душ. Высший закон является последней учебной ступенью перед вратами Небес. Он показывает чистым в значительной степени существам, как вновь активизируется в духовном теле закономерное излучение, чтобы его можно было применять в бесконечности.

Будучи Иисусом из Назарета, Я учил частям из совершенного закона, Абсолютного закона. Полная истина должна была оставаться ещё сокрытой для тогдашних людей, потому что они ещё были очень привязаны к вере в богов и были ориентированы на различные направления веры того времени. Поэтому Я говорил по смыслу следующее: когда придёт время, Я, Дух истины, введу вас во всю истину.

На горе Голгофа – что значит: место черепа – Я был распят римлянами, потому что еврейский народ не принял и не признал Меня как Мессию. Хотя Я повсюду, и вверх и вниз по долине Иордана проповедовал, учил, исцелял и давал много знамений Моей божественности, упрямый еврейский народ оставался послушен служителям храмов и поэтому стал причастен к смерти Иисуса из Назарета.

Со словами по смыслу «Свершилось», во все обременённые и падшие души вошли искры Избавителя. Благодаря этому Я стал и Я Являюсь Избавителем всех людей и душ.

Как Христос Бога Я действовал и действую дальше. Во всех поколениях, вплоть до сегодняшнего времени, Я проявлял и проявляю Себя через истинные инструменты Бога, через людей с очищенными в значительной мере душами.

В этот могучий поворот времён, в котором Эра света всё ближе подходит к людям, Я учу вечному закону во всех его гранях, и всё больше людей идут тропой вовнутрь, к любви Бога.

Теперь же пришло то время, которое Я провозгласил, как Иисус из Назарета: «Сегодня вы ещё не сможете этого вынести, то есть постичь, но, когда придёт Дух истины, Он введёт вас во всю истину». Теперь Есть Я в духе среди Моих, верных странников к вечному Бытию, к сознанию Моего Отца, и учу их абсолютному, вечному закону, чтобы также и те, кто будут жить в Царстве мира, исполняли его и тем самым жили во Мне, а Я через них.

Мои слова являются жизнью, являются вечным законом. Они сохраняются в странниках к вечной жизни, а также во многих письменных записях — как и с этой книгой для Царства мира Иисуса Христа.

Познайте: единственно лишь вечный закон любви делает человека свободным — не закон посева и жатвы. Последний приносит ему только горе, болезнь, нужду и хворь.

9. Кто же нарушит хотя бы одну из заповедей, которые Он даст, и научит людей поступать так же, тот назовётся наименьшим в Небесном царстве. Кто

же их соблюдает и им обучает, тот также само на-
зовётся великим в Небесном царстве. (Гл. 25, 9)

Я, Христос, объясняю, исправляю
и углубляю слово:

Десять заповедей, которые Бог дал Своим человеческим детям через Моисея, являются выдержками из вечного закона жизни и любви. Кто нарушает эти заповеди, кто только учит им своих ближних, однако, сам их не придерживается, тот является ложным учителем. Он грешит против Святого Духа. Это величайший грех. Такой фальшивомонетчик использует любовь Бога, закон жизни, ради своих собственных целей. Этим он злоупотребляет вечным законом. Всякое злоупотребление – это грабёж; и всякий грабитель преследуем и гоним, он будет рано или поздно настигнут и уличён своими собственными делами, своими собственными причинами. Ибо Бог является справедливым Богом; через Него проявится всё, как доброе, так и менее доброе, и злое.

Кто, однако придерживается закона любви и жизни, то есть исполняет его в повседневной жизни, и учит людей тому, что он сам осуществляет, тот является истинным духовным учителем. Он протягивает людям хлеб Небес и, тем самым, насытит многих. Кто даёт

из своего собственного исполнения, тот исполнен
божественной мудрости и силы, и будет, тогда, когда
настанет время, сиять как звезда на небе. Ибо бого-
наполненный человек черпает из потока блага и бескорыстно даёт тем, кто голодает и жаждет справедливости.

Познайте: через таких праведных мужчин и женщин в этот мир приходит вечный закон любви и жизни. Итак, кто придерживается вечного закона и учит
ему, тот назовётся великим в Небесном царстве; это
значит: он пожнёт на Небесах богатое вознаграждение.

*10. Истинно, те, кто верят и слушаются, спасут
свои души, а кто не слушаются, их потеряют. Ибо,
говорю Я вам: если ваша праведность не больше праведности книжников и фарисеев, то вы не войдёте в
Небесное царство. (Гл. 25, 10)*

Я, Христос, объясняю, исправляю
и углубляю слово:

Выражение: «... кто верят и слушаются, спасут свои
души, а кто не слушаются, их потеряют» означает: кто
верит и следует законам Бога, тот спасёт свою душу
от колеса возрождений, которое тянет его в плоть, до

тех пор, пока он не искупит всё то, что снова и снова затягивает его в воплощения.

Познайте: одной лишь веры в закон жизни не достаточно. Только вера в жизнь и осуществление законов жизни выводят человека и душу из колеса возрождений.

Кто не придерживается законов Бога, тот предаёт Бога и продаёт свою душу тьме. Тем самым он закрывает свет своей души, свою истинную жизнь. Такой человек живёт потом в грехе, а душа во сне этого мира. Закон воплощения, колесо возрождений, которое тянет душу к воплощению, будет действенен ещё довольно продолжительное время, с тем чтобы воплощённая душа познала, что она не от этого мира, но находится в земном одеянии, чтобы сложить с себя то, что является человеческим – и раскрыть то, что является божественным: её истинную, вечную жизнь.

Не все, кто знают письменные знаки, толкуют их лишь по букве – но и по их смыслу. Поэтому тут должно бы значиться так: если ваша праведность не больше праведности многих книжников – которые претендуют быть праведными и учат Моему закону, однако сами его не придерживаются – то вы не войдёте в Небесное царство.

Поэтому не связывайте себя мнениями и взглядами людей. Осуществляйте то, что вы познали из закона жизни; тогда вы познаете дальнейшие шаги к более высоким закономерностям.

Познайте: справедливость Бога – это любовь и мудрость Бога. Кто не приводит их в себе к развитию, тот их и не излучает, и не смотрит также в глубины вечного Бытия и не проникает в суть своей истинной жизни. Его земная жизнь является прозябанием. Он прозябает мимо истинной жизни. Как в этом мире, так и в мире потустороннем, он является духовным мертвецом. У него нет ни в этом земном существовании, ни в потусторонней жизни, правильной ориентации, потому что он не жил по законам жизни. Он не мудр, а только передаёт свои накопленные знания дальше. Из-за этого он становится приверженцем греха и, в конце концов, грешником. Он действует против вечного закона и впадает из-за этого всё глубже в закон посева и жатвы.

11. Поэтому, когда ты пожертвуешь на алтарь свой дар и вспомнишь, что твой брат имеет что-то против тебя, оставь свой дар пред алтарём и пойди сперва помирись с твоим братом, а затем приди и пожертвуй свой дар. (Гл. 25, 11)

Я, Христос, объясняю, исправляю
и углубляю слово:

«… когда ты пожертвуешь на алтарь свой дар и вспомнишь, что твой брат имеет что-то против тебя,

326

оставь свой дар пред алтарём и пойди сперва помирись с твоим братом, а затем приди и пожертвуй твой дар» означает: когда ты захочешь посвятить свою жизнь Мне, Христу, и передать Мне свои ошибки и грехи, и осознаешь, что ты ещё не помирился со своим ближним, то оставь пока свой грех лежать перед внутренним алтарём. Пойди к своему ближнему и помирись с ним – и затем, если ты больше не желаешь совершать то же самое или подобное, что привело к греху, тогда положи свой грех на алтарь. Алтарь находится в самом внутреннем твоего храма из плоти и кости. Дух любви и жизни преобразует затем грех в силу и жизнь. Ибо то, что ты свободно, без принуждения, охотно передаёшь Мне и более того же или подобного не совершаешь, от него ты обретёшь освобождение. Твоя душа тогда умножено примет от Меня свет.

Обратите внимание на следующую закономерность: когда вы согрешили против своего ближнего исключительно в мыслях, посредством нелюбящих, завистливых, мстительных, ревнивых или преисполненных ненавистью мыслей, тогда не идите к нему, чтобы с ним об этом поговорить. Знайте, ваш ближний не знает мира ваших мыслей. Если вы позволите им проявиться в словах, он будет думать об этом. Приходите единственно ко Мне, Христу, который Я Есть в вашем внутреннем, раскайтесь в своих мыслях и одновременно пошлите душе вашего ближнего положительные, бескорыстные мысли, мысли просьб о прощении и мысли внутренней соединённости. Тогда Я растворю то, что было причинено в мыслях. И если вы потом больше не думаете то же самое или подобное, то вам уже прощено.

Познайте: когда вы говорите своему ближнему о ваших человеческих мыслях, вы можете при определённых обстоятельствах затронуть в нём то человеческое, которое как раз находится в стадии преобразования. Оно может тогда вновь вспыхнуть в вашем ближнем. Он начнёт затем вновь отрицательно думать и говорить, и обременит себя заново.

Закон гласит: не только тот обременяет себя, кто через ваше неверное поведение вновь побуждается к размышлениям, но и вы обременяете себя, если вы высказали свои мысли и этим возбудили в своём ближнем то человеческое, которое находилось в процессе преобразования.

Однако, когда из ваших уст исходит незаконное, тем что вы обвиняете, ругаете вашего ближнего и говорите о нём плохое – даже тогда, когда он услышал об этом от вторых или третьих лиц – то пойдите к нему и попросите у него прощения. Если он простит вам, то и вечный небесный Отец во Мне, Христе, тоже простит вам. Если же он не простит вам, то и ваш небесный Отец во Мне, Христе, тоже не сможет простить вам. Однако любовь Отца-Матери-Бога будет всё больше и больше затрагивать ещё жёсткое сердце, чтобы человек быстрее одумался и простил вам, чтобы также и

Бог во Мне, Христе, смог простить вам, и тогда погасилось бы и преобразовалось всё то, что было некогда противоположным.

Берегитесь вашего собственного языка! Ибо то незакономерное, что исходит с ваших уст, может доставить вашему ближнему и вам самим гораздо больший вред, чем ваши мысли, которые вы вовремя, прежде чем они войдут в действие, познаете и передадите Мне, Христу в вас.

Познайте следующую закономерность: мысли вы не видите и не слышите – и всё же они существуют. Они вибрируют в атмосфере, и кто думает то же самое или похожее, на того они могут повлиять. Если вы их своевременно передаёте Мне, то они будут отменены – разве только душа ближнего уже не зарегистрировала их в себе. Тогда вы будете ведомы так, что сможете сделать доброе тому человеку, о котором вы негативно подумали. И если вы совершаете доброе бескорыстно, не высказывая прежних мыслей, тогда в душе того, о ком вы противоположно думали, сотрётся то, что он уже воспринял в свою душу. Тогда и в вас сотрётся то, что излучала ваша душа.

12. Достигни быстрее согласия с твоим противником, пока ты ещё в пути с ним, чтобы однажды твой противник не отдал бы тебя судье, а судья не отдал бы тебя палачу, и ты не выйдешь оттуда до тех пор, пока не оплатишь всё до последней копейки.

13. Вы слышали то, что было сказано: «Тебе следует любить своего ближнего и ненавидеть своего врага». Я же говорю вам, кто слышит: любите ваших врагов, делайте добро тем, кто вас ненавидит. (Гл. 25, 12-13)

Я, Христос, объясняю, исправляю
и углубляю слово:

«Достигни быстрее согласия с твоим противником, пока ты ещё в пути с ним» значит: не оставляй греха, который ты совершил по отношению к своему ближнему! Устрани его как можно быстрее, ибо твой ближний ещё находится с тобой на жизненном пути в земном существовании. Когда же его душа уйдёт с Земли, то тебе, в зависимости от обстоятельств, придётся ждать до тех пор, пока не сможет снова состояться ваша встреча, и пока ты не сможешь попросить у него прощения.

Познайте: судья — это закон посева и жатвы. Когда же этот закон начнёт действовать, человек не выйдет из-под него до тех пор, пока не заплатит всё до «последней копейки» — то есть пока не будет искуплено всё то, что он причинил и в чём он вовремя не раскаялся.

Поэтому используйте шанс попросить прощения у вашего ближнего и простить ему, пока вы ещё с ним странствуете на пути по Земле и грех ещё не выгравирован в душе и не стал причиной. Кто не прощает и не просит прощения, тому придётся нести следствие до тех пор, пока он «не оплатит всё до последней копейки».

Поэтому как можно скорее, станьте едины с вашим ближним. Если причины – например, ссора, недовольство или зависть – уже пустили корень в вашей душе и то же самое произошло и с вашим ближним, против которого вы настроены, то, возможно, что ваш ближний не так быстро вам простит – даже если вы и осознали ваш грех и раскаялись. Ибо в его душе из-за такого же или подобного образа мышления, который вы запустили в нём, может уже закрепился комплекс вины. Посредством вашего греховного поведения, которое вы подпитывали в течение продолжительного времени, также и он в своей душе продвигал злобу против вас – и так же, как и вы, создал обширное противоположное энергетическое поле, комплекс вины, который теперь вами обоими должен быть проработан. Очищение может у вас произойти ещё в этом земном существовании или только лишь в царствах душ, или в дальнейших инкарнациях.

Познайте: прежде чем судьба обрушивается на человека, ему даются предостережения от Духа жизни, который также является жизнью души, а также от духа-хранителя или через людей. Предостережения из Духа – это тончайшие ощущения, которые струятся из души или которым дух-хранитель позволяет втекать в мир ощущений или в мир мыслей человека. Они призывают человека одуматься или очистить то, что он причинил. Вечный Дух жизни и дух-хранитель могут также побудить людей пойти к тому, над кем навис удар судьбы. Люди тогда идут к затронутому этим и начинают разговор, в котором они, как бы само собой касаются нужной темы. Отсюда могла бы быть выяснена и устранена причина готовящегося удара судьбы.

Итак, вы узнаёте, что вечный свет даёт предостережения и указания различным образом – как вашему ближнему, с которым вы создали причины, так и вам самим.

Также и через импульсы дневных событий, человек предупреждается своевременно, прежде чем причинённое им обрушится на него как судьба.

Кто такие указания принимает всерьёз и то, что он познал как грех, очищает посредством раскаяния, прощения, просьб о прощении и исправления, тот не должен нести то, что было им причинено. Если же грех велик, тогда, возможно, ему придётся нести из него часть, но не всё то, что хотело вырваться из души. Однако, кто просмотрит и пропустит мимо ушей все предупреждения, потому что он заглушал это человеческими вещами, тому придётся нести свои самосозданные причины до тех пор, пока «не оплатит всё до последней копейки».

Заповедь жизни гласит: «Любите ваших врагов, делайте добро тем, кто вас ненавидит».

Каждому человеку следовало бы в каждом из окружающих его людей видеть своего ближнего, своего брата и свою сестру. Также и во мнимых врагах вам следовало бы распознать ваших ближних и постараться бескорыстно их любить.

Мнимый враг может даже стать тебе хорошим зеркалом для самопознания тогда, когда ты раздражаешься из-за враждебности – которая может иметь много обличий; ибо если вас что-то раздражает в вашем ближнем, то же самое или аналогичное представлено в вас самих.

Однако, если ты можешь без особого волнения простить своему ближнему, который обвинил и упрекнул тебя, тогда в тебе не представлено никакого соответствия; то есть, ты не имеешь в себе того же самого или подобного, и поэтому в твоей душе нет на то резонанса. Возможно, что ты уже в предыдущей жизни устранил или искупил то, в чём ты был обвинён – или же вообще никогда не выстраивал этого в своей душе. Тогда оно лежало только в душе того, кто думал, говорил против тебя и обвинял тебя. Итак, если в тебе не звучит никакого возбуждения и твоя душа не откликается эхом, тогда ты был для него зеркалом. Увидит ли он в этом зеркале своё человеческое «я» или нет – это оставь Богу и ему, Его дитя.

Познай: уже благодаря одному твоему виду его совесть зашевелилась и отразила ему то, что он когда-то, к примеру, противоположно о тебе думал и говорил. Теперь у него имеется возможность это очистить. Если он сделает это, раскаявшись и впредь больше не думая, и не совершая того же или подобного, тогда оно ликвидируется в его душе, то есть преобразуется. Лишь тогда он увидит тебя глазами внутреннего света.

Признаком того, что противоположное в душе преобразовалось к положительному, является благосклонность и понимание по отношению к ближнему.

14. Благословляйте тех, кто вас проклинает и молитесь за тех, кто злоупотребляет вами от злости. Чтобы вы были детьми вашего Отца, который на Небесах, и который позволяет солнцу всходить над злыми и над добрыми, и посылает дождь на справедливых и несправедливых. (Гл. 25, 14)

Я, Христос, объясняю, исправляю
и углубляю слово:

Кто придерживается этих заповедей, тот справедлив по отношению к своим окружающим и посредством своей жизни в Боге приведёт многих людей к жизни в Боге. Бог не карает и не наказывает Своих детей. Об этом говорят уже такие слова: «... который позволяет солнцу всходить над злыми и над добрыми, и посылает дождь на справедливых и несправедливых».

Бог является дарителем жизни, потому что Он сам является жизнью. Из вечного закона жизни Бог дал людям свободную волю для свободного решения быть за или против Него. Кто за Него, тот придерживается вечных законов любви и жизни и также получит от вечного закона дары любви и жизни. Кто ощущает, думает и поступает против вечного закона, тот примет то, что он посеял, то есть, что ощущал, думал, говорил и совершал.

Итак, каждый получает то, что он сам посеял. Кто сеет добрый посев, то есть исполняет законы Бога, тот и пожнёт добрые плоды. Кто сеет человеческий посев, который он вносит в пашню своей души в виде человеческих ощущений, мыслей, слов и поступков, тот соответствующие плоды и пожнёт.

Из этого вы узнаете, что Бог не вмешивается в волю человека. Он является дарителем, помощником, предостерегающим, ведущим и защитником тех, кто стараются исполнять Его волю, потому что они повернулись к Нему. Кто отворачивается от Него, тем что создаёт свой собственный, человеческий закон, тот и будет управляться своим собственным человеческим «ячество-законом».

Итак, Бог не вмешивается в закон посева и жатвы. Самыми различными способами и путями Бог идёт навстречу Своим детям, и те, кто просят Его от всего сердца и исполняют то, что Я, Христос в Боге, Моём Отце, заповедовал им – бескорыстно любить друг друга – они находятся в Боге, и Бог действует через них.

15. Ибо если вы любите тех, кто вас любит, какую же награду вы заимеете? Ибо и грешники любят тех, кто их любит. И если вы делаете добро тем, которые вам делают добро, какую же награду вы заимеете? Ибо и грешники делают то же самое. И если вы приветствуете только ваших братьев, что же вы делаете больше других? Не так ли поступают и мытари? (Гл. 25, 15)

Я, Христос, объясняю, исправляю
и углубляю слово:

Итак, прими и вмести своего ближнего в своём сердце, даже тогда, когда он тебя не любит, даже когда он тебе не помогает и пренебрегает тобой, отказывая тебе в приветствии. Люби его! Помогай ему бескорыстно и приветствуй его – и пусть это будет только в мыслях, если он не желает, чтобы его приветствовали словами. И сердечный привет, передаваемый в мыслях, войдёт в его душу и принесёт в своё время добрые плоды.

Итак, следите за тем, чтобы вы вели себя как солнце, которое даёт – хочет ли человек его видеть или нет, желает ли он себе дождя или бури, стремится ли он к холоду или теплу.

Давайте бескорыстную любовь, как солнце даёт Земле, и уважайте всех людей, всё Бытие. Тогда вы получите награду на Небесах.

Не поддакивайте во всём людям. Не делайте никаких различий, как те люди, которые присоединяются только к тем и находятся вместе только с теми, кто разделяет их мышление и дела, и осуждают мыслящих и поступающих иначе.

16. И когда ты страстно возжелаешь чего-то так же, как своей жизни, но оно уводит тебя от истины, то отпусти это, ибо лучше войти в жизнь и обладать истиной, чем потерять её и быть вытолкнутым во внешнюю тьму. (Гл. 25, 16)

Я, Христос, объясняю, исправляю
и углубляю слово:

Что человек для себя лично страстно возжелает, относится к человеку, к его низменному «я». Всё это является привязками. Привязка означает быть привязанным к людям и вещам. Кто привязывает себя к людям и вещам, то есть, кто привязан к чему-то, тот уменьшает поток космических энергий.

Когда ты привязываешь к себе человека только ради своей выгоды, тогда ты преследуешь своим своеволием интересы, которые отвлекают тебя от жизни во Мне, Христе. Тем самым ты покидаешь безличностную, бескорыстную жизнь, запутываясь в желаниях обладать, быть и иметь, и обедняешься в своём внутреннем по духовной жизни. Если ты вовремя не откажешься от желаний обладать, быть и иметь, ты когда-нибудь потеряешь всё.

Когда ты в следствиях – например, через утрату своего имущества и добра, или в болезни, или в нужде и в страдании – себя самого не познаёшь, а потом и не раскаиваешься, и не исправляешь, то ты будешь как душа и как человек бродить во тьме, потому что ты заботился только о себе, о своём личном благе.

Поэтому познавай себя каждый день заново, и ежедневно осуществляй законы Бога, и откажись от того, чтобы что-то страстно желать своему личному «я». Оставайся истинным – и, таким образом, верным закону Бога. Тогда ты войдёшь в жизнь, которая является твоим истинным бытием – и ты станешь богатым в себе, потому что ты раскрыл в себе Небеса.

Кто не является сосудом истины, в того и истина, которая безличностна, также не может влиться. Такой человек занят только самим собой и копит только для себя самого. Такое поведение приводит к тому, что он отворачивается от вечно текущей силы Бога и ведёт «жизнь в застойной луже»: в застойную лужу втекает только противозаконное и мало что вытекает. Это означает, что он на собственном теле почувствует то, что он накопил в своей застойной луже.

Напротив же, вечная истина втекает в того человека и течёт через того человека, кто является сосудом истины. Он принимает от Бога и даёт из Бога, и таким образом становится источником жизни для многих. Космическая жизненная энергия, источник всего Бытия, течёт через все формы Бытия и через тех людей и души, которые повернулись к Богу, то есть стали сосудом Бога.

Познайте: вечно струящаяся сила протекает только через такого человека и такую душу, которые не копят для эгоистических целей, а бескорыстно дают. Только через бескорыстно дающего беспрерывно течёт поток Бога! Если Бог может беспрепятственно протекать через человека, тогда человек живёт в истине, в Боге, в жизни, продолжающейся вечно. Только такие люди дают из Меня, жизни, потому что они стоят во Мне, жизни и истине.

17. И, если ты страстно желаешь чего-то, что доставит другим мучение и горе, вырви это из своего сердца. Только так ты обретёшь мир. Ибо лучше самому терпеть горе, чем причинять горе тем, кто слабее вас.

18. Итак, будьте совершенны, как совершенен ваш Отец в Небе. (Гл. 25, 17-18)

Я, Христос, объясняю, исправляю
и углубляю слово:

Всё то небожественное, что от тебя исходит – такое как противоположные мысли, слова и дела – может доставить мучение и горе не только твоему ближнему, но и тебе самому. Ибо, что человек посеет, то он и пожнёт.

Урожай соответствует посеву. Он всегда пожинается тем, кто посеял – но не его ближним. Твой ближний не сеял твой посев, и он не будет также твоего урожая и пожинать.

Твои семена, однако, могут оказаться летучими – как семена различных видов цветов, которые переносятся ветром после цветения и укореняются там, где они смогут закрепиться. Так же и твои мысли, слова и дела могут как летучие семена, упасть на пашню души твоего ближнего и взойти, если они отыщут там те же или подобные условия.

То же самое или подобное как в тебе, лежит в основе и в нём, если он раздражается и сердится по поводу твоих слов и поступков, ты этим доставляешь ему горе и он, побуждённый твоими летучими семенами, думает, говорит и делает то же самое или подобное. Однако ты запустил всё это, и по закону посева и жатвы можешь быть привлечён к ответу. Тебе заповедано бескорыстно любить своего ближнего, служить ему и помогать – а не доставлять ему своим поведением мучение и горе.

Когда твой ближний затем обременяет себя из-за твоего незакономерного поведения, потому что ты вторгся в его душевный надел и привёл в колебания причины, от которых он позже будет вынужден тяжело пострадать и которые ему придётся нести, то ты привязан к нему. И если на твоё поведение он также незакономерно реагирует, то он, в свою очередь, тоже привязан к тебе. В той или иной форме существования вам придётся совместно очистить это.

Познайте: малое, незаметное летучее семя человеческого «я» может создать большую причину, которая уже несёт в себе своё следствие.

Итак, познайте: всякая причина должна быть устранена!

Другой пример: когда ты посылаешь, подобно летучим семенам, свои отрицательные мысли, слова и дела, и твой ближний слышит, что ты о нём говоришь, но не обращает на это внимания, потому что на пашне его души нет для этого никаких соответствий, тогда обременишь себя только ты, и ты привязан к нему – а не он к тебе. Твой ближний может войти в Небеса, потому что он не принял и не вместил твои отрицательные семена, поскольку он не думал и не говорил так же или подобно, как ты. Однако, если ты своим неправильным поведением подтолкнул в своём ближнем причины, которые не должны были бы в нём прийти к следствию, поскольку он смог бы устранить их в более позднее время без мучения и горя, то ты несёшь большую вину и должен будешь нести ту часть, которую ты своему ближнему причинил.

Итак, если ты должен терпеть мучение и горе, тогда не вини в своём состоянии своего ближнего. Ты сам зачинщик – а не твой ближний. Твоё мучение и твоё горе являются семенами в твоей душе, которые взошли – и как урожай проявляются в теле или на теле.

Только лишь Я, Христос, твой Избавитель, могу освободить тебя от этого – и лишь тогда, когда ты раскаешься и больше не будешь совершать того же самого или подобного. Тогда бремя с твоей души будет снято, и тебе станет лучше.

Познайте: кто осознаёт своё мучение и своё горе как свой собственный посев, и принимает своё страдание, тот проявляет истинное внутреннее величие. Это является признаком духовного роста; духовный рост постепенно ведёт к совершенству.

Чистое существо совершенно; оно является подобием Отца-Матери-Бога. Оно живёт в Боге, и Бог живёт через чистое существо.

Блаженны чистые сердцем, ибо они узрят Бога – потому что они снова стали подобиями небесного Отца. Из чистого, преданного Богу сердца истекают кротость и покорность.

Я, Христос, Избавитель человечества, веду всё более возрастающий народ Бога на Земле к внутренней чистоте. Народ Бога состоит из мужчин и женщин, целеустремлённо идущих путём любви вовнутрь и, таким образом, следующих за Мной, Христом, единственным Пастырем. Не все из них будут впредь воплощаться в последующих поколениях, но многие будут жить в Духе любви и действовать в духе ради великого целого и ради Царства мира Иисуса Христа.

О, познайте, живущие в Царстве мира: многие из вас уже были там как люди в пионерское время. И некоторые из вас, как пионеры, сохраняли с другими пионерами единство в Боге и шли совместно с ними путём вовнутрь. При этом вы сложили с себя много человеческого, благодаря чему ваши души всё более и более проникались светом истины. При развоплощении ваши души тогда взяли этот свет истины с собой в более высокие световые сферы. Оттуда вы возвратились затем со светом истины, чтобы жить и действовать в земном одеянии в Царстве мира Иисуса Христа.

Свет истины излучается теперь вновь сквозь ваши новые земные тела. Ныне, в этом земном существовании, вы исполнены тем, что обрели в предыдущих существованиях: свет из Моего света и силу из Моей силы – закон жизни. Наполненная Духом Бога душа теперь действует через своё новое земное одеяние в Царстве мира Иисуса Христа, в котором Я Являюсь правителем и жизнью.

ГЛАВА 26

Нагорная проповедь
(2-я часть)

1. Следите за тем, чтобы вы не подавали вашей милостыни перед людьми с тем, чтобы они увидели вас. Иначе не будет вам награды от вашего Отца в Небесах. Когда ты подаёшь милостыню, не труби перед собою, как это делают лицемеры в синагогах и на улицах, с тем чтобы прославляли их люди. Истинно Я говорю вам: они уже имеют свою награду.

2. У тебя же, когда ты подаёшь милостыню, пусть левая рука не знает того, что делает правая, так чтобы милостыня твоя оставалась в тайне; и Единый, видящий тайное, воздаст тебе явно. (Гл. 26, 1-2)

Я, Христос, объясняю, исправляю
и углубляю слово:

Проживаемая Нагорная проповедь является Внутренним путём к сердцу Бога. Что человек не делает бескорыстно, то он делает для себя самого. Бескорыстие – это любовь Бога. Корысть – это любовь человеческая. Кто своему ближнему делает добро лишь тогда, когда последний его за это благодарит и восхваляет его добрые дела, тот сделал это не для своего ближнего, а для себя самого. Благодарность и похвала являются тогда его наградой. Он этим уже вознаграждён и от Бога никакой награды больше не получит. Только бескорыстие вознаграждается Богом. Бескорыстие растёт и созревает только в том человеке, который сделал первые шаги к королевству внутреннего, то есть осуществил.

Первыми шагами туда является контроль мыслей: поставь на место эгоцентричных, отрицательных, бесплодных или страстных мыслей положительные, направленные на помощь, радостные, благородные мысли и мысли о добре в человеке и во всём, что тебе встречается. Тогда ты постепенно поставишь под контроль свои чувства. Ты тогда ничего не будешь жаждать и от своего ближнего и больше ничего не будешь от него ожидать. В дальнейшем продвижении по Внутреннему пути ты будешь говорить только о положительном и существенном. Благодаря этому, ты поставишь под контроль своё человеческое «я», потому что ты научишься покоиться в себе. Тогда твоя душа просветляется всё больше, и во всём, что к тебе приходит, ты находишь то доброе, к которому ты затем будешь в состоянии правильным образом обращаться и правильно его выражать. Если ты этому научился, тогда и к противоположному ты будешь обращаться закономерно. Таким образом, в тебе пробудятся откровенность и честность, и ты сохранишь при этом во всём верность Богу.

Этот духовный эволюционный процесс к бескорыстию является Внутренним путём к сердцу Бога. Всё, что ты делаешь из бескорыстия, приносит тебе разнообразные плоды.

Итак, когда твои ощущения без ожиданий, и твои мысли благородны и добры, тогда в твоих словах и твоих делах сила из Бога. Эта сила является Моей жизненной энергией. Она входит в душу твоего ближнего и способствует тому, чтобы твой ближний тоже стал бескорыстным. Ибо то, что исходит из твоей просветлённой души – раньше или позже, смотря по тому, когда твой ближний откроется для этого – также войдёт в душу и нрав твоего ближнего.

Кто бескорыстно даёт, не спрашивает, узнаёт ли и ближний о том, что он дал. Бескорыстный даёт! Он знает, что Бог, вечный Отец, смотрит в сердце всех Своих детей и что Вечный, чей Дух живёт в каждом человеке, наградит бескорыстного, когда для этого наступит время. Единственно это имеет значение.

Познайте: все добрые, то есть, бескорыстные дела вовремя станут очевидными, чтобы их познали те, кому следует их увидеть, чтобы также стать бескорыстными, с тем, чтоб и они тоже принимали жизнь во Мне и стремились к ней – и делали то, что Я им заповедовал: друг друга бескорыстно любить, как Я, Христос их люблю.

3. И когда ты молишься, не будь как лицемеры, которые любят молиться в синагогах и на углах улиц, чтобы быть увиденными людьми. Истинно говорю Я вам, они уже получили свою награду.

4. Когда же ты молишься, то войди в свою каморку и, затворив дверь, помолись твоему небесному Отцу, который присутствует в тайном; и Тот, кто скрыт, кто видит тайное, воздаст тебе явно. (Гл. 26, 3-4)

Я, Христос, объясняю, исправляю
и углубляю слово:

Когда ты молишься, тогда удались в тихую каморку и погрузись в своё внутреннее, ибо в тебе обитает Дух Отца, храмом которого ты являешься.

Когда же ты молишься лишь, чтобы быть увиденным, с тем чтобы твои ближние считали тебя набожным и верующим, то Я скажу тебе: это вовсе не набожность, но ханжество; это лицемерие. Такие выставленные на показ молитвы не имеют силы. Кто молится только губами или чтобы быть увиденным, тот грешит против Святого Духа, ибо он злоупотребляет святыми словами на корысть.

Познай: когда ты в молитве обращаешься к Богу, а в своей жизни не реализуешь то, о чём ты молился, то есть, когда твои молитвы являются лишь отображением твоего «я» и не исходят из глубины твоей души, и не одушевлены любовью к Богу, тогда ты грешишь против Святого Духа. Это величайший грех.

Когда твои молитвы не текут бескорыстно из сердца, то было бы лучше, если бы ты не молился, а сначала начал осознавать свои мысли и человеческие желания и постепенно передал бы их Мне – так чтобы бескорыстная любовь, которая находится в тебе, в тебе выросла, и ты был бы способен молиться от сердца. Тогда твои молитвы всё больше и больше будут воодушевляться и будут проникнуты любовью к Богу и к твоему ближнему.

«... и Тот, кто скрыт, кто видит тайное, воздаст тебе явно» значит: твои светлые мысли и полные силы молитвы, одушевлённые любовью к Богу, принесут плоды ещё в этом мире. Ты сможешь познать свой посев любви, и тебя многие тоже познают как источник любви.

5. И когда вы сообща молитесь, не употребляйте пустых повторений, как это делают язычники, ибо они полагают, что будут услышаны, если произведут много слов. Поэтому не уподобляйтесь им; ибо ваш Отец в Небе знает, в чём вы нуждаетесь, прежде чем вы попросите ... (Гл. 26, 5)

Я, Христос, объясняю, исправляю
и углубляю слово:

Только тот человек, который из закона истины осуществил мало, употребляет в молитве и в повседневной жизни много слов и пустых, неодушевлённых повторений.

Кто о законе истины и жизни много говорит, то есть производит ради этого много слов, тот не может наполнить их силой и жизнью, потому что он сам не преисполнен законом Бога. Такие слова эгоцентричны и поэтому они безлюбивые слова, даже если и подобраны так, будто бы исходят из любви. Неодушевлённые речи не достигают самого внутреннего души твоего ближнего и, вследствие этого, не вызывают никакого эха в том человеке, который позволяет любви Бога править в себе и через себя. Кто неодушевлённо говорит о законе истины и жизни, которого он, однако, не осуществляет, тот побуждает человека, слушающего и также ещё ориентированного наружу, лишь к дискуссиям.

Познайте: кто дискутирует о духовных закономерностях, тот не знает законов Бога. Каждый, кто хочет дискутировать, убеждён, что он знает это лучше, чем его ближний, и хочет самому укрепиться в этом. Кто дискутирует, тот лишь даёт свидетельство о себе самом, а именно: что он ничего не знает и не уверен. Поэтому он и дискутирует.

Однако, кто нашёл истину, тот не дискутирует об истине, а также о том, что является верой. Слово «вера» содержит в себе также и незнание: чего человек в конечном итоге не знает или не может доказать, в то он верит. Кто верит в истину, тот вечной истины ещё не нашёл. Он также ещё и не передвигается в потоке вечной истины. Итак, вера является ещё слепотой.

Однако, кто нашёл вечную истину, тот не должен больше верить в истину – он знает истину, потому что он передвигается в потоке истины. Это тот истинно мудрый человек, который добыл в себе сокровище, истину. Истинно мудрые покоятся в себе. Это есть внутренняя уверенность и твёрдость. Они не дискутируют о вере, потому что они нашли свой путь от веры к мудрости, которая является истиной.

Итак, кто лишь верит в Бога, без того, чтобы знать глубину вечной истины, вечного закона, производит много слов о своей вере.

Также и в своих молитвах он будет придерживаться подобного: он производит много слов, поскольку не воодушевляет свои слова бескорыстной любовью. Он имеет мнение, что множеством слов сможет убедить Бога или даже уговорить Его. Он полагает, что должен объясниться перед Богом, так как допускает, что Бог мог бы понять его молитвы иначе, чем он их подразумевает. Аналогично думают и молятся язычники.

Познайте: чем глубже человек погружается в божественную истину, тем меньше слов употребляет он и в молитве. Его молитвы кратки, но полны сил, потому что слово излучает оживлённую силу.

... Поэтому, когда вы собрались вместе, вам следует молиться так:

6. Отец наш, Ты, который на Небе, да святится Твоё имя. Да придёт Твоё царство. Да свершится Твоя воля на Земле как на Небе. Давай нам день за днём наш повседневный хлеб и плод живой виноградной лозы. И как Ты прощаешь нам наши грехи, так пусть и мы прощаем грехи других. Не оставь нас в искушении. Избавь нас от зла. Ибо Твоё есть царство и сила, и великолепие во всю вечность. Аминь. (Гл. 26, 5-6)

Я, Христос, объясняю, исправляю
и углубляю слово:

Совместной молитвой «Отец наш» молятся различными словами и содержанием, потому что каждое сообщество молится так, как это соответствует потенциалу любви того сообщества.

Будучи Иисусом из Назарета, Я учил совместной молитве «Отец наш» на Моём родном языке, то есть иными словами, а также и с иным содержанием, чем та, которой молились в более поздние времена и на других языках.

Слова, как таковые, несущественны. Важно, чтоб человек осуществлял то, о чём он молится! Тогда каждое слово, исходящее из его уст, воодушевлено любовью, силой и мудростью.

Вам не следует молиться по букве или стремиться к тому, чтобы дословно молиться молитвой «Отец наш», которой Я научил Моих. Существенным является то, чтоб вы воодушевляли слова ваших молитв любовью к Вечному и к вашему ближнему, и чтоб содержание вашей молитвы соответствовало вашей жизни.

Люди, исполненные вечной истины, любви и мудрости Бога, будут опять же молиться иначе, чем те, кто молятся лишь потому, что их так научили или потому, что они принадлежат к какому-либо вероисповеданию, в котором молитва проговаривается согласно сознанию этого вероисповедания.

Люди на пути к своему божественному происхождению молятся свободно, это значит самовыбранными словами, которые воодушевлены любовью и силой.

Люди, живущие в Моём Духе, проникнутые любовью и мудростью Бога, то есть осуществляющие законы Бога в повседневной жизни, будут, прежде всего благодарить Бога за свою жизнь и за всё, будут восхвалять и прославлять Его и всё больше и больше посвящать Ему свою жизнь – в ощущениях, мыслях, словах и делах – потому что они стали жизнью из Его жизни.

Люди в Духе Господа проживают молитву. Это значит, что они всё больше и больше исполняют законы Вечного и сами стали той молитвой, которая является поклонением Богу.

Итак, кто исполняет волю Бога, живёт всё больше в поклонении Богу. Такие люди не только придерживаются законов Бога, но и сами в значительной мере стали законом любви и мудрости.

В созревающем Царстве мира Иисуса Христа, в котором Я Являюсь правителем и жизнью, люди будут всё больше и больше придерживаться закона Бога. Многие из них стали законом – и, таким образом, боголюдьми, олицетворяющими жизнь, Бога, во всём, что они думают, говорят и делают. Их молитвы являются жизнью во Мне, исполнением вечного закона. Своей жизнью, которая является законом Бога, они благодарят Бога за жизнь.

Благодарность Богу и является жизнью в Боге. Их жизнь, которая единственно лишь благодарность, втекает в Царство мира.

Они молятся по смыслу следующими молитвенными словами, которые они исполняют в повседневной жизни:

Отец наш, Твой Дух в нас,

и мы в Твоём Духе.

Свято Твоё вечное имя в нас и через нас.

Ты – Дух жизни,

Ты – наш изначальный Отец.

Из Тебя мы несём наши вечные имена.

Ты, Вечный, дал их нам

и вложил в наши имена

всё изобилие бесконечности.

Наши имена, которые Ты вдохнул в нас,

являются любовью и мудростью –

изобилием из Тебя,

законом в нас и через нас.

Нашим вечным царством является бесконечность –

сила и великолепие в Тебе и из Тебя.

Мы наследники вечного царства.

Поэтому мы сами есть царство,

вечная родина.

Она в нас и действует через нас.

Твоя бесконечная, великолепная воля находится в нас

и действует через нас.

Твоя сила воли является крепостью нашей воли.

Она действует в нас и через нас,

ибо мы дух из Твоего Духа.

Небо не является пространством и временем –
Небо и Земля едины,
потому что мы объединены в Тебе.
Любовь и сила в нас и через нас
являются нашим повседневным хлебом.
Ты, о, Вечный, великолепный Отец,
воспроизвёл в нас всё,
что вибрирует в бесконечности.
Ты творишь через нас в Небе
и на Земле.
Мы в Тебе, и Ты властвуешь в нас
и через нас.
Мы преисполнены Твоим Духом,
поскольку мы дух из Твоего Духа.
Мы богаты в Тебе,
поскольку мы живём нашим наследством,
бесконечностью из Тебя.
Наше вечное наследство, дух из Твоего Духа,
производит для нас то,
в чём мы как люди в Царстве мира
нуждаемся.
Мы живём в Тебе и из Тебя.
Жизнь истекает и дарит себя.
Мы живём в изобилии из Бога,
потому что сами и есть изобилие.
Земля является Небом,
а Царство мира богатством Земли,
в котором живём и находимся мы –

дух из Твоего Духа.

Мы живём во внутреннем царстве –
и всё же являемся людьми, которые
во внешнем олицетворяют то,
что излучается во внутреннем.

Прославлено имя Господа,
Он есть жизнь в нас и через нас.

Имя Бога – это проживаемый закон любви
и свободы.

Грех преобразован –
наступил свет.

Мы живём из Его света
и живём в Его Духе и из Его Духа,
поскольку являемся духом из Его Духа.

В Боге всё искуплено.
Его имя сделало чистым всё.

Да восславится великолепие Бога!
Воля, любовь и мудрость Бога
пронизывают Землю и страну.

Мы сами и есть Земля и страна –
воля, любовь и мудрость.

В нас доброта Бога – доброта из Бога.
Мы в Боге и действуем из Бога.

Земля принадлежит Господу –
она является царством любви.

Это действует в нас и через нас.
Жизнь, великолепие Отца,

действует в нас и через нас –
из вечности в вечность.

По смыслу, это восхваление является жизнью тех, кто живёт в Царстве мира Иисуса Христа. Они живут во Мне, Христе, и Я живу через них; и вместе мы живём в Отце-Матери-Боге, и Отец живёт через нас из вечности в вечность.

7. Ибо если вы простите людям их вину, то и ваш небесный Отец простит вас. А если вы не простите людям их вины, то и ваш Отец на Небе не простит вам вашей вины.

8. Когда же вы поститесь, не выглядите такими подавленными как лицемеры. Ибо они притворяются на лицо, чтобы показаться людьми, которые постятся. Истинно, Я говорю вам, они уже получили свою награду.

9. И Я говорю вам, вы никогда не найдёте небесного Царства, если только не остережётесь этого мира и его злых манер. И вы никогда не увидите Отца в Небе, если только вы не соблюдаете шабата и не отказываетесь от своей ретивости к накоплению богатств. Но если же ты постишься, то помажь свою голову и умой своё лицо, так чтобы тебе не представляться перед людьми своим постом. И святой Единый, видящий в тайном, воздаст тебе явно. (Гл. 26, 7-9)

Я, Христос, объясняю, исправляю
и углубляю слово:

Заповедь прощать и просить о прощении будет так долго оставаться в силе, пока не будет искуплено и очищено всё то, что не соответствует вечным законам. Заповедь прощать и просить о прощении относится к закону посева и жатвы. Он будет отменён тогда, когда всё человеческое будет возмещено, и каждая душа станет чистым, безупречным духовным существом.

До тех же пор имеет силу заповедь: прощайте и вы получите прощение. Если вы просите прощение, и ваш ближний прощает вас, то и ваш Отец в Небе тоже прощает вам. Но если вы просите прощения, а ваш ближний ещё не прощает вас, потому что он ещё не готов для этого, то и ваш вечный Отец тоже не простит вам. Кто согрешил перед своим ближним, тот должен также получить прощение от своего ближнего. Лишь тогда Бог снимает грех.

Вечно Справедливый любит всех Своих детей — также и тех, у кого ещё нет силы прощать. Если бы Он простил лишь того, кто дал повод ко греху, и не простил бы того, кто был ко греху им соблазнён и ещё не может простить — где была бы тут справедливость Бога? Оба смогут войти в Небо лишь тогда, когда их грехи будут возмещены.

Поэтому следите за тем, что исходит из ваших уст, и следите за вашими делами, соответствуют ли они вечному закону, то есть бескорыстны ли они! Что-либо противоположное говорится или делается очень быстро – однако, может пройти долгое время, пока оно не будет прощено.

Когда вы попросили прощения, а ваш ближний ещё не готов вам простить, тогда милость Бога усилится в вас, окутает вас и понесёт – Бог, однако, не снимет с вас того, что ещё не очищено. Милосердие Бога усилится тогда также и в вашем ближнем и, при соблюдении его свободной воли, поведёт его так, что он быстрее познает свои ошибки, раскается и простит вам. Только когда вас простили все те, против кого вы согрешили – то есть, когда всё будет возмещено – тогда только вы сможете войти в Небо, потому что Бог затем преобразует всё человеческое в божественную силу.

Бог вездесущ. Так, Он действует также и в законе посева и жатвы. Также во всём отрицательном есть положительное, Бог, вечный закон. Когда человек познаёт свои грехи и ошибки, и раскаивается, тогда положительные силы становятся в нём активными и укрепляют человека, пришедшего к осознанию своей вины, в том, чтобы очистить свои грехи силою Христа.

Познайте закон Бога; он является вечной жизнью из вечности в вечность – всем во всём: всё содержится во всём, в большом самое малое, и в самом малом большое, в грехе сила к прощению и в силе, которая освобождается прощением, содержится восхождение ко внутренней жизни, в вечное Бытие.

Поэтому божественное может действовать и в отрицательном, тогда, когда человек от всего сердца просит прощения, прощает и больше не грешит. Однако, человек должен сделать первый шаг в направлении Внутренней жизни.

Познайте: всё, что вы делаете – будь то вы, молитесь, поститесь или раздаёте подаяния – если вы делаете это не бескорыстно, но, чтобы показаться перед вашими окружающими, то вы уже получили награду от людей. Бог вас тогда не вознаградит. И когда вы поститесь только из-за своей полноты, то вы не увеличите в себе Духа вашего Отца. Однако, кто принимает пищу во имя Всевышнего и соблюдает меру, и время от времени постится, чтобы расслабить своё тело и вывести шлаки, с тем чтобы сила Бога была способна правильным образом обеспечивать все клетки и органы, тот и добросовестным образом тренирует себя в том, чтобы принимать и вмещать жизнь из Бога, чтобы жить в ней. И он одновременно посвятит свою жизнь Богу, Вечному, в молитве, чтобы таким образом постепенно стать проживаемой молитвой.

10. Точно так же вам следует делать и когда вы оплакиваете умерших и скорбите, ибо ваша утрата есть их выигрыш. Не делайте как те, кто скорбят перед людьми и громко причитают, и рвут на себе одежду, с тем чтобы другие видели их скорбь. Ибо все души находятся в руках Бога и все те, кто сделал доброе, упокоятся со своими предками в лоне Вечного.

11. Молитесь лучше за их покой и их вознесение и думайте, что они находятся в той стране покоя, которую подготовил для них Вечный, и получат справедливую награду за свои дела, а не ворчите как не имеющие надежды. (Гл. 26, 10-11)

Я, Христос, объясняю, исправляю
и углубляю слово:

Кто оплакивает умерших, тот ещё далёк от вечной жизни, потому что он видит смерть как конец жизни. Он воскресения во Мне, Христе, ещё не достиг. Он относится к духовным мёртвецам.

Не сожалейте о своих умерших! Ибо кто оплакивает потерю человека, тот не думает о выигрыше души, которая – если она прожила во Мне, Христе – входит в более высокие сферы сознания жизни. Ибо, если её жизнь в земном существовании была в Боге, то и в иной форме существования она также будет в Боге.

Познайте: временное, жизнь в теле, не является жизнью души. Душа приняла на себя плоть лишь на короткий отрезок жизни, чтобы во временном устранить и погасить то, что она возложила на себя в различных земных одеяниях. Землю нужно рассматривать лишь как промежуточную станцию, на которой души в земном одеянии за короткое время устраняют то, чего они по ту сторону завес сознания – называемых также туманными стенами – не могут так быстро преодолеть.

Когда душа покидает своё земное одеяние, то человек оплакивает только одежду души и не думает при этом о душе, которая выскользнула из этой одежды.

Светлая душа после сложения с себя своего земного тела сопровождается светлыми, для человека невидимыми, существами в те плоскости сознания, которые соответствуют мышлению и жизни того человека, в которого эта душа была воплощена.

Познайте: каждую душу, покинувшую тело, тянет ещё некоторое время к тем людям, с которыми она как человек совместно жила. Если она должна узнавать, что её бывшие земные родственники скорбят по её оболочке, то это для души очень мучительно. Ещё близкая к Земле душа познаёт очень хорошо, из-за чего её родственники оплакивают только её человеческую оболочку и почему на неё как на душу скорбящими не обращается внимания. Душа, которая это должна познать, ощущает при этом первую, после снятия физического тела, глубокую душевную боль; ибо она узнаёт, из-за чего человек печалится, а не вспоминает о ней в любви и соединённости. При этом она зрит у своих бывших земных родственников некоторые корыстные мысли. Она не может обратить на себя их внимание, потому что она не воспринимается ими. Что она говорит, человек не слышит, и что она зрит, человек не видит. Душа же воспринимает многое.

Я побуждаю вас к размышлению: оплакиваете ли вы, когда линяет змея, когда она оставляет позади свою кожу и ползёт дальше?

Подобно этому с душой. Она покидает своё тленное тело, свою оболочку, и странствует дальше. Таким образом, вы скорбите о потере оболочки и не помните о душе! Кто помнит о душе, тот благодарит Бога, который позвал душу назад в Его лоно, если она в земном одеянии воспользовалась жизнью в Боге и, благодаря этому, приблизилась к Нему. Помните о том, что для светлой души снятие тела является выигрышем.

И ещё: если вы скорбите об утрате человека лишь перед людьми, вы кое в чём перед ними лицемерите. В действительности, вы не вспоминаете ни человека, ни душу. Вы думаете лишь о себе самих. Душа, это регистрирующая, познаёт, что её любили не бескорыстно, что она при определённых обстоятельствах там была лишь на корысть её ближних.

Многие души должны познавать, что в земном одеянии они проживались своими земными родственниками и знакомыми. Это значит, что они как люди не смогли проявить самих себя и жить по своим сущностным признакам, потому что они должны были делать волю тех, кто требовал от них то, что было их собственной выгодой. Многие из таких душ зрят, что же они упустили в земном существовании, и возвращаются также поэтому опять в земное существование. Они проходят снова через завесы сознания к Земле и удерживаются как души вновь среди тех, кто через них жили. Опять же, иные стремятся на Земле прожить то, что они, будучи людьми, развить не смогли.

До тех пор, пока люди привязаны к людям или вещам – таким как обладание, богатство и власть – их души снова возвращаются на Землю и соскальзывают опять в новые земные одеяния. Существуют разнообразные причины и мотивы, из-за чего души снова воплощаются. Если, например, душа познаёт, что она сцеплена грехами со своими родственниками, то часто она смиряется и допускает желание снова принять новое тело. Воодушевлённая этим желанием, она живёт в той сфере сознания, которая соответствует её душевному состоянию, и там она обучается. Среди прочего ей преподносятся разные за и против нового воплощения. Она идёт на воплощение, когда созвездия, в которых записаны её за и против – и таким образом, также и её земной путь – указывают путь в материю, и когда на Земле зачинается земное тело, соответствующее её душевному уровню сознания. В эту человеческую оболочку она тогда и вскальзывает при рождении.

Мужчина, зачавший тело, и женщина, в которой вырос эмбрион, притянули ту душу, с которой им вместе предстоит ещё что-то очистить – или идти вместе с ней путём Господа в бескорыстном служении своим ближним.

Пусть человек смотрит не только на своё тело, но прежде всего на воплощённое существо в нём и старается делать волю Бога и не позволять навязывать себе человеческую волю вторых или третьих лиц.

Познайте: даже если вы говорите: «я делаю волю моего ближнего, чтобы сохранить внешний мир», то вы препятствуете своей душе, а также и душе вашего ближнего развиваться и проявляться так, как оно хорошо для обоих. Вы препятствуете себе и своему ближнему исполнить те задачи, которые ваши души принесли с собой в земное существование: очистить себя и освободить себя от бремени грехов, которые, возможно, были принесены в это воплощение ещё из предыдущих инкарнаций. Кто позволяет себе быть на поводу у своих окружающих, то есть кто делает то, что говорят другие, хотя он познаёт, что это не его путь, тот проживается другими и сам живёт мимо своего собственного земного существования. Он не использует дни; он использует теми, кому он послушен, и поэтому он, как человек, не знает своего пути по этой Земле.

Кто привязывает своих окружающих, навязывая им свою волю, сравним с вампиром, высасывающим энергию окружающих его людей. Он не знает себя самого и привязывает себя одновременно к своей жертве – и наоборот, к нему также привязывается и жертва, позволяющая себя высасывать. В одной из жизней, либо в земном одеянии, либо как души в потусторонних сферах, оба снова будут сведены вместе – и это будет так часто и так долго, пока один другого не простит.

Когда двое связаны друг с другом – без разницы, связал ли один другого или позволил себя привязать – то оба они обременили себя, и оба должны очистить вещи друг с другом, с тем чтобы между ними снова могли восстановиться любовь и единство.

Никто не может сказать: «Я ничего не знал о законах жизни». Я говорю вам: Моисей принёс вам выдержки из вечных законов, Десять заповедей. И если вы их придерживаетесь, вы не будете связывать друг друга, а будете жить друг с другом в мире.

Познайте: единственно лишь любовь и единство друг с другом указывают душам и людям пути к более высокой жизни.

Бог, вечно Добрый, протягивает каждой душе и каждому человеку Свою руку. Кто её берёт, тот использует свою земную жизнь. Он ценит дни и способен их также прожить по заповедям, очищая то, что ему показывает день. Когда-нибудь он, как душа, будет шествовать в Боге и покоиться в Боге вместе со всеми теми, кто также использовали своё земное существование, познавая день за днём и преодолевая вместе со Мной, Христом, то, что принёс и показал им день – радость и горе.

И если вы не скорбите ради себя по той смертной оболочке, которую сложил ваш ближний, но радуетесь в духе, что душа в земном одеянии познала свою духовную жизнь и подготовила себя к этому, то вы через Меня, Христа, радостно помолитесь Отцу за вашего ближнего. Вы пошлёте душе, находящейся теперь ближе к Богу, силы любви, так чтоб она и впредь шествовала к более высоким уровням, чтобы всё больше и больше объединяться с Богом.

Душа чувствует радость и горе своих родственников. Души, почившие во Мне, Христе, ощущают себя через Меня, Христа, соединёнными со всеми, кто ещё странствует в земном одеянии. Радость души, по поводу того, что её родственники вспоминают её с любовью, наполняет её силой.

Познайте: бескорыстные, любящие молитвы подают странствующей душе силу и крепость на её пути к божественному. В ваших бескорыстных молитвах она чувствует соединённость и принимает умноженную силу. Благодаря этому, она быстрее сложит с себя ещё прилипшее к ней человеческое и, вместе с тем, освободится для Того, кто есть свобода и любовь – Бог, жизнь. Награда от Бога велика для каждой души, которая серьёзно старается исполнять волю Бога.

Познайте: только тот без надежды, кто только говорит о своей вере и не живёт тем, во что он якобы верит. В конечном итоге сомневающийся не верит в то, на что он претендует верить. Из этого развивается безнадёжность.

12. Вам также не следует собирать себе сокровищ на Земле, которые поедают моль и ржа и которые воры раскапывают и крадут. Но собирайте себе сокровища на Небе, где не поедаются они ни молью, ни ржой, и где воры не раскапывают и не крадут. Ибо где ваше сокровище, там и ваше сердце.

13. Светочем тела являются глаза. Поэтому, если ты видишь ясно, всё твоё тело будет полно света. Но если твоих глаз недостаточно или если твои глаза помутнели, то всё твоё тело будет тёмным. Если же свет, который в тебе, является тьмой, насколько же велика будет тьма!

14. Никто не может служить двум господам. Или он одного будет ненавидеть, а другого любить; или же одного он станет поддерживать, а другого презирать. Вы не можете одновременно служить Богу и мамоне. (Гл. 26, 12-14)

Я, Христос, объясняю, исправляю
и углубляю слово:

Только тот человек собирает на Земле сокровища, который не верит в Бога, в Его любовь, мудрость и доброту. Многие люди притворяются, что верят в Бога; однако, по их делам вы познаете их! Многие люди говорят о любви и делах Бога – единственно по их делам вы познаете их.

Многие люди говорят о внутреннем царстве и о внутреннем богатстве, и всё же они добывают для себя лично в амбары и собирают для себя лично земные богатства, чтобы быть у людей уважаемыми.

Кто заботится только о своём личном благополучии, ещё не почувствовал той хищной птицы, которая уже подняла свои крылья, чтобы разрушить гнездо и похитить то богатство, которое богатый, постройщик гнезда, называет своей личной собственностью.

Кто же сначала стремится к Царству Бога, тот собирает внутренние ценности, внутренние сокровища. Он и в преходящем получит всё, в чём нуждается, и сверх того.

Кто во внутреннем богат, во внешнем не будет бедствовать. Но кто во внешнем богат и копит богатства, будет однажды бедствовать. Кто собирает сокровища на Земле, у того они заберутся, с тем чтобы он задумался о сокровище внутреннего и оказался бы способным войти в жизнь, во внутреннее богатство.

Душе не будет хватать божественного света до тех пор, пока она не начнёт сперва стремиться к Царству Бога. И пока ещё на Земле такое возможно, бедная светом душа будет снова возрождаться в бедное светом тело и, пожалуй, будет жить в бедности среди бедных. Придёт познание того, что сокровище, богатство, единственно лишь в Боге.

Чьё сердце с Богом, тот будет богат внутренними ценностями и войдёт в Царство мира.

Я, Христос, даю вам мерило, по которому вы познаете, где вы стоите – или в свете, или в тени: «ибо где ваше сокровище, там и ваше сердце», там будет однажды ваша душа.

Заметьте: кто читает эти слова и стоит на повороте от старого к Новому времени, тому бы следовало поторопиться, чтоб он нашёл ещё свою духовную жизнь! Ибо когда Новая эра, эра Христа будет проявлена на всей Земле, и внутренняя жизнь будет проживаемой, не будет уже никаких воплощений для тех, кто стремятся к внешним ценностям. Не будет тогда уже также и никаких воплощений для земных богачей, чтобы как бедным среди бедных искупить то, что они как богачи упустили.

Когда Царство мира Иисуса Христа сделает дальнейшие эволюционные шаги, тогда не будет ни бедных, ни богатых. Все люди тогда будут богаты в Моём Духе, поскольку они раскрыли внутреннее царство. Соответственно они также будут жить на новой Земле, под иным небом.

Потому будьте готовы служить Богу, и из любви к Богу также и своим окружающим.

Познайте: никто не может служить двум господам, Богу и мамоне. Единственно лишь бескорыстная любовь объединяет всех людей и народы. Человек на Земле и душа в местах очищения – оба они будут однажды приведены к решению: служить Богу или мамоне, быть за Бога или против Бога. Не существует ничего между этим: или за Бога – или за сатанинское.

15. Поэтому Я говорю вам: не заботьтесь о своей жизни, что вы будете есть и пить; ни даже о своём теле, во что вы оденетесь. Не больше ли жизнь, чем пища, а тело не больше ли чем одежда? И что за польза будет человеку, если бы он получил целый мир, но потерял бы свою жизнь?

16. Посмотрите на птиц в воздухе: они не сеют и не жнут, и не наполняют амбаров; и всё же ваш небесный Отец кормит их. Разве вы не оберегаемы гораздо лучше, чем они? Да и кто из вас смог бы прибавить себе роста на один локоть, если бы он этого захотел? И почему вы так печётесь о своей одежде? Посмотрите на полевые лилии, как они растут; они не трудятся и не прядут. И всё же, Я говорю вам, Соломон во всём своём блеске и великолепии не был так украшен как они.

17. Да почему не надлежало бы Богу, одевающем траву на полях, которая сегодня имеется, а завтра будет сожжена в печи, одеть вас гораздо лучше, о, вы маловеры?

18. Поэтому не следует вам беспокоиться и спрашивать: «Что мы будем есть? Что мы будем пить? или: Во что мы оденемся?» (Как это делают язычники.) Ибо ваш небесный Отец знает, что вы нуждаетесь во всём этом. Стремитесь прежде всего к Царству Бога и к Его справедливости, и вам всё это добавится. Поэтому не беспокойтесь о зле завтрашнего дня. Довольно того, что каждый день имеет своё собственное зло».
(Гл. 26, 15-18)

Я, Христос, объясняю, исправляю
и углубляю слово:

Кто беспокоится о своей личной жизни, о своём благополучии – что, например, он завтра будет есть и пить или во что ему следует одеваться – тот плохой плановик; ибо он думает при этом только о себе самом, о своём собственном благополучии и о своей собственности. Тем самым он планирует одновременно также свои печали и беды.

Кто же, напротив, исполняет волю Бога, является хорошим плановиком. Он будет планировать как дни, так и будущее. Однако, он знает, что его планирование лишь намётка, лежащая в руках Бога.

Он вкладывает свои планы в руки Бога, работает силами Бога и позволяет себя в событиях дня вести Богу. Ибо он знает: Бог – всезнающий Дух и богатство его души. Кто вверяет себя Богу, помещает свою ежедневную работу в свет Бога и исполняет закон «Молись и работай», тот получит справедливую награду. Он будет обладать всем, в чём нуждается.

Если Бог, Вечный, украшает природу и одевает полевые лилии, насколько же лучше Он накормит и оденет Своё дитя, которое исполняет Его волю! Итак, не пекитесь о завтрашнем дне, а планируйте и передавайте ваш план воле Бога – и Бог, зная ваш план, исполнит вам то, что для вас хорошо.

Я приведу один пример: хороший архитектор тщательно спланирует дом и учтёт все детали. Когда он закончит свой план, он ещё раз его проверит и потом представит на проверку заказчику. Если последний согласен с планом, тогда по этому плану будут работать квалифицированные рабочие. Архитектор и заказчик будут следить за проведением работ и вмешиваться в них только тогда, когда что-то не соответствует запланированному.

Подобного вам следовало бы придерживаться и в вашей жизни: планируйте каждый день и планируйте хорошо! Оставьте себе время и для часов созерцаний, в которых вы находили бы внутренний покой и снова и снова могли бы обдумать свою жизнь и своё планирование. Тщательное планирование дня, помещённое в волю Бога, Бог также пронижет Своей волей. Кто выводит свои планы таким образом, тому не нужно беспокоиться о завтрашнем дне. Его верой в руководство Бога являются положительные мысли; из них получаются положительные слова и закономерные поступки. Положительные мысли, слова и поступки являются наилучшими инструментами, ибо в них действует воля Бога. Это значит, в каждой положительной мысли, в каждом бескорыстном слове, в каждом бескорыстном жесте и деле действует воля Бога, Его Дух. Бог даст хорошему плановику всё, в чём он нуждается, и сверх того.

Только тот беспокоится о завтрашнем дне, кто не доверился Богу, кто позволяет дням проходить мимо и не использует их. Кто живёт, не думая, одним днём, а потом возлагает вину на ближнего, когда ему многое не удаётся, когда он заболел, когда он голодает, когда он не может приобрести необходимого для повседневной жизни – тот не является хорошим плановиком. Он является тем боязливым, эгоцентричным человеком, который навлекает на себя то, чего он не хотел бы и чего он боится. Кто не планирует часы, дни и месяцы с помощью Бога и не помещает своё планирование и себя самого в волю Бога, того Бог не может вести. Только кто вверяет Богу свою ежедневную работу и добросовестно исполняет завет «Молись и работай», тот может быть ведом Богом, тот Им преисполнен – тот наполнен любовью, мудростью и силой. Это значит, что его сосуд, его жизнь наполнены доверием и верой в Бога.

Люди в Духе Бога не будут бедствовать. Они хорошие плановики, они крепки верой и работают силами Духа. Только боязливый заботится о себе, о своём маленьком «я». Он беспокоится о завтрашнем дне, потому что он не укреплён в Боге и не верит в мудрость и любовь Бога. Тем самым он неосознанно открывает свой амбар для воров, которые приходят и крадут. Что он лично для себя завоевал и накопил, он потеряет.

Из рук Бога люди получают пищу, кров и одежду. Кто вкладывает свою жизнь, свои мысли и свою работу в руки Бога, тому не нужно беспокоиться о завтрашнем дне. Он будет обладать тем, в чём он нуждается сегодня, завтра и в будущем – и сверх того.

Итак, кто живёт во внутреннем царстве, тот и во внешнем также не будет бедствовать. Кто же во внутреннем беден, тот будет во внешнем бедствовать. Если он сегодня живёт во внешнем и увеличивает для себя мирское богатство и для себя лично его сохраняет, то он во внутреннем беден, и будет в ином земном одеянии нищенствовать, то есть, быть бедным.

Поэтому стремитесь, прежде всего, к Царству Бога и к Его справедливости, тогда вам всё дано будет Богом, в чём вы нуждаетесь – и сверх того. Посмотрите на птиц в воздухе: они не сеют, не жнут и не наполняют амбаров; и всё же их кормит наш небесный Отец. «Посмотрите на полевые лилии, как они растут; они не трудятся и не прядут». Природа в своём многообразии одета прекраснее, чем богатейший среди богатых. Кто думает только о своём благополучии и о своих полных амбарах, тот будет, либо в этой земной форме существования, либо в ином воплощении – пока это ещё возможно – в поте лица своего зарабатывать свой хлеб.

Правильная молитва и работа означает работать для себя и для общего блага. Познайте: полевые лилии – да и вся природа, они для всех людей и дарят себя им самым разнообразным образом. Кто это способен постичь и оценить, тот не должен будет зарабатывать свой хлеб в поте своего лица. Он будет исполнять закон «Молись и работай» для себя и для своих ближних.

И когда написано: «они не трудятся и не прядут», то это значит: человеку не следует думать только о себе и работать только, чтобы себе одному получать прибыль, украшая и выставляя себя этим напоказ.

Познайте: всё Бытие находится на попечении Бога. Животные, деревья, растения, травы и камни находятся на попечении Бога. Они стоят в эволюции жизни, направляемой вечным Богом-Творцом. Поскольку вся жизнь из Бога, то животные, деревья, растения, травы и камни также ощущают. Они переживают в себе эволюционную силу Творца, которая их оживляет и в цикле божественных эонов ведёт к дальнейшему развитию. Творческая сила, вечное Бытие дарит царствам природы то, в чём они нуждаются. Дары жизни втекают в жизненные формы в той мере, насколько те духовно развиты.

Вечный Отец помнит о каждой соломинке. Насколько же больше помнит Вечный о Своих детях, которые уже развили в себе эволюционные ступени царств минералов, растений и животных! Дети Бога несут в себе микрокосмос из макрокосмоса и состоят, таким образом, с целой бесконечностью в коммуникации.

Как же беден тот человек, который беспокоится о завтра! Он показывает сам, что своё вчера ещё не преодолел, поскольку он не способен жить в сегодня, в сейчас, то есть в Боге.

Внутреннее человека, чистое бытие, является олицетворением бесконечности. Кто это как человек охватывает, тот смотрит вовнутрь и раскрывает законы жизни, так что он способен зреть всё внешнее в свете истины.

Познайте: человеку, который думает и живёт всеохватывающе – то есть, безгранично – служит бесконечность. Люди в Духе любви не соотносимы на себя, но они все-сознательны. Они состоят в постоянной коммуникации с силами Бога во всём Бытии. Что они делают, они делают изнутри наружу силой любви. Они планируют и действуют по заповеди «Молись и работай» и не растрачивают без пользы дня. Они знают цену дням, часам и минутам, и используют время.

Итак, кто поистине живёт, тот не беспокоится о завтра; он получает уже сегодня то, чем будет обладать завтра. Ибо кто живёт в Боге, не будет бедствовать ни сегодня, ни завтра. Кто же остаётся боязливым и тянет к себе своё имущество, тот станет завтра бедным.

Однако, кто себя рассматривает космическим существом, которое безгранично исполняет волю Бога, тот приобретает мудрость и силу. Кто исполнен любви и мудрости, жизнь того проникнута силой Бога. Ему ни в чём не будет недостатка. Кто же беспокоится о завтра и будущее видит мрачным, тот притягивает зло; он будет каждый день иметь своё бремя.

Итак, не думайте боязливо о завтра! Планируйте с силой Бога – и позвольте Вечному действовать через вас. Тогда ваши мысли являются положительными магнитами, которые опять же притягивают положительное и конструктивное. Ибо мысли, слова и дела – это магниты. В соответствии с их видом, они снова притягивают к себе то же самое или подобное.

ГЛАВА 27

Нагорная Проповедь
(3-я часть)

Ваши негативные мысли, слова и дела являются вашими собственными судьями (1). Сучок и бревно – Необходимость самопознания (2). Миссионерство является желанием убедить – Живите истиной и будьте примером (3). Просить, искать, стучать; внутренние врата не открываются уму (4). Что ты требуешь от своего ближнего, тем ты не обладаешь сам в своём сердце; позиция ожидания ведёт к привязке (6). Борьба на узком пути, ведущем к жизни (7). Различие добрых и плохих плодов (8-9). Воспринимайте слово жизни сердцем – «Это есть Моё Слово. Альфа и Омега. Евангелие Иисуса. Откровение Христа, которое теперь уже знают истинные христиане во всём мире»: произведение жизни и любви (13)

1. «Не судите, чтобы и вам не быть судимыми. Ибо, каким судом вы судите, таким и вы будете судимы; и какой мерой вы мерите, опять же такой измерят и вас. И как вы делаете другим, так будет сделано и вам. (Гл. 27, 1)

Я, Христос, объясняю, исправляю
и углубляю слово:

Вы прочитали: мысли, слова и поступки являются магнитами. Кто своего ближнего в мыслях и со словами судит и осуждает, тот то же самое или подобное испытает на себе самом.

Познайте: ваши отрицательные мысли, слова и поступки являются вашими собственными судьями. «Какой мерой вы мерите» – либо в мыслях, либо в словах и поступках – так и вы сами будете измерены. Так же, как вы своего ближнего обесцениваете, чтобы вас самих возвысить в оценках, так и вы оценены будете: вы свою цену узнаете и претерпите. И когда вы говорите: «этому должно быть достаточно того, что он имеет – другому же следует получить больше», то будете однажды обладать стольким же или ещё меньше, чем тот, которому вы присудили меньше: как вы обходитесь со своим ближним в мыслях, речах и делах, так когда-нибудь случится с вами самими.

2. Что ты смотришь на сучок в глазу своего брата, а бревна в своём глазу не замечаешь? Или, как можешь ты сказать своему брату: я хочу вытащить сучок из твоего глаза? И смотри, в твоём глазу бревно. Ты, лицемер, вытащи сперва бревно из собственного глаза, тогда только увидишь ты ясно, чтобы суметь вытащить сучок из глаза своего брата. (Гл. 27, 2)

Я, Христос, объясняю, исправляю
и углубляю слово:

Только тот человек говорит постоянно о сучке в глазу своего ближнего, кто бревна в собственном глазу не замечает. Только тот старается хотеть вынуть сучок из глаза своего брата, кто собственного мышления и жизни не знает. Кто не знает ни себя, ни бревна — грехов души, отражающихся в его собственных глазах — у того нет взгляда для истины. Его глаза затуманены грехами. Он видит тогда в ближнем лишь то, чем он и сам ещё является: грешником. Только кто обрабатывает бревно в своём собственном глазу, тот зрит во всё возрастающей мере яснее. Тогда он сможет всё отчётливее познать сучок в глазу своего брата и помочь ему по закону любви к ближнему этот сучок удалить.

Итак, кто о своих окружающих говорит отрицательно, их обесценивает и сплетничает про них, тот не знает своих собственных ошибок.

По плодам вам следует их познавать! Каждый показывает сам, кто он такой — то есть свой плод. Кто раздражается по поводу своих окружающих и делает их смешными, показывает, кто он поистине такой.

Кто сначала слагает с себя свои собственные ошибки, тот также способен помочь и своему ближнему. Поэтому лицемером является каждый, кто говорит неблагоприятно об ошибках своего брата – и при этом бревна в собственном глазу не замечает.

3. Вам не следует того, что свято, ни давать псам, ни метать свой бисер пред свиньями, так чтоб они не растоптали его своими ногами и обратившись, не разорвали бы вас. (Гл. 27, 3)

Я, Христос, объясняю, исправляю
и углубляю слово:

Не соответствует вечному закону свободной воли то, чтоб вы переходили со словами истины из одного места в другое, от одного дома к другому, применяли своё искусство уговоров и убеждений и миссионерствовали каждому, кто вам попадётся. Ибо это бы означало, что вы не считаете истину священной и делаете так, как образно написано: «Вам не следует того, что свято, ни давать псам, ни метать свой бисер пред свиньями». То есть вам не следует навязывать слово Бога вашему ближнему. Кто полагает, что его ближний должен поверить и принять то, в чём он считает себя убеждённым, тот сам ещё имеет сомнения и ставит свою собственную веру под вопрос.

Миссионерствовать значит хотеть убедить. Кто хочет убеждать, тот в своём внутреннем сам не убеждён в том, что он расхваливает.

Будьте же добрым примером вашей веры, а не миссионерами. Вы можете предложить добро своей веры и предоставить каждому то, хотел бы он в это верить или не верить, хотел бы он этого придержаться с вами или нет.

Свобода в Боге является аспектом вечного закона. Когда ваш ближний по свободной воле приходит к вам и спрашивает вас за вашу веру, то он делает первый шаг к вам; и кто стоит в вере, тот вслед за тем подойдёт к ближнему и ответит ему.

Кто состоит со своим ближним в божественном соединении, тот не будет его привязывать к своей вере – а сообщит ему лишь настолько, насколько он сам познал и осуществил. Только тот хочет привязать ближнего к своей вере, кто мало развил бескорыстной любви.

Потому остерегайтесь чересчур рьяных, желающих вас убедить в их вере. Предлагайте вечную истину и в слове, и на письме – и живите сами по ней; тогда к вам придут те, которые познали в себе жизнь.

4. Просите, и вам дано будет; ищите, и вы найдёте. Стучитесь, и вам откроют; ибо каждый, кто просит, получит и кто ищет, тот найдёт, и тем, кто стучится, откроют. (Гл. 27, 4)

Я, Христос, объясняю, исправляю
и углубляю слово:

Только тот человек просит, ищет и стучится во врата ко внутренней жизни, кто ещё не вступил в своё внутреннее, в царство любви. Царство Бога находится внутри души каждого человека.

Первым шагом на тропе к внутренней жизни, на пути к вратам спасения является просьба к Богу о помощи и поддержке. Следующим шагом является поиск любви и справедливости Бога. Путник находит жизнь, любовь Бога и справедливость в заповедях жизни, которые являются путеводителем на пути вовнутрь.

Дальнейшим шагом является стук в собственную сердечную каморку, во внутренние врата. Эти врата к сердцу Бога открываются лишь тому, кто искренне молился, искал и стучал. Человеку рассудка, стремящемуся только к внешним ценностям и идеалам, внутренние врата не открываются. Также не будут приняты и сомневающиеся.

Итак, кто просит, ищет и стучится, тот должен это делать из любви к Богу, а не, чтобы проверять любовь Бога.

Познайте: кто лишь хочет проверить, существует ли любовь Бога на самом деле, тот очень скоро сам подойдёт до камня испытаний. Кто живёт в Боге, тому врата сердца остаются открыты. Ему не нужно больше просить – он уже получил; ибо Бог знает Своих детей. Кто вошёл в сердце Бога, тот в своей душе уже получил. Это значит, богатство из Бога светит усиленно в его душе и излучается через него, человека. Кто вошёл в своё внутреннее, тому не нужно больше искать – он находится в королевстве внутреннего дома. И кто осознанно занял жилище в нём, тому не нужно больше стучаться; он уже вошёл и живёт в Боге, а Бог через него.

Лишь те будут просить, искать и стучаться, которые ещё стоят снаружи и ещё не знают, что они глубоко в своей душе несут то, что их делает истинно богатыми: любовь и мудрость Бога.

5. Кто здесь из вас даст камень, когда его ребёнок попросит у него хлеба, или даст змею, когда он попросит рыбы? Если вы, которые злые, всё же можете давать вашим детям добрые дары, насколько же больше добра даст ваш Отец в Небе тем, кто Его просят.

6. Чего бы вы ни хотели, что людям надлежало бы сделать вам, сделайте это им также, и чего вы не хотите, чтобы они сделали вам, того не делайте также и им; ибо это закон и пророки. (Гл. 27, 5-6)

Я, Христос, объясняю, исправляю
и углубляю слово:

Познайте: вам не следует от своих окружающих требовать того, чего вы сами не намерены давать.

Когда вы от вашего ближнего чего-то ожидаете, что ему надлежало бы для вас сделать, то поставьте себе вопрос: почему вы не делаете этого сами? Кто от своего ближнего, к примеру, ожидает денег и имущества, для того чтобы он сам, ради своего удобства, не должен был работать, или кто от своего ближнего ожидает верности, а сам не верен, или кто хочет быть принятым и признанным своим ближним, сам же своих окружающих не принимает и не признаёт – тот эгоистичен и беден духом.

Чего бы ты ни требовал от своего ближнего, этим ты не обладаешь сам в сердце.

Это незаконно, из ожидания принуждать своих окружающих к поступкам, высказываниям или манерам поведения, к которым они, сами по себе, не были бы готовы.

Если ты в своих желаниях на твоего ближнего познал своё ожидание, то быстро отвратись и выполни сначала сам то, что ты требуешь от своего ближнего.

Всякое принуждение является давлением, которое опять же производит принуждение и противодействие. Через такое вымогательское поведение по отношению к своим окружающим, ты привязываешь себя к ним и делаешь как себя, так и того, кто позволил себя шантажировать, рабом низкой природы. Такие принудительные методы как: «Я ожидаю от тебя, а ты ожидаешь от меня – каждый даёт другому то, что тот требует» ведут к привязкам.

Что связано, не имеет места на Небесах. Оба, связанные друг с другом, однажды вновь повстречают друг друга, либо в тонкоматериальной жизни, либо в дальнейших воплощениях.

Эта форма связи не имеет силы на рабочем месте. Если ты в профессиональной жизни добровольно определил себя в одну из рабочих областей, и ответственное лицо даёт тебе задания, которые тебе в рамках твоей деятельности следует выполнить, то ты на это уже согласился при поступлении на предприятие. Ты добровольно определил себя в рабочую область и в трудовой коллектив, чтобы делать то, что тебе поручается. То есть, когда ты выбираешь рабочее место, то тебе следует также и выполнять то, что тебе, согласно выбранной тобой самим рабочей области, поручается. Выражение «Чего бы вы ни хотели, что людям надлежало бы сделать вам, сделайте это им также ...» не имеет силы для самовыбранной профессии или рабочей области.

«Чего вы не хотите, чтобы они [люди] сделали вам, того не делайте также и им» означает: если вы не хотите быть осмеянными и подвергнуться издевательствам, или не хотите быть обокраденными и обманутыми, или не хотите быть лишёнными имущества и добра, или не хотите вестись за нос или не хотите быть лишёнными вашей свободной воли, или не хотите быть побитыми и обруганными, то не делайте этого также и вашим окружающим. Ибо, что вы причиняете малейшему из ваших братьев, то вы делаете Мне – и вам самим. Чего вы не хотите, чтобы делали вам, того не сооружайте и никому из ваших ближних – ибо всё, от вас что исходит, возвращается снова к вам. Поэтому проверяйте ваши мысли и остерегайтесь своего языка!

7. Входите тесными вратами. Ибо узка тропа и тесны врата, ведущие к жизни, и немного тех, кто их находят. Но широки врата и обширен путь, ведущие в погибель, и много тех, кто идут ими. (Гл. 27, 7)

Я, Христос, объясняю, исправляю
и углубляю слово:

«... узка тропа и тесны врата, ведущие к жизни» означает: в каждом, кто старается шествовать узким путём к жизни, сообщает о себе мракобес и показывает ему – как и Мне, будучи Иисусом из Назарета – сокровища и удобства этого мира. Ежедневно надо заново сопротивляться сатанинскому и отрекаться от него. Кто не бдителен, тот становится ему подчинён.

Познайте: каждый, кто совершает первые шаги в направлении жизни, чувствует себя сначала стеснённым и ограниченным, пока он не решится окончательно. Ибо то, что он до сих пор думал и делал из человеческого, это ему теперь следует оставить.

Первые шаги ведут в неизведанное – они именуются верой и доверием. Пока первые шаги не сделаны, тропа к жизни узка и тесна. Первые барьеры, которые надлежало бы взять на пути к сердцу Бога, называются: одумайся, и отбрось старые, человеческие привычки! Раскайся, прости, попроси о прощении и не греши больше! Это означает для каждого в отдельности собственные усилия и перестройку всего того, что ему было прежде обычным.

Кто, однако, при помощи Моей силы выстоит, тот покинет узкую тропу и тогда прибудет на большую светлую дорогу в царство внутреннего, на которой он вместе с другими странниками к свету устремится к вратам к абсолютности, к жизни в Боге.

Каждый день человек проверяется: за или против Бога.

Кто решается против Меня, сохраняя все человеческие удобства и всё то, что делает его человеческим, тот на широкой тёмной дороге не будет введён в искушение, так как он продал себя искусителю. По этой дороге в погибель шествуют очень многие. Они не будут подвергнуты испытаниям как те, которые идут по узкой тропе к жизни.

Кто продал себя искусителю, тот тем самым безоговорочно говорит своё «да» на то, что ему на основании своего посева придётся пожинать.

8. Берегитесь лжепророков, которые приходят к вам в овечьей одежде, но внутри являются хищными волками. По их плодам вам нужно узнавать их. Можно ли собрать виноград с терновника или инжир с репейника?

9. Так же и всякое доброе дерево приносит добрый плод, а гнилое дерево приносит плохой плод. Всякое дерево, не приносящее доброго плода, только для того ещё и сгодится, чтобы его срубить и бросить в огонь. Поэтому по их плодам вам нужно отличать доброе от плохого. (Гл. 27, 8-9)

Я, Христос, объясняю, исправляю
и углубляю слово:

В конце материалистических дней, «времени алчности и рвачества», появится много лжепророков. Они будут много говорить о любви Бога – и всё же их дела будут делами человеческими. Не тот является подлинным пророком и духовно мудрым, кто говорит о любви Бога, а единственно лишь тот, чьи дела добры.

Дар проверить имеет, однако лишь тот, кто сначала проверяет свои собственные убеждения: воистину ли он сам верит в евангелие бескорыстной любви, а также исполняет смысл евангелия – и что он сам уже из бескорыстной любви к своему ближнему осуществил.

Вы сможете лишь тогда распознать своих окружающих и прочувствовать различия между добрым, менее добрым и плохим, когда вы достигли некоторой степени духовной зрелости.

Кто всё ещё выносит приговор своим ближним и думает, и говорит о них негативно, тот не может ещё проверять своих окружающих. Ему недостаёт дара различения. Он только осуждает – а не проверяет.

Когда вы сами ещё являетесь плохим плодом, как же вы сможете распознать добрые плоды? Кто не осуществляет законов Бога, тому таким образом не хватает дара различения, что является хорошим, менее хорошим и плохим.

Кто хотел бы проверить своего ближнего, тот проверил бы сначала себя самого, обладает ли он даром различения между справедливым и несправедливым.

Очень быстро может добрый плод быть отвергнут, а плохой утверждён: тогда, когда гнилой плод выделяется множеством речей и воздействует множеством кажущихся убедительными словами и жестами.

Познайте: подобное притягивается к подобному. Кто сам ещё является гнилым плодом, тому гнилые плоды ближе, чем добрые. Кто, однако, бескорыстен, кто является добрым плодом, тому также и доброе, бескорыстное близко.

Кто бескорыстен, тот также имеет и дар различения между хорошими, менее хорошими и плохими плодами. Итак, кто хотел бы отличать хорошие от плохих плодов, тот должен сначала сам быть хорошим плодом. Только хороший плод сможет распознать плохой. Плохой плод ищет себе снова и снова одинакового образа мыслей плохие плоды, чтобы действовать против хороших. Плохие плоды выносят приговор, отвергают, судят и связывают.

Добрые, зрелые плоды имеют понимание, они доброжелательны и толерантны, и по отношению к своим ближним добры. Они, конечно же, говорят о недостатках, однако, сохраняют ближних в своём сердце. Это означает: они больше не осуждают, не приговаривают и не судят.

Я повторяю: по их плодам вам нужно распознавать их.

Хороший плод знает плохой плод, но плохой плод не распознаёт хорошего плода. Хороший плод смотрит единственно лишь на доброе, плохой плод единственно лишь на плохое. Соответственно этому человек думает, говорит и поступает.

10. Не все, говорящие Мне: «Господь! Господь!» войдут в Царство небесное, но лишь те, кто делают волю Моего Отца, который в Небе. Многие скажут Мне в тот день: «Господь, Господь, не от Твоего ли имени мы пророчествовали? Не Твоим ли именем изгоняли чертей? Не Твоим ли именем совершали множество чудесных дел?» Тогда Я скажу им: «Я вас никогда не знал; отойдите от Меня все, причиняющие зло». (Гл. 27, 10)

Я, Христос, объясняю, исправляю
и углубляю слово:

Кто только призывает Моё имя и не исполняет волю Моего Отца, тот, несмотря на свои кажущиеся духовно действенными речи и на свои кажущиеся любезными слова, беден духом и не войдёт в Небесное царство.

Кто же совершает бескорыстные действия, без ожиданий вознаграждения и признания, тот является таким, кто делает волю Моего Отца; ибо так же, как он поступает, так он думает и говорит тоже.

Бескорыстные действия возникают единственно лишь из богонаполненных ощущений и мыслей. Если мысли человека нечисты, тогда и его слова тоже пусты, а его действия эгоцентричны.

Познайте: кто по внешнему виду говорит из Я Есть, то есть, казалось бы, говорит Моё слово, и по внешнему виду совершает действия от Моего имени, и от этого хорошо живёт, тот уже получил свою награду. Никакой награды на Небесах он уже не одержит. Кто бескорыстно делает дела любви и работает для своего земного хлеба, тот получит на Небесах справедливую награду.

Познайте: духовный хлеб является духовной пищей души. Хлеб для тела следует зарабатывать по закону «Молись и работай».

Духовный хлеб приходит с Небес и подаётся тем, кто соблюдают закон любви и жизни и исполняют заповедь «Молись и работай».

Земную пищу Бог дарит людям посредством Земли. Плоды Земли требуют приготовления через работу рук. Так что работник достоин своей зарплаты.

Познайте различие между хлебом для души и хлебом для земного тела! Хотя оба и проистекают из одного источника, однако, один духовен и подаётся душе, а другой уплотнённое вещество, материя, и даётся физическому телу. Что великий Дух, Бог, дарит человеку для его физического тела, требует человеческого труда; например, должно быть посеяно, обработано, собрано в виде урожая и приготовлено. За это человеку следует получать вознаграждение также от человека.

В Царство Бога будет принят только тот, кто всё делает из любви к Богу и людям.

11. Поэтому, кто эти Мои слова слушает и им следует, того Я сравниваю с таким умным человеком, который построил свой дом твёрдо на скале. И пролился дождь, и пришли воды, и подули ветры на этот дом: и он не обвалился, ибо был основан на скале.

12. А кто эти Мои слова слушает и им не следует, того нужно бы сравнить с тем безрассудным человеком, который построил свой дом на песке. И пролился дождь, и пришли воды, и подули ветры и ударили по дому, и он обвалился, и падение его было великим. Но город, который построен прочно, окружённый каменной стеной, или стоящий на вершине горы и основанный на скале, никогда не сможет ни упасть, ни скрыться».

13. И случилось, что, когда Иисус закончил эту речь, народ удивлялся Его учению. Ибо Он, когда учил, обращался к их голове и сердцу, и говорил не как книжники, учившие лишь по долгу своей службы. (Гл. 27, 11-13)

Я, Христос, объясняю, исправляю
и углубляю слово:

Кто Мои слова слушает и им следует, тот развивает свою духовную жизнь. Он основывает свою жизнь на Мне, скале. Тогда он также выдержит любые бури и потоки. После этой земной жизни его душа осознанно войдёт в духовную жизнь и не будет там чужой, потому что человек уже на Земле жил в царстве внутреннего.

Пророческий дух – это огонь в пророке и во всех просветлённых. Бог говорил и говорит через них не как те, кто «учившие лишь по долгу своей службы». Пророки и просветлённые говорили и говорят по полномочию Вечного, говорящего Бога, хотят ли люди такое признавать или нет.

Написано: «Он обращался к их голове и сердцу». Что воспринимается интеллектом, головой, то обсуждается и дискутируется «головой-мыслителями». Несмотря на всё некое малое семя падает и в их сердца. Кто воспринимает слово жизни сердцем, тот также движет его в своём сердце и сразу же приводит добрый посев, жизнь, к прорастанию.

Однако кто хочет охватить слово Бога лишь интеллектом, тот позже – возможно, только после нескольких ударов судьбы – должен будет познать то, что он отверг из-за своих сомнений и из-за своего умственного высокомерия. Он должен будет познать, что семя, слово Бога, данное из рога изобилия жизни через пророков и просветлённых, избавило бы его от многого.

Книга «Это есть Моё Слово» оказывает своё действие в Новую эру, во время Христа. Моя жизнь однажды, как Иисуса из Назарета и Моё слово как Христа сегодня являются тому основой.

Для жизни и мышления людей Новой эры в Царстве мира Иисуса Христа масштабом станет то, как Я, будучи Иисусом из Назарета, думал, учил и жил. Таким образом Я им очень близок. Они будут приветствовать Меня в духе как своего брата, и принимать и признавать Меня как правителя Царства Бога на Земле.

Эта книга является произведением любви и жизни. Из неё люди в Царстве мира узнают также о том, как Я положил начало Эры света на Земле и построил её. Они узнают, что Я действовал через многих преданных людей, которые вместе со Мной боролись и страдали за Новую эру. Эта книга, «Это есть Моё Слово», является наряду с тем историческим документом. Её будут читать как теперь – в идущем на закат старом мире – так и потом, во всё более прорывающуюся Новую эру.

Люди познают из неё также и исполнение божественного задания Избавителя, начиная с Моей деятельности как Иисуса из Назарета, затем как Избавителя, как Христа Бога – и ныне как строителя Новой эры, в которую Я подготавливаю Свой приход как правителя Царства мира, в котором Я Являюсь братом тех, кто живут в братстве Христа со Мной и со многими, чьи сердца чисты.

ГЛАВА 28

Иисус освобождает животных и подтверждает Иоанна Крестителя

Падение: уплотнение энергии вплоть до материи – Духовное тело в человеческом теле – Огрубение людей – Злоупотребление созданиями и Творением – Человек-господин – Суеверие, карающие боги, кровавые жертвы – Предвестники Бога указывают дорогу – Опыты над животными являются мерзостью перед Богом (1-3). Чистый познаёт чистое – Пища, дар Бога (4). Борьба тьмы против плана Бога и Его праведных пророков – Орудия тьмы – Против ложных пророков она не борется (16)

1. В один из дней после того, как Иисус закончил Свои речи, в одном месте вблизи Тивериады, где находятся семь родников случилось то, что один молодой человек принёс Ему живых кроликов и голубей для того, чтобы Он их со Своими учениками съел.

2. Иисус посмотрел на молодого человека с любовью и сказал ему: «У тебя доброе сердце, и Бог озарит тебя; но разве ты не знаешь, что Бог вначале дал человеку в пищу плоды земли и тем не поставил его ниже обезьяны или вола, лошади или овцы, чтобы он убивал бы своих собратьев по творению и поедал их мясо и кровь?

3. Вы думаете, что Моисей с полным правом повелел жертвовать такими созданиями и съедать их,

и так вы это делаете в храме; но смотрите, здесь более великий, чем Моисей, и приходит упразднить кровавые жертвы закона и пиршества, и вновь восстановить чистый дар и бескровную жертву, как оно было вначале, а именно, зёрна и плоды Земли. (Гл. 28, 1-3)

Я, Христос, объясняю, исправляю
и углубляю слово:

Я пришёл как Иисус из Назарета в этот мир, чтобы свидетельствовать о Боге, Моём Отце, и о всём, что Бог сотворил.

Из первой падшей мысли – хотеть быть как Бог – произошло падение. Падшие существа, а с ними все дети Бога, позволившие себя соблазнить ими через приманки и обещания, принимали части духовных солнц и духовных планет из добрых рук Вечного – который любит всех Своих детей и который их вечно зрит в Себе как чистых существ. Эти части духовных солнц и планет падали с падшими существами и постепенно становились материей – в бесконечные периоды погружения от тонкоматериального ко всё более грубому уплотнению. Они содержали в себе также духовные минеральные, растительные и животные царства, которые взяли такое же развитие к материи. Это значит: свет в духовных формах сокращался всё больше и больше. Насколько он убывал, так уменьшались духовные тела детей Бога: они всё больше стягивались в себя. Одновременно постепенно формировался человек – внешняя оболочка, охватившая затем бедное светом и уменьшенное духовное тело.

Знайте: духовное тело состоит из духовных частиц. В них находятся духовные атомы, в которых записаны силы духовных сущностей и качеств Бога. С уменьшением света многие частицы начали проникать друг в друга, при этом одна частица вбирала в себя другую.

Противоположные ощущения, мысли и образ действий падших детей и соблазнённых ими вызвали таким образом преобразование космических энергий от тонкоматериального к грубоматериальному. Чем больше падшие существа и соблазнённые ими отворачивались от Бога через свои противоположные мысли, желания и поступки, тем больше возрастало уплотнение, так что тонкоматериальное тело ещё больше уменьшалось, а грубоматериальное становилось ещё плотнее.

Итак, падение вызвало определённый вид мутации: одна часть чистых духовных сил тела преобразовалась в низкоколеблющиеся энергии, из которых тогда постепенно произошло человеческое тело. В течение этого времени духовное тело стало в человеческом теле духовным энергоносителем для человеческого организма. Втянутое – это значит также втеснённое – духовное тело осталось в оболочке человек и является трансформатором жизненной силы для человека. Без этого духовного тела, души, человек таким образом жить не может.

Минеральные и растительные царства этой Земли получают свою жизненную силу из прасилы, Вседуха, через духовную частичную планету в Земле, которая окружена материей, Землёй. Животные Земли, также возникшие в ходе уплотнения, способствовали и способствуют уравновешиванию сил в природе. Некоторые виды животных, ещё не имеющие частичную душу, получают свою жизненную силу также из духовной частичной планеты в Земле. Виды животных, уже имеющие частичные души, то есть, потенцированные духовные частицы, оживляются непосредственно прасилой, без промежуточного включения духовной частичной планеты в Земле.

Бог, Вечный, дал Своим человеческим детям всё — Землю с её растениями, плодами, семенами и водными источниками — так, чтобы они смогли прокормить и свои физические тела. Первые люди питались растениями, плодами, семенами и пили из водных источников. Животные были их друзьями и помощниками. В этом процессе развития возникло также зачатие земных тел.

В ходе времени человеческий род всё больше огрубевал. Росло притязание, желание обладать, быть и иметь, а вместе с ними росли одновременно чувственные желания и влечения. Люди преобразовывали дары Бога со всё большими затратами на их приготовление и этим увеличивали свои влечения и их удовлетворение. Мужчина начал страстно желать женщину и брал себе нескольких женщин. «Желание плоти», тела женщины, возрастало. Зачатию ребёнка предшествовали всё большие чувственные желания и их удовлетворение.

По мере того, как чувственные желания увеличивались, влечения человека обращались также и на животных. На них охотились и их забивали, а их мясо приготовляли и съедали. Человек вёл себя теперь подобно каннибалу. Животные стали врагами человека, потому что люди охотились на них и оттого их запугивали.

Через всё это человеческий род всё больше отходил от Бога. Люди рассматривали теперь дары Бога – не только растения и животных, но также Землю и своих окружающих – как свою собственность. Они больше не были между собою братьями и сёстрами, но подчиняли себе подобных и называли их своими рабами. Они заставляли их работать как животных в ярме и кабале, и даже торговали ими как товаром. Таким образом, возник человек-господин.

Люди-господа делили Землю на участки, считая их своей собственностью и ограничивая себя «моим и твоим». Кто не отхватил себе куска от большого пирога Земля или владел лишь маленьким клочком земли, тот был слугой, служанкой или рабом господина. Последний заставлял своих окружающих работать вместо себя и эксплуатировал людей и животных, то есть, своих рабов. Многие из рабов падали мёртвыми от изнурения. Их жизнь для человека-господина ничего не стоила – разве что, если это была рабыня, которую он брал для удовлетворения своих чувственных желаний и держал её в плену как птицу в клетке.

Человек-господин обкрадывал своих братьев и сестёр, лишая их части земли. В более позднем ходе событий Землю разделили на страны и возникли границы этих стран.

Вследствие огрубления человечества Земля начинала обороняться: явления природы усиливались до катастроф – они являются последствиями нарушений закона людьми. Люди были теперь беспомощно предоставлены на милость сил природы и снова и снова становились жертвой катастроф.

Поскольку людям недоставало проникания в ход этого развития, они представляли себе силы природы как богов, которые по произволу были настроены к ним хорошо или плохо и посылали им катастрофы. Тем самым люди отворачивались всё больше и больше от единого Бога любви и истины, Творца Неба и Земли, забывали Его и молились своим богам.

Так началось суеверие. Человек-господин, пренебрегавший жизнью, придававший животным и людям, которых он называл своими рабами, мало значения, преподносил этим богам людей и животных как жертву, чтобы настроить их к себе по-доброму. Познайте:

это всё есть преступление и грех к людям и к царствам природы – и против Бога, закона жизни.

С пророками Бога и многими просветлёнными мужчинами и женщинами, вновь доносившими людям истину, постепенно-постепенно начался поворот к единому Богу.

Моисей принёс от единого, вечного Бога любви и истины Десять заповедей. Он повелевал израильтянам не убивать и не есть созданий Бога. Израильтяне не всегда слушали Моисея. Особенно тогда, когда их собственные причины обрушивались на них как следствия, они опять вспоминали о своих богах и начинали заново старый ритуал жертвований.

Снова и снова вперёд выступали уведомители от Бога. Снова и снова народу единый Бог доносился всё ближе. Великий пророк Исаия, на Небесах носитель божественной Мудрости, провозгласил Мессию, носителя света и жизни для всех душ и людей.

Оглашение исполнилось: Я, Христос, пришёл в Иисусе к людям и стал Сыном Человеческим. Я пришёл, чтобы указать людям путь из греха и рабства. Как Иисус из Назарета, Я учил законам Бога и жил по ним как пример для людей. Человечество, однако, Меня не узнало.

Я учил людей любить друг друга, любить животных, уважать природу, признавать Землю как мать, в лоне которой человеческие дети живут и работают. Я учил людей равенству, свободе, единству, братству и справедливости; Я учил, что им не следует разделять Землю, но всё по-братски делить друг с другом.

С этого началась эволюция – то есть люди обращались постепенно вновь к Богу.

Сначала была отменена вера в богов, затем принесение людей в жертву и в дальнейшем течении времени жертвоприношение животных. Сегодня, на повороте времён от старого к Новому времени, Я положу конец жестоким опытам над животными, убою животных и употреблению их мяса в пищу. О, познайте: это время эволюции – переворачивание старого, для того чтобы вперёд могла выступить духовность.

О, поймите: Я приходил как Иисус из Назарета. Я излагал людям законы и подавал людям пример жизни в законе Бога. На Голгофе Я стал Избавителем всех душ и людей.

Ваш Избавитель теперь также и ваш руководитель в Новую эру, во время Христа, который Я Есть. Всё больше людей отворачиваются от убоя и поедания животных. Всё больше людей видят Землю как целое, как свою кормилицу, как часть их жизни. Они питаются тем, что им дарит Земля, и приготавливают это также закономерно. В ходе поколений постепенно-постепенно возникнет тот человеческий род, который знает законы Бога, их придерживается и также соответственно питается.

Я пришёл как Иисус из Назарета учить законам и подать пример Своей жизнью, и таким образом также упразднить кровавые жертвы и поедание животных, и прекратить пиршества. Я пришёл сотворить новый человеческий род, исполняющий волю вечного Отца, который есть единый Бог, из вечности в вечность.

4. Из того, что вы преподносите в жертву Богу в чистоте, вам надлежало бы есть, но что вы не жертвуете в чистоте, вам есть не следует, ибо придёт час, когда ваши кровавые жертвы и праздники прекратятся, и вы будете поклоняться Богу со святым почитанием и чистым жертвоприношением. (Гл. 28, 4)

Я, Христос, объясняю, исправляю
и углубляю слово:

Кто в сердце чист, тот живёт от того, что ему дарит Земля. Он благодарит и почитает Бога во всём. Также и свою пищу он преподносит Богу из чистого сердца. Он принимает только ту пищу, которую ему подаёт Бог через мать Землю. Чистый познаёт чистое и живёт в нём и с ним.

Нечистый знает только нечистое и создаёт тем самым последующий мусор и живёт в нём.

Моё пришествие проявлено. Готовьте Мне, Христу Бога, пути в вас, ибо Царство Бога, из которого Я приду, находится внутри вас!

Готовьтесь к Моему пришествию и проверяйте день за днём вашу жизнь, находится ли она в воле Бога. Если вы познаёте, что ваши ощущения, мысли, слова и поступки не по воле Бога, тогда измените их сразу же. Это вам следует соблюдать также с едой и напитками.

Вам нужно благодарно принимать дары из Бога и есть такую пищу, которая соответствует божественному закону. Посвятите Богу своё чистое сердце, с тем чтобы быть посвящёнными людьми жизни, которые придерживаются законов Бога.

Близко подошёл тот час, в который каждый должен будет дать отчёт в том, что он причинил людям, природе и животным. Брезжит свет Нового времени, в котором кровавые жертвы и опыты над животными прекратятся, а также убой и потребление животных, ибо они вторые ближние человека. Земля очищается от всего низкого. На смену противоположного наступает более высокая жизнь, в которой больше и больше воля Бога будет исполняться.

Люди в Новую эру будут не только поклоняться Богу, но будут придерживаться Его законов.

5. Пусть же создания станут свободны, чтоб они радовались в Боге и не доставляли людям вины». И юноша освободил их, и Иисус разорвал их клетки и их оковы.

6. Но смотри, они боялись вновь быть пойманными и не хотели покидать Его. И Он обратился к ним и велел им улететь, и они послушались Его слов и поспешно улетели, полные радости.

7. Когда они ещё сидели у среднего из семи родников, Иисус поднялся и воскликнул: «Пусть те, кто жаждут, подойдут ко Мне и пьют; ибо Я хочу им дать воды жизни.

8. Из сердец тех, которые верят в Меня, потекут потоки воды, и что им дано, это им следует говорить с полномочием, и их учение будет как живая вода.

9. (Это Он сказал о духе, которого надлежало бы достигнуть верящим в Него; ибо изобилие Духа ещё не было излито, так как Иисус ещё не преобразился.)

10. И кто пьёт воду, которую Я даю, никогда не будет жаждать; ибо вода, прибывающая от Бога, станет в нём как источник, бьющий вверх к вечной жизни».

11. В те дни послал Иоанн двух учеников, чтобы спросить Его: «Ты ли тот, который должен бы прийти, или нам ждать другого?» И в этот час Он излечивал многие болезни и эпидемии, и изгонял чертей и делал многих слепых зрячими.

12. Иисус сказал им в ответ: «Возвращайтесь и сообщите Иоанну, что вы увидели и услышали: то, что слепые видят, хромые ходят, прокажённые становятся чистыми, глухие слышат, мёртвые воскресают, беднякам проповедуется евангелие. И благословен тот, кто не сердится на Меня».

13. И когда вестники Иоанна ушли, Иисус начал говорить народу об Иоанне. «Что вы хотели увидеть, когда выходили в пустыню? Тростник, колышущийся на ветру туда-сюда, или человека в мягких одеждах? Смотрите, которые богато наряжены и приятно себе живут, находятся при дворах королей.

14. Или кого вы отправились увидеть? Пророка? Да, Я говорю вам, и причём величайшего из пророков.

15. Ведь это тот, о котором написано: «Смотри, Я посылаю перед Тобой Моего вестника, которому следует подготовить путь перед Тобой. Говорю же вам: среди всех, рождённых женщинами, нет более великого пророка, чем Иоанн Креститель».

16. И весь народ, Его слушавший, и мытари славили Бога и позволили себя крестить крещением Иоанна. Но фарисеи и правоведы отвергли от себя план Бога и не позволили ему себя крестить. (Гл. 28, 5-16)

Я, Христос, объясняю, исправляю
и углубляю слово:

Во все времена фарисеи, книжники и законники были врагами праведных пророков. Их предвзятые мнения и стремления к своей значимости, порыв на знать это лучше, чем их окружающие, снова и снова призывали их к плану бороться против посланников Бога. Снова и снова фарисеи, книжники и законники были и остаются теми, кто боялся и боится за своё положение и свой авторитет.

Приспешник тьмы знает объектив Бога и чувствует силу, исходящую от истинных пророков и просветлённых. В глазах и чувствах тех, кто присвоили себе кое-что из могучего потенциала Земли, великие пророки и просветлённые являются их врагами, которые хотят отнять у них то, что им, в конце концов, и не принадлежит. Поэтому они боролись и борются также и в сегодняшнее время против праведных пророков и просветлённых, пренебрегают ими и преследуют их, высмеивают их и выливают на них издёвки и сарказм.

Приспешник тьмы знает миссию и происхождение всех великих пророков и просветлённых, и знает также, чья кровь течёт в их жилах. Во всех великих пророках и просветлённых – начиная от Авраама до Моисея, Даниила, Исайи, и вплоть до великой обучающей пророчицы Бога сегодня – действует та же самая сила: Пра-Бытие Бога, свет из Святыни Бога. Многие мужчины и женщины, так же, как и Я, будучи Иисусом из Назарета, приходили и приходят – по плоти – из рода Давида. Этот род Христа-Давида имеет свои корни в Святыне Бога и своё духовное задание во Мне, Христе Бога, а именно: со Мною освобождать всё то, что связано.

Знак подлинности истинного, великого пророка таков, что его преследуют, оклеветывают, пренебрегают, осмеивают и издеваются над ним средствами и методами, имеющимися в распоряжении соответствующей временной эпохи.

Это происходило в прошлые времена, в Старом Завете, это происходило со Мной, когда Я в Иисусе из Назарета шествовал по Земле – и это происходит вновь сегодня с пророчицей Бога. Прошлое снова и снова становится настоящим, потому что снова и снова воплощаются те души, которые уже в прежних существованиях как люди преследовали и убивали пророков. Их задание, это делать, приходит снизу!

Познайте: когда в конечное время уходит грешный мир и возникает новое человечество, то выступит много так называемых пророков. Кто лишь говорит и выдаёт себя за пророка, не проявляя, однако, глубины слова, тот не пророк. Также и фарисеи, книжники и законники не будут нападать на него, не будут в нём сомневаться и преследовать, так как он поддакивает им.

Такие так называемые пророки будут даже ещё и поддерживаемы тьмой, потому что они своими «духовными» речами, не проникнутыми огнём Святого Духа, соблазняют людей. Кто лишь говорит ради самого себя, слова того не одушевлены Духом истины. Также и никакой воодушевляющей искры не перескакивает на слушателей, и тем самым в них не обнаруживается и никакого движения к духовному.

Поэтому проверяйте!

Для всех истинных пророков и просветлённых, и для всех тех, кто осуществляют слово Бога, Его святой закон, действенны Мои слова: «Если преследовали Меня, то будут преследовать и вас».

ГЛАВА 29

Насыщение пяти тысяч –
Иисус идёт по воде

В Иисусе из Назарета пребывал Христос, частичная сила прасилы – Объяснение умножения рыб – Живая и мёртвая пища – Самоистязание и фанатизм – Преобразование отрицательных привычек на пути к более высокой жизни (4-7). Страх является сомнением в силе и любви Бога (12-13). Случайностей не бывает – Преобразование человека к божественному возможно только через работу над самим собой (14). Не всякий получал помощь и исцеление (17-18).

1. Приближался праздник Пасхи, и апостолы и их спутники собрались вокруг Иисуса и рассказывали Ему всё, что они сделали и чему научили. И Он сказал им: «Давайте пойдём в уединённое место и отдохнём немного». Ибо приходило и уходило много людей, а они даже не могли спокойно поесть.

2. И они тайно поплыли на лодке к одинокому месту. Но народ видел их отплытие. Многие знали Его и помчались туда пешком изо всех городов. Они опередили их и встретились с Ним.

3. И когда Иисус вышел на берег, Он увидел много народа; и Он был тронут сочувствием, ибо они были как овцы, не имеющие пастуха.

4. Когда же день почти истёк, Его ученики приступили к Нему и сказали: «Это отдалённое место, и время почти прошло. Отошли их, чтобы они пошли в окрестные деревни и купили себе хлеба; ибо у них нет ничего поесть».

5. Иисус же сказал им в ответ: «Дайте им что-нибудь поесть!» И они сказали Ему: «Разве мы должны идти и покупать хлеб за двести грошей и давать им есть?»

6. Он же сказал им: «Сколько у вас хлеба? Пойдите и посмотрите». И когда они определили, то сказали: «Шесть хлебов и семь кистей винограда». И Он велел им, чтобы все они расположились по пятидесяти на траве. И они сели в ряды по сто и по пятьдесят.

7. И когда Он взял шесть хлебов и семь кистей винограда, Он взглянул на небо, благословил и преломил хлеба, а также виноград и дал их ученикам, чтобы те предложили их людям, и они раздавали всё среди народа. (Гл. 29, 1-7)

Я, Христос, объясняю, исправляю
и углубляю слово:

Я, Христос, действовал в Иисусе по полномочию Отца, поскольку Я был в Иисусе Христом, который Я Есть из вечности в вечность, Соправитель Небес.

В Иисусе Я как частичная сила прасилы внёс решающий поворот в событие падения: частичная сила прасилы стала силой Избавителя и является опорой для всех душ и людей, а также действует как энергия эволюции для всех душ и людей.

Моё наследство, частичная сила прасилы, текло во Мне, Иисусе и действовало через Меня. Так Я соединялся со Своим могучим наследством и этой силой мог также делать великие так называемые чудеса и исцеления.

Моё задание включало в себя также помощь, исцеление и пробуждение мёртвых. Это Я делал по полномочию Моего Отца в соединении с Моим наследством, частичной силой прасилы, и тем самым показывал людям власть Христа Бога на Земле. С умножением хлеба, плодов, а также рыб Я показывал им, что ни один человек не должен голодать и бедствовать, если он исполняет законы Бога.

В так называемом чуде умножения проявилось то, что человек мог бы жить в изобилии, если бы он исполнял волю Бога; ибо универсальный закон неисчерпаем для духовных существ и для душ и людей, делающих волю Моего Отца, который также и их Отец.

Мои ученики принесли Мне хлеб и виноград для приумножения. В этот день Мне для приумножения подали также и мёртвых рыб. Когда Я взял эту мёртвую субстанцию в Свои руки, Я разъяснил людям, что из неё в значительной мере ушёл потенциал силы

Отца, высокая сила жизни, и Я не создаю живых рыб, так чтобы их снова убивали.

Я объяснил людям, что жизнь находится во всех жизненных формах, и человеку не следует их преднамеренно убивать. Люди, в особенности дети, печально глядели на Меня. Они не могли Меня понять, так как большей частью жили рыбой, хлебом и мало чем иным. Тогда Я сказал им по смыслу так: «Энергии Земли ещё в целом поддерживают мёртвых рыб. Так что Я не подарю вам живых рыб из Духа Отца, но из энергии Земли создам вам рыб, которые мертвы, то есть, бедны вибрациями. Они никогда не будут нести жизни и не могут быть убиты. Я хочу вам показать, какой вкус имеет живое – хлеб и плоды – и в сравнении с ними мёртвая пища».

И Я создал для них рыб из энергий Земли, которые несли мало духовной субстанции. Я дал им мёртвых рыб и повелел им одновременно с этим поесть также хлеб и плоды, для того чтобы они познали разницу между живой и мёртвой пищей, между высоко-колеблющимся и низко-колеблющимся питанием.

Таким и подобным образом учил Я людей. Далее Я им показал – а вместе с тем показываю и вам, читающим Мои слова – что всякое прерывание старых привычек является фанатизмом. Кто с одной минуты на другую оставляет прежние привычки, в том происходит прерывание, а не преобразование. В прерывании лежит зародыш повторного прорыва старых, вытесненных привычек, которые тогда при определённых обстоятельствах выступают упорнее и слагаются труднее, чем перед временем самобичевания.

Итак, старые привычки не следует резко прерывать, но постепенное их оставление привело бы к преобразованию, тем что человек обращается к более высоким целям и ценностям. Это духовное отправление к новым берегам.

В каждом самобичевании лежит фанатизм. Фанатик осуждает в ощущениях и мыслях своих ближних, ещё имеющих подобное или равное тому, что он вытеснил. Тем самым он питает это вытесненное.

Познайте: человеку привычки часто ещё должно быть предоставлено многое из человеческого, пока он сам не познает свои ошибки и через самопознание и самопостижение – или через страдания – оставит старое, чтобы зреть духовно. Это тогда правильное понимание и закономерное руководство.

Так, приумножением рыб Я показал, что человеку следует себя преобразовывать, а не бичевать. Всякое преобразование совершается закономерно; это перелом от низкой к более высокой жизни. Так же, как камень не может с одного на другой день превратиться в цветок – но только в процессе эволюции – так и человек, привычки которого лежат в крови и душе, не может с одного на другой час превратиться в абсолютно духовного человека. Так же, как камень изменяется в ходе эволюции, изменяется и человек от низкого к более высокому.

Таким образом, изменение является перестройкой от человеческого к духовному. В этом заключается постепенное оставление человеческого и одновременно прорыв духовно-божественного.

8. И все они ели и насытились. И собрали полных двенадцать корзин кусочков, которые остались. И от поевших хлебов и плодов, было пять тысяч мужчин, женщин и детей; и Он учил их многим вещам.

9. Когда народ это увидел и услышал, он был полон радости и сказал: «Истинно, это тот пророк, который должен бы прийти в мир». И когда Он заметил, что они хотели силой сделать Его царём, Он подогнал Своих учеников, чтобы они сели в лодку и прежде Него переправились на другой берег в Вифсаиду, пока Он не отпустит народ.

10. И когда Он их отпустил, Он поднялся на гору, чтобы помолиться. Когда настал вечер, Он был там совсем один, лодка же находилась посреди озера, и волны бросали её туда-сюда; ибо ветер дул против них.

11. Около третьей ночной стражи Иисус пришёл к ним; Он шёл по озеру. И как ученики увидели Его, идущего по воде, они испугались и сказали, что это призрак, и закричали от страха. Но Иисус тут же заговорил с ними и сказал: «Мужайтесь. Это Я, не бойтесь!»

12. И Пётр сказал Ему в ответ: «Господь, если это Ты, то позволь мне прийти к Тебе по воде». И Он ска-

зал: «Иди!» И когда Пётр сошёл с лодки, он пошёл по воде к Иисусу. Но так как ветер бушевал, он испугался и, когда начал тонуть, закричал: «Господь! Спаси меня!»

13. И тут же Иисус подал ему руку, подхватил его и сказал ему: «О, ты маловер, почему засомневался? Разве не Я тебя позвал?» (Гл. 29, 8-13)

Я, Христос, объясняю, исправляю
и углубляю слово:

Познайте: всякий страх – это сомнение в силе Бога и в Его любви.

Бог – это несущая и сохраняющая жизнь. Кто в этом сомневается, тот тонет. Поэтому любое сомнение в Боге – это отпадение от Бога, погружение в потоки человечности.

Многие люди пренебрегают законами Бога; они не доверяют Богу из-за своего страха и тем самым открывают себя для нашёптываний сатанинского. Каждое ощущение, каждая мысль, каждое слово, а также и каждый поступок, направленный против божественного закона несущей и сохраняющей всегармонии, является отделением от руки Бога и погружением в потоки этого мира.

Потому будьте бдительны и практикуйте познание и исполнение вами воли Бога. Если вы закон Бога ещё не знаете во всех деталях, тогда возьмите в руки Десять заповедей. Они являются выдержками из могучего и всеобъемлющего закона Бога. Старайтесь познать их смысл и жить по ним, и вы постепенно охватите весь закон Бога. Ибо он сегодня даётся Мной через пророчицу Бога, которая одновременно является обучающей пророчицей и посланницей для Новой эры.

Кто придерживается закона Бога, находится под Его непосредственным руководством.

14. И Он пошёл к ним в лодку, и ветер утих. И они удивлялись и поражались сверх всякой меры. Ибо они не стали разумнее от чуда с хлебами и плодами; сердца их ведь были затвердевшими. (Гл. 29, 14)

Я, Христос, объясняю, исправляю
и углубляю слово:

Так же, как это было тогда, когда Я в Иисусе из Назарета пребывал среди Моих, так оно ещё и сегодня. Ежедневно случаются так называемые чудеса. Человек принимает их за само собой разумеющееся, за так называемые случайности или счастливые случаи, которые, как он полагает, встречаются время от времени, но для которых нет никакого объяснения.

Познайте: случайностей не бывает. Всё основывается либо на законе посева и жатвы – либо это руководство и стечение обстоятельств через закон любви. Сила Христа, который Я Есть, сила, однажды воплощённая в Иисусе из Назарета, действует дальше в пространстве и времени. Многие люди выздоравливают посредством Моего Духа и многие оберегаемы от тяжёлых несчастных случаев. А иной человек ведом так, что он в состоянии уйти от серьёзных проблем и телесных страданий. Кто верит в Меня и придерживается заповеди прощения и просьбы о прощении, и тех же самых или подобных грехов больше не совершает, тот равняется на Мою помогающую и исцеляющую силу – и получает.

Это всё и есть так называемые чудеса.

Мои апостолы и ученики ежедневно находились около Меня и были свидетелями того, как больные выздоравливали, а считавшиеся умершими вновь пробуждались к жизни. Несмотря на эти переживания, сердца многих оставались холодны. Хоть они и удивлялись этим событиям – но на том всё и оставалось. Они не могли охватить великого действия космических сил, потому что этот мир ещё держал в плену их мысли и чувства.

Хотя Я и учил их законам Бога и их применению, многие из них оставались пойманными в законе посева и жатвы, и ежедневно всё заново удивлялись такой силе.

Не все понимали, что также и в них жил закон Бога и через них хотел действовать подобно, как через их учителя и мастера, через Сына Бога в Иисусе из Назарета.

Снова и снова их занимали всё те же вопросы: почему и как помогло этим, а не тем?

Поскольку Я жил и действовал в законе Моего Отца, Я мог оказывать помощь и исцеление многим людям. Однако многим другим Я не мог помочь, потому что они не приносили с собой предпосылок для этого в своих душах. Не каждый из Моих апостолов и учеников мог это понять. Некоторые начинали снова и снова сомневаться во Мне и взвешивали все за и против.

В молитве Я вновь и вновь говорил Богу, Моему Отцу: как долго ещё Я должен пребывать среди этих непреклонных, упрямых людей?

Познайте: кто в своей жизни закон любви только слушает и не осуществляет, тот может день за днём, час за часом находиться около просветлённого: и всё же он остаётся тем грешником, которым он был и есть. Преобразование человека от греховного к божественному происходит через осуществление, через работу над самим собой.

Итак, преобразование к божественному предполагает работу над самим собой. Действуй, преображая со Мной, Христом, свои ощущения, мысли, слова и дела в положительные силы — тогда ты достигнешь просветления! Через силу Святого Духа тебе тогда возможно многое. Ибо кто истинно следует за Мной, тот будет делать подобное тому, как делал Я.

15. И когда они садились в лодку, царила великая тишина. Тогда они подошли и преклонились перед Ним, сказав: «Истинно, Ты – Сын Бога».

16. Когда они переправились, то прибыли в область Генисарета и высадились на берег. И когда они выходили из лодки, Его сразу же узнали. И они побежали во все прилегающие места и начали приносить больных на постелях, где слышали, что это Он.

17. И где бы Он ни появлялся, в деревнях, городах или на открытой местности, там они ложили на улицы больных и просили Его, чтобы им разрешили дотронуться лишь края Его одежды, и все, касавшиеся Его, выздоравливали.

18. После этого Иисус со Своими учениками прибыл в Иудею, и Он оставался там и крестил многих, которые к Нему приходили и принимали Его учение. (Гл. 29, 15-18)

Я, Христос, объясняю, исправляю
и углубляю слово:

Многие люди приходили ко Мне в Иисусе из Назарета; но не всякий получал то, о чём он просил. Многие приходили и хотели исключительно помощи для своего тела – чтобы потом всё же снова жить во плоти так, как прежде: в грехе. Многие касались края Моей одежды, но не все получали помощь и исцеление.

Прикоснувшимся к краю Моей одежды и верящим в любовь Бога, и в сердце в дальнейшем сохраняющим доброту, тем доставались помощь и исцеление. Кто касался края Моей одежды и думал лишь о своём теле, и в сердце сохранял грех и в дальнейшие земные годы грешил дальше, тому не доставалось ни помощи, ни исцеления.

Написано: «... и Он оставался там и крестил многих». Слово «крещение» означает благословение сердца, внутреннего бытия, посредством Святого Духа. Я смотрел в сердца Моих и узнавал, что те, которые жили в осуществлении законов Бога, ежедневно умножали в себе свет и силу Бога. Моё благословение способствовало тому, что в них зарождались дальнейшие семена внутренней жизни, и они стремились к совершенству, чтобы в своём нынешнем земном существовании и в дальнейших воплощениях передавать людям то, что они осуществили в себе и на себе.

ГЛАВА 30

Хлеб жизни
и живая виноградная лоза

Христос даёт духовный хлеб для внутренней жизни – Путь к Царству мира: борьба и жертва праведников (5). Силу жизни получает тот, кто ориентируется на Бога (6). Во Христе находится избавление и милость – Болезнь, страдание или судьба есть ставшая видимой вина – День страшного суда (7). Человеческий глаз видит лишь земную оболочку, которая исчезает – Вхождение духовного тела в плоть и его выход из плоти – Крестный путь пророчицы Бога на повороте времён – Развитие овнешненного христианства (8-10)

1. *На другой день народ, стоявший на другом берегу озера, увидел, что там не было никакой иной лодки кроме той, в которую вошли Его ученики, и что Иисус не был на лодке со Своими учениками, но что Его ученики уплыли одни. И когда теперь народ увидел, что ни Иисуса, ни Его учеников тут не было, они также взяли лодку и направились в Капернаум и искали Иисуса.*

2. *Когда они Его нашли на другом берегу озера, они спросили Его: «Рабби, как Ты добрался сюда?» Иисус сказал им в ответ: «Истинно, истинно, говорю Я вам, вы ищите Меня не потому, что видели чудо, но потому, что ели хлеб и плоды и насытились. Старайтесь*

не для преходящего пропитания, но для той пищи, что останется тут вплоть до жизни вечной, которую даст вам Сын Человеческий, кто тоже дитя Бога; ибо Его поставил Бог, Все-Отец».

3. Тогда они спросили Его: «Что нам делать, чтобы совершать дела Бога?» Иисус сказал им в ответ: «Дело Бога, это чтобы вы верили в Того, кого Он послал, и кто вам даёт истину и жизнь».

4. На то они сказали Ему: «Что же за знак Ты дашь, чтобы мы смогли увидеть и поверили Тебе? Что сделаешь Ты? Наши отцы ели манну в пустыне, как написано: «Он дал им есть хлеб с Небес».

5. Тогда Иисус сказал им: «Истинно, истинно, говорю Я вам, не Моисей дал вам истинный хлеб с Небес, а Мой Отец даёт вам истинный хлеб с Небес и плод живой виноградной лозы. Ибо они являются пищей Бога, приходящей с Небес и дающей миру жизнь». (Гл. 30, 1-5)

Я, Христос, объясняю, исправляю
и углубляю слово:

Истинно, Бог, Мой Отец, великий Все-Единый, поставил Меня, Своего первоувиденного и перворождённого Сына, Соправителем Небес и дал Мне вездесущую силу в Своих четырёх сущностях. Они являются эволюционными ступенями к статусу детей Бога.

Моя вездесущая сила является, таким образом, также и энергией эволюции. Часть этой энергии эволюции стала силой Избавителя для всех падших и обременённых душ и людей.

Избавление – это эволюция; оно также опора, освобождение и руководство для всех душ и людей в направлении к Отцу-Матери-Богу; ибо все духовные существа, души и люди являются Его детьми.

Я стал человеком, чтобы указать людям путь в Отчий дом. Я пришёл в земное существование и дал знаки той внутренней силы, с которой человеку возможно всё, если он повернёт во внутреннюю жизнь. Я преумножал хлеб, плоды и рыб. Я превращал воду в вино; Я помогал, и Я исцелял многих людей; Я пробуждал некоторых от так называемой смерти, когда духовная информационная лента – соединяющая душу и тело – ещё не была отделена от тела. Я обучал людей тому, что они только тогда смогут жить в изобилии в этом мире, если они закон Бога исполняют и в повседневной жизни; ведь закон Бога – это изобилие.

Многие не хотели Меня понять, ибо пеклись только о своём теле и его благополучии. Поэтому они не могли и не хотели также понять Меня, когда Я говорил о духовном хлебе для внутренней жизни. Они не жаждали хлеба, приходящего с Неба и единственно являющегося пищей души. Они хотели оставаться такими же грешными, какими были, и хотели земного хлеба для своего материального тела и дальнейших удобств для своего земного существования.

Бог, Мой Отец, Отец-Мать-Бог всех Своих детей, поставил Меня на Небе Соправителем всего Творения и послал Меня Избавителем ко всем душам и людям. Кто приходит ко Мне и принимает и признаёт Меня своим Избавителем, кто возвращается к внутреннему царству, тот также богат и во внутреннем; он не будет ни голодать, ни жаждать. Он получит то, что его душа раскрыла как свет и силу. В земном существовании у него будет что есть и что пить, и он получит то, в чём нуждается для своего тела: одежду, кров – и сверх того. Итак, кто сперва стремится к Царству Бога, тот и как человек также не будет бедствовать.

Я говорил людям о Царстве Бога, находящемся внутри них. Силой этого внутреннего царства Я помогал им как во внутреннем, так и во внешнем. Большинство людей, однако, желало чудотворца, который бы им земную жизнь сделал приятной. Они желали короля для земного царства, а не внутреннего короля, Соправителя Небес.

Мои братья и сёстры, вы, живущие в иное время, в Эру света, едва ли вы сумеете понять то, что здесь написано. Но та Земля, та почва, на которой вы живёте в земном одеянии, была куплена Моей кровью и кровью, телом и жертвой многих праведных пророков и праведных мужчин и женщин. Каждый позор, перенесённый ими, и каждая капля крови, пролитая за справедливость, были для избавления всех.

Земля, опорный пункт тьмы, благодаря этим бескорыстным делам и божественным трудам была завоёвана светом, и демоническое было связано. На протяжении многих поколений текла кровь, люди жертвовали собой ради справедливости и содействовали плану Бога, избавлению, в прорыве.

Это были пионеры Новой эры во всё новых и новых инкарнациях. Снова и снова их преследовали, даже и во время записи этих слов.

От поколения к поколению свет на Земле усиливался через тех людей, которые законы Бога исполняли всё больше и больше. Из хаоса человеческого «я» струился свет и принимал на Земле форму и очертания.

Пионеры Новой эры связывали сатанинское Моей силой и в Моём имени.

Земля отвоёвана братьями и сёстрами из рода Давида, колена для Царства мира Иисуса Христа, и многими праведными мужчинами и женщинами из других родов. Сатана, демоническое, связано. Мужчины и женщины, невообразимо много пострадавшие в земном одеянии, стоят ныне в духовном одеянии по правую руку от Меня и сияют как звёзды на небе.

6. Тогда они сказали Ему: «Господь, давай нам всегда такой хлеб и такие плоды». И Иисус сказал им: «Я Есть правильный хлеб и живая виноградная лоза, и кто ко Мне приходит, тот никогда не будет голодать, и кто в Меня верит, тот никогда не будет жаждать. И истинно, говорю Я вам: если вы не едите плоть и не пьёте кровь Бога, то не будете иметь жизни. Но вы Меня увидели и не верите. (Гл. 30, 6)

Я, Христос, объясняю, исправляю
и углубляю слово:

«… вы не едите плоть и не пьёте кровь Бога» означает: вы не едите пищу Небес, то есть, не принимаете энергию Бога и не пьёте из источника жизни, из Духа Бога.

Познайте: Бог снабдил Землю плодами, травами и водой для блага человеческого тела. Кто дары Бога благодарно принимает, исполняя законы Бога, тот насыщает не только своё тело, но питает также и свою душу. Во всяком земном даре Бога одновременно находится сила Бога, хлеб Небес и вода жизни.

Хлеб и плоды Земли питают всех людей только тогда, когда люди не считают их своей личной собственностью, а рассматривают дары Бога как Его подарок для всех людей. Предпосылкой для этого является то, что человек думает не только о насыщении тела, но приводит к течению источник души: Дух Бога, который есть живой хлеб и живой плод. Кто приходит к Духу Бога во Мне, Христе Бога, Избавителе всех душ и людей, тот будет получать от вечного хлеба и не будет ни голодать, ни жаждать.

Ибо также и хлеб, и плод Земли растут единственно лишь благодаря жизни в Боге и из Бога. Ничто не выходит само собой. Всё доброе приходит от Бога. Кто не верит в Бога, тот также и не будет на длительный срок принимать от Бога, потому что он не направляет себя на внутреннюю жизнь, на дающего Бога.

Многие люди слышали и видели Меня как Иисуса из Назарета, и всё же не верили в ту силу жизни, из которой Я учил и которую Я олицетворял.

7. Все, которых Мне дал Мой Отец, придут ко Мне, и кто ко Мне придёт, того Я не отвергну. Ибо Я сошёл с Небес не для того, чтобы делать Свою волю, но волю Бога, пославшего Меня. И вот же воля Бога, пославшего Меня, это чтобы Я не потерял ни одного из тех, которые даны Мне, но, чтобы Я воскресил их в день Страшного суда». (Гл. 30, 7)

Я, Христос, объясняю, исправляю
и углубляю слово:

Мой Отец, который также и ваш Отец, послал Меня к людям. Я стал человеком, чтобы жить среди людей и языком людей возвещать, что такое вечная жизнь.

Сын Бога, который как человек стал Сыном Человеческим, пришёл с Неба, чтобы принести избавление. Поскольку Бог, Мой Отец, любит всех детей равным образом, то Он дал Мне также власть и силу вести все души домой к Его сердцу. Я пришёл с Неба, чтобы проявить людям волю Бога и исполнять среди людей Его волю.

Ни один человек и ни одна душа не будут Мной отвергнуты, ведь Я принёс избавление всем. Только тот человек толкает сам себя в свою судьбу, который отклоняет волю Бога и продолжает жить в своеволии, в грехе. Несмотря ни на что он несёт избавление в себе и однажды со Мной за руку найдёт дорогу обратно, и Я его поведу к Отцу, ибо во Мне и через Меня все души и люди избавлены.

Кто предаётся Мне, Христу, тот не должен нести каждый совершённый им грех. Ибо: кто от всего сердца приходит ко Мне, Христу, тот и старается в каждой ситуации познавать и исполнять волю Бога. И кто добросовестно старается делать волю Бога, тот уже получил от Бога.

Приходить ко Мне значит не только Мне молиться, но также и осуществлять закон жизни к себе и к своему ближнему. Кто соблюдает законы Бога, тот обращён ко Мне, Христу Бога. Он не будет должен пожинать свой человеческий посев.

Кто обращается ко Мне, испытывает в себе и вокруг себя милость Всевышнего. Она поддерживает каждого человека, в любой жизненной ситуации. Она восстанавливает человека, укрепляет его и помогает ему познавать грехи и очищать их прежде, чем они станут видимы на теле.

Однажды совершённые грехи становятся тогда видимыми на теле, когда человек неблагоразумен и многочисленные предостережения и указания сознательно упускает из виду. Если грех стал видимым на теле через болезнь, страдание или судьбу, тогда это следует нести также и человеку.

Однако не отчаивайтесь! Молитесь Богу и помещайте себя в Его святую волю. Тогда любовь и милость Бога смогут действовать, устранить болезнь или дать вам силу на то, чтобы вы были в состоянии перенести излившийся грех.

Каждый ставший видимым грех можно сравнить с рождением: грех показывает себя в теле как порождение того, что душа в себе несла. Акушеркой для этого является непреклонность человека, которая освобождает грех из души. Человек предоставляет греху место распространяться в теле.

«День Страшного суда» души – это не смертный час человека, также не предопределённое время, но это пробуждение души к божественному и вхождение в более высокие, более светлые сферы жизни, вплоть до Отца-Матери-Бога, который является абсолютной жизнью.

Все люди, души и существа, также и Я, Христос, Избавитель, являемся детьми вечной жизни. Как Сын Бога и как Избавитель Я Есть вездесущая жизнь в Боге, Моём Отце. Посредством Его силы Я веду каждую душу в сознание единства с Богом и в Боге, в вечную жизнь.

8. Тогда евреи возроптали на то, что Он сказал: «Я Есть хлеб, снизошедший с Неба». И они сказали: «Разве это не Иисус, сын Иосифа и Марии, родителей которого мы знаем? Как Он может теперь говорить: Я снизошёл с Неба?»

9. На это Иисус сказал им в ответ: «Не ропщите между собой. Никто не может ко Мне прийти, разве что его не повлечёт святая любовь и мудрость. И они воскреснут в день Страшного суда. Написано у пророков: «они все будут обучены Богом». Всякий, кто слышит истину и охватил её, приходит ко Мне.

10. Не будет того, чтобы кто-то однажды увидел Святыню, разве лишь те, кто от Святыни: только они увидят Святыню. Истинно, истинно, Я говорю вам: кто верит в истину, тот имеет вечную жизнь».
(Гл. 30, 8-10)

Я, Христос, объясняю, исправляю
и углубляю слово:

Слова: «Я Есть хлеб, снизошедший с Неба», обозначают: единственно лишь жизнь в Боге и с Богом является истинной жизнью. Всё остальное – это человеческие представления о жизни или проекции желаний и стремлений.

Хлеб, который Я как Иисус из Назарета принёс людям, есть Дух Бога, пища души – жизнь, которая Я Есть в Отце. Кто стал истиной, тот есть истина и живёт в истине. Он никогда не будет бедствовать, ибо истина есть Бог, а Бог – это изобилие.

Я Есть истина и хлеб души. Вечные Небеса – это закон истины. Я пришёл из истины и Есть истина.

Иисус был плотью, произошедшей из материальной субстанции – тем земным телом, которое истине служило в качестве инструмента. Это лишь видели люди и выражали такое по смыслу следующими словами: «Разве это не Иисус, сын Иосифа и Марии, родителей которого мы знаем?»

Мужчина зачинает тело, а женщина носит его под сердцем и рождает внешнюю жизнь, форму, в которой обитает существо из Бога, душа.

Человеческий глаз смотрит лишь на плоть, а человеческие уста говорят о плоти. Человеческий глаз не воспринимает внутреннее, опоясанное оболочкой, плотью. Кто, однако, смотрит на Дух Бога, исполняя законы Бога, тот заметит внутреннее человека и не спрашивает о репутации и положении человека и о его родителях. Он зрит то, что плоть не видит, и знает, что это зависит не от положения и репутации в этом мире, но единственно лишь от внутреннего у человека.

Познайте: в богаче, размышляющем лишь о владениях и репутации, и чьё сердце охладело, не живёт пробуждённая душа. Она лежит ещё во сне и дремлет, не пробудившись, и поэтому также ещё не охватывает своего происхождения.

Но и для богача, единственные помыслы и устремления которого касаются владений и репутации, настанет однажды время разворота, и его душа содрогнётся и встряхнётся, с тем чтобы она пробудилась в Духе истины и постепенно познала своё происхождение. К Богу, в сердце внутренней жизни, могут прийти лишь те, кто открыли свои сердца для любви Бога и мудрости.

Однажды все примут и признают обучения из Духа любви и мудрости и пойдут путём к Отцу, который Я,

Христос, Есть. Я Есть путь, истина и жизнь. Только кто принимает и признаёт Меня, Христа Бога, Избавителя, находит свой путь в самое сердце Вечного.

Кто верит в истину и исполняет законы Бога, тот уже теперь осознанно владеет жизнью. Для него не существует смерти, которую непробуждённый называет концом. Смерть является для пробуждённого вратами к внутренней жизни, которые он на пути вовнутрь уже раскрыл как человек.

Знайте: в вечном Бытии жизнь является универсальной силой Бога. Она есть сознание Отца-Матери-Бога, из которого произошла духовная форма. Чистая духовная форма, духовная праформа – это невесомая прасубстанция, сжатый вечный закон. Она есть духовное существо на Небесах. Только когда оно идёт на воплощение в материю, его духовное тело окутывает себя субстанциями уровней очищения, становится душой и входит тогда в бренное тело.

Ни одна душа не воскреснет вместе со своим земным телом, ибо она сложила его с себя. И когда душа опять возвращается в плоть, для неё зачинается и рождается новое тело, в которое она проскальзывает и из которого она опять же выскальзывает, потому что ни одно физическое тело не способно вступить в тонкоматериальные миры. Имеется лишь соскальзывание в тело и выход из плоти.

Я пришёл в плоть, чтобы жить среди людей и на языке людей донести до них ближе евангелие любви.

Оно делает свободным т о г о человека, который живёт по нему и стремится к любви и мудрости Бога.

Кто исполняет, наполнится любовью и мудрость Бога. Он стал истинным мудрецом. Он живёт осознанно в Боге, и Бог живёт через него. Такой человек уже достиг духовного воскрешения. В тот час, когда он покинет земное тело, его духовное тело осознанно войдёт в великолепие вечного Отца. Его духовное тело узрит вечно Святого, потому что дитя Бога стало истиной. Пробуждённая и объединённая с Богом душа тогда уже не будет разыскивать себе земного тела – разве только ей ещё не придётся исполнять божественного задания для людей и душ.

Я говорю сейчас Моим братьям и сёстрам в Новой эре, в эре Христа:

Мои братья и сёстры во Мне, Христе: в книге «Это есть Моё Слово» вы снова и снова читаете, что женский принцип божественной мудрости находился в земном одеянии. Человек служил Мне в качестве инструмента, чтобы языком людей – как делал Я, будучи Иисусом – обратиться и высказать то, что в то время имело значение. Она явилась в этот мир с заданием, вместе со Мной, Христом, и со своим духовным дуалом – который, как и Я, находился в Духе Бога и действовал из всемогущества Бога – подготовить Новую эру.

Жизнь божественной мудрости в земном одеянии во многих ситуациях соответствовала Моей жизни как Иисуса из Назарета. Высокое существо в земном одеянии, служительница Бога, должна была претерпевать подобное, как и Я, будучи Иисусом из Назарета. Её жизнь в служении Богу для людей была ежедневным крестным путём. Она несла крест насмешек, презрения, клеветы и умышленной лжи тех, кто называли себя христианами. Среди них были многие представители тогдашних церковных институций.

Это было овнешненное христианство, так называемая государственная религия, расколотая на католическую и протестантскую две большие церкви. Обе конфессии опирались на Библию, содержащую лишь части из вечной истины. Эта книга, однако, не была масштабом для их жизни, несмотря на то что они называли её словом Бога. Они говорили о Библии и читали своим верующим евангелие из неё. И всё же немногие из тех, которые звали себя пастухами, сами следовали тому, чего они ожидали от своих верующих.

До Моего времени как Иисуса из Назарета и после Моей земной жизни было проявлено многое из вечной истины. Многие люди записывали истину, также и в так называемые евангелия. Что произошло? Отдельные учёные, которые были уполномочены институтом церкви, выбрали из множества имевшихся духовных писаний лишь некоторые немногие, которые они считали за истину, и составили из них книгу, названную ими «Библией». В соответствии со своим пониманием они вычёркивали на своё усмотрение многие истины и вставляли туда неправду.

Таким образом, она стала такой же книгой, как и многие другие книги; ибо она содержала лишь части истины. Кто в ней хотел найти истину, тот должен был бы пойти сначала путём Нагорной проповеди, Внутренним путём. Следствием такого было бы, однако то, что в церкви не существовало бы больше иерархии с властью и авторитетом над окружающими. Представители церкви должны были бы отказаться от своих высоких земных доходов, а институции от своего имущества – согласно слову: «Вам не следует собирать себе сокровищ, съедаемых молью и ржавчиной, где воры подкапывают и крадут. Собирайте себе сокровища в Царстве Бога». Они должны бы быть братьями среди братьев и сестёр.

Представители обеих конфессий называли себя также пастухами своих паств. Многие использовали Моё имя, Христа, также и для того, чтобы совершать с ним коммерческие дела и порабощать, клеветать, оскорблять и убивать своих окружающих. Заметьте, они использовали Моё имя для нечистых целей, однако, не для Меня, Христа.

Многим представителям церкви недоставало смирения; они отличались даже высокомерием и злоупотребляли верой своих подданных.

В течение многих столетий этот так называемый христианский мир постепенно растворялся. Он распадался изнутри, ибо Я, Христос, не мог быть с так называемыми христианскими церквями, поскольку они не хотели быть со Мной. Несмотря на сопротивление обеих крупных церквей, победил Я, Христос, вместе с божественной мудростью и вместе со многими братьями и сёстрами в земном одеянии, прежде всего с теми, кто из рода Давида.

Мои братья и сёстры в Новую эру: борьба окончена – жизнь из Бога рождена. Вы живёте в Новую эру исключительно со Мной, Христом, и мы в Боге, нашем Отце, без внешней религии и без догм. Жизнь является жизнью из Бога; закон любви соединяет и объединяет нас. Эти слова, Мои слова Христа, Я дал на повороте эпох от старого, греховного мира к Новой эре, к началу Царства мира Иисуса Христа.

Я повторяю, чтобы это в вас запечатлелось: в качестве инструмента Мне служила серафим божественной мудрости, принявшая плоть для этих и других задач, чтобы как служительница Бога служить Богу-Отцу и Мне, Христу. Жизнь этой женщины в земном одеянии была сплошным лишением. Несмотря на множественные сопротивления – прежде всего со стороны тогдашних представителей церкви – и, несмотря на некоторые поражения, из-за тех людей, которые хотя и предоставили Мне своё «да», однако опять обратились к этому миру – она вновь и вновь поднималась на борьбу, приободрялась заново и боролась против всех напастей и препятствий, оказываемых против неё. День и ночь мракобесы подстерегали, чтобы её мучить и, таким образом, заставить замолчать. Женщина, высокое духовное существо в земном одеянии, служительница Бога, однако, не молчала. После каждого сражения, хотя это и истощало её тело, она приободрялась и продолжала бороться ради справедливости, Царства Бога на Земле, Царства мира – в котором вы теперь живёте.

Я кое-что таким образом повторяю, когда речь идёт о соносительнице божественной мудрости в земном одеянии. Вам следовало бы нести её в своём сердце; ибо когда вы закроете свои физические глаза, то увидите перед вашими духовными глазами сияющий кристалл: это серафим божественной мудрости в лучистом одеянии внутренней жизни. Вместе с вами она будет продолжать служить Вечному в тонкоматериальных сферах, чтобы во Мне и через Меня, Христа, вашего божественного брата, приводить все души домой к Отцовскому сердцу.

ГЛАВА 31

Хлеб жизни – Признание Петра – Погонщик верблюдов

Духовно мёртвый – В царстве душ не существует никаких масок – Слова являются лишь символами и путеводителями – Самоистязание является вытеснением – Каждый человек обладает свободной волей: добрый посев приносит добрый урожай – Бог увещевает, Он не наказывает (1-3). Шествие Моисея с народом Израиля по пустыне: притча по поводу странствия человечества – Сегодняшние люди не отличаются от народа Израиля – Путь в Царство мира (4). Кто Бога любит больше, чем этот мир, тот живёт в Боге – Кто из истины, тот и принимает из истины (5-6). К людям в Царстве мира – Эволюция людей и Земли к тонкоматериальности – Изменение меры времени – Пятна Земли, резерваты демонов – Возвращение падших царств – Книга «Это есть Моё Слово» будет вновь и вновь возвышаться, вплоть до светоматериальности – «За» и «против» многих людей служат тьме (7-9). Люби также и животных! (12-16)

1. И вновь Иисус сказал: «Я Есть истинный хлеб и живая виноградная лоза. Ваши отцы ели манну в пустыне и умерли. Это же пища Бога, сходящая с Небес, чтобы не умер тот, кто от неё ест. Я Есть живая пища, сошедшая с Небес. Кто будет есть от этой пищи, тот будет жить вечно. И хлеб, который

Я дам – это Моя истина, и вино, которое Я дам – это Моя жизнь».

2. Тогда евреи заспорили между собой и говорили: «Как же этот человек может отдать нам себя в пищу?» Иисус сказал им: «Вы полагаете, что Я говорю о поедании мяса, как вы это невежественно делаете в храме Бога?

3. Истинно, Моё тело является божественной субстанцией, и это истинная пища; и Моя кровь является жизнью Бога, и это истинный напиток. Не как ваши предки, которые требовали мяса, и Бог в Своём гневе дал им мясо, и они ели его в своей развращённости до тех пор, пока оно не отдавалось зловонием в их носах. От эпидемий гибли тысячами, и их трупы лежали в пустыне. (Гл. 31, 1-3)

Я, Христос, объясняю, исправляю
и углубляю слово:

Пища Неба есть закон Бога – истина. Напиток есть вечно струящаяся жизнь – Бог. Кто принимает и осуществляет закон Бога, тот не будет ни голодать, ни бедствовать, ни чувствовать и ни вкушать смерти.

Кто верит в смерть, тот духовно мёртв, потому что его душа ослеплена грехом. Кто, однако, развил жизнь в себе, тот не почувствует и не вкусит смерти, потому что непосредственная жизнь в Боге для него без конца.

Кто, однако, неисправим и растрачивает свои земные дни и единственно лишь свою земную жизнь рассматривает масштабом всех вещей, тот также и будучи душой будет тем, кем он был как человек: духовно мёртвым, ослеплённым собственным грехом и неисправимым – пока он не почувствует свои дела на собственном душевном теле и должен будет познать, какая милость была дана душе в земном одеянии.

Познайте: в царстве душ не существует масок. Всё, чем человек маскирует себя, для того чтобы его мысли и его действия не были узнаны, отпадает от него в момент физической смерти. Душа не берёт с собой масок человеческого «я» в царство душ. Там всё является явным. Она сама всем другим душам является открытой книгой – и всякая душа также и для неё явна в обрамлении своих дел.

Кто потребляет духовную пищу, вечную истину, исполняя волю Бога, тот станет живым источником истинной жизни и как людям, так и душам подаст хлеб истины и напиток вечно струящейся жизни: Христос. Жизнь, которую Я, как Иисус, принёс людям – это божественная субстанция, истинная пища и божественный поток, напиток, жизнь в Боге и из Бога.

Кто же те слова, которые Я сказал, будучи Иисусом из Назарета, принимает дословно, тот и сегодня ещё будет заблуждаться; ибо слова были и остаются лишь символами и путеводителями к внутренней истине.

Кто принимает слово дословно, тот неправильно понимает своих окружающих и обесценивает их – так же, как фарисеи и книжники неправильно понимали Мои слова как Иисуса и обесценивали Меня. Смысл слов жизни может быть охвачен и правильно истолкован лишь такими людьми, которые жаждут истины, а также к ней и стремятся. Кто же против своего ближнего, тем что он его обесценивает и относится к нему непонимающе, тот снова и снова будет входить в заблуждение. Кто отказывается от своих окружающих, без разницы по каким причинам – тот не знает ни своего ближнего, ни себя самого.

В этом сознании также жили и некоторые из евреев, ибо они по смыслу говорили: «Как этот человек может дать нам себя в пищу?» Я же говорил не о мясе, как материальной субстанции, а о божественной субстанции, истинной пище и о напитке, вечно струящейся жизни, Духе, Боге.

Кто делает мясо и рыбу своими главными блюдами, душа того постепенно притупляется по отношению к тонким, космическим колебаниям; его физическое тело становится грубее в своей структуре, а человек становится эгоцентричнее и более жестоким по отношению к своему окружению.

Познайте: если тело человека привыкло к мясной еде, тогда ему не следует отказываться от неё с одного дня на следующий. Это было бы самоистязание, вновь ведущее к другим перегибам. Поэтому Моисей сделал людям уступки, а также и Я, будучи Иисусом из Назарета – как было, например, при умножении рыб.

Лучше, если человек познаёт свои ошибки и слабости и постепенно их теряет через осуществление вечных законов, чем если он истязает себя и, тем самым, возможно, выстраивает дальнейшие противоположности, а также безнравственности.

Кто осуществляет законы Бога, от того отпадает постепенно как бы само собой то, что человеческое, то есть, небожественное. Это является закономерностью: когда ты осуществляешь заповеди Бога, тогда твоя душа становится светлее; твои чувства становятся тоньше, а твоя сущность становится бескорыстной. Через самоистязание человеческое лишь вытесняется, однако не преобразовывается.

«Истинно, Моё тело является божественной субстанцией, и это истинная пища» указывает на следующее: духовное тело – это принявшая форму божественная праэнергия. Через него струится жизнь, прасила – оно является пищей и питьём в одном.

Слова «Бог в Своём гневе дал им ...» нужно понимать, как следует ниже: Бог всем духовным существам, точно так же всем душам и людям, дал свободную волю. Поэтому каждый человек тоже обладает свободной волей: он может принимать и осуществлять законы свободы и жизни – или же пренебрегать ими, а также поступать противоположно. За это ему тогда придётся нести то, что он посеял.

Добрый посев приносит добрый урожай, плохой посев плохой урожай. Каждый человек может свободно выбирать, какой посев он сеет: добрый, менее добрый или плохой. Происходящие из этого плоды каждый пожинает сам – а не его ближний; каждый пожинает единственно лишь плоды своего собственного посева. Многие люди, которым приходится переносить последствия своих причин, не знают, что это плоды их собственного посева, и поэтому считают, что их поразил гнев Бога.

Бог есть любовь, и не гневается.

Бог забирает у человека его пороки, однако, только тогда, когда он в них раскаивается, передаёт их Ему, когда он их исправляет и больше их не делает. Бог не наказывает Своих детей. Бог увещевает Своё дитя разнообразными путями и способами обратиться, утончать и облагораживать себя – как в ощущениях, мыслях, словах и делах, так и в манере питания. Бог не наказывает Своё дитя даже и тогда, когда оно не слышит Его многочисленные предостережения и указания. Кто же не хочет слышать, тому по закону посева и жатвы придётся понести то, что он сам причинил. Бог не ввёл в закон посева и жатвы самоистязание, но преобразование низкого в более высокое.

Так что болезни, эпидемии основываются на неправильных ощущениях, мыслях, разговорах и поступках – а также на неправильном питании и животной пище. Если человек питается единственно лишь дарами природы, которые Земля дарит людям, однако в своих ощущениях, мыслях, речах и поступках нарушает божественный закон, то такой человек устраняет положительные силы в пище – то есть, он трансформирует их в отрицательную силу.

4. Ибо про то написано: «Им надлежит странствовать сорок девять лет по пустыне, пока они не очистятся от своих вожделений, прежде чем они войдут в страну спокойствия, да, семь раз по семь лет им надлежит странствовать, ибо они не знали Моих путей и не следовали Моим заповедям». (Гл. 31, 4)

Я, Христос, объясняю, исправляю
и углубляю слово:

Моисей получил от Бога поручение, вести порабощённых израильтян из Египта в землю обетованную, в страну их отцов.

Большая часть народа, доверенного Богом Моисею, была упрямой. Поэтому Моисей делал народу некоторые уступки, чтобы тем самым через их упрямство вести многих людей к познанию и к внутренней зрелости. Настоятельно он учил их тому, что эти уступки не являются законами Бога, но лишь помощью в том, чтобы через самопознание им бы следовало себе найти дорогу на путь заповедей.

Одни находили дороги к заповедям и следовали им; другие оставались верны заповедям, как Моисей и Аарон; однако, многие из народа Израиля вопреки лучшему знанию грешили и дальше. Они продолжали есть мясо, пили крепкие напитки и следовали своим вожделениям и страстям. Многие оставались верны также своим идолам и крепко придерживались обычаев египтян. Так, путешествующий народ долгое время оставался толпой без внутреннего единства.

Что человек посеет, то он и пожнёт. Это касалось также и израильтян: тысячами умирали они в пустыне по пути в так называемую землю обетованную. Их души уходили с Земли. Многие из них познавали в царстве душ своё ошибочное поведение, приносили покаяние и возвращались тогда более свободными и светлыми опять в новое земное одеяние; поскольку израильтяне зачинали и рождали детей на пути в обетованную землю. Таким образом, народ размножался и восстанавливался. В череде рождения и смерти всё больше израильтян принимали единого Бога и утончали свои нравы. После семи раз по семь лет, лишь только немногие от первого поколения были в земном одеянии и пришли в ту страну, которая была для них предназначена.

В эти сорок девять лет Моисей, пророк, был должен невообразимо много претерпеть. Он страдал ради народа. Он молился за народ; он добивался у Бога милости для народа, и снова и снова просил разрешения у Бога сделать народу уступки. Народ видел Моисея, однако, в конечном итоге, не познавал и не охватывал того, кто был с ними в Моисее. Моисей принёс Десять заповедей и учил народ, как ему следует их придерживаться. Но многие не понимали его. Многие молились и грешили одновременно. Многие говорили о заповедях Бога и не придерживались их. Многие обвиняли Моисея за его руководство, называли его ложным пророком или упрямым мудрецом, потому что он не предоставлял им всего того, чего они от него ожидали. Многие обвиняли по той же причине также и Бога, тем не менее оставаясь в стаде и снова и снова отравляя сердца других израильтян. Многие израильтяне сохраняли своего золотого тельца. Самое позднее, уже как души они должны были познать, что противились Богу и Моисею. Они раскаивались – и входили опять в плоть к детям Израиля, и были опять в их рядах как младенцы, затем как юноши и взрослые. Когда израильтяне, спустя многие годы, входили в, казалось бы, обетованную землю, многие уже не могли вспомнить об исходе из Египта.

Я, Христос, правитель Царства мира, обращаюсь ныне к людям Новой эры, которые будут читать Моё слово и размышлять о народе Бога, который сегодня вновь выводится из своего порабощения в Новую эру, во время Христа.

Во времена Моисея израильтяне были не только рабами египтян, но были также порабощены и своим мышлением. Другие народы были точно так же порабощены своим мышлением, как и израильтяне. Люди думали только о себе, загребали для себя и были в ссоре с ближними.

Люди сражались против людей с оружием; они были друг другу врагами, а не братьями. Народ сражался против народа. Многие люди боролись друг с другом также и противоположными мыслями. Они отгораживались друг от друга через ненависть, вражду и споры, и создавали себе правопорядки, которые делали своими законами. Они ограничивались также «моим и твоим» и тем самым требовали собственности для каждого в отдельности и для своего народа. Поэтому они проводили границы стран и контролировали всех, желавших их перейти. Таким образом, один был против другого. Кто не соблюдал правовые нормы, закона страны, кто думал или хотел жить иначе, был наказуем соответственно своего проступка – либо своим имуществом, своей свободой, либо даже смертью.

Бесчинства людей были многообразны. Народы старого, грешного мира всё больше дичали. Как во времена Ноя, они сватались и позволяли себя сватать. Они обжирались и пили крепкие напитки. Они убивали животных и поедали их. Они оскверняли растительное и животное царства. Это продолжалось по всей Земле – также и после Моего земного прохождения.

На повороте от греховного времени к Новой эре они манипулировали растениями, животными и людьми, и делали над ними генные эксперименты. Они создавали детей из так называемых пробирок. Они разрушали природу атомными испытаниями и воздвигали ядерные реакторы, чтобы добывать энергию. Они загрязняли реки, озёра и моря химическими материалами и вызывали то, что земная жизнь умирала в большей части водоёмов.

Во всех народах многие люди забыли о существовании Бога. Их богом было корыстолюбие. Они всё исчисляли жизненными годами, поскольку рассматривали земное существование как единственную возможность жизни. Поэтому они работали только ради своей выгоды и отправлялись за добычей, чтобы как можно скорее и как можно больше взять в своё владение, с тем чтобы они могли бы жить так, как им казалось приятным; ибо они считали это за счастье. Они имели своих божков, несмотря на то, что молились е д и н о м у Богу. Их божками были деньги и имущество, престиж, власть и высокопоставленные люди. То, что потом произошло в развитии человечества в течение долгих периодов времени, обнаружило формы проявлений, весьма схожие на жизнь народа Израиля во времени Моисея.

Под руководством Моисея израильтяне достигли первой станции земли обетованной. Со времён Моисея странствие людей в землю обетованную продолжалось. Поколения за поколениями странствовали по «пустынному миру», то есть по своему собственному человеческому болоту. Вопреки всему, всё больше людей пробуждалось к духовности и таким образом выходило из болота своего собственного «я».

После Моисея, а также после Моего земного существования, Бог, Всемогущий, снова и снова посылал пророков, пророчиц и просветлённых мужчин и женщин. Они все были провозвестниками и увещевателями человечества для Царства Бога. Они учили пути вовнутрь и истолковывали заповеди Господа на языке соответствующего времени.

Многие из этих увещевателей и провозвестников готовили путь на Землю также и частичному лучу божественной мудрости – посланнице Бога, действовавшей в могучий поворот времён и имевшей подобное поручение, как некогда имели Моисей и Я, будучи Иисусом из Назарета.

Я, Христос, и херувим божественной мудрости проявляли через воплощённый женский принцип божественной мудрости вечные законы и, таким образом, собирали народ Бога, чтобы вести его во внутреннее, в Королевство Бога, которое находится внутри в каждом человеке.

Снова это было похоже на времена Моисея. Те, которые позволили себе быть затронутыми Богом и – соответственно своему сознанию – могли понять слово Бога и руководство через Меня, Христа, старались – исключительно полагаясь на слово – идти путями Бога. Однако же в тот момент, в который им следовало бы работать над самими собой, чтобы также и исполнять то, что Я им заповедал – раскаиваться, прощать, просить прощения и похожих ошибок и грехов больше не делать – многие становились упрямыми; ибо они не хотели рассматривать свои ошибки и слабости и, таким образом, также их и очищать. Они хотели лишь слушать слово Бога и дискутировать об услышанном, оставаясь, однако, прежними. Они цеплялись за владения и собственность и ставили деньги и имущество выше изобилия Бога. Так они сомневались – подобно детям Израиля – в слове Бога и приставляли пророчицу Бога к позорному столбу.

Другая группа людей хотела сохранить низкое, человеческое, и жить соответственно, и одновременно также же стремиться к высшему. Человек, однако, не может служить двум господам, мамоне и Богу. Из-за этого возникали большие трудности и разногласия.

Опять же иные люди прикрывали свои противоположные мысли лицемерными словами, выдавая это за духовность. И опять же иные люди говорили о следовании Христу, а поступали противоположно, преследуя истинных последователей.

Однако, из этой пёстрой смеси человеческого «я», лицемеров, искажателей слов, клеветников, скептиков и ханжей постепенно выкристаллизовывался народ Бога:

Сыновья и дочери Бога осознанно вступали в следование Христу. Они были преимущественно из рода Давида, ставшего коленом Давида для Царства мира. Их поручение, действовать в Деле Избавления со Мной, Христом, становилось в них всё более конкретным и активным.

Совместно с их сестрой, пророчицей и посланницей Бога, они собирали дальнейших сыновей и дочерей Бога из колена Давида и из других родов.

Соответственно Моих указаний они основывали – как уже было проявлено – Внутренние Дух=Христос-церкви: сборные резервуары для всех ищущих людей. Они учили пути к сердцу Бога, который был проявлен в Моём поручении херувимом божественной мудрости – называемым людьми братом Эмануэлем. Чтобы суметь исполнять законы Бога во всех сферах жизни, они возводили ремесленные предприятия и приобретали крестьянские подворья. Они основывали детские сады, дома отца-матери, школы, клиники и приюты для пожилых людей. Таким образом, они начали с сооружения всего того, в чём люди нуждались для Новой эры и в Новую эру. Все основанные и приобретённые для Царства Бога виды деятельности они помещали в закон Бога, который гласит: молись и работай, и поддерживай мир со своим ближним.

Через них Я основал праобщину Новый Иерусалим, которая стала Союзной общиной и центральным светом для всех дальнейших праобщин в Универсальной Жизни и в возникающем Царстве мира Иисуса Христа.

Посреди этого времени становления и перелома стояла пророчица и посланница Бога. Одними людьми она была любима и уважаема, другими презираема, поставлена под сомнения, оклеветаваемая и поднятая на смех. Так же, как и в Моё время, будучи Иисусом из Назарета, фарисеи и книжники вновь подстрекали народ против Меня, Универсального Духа, чтобы заставить Меня замолчать. Напрасно! Они исчезли – а Новое время возникло, Царство мира Иисуса Христа.

Важно отметить следующее: Мой инструмент, воплощённый частичный луч божественной мудрости, и многие сыновья и дочери Бога из колена Давида и из других родов, собравшиеся вокруг центрального света, Меня, Христа в Боге, Моём Отце, в Союзной общине Новый Иерусалим противостояли соблазнам и атакам сатанинского. Вместе со многими праведными мужчинами и женщинами, посреди постепенного распада греховного мира, они начали основывать народ Бога, который в ходе поколений стал могучим очищенным народом во Христе.

Происходило как во времена Моисея: души сбрасывали свои земные тела и вновь проскальзывали в новорождённые тела. Уходили поколения, и новые, более светлые поколения приходили на Землю. Из них постепенно возникал очищенный народ Бога и Царство мира Иисуса Христа. Получающийся народ Бога зачинал и рождал детей, в которых возвращались души, уже осуществившие в первых и последующих поколениях несколько шагов на пути вовнутрь.

Так, в смене поколений возникало Царство мира Иисуса Христа, Царство Бога на очищенной, светлой Земле, на которой вы живёте. Демоническое связано. В сердцах и из сердец блаженных излучается бескорыстная любовь. Среди них мир и радость.

5. «Кто же ест эту плоть и пьёт эту кровь, тот обитает во Мне, а Я в нём. Как Меня послал живой Отец, из которого Я живу, точно так же будут жить из Меня те, кто едят Меня, который Является истиной и жизнью.

6. Это живой хлеб, снизошедший с Неба и дающий жизнь миру. Не как ваши предки, которые ели манну и умерли. Кто ест этот хлеб и этот плод, тот будет жить вечно». Так Он сказал в синагоге, когда учил в Капернауме. Теперь, когда многие Его ученики, услышали это, то сказали: «Это суровый язык; кто может с ним согласиться?» (Гл. 31, 5-6)

Я, Христос, объясняю, исправляю
и углубляю слово:

«Кто же ест эту плоть и пьёт эту кровь, тот обитает во Мне, а Я в нём» по смыслу значит:

Кто живёт в Духе Бога, то есть делает волю Бога, тот принимает духовные дары. И кто Бога любит больше, чем этот мир, тот живёт в Боге и во Мне, Христе Бога. Ибо Отец послал Меня, Его Сына, к людям, для того чтобы Я показал Своей жизнью людям пример того, что делает их в сердце богатыми и принёс им то, что их вновь возвышает до детей Бога: избавление и руководство к сердцу Бога.

«... точно так же будут жить из Меня те, кто едят Меня, который Является истиной и жизнью» значит:

Кто живёт во Христе, через того живёт Христос, и кто живёт во Мне, тот даёт свидетельство об истине. Ибо кто из истины, принимает из истины и не будет ни голодать, ни жаждать, так как он во Мне, истине и жизни. Вечная истина – это вечная любовь Бога, пра-закон.

Кто находится в плену эгоистичной любви, тот не может понять абсолютный, последовательный вечный закон. Его обманчивое «я», эгоистичная любовь, говорит тогда о суровости вечного закона, поскольку человеческое «я» его не признаёт.

Кто живёт в законе Бога, тот говорит истину, потому что он стал истиной. Истину может понимать и радостно принимать лишь тот, кто серьёзен и справедлив к себе самому и к своему ближнему. Кто, однако, охвачен своими представлениями и мнениями, тот говорит о суровости закона и о наказании, потому что он для себя лично хотел бы видеть и иметь это по-другому.

7. Когда же Иисус узнал, что Его ученики возроптали на то, Он сказал им: «Вас это сердит? Как будет, если вы увидите Сына Человеческого, возносящегося туда, где Он прежде был? Это Дух, который оживляет, плоть и кровь ничего не обретают. Слова, которые Я вам говорю, они есть Дух и есть жизнь.

8. Но есть некоторые среди вас, которые не верят». Ибо Иисус знал с самого начала, которые не верили и кто Его предаст. Потому Он сказал им: «Никто не может прийти ко Мне, если это не будет дано ему Моим Отцом».

9. С тех пор многие из Его учеников ушли и впредь больше не ходили с Ним. Тогда Иисус сказал двенадцати: «И вы хотите Меня оставить?» (Гл. 31, 7-9)

Я, Христос, объясняю, исправляю
и углубляю слово:

Познайте, Мои возлюбленные братья и сёстры, живущие в Царстве мира вашего брата Христа:

Что Я, будучи Иисусом из Назарета, пережил и претерпел, продолжало происходить во всех поколениях – до тех пор, пока люди и Земля не стали более светоматериальными.

В этой книге «Это есть Моё Слово» вы читаете о том, что неоднократно происходило в старое, сатанинское время.

Познайте: Царство мира Иисуса Христа было основано и построено на протяжении многих поколений. Снова и снова люди переживали как упадок того, что было создано в Духе Бога, так и опять его подъём. Однако, после каждого упадка Царство мира Иисуса Христа поднималось всё более сияющим и совершенным, всё более и более всемирнохватывающим в своём виде света. Ибо так же, как всё является эволюцией по направлению к Вечному, Царство мира Иисуса Христа тоже имело свою эволюцию – от начала вплоть до светоматериальности больших областей Земли. Светоматериал – это более тонкая материя. В первых поколениях строительства после основания, ещё при самом глубоком уплотнении материи, сатана чувств снова и снова соблазнял людей, чтобы наложить руки на частичные фундаменты Царства мира Иисуса Христа.

Что написано, исполнилось: в течение бесчисленных поколений на Земле происходили экспансии и сдвиги полюсов. При этом утончались многие субстанции Земли; она достигала всё более высокой степени своей вибрации. Так совершенно постепенно большая часть грубоматериальных форм была убрана прочь – и более тонкие, субтильные формы заняли их место. Таким образом совершенно постепенно изменялись также природные царства и люди.

Так, на протяжении бесчисленных поколений на Земле всё утончалось – пока постепенно не возник светоматериал, более тонкая материя. Всё, что сначала было создано на грубоматериальной материи для Царства мира Иисуса Христа, и тот вид и способ, как утончались люди и Земля, это всё вошло в универсальный атмосферный слой и в новое небо, возникшее благодаря изменению планет и их орбит, а также в душу Земли, которая породила новую Землю – светоматериальную, более тонкую материю. Это та Земля в одеянии светоматериальности, на которой вы теперь живёте.

В этой смене времён утончались равным образом и многие материальные созвездия. Вследствие интенсивного преобразования всего целого – от полной материи к светоматериальности более тонкой материи – светоматериальную Землю освещают также другое солнце и другие созвездия.

Вы в светоматериальном Царстве мира, вряд ли сможете вчувствоваться в эти состояния, так как ваше земное одеяние, то есть, ваше земное тело, не состоит больше из грубоматеральной, сильно уплотнённой материи, такой как несли его люди в начале Царства мира Иисуса Христа, но оно состоит из светоматериала.

Я повторяю: светоматериал – это материально более тонкая, лучистая субстанция. Многие, кто сегодня – в полной материи в начале Царства мира Иисуса Христа – читают Мои слова, полагают теперь, что понадобятся бесконечные времена, пока Царство мира Иисуса Христа не расцветёт в полную силу:

Вы слышали, что созвездия изменяются, а также и полная материя, Земля; ибо написано: «Возникнет новое небо и новая Земля». Таким же образом и то исчисление времени, каким его люди имеют в полной материи, будет недействительно. Будет другое солнце, и преобразованные созвездия окружат новую Землю. Это означает, что и так называемое летоисчисление будет другим. Его будут считать по луне, так что световой промежуток времени так называемых земных лет будет совершенно иным. Год тогда не будет больше иметь тех двенадцати месяцев, которые имелись у людей в грубоматериальном времени, но будут существенно более короткие световые времена; ибо к концу Царства мира дни будут длиннее, а ночи светоматериальной, прозрачной Земли будут намного короче.

Я говорю вам: даже на светоматериальной Земле существуют ещё области более грубой материи, так называемые земные пятна. На некоторых из них довольно продолжительное время будут жить всё ещё сильно уплотнённые люди, не имеющие той же степени чистоты, как имеют люди под непосредственным солнцем Царства мира Иисуса Христа. Ибо, как уже было проявлено, Мой Отец, который также и ваш Отец, есть милость, любовь и милосердие, и позволит ещё раз порывам сатанинского покорить Землю. В конце Царства мира эти земные пятна распространятся по Земле; но они больше не охватят всю Землю. На них демоническому миру будет ещё раз разрешено помериться силами с божественным.

Затем наступит конец Земли. Она расколется как ореховая скорлупа – и внутренний свет, тонкоматериальная субстанция, духовная частичная планета из вечного Иерусалима, устремится к Небу, и с ней все те, кто проникнут светом истины.

Познайте: Моё слово, которое протекало через многих праведных пророков, направляло не только многих душ и людей на внутренний свет, но также и части материальной субстанции – вследствие осуществления вечного закона многими людьми.

С события падения прошли бесчисленные световые промежутки и бесконечные эпохи, пока не выкристаллизовалась полная материя. Ибо она возникала соответственно затвердевания сердец духовных существ и соответственно обременений душ и людей.

Познайте: растворение материи и возвращение назад падших царств вновь к вечному Царству Бога, наоборот уже не будет длиться так долго, как когда-то длилось событие падения вплоть до образования полной материи. Ведь от начала падения уже и началось возвращение падших существ и падших миров. Итак, когда вы думаете об общей продолжительности возвращения, тогда вы должны учесть все световые и временные отрезки, поскольку от начала падения уже и началось возвращение; то есть, оно уже также идёт к свету и Небу бесчисленные промежутки времени. Это означает, что до светоматериального Царства мира Иисуса Христа, а затем до растворения материи уже не будет столь же много световых и временных отрезков.

Мои объяснения и изложения в книге «Это есть Моё Слово» на протяжении поколений вновь и вновь переписывались и выводились на языке соответствующего поколения. Это происходило вплоть до светоматериальности. Моё слово является истиной — и оно остаётся, поскольку оно вечно. Язык же людей изменялся, а также и материал книг.

В материальное время материалом книги была грубоматериальная субстанция — люди называли его бумагой. В эру света, вплоть до светоматериальности, материал этой книги соответствовал характерной тому времени светоматериальной субстанции. В Царстве мира Иисуса Христа, в светоматериальности, существуют иные источники света и материалы, чем в полной материи и начинающегося утончения материи. Однако, Моё слово есть и остаётся истиной.

Мои братья и сёстры в Царстве мира Иисуса Христа, вы читаете о Моём мышлении и жизни как Иисуса из Назарета. Вы снова и снова устанавливаете, что каждый человек в каждом поколении обладает свободной волей. Ни один человек и ни одна душа не принуждались и не будут принуждаться к приёму вечной истины, живого Бытия. Кто хотел найти себе дорогу к внутренней истине, тот должен был продвинуться в своё внутреннее и испытать её в себе и на себе, и самому её пережить. Так и Я, как Иисус из Назарета, лишь давал свидетельство о вечной истине.

Люди, которые во всех поколениях ясно решались за Меня, истину, также и оставались при Мне, истине и жизни. Те, кто были ни горячими, ни холодными, уходили от Меня, потому что не могли понять Мою речь. Они не хотели осуществлять заповеди, поскольку были такого мнения, что им должно быть подарено то, что их ближние ежедневно претворяли в дело: бескорыстная любовь, закон Бога, вечная истина.

Так, во всех поколениях снова и снова люди, которые не могли решиться на вечную истину, покидали Моё стадо. Формовщики мнений и всезнайки верили, что истину можно купить или приобрести просто через слушание.

Однако, хлеб Небес должен был съедаться и правильным образом перевариваться; это значит, закон жизни должен был смиренно приниматься и осуществляться. Только таким образом душа и человек находили себе дорогу к внутренней жизни. Итак, осуществление вечных законов приносило духовную пользу только тем, кто решался для жизни во Мне, Христе Бога, и не пребывал в «за и против», то есть, один раз становясь «холодным», а потом опять «горячим».

На протяжении поколений учили закону свободной воли: человек только тогда находит себе дорогу к Богу, когда он также и решается за Бога, истину, постоянно стараясь делать волю Бога.

«За и против» многих людей, бывших однажды «горячими», а потом опять «холодными», снова и снова делали возможным тьме вторжение в ряды праведников. Снова и снова сатанинское соблазняло чувства многих людей. Они начинали тогда сомневаться в истине и покидали преданных. Эти «за и против» тянулись сквозь поколения до тех пор, пока не наступило время, в котором лишь светлые души могли воплощаться в Царство мира. Они входили в земное одеяние с целью продолжать строить и заселять новый мир. Царство мира Иисуса Христа возникало, таким образом, в процессе эволюции. Поскольку в земное одеяние приходили души всё более светлые и миролюбивые, то каждое поколение становилось светлее, а Царство мира обширнее и совершеннее.

Познайте: слова меняют своё значение – истина же остаётся. Слово, которое Я говорил, как Иисус из Назарета, и проявил через Мой инструмент как Христос Бога, является вечной истиной. Истину охватывает только тот, кто странствовал к истине – внутрь Царства Бога, находящегося в самом внутреннем каждого человека.

Единственно лишь Дух Бога есть то, что оживляет слово, а не человек, плоть и кровь.

Во все времена, во всех поколениях происходили равные тому и подобные события, как и в то время, когда Я ходил в земном одеянии, будучи Иисусом. Одни верили слову истины, другие же осмеивали истину и её передатчика. Во все времена люди находили себе дорогу к истине, и во все времена люди отворачивались от неё. Такое случалось и со Мной как Иисусом из Назарета. Многие люди приходили ко Мне, становились Моими учениками – и многие из учеников покидали Меня опять.

Кто истину только слушал и не приобщал её к своей повседневной жизни, тот продолжал бродить во тьме, и тьма тогда снова заполучала его к себе.

10. Тут Симон Пётр ответил Ему: «Господь, к кому нам идти? Ты имеешь слова вечной жизни. И мы поверили и уверены, что Ты есть Христос, Сын живого Бога».

11. Иисус ответил им: «Разве не Я избрал вас двенадцать? И одного среди вас, который предатель?» Он говорил об Иуде Искариоте, сыне Симона, левите; ибо он был тем, кто Его затем предал.

12. Иисус отправился в Иерусалим и встретил верблюда с тяжёлым грузом древесины. Верблюд не мог его тащить вверх на гору, и погонщик бил его и жестоко истязал, но ему не удавалось сдвинуть животное с места.

13. И когда Иисус это увидел, Он сказал ему: «Почему ты бьёшь своего брата?» И мужчина возразил: «Я не знал, что это мой брат. Разве это не вьючное животное и не сделано к тому, чтоб служить мне?»

14. И Иисус сказал: «Не тот ли самый Бог создал из такого же вещества это животное и твоих детей, которые тебе служат, и не вы ли оба получили одно и то же дыхание от Бога?»

15. И мужчина очень удивился этому разговору. Он перестал бить верблюда и освободил его от части его груза. Так верблюд поднялся на гору, и Иисус шёл перед ним, и верблюд больше не останавливался до конца своего дневного пути.

16. Верблюд узнал Иисуса; ибо почувствовал в Нём любовь Бога. И мужчина захотел узнать больше об этом учении, и Иисус учил его охотно, и он стал его приверженцем. (Гл. 31, 10-16)

Я, Христос, объясняю, исправляю
и углубляю слово:

Всё является энергией. По излучению людей Я, Христос Бога в Иисусе, узнавал, кто, как человек, старался жить праведно перед Богом, и кто, вопреки лучшему знанию, нарушал закон жизни.

Будучи Иисусом из Назарета, Я говорил многим людям о законе жизни, также и о животных, которые подобно людям ощущают боль, страдание и радость. Так же, как человеку следует быть не против, а за своего ближнего, так ему следует быть и за животных, и нести по отношению к ним ответственность, поскольку они служат человеку. Снова и снова Я учил людей, что также и животные являются созданиями Бога, которыми человеку не следует пренебрегать, но следует их любить. Кто их бьёт и мучает, тот однажды на своей душе и на своём теле испытает то же самое или подобное. Ибо, что человек причиняет своим окружающим и своим собратьям по творению, животным, то он причиняет себе самому.

Многие люди познавали свою грубую жестокость и начинали осуществлять Моё учение. Они раскаивались и принимали животных как своих друзей. И таким образом, многие понимали Мои слова и следовали за Мной.

ГЛАВА 32

Бог как пища и питьё –
Значение плоти и крови

*Питание и здоровье по воле Бога (1-6).
Огрубление людей, резкие черты человеческого «я» –
Возврат людей к единству с природой (8-12)*

1. И так случилось, что, когда Он со Своими учениками сидел за ужином, один из них сказал Ему: «Мастер, почему Ты сказал, что хочешь дать есть нам Твою плоть и пить Твою кровь? Ведь это многим трудно понять».

2. И Иисус сказал им в ответ: «Слова, которые Я сказал вам, они Дух, и они жизнь. Для незнающих и телесно настроенных они звучат как кровопролитие и смерть; но блаженны те, кто их понимают.

3. Посмотрите на зерно, как оно растёт до зрелости и срезается, и перемалывается в мельнице и выпекается в огне, чтоб стать хлебом. Из этого хлеба сделано Моё тело, которое вы видите. И посмотрите на виноградную гроздь, которая растёт на виноградной лозе до зрелости, собирается, попадает в винный пресс и дарит плод винограда! Из этого плода виноградной лозы и из воды сделана Моя кровь.

4. Ибо единственно лишь плодами деревьев и семенами растений питаюсь Я, и они Духом превращают-

ся в Мою плоть и в Мою кровь. Единственно ими и подобным следует питаться вам, кто верит в Меня и является Моими учениками, ибо от них, в Духе, приходят к людям жизнь, здоровье и исцеление.

5. Истинно, Моё присутствие должно бы быть с вами в субстанции и в жизни Бога, ставшее видимым в этом теле и в этой крови; и от них вам всем, верящим в Меня, следует есть и пить.

6. Ибо во всех местах Я воскресну к жизни мира, как написано в пророках. От восхода солнца до его заката повсюду во имя Моё следует приносить в жертву чистый жертвенный дар с ладаном. (Гл. 32, 1-6)

Я, Христос, объясняю, исправляю
и углубляю слово:

Познайте: слово Бога в слове людей является Духом и жизнью. Оно проявляется и даётся людям, для того чтобы они охватили то, что не единственно лишь слово делает блаженным, но смысл слова, которое Богом дано людям и которое следует ежедневно осуществлять.

Люди в Духе Вечного знают: в плодах полей и лесов находится субстанция жизни, сохраняющая здоровыми тело человека, его плотскую субстанцию и кровь – однако, не в убитых животных, которых съедают, ибо мясо является мёртвой пищей. Человеку не следует убивать ни людей, ни осознанно убивать животных или забивать их для употребления, ибо они как создания Бога являются его «меньшими ближними».

Когда человек посвящает свою земную жизнь Богу, тогда Дух Бога сохраняет тело человека, вещественное, плоть и кровь, здоровыми; тогда его ощущения, мышление, разговоры и поступки тоже будут благородны и добры. Единственно лишь из этого приходит высокая этика и мораль. Этико-моральные ценности такого человека будут тогда иметь значение также и при выборе питания. Он откажется от мясной и рыбной еды, а также от потребления крепких напитков.

Тогда присутствие Бога будет заметным, как в теле и на теле, так и в крови. Человек будет здоров, потому что он здоровым образом думает и здоровым образом питается. Это значит, его ощущения, мысли, слова и поступки находятся в законе, равно как и то, что он принимает из питания и напитков. Кто верит в Меня и делает волю Бога, будет жить в делах Бога, а также есть и пить то, что ему дарит природа.

«... во всех местах Я воскресну к жизни мира» значит: во всех местах этого мира будет провозглашено евангелие любви, и все люди, которые доброй воли, будут осуществлять Моё учение, которое Я дал как Иисус и даю опять как Христос. Они осознанно будут детьми Бога, ибо посвятили свою жизнь Богу и охотно и радостно жертвуют своё ещё имеющееся человеческое, передавая его Мне и обретая взамен Царство Бога.

В слове «ладан» заложен смысл: посвящённая жизнь.

7. Как в телесном, так и в духовном. Моё учение и Моя жизнь должны бы быть для вас пищей и питьём, хлебом жизни и вином избавления.

8. Точно так же, как зерно и виноград превращаются в плоть и кровь, так и ваши земные мысли должны быть превращены в духовные. Стремитесь к преобразованию телесного в духовное! (Гл. 32, 7-8)

Я, Христос, объясняю, исправляю
и углубляю слово:

«Стремитесь к преобразованию телесного в духовное!» значит: передавайте Мне ваше человеческое, ваши человеческие ощущения, мысли, слова, поступки, ваши побуждения, склонности и страсти. Всё человеческое относится к плоти, то есть к телу. Кто в своём внутреннем стремится к божественному, тот настроен на Бога, на закон жизни. Он исполняет закон бескорыстной любви в своих ощущениях, мышлении, словах и поступках.

9. Истинно, говорю Я вам, вначале все создания Бога находили себе поддержку единственно лишь в растениях и плодах Земли, пока незнание и эгоизм людей не отговорило многих и не повернуло их к тому, что противоречило изначальному, Богом данному по-

рядку. Но даже и они вновь возвратятся к естественному питанию, как написано в пророках. Ибо в тех словах не следует сомневаться.

10. Истинно, Бог даёт вечно от вечной жизни и вечной субстанции, для того чтобы формы Вселенной постоянно обновлялись. И потому вы все причастны к плоти и крови, субстанции и жизни Вечного, и Мои слова есть Дух и жизнь.

11. И если вы придерживаетесь Моих заповедей и ведёте жизнь справедливости, то будете счастливы в этой жизни и в жизни грядущей. Не удивляйтесь тому, что Я вам сказал: «Если не едите плоть и не пьёте кровь Бога, то не будете иметь в себе жизни».

12. И ученики ответили: «Господь, дай нам всегда есть от этого хлеба и пить из этой чаши; ибо Твои слова поистине являются пищей и питьём. Твоей жизнью и Твоей субстанцией мы будем жить всегда».
(Гл. 32, 9-12)

Я, Христос, объясняю, исправляю
и углубляю слово:

Поистине, жить в Боге значит: исполнять вечные законы Бога. Это значит также жить с того, что природа дарит человеку.

Люди и животные развивались очень постепенно на этой Земле. Оба, человек и животное, питались в саду Бога растениями. Когда человек всё глубже впадал в грехи, он вместе с тем впадал во тьму незнания и предавался эгоизму. Так, как грубоматериальное становилось всё плотнее, то огрубевали также и чувства человека, а вместе с тем постепенно-постепенно изменялись и его органы.

В своей самоодержимости человек искал наслаждения всякого рода и начал стремиться к острому, кислому и животному. Твёрдая оболочка, человеческое «я», грубые чувства породили чувственность, которая требовала удовлетворения. Этим люди пытались компенсировать то, что они незакономерно отдавали из жизненной энергии.

Чувственного человека, мысли которого становились всё эгоцентричнее, потянуло тогда к пище, которая соответствовала его мышлению и поступкам. Потому как он всё больше отдалялся от Бога, он становился острее в своих речах и поступках. Огрубевшие чувства опять же отражали остроту человеческого «я» и искали поэтому соответственно острые блюда и пряности. Когда человеку что-то не удавалось, он реагировал ожесточённо, и его чувства искали удовлетворения во всё новых наслаждениях. Судорожно сжатые нервы человека искали своего расслабления в чувственности.

Тело всё больше требовало того, что человек излучал в своих ощущениях, мыслях, словах и поступках: сладкого и кислого, острого и страстного. Поэтому он начал через приготовление пищи всё больше и больше изменять субстанции природы на кислое, острое и сладкое.

Следствием всего этого было то, что человек начал охотиться на животных, убивал их, приправлял их мясо и поедал. Благодаря этому человек стал охотником и браконьером. В своей становившейся всё сильнее чувственности он жаждал «плотского», мужского или женского пола.

Всё это происходило и происходит ещё также и в этом поколении. Только когда человек возвращается к Духу жизни, возвышая свои мысли к Богу, он утончает также и свои чувства.

Я пришёл принести людям закон жизни. Кто его принимает и на самом себе применяет, тот поворачивает назад к жизни в Боге. Жизнь в Боге и со всем Бытием – это самая высшая и тончайшая этика и мораль.

Все души вновь найдут себе дорогу к этому Бытию, потому что они произошли из Бога, вечного Бытия, жизни, и вечно обладают в себе жизнью из Бога.

Кто придерживается заповедей, выдержек из вечного закона, тот живёт в Боге и из Бога и является справедливым по отношению ко всем формам жизни.

Поистине, слово Бога – это пища и питьё, жизнь. Кто живёт в Боге, тот также живёт из Бога. Он живёт в Бытии. Земля – это часть вечного Бытия, поэтому осознанно живущий человек также закономерно будет ей обладать и её обрабатывать, так как он живёт вместе с Землёй, а не против Земли и против всего того, что на ней живёт.

Душа живёт из чисто духовной субстанции, земное тело живёт из той жизни, которая из духовной субстанции стала материальной. Обе, и чисто духовная, и духовно-материальная субстанция – это дары Бога для души и человека. Бог дал людям плоды и растения. Они являются жизнью для тела. Человек вновь возвратится к природе и будет жить вместе с природой, потому что он познает, что жизнь и здоровье тела единственно лишь из Бога, из жизни, дарующей себя в природе детям Бога.

Природа дарит здоровому телу силу, а больному исцеление. Предпосылкой, однако, является то, чтобы мысли человека, его слова и поступки были благими.

В Царстве мира Иисуса Христа дети Бога живут с природными царствами в абсолютном единстве, и Бог питает их плодами и растениями, жизнью природы.

ГЛАВА 33

О кровавой жертве и отпущении грехов –
Исцеление на пруду Вифезда

Обусловленные временем уступки Моисея стали законами (1-3). Жертвоприношение животных и мясное питание – Человеческие предписания связывают; Бог есть безграничная любовь и свобода (4-14)

1. Иисус учил Своих учеников во внешнем дворе храма, и один из них сказал Ему: «Мастер, священниками говорится, что без пролития крови не бывает прощения грехов. Разве могут законные кровавые жертвы удалить грехи прочь?»

2. И Иисус ответил: «Ни одна кровавая жертва животного или птицы, или человека не может забрать грехи прочь. Ибо как можно пролитием невинной крови погасить вину? Нет, это вину ещё и увеличит.

3. Священники действительно принимают от верующих такие жертвы к умиротворению за нарушения против закона Моисея, но для грехов против закона Бога не бывает прощения, кроме как через раскаяние и исправление». (Гл. 33, 1-3)

Я, Христос, объясняю, исправляю
и углубляю слово:

Моисей принёс Десять заповедей от Бога. Когда он познал, что израильтяне не смогут за короткое время начать выполнять Десять заповедей, потому что большинство из них десятилетиями думали и поступали против Десяти заповедей, он сделал им некоторые уступки, чтобы через самопознание вести их к внутреннему опыту. Однако, многие израильтяне не обращали внимания и на эти уступки и предавались дальше идолопоклонству. В дальнейших поколениях эти уступки были возвышены упрямыми израильтянами до законов.

Жертвоприношение животных – против закона Бога, а также против Десяти заповедей.

4. Разве не написано в пророках: «Уберите ваши кровавые жертвы и всесожжения и долой их!» Прекратите есть мясо; ибо Я не говорил об этом вашим отцам и не велел им этого, когда вёл их из Египта. Но вот, что Я велел:

5. «Повинуйтесь Моему голосу и идите путями, которыми Я повелел вам, и вы будете Моим народом, и всё у вас будет хорошо». Но они не были склонны к тому и не слушались.

6. И что повелевает вам Вечный иное, чем практиковать справедливость и милосердие и смиренно ходить с вашим Богом? Разве не написано, что Бог вначале определил плоды деревьев, семена и травы к питанию для всякой плоти?

7. Но они сделали молельню домом воров и вместо чистой жертвы с ладаном оскверняли Мои алтари кровью и ели мясо забитых животных.

8. Но Я говорю вам: не проливайте невинную кровь и не ешьте мяса. Будьте искренни, любите милосердие и действуйте правильно, и ваши дни продлятся в стране долго.

9. Разве зерно, растущее из земли с другими зёрнами, не превращается Духом в Мою плоть? Разве ягоды виноградника и другие плоды не превращаются Духом в Мою кровь? Позвольте им быть наряду с вашими телами и душами вашим памятником Вечному.

10. В этом видимо присутствие Бога как субстанции и как жизни мира. Из этого вам всем следует есть и пить к прощению грехов и ради вечной жизни для всех, которые послушны Моим словам».

11. Но вот же в Иерусалиме вблизи овечьего рынка есть пруд по имени Вифезда. В пяти залах лежало большое количество немощного народа, слепых, парализованных, иссохших, и ожидавших волнения воды.

12. Ибо в определённое время ангел спускался в пруд и колыхал воду. Кто же первым после волнения воды входил в пруд, тот исцелялся от всякой болезни, по-

разившей его. Там был также мужчина, который был парализован с рождения.

13. И Иисус сказал ему: «Разве вода не приносит тебе исцеления?» Он сказал ему: «Так, Господь, но у меня нет никого, кто снёс бы меня в пруд, когда вода задвижется. И когда я пытаюсь идти, то другой вступает прежде меня». И Иисус сказал ему: «Встань, бери свою постель и иди». И он тут же встал и пошёл. И в этот день был шабат.

14. И евреи сказали ему: «Сегодня шабат, и это против закона, что ты несёшь свою постель». И исцелённый не знал, что это был Иисус. А Иисус уже удалился, ибо на том месте было много людей. (Гл. 33, 4-14)

Я, Христос, объясняю, исправляю
и углубляю слово:

В законе Бога ничего не имеется ни о кровавых жертвах, ни о всесожжении, ни об умышленном убийстве животных, а также о поедании мяса животных.

Лишь тот ходит в Боге и принадлежит к народу Бога, кто повинуется Его голосу, исполняя законы Бога. Это закон: человеку следует практиковать справедливость и милосердие и смиренно идти к Царству Бога во внутреннем, где находится истинная и вечная родина души. Кто придерживается законов Бога, тот и питается также тем, что закон Бога производит в природе. Он также приведёт свою жизнь, свои ощущения, мышление, речь и поступки в соответствие с вечным законом.

С самого начала Бог дал людям в пищу плоды, семена и травы. Этот закон остаётся в силе до тех пор, пока все души не будут жить в тонкоматериальных сферах и не будет уже жить людей, которые нуждаются для своего тела в ставшей формой энергии, в жизни из природы.

Молельня должна бы быть домом молитвы, в котором человек в молитве и в поклонении Богу заботится о единстве со своим ближним. Он обретает от этого силу для повседневной жизни, чтобы вести посвящённую, чистую жизнь и жить в единстве со своими ближними.

В Моё время как Иисуса из Назарета люди оскверняли каменные алтари в своих молельнях кровью и ели тогда ещё также мясо животных, которых они убили. Свои храмы из плоти и кости они оскверняли противоположными ощущениями, мыслями, словами и поступками. Это делают также ещё и люди в это время снова и снова. Точно так же и они тоже всё ещё оскверняют себя кровью животных, которых они, вопреки лучшему знанию, убивают и поедают их мясо.

Познайте: закон Бога есть и будет вечно. Что имело силу в древние времена, то остаётся в силе и сегодня, ибо Бог есть тот же самый закон – сегодня, завтра и во всю вечность.

Кто проливает невинную кровь, кто поедает мясо, тот немилосерден и ему придётся вынести на самом себе свою немилосердность.

Памятником Вечному является чистая душа и здоровое тело, которое чистая душа сохраняет здоровым.

Природное питание содержит субстанцию Бога. Оно есть жизнь земного тела.

Кто раскаивается в своих грехах и их больше не делает, тот также и свои ощущения, мысли, слова и поступки оставит в Боге и будет есть то, что ему подарил Бог.

Я исправляю: не ангел колыхал пруд, а элементы двигали и движут воду. Не вода лечит, а единственно лишь вера в того, кто также и в воде находится как субстанция.

Как евреи, так и люди всех поколений придерживались и придерживаются шабата только во внешнем, потому что это для них таким образом является привычкой. В своём повседневном поведении они, однако, нарушали и нарушают то, чему они учат только на словах. Их мысли были и остаются нечисты, как и их дела, которые они совершают за каменными стенами, так чтобы их не увидели. Они говорили и говорят о заповедях шабата, но сами не придерживались и не придерживаются шабата, ни в своих ощущениях, ни в своих мыслях, своих словах и своих поступках.

Окропление земной водой – это лишь символ. Кто верит в духовный поток Бога и посвящает свою жизнь

Богу, тот достигает облегчения и исцеления через жизнь из Бога – погружается ли он в воду, которая является лишь символом, или взывает к Богу от всего сердца, неважно, где бы он ни находился.

Бог – это вездесущая сила. Бог помогает, облегчает и исцеляет. Он не спрашивает, будни это или шабат. Кто просит от сердца, тот получает, всё равно, в какой день и в какой час. Только узколобый человек имеет много предписаний. Ими он хотел бы ограничить всеобъемлющий Дух.

Познайте: Бог – это безграничная любовь и свобода. Закон безграничной любви и свободы не знает узколобия человеческого «я». Человеческое «я» является законом ячества, который человек создал себе сам. Это тот посев, который уже несёт в себе плод. Человек сам его внёс на пашню жизни, в свою душу.

ГЛАВА 34

Любовь Иисуса ко всем созданиям

Через кого протекает Бог, тот становится благословением (2-6). Уважение ко всему сотворённому; неуважение подчиняется каузальному закону (7-10)

1. Когда Иисус узнал, как фарисеи роптали и возмущались, что Он обретал и крестил учеников больше, чем Иоанн, Он покинул Иудею и пошёл снова в Галилею.

2. И Иисус пришёл к одному дереву, под которым оставался несколько дней. И туда пришли также Мария Магдалина и другие женщины и служили Ему своим имуществом, и Он ежедневно учил всех, кто к Нему приходил.

3. И птицы собирались вокруг Него и приветствовали Его своим пением, и другие создания приходили к Его ногам, и Он кормил их, и они ели из Его рук.

4. И когда Он уходил, то благословил женщин, которые выразили ему свою любовь, и Он обратился к фиговому дереву и благословил его тоже. И Он сказал: «Ты давало мне приют и тень от жгучей жары, и ко всему тому ты давало Мне и пищу.

5. Будь благословенно, расти и будь плодоносным и пусть каждый приходящий к тебе найдёт покой, тень и пищу, и пусть птицы воздуха найдут радость в твоих ветвях».

6. И смотри, дерево росло и развивалось совсем необычно, и его ветви простирались всё больше вверх и вниз, так что нельзя было найти подобного дерева такой красоты и величины, и ни одного с таким изобилием и такой добротностью плодов как это. (Гл. 34, 1-6)

Я, Христос, объясняю, исправляю
и углубляю слово:

Кто благу, силе Бога позволяет течь через себя, тот является источником силы для людей, животных, растений и камней.

Когда Бог в состоянии протекать через человека, тогда этот человек благословение для всех и всего. Через кого протекает Бог, тот любит бескорыстно людей, животных, растения и камни. Кто в свою жизнь включает людей и природные царства, тот состоит в коммуникации со все-жизнью. Жизнь в своём многообразии благодарит его, даря себя в изобилии, и она одарит каждого, кто приходит к источнику жизни.

Кто уважает жизнь, тот знает и вечную Родину. Он уже на Земле живёт посреди рая Бога, ибо ему служат природные царства, и элементы повинуются ему.

7. Иисус пришёл в село и увидел там маленькую кошку, которая была бездомной, и она страдала от голода и взывала к Нему. И Он поднял её, окутал её в Свои одежды и успокоил её на Своей груди.

8. И когда Он проходил по селу, Он давал кошке есть и пить. И она ела, и пила и показывала Ему свою благодарность. И Он отдал её одной из Своих учениц, вдове по имени Лоренца, и она заботилась о ней.

9. И некоторые из народа говорили: «Этот человек заботится обо всех животных. Разве они Его братья и сёстры, что Он их так любит?» И Он говорил им: «Истинно, они ваши собратья из великой семьи Бога, ваши братья и сёстры, которые имеют то же самое дыхание жизни от Вечного.

10. И кто бы ни заботился о самом малом из них и давал ему пищу и питьё в его нужде, тот делает это Мне, а кто намеренно допускает то, что один из них терпит нужду, и не защищает его, когда с ним жестоко обращаются, тот допускает случиться этому злу, как если бы оно было причинено Мне. Ибо точно так же, как вы делали в этой жизни, так сделают и вам в грядущей жизни». (Гл. 34, 7-10)

Я, Христос, объясняю, исправляю
и углубляю слово:

Истинно, Я говорю вам, жизнь есть дыхание Бога. Человек или животное – все они вдыхаемы о д н о й силой, Богом.

Бог есть жизнь, а жизнь – это дыхание. Кто своего ближнего преднамеренно лишает дыхания, убивая его, тот впадёт в духовную смерть. В царстве душ он будет чужим, ибо он не знает своего собственного сознания и не знает потому также, жив ли он или мёртв. Одно уже только, когда человек намеренно и умышленно допускает, что людей и животных мучают, пренебрегают и жестоко обращаются, с ним случится то же самое или подобное.

Что, таким образом, человек причиняет своим ближним и меньшим ближним, то есть животным, растениям и камням, это он причиняет Мне – и, тем самым, себе самому.

Познайте: также и камни являются силами творения Бога; также и к ним следует проявлять уважение.

Итак, посев человека будет его урожаем.

ГЛАВА 35

Притча о милосердном самаритянине –
Мария и Марфа

Что ты причиняешь своему ближнему, то ты причиняешь Христу и себе самому – О поведении к ближнему (1-8). Молись и работай; правильная мера (9-11). Картина к постройке дома Бога, Нового Иерусалима на Земле – Божественная мудрость зовёт сыновей и дочерей Бога; она подготавливает Внутренний путь и приносит всеобъемлющие божественные законы – Те, кто живут во Мне, станут живым источником (12-15)

1. Ему вышел навстречу книжник, который хотел изобличить Его: «Мастер, что я должен делать, чтобы обрести вечную жизнь?» Он сказал ему: «Что написано в законе? Как ты читаешь?»

2. Он отвечал и говорил: «Тебе не следует делать другому того, чего ты не хочешь, чтобы он делал тебе. Тебе следует Бога, твоего Господа, любить от всего сердца, от всей души и всем своим нравом. Тебе следует делать другим то, что ты хочешь, чтобы другие делали тебе».

3. И Иисус сказал ему: «Ты правильно ответил. Делай так, тогда будешь жить. На этих трёх заповедях висят все законы и пророки, ибо кто любит Бога, тот любит и своего ближнего».

4. Он же хотел сам себя защищать и сказал Иисусу: «А кто мой ближний?» Иисус сказал в ответ:

«Был некий человек, шедший из Иерусалима в Иерихон, и на него напали грабители; они стянули с него одежду, ранили его и ушли, оставив его лежащим в полусмерти.

5. Случилось же так, что по этой улице шёл священник; и когда он его увидел, он прошёл мимо него. Равным образом и левит, когда он сходил вниз и увидел его, он прошёл по другой стороне мимо.

6. Но также и один самаритянин шёл в своём путешествии там, где он лежал, и когда его увидел, он проникся к нему состраданием. Он подошёл к нему, полил масла и вина на его раны и перевязал их. После того усадил его на своё животное и привёз на постоялый двор и заботился о нём.

7. На другое утро, поскольку он продолжал своё путешествие, он вынул два гроша, дал их хозяину и сказал ему: «Позаботься о нём и, если тебе понадобится больше, я возвращу тебе, когда вернусь».

8. Который, тебе кажется, из этих трёх был ближним тому, кто пал жертвой разбойников?» Он сказал: «Тот, который оказал ему милосердие». Тогда Иисус сказал ему: «Так иди и делай то же самое». (Гл. 35, 1-8)

Я, Христос, объясняю, исправляю
и углубляю слово:

Также и это высказывание – как и многие другие
– должно было бы послужить тебе сопровождением

в твоём земном путешествии: «Ему вышел навстречу книжник, который хотел изобличить Его».

Познай: тебе не следует своему ближнему ставить никаких ловушек, ведь тем самым ты даёшь искусителю возможность сбить с ног тебя самого.

Если ты не бдителен, то есть, не контролируешь свои ощущения и мысли, тогда искуситель прокрадётся через твои собственные ощущения и мысли, через твои человечности, твоё человеческое «я», и соблазнит тебя к тому, что соответствует твоей теперешней человеческой сути.

Познай закон: что ты причиняешь своему ближнему, то ты причиняешь себе самому. Последствия могут наступить через вторые или третьи лица, или через невидимую тёмную силу, искусителя.

И: «Тебе не следует делать другому того, чего ты не хочешь, чтобы он делал тебе» значит: обращай внимание на каждый момент твоей земной жизни. Тогда у тебя будет проникающий взгляд в мир твоих чувств и мыслей, и ты сможешь своевременно передать Мне, Христу, твоё человеческое, прежде чем причинишь своему ближнему то, что вновь падёт на тебя назад. Что ты причиняешь своему ближнему, то ты причиняешь также Мне, Христу – и себе самому, ибо твой ближний является частью Меня, а также и частью тебя.

Кто любит Бога от всего сердца и от всей души, тот любит также и своего ближнего бескорыстно из глубины своей души и своего сердца. Это значит: тебе следует делать своему ближнему то, чего ты хочешь, чтобы он сделал тебе. Итак, тебе следует уважать ближнего и делать ему то, что соответствует вечному закону – однако не то, что он из незакономерного требует от тебя.

Познайте далее: вам следует любить не только тех и делать добро не только тем, кто любят вас и проявляют вам то же самое или подобное. Любите всех ваших окружающих и делайте всем добро по закону бескорыстной любви и правильной отдачи и получения. Итак, любите также и тех, которые не любят вас, и делайте добро также и тем, которые вами пренебрегают и отвергают вас.

Однако обращайте внимание на заповедь предоставления свободной воли вашим ближним: если они не хотят вашей бескорыстной помощи, тогда воздержитесь от неё. Если же они хотят вашей бескорыстной помощи, чтобы обогатиться за счёт вас – например, с тем чтобы они не должны были работать, зарабатывая себе на хлеб – тогда предложите им помощь найти работу, для того чтобы они сами зарабатывали на то, чего они ожидали от вас.

Когда речь идёт о ваших окружающих, то думайте в каждой ситуации о заповеди единства со всеми людьми. Разве вы практикуете бескорыстность, когда любите лишь тех, которые любят вас, и помогаете лишь тем, кто также и вам помогали или помогают? То же самое делают фарисеи.

Если вы всё больше и больше исполняете заповеди бескорыстия, вы начинаете, поистине, жить.

Заповеди отдачи, свободы воли, единства и бескорыстия – это основные элементы вечного закона Бога. Они действительны для всех существ и людей. Также и праведные пророки их исполняли и исполняют.

Познайте: каждый, без исключения, является вашим ближним.

Я уже проявил, что от поколения к поколению человечество многим словам снова и снова присваивало иное смысловое содержание, то есть, иное значение.

Так, слово «сострадание» имеет в законе жизни иное значение, чем человек приписывает ему сегодня:

Сострадание означает в законе жизни сопереживать, вчувствоваться в несущего страдание человека, чтобы почувствовать, в чём он нуждается.

Слово «сопереживать» означает также практиковать милосердие – однако не жалобно причитать вместе, оплакивать и жалеть ближнего как «беднягу». Ибо кто так поступает, тот может тем самым пробудить в страдающем самосострадание – и таким образом способствовать тому, чтобы он через самосожаление запутывался в своём страдании.

Кто поистине бескорыстно сопереживает, тот ощущает в своём сердце ситуацию своего ближнего. Он окажет бескорыстную помощь и по закону жизни сделает ради своего ближнего как можно лучше.

9. И вот по пути случилось, что они пришли в деревню. Женщина по имени Марфа приняла Его в свой дом. И была у неё сестра, которую звали Марией; она тоже присела у ног Иисуса и слушала Его слово.

10. Но Марфа прилагала много усилий, чтобы служить Ему. И она подошла и сказала: «Господь, не спросишь за то, что моя сестра оставляет меня служить одной? Скажи же ей, чтоб она помогла мне».

11. И Иисус сказал ей в ответ: «Марфа, Марфа, ты заботишься и мучаешься обо многих вещах; но одно только нужно. И Мария избрала эту добрую долю, и не следует это отнимать у неё». (Гл. 35, 9-11)

Я, Христос, объясняю, исправляю
и углубляю слово:

«И Мария избрала эту добрую долю, и не следует это отнимать у неё» обозначает: не одна лишь деловитость и внешнее служение приносят человеку духовную пользу, а правильная мера во всех вещах. Решающим будет то, что человек всё совершает от сердца и с силой Бога.

Кто покоится в Боге, через того действует Бог. Его бескорыстная деятельность является тогда благословением для многих.

12. И однажды вновь, когда Иисус со Своими учениками сидел за ужином в одном городе, Он сказал им: «Как стол на двенадцати опорах, точно так же Есть Я среди вас.

13. Истинно, Я говорю вам, мудрость строит свой дом и обтёсывает свои двенадцать опор. Она приготовляет свой хлеб и своё масло и смешивает своё вино. Она накрывает свой стол.

14. И она стоит на возвышенных местах города и зовёт сыновей и дочерей человеческих. Кто бы ни пожелал, пусть его ведут сюда, пусть он ест Моего хлеба, берёт Моего масла и пьёт Моего вина.

15. Откажись от глупцов, и живи и иди по пути прозрения. Почитание Бога есть начало мудрости, а познание Святого есть понимание. Через Меня ваши дни умножатся, и годы вашей жизни возрастут».
(Гл. 35, 12-15)

Я, Христос, объясняю, исправляю
и углубляю слово:

«Как стол на двенадцати опорах, точно так же Есть Я среди вас» означает: стол на двенадцати опорах символизирует Святыню Бога в несущей силе двенадцати старейшин, посреди которых Я Есть, Христос Бога. Точно так же Я был как Иисус из Назарета среди двенадцати апостолов, которые символизировали двенадцать старейшин Святыни.

495

Я Есть путь, истина и жизнь, хлеб, масло и вино.

«Истинно, Я говорю вам, мудрость строит свой дом и обтёсывает свои двенадцать опор» обозначает: мудрость из Бога – Его сущность в ангеле-князе божественной мудрости и его духовный дуал в земном одеянии – строит духовный дом, шатёр Бога среди людей: Новый Иерусалим.

Божественная мудрость готовит людям, которые доброй воли, путь во внутреннюю жизнь, ко Мне, Христу Бога, Избавителю всех душ и людей. Это Внутренний путь.

Вместе со Мной, Христом, зовёт она сыновей и дочерей Бога из рода Давида и из других родов, чтобы основывать и строить Царство мира Иисуса Христа. Род Давида одновременно является коленом Давида для Моего Царства мира на этой Земле.

Божественная мудрость, с мужчинами и женщинами из рода Давида и из других родов, обтёсывает двенадцать опор. Это значит, они создают фундамент для Царства мира Иисуса Христа, в котором дом, шатёр Бога, Новый Иерусалим, центр, является несущей опорой для Царства мира Иисуса Христа. Двенадцать опор символизируют также двенадцать ворот вечного города Бога и Нового Иерусалима на светлой Земле в Царстве мира Иисуса Христа.

«Она приготовляет свой хлеб и своё масло и смешивает своё вино» означает: божественная мудрость приносит людям всеобъемлющие законы Бога. Кто живёт по законам Бога, тот стоит по правую руку от Меня и сидит за столом Христа Бога и божественной мудрости со всеми праведными мужчинами и женщинами.

Кто сидит за столом жизни, тот также и принимает со стола Бога. Хлеб, масло и вино символизируют дары жизни, которые подаются всем, живущим во Мне, Христе Бога.

Слова «Она накрывает свой стол» обозначают: божественная мудрость приглашает на званый ужин Господа в доме Бога, Новом Иерусалиме на Земле. И кто честные сердцем, едят за столом Бога со Мной, Христом. Они осознанно являются носителями грядущих поколений.

Этот стол Бога в доме Бога уже накрыт. Сидящие за столом Господа – это братья и сёстры праобщины Новый Иерусалим, которые заключили с Вечным и со Мной, Христом Бога, союз для Царства мира Иисуса Христа.

Как было проявлено, Я, Христос, и божественная мудрость зовём всех сыновей и дочерей Бога из рода Давида и из других родов.

Стол Бога накрыт для всех людей, которые доброй воли, и они все придут, ибо чувствуют, что они желанны.

Я исправляю высказывание: «И она стоит на возвышенных местах города и зовёт сыновей и дочерей человеческих». На подготовленных местах многих городов и общин божественная мудрость зовёт сыновей и дочерей человеческих к повороту назад и повороту вовнутрь и зовёт сыновей и дочерей из рода Давида и из других родов, для того чтобы они исполнили их божественное поручение.

Каждый, который доброй воли, позван. Это оглашают слова: «Кто бы ни пожелал, пусть его ведут сюда, пусть он ест Моего хлеба, берёт Моего масла и пьёт Моего вина».

Дары из происхождения источника Бог, поданные через божественную мудрость, являются изобилием из закона Бога. Кто исполняет законы Бога, тот живёт в Боге и в Его изобилии. Ему не будет ни в чём недостатка.

«Откажись от глупцов, и живи и иди по пути прозрения» значит: откажись от человеческого «я» и от всех, кто хотят тебя к себе привязать через их представления и мнения, и от всех тех глупцов, которые вопреки лучшему знанию хотят оставаться такими, какие они есть: глупыми и чёрствыми. Отказываться означает: оставлять во внешнем, сохранять во внутреннем.

Иди по пути прозрения, и ты обратишься вовнутрь – к жизни, которая находится внутри в каждом человеке.

Божественная мудрость принесла всеобъемлющий Внутренний путь, так чтобы истинно ищущий нашёл себя во Мне, Христе Бога, и был способен черпать из никогда не иссякающего источника Бог. Кто истинно проходит Внутренним путём, который Я, Христос

Бога, проявил людям через божественную мудрость, тот достигает истинного величия.

Он будет познавать Бога во всех вещах, почитать Его и жить в Его святой воле. Благодаря этому он живёт в законе бескорыстной любви и все вещи, и всё, что существует, будет познавать и понимать в свете истины.

Через Меня в эти дни люди, живущие во Мне, Христе Бога, станут живым источником. Я приумножу их дни, потому что они живут во Мне и, через Меня, несут в этот мир спасение своим окружающим братьям и сёстрам.

В последовательности поколений они в годы своего земного существования будут действовать сообща и будут свидетельством всем тем, кто ещё живут в материалистическом мире.

ГЛАВА 36

Прелюбодейка – Фарисей и мытарь

Закон соответствия – Кто знает сам себя, тот познаёт и противника – Соблазнение через сатану чувств до, а также после великих переворотов (1-6). Из смирения вырастает духовное величие (7-10)

1. Однажды Иисус пришёл рано утром снова в храм, и весь народ приходил к Нему; и Он сел и учил их.

2. А книжники и фарисеи привели к Нему женщину, пойманную на прелюбодеянии, поставили её в середину и сказали Ему: «Учитель, эту женщину схватили по свежим следам на прелюбодеянии. Моисей ведь заповедал нам в законе побивать таких камнями. Но что скажешь Ты?»

3. Но они это сказали, чтоб искусить Его, для того чтобы найти обвинение против Него. Но Иисус нагнулся и писал пальцем на земле, будто бы их не слышал.

4. Когда они продолжали Его спрашивать, Он выпрямился и сказал им: «Кто из вас без греха, тот брось в неё первый камень».

5. И Он опять пригнулся и писал на земле. И те, кто это слышал, были уличены собственной совестью и уходили прочь, один за другим, от самых старших до самого последнего; и Иисус остался один, только женщина стояла ещё там.

6. Когда Иисус поднялся и никого не увидел кроме женщины, Он сказал ей: «Женщина, где они, твои обвинители? Никто не осудил тебя?» Она сказала Ему: «Никто, о Господь». И Иисус сказал ей: «Так и Я не осуждаю тебя. Не греши впредь больше, иди с миром». (Гл. 36, 1-6)

Я, Христос, объясняю, исправляю
и углубляю слово:

Ещё существует старый, греховный мир со своими формами проявления и обычаями. Многие люди всё ещё находятся у него в плену. Сатана чувств всё ещё собирает урожай среди них. Ибо он печётся о том, чтобы люди нарушали закон Бога. Снова и снова мракобес пытается их соблазнить, и тех, кто позволяют себя соблазнить, он держит железными когтями.

Как было в Моё время, будучи Иисусом из Назарета, это происходит ещё и на повороте времён.

Несмотря на изменение от старого, греховного к Новой эре, эре Духа, всё ещё господствует тот же самый грех: мракобес маскируется обвинениями и клеветой против своих ближних. Однако всё больше людей познают закон соответствия: кто упрекает своего ближнего в грехе и поэтому обличает и обвиняет его, находится в том же или подобном грехе. Кто обвиняет своего ближнего, тот обвиняет самого себя.

У кого нет ни жалости, ни понимания к своему ближнему, тот живёт в грехе. Грешник имеет жалость и понимание только к самому себе и у него много оправданий, если речь идёт о его человеческом «я».

Познайте: каждый человек даёт через свои жесты, мимику, через свою манеру говорить и своё поведение свидетельство о том, кем и чем он является. На этом Я узнавал и видел насквозь лицемеров.

Когда фарисеи ко Мне, Иисусу привели женщину, которую они якобы застигли по свежим следам на прелюбодеянии, Я прочитал по излучениям их душ, их ауры и из их слов, что они совершили те же самые и подобные грехи.

Поэтому Я сказал им: «Кто из вас без греха, тот брось в неё первый камень».

Познайте: ни один истинно духовный, то есть мудрый, человек не станет обвинять и отвергать своего ближнего. Он также и не захочет вводить своих окружающих в искушение. Кто сам преодолел противника, тот знает его и его искусство соблазнения и уловки. Однако человек, питающий свой грех, не знает ни себя самого, ни противника, который его соблазняет – и является как бы его перчаткой.

Поэтому Я как Христос Бога в соединении с божественной мудростью учу вновь: «Познай себя самого!» Тогда ты знаешь, через какие врата и каналы твоего человеческого «я» прокрадывается противник, чтобы тебя соблазнить и приобрести для своих дел.

Познайте, вы, живущие во Мне в Царстве мира Иисуса Христа и читающие истину и многие события, которые Я на повороте времён проявил через воплощённый женский принцип божественной мудрости: то, что вы читаете в книге «Это есть Моё Слово», всё это и гораздо большее происходило до великих земных катастроф и переворотных мировых событий – а также и после них. На некоторых частях Земли сатана чувств снова и снова подымался и соблазнял людей, позволявших себя соблазнить. Снова и снова они грешили разнообразно. Они сватались, позволяли себя сватать, нарушали супружескую верность и грешили – пока последующие эпидемии, земные и всемирные катастрофы всё больше не удалили греховность.

То, что оставалось, было в каждом случае фундаментом и зачатком для Царства мира Иисуса Христа, которое создали пионеры Новой эры в старом мире борьбой и жертвенным мужеством против тьмы. Снова и снова пионеры Эры света приходили в земное одеяние. В течение многих поколений они выстраивали Царство мира Иисуса Христа. Таким образом, Мой свет на Земле возрастал.

7. Эту притчу Он сказал одному человеку, который себя самого считал праведным, а других презирал: «Пришли двое мужчин в храм помолиться, один был богатый фарисей, сведущий в законе, другой мытарь, который грешник.

8. Фарисей стоял и молился сам про себя так: «Бог, благодарю Тебя, что я не такой как другие люди, ростовщики, несправедливые, прелюбодеи или даже как этот мытарь. Я пощусь дважды в неделю и отдаю десятину со всего, чем владею».

9. А мытарь стоял вдалеке от него, не желая поднимать глаз к небу, но бил себя в грудь и говорил: «Бог, будь милостив ко мне, грешнику».

10. Я говорю вам: «Этот ушёл в свой дом более оправданным, чем другой. Ибо, кто сам себя возвышает, тот будет унижен; а кто сам себя унижает, тот будет возвышен». (Гл. 36, 7-10)

Я, Христос, объясняю, исправляю
и углубляю слово:

Самодовольный человек не знает себя, потому что только на то и смотрит, как он предстаёт перед другими и не рассматривает того, почему он хочет таким казаться. Однако, кто познаёт свои грехи и просит вечного Отца о помощи, с тем чтобы он достиг силы суметь их оставить, тот уже принял от Вечного милость и помощь.

Только из смирения вырастает духовное величие. Высокомерие – это сам грех, ибо маленькое «я» ставит себя над Богом. Так, высокомерие является основой дальнейших соблазнов. Кто имеет внутреннее величие, будет бороться со своим человеческим «я» до тех пор, пока его жизнь не станет Моей жизнью, космическим сознанием.

Кто достиг внутреннего величия, тот больше не довольствуется тем, что время от времени погружается в источник познания. Он будет до тех пор работать над собой, пока не достигнет происхождения источника и не будет в вечности жить в Боге.

ГЛАВА 37

Возрождение души

Через страдания и искупление к совершенству – Милость Отца действует на Земле усиленно – Конец возможности инкарнаций для тяжело обременённых душ – Возрождение в Духе Бога (1-10)

1. Иисус сидел в притворе храма и многие приходили, чтобы узнать Его учение. И один спросил Его: «Господь, чему Ты учишь про жизнь?»

2. И Он сказал им: «Блаженны прошедшие через множество испытаний, ибо они через страдания станут совершенными. Они будут как ангелы Бога в Небесах, и больше не будут ни умирать, ни возрождаться; ибо смерть и рождение не имеют больше власти над ними.

3. Те, которые страдали и преодолевали, сделаются опорами в храме Моего Бога и никогда уже вновь не покинут его. Истинно, говорю Я вам, если вы не возродитесь через воду и огонь, то не увидите Царства Бога».

4. И один рабби (Никодим) пришёл к Нему ночью из боязни перед евреями и спросил Его: «Как может человек быть возрождён, если он стар? Разве может он второй раз войти в чрево матери и родиться?»

5. Иисус ответил: «Истинно, Я говорю тебе, если кто не возродился из плоти и Духа, то иначе он не сможет войти в Царство Бога. Ветер дует, куда хочет, и ты хотя слышишь его шум, но не знаешь, откуда он приходит и куда уходит.

6. Свет сияет с востока на запад; из темноты поднимается солнце и вновь опускается в темноту. Так происходит это и с человеком от одного времени жизни к другому времени жизни.

7. Когда оно выходит из темноты, то оно было там прежде, и когда оно вновь опускается в темноту, то так происходит, чтобы оно немного там задержалось и затем явилось вновь.

8. Так вы должны через множество изменений стать совершенными; как и написано в книге Иова: «Я путник и сменяю одно место за другим, и один дом за другим, пока не приду в тот город и в тот дом, которые вечны».

9. И Никодим спросил Его: «Как может это произойти?» И Иисус ответил, сказав: «Разве ты не учитель в Израиле и не понимаешь этого? Истинно, мы говорим, что знаем и свидетельствуем о том, что видели, а вы не принимаете нашего свидетельства.

10. Если Я говорю вам о земных вещах, и вы не верите, как поверите, если бы Я вам сказал о вещах небесных? Никто не поднимался к Небу; но тот сошёл с Неба, который есть в Небе, а именно Сын Человеческий». (Гл. 37, 1-10)

Я, Христос, объясняю, исправляю
и углубляю слово:

«Блаженны, прошедшие через множество испытаний, ибо они через страдания станут совершенными» значит: человек, кто свои грехи, которые могут появиться также в виде страданий, принимает, и себя в страдании, болезни и нужде признаёт грешным, кто раскаивается, просит о прощении, прощает, исправляет и грехов больше не совершает, тот через искупление окрепнет и станет совершенным. Над грешником смерть и рождение властвуют лишь до тех пор, пока он не отложит в сторону свои грехи и не станет исполнять волю Бога. Тогда его душа начинает светиться. Оба, душа и человек, глядят тогда на небо. И когда они победят – пусть даже через страдания – душа войдёт в Царство Бога.

Познайте: когда душа приходит из тьмы, это значит, когда она себя в своём предыдущем существовании в земном бытии обременила и грехи не очистила, тогда она временно будет пребывать в душевных царствах, а затем снова войдёт в земное бытие. Она столь долго будет стремиться к плоти, земному одеянию, пока не очистит то, что её снова и снова притягивает к Земле в земное одеяние.

Земля, таким образом, так долго является для душ магнетической точкой притяжения, пока они на ней не искупят и не преобразуют то, что их снова и снова притягивало в земное бытие. Ибо имеются обременения, которые «земновесны» и которые снова и снова притягивают души к Земле, пока эти обременения не будут устранены. Многие души не находят в сферах очищения покоя до тех пор, пока не преодолеют это земное притяжение. С другой же стороны, не земновесные обременения, которые причинили души в земном одеянии, могут быть в потустороннем мире погашены быстрее.

Благо тем душам и людям, которые свою земную вину – ту, что они причинили – исправляют на Земле милостью Отца; ведь она действует на Земле усиленно.

Познайте: всё ближе приближается время, в которое тяжело обременённые души уже не смогут так запросто отправиться на Землю. Ибо Земля очистится, и вся земная планета, включая целую солнечную систему, возвысится и утончится в своей структуре. Тогда воплощение тяжело обременённых душ не будет больше возможным. Они тогда почувствуют себя как бы связанными в областях очищения на тех планетах, которые соответствуют их душевному состоянию, то есть, их состоянию сознания. Там они будут претерпевать то, что они на Земле могли бы погасить без больших мук.

Возрождения в Духе Бога достигает та душа в человеке, которая смотрит на небо и в своём земном бытии час за часом, день за днём направляет свои ощущения и мышление на Бога и тем самым настраивает себя на Бога. Слова и поступки такого человека тогда божественны. После телесной смерти эта душа постепенно поднимется в Небо, потому что она открыла в себе Небо.

Путь к сердцу Бога – это бескорыстная любовь. Как её достичь, Я и божественная мудрость на Земле обучаем через откровения. Слово истины истекает через Мой инструмент в этот мир. Моё слово служит помощью, спасением и радостью всем тем, которые идут путём бескорыстной любви.

То, что написано, объясняет приход и уход душ. Никто не может подняться в Небо, кто не раскрыл в себе Небо.

Однако, все души и люди снизошли с Неба и вновь войдут в Небо, потому что они из Неба. Моё задание как Избавителя в том, чтобы всех вновь привести назад к вечному Отцу в вечные Небеса.

ГЛАВА 38

Об убийстве животных – Воскрешение юноши из Наина

Кто не исполняет законы Бога, отягощает свою душу; он также не может учить закону Небес и истолковывать его – Плевелы будут отделены от зёрен (1-2). – Лестница Иакова – С утончением мыслей и чувств незакономерное отпадает (3). О применении насилия и кровопролитии (4). Сопереживание к животным – Убийство животных, чтобы избавить их от страданий (5). Кто познаёт себя и очищает, тот учится любить жизнь (6). Пробуждение из мёртвых (8-10)

1. И некоторые из Его учеников пришли к Нему и рассказали Ему об одном египтянине, сыне Белиала, учившем, что якобы не против закона мучить животных, если их страдания приносят пользу людям.

2. И Иисус сказал им: «Истинно, Я говорю вам, кто извлекает выгоду из несправедливости, причинённой одному из созданий Бога, тот не может быть праведным. Точно так же мало могут обходиться со святыми вещами или учить тайнам Небес те, руки которых запятнаны кровью или уста которых загрязнены мясом. (Гл. 38, 1-2)

Я, Христос, объясняю, исправляю
и углубляю слово:

Познайте: всё, что живёт, ощущает. Подобно человеку все формы жизни ощущают радость и горе – будь то животные, растения или камни. Жизнь – это сознание. Сознание излучает бесчисленные эволюционные грани Я Есть. Сознание – это также и становление сознания. Люди, животные, растения и камни ощущают в соответствии со своим сознанием.

Познайте: кто охотится на животных, на того самого однажды будут охотиться. Кто мучит животных, тот однажды сам будет мучиться. Кто эксплуатирует жизнь Земли, тот станет добычей тех, которые его к этому направляют.

У каждого посева свой урожай. Что человек сеет, входит в пашню его души; оттуда оно всходит и растёт. В каждом семени уже содержится плод.

Итак, кто против своего ближнего и против царств природы, тот также против Бога – ведь Бог, жизнь, находится во всём Бытии.

Познайте: кто не исполняет законы Бога, тот отягощает свою душу. Кто мучает или убивает животных, руки того запятнаны кровью. Кто потребляет мясо животных, загрязняет и оскверняет природу, тот не чист. Такие люди не могут ни обращаться со святыми вещами, ни узнавать так называемые «тайны» Небес, а также учить закону Небес и истолковывать его.

Кто учит самому святейшему, законам Небес, и наставляет своих окружающих придерживаться этого, а сам того не придерживается, тот пожнёт одобрение лишь тех, которые живут и думают подобно как он.

Всё безбожное не имеет постоянства на длительный срок. Оно отступит, так же, как и ночь уступает место дню. Приблизилось то время, в которое свет выносит всё на ясный день, и люди познают богоудалённую жизнь тех, которые хотя их учили и велели им придерживаться законов жизни, однако же сами их не придерживались, руки которых запятнаны кровью и тело которых загрязнено потреблением мяса.

Мельницы Бога мелют медленно. Однажды плевелы будут отделены от зёрен, и богонаполненные люди станут справа от Меня, а плевелы, безбожные, подвергнутся очистке по закону посева и жатвы.

3. Бог даёт в пищу зёрна и плоды Земли; и для праведного человека нет никакой иной законной пищи для тела. (Гл. 38, 3)

Я, Христос, объясняю, исправляю
и углубляю слово:

«Бог даёт в пищу зёрна и плоды Земли; и для праведного человека нет никакой иной законной пищи для тела» означает: Бог даёт людям из чрева матери Земли всё, в чём нуждается для жизни земное тело. Кто в ощущениях, мыслях, словах и поступках исполняет законы любви и жизни, тот также и живёт с того, что ему дарит мать Земля.

На лестнице Иакова, ведущей в чистый храм жизни, стоят очень многие. Многие люди, как во внутреннем, так и во внешнем ещё являются великими грешниками и остаются ими в течение десятилетий или даже нескольких воплощений или душевных местопребываний, пока не встретят в виде следствий то, что они выстроили в причинах.

Однако, из храма любви Бог протягивает руку каждому, даже самому величайшему грешнику. Снова и снова вечное Бытие, Всеотец, учит через Меня, Христа, евангелию любви. Снова и снова душам и людям даются указания жить друг с другом, развивать чувство общности внутренней жизни, а также оставить убийство животных и питание их мясом. Снова и снова как души, так и люди побуждаются облагораживать свои ощущения и мысли, чтобы тем самым утончались также их органы чувств. Ведь пока в душе ещё есть хоть малая йота нечистого, она не сможет войти в Небо.

Это является закономерностью, что человек, держащий свои мысли и слова чистыми, а свои поступки возносящий к Богу, всё больше отстраняется от мёртвого питания, от мясной и рыбной еды, пока не очистится настолько, чтобы благодарно принимать дары из чрева матери Земли.

Чистого не загрязнит нечистое, если он, к примеру, приглашён на трапезу и примет от мясного блюда, которое хозяева приготовили с большой радостью и усилиями, и подали ему. Это тогда жест уважения по отношению к хозяину. Здесь имеет силу по смыслу следующее высказывание: не то, что входит в уста – к примеру, несколько кусочков мяса – загрязняет тело, а то, что исходит из уст: безлюбивые, полные ненависти, завистливые чувства, мысли и слова; они загрязняют душу и тело.

Удовлетворение же жадности до рыбы, мяса и алкоголя отягощает душу и загрязняет тело.

В общей беседе с хозяином можно затем указать на то, что ты, гость, всё больше отстраняешься от мясной и рыбной пищи, потому что познал, что мёртвая пища не служит душе и телу, потому что закон Бога является жизнью. Благодаря таким или подобным общим намёкам хозяин также придёт к размышлениям о том, что он тоже ведь тот, кто стоит на лестнице Иакова, может себя очищать и взбираться вверх ступенька за ступенькой.

Любое бескорыстное слово и любой бескорыстный поступок служат ближнему во благо. За хорошими, бескорыстными беседами так многие смогут познать то, что Я, Христос, будучи Иисусом, заповедал людям: для бескорыстного, праведного человека не бывает никакой иной пищи для тела, чем закономерная пища, которую производит природа: зёрна и плоды.

Кроме того, Я заповедал Моим не бичевать себя, а утончать свои мысли и чувства. Тогда уменьшается также и приём мёртвой пищи, рыбы и мяса. С утончением души и человека отпадает затем то, что незакономерно. Тогда оно не вытеснено, а отменено жизнью во Мне, Христе.

4. Грабитель, врывающийся в дом, построенный людьми, виновен; но даже малейшие из тех, кто врываются в дом, построенный Богом, они большие грешники. Поэтому Я говорю всем, желающим стать Моими учениками: держите ваши руки свободными от кровопролития и не позволяйте мясу касаться своих губ; ибо Бог справедлив и добр и повелел, что людям следует жить лишь одними плодами и семенами Земли. (Гл. 38, 4)

Я, Христос, объясняю, исправляю
и углубляю слово:

Так гласит закон жизни: кто врывается в дом, построенный людьми, делается виновным перед законом Бога и перед правом, законом людей. Человеку не следует ни воровать, ни грабить. Ему следует уважать имущество своего ближнего. Кто попал в беду, тому нужно бы попросить о помощи – однако, не воровать и грабить. Кто обкрадывает своего ближнего – даже если последний всё же обладает большими богатствами – тот становится виновен по духовному и земному законам.

Кто врывается в дом Бога, в храм Святого Духа, тот гораздо больший грешник. Дом Бога, храм Святого Духа – это человеческое тело и душа, которая из Бога и которая живёт в человеческом теле. Глубоко в душе находится любовь, мудрость и справедливость Бога. Бог, таким образом, живёт в душе. Следовательно, душа и тело человека являются храмом Бога. Итак, кто врывается в дом из плоти и кости, причиняя насилие людям, закабаляя их, обращаясь с ними как с рабами или вовсе их убивая, тот грешит против Святого Духа. Это самый тяжкий грех.

Так держите же свои руки и свою душу чистыми – не только от кражи и грабежа. Но прежде всего не применяйте насилия – будь то к людям или к животным – и остерегайтесь проливать их кровь.

Кто своего ближнего бескорыстно любит, тот и не причинит ему насилия и не убьёт его. И кто своего ближнего бескорыстно любит, тот также не станет преднамеренно убивать и животных. Кто уважает человека и животных, тот также не имеет и воинственных намерений, потому что он уважает законы Бога, к которым принадлежат также и законы природы. Кто старается осуществлять законы Бога, тот будет больше и больше отстраняться от мясного питания и благодарно принимать дары Земли – то есть ту пищу, которая от Бога приходит для Его человеческих детей.

5. Но если животное очень страдает, так что жизнь ему одна мука, или если оно опасно для вас, то избавьте его от его жизни быстро и с такой малой болью, как можете. Отправьте его на ту сторону в любви и милосердии и не мучайте его, и Бог, ваш Отец, окажет милосердие вам, точно так же, как и вы оказали милосердие тем, которые отданы в ваши руки. (Гл. 38, 5)

Я, Христос, объясняю, исправляю
и углубляю слово:

Я, Христос, даю это Моё слово откровения в могучий поворот времён, чтобы, среди прочего, вновь обратить внимание на то, что точно так же, как жизнь людей, также и жизнь животных, растений, камней и минералов находится в руках Бога:

Многие люди отвернулись от Отца-Матери-Бога и предались материализму. Вследствие такого овнешнивания чувства человека также становятся всё грубее.

Человек тем самым утрачивает тонкие ощущения по отношению к своим окружающим, а также по отношению к природе. У него имеется всего лишь одно ухо, одно чувство для себя самого, для своего «я». Последствием является то, что он обращает внимание единственно лишь только на себя самого и ставит всё на то, чтобы удовлетворить свои собственные желания – не задумываясь о том, что станет с его ближним, а также с его меньшим ближним, животным.

Животные страдают от людей-господ. Поэтому в это время нельзя так сразу сказать: «Если животное очень страдает, так что жизнь ему одна мука, или если оно опасно для вас, то избавьте его от его жизни быстро и с такой малой болью, как можете». Ибо сегодня многие животные постоянно терпят мучения и боль из-за жестокости человеческого «я». Сюда это не относится: избавьте этих животных, быстро освободив их от мук и страданий. Я, Христос, говорю вам: попытайтесь их муки и страдания пережить в мире ваших ощущений! Вчувствуйтесь в их муки и страдания и познайте, как они страдают из-за ваших человеческих действий! Вам заповедано, чтобы вы себя изменяли, посвящая себя Богу, так чтобы вы в своём внутреннем могли ощутить и понять вашего ближнего и вашего меньшего ближнего, животное.

Познайте: что бы вы ни причиняли животным, это вы причиняете Мне, Христу – а также и самим себе.

Муки и страдания животных станут однажды вашими муками и страданиями. Бог, Вечный, также и животных отдал человеку в руки – однако, не чтобы он их мучил, но чтоб с ними жил. Человеку следует быть з а животного, тогда и животное будет з а человека. Тогда оно будет ему и с радостью служить.

Если животное из-за несчастного случая или из-за своего возраста вынуждено сильно страдать, то человеку следует быстро и с причинением небольшой боли освободить духовную жизнь животного, частичную душу или частичный луч, от земного тела и с любовью и милосердием передать её в руки вечного Творца. Он, великий Все-Единый, знает каждое животное. Он сотворил его и живёт как сила в частичной душе или в частичном луче. Частичная душа или частичный луч животного – это развившиеся силы сознания Вседуха, ставшие духовной формой.

6. И что бы вы ни сделали самому малому из Моих детей, это делаете вы Мне. Ибо Я Есть в них, а они есть во Мне. Да, Я Есть во всех созданиях, и все создания есть во Мне. Во всех их радостях радуюсь и Я, а во всех их болях страдаю и Я. Поэтому говорю Я вам: будьте добры друг к другу и ко всем созданиям Бога».
(Гл. 38, 6)

Я, Христос, объясняю, исправляю
и углубляю слово:

Что человек сеет, это он и пожнёт, значит также: что человек причиняет самому малому из своих окружающих – также животным, растениям и минералам – это он причиняет Мне и себе самому.

Каждый день дан человеку к самопознанию, ибо каждый день каждый человек может испытать, что ему сегодня следует в себе познать и очистить. Кто это делает, тот становится чувствительным для жизни. Он испытывает сам на себе, что означает любить жизнь.

Кто любит Бога, осознанно находится в Боге и Бог в нём. Его дни становятся для него как человека светлее, потому что его душа становится свободнее. Тогда он постигает также высказывание: «Я Есть во всех созданиях, и все создания есть во Мне».

Добрый человек – это милосердный человек, живущий с окружающими его людьми, с животными и со всеми жизненными силами и жизненными формами в гармонии.

7. Случилось на следующий день, что Он шёл в город по имени Наин. И многие из Его учеников шли с Ним и много народа.

8. Когда же Он приблизился к городским воротам, смотри, там выносили покойника, единственного сына своей матери; она была вдовой. И много людей из города шли с ней.

9. Когда Господь её увидел, Он сжалился над ней и сказал ей: «Не плачь! Твой сын спит!» И Он подошёл и прикоснулся к гробу, и те, кто его нёс, остановились. Он сказал: «Юноша, Я говорю тебе, вставай!»

10. И тот, которого считали мёртвым, поднялся и начал говорить. И Иисус отдал его его матери. И тут всех их охватил страх, и они восхваляли Бога и говорили: «Великий пророк поднялся среди нас, и Бог пришёл к Своему народу». (Гл. 38, 7-10)

Я, Христос, объясняю, исправляю
и углубляю слово:

Таким и подобным образом Я, Сын Бога, Соправитель Небес, действовал в земном одеянии Моим наследством, частичной силой прасилы.

Многие так называемые покойники, которых Я пробуждал от глубокого сна, находились ещё не в царстве душ, но душа была ещё через серебряную ленту, называемую также духовной информационной лентой, соединена с телом.

Глубокий сон похож на обморок. Он наступает, прежде чем лента отделяется от тела. Он людьми обозначается уже как наступление смерти.

Только когда информационная лента разъединена от тела, тогда и душа полностью отделена от тела. Тогда дом души, тело, постепенно распадается на свои составные части: воду и землю.

ГЛАВА 39

Семь притчей о царстве Небесном

Путь к царству Бога – Кто колеблется в своём решении, тот не найдёт сокровища в Небе (1-6)

1. Вновь Иисус сидел под фиговым деревом, а Его ученики вокруг Него, и возле них большая людская толпа, желавшая Его слушать. И Он сказал им: «С чем Мне сравнить царство Небесное?»

2. И Он рассказал такую притчу: «Царство Небесное подобно семени, малому зёрнышку, которое человек взял и посеял на своей пашне. Когда же оно вырастет, то станет большим деревом, расстилающим свои ветви. И его ответвления склонятся к земле, пустят корни и прорастут, пока всё поле не покроется деревом. И прилетят птицы воздуха и совьют гнёзда в его ветвях, и создания земли найдут приют в его тени».

3. Другую притчу Он дал им и сказал: «Царство Небесное подобно великому сокровищу, что лежит зарытым в поле. Человек найдёт и спрячет его, и от радости о том пойдёт и продаст всё, что у него есть, и купит то поле; ибо он знает, как велико станет от этого его богатство.

4. Точно также царство Небесное подобно жемчужине высочайшей ценности. Её найдёт купец, искав-

ший хороший жемчуг. И купец, когда её нашёл, продал всё, чем владел, и купил её; ибо узнал, насколько ценнее она всего того, что он за неё отдал».

5. И опять же Он сказал: «Царство Небесное подобно закваске, взятой хозяйкой и смешанной с тремя мерами муки. Когда всё прокисло и было испечено в огне, то получилась буханка хлеба. Или же вновь оно подобно человеку, который берёт одну меру чистого виноградного сока и выливает её в две или четыре меры воды, пока всё не смешается в плод виноградной лозы.

6. Царство Небесное подобно городу; он тщательно был построен на вершине высокой горы и основан на скале, окружён прочной стеной, с башнями и воротами, расположенными на севере и на юге, на востоке и на западе. Такой город не падёт, и не может оставаться скрытым, и его ворота открыты для всех, и все, имеющие ключи, войдут». (Гл. 39, 1-6)

Я, Христос, объясняю, исправляю
и углубляю слово:

Кто любит Бога, тот не копит для себя. Он делится по-братски со своим ближним, имеющим ту же цель, как и он: действовать для жизни из Бога.

Кто всё отдаёт, чтобы приобрести Небесное царство, тот нашёл сокровище: царство Бога в нём самом.

Оно излучается из его внутреннего как бескорыстная любовь, добродетель и доброта и дарит себя тому, кто по нему голодает и жаждет. Кто обладает Небесным царством, тот получает всё, в чём он нуждается. Кто не заботится о завтра, но планирует с Богом, тот в Боге — и Бог действует через него для блага всех, стремящихся честным сердцем к царству Бога.

Познайте: пока вы ещё хоть одной фиброй своего сердца прилипли к этому миру, вы не найдёте внутреннего сокровища, потому что ваши мысли тянутся к этой искорке в мире. Она подобна соломинке, за которую вы удерживаетесь. Только кто всеми своими ощущениями, мыслями, словами и делами обращается вовнутрь, тот найдёт сокровище, делающее человека блаженным.

Только таким образом вы доберётесь до ключа, подходящего к вратам жизни.

Кто приобрёл внутреннюю крепкость, тот открывает врата к Небу и стоит, залитый светом, на вечной Родине, явной ему уже как человеку.

Во многих притчах снова и снова людей приближали и приближают к тому, что только тот сможет достичь Небесного царства, кто решается исключительно за Бога. Всё иное, как например, «за и против» — один раз за Бога, потом же опять за этот мир — противоречиво и не является путём к королевству Бога, находящемуся внутри в каждой душе. Задача всех душ и людей, которые отдалились от Бога через «за и против» — один раз дух, потом опять этот мир – пробудить и раскрыть вновь в себе Царство Бога. Через Меня, Христа, душа снова войдёт в Небо, потому что Я Есть путь, истина и жизнь.

Сколько окольных путей пройдёт человек и сколько он претерпит боли из-за своей противоположной и противоречивой жизни, это лежит единственно лишь на усмотрении каждого отдельного человека, ибо каждый имеет свободную волю для свободного решения, когда он захочет пойти непосредственным путём, ведущим к освобождению и свободе.

7. И Он предложил им другую притчу, говоря: «Царство Небесное подобно доброму семени, посеянному человеком на своей пашне. Но в ту ночь, когда люди спали, пришёл его враг, посеял сорняк между пшеницей и ушёл. И вот когда стебли подросли и колосья сформировали плод, тут стал заметен и сорняк.

8. Тогда слуги подошли к хозяину дома и сказали: «Господин, разве ты не посеял доброе семя на свою пашню? Откуда же на ней сорняк»? И он сказал им: «Это сделал враг».

9. Тогда слуги сказали: «Не хочешь, чтоб мы пошли и выпололи его?» Он ответил: «Нет, чтобы вы при вырывании сорняка не вырвали с корнем разом и добрую пшеницу».

10. Пусть оба растут вместе до жатвы. А к часу жатвы я скажу жнецам: соберите прежде сорняк и свяжите его в пучки, чтоб сжечь, и это удобрит землю; пшеницу же соберите в мои амбары».

11. И ещё раз Он сказал: «Царство Небесное подобно посеву. Смотри, вышел сеяльщик, чтобы сеять. И пока он сеял, некоторые из семян падали на обочину дороги. Тут прилетели птицы и склевали их.

12. А другие падали на каменистую почву, где земли было не много, и всходили быстро, потому что были неглубоко в земле. Когда же засветило солнце, они сгорели и потому как не имели корней, засохли.

13. Некоторые упали среди колючек, и колючки выросли и заглушили их. А некоторые упали на добрую почву, хорошо подготовленную, и принесли плоды, иные стократно, иные шестидесятикратно, иные тридцатикратно. Имеющий уши слышать, да услышит!» (Гл. 39, 7-13)

ГЛАВА 40

Иисус раскрывает притчи о царстве Небесном

Притча о царстве Небесном; добрый посев; распознание и удаление сорняка в надлежащий срок – Через осуществление в изобилие царства Бога (1-2). Великая жатва: отделение плевел от пшеницы; адские мучения (3-7). Семя на обочине дороги: истину только слушать (9)

1. И пришли ученики и сказали Ему: «Почему Ты обращаешься к толпе притчами?» Он ответил им, сказав: «Потому что вам дано знать тайны царства Небесного, им же нет.

2. Ибо кто имеет, тому дано будет, с тем чтобы он имел больше с избытком; у того же, кто ничего не имеет, будет отнято и то, что он якобы имеет. (Гл. 40, 1-2)

Я, Христос, объясняю, исправляю
и углубляю слово:

Я, Христос, давал, будучи Иисусом, доброе семя из Небесного царства в этот мир и в души всех детей Бога. Доброе семя всходит лишь в тех детях Небесного царства, которые изо дня в день стараются. Сорняк – это посев зла. Он всходит в тех детях этого мира, которые не живут в единстве с детьми, стремящимися к Небесному царству. В конечное время, когда материалистический мир подойдёт к концу, последует всеохватная жатва. Жнецы – это ангелы и все те люди, которые обращаются вовнутрь и стараются исполнять волю Бога.

Также и следующую притчу вам следует рассматривать в своём внутреннем: Небесное царство – это доброе семя, которое даётся людям. Оно падает на пашню жизни, в душу, чтобы вновь подготовить её для Небесного царства. Будьте бдительны и оберегайте добрый посев! Ибо мракобес, враг добра, всегда стремится, на пашне жизни, в душе, посеять сорняк, чтобы добро поросло сорняком. Однако, не идите и не выдёргивайте сорняк – разве только вам сегодня не дано познать, что за сорняки вам надлежало бы удалить. Тогда вы и удалите только сорняк, поскольку приобретёте для этого ясное видение. Добрый посев останется тогда сохранённым.

Познайте: у каждого дня есть свои часы, минуты и секунды. Если вы используете дни и являетесь бдительными, то вы каждый день будете узнавать, на какой пашне жизни вам следует устранять сорняки. Тогда вы не вырвете с корнем доброго посева.

Каждый день даётся человеку к познанию, познать и очистить один или несколько сорняков, то есть, греховное. Кто использует день для этого, тот не вырвет с корнем доброго посева, потому что он сумеет сегодня чётко распознать сорняк и ясно охватить его, поскольку сегодня тот созрел для искоренения.

И если вы сеете сами, позаботьтесь о том, чтобы вы сеяли добрый посев, закон жизни, на добрую почву. Тогда он и принесёт множественные, добрые плоды. Добрый посев, закон жизни, падает только тогда в душу вашего ближнего, это значит, на добрую почву, если вы то, что сеете – то есть передаёте – сами осуществили и пропитали своей внутренней жизнью.

Я объясняю следующие слова: «Ибо кто имеет, тому дано будет, с тем чтобы он имел больше с избытком; у того же, кто ничего не имеет, будет отнято и то, что он якобы имеет». Кто из закона жизни уже многое осуществил и кто и дальше стремится к этому, и бескорыстно даёт, тому будет дано ещё больше, с тем чтобы он жил в духовном изобилии.

Кто владеет лишь материальными благами, копит их и лишь к ним стремится, тот не имеет ничего от закона жизни. Он беден духовной силой. У него будет отнято и то, чем он, как он полагает, владеет, так чтобы он научился стремиться к царству Бога.

3. Поэтому Я говорю им притчами, ибо они не видят и не слышат, и не понимают.

4. Ибо в них будет исполнено пророчество Исайи, который говорит: «Вы будете слышать, но не поймёте, вы будете видеть, но ничего не заметите; ибо сердце этого народа стало чёрствым, и уши их глуховаты, и они закрыли глаза свои до той поры, пока не станут видеть глазами своими и слышать ушами своими и понимать сердцами своими, и обратятся, и Я исцелю их.»

5. Благословенны же будут глаза ваши, потому что видят, и уши ваши, потому что слышат, и сердца ваши, потому что понимают. Ибо истинно Я говорю вам: много пророков и праведных желали видеть то, что видите вы, и не видели, и желали слышать то, что слышите вы, и не слышали».

6. Тогда Иисус отправил толпу прочь, и Его ученики подошли к Нему и сказали: «Объясни нам притчу о пашне». И Он сказал им в ответ: «Тот, кто сеет добрый посев – это Сын Человеческий, пашня – это мир, добрый посев – это дети царства Небесного, сорняк – это дети зла. Враг, посеявший сорняк – это дьявол. Жатва – это конец мира, а жнецы – это ангелы.

7. Точно также как сорняки собирают и сжигают в огне, это случится в конце мира. Сын Человеческий разошлёт Своих ангелов, и они соберут из Его царства все неприятности и всех, делающих зло, и бросят их в пылающую печь, и те, кто не очистятся, будут

полностью поглощены. Тогда праведники засияют как солнце в царстве Небесном. (Гл. 40, 3-7)

Я, Христос, объясняю, исправляю
и углубляю слово:

Слово Бога для всех людей следует постигать по смыслу.

Богоудалённый человек, который видит в букве истину, ослеплён истиной, ибо он смотрит на истину – и всё же не может её постичь, потому что он признаёт единственно лишь букву. Для таких людей Я говорил как Иисус и Я говорю как Христос снова и снова в притчах. Это происходит также и сегодня через откровения. Также и в это время многие люди слушают Моё слово и не понимают его, потому что они смотрят единственно лишь на букву.

Многие признают истину и всё же не живут по истине. Многие видят, что закон Бога приносит исполнение, и всё же не живут по закону истины. Многие верят в истину и живут дальше в обмане человеческого «я». Но близко то время, в которое многие с готовностью примут и осуществят услышанное, и то, что они увидят, продвинут в свои сердца.

Близко то время, в которое на всей Земле пожнут прежний посев и плевелы отделят от пшеницы. Тогда многие души и люди должны будут претерпеть пылающую печь, находящуюся внутри них. Пылающая печь символизирует состояние отягощённой, захваченной этим миром души. Это адские мучения, которые душе придётся перенести, если она вовремя не раскается в своих грехах и не исправит того, что причинила в земном одеянии. А те, кто вопреки лучшему знанию снова и снова опять ведут себя против закона любви и жизни, должны будут однажды регенерировать своё духовное тело в духовных сферах развития, так как они структуру частиц своего духовного тела больше не могли полностью привести к развитию. Это и есть толкование слов «будут полностью поглощены».

Праведники засияют как солнца в Небесном царстве. Однако, также и неправедники не должны будут жить вечно в своих собственных, само-причинённых адских мучениях. Однажды также и они познают, что являются детьми Бога – и ухватятся за милостивую руку Отца и пойдут путём к Нему, который их также увидел и сотворил.

8. Послушайте также притчу о сеяльщике. Семя, упавшее на дорогу, подобно тем, кто слышат слово царства Небесного, однако его не понимают. Тогда приходит злой враг и крадёт прочь то, что было посеяно в их сердца. Это те, которые получили семя на краю дороги. (Гл. 40, 8)

Я, Христос, объясняю, исправляю
и углубляю слово:

Кто слово Бога лишь слушает и не живёт сам по нему, тот его также и не поймёт. Он учит тогда также своим представлениям или понятиям.

Во все времена многие люди принимали слова истины, так и в нынешнее время.

Многие слышали и слышат слова истины. Они наживались и наживаются на ней. Они учили и учат. Они проповедовали и проповедуют истину – однако, не жили и не живут по ней и позволяют себе поэтому даже получать за то плату. Кто живёт по истине и учит из своего осуществления, из своего преисполненного сердца, тот получит награду из царства истины. Только тот, кто учит истине и не живёт по ней, печётся о том, чтоб наполнились его карманы. Это те, кто стоят на краю дороги, кто принимают семена жизни, передают их далее и не исполняют.

Когда семя падает в сердце, тогда оно начинает прорастать и расти, и производит также бескорыстные плоды.

9. А получившие семя на каменистой почве, это те, которые слышат слово и тотчас с радостью его в себя вмещают. Однако оно не пускает корней в их внутреннем и не остаётся надолго, ибо как только из-за

Я, Христос, объясняю, исправляю
и углубляю слово:

Многие слышали и слышат слова истины, радостно их принимали и принимают. Кто же истину только
слушает и не живёт по ней, тот есть и остаётся колеблющимся тростником на ветру. Если ему тогда за то,
что он услышал и принял, приходится также и отвечать, он отрицает истину и отпадает от неё. И когда
он преследуем ради евангелия, тогда он отправляется к, казалось бы, безопасному берегу. Он хочет себя
спасти, отказываясь от истины, вновь разыскивая этот
мир и погружаясь в его потоки, чтобы больше не быть
замеченным и атакованным. Итак, кто истину только
слушает, тот её только принимает, а не вмещает в себя.

Вмещать значит сообразно с этим жить. Кто живёт
истиной, тот будет, когда придут шторма – горе и пре-
следования – также скалой среди прибоя.

*10. И также те, которые приняли семя среди колю-
чек, являются теми, которые слышат слово, а заботы этого мира и обман богатства заглушают слово,
и они становятся бесплодными.*

536

11. Принявшие же семя на доброй почве являются теми, которые слышат слово и его понимают, которые производят и несут плоды, некоторые тридцатикратно, некоторые шестидесятикратно, а некоторые стократно.

12. Это всё Я объясняю вам, кто из внутреннего круга. Тем же, кто снаружи, Я говорю притчами. Пусть услышат все, которые имеют уши слышать».
(Гл. 40, 10-12)

ГЛАВА 41

Обращение птицелова на путь истины – Исцеление слепого

Делать бизнес на животных; торговля людьми – Святить шабат – Мера наказания для знающих и незнающих (1-9). Кто исполняет закон Бога, смотрит в глубины Бытия (10-13)

1. И когда Иисус шёл в Иерихон, встретился Ему мужчина с молодыми голубями и клеткой, полной птиц, которых он поймал. И Он увидел их горе от того, что они лишились свободы и кроме прочего страдали от голода и жажды.

2. И Он сказал мужчине: «Что ты делаешь с ними?» И мужчина ответил: «Я живу с того, что продаю птиц, которых поймал».

3. И Иисус сказал ему: «Что ты думаешь, если бы кто сильнее или умнее, чем ты, взял тебя в плен и связал тебя или также твою жену или твоих детей, и бросил тебя в тюрьму, чтобы продать тебя ради собственной выгоды и этим заработать себе средства к жизни?

4. Разве они не твои сородичи, только слабее чем ты? И не заботится ли тот же самый Бог, Отец и

Мать, о них точно также как о тебе? Оставь этих твоих малых братьев и сестёр на свободе и смотри, чтоб ты такого никогда впредь не делал, но чтоб честно зарабатывал свой хлеб».

5. И мужчина удивился этим словам и Его полномочию и освободил птиц. Когда птицы очутились снаружи, они подлетели к Иисусу, сели Ему на плечи и запели Ему.

6. И мужчина спрашивал дальше про Его учение и пошёл своей дорогой и научился плетению корзин. Своей работой он зарабатывал себе на хлеб и разбил свои клетки и ловушки и стал учеником Иисуса.

7. И Иисус заметил мужчину, работавшего в шабат, и сказал ему: «Человек, если знаешь, что делаешь, то будь благословен, ибо ты не нарушаешь закон в духе. Но если не знаешь, тогда ты проклят, и ты нарушитель закона».

8. И опять же сказал Иисус Своим ученикам: «Что случится с теми слугами, которые знают волю своего Господа и всё же не готовятся к Его приходу, а также и не поступают по Его воле?

9. Истинно, Я говорю вам, знающие волю своего учителя, но ей не следующие, будут биты множеством ударов. Но те, кто не знают волю своего учителя и потому её не делают, будут биты меньшим числом ударов. Кому много дано, от того много и потребуют. А кому мало дано, от того и потребуют лишь мало». (Гл. 41, 1-9)

Я, Христос, объясняю, исправляю
и углубляю слово:

Кто на своих ближних и на своих меньших ближних, животных, делает бизнес, тот грешит против закона свободы. Когда муж предлагает свою жену другому мужчине, а жена своего мужа предлагает другой женщине, потому что у них обоих больше нет никакой общности, тогда это похоже на работорговлю. Или, когда родители выдают замуж или женят своих детей по своему усмотрению или дочь выдают замуж за мужчину, давшего за неё деньги и товары, тогда это бизнес на людях. Это похоже тогда на торговлю людьми. И кто на своих меньших ближних, животных, делает бизнес, тот ненамного лучше того, кто отдаёт своих ближних, всё равно, по каким причинам.

Сородичи по творению, животные, по своему духовному уровню сознания являются более слабыми, потому что они ещё не имеют развитого душевного потенциала статуса детства, как например, душа в человеке. Поэтому человеку следует брать животных под защиту и жить вместе с ними, своими сородичами по творению, не отвергать их и не делать на них бизнес.

Так же, как человек думает, такой получается и его душа – светлая или тёмная. Соответствующе он относится и к своим окружающим, к животным и ко всей природе.

Слова «Человек, если знаешь, что делаешь, то будь благословен, ибо ты не нарушаешь закон в духе. Но если не знаешь, тогда ты проклят, и ты нарушитель закона» обозначают:

Кто в шабат совершает бескорыстную неотложную помощь и работу для своих ближних – например, людям, попавшим в шабат в беду или заболевшим, или терпящим страдание и боль – тот не нарушает закон жизни.

Однако, когда человек ради своих выгод оскверняет шабат, тогда он преступает закон, который Бог дал людям: тебе следует в конце недели один день отдыхать и ещё осознаннее жить в Боге, чтобы набраться сил для дней работы.

Высказывание «Истинно, Я говорю вам, знающие волю своего учителя, но ей не следующие, будут биты множеством ударов» имеет следующее значение: кто знает законы Бога – пусть это будут лишь Десять заповедей, выдержки из закона Бога – и их не придерживается, то есть, не исполняет волю Бога, тот судит сам себя. Его суд будет сечь его тело, то есть бить его тем, что он посеял и не искупил. Ибо кто сознательно поступает против закона Бога, тот грешит против Святого Духа. Это самый тягчайший грех.

«Но те, кто не знают волю своего учителя и потому её не делают, будут биты меньшим числом ударов» значит: они вследствие своего обременения, греха, который ослабляет душу, ещё не в состоянии постичь законы Бога и осуществлять их. И всё же они тоже должны будут познать свои грехи, раскаяться в них и исправить. И если они этого не делают в данное им время познания, они должны будут их выплачивать, то есть, они также будут побитыми. Однако и они однажды пробудятся и тогда многое смогут постичь. И от них тоже тогда потребуется многое – исполнять то, что они приняли: закон жизни.

Кто осуществляет законы жизни, становится богатым во внутреннем. Кто их не осуществляет, остаётся бедным или станет бедным. И всё же каждый, принимающий закон жизни, должен будет однажды дать отчёт перед законом, ибо то, что он принимает от закона, обязывает к осуществлению.

10. И был один мужчина, который был слепым от рождения. И он отрицал, что есть нечто такое, как солнце, луна и звёзды или что существуют цвета. И они тщетно пытались убедить его в том, что другие люди это видят. И они привели его к Иисусу, и Он помазал его глаза и сделал его зрячим.

11. И он радовался с удивлением и боязнью, и признался, что прежде был слеп. «А теперь, после того», сказал он, «я вижу всё, я знаю всё, я различаю все вещи, я – бог».

12. И Иисус сказал ему: «Как можешь ты всё знать? Ты не можешь видеть сквозь стены своего дома, ни читать мысли своих окружающих, ни понимать языка птиц или диких животных. Ты не можешь даже вызвать в своей памяти событий твоей прежней жизни, твоего зачатия или рождения.

13. Подумай со смирением о том, как много тебе остаётся неизвестно, да, невидимо. И когда сделаешь так, тогда станешь видеть яснее». (Гл. 41, 10-13)

Я, Христос, объясняю, исправляю
и углубляю слово:

Познайте свою жизнь в том, что написано! Хотя многие из вас видят солнце, луну, звёзды и цвета, ваши глаза всё же закрыты. Ибо, пока человек не исполняет волю Бога, он не зрит и Его великолепия. Он смотрит лишь на поверхность жизни и не зрит в глубины Бытия. Только кто исполняет закон Бога, тот становится яснее и зрит в глубины жизни, видит мысли людей и понимает язык животных. Он понимает также и растения, источающие свои ощущения и свою силу и тем самым сообщающие ему о себе. Он знает пути в бесконечность и знает силу воздействия небесных тел, и он знает, которые из них служат станциями, чтобы достичь бесконечности.

Кто исполняет закон Бога, будет видеть яснее, и кто стал законом Бога, тот находится в бесконечности дома.

543

ГЛАВА 42

Иисус учит о браке –
Исцеление десяти прокажённых

Соединённость супругов даже при внешнем расставании – Полярность и дуальность – Внутренние ценности (1-5). Безбрачие (6-8). Постоянное исцеление возможно только через осуществление вечных законов (13)

1. После этих речей Иисус покинул Галилею и пришёл к берегу Иордана в Иудее. И большая людская толпа следовала за Ним, и Он исцелял там многих.

2. Также и фарисеи пришли к Нему, чтобы Его искушать, и сказали Ему: «Правильно ли по закону, что муж прогоняет свою жену по какой-либо причине?»

3. И Он сказал им в ответ: «У некоторых народов мужчина имеет много жён и прогоняет, какую захочет, по справедливой причине. И у некоторых народов женщина имеет несколько мужей и прогоняет, какого захочет, по справедливой причине. А в иных народах мужчина соединён с одной единственной женщиной в обоюдной любви, и это самый лучший и самый высокий путь.

4. Ибо разве вы не читали, что Бог вначале сотворил человека так, что надлежало бы быть мужчине и женщине, и сказал: «Потому мужчина или женщина

оставят отца и мать и прилепятся к своей жене или мужу, и двое станут одной плотью?»

5. Так что их теперь уже не двое, а одна плоть. Ибо что соединил Бог, человеку разделять не следует». (Гл. 42, 1-5)

Я, Христос, объясняю, исправляю
и углубляю слово:

Истинно, Я говорю вам: даже если причина прогнать ближнего кажется справедливой, то всё же человек не имеет права исключать своего ближнего из своей жизни. Ибо, кто без ошибок, тот брось первый камень.

Кто исключает своего ближнего из своей жизни, тот закрывает своё сердце от любви Бога.

Поэтому человеку не следует прогонять своего ближнего – даже и тогда, когда для этого, казалось бы, имеются причины. Ему следует прощать своего ближнего и просить у него прощения. Ибо ни при какой ссоре есть виновный лишь один. Всегда как минимум в этом участвуют два человека.

Когда люди разлучаются, всё равно по каким причинам, тогда это должно бы быть лишь внешним расставанием, однако, не окончательным отречением друг от друга.

Кто объединяется со своим ближним во внутреннем через очищение всего того, что привело к раздору, тот остаётся с ним соединённым, также и тогда, когда оба во внешнем отделены друг от друга.

Брак с несколькими женщинами или мужчинами, в котором мужчина имеет несколько жён или женщина несколько мужей, такое против закона божественной любви.

Бог сотворил в чистом Бытии полярность и дуальность: на Небесах объединяются двое божественных существ в Боге и любят друг друга в Боге. Это соединение в Боге является актом творения Бога. Он происходит из принципа полярности и дуальности. Два божественных существа навечно соединены в Боге, как дети Бога и, тем самым, также как брат и сестра.

Как на Небе, так тому надлежало бы быть и на Земле.

Когда два человека при вступлении в брак обещают верность перед Богом или когда несколько людей сплачиваются вместе в сообщество братьев и сестёр — а это люди, заботящиеся об абсолютной чистоте друг к другу, ради исполнения общих задач или для исполнения закона — то им также следует сохранять верность друг другу. Ибо кто обещает верность перед Богом, тот заключает союз верности также и с Богом. Кто хранит союз верности, тот и своего ближнего будет рассматривать как храм Бога, и будет его также уважать.

В обоюдном уважении заложено признание внутренних ценностей человека. Кто учится любить внутренние ценности в ближнем, тот поддерживает также и внутреннее соединение с ближним. И кто поддерживает это внутреннее соединение, тот соединён также и с Богом.

Такой брак или также сообщество братьев и сестёр имеет в этом земном существовании постоянство и входит в вечность, потому что Бог есть закон единства и общности.

Люди, готовые жить в Духе Господа, будут сообща оформлять свою земную жизнь, взаимно поддерживать друг друга и быть преданными друг другу в доверительной, бескорыстной любви. Такой брак или сообщество братьев и сестёр не ведёт к привязке, но живёт как соединение друг с другом и соединение с Богом.

Муж и жена в браке, они одного духа и одной плоти – и всё же они две души. После телесной смерти они живут как брат и сестра, и возвращаются в очистительном эволюционном процессе вновь к своему духовному дуалу.

Небесные дуалы – это два существа из Бога, вечно объединённые в Боге. Мужской – это дающий принцип, а женский – это принимающий принцип. Они соединены в Боге как небесная пара из вечности в вечность.

Каждое существо и каждый человек обладает свободной волей к свободному решению за или против законов Бога. Это находится в законе жизни, что партнёры в браках этого мира не разлучаются. Однако, поскольку каждое существо и каждая душа – как и каждый человек – имеет свободную волю, то им также по закону свободной воли самим предоставлено право выбора, разлучаться ли им. В большинстве случаев они смотрят при этом на внешние ценности, ориентируются на внешние вещи или измеряют человеческими масштабами. Такое расставание приводит людей в закон посева и жатвы. Последствия этого человеческого решения должны нести оба, но большая часть лежит бременем на том, кто расстался со своим ближним из-за человеческих мотивов.

Кто расстаётся со своим партнёром по браку, чтобы с кем-то другим снова жить человеческим сожительством, тот разрушил брак. Также и так называемые партнёрства подчиняются тому же закону. Потому следите за своим мышлением и действиями – и проверяйте себя, прежде чем вступить в брак или партнёрство, какие в наличии причины и мотивы, движущие вас к этому. Не тело ли это, которое того требует? Не материальные ли это блага, которые сводят вас вместе? Или это бескорыстная любовь, которая как зародыш внутренней жизни активна во внутренних ценностях обоих, стремящихся к более высоким идеалам и целям?

Познайте: на более высоких эволюционных ступенях к божественной жизни силу имеют более высокие законы. Они включают в себя также браки и семьи, стремящиеся к более высоким идеалам и ценностям. Они направлены на внутренние ценности и на эволюционные шаги каждого в отдельности на пути ко Мне.

6. И они возразили Ему: «Почему же тогда Моисей повелел давать разводное письмо?» И Он сказал им: «Из-за жёсткости ваших сердец Моисей допускал, чтобы вы разводились со своими жёнами, точно так же, как и то, что он разрешал вам есть мясо во многих случаях; но с самого начала было не так.

7. И Я говорю вам: кто бы ни прогонял свою жену, кроме как по справедливой причине, и женится вместо неё на другой, тот разрушает брак». Тогда Его ученики сказали Ему: «Если дела мужа с его женой обстоят так, то нехорошо жениться».

8. Но Он сказал им: «Слова постигают не все, но лишь те, кому это дано. Ибо есть безбрачные, родившиеся такими из чрева матери, и такие, кого безбрачными сделали люди, и такие, кто сами себя делают безбрачными ради царства Небесного. Кто это может постичь, да постигнет!» (Гл. 42, 6-8)

Я, Христос, объясняю, исправляю
и углубляю слово:

Когда человек безбрачен, всё равно по каким причинам, тогда это лежит в им самим избранном эволюционном пути или также в законе посева и жатвы. Безбрачие может, к примеру, основываться на том, что он в предыдущих жизнях причинил многое из того, что в этом земном существовании приводит к последствиям и что он теперь должен понести, для того чтобы его душа созрела.

Если человек расторгает свой брак или не вступает в брак, чтобы благодаря этому достичь Небесного царства, то он введён в заблуждение. Он связан ложными представлениями, мнениями и положениями. Также и кто ради собственной выгоды остаётся безбрачным, грешит против закона единства.

Истинно, Я говорю вам: соединение двух существ установлено Богом. На Небесах соединение двух духовных существ называется дуальностью. На Земле соединение двух людей называют браком или партнёрством. Соединение двух духовных существ или двух людей является одновременно союзом с Богом и означает: совместное исполнение законов Бога, божественной любви и чистоты. Кто этими законами пренебрегает, нарушая единство в Боге, например через измену или притязания на владение, тот противопоставляет себя закону бескорыстной любви.

Кто полагает через безбрачие попасть на Небеса, тот закрывает для себя Небеса. Он видит брак как осквернение, потому что смотрит в нём только на человеческое, греховное. Кто в браке не признаёт божественного закона, тот смотрит на свои собственные слабости и грехи и этим унижает то, что установил Бог: соединение двух людей, которому надлежало бы быть союзом в Боге и с Богом.

Познайте: никто не может достичь Небесного царства, кто не работает над самим собой, чтобы со Мной, Христом, человеческое преобразовать в духовно-божественное. Это относится и к бракам, и к безбрачию.

9. Тогда пришли к Нему малые дети, чтобы Он возложил на них руки и их благословил. Ученики же препятствовали им.

10. Но Иисус сказал: «Пусть детишки приходят ко Мне и не запрещайте им, ибо их есть царство Небесное». И Он возложил на них Свои руки и благословил их.

11. Когда Он пришёл в один город, то встретились Ему десять прокажённых, стоявших в стороне от дороги. И они возвысили свои голоса и кричали: «Иисус, Учитель, сжалься над нами!»

12. И когда Он их увидел, то сказал им: «Идите и покажитесь священникам». И случилось, что они очистились, когда ушли. И один из них, когда увидел, что был исцелён, вернулся назад и громким голосом восхвалял Бога и упал пред Иисусом на лицо своё и высказал Ему свою благодарность. И он был самаритянином.

13. И Иисус сказал: «Разве не десять очистились? Где остальные девять? Они не вернулись назад и не прославили Бога, как тот чужак». И Он сказал ему: «Встань и иди своей дорогой. Твоя вера тебя сделала здоровым». (Гл. 42, 9-13)

Я, Христос, объясняю, исправляю
и углубляю слово:

Что случилось с теми, которые были исцелены и которые не поблагодарили Бога за это?

Из любви и милости Бога, Всемогущего, который действовал через Меня, Иисуса, они приобрели исцеление, а с исцелением возможность познать свою истинную сущность, чтобы благодарить Бога, Вечного, через осуществление вечных законов.

Лишь один нашёл Бога в себе и остался здоровым. Остальные обратились вновь к этому миру, вновь притянули свои прежние болезни и заболели снова.

ГЛАВА 43

Богач и царство Небесное – Заповеди очищения

Собственность и следование Христу (1-4). Все вещи возможны тому, кто стремится к духовно-божественному как к своей истинной сути (6). Бог или мамона – Стремление к материальному и его последствия (7). Кто отказывается от материализма, умножено получит в вечном Бытии (8-9). Внешнее очищение и внутренняя чистота – Верность букве предполагает неверность по отношению к Богу (10-16)

1. И смотри, пришёл к Нему один человек и сказал: «Добрый Учитель, что мне сделать хорошего, чтобы я обрёл вечную жизнь?» И Он сказал ему: «Чего ты называешь Меня добрым? Никто не добр кроме Бога. Но если хочешь войти в жизнь, то придерживайся заповедей». Тогда он сказал Ему: «Какие они?»

2. Иисус сказал: «Чему учит Моисей? Тебе не следует убивать; тебе не следует нарушать супружеской верности; тебе не следует красть; тебе не следует лжесвидетельствовать; тебе следует почитать отца и мать; тебе следует любить своего ближнего как себя самого». Тогда молодой человек сказал Ему: «Это всё я соблюдал с юности. Чего мне не хватает ещё?»

3. Иисус сказал ему: «Если хочешь быть совершенным, то иди, продай, что имеешь в избытке, и отдай тем, у кого нет ничего, так ты будешь иметь сокровище на Небе. Тогда приди и следуй за Мной».

4. Когда же юноша услышал эти слова, он ушёл от Него огорчённым; ибо имел большое имущество, даже больше, чем нуждался. (Гл. 43, 1-4)

Я, Христос, объясняю, исправляю
и углубляю слово:

Кто стремится к земному имуществу, и кто талеры, которыми он обладает, рассматривает своей собственностью и приумножает их единственно ради своего материального благополучия, тот уже вознаграждён этим миром и не сможет в Небесах больше получить никакой награды. Он не сможет последовать и за Мной, Христом.

Люди, которые живут в «за и против», с одной стороны, считая свои владения и свои талеры своей собственностью, а с другой стороны, желают следовать за Мной, Христом, они раздвоены. С одной стороны, их сердца при их материальном имуществе, с другой стороны, их чувства при евангелии любви. И то и другое невозможно привести в согласование. Такая манера поведения приносит человеку только трудности, а душе обременения. Ибо никто не может служить двум господам – Духу Бога и мамоне. Каждый человек и каждая душа раньше или позже будут приведены к решению: служить или Богу или мамоне.

5. После этого Иисус сказал Своим ученикам: «Истинно, Я говорю вам, едва ли богач прибудет в царство Небесное. И Я скажу вам дальше: легче, чтоб верблюд прошёл через врата игольное ушко, чем чтоб богач прибыл в царство Бога». (Гл. 43, 5)

Я, Христос, объясняю, исправляю
и углубляю слово:

Это сравнение с игольным ушком имеет теперь уже символическое значение. Оно относится к тогдашним условиям Израиля, когда Я, Христос, был воплощён в Иисусе: в Иерусалиме имелись узкие ворота, похожие на игольное ушко, через которые мог пройти только один человек.

6. Когда Его ученики услышали это, они очень удивились и сказали: «Кто может тогда спастись?» Но Иисус посмотрел на них и сказал им: «Для физических чувств это невозможно, но для духовных все вещи возможны». (Гл. 43, 6)

Я, Христос, объясняю, исправляю
и углубляю слово:

Под выражением: «Для физических чувств это невозможно, но для духовных все вещи возможны» имеются в виду человеческие и духовные чувства. Человеческие чувства стремятся к земному благополучию – духовные же чувства являются тонкими силами души, состоящими с Вечным в соединении.

Кто утончает свои человеческие чувства и обращается к Богу в своём внутреннем, тот обретает правильное чувство для истинной жизни, так как он стремится к духовно-божественному как к своей истинной сути. Для духовного человека, делающего единственно только то, что является волей Бога, все вещи возможны, ибо он получает из царства внутреннего. Кто живёт в царстве внутреннего, тот также и во внешнем будет иметь всё, в чём он нуждается, и сверх того.

Человек – это дитя Бога и по своей истинной сути имеет богатство Бога в себе. Когда человек его раскрывает – раскаиваясь в своих познанных грехах, прощая и прося о прощении, очищая греховное и всё более и более от него отказываясь – тогда сквозь него излучается наружу изобилие из Бога и вызывает то, что служит душе и человеку во благо.

7. И Я говорю вам, не делайтесь друзьями мамоны несправедливости, чтобы он вас, когда вы умрёте, не забрал в свои земные жилища. Делайтесь лучше друзьями истинного богатства, которое есть истина Бога, так чтобы вас приняли в жилые места, которые длятся вечно». (Гл. 43, 7)

Я, Христос, объясняю, исправляю
и углубляю слово:

Высказывание «И Я говорю вам, не делайтесь друзьями мамоны несправедливости, чтобы он вас, когда вы умрёте, не забрал в свои земные жилища» означает: кто себя делает другом мамоны, тот также привязан к мамоне и, таким образом, к этому миру. Ибо мамоной является этот земной мир с его богатствами.

Кто стремится к мамоне, тот постепенно становится несправедлив по отношению к окружающим его людям и по отношению к тому, что вокруг него, к силам и жизненным формам Земли. Он больше не ценит жизни своего ближнего и Земли. Он думает исключительно о своём «я», которое всё больше хотело бы себя подтверждать богатством и престижем.

Куда человека влекут чувства, там его сердце, там его сокровище: когда душа эгоцентричного человека покидает свой дом, человеческое тело – то есть, когда оболочка, человек, умирает – она будет принята теми, кто служил человеку в земном существовании. Это могут быть люди или души. Душа этого человека тогда либо сойдётся в душевных царствах с теми душами, которые подготовили ей во время её земного существования пути к успеху — или же она вновь воплотится вместе с душами этих людей, то есть, они будут приведены вместе в новые человеческие тела и будут жить совместно друг с другом в земных жилищах.

«Делайтесь лучше друзьями истинного богатства, которое есть истина Бога, так чтобы вас приняли в жилые места, которые длятся вечно» обозначает: посвятите вашу жизнь и мышление Вечному, и упражняйтесь, прежде всего иного, в том, чтобы достичь царства Бога. Тогда вы станете мудрыми и уже в земном одеянии осознанно будете жить в царстве внутреннего. После телесной смерти вы отправитесь в те вечные жилища, которые являются вашей истинной родиной. Странствия по Земле во всё новых одеяниях, в новых земных телах, и странствия по душевным царствам закончатся тогда, когда душа найдёт свою внутреннюю родину.

8. Тогда Пётр сказал Ему: «Смотри, мы всё оставили и последовали за Тобой». И Иисус сказал им: «Истинно, Я говорю вам, что вы, последовавшие за Мной, в возрождении, когда Сын Человеческий сядет на трон Своего величия, также сядете на двенадцати тронах и будете судить двенадцать колен Израиля. Давать же вещи этого мира – не Моя забота.

9. И кто оставляет имущество, дома или друзей ради царства Небесного и его справедливости, тот получит в грядущей жизни стократно и унаследует вечную жизнь. Но многие, которые тут первые, станут последними, а последние станут первыми». (Гл. 43, 8-9)

Я, Христос, объясняю, исправляю
и углубляю слово:

Я, Христос, говорю вам: кто всё оставляет и ведёт праведную жизнь, обожествляя свои ощущения, мысли, разговоры и поступки, тот во внутреннем возродился, ибо он обрёл возрождение в Духе. Его душа после телесной смерти не будет больше разыскивать плоть.

Когда Я возвращусь в духе, тогда праведники увидят Меня на троне вечного величия, ибо Я приду во всей власти и величии, и со Мной будут все те, которые живут в царстве внутреннего.

Двенадцать тронов являются, среди прочего, символами для двенадцати колен Израиля, отвергнувших высокую задачу быть народом Бога. Бог не судит. Точно так же всем людям и существам заповедано не судить. Кто создаёт причины, тот сам свой судья; он и есть свой собственный суд.

«Давать же вещи этого мира – не Моя забота». Я Есть свет мира и приношу свет в этот мир – а не то, что делает мир бедным: мамона.

Кто отрекается от материализма, мамоны, кто, таким образом, оставляет имущество, дома или друзей ради Небесного царства и его справедливости, тот получит многократно в грядущей жизни, в вечном Бытии, и будет там также осознанно дома. Поэтому стремитесь сначала к царству Бога, которым является внутренняя жизнь.

10. И пришли к Нему книжники и фарисеи, которые увидели одного из Его учеников, евшим немытыми руками.

11. И они возмутились этому; ибо евреи не едят, прежде чем не помоют свои руки, и к тому же они соблюдают массу других обычаев при мытье бокалов, сосудов и столов.

12. И они сказали: «Отчего не все Твои ученики следуют преданиям древних? Мы видели, как они ели немытыми руками».

13. И Иисус сказал: «Верно, Моисей вам повелел очищать себя и содержать своё тело и ваши сосуды в чистоте, но вы добавили сюда вещи, которым зачастую не могут следовать все во всякое время и во всяком месте.

14. Так послушайте же Меня: не одни только нечистые вещи, которые входят в тело, загрязняют человека, но намного более злые и нечистые мысли, которые истекают из их сердец, загрязняют внутреннее в человеке, а также и других. Поэтому следите за вашими мыслями и очищайте свои сердца, и пусть ваша пища будет чистой.

15. Это вам следует делать и к тому же не упускать и других законов. Кто нарушает законы чистоты, потому что такое неизбежно, свободен от порицаний, ибо он делает это не по своеволию и не для того, чтобы пренебречь законом, который добр и справедлив. Ибо чистота во всех вещах есть великая польза.

16. Так что не принимайте дурных обычаев мира, даже для видимости. Ибо многие будут приведены ко злу через внешний вид и переодевание зла». (Гл. 43, 10-16)

Я, Христос, объясняю, исправляю
и углубляю слово:

Мытьё рук и очищение бокалов, сосудов и столов является в этом мире необходимостью, ибо Земля есть материя из камня, грунта и пыли. Эти и другие жизненные субстанции необходимы, чтобы человеческое тело могло жить.

Так же, как ветер и дождь снова и снова очищают атмосферу и землю, так нуждается и земное тело в очищении, равно как бокалы, сосуды, столы и все остальные предметы. Обо всех этих внешних вещах следует заботиться, ибо чистота внешнего является также и выражением внутреннего.

Но одна лишь внешняя чистота не вызывает очищения души. Когда человек во внутреннем загрязнён из-за грехов, тогда он часто придаёт большое значение законам внешнего очищения, чтобы скрыть нечистоту своих мыслей, слов и поступков. Кто же во внутреннем чист, он и во внешнем следит за чистотой и опрятностью.

Мыть перед едой руки не всегда бывает возможным из-за внешних обстоятельств. Это, однако, ничего не имеет общего с нечистотой души. Кто снова и снова предъявляет претензии по поводу таких внешних вещей, в особенности тогда, когда нет никакой возможности к очищению, тот имеет взгляд только на внешнее, потому что у него внутренние ценности ещё засыпаны грехом.

Моисей повелел людям содержать в чистоте как внутреннее, так и внешнее. Кто, однако, имеет глаза лишь для внешнего, для мира и его обычаев, тот также и создаёт лишь внешние законы и забывает при этом, о чём в действительности идёт речь. Кто не способен охватить высказываний праведных мужчин и женщин, тот не может их также истолковать и соотносит тогда всё к этому миру и к его устройству, обычаям и нравам.

Остерегайтесь того, чтоб исключительно только слово и его буквальное изложение рассматривать за истину! Познайте: в слове хоть и заложена истина, но оно лишь символ, а не сама истина.

Кто смотрит лишь на слово и на букву, считает их за истину и передаёт дальше, тот будет по своему усмотрению излагать слово Бога и поэтому также и добавлять из того, что согласно его сознанию, он полагает, является истиной.

Я повторяю: кто смотрит исключительно только на слово, не находит в нём истины.

Верность букве даёт сведения о неверности по отношению к Богу. Человек, который не осуществляет законы Бога, держится поэтому крепко за букву. Это верное букве мышление ввело мир в хаос. Так происходило во все времена и во всяких местах, и это происходит также в сегодняшнее время.

Примите во внимание: не то нечистое, что, к примеру, находится ещё на руках, сосудах или пище и входит через рот, загрязняет человека и душу, но намного больше дурные, негативные, противозаконные ощущения, мысли, слова и поступки загрязняют душу и человека. Ибо они входят в душу человека и оттуда выходят вновь. Они поражают тело, и человек должен тогда вынашивать то, что он посеял. Поэтому следите за своими ощущениями, мышлением, разговорами и поступками, и принимайте для себя лишь ту пищу, которую подарил вам Бог. Вечный подаёт её вам из природы. Того и следует вам придерживаться.

Познайте: внутренняя чистота является решающей. Не отбрасывайте при этом, однако, и других законов: бескорыстную любовь, милосердие и доброту, свободную волю и единство с жизнью.

Кто не придерживается законов внешней чистоты тогда, когда на то нет возможности, тот не обременяет этим свою душу, ибо он делает так не по своеволию. Своеволие пренебрегает вечными законами.

Закон Бога заповедует стремиться к чистоте во всех вещах: человеку не следует запускать ни своё тело, ни свою душу, ни своё окружение; ибо во всём есть жизнь из Бога и следует во всём быть уважительным.

Не закрепляйтесь на обычаях этого мира, даже для видимости. Храните во всём справедливость Бога, и вы тогда открыты, честны и прямолинейны во внешних действиях.

Мракобес укутывается во многие одежды, чтобы «сиять». Лишь тот безошибочно распознает видимость, кто стремится к Бытию, к мудрости и справедливости Бога. Он не подвержен обману, видимости.

ГЛАВА 44

Признание двенадцати –
Опорные колонны общины

У Бога нет тайн; грех вуалирует истину (2-3). Истинные праобщины основываются на скале Христос (4). Фальсификация истины церковью – Справедливость Бога даёт каждому грешнику на длительное время возможность для обращения (7-8). Закон Бога приходит в этот мир; истина становится явной (10-12). Человечество найдёт свой путь в единство со Мной, Христом (13-15)

1. Иисус опять же сидел у озера посреди двенадцати пальмовых деревьев, где Он часто отдыхал. И двенадцать и их спутники подошли к Нему, и они сидели в тени деревьев, и Святой учил их среди них.

2. И Иисус сказал им: «Вы слышали, что люди говорят обо Мне; но что скажете вы, кто Я?» Пётр встал с Андреем, своим братом, и сказал: «Ты – Христос, Сын живого Бога, сошедший с Небес и живущий в сердцах тех, кто верят и повинуются Ему ради справедливости». И остальные вставали и говорили, каждый по-своему: «Эти слова истинны, так верим и мы».

3. И Иисус ответил им, сказав: «Благословенны вы, Мои двенадцать, которые верят; ибо не плоть и кровь вам это открыли, а Дух Бога, обитающий в вас.

*Истинно, Я Есть путь, истина и жизнь. И истина зна-
ет все вещи. (Гл. 44, 1-3)*

Я, Христос, объясняю, исправляю
и углубляю слово:

Кто из истины, тот говорит слова истины, так как он способен заглянуть в глубины истины. Чьё сердце при Боге, тому проявляет Бог и все кажущиеся тайны. Ибо ничто не является тайной тому, кто живёт в Боге. Он знает законы Бога, потому что сам стал законом. Кто живёт во Мне, Христе, тот знает также, что Я пришёл из Небес, чтобы как Иисус возвестить людям евангелие любви, которое есть путь, истина и жизнь.

«И истина знает все вещи» означает: душа и человек, живущие в истине, в законе Бога, знают также истину и знают также обо всех вещах истины. Такие люди являются праведными провозвестниками истины.

Познайте: многие люди говорят о «тайнах» Бога, потому что они глядят на грех, который вуалирует истину. У Бога нет тайн, ни на Небе, ни на Земле. Бог всем Своим детям в качестве наследства подарил вечную истину, божественный закон. Благодаря этому дитя Бога стало подобием Отца. Только человек, живущий в тени греха, говорит о тайнах Бога. Он смотрит лишь на тень, грех, и не знает истины, скрытой от него за вуалью его греха. Кто день за днём свои грехи передаёт Мне, Христу, кто раскаивается, прощает, просит о прощении и познанных грехов больше не делает, тот находит себе дорогу к внутренней истине, делающей его свободным.

Когда грехи будут погашены, то свет души, истина, сможет всё сильнее излучаться через человека. Тогда человек больше и больше сохраняет верность истине в ощущениях, мышлении, речах и поступках. Кто живёт в истине, тот знает все вещи, потому что он в своём ежедневном поведении сохраняет верность истине, Богу. Только таким образом душа вновь находит свой путь назад к своему происхождению, к своей сущности, которая божественна.

Итак, Бог не скрывается от людей. Однако же человек скрывается от Бога из-за своих грехов.

Не существует никаких тайн Бога. Дела Бога являются тайной лишь для тех людей, которые не делают дел Бога.

4. *Вся истина находится в Боге, и Я свидетельствую об истине. Я Есть истинная скала, и на этой скале Я построю Мою общину, и вратам ада не одолеть её, и с этой скалы будут течь потоки живой воды, чтобы давать жизнь народам этой Земли.*

5. *Вы – Мои избранные двенадцать. На Мне, главе и краеугольном камне построены двенадцать опорных*

*колонн Моего дома на скале; и на вас во Мне должна
бы быть построена Моя община, и в истине и справедливости должна бы быть воздвигнута Моя община.*

*6. И вы будете восседать на двенадцати тронах и
через Дух передавать свет и истину всем двенадцати коленам Израиля. И Я буду с вами до конца этого
мира. (Гл. 44, 4-6)*

Я, Христос, объясняю, исправляю
и углубляю слово:

Верные апостолы являются основателями праобщины во Мне, Христе. Общины Христа, живущие во
Мне, Христе, стоят на скале Христос.

Община во Христе образуется из людей, которые
стараются исполнять волю Бога. С момента Моей жизни Иисусом из Назарета во все времена вновь и вновь
возникали свободные праобщины, формировавшиеся
вне церковных институций.

Многие из этих праобщин, основанных на Мне,
истине и жизни, евангелии бескорыстной любви и в
которых Дух Бога, истина, непосредственно говорил
и действовал, внешней властью сатанинского господства в своих внешних учреждениях опять же были
разрушены; однако не была разрушена сила, какая их
породила.

Познайте: это было лишь внешнее крушение праобщин. В действительности же выстраивался, невидимо, всё больше и больше духовный потенциал. Снова и снова проступала эта сила тогда из невидимого, и заново праобщины воспламенялись в этом мире. Они исчезали опять – однако в духе рос потенциал христианской жизни. Эти малые или большие эволюционные шаги относятся к первым шагам для Царства мира Иисуса Христа.

При сегодняшнем прорыве к новому времени вливается гораздо больший поток прахристианской жизни в этот мир и становится всё больше и больше видимым. Этот неиссякаемый божественный поток – сознание Христа в соединении с божественной мудростью – охватывает постепенно весь мир, всю Землю, и подготавливает Новую эру.

Также и на сегодняшнем повороте времён всё ещё бывают «за и против» человеческого «я», ибо даже люди в возникающих и растущих праобщинах имеют ещё в себе и на себе человеческое.

Наперекор всему, на Земле всё больше становится людей, затронутых Духом Бога, и многие идут уже путём вовнутрь к королевству внутреннего, чтобы жить во Мне, Христе. Человеческое проходит, и воля Бога больше и больше проявляется через дарящий себя поток: Христа в соединении с божественной мудростью.

Я, Христос, Есть истинная скала, и на Мне, Христе, истинной скале, построены все общины, которые осуществляют законы Бога и в повседневной жизни их придерживаются. Общины во Мне формируют те люди, которые собираются вокруг Меня, жизни, через осуществление вечных законов и которые полагаются только на Меня – ибо Я Есть путь, истина и жизнь, и в Отце справедливость.

В единстве со Мной, Христом, люди формируют общины Христа. Так оно было, так оно вновь, и так оно будет в будущем на всё светлее становящейся Земле. Люди, которые исполняют законы Бога, не нуждаются во внешних лидерах. Они имеют Меня, Христа, закон жизни, и благодаря этому друг за друга, а не друг против друга. Которые против друг друга, они против Меня и потому не являются Моей общиной.

7. Но после вас придут люди испорченных взглядов, и по незнанию или через насилие они станут многое подавлять, что Я вам сказал, и будут Мне приписывать слова, которых Я никогда не говорил; и так они посеют сорняк среди доброй пшеницы, которую Я вам дал, чтоб вы её сеяли в мир.

8. Тогда истина Бога должна будет претерпеть прекословия грешников; ибо так оно было и так оно будет. Но придёт время, когда всё, ими скрытое, будет открыто и станет известным, и истина освободит всех, кто были связаны. (Гл. 44, 7-8)

Я, Христос, объясняю, исправляю
и углубляю слово:

Закон посева и урожая будет настолько долго действенным, пока противозаконное не исчезнет и на Земле будет обитать божественное, пока, таким образом, все люди на преображённой, новой Земле не будут исполнять волю Бога. Совершенно постепенно подходит к концу то время, в которое Моё слово перекручивалось и выгибалось, чтобы сделать его подвластным тем, кто воображали, что восседают над истиной и создавали себе подчинённых.

Познайте: сорняк сеялся формирователями мнений, которые Моих слов, Моих высказываний, не понимали и истину – отчасти осознанно, а также неосознанно – искажали. Многие излагали истину в свою пользу. Отсюда возникали среди прочего также и прочеканенные догмами, тезисами веры и учёными положениями церковные институции, всякий раз излагавшие и излагающие евангелие так, как это для их институции было и остаётся ещё целесообразным. К этим институциям имели и имеют доступ только те люди, которые подчиняются их догмам, тезисам веры и учёным положениям. Уже одно это даёт проникновение в то, что Я только что проявил: они исказили и повыгибали Моё слово, чтобы сделать его себе подвластным.

Истина – это сила бесконечности, и она ведь для всех людей. Истина излучает бесчисленными гранями в этот мир. Кто утверждает, что грани вечной истины можно зажать в догмы и формы?

Итак, сорняк всходил среди доброго посева. Несмотря на то, что в течение столетий сорняк заглушал добрый посев, последний всё же сохранился скрытым. Пришло время, в которое сорняк совершенно постепенно будет удалён с пашни жизни, так чтобы добрый посев смог прорасти и принести добрый урожай. Совершенно постепенно и со множеством усилий и терпения плохой посев будет изъят с пашни жизни, так чтобы ни одно зёрнышко доброго посева не пропало и не было брошено в печь, в которой сгорает сорняк. Это есть справедливость Бога.

Даже если многие люди и не могут понять, что переход от греховного мира к Эре света охватывает очень длительный временной промежуток, то это всё же соответствует справедливости. Ибо Бог даёт каждому грешнику снова и снова возможность к развороту. Всякая, даже самая малая, искорка искреннего раскаяния будет принята во внимание и подпитана. Это есть любовь и справедливость Бога. К каждой душе и к каждому человеку Бог, Вечный, справедлив.

Хотя истина Бога и должна претерпевать прекословия грешников – однако, не на всю вечность. Настало время, в которое всё, что было скрыто противоположной силой, разоблачается и становится известным, ибо всё уже проявлено в атмосферном излучении. Таким образом истина станет свободной – и она сделает свободными всех, которые позволяют себя сделать свободными истиной, Богом.

9. Один – ваш Учитель, а вы все братья, и никто не больше другого на том месте, которое Я вам дал; ибо у вас есть один Учитель, а именно Христос, который над вами и с вами, и в вас, и нет никакого неравенства между Моими двенадцатью или их учениками.

10. Все Мне одинаково близки. Итак, не стремитесь к первому месту, ибо вы все первые, потому что вы краеугольные камни и опоры общины, которая выстроена на истине и которая находится во Мне и в вас. И истину, и закон, как они вам даны, вам следует воздвигать для всех.

11. Поистине, когда вы и ваши братья согласны что-то начать от Моего имени, то Я буду среди вас и с вами.

12. Горе тому времени, когда дух этого мира войдёт в общину и Мои учения и заповеди испорченностью мужчин и женщин будут объявлены недействительными. Горе миру, когда свет скрыт! Горе миру, когда это случится!» (Гл. 44, 9-12)

Я, Христос, объясняю, исправляю и углубляю слово:

И это происходило снова и снова, что один воображал себя больше другого, считал себя ближе к Богу и из-за такого тщеславия пренебрегал своим братом.

Я говорю вам: закон Бога для всех, и придерживающиеся его смиренны и не делают никаких различий. Закон Бога приходит в этот мир, и придерживающиеся его находятся во Мне и со Мной, Христом. А не придерживающиеся его уйдут с этой Земли и вновь найдут себя в душевных сферах. Ибо Земля очищает себя от всякой неправды и всякой мишуры этого мира.

Кто хочет себя противопоставить истине, скале Христос?

Вода омывает скалу, и волны покрывают её лишь на короткое время. Однако, скала, истина, которая Я Есть, вновь и вновь будет становиться видимой и будет проступать наружу. И все те, кто несмотря на всяческие препятствия крепко держатся за скалу, за Меня, Христа, также укрепятся во Мне и образуют Мою общину, построенную на Мне, скале, через прочную веру бесчисленных мужчин и женщин, непоколебимо веривших и верящих в истину, служивших и служащих истине.

13. Тогда Иисус возвысил Свой голос и сказал: «Я благодарю Тебя, о справедливый Отец, Творец Неба и

Земли. Ты это всё скрыл от мудрых и умных, а проявляешь детям.

14. Никто не знает Тебя кроме Твоего Сына, который есть Сын Человеческий. Никто не знает Сына кроме тех, кому проявлен Христос.

15. Идите же ко Мне, все, кто изнурён и обременён, и Я хочу вам дать мира. Возьмите на себя Моё ярмо и учитесь от Меня, ибо Я кроток и смирен в сердце, и вы найдёте мир в ваших душах. Ибо Моё ярмо равномерно и легко, а Мой груз незначителен и не отяготит вас непомерно». (Гл. 44, 13-15)

Я, Христос, объясняю, исправляю
и углубляю слово:

«От мудрых и умных», то есть от интеллектуальных и эгоцентричных людей, истина скрыта, так как они закрывают её своим эгоцентричным мышлением и поступками. Однако смиренным и кротким людям, стремящимся к истине, она Вечным через Меня становится проявленной во всех гранях – и проявлена им для их жизни в Боге.

Никто не знает Отца, кроме Сына, живущего в Отце. Я, Сын, олицетворял в Иисусе человечество, которое в сыновстве и дочеринстве – что является братством – найдёт свой путь в единство со Мной, Христом. Ибо кто принял и вместил Сына, Меня, Христа Бога, тот знает и Отца, живущего в Сыне и через Сына – и в тех, и через всех тех, кто живут евангелием любви и олицетворяют его в повседневной жизни.

Кто приходит ко Мне, Христу, живущему в самом внутреннем каждого человека, и передаёт Мне свои тяготы и свой груз, и впредь всё больше и больше живёт во Мне, тот через Меня достигнет внутреннего мира – и принесёт мир в этот мир. Лишь тот будет кротким и смиренным, кто приходит ко Мне и во Мне остаётся. Его ярмо является также частью и Моего ярма; его тогда ему легче станет нести, ибо Я Есть несущая сила для всех душ и людей. А также его груз станет незначителен и не отяготит его непомерно, ибо Я несу для всех душ и людей.

ГЛАВА 45

Поиск знамений – Нечистый дух –
Родители, братья и сёстры Иисуса –
Земное богатство

«Слепой» ожидает чуда – Опасность быть под влиянием противоположных сил (1-6). Грех против Святого Духа – это поступки вопреки лучшему знанию (7). Член семьи Бога или одиночка и поборник человеческого «я» (8-10). Материальное богатство; последствия жадности (11-16)

1. Некоторые книжники и фарисеи сказали Ему: «Учитель, мы хотели бы увидеть от Тебя знамение». Он же сказал им в ответ: «Злое и испорченное поколение ищет знамений, и ему не будет дано никаких знамений, кроме знамения пророка Ионы.

2. Да, точно так же как Иона три дня и три ночи пробыл в брюхе кита, так и Сын Человеческий пребудет три дня и три ночи в сердце Земли и затем вновь воскреснет.

3. Мужчины из Ниневии воскреснут и будут судить это поколение, и вынесут ему приговор; ибо они раскаивались во время проповеди Ионы, и смотрите, здесь более великий, чем Иона.

4. Царица юга воскреснет и будет судить это поколение и вынесет ему приговор; ибо она пришла из самых дальних частей Земли, чтобы услышать му-

дрость Соломона, и, смотрите, здесь более великий, чем Соломон».

5. И Он сказал далее: «Когда нечистый дух вышел из человека, он проходит по сухим местам, чтобы найти покой; и поскольку он его не находит, говорит: «Я хочу возвратиться в свой дом, из которого вышел». И когда он туда пришёл, то находит его пустым, выметенным и нарядным, ибо они не просили доброго Духа жить в нём и быть их вечным гостем.

6. Тогда он уходит и берёт с собой семь других духов, ещё более злых, чем он, и они вселяются и живут там, и последнее положение всех таких вещей хуже первого. Точно так же придётся и тому злому поколению, которое запрещает вход Духу Бога. (Гл. 45, 1-6)

Я, Христос, объясняю, исправляю
и углубляю слово:

Кто от Бога ожидает знамений и чудес, не распознаёт себя самого произведением Бога, которое Он сотворил. Кто хочет видеть знамения и чудеса, пусть рассмотрит свой дом из плоти и крови, и познает в этом те бесчисленные функции, которые возможны лишь благодаря Духу Бога в нём.

Кто – как Я, Христос в Иисусе – живёт в вечном Бытии, тот не нуждается больше в видимых знамениях и чудесах. Уже в земном одеянии он зрит реальность

Бога, которая излучается ему в бесчисленных событиях и формах. Только слепой желает видеть, не снимая повязки греха со своих глаз.

Потому следите за своими мыслями, словами и чувствами, закрывающими вам глаза для истины и открывающими врата для греха! Ибо слишком быстро человек позволяет себя соблазнить и открывает тем самым дверь и врата сатане чувств.

Душа и человек – это дом Бога. Когда этот дом посредством мыслей зависти, ненависти и вражды загрязнён, когда человек их хотя и познаёт, однако не изменяет, когда за добрыми принципами и намерениями не следуют соответствующие действия – тогда в человека вселяется зло, становящееся ему тогда ярмом и грузом.

Кто не познаёт своевременно своего мышления, речей и действий и не разворачивается, тот держит свой дом открытым для дальнейших мракобесов. Тогда они заворачивают в наряженный для них дом и определяют человеку делать то, чего они хотят. Человек теряет при этом контроль над своим мышлением и речью. Тогда через него думают, говорят и поступают. Он тогда уже не является самим собой, но это те, кто через него думают и говорят, кому он через своё богоудалённое поведение предоставил доступ.

Посредством противоположного мышления, речей и поступков человек, таким образом, притягивает к себе соответствующие силы, которые на него тогда оказывают влияние. Ибо подобное притягивает подобное.

Также и всякое высокомерие опасно, ибо оно есть украшение затемнённых.

Так и аналогично этому приходилось и приходится людям во многих поколениях, и так ещё придётся многим, кто Духу Бога запрещает вход.

7. Ибо Я говорю вам, тому, кто злословит на Сына Человеческого, тому прощено будет. Кто же злословит на Святой Дух, тому прощено не будет, ни в продолжительности этой жизни, ни в жизни следующей; ибо он сопротивляется свету Бога из-за ложных традиций людей». (Гл. 45, 7)

Я, Христос, объясняю, исправляю
и углубляю слово:

Я объясняю следующее высказывание: «Кто же злословит на Святой Дух, тому прощено не будет, ни в продолжительности этой жизни, ни в жизни следующей».

Грех против Святого Духа – это самый тяжёлый грех. Когда человеку истина, закон Бога, проявлены – будь то через Десять заповедей или Нагорную проповедь, или через Мои откровения в сегодняшнее время – и он несмотря на это осознанно мыслит, говорит и поступает против закона Бога, то он грешит против Святого Духа. Грех против Святого Духа, в зависимости от своей интенсивности, не может быть погашен только лишь за одно земное существование. Могут, в зависимости от обстоятельств, быть необходимы несколько воплощений, чтобы устранить и искупить то, что человек причинил.

Даже если человек обучал переданной по традиции неправде, то он привязан к этой неправде – и тем самым к людям и душам, которых он неправильно обучал. Тем не менее ему день за днём будет дана возможность одуматься и найти в себе самом то, что означает истина и жизнь.

8. Пока Он ещё говорил с народом, смотри, Его родители и Его братья и сёстры стояли снаружи и хотели с Ним поговорить. Тут один человек сказал Ему: «Смотри, Твой отец и Твоя мать, и Твои братья и сёстры стоят снаружи и хотят с Тобой поговорить».

9. Он же сказал ему в ответ: «Кто Мой отец, и кто Моя мать? И кто Мои братья и сёстры?»

10. И Он указал рукой на Своих учеников и сказал: «Посмотрите на Моего отца и Мою мать, на Моих братьев и сестёр и на Моих детей! Кто делает волю Моего Отца в Небе, тот Мой отец и Моя мать, Мой брат и Моя сестра, Мой сын и Моя дочь». (Гл. 45, 8-10)

Я, Христос, объясняю, исправляю
и углубляю слово:

Каждое дитя Бога, живёт ли оно в Небесах или на Земле как человек, или как душа в местах очищения, является членом великой семьи Бога. Кто исполняет волю Бога, того влечёт изнутри туда, где люди живут в Боге и с Богом, поскольку они принадлежат к семье Бога.

Кто делает волю людей, тот отворачивается от тех, кто стремятся исполнять волю Бога. Он становится одиночкой и поборником своего человеческого «я».

Мерилом для каждого человека является его жизнь и мышление. В этом он познает самого себя:

Кто истинно старается исполнять волю Бога в своих ощущениях, мышлении и поступках, того также и влечёт туда, где живут люди, которые делают волю Бога. Там растёт тогда также и дело Бога, любовь.

11. И были там некоторые фарисеи, которые своим богатством были горды, и Он сказал им: «Будьте внимательны и остерегайтесь жадности; ибо жизнь человека состоит не в изобилии вещей, которыми он владеет».

12. И Он говорил им притчей: «Земля одного богача дала урожай с избытком, и он думал про себя и говорил: «Что мне делать? Ибо у меня нет места, где бы я мог сохранить свой урожай».

13. И он сказал: «Вот что я сделаю: сломаю свои амбары и построю большие. И в них размещу все свои плоды и добро.

14. И Я скажу своей душе: ты собрала много добра, на многие годы, пусть же тебе живётся хорошо, ешь, пей и веселись».

15. Но Бог сказал ему: «Ты, глупец, этой ночью потребуют от тебя твою жизнь. Кому тогда будут принадлежать эти вещи, которые ты накопил?»

16. Так приходится тем, кто собирают сокровища для самих себя, но не богаты добрыми делами для тех, кто страдают в нужде и недостатке». (Гл. 45, 11-16)

Я, Христос, объясняю, исправляю
и углубляю слово:

То, о чём здесь сообщается, происходило и происходит во всех поколениях: богатые приумножают своё богатство. Многие из них были внезапно забираемы отсюда посреди своего материального богатства и представали бедными душами перед своей материальной оболочкой, которую они теперь не могли больше использовать, и должны были признать свою собственную бедность в свете и силе. Одновременно они переживали и узнавали в себе самих, скольким душам и людям они своим земным богатством могли бы помочь. Нужда тех, кому они из-за своего накопительства не помогли, становилась тогда нуждой их собственной, бедной души.

Для людей Новой эры Я, Христос, объясняю:

В греховное время многие люди были очень богаты во внешнем, но их сердца были холодны и расчётливы. Богатые стремились ко всё большему богатству, а бедные завидовали их имуществу и добру. Многие из них должны были выполнять для них тяжёлые услуги, чтобы на зарплату суметь влачить свою земную жизнь.

В странах так называемого благосостояния имелся также и средний класс между бедными и богатыми. Также и многие люди среднего класса стремились к богатству и престижу, и работали единственно для того, чтобы разбогатеть.

Из-за богатых в этот мир приходило много зависти и горя; даже войны вызывались жадными до власти богатыми, желавшими продемонстрировать свою власть и увеличить свой престиж. От такой жажды власти и властолюбия часто должны были страдать целые народы; ибо через войны приходили голод, горе, болезни и эпидемии к народам, страдавшим от своих властителей и вождей. Даже во времена бедствий многие богатые обогащались, тогда как бедные становились ещё беднее. Благодаря вооружению и войне некоторые становились даже ещё богаче, в то время как большая часть народа продолжала жить в принуждениях бремени и угнетения. Вопреки внешней борьбе средний класс сохранился.

В сравнении с количеством людей на этой Земле, лишь немногие старались исполнять волю Бога. Однако о законах Бога и обо Мне, Христе Бога, говорили многие – но, их речи были пусты. Человечество не было преисполнено Духом любви, который входит в слова и дела людей исключительно через осуществление.

В ходе поколений всё больше людей и душ искали света истины и также жили соответственно. Так, очень постепенно наступал перелом от греховного времени к Эре света. Это был длительный процесс брожения всего тёмного, тянувшийся в течение многих столетий.

ГЛАВА 46

Преображение Иисуса – Двенадцать заповедей

В преображении Иисуса Ему были раскрыты Его путь страданий, Его дальнейшее задание как Христа и будущее человечества и Земли (1-6). Новый Израиль (7-21). Новый закон любви – Ни одна душа не будет потеряна (22-24). Очищение души (25). Всех истинных пророков не признают (26-28)

1. Спустя шесть дней, когда приближался праздник кущей, Иисус взял с собой двенадцать и повёл их на высокую гору. И когда Он там молился, изменился внешний вид Его фигуры, и Он преобразился пред ними, и Его лицо сияло как солнце, а Его одежда была бела как свет.

2. И смотри, тут явились им Моисей и Илия и беседовали с Ним, говоря о законе и о Его смерти, которой надлежало бы случиться в Иерусалиме.

3. И Моисей сказал: «Этот тот, о Котором я вам предсказывал: пророка из среды ваших братьев, подобного мне, Вечный пошлёт к вам, и что Вечный Ему скажет, то Он скажет вам, и Его вам следует слушать, а те, кто не захотят Ему повиноваться, готовят себе собственную гибель».

4. Пётр сказал Иисусу: «Господь, здесь хорошо; если хочешь, то мы здесь построим три хижины: одну Тебе, одну Моисею и одну Илии».

5. И когда он ещё говорил, смотри, тут нависло над ними светлое облако, и двенадцать лучей подобно солнцу внезапно выступили из-за облаков, и из облака явился голос, сказавший: «Это Мой возлюбленный Сын, в котором Я нахожу Своё удовольствие. Слушайте Его».

6. Когда ученики это услышали, они попадали лицом вниз и очень испугались. Иисус подошёл к ним, коснулся их и сказал: «Встаньте и не бойтесь!» Когда же они подняли глаза, то не увидели никого, кроме одного Иисуса. И шесть лучей были видны над Ним. (Гл. 46, 1-6)

Я, Христос, объясняю, исправляю
и углубляю слово:

Херувимами сущностей Бога Мне, Иисусу из Назарета было сообщено о Моей смерти в Иерусалиме и был проявлен Мой дальнейший путь становления как Христа Бога. Одновременно Я увидел в образах Свой путь страданий и что он для всех душ и людей означает. Я увидел также Свои дела как Христа Бога в Небесах и на Земле. Я увидел также и дальнейшие страдания людей, несмотря на поступок Избавителя. Я увидел свет Земли, как он совершенно постепенно принимает форму и очертания, и увидел многих людей, всё больше исполняющих волю Бога. Я увидел всё задание в целом, а также увидел и род Давида – из которого Я, Иисус, произошёл по плоти – и его деятельность вместе со Мной, Христом Бога, на этой Земле и в местах очищения.

Я увидел также конец Земли и всех материальных форм. Всё было открыто Мне.

Двенадцать лучей означают, среди прочего, те двенадцать ворот вечного Бытия, которые всё больше и больше спускаются вниз на Землю и из которых исходит излучение для Царства мира Иисуса Христа.

Шесть лучей означают шесть основных сил Небес, при этом седьмой основной луч, Милосердие, обитал среди людей. Лучи нужно понимать как символы. Они во Мне, Христе Бога, активны и становятся в этом мире видимыми: закон жизни и деятельность света среди людей в Царстве мира Иисуса Христа.

7. И Иисус сказал им: «Смотрите, Я даю вам новый закон, который, однако, не нов, а стар. Точно так же, как Моисей дал Десять заповедей народу Израиля по плоти, так и Я хочу вам дать Двенадцать заповедей для Царства Израиля по Святому Духу.

8. Кто этот Израиль Бога? Все из каждого народа и каждого племени, которые практикуют справедливость, любовь и милосердие, и следуют Моим заповедям, они есть истинный Израиль Бога. И, поднимаясь, Иисус сказал:

9. «Слушай, о Израиль, Иегова, твой Бог – Единый. У Меня много провидцев и пророков. Во Мне живут и движутся все, и имеют своё существование.

10. Вам не следует ни лишать жизни какое-либо создание из удовольствия или для своей выгоды, ни мучить его.

11. Вам не следует красть имущества другого, а также собирать для себя самих земель и богатства больше, чем вы нуждаетесь.

12. Вам не следует ни есть мяса, ни пить крови убитого создания, ни чего-нибудь ещё иного, что приносит вред вашему здоровью или вашему сознанию.

13. Вам не следует ни заключать нечистых браков, где нет любви и чистоты, ни портить себя самих или какого-либо другого создания, которое Святым было сотворено чистым.

14. Вам не следует ни давать ложных показаний против вашего ближнего, ни умышленно вводить ложью кого-либо в заблуждение, чтобы ему навредить.

15. Вам не следует никому делать того, чего вы не хотите, чтоб сделали вам.

16. Вам следует поклоняться Единому, Отцу в Небесах, от которого приходит всё, и почитать Его святое имя.

17. Вам следует почитать своих отцов и матерей, которые о вас заботятся, так же точно и всех праведных учителей.

18. Вам следует любить и защищать слабых и уг-нетённых, и всех созданий, которые страдают от несправедливости.

19. Вам следует своими руками вырабатывать всё, что хорошо и необходимо. Так, вам следует есть плоды земли, для того чтобы вы жили в своей стра-не долго.

20. Вам следует очищать себя все дни, а на седь-мой день отдыхать от своей работы и свято при-держиваться шабата и праздников вашего Бога.

21. Вам следует другим делать то, чего вы хоти-те, чтоб сделали вам». (Гл. 46, 7-21)

Я, Христос, объясняю, исправляю
и углубляю слово:

Кто этих заповедей придерживается, тот становит-ся жителем Царства мира Иисуса Христа. Оно имеет свои законы, которые проявил Вечный.* Ибо Моё Цар-ство мира есть Новый Израиль – это больше не старый Израиль. Новый Израиль возникает в другой стране на Земле и с теми людьми, которые заключили союз с Бо-гом для Царства мира Иисуса Христа, а также его при-держиваются. Старый Израиль остался в грехе.

____

* *Дословный текст этого откровения: стр. 933*

Итак, Давид стал родоначальником Царства мира Иисуса Христа по плоти; божественная Мудрость стала родоначальницей Царства мира Иисуса Христа по духу. Род Давида одновременно является родом и коленом для Моего царства на Земле: Царства мира.

Из руин старого, греховного мира возникает Новая эра: Новый Израиль с Новым Иерусалимом – сначала как Союзная община в Боге, Моём Отце, и во Мне, Христе Бога, потом как город Иерусалим, а в Эру света – тогда, когда материалистическое приблизится к своему концу – как государство Христа, Христово государство для Всемирного царства Иисуса Христа.

Значения слов меняются. Так, имеет силу следующее исправление:

Слово «почитать» в заповеди «Вам следует почитать своих отцов и матерей, которые о вас заботятся, так же точно и всех праведных учителей» замените словом «уважать». Одному лишь Богу надлежит честь. Людям следовало бы иметь уважение друг к другу за свою жизнь из Бога.

22. И когда ученики услышали эти слова, они били себя в грудь и говорили: «Прости нас, о Боже, если мы ошиблись, и пусть Твоя мудрость, Твоя любовь и истина в нас склонят наши сердца любить Твои святые заповеди и следовать им».

23. И Иисус сказал им: «Моё ярмо равномерно и Моя ноша мала, и если вы захотите её нести, то она станет вам легка. Не возлагайте на тех, кто вступают в царство Бога никаких дополнительных грузов помимо тех, которые необходимы.

24. Это есть новый закон для Израиля Бога, и закон находится в Нём; ибо это закон любви, и он не нов, а стар. Будьте же внимательны в том, чтоб к этому закону не прибавлять ничего нового и ничего из него не убирать. Истинно, Я говорю вам, все, кто верят и этому закону следуют, будут избавлены, а знающие его и ему не следующие, будут потеряны. (Гл. 46, 22-24)

Я, Христос, объясняю, исправляю
и углубляю слово:

Из заповедей Бога для царства Израиля закон, который находится в Нём, возник для Нового Израиля Бога. Это закон любви. Он, пожалуй, и нов для многих людей, которые делают первые шаги к закону для Нового Израиля. Он, однако даётся из вечного закона жизни для людей Новой эры. Вечный закон обозначен в слове [в тексте «Евангелие Иисуса»] как «старый»; это означает в данном контексте «вечный».

Я исправляю: замените слово «потеряны» словами «потеряют себя», ибо так оно тут подразумевается.

Истинно, Я говорю вам: все, которые верят и этому закону следуют, будут избавленными. А знающие его и не следующие ему, потеряют себя в этом мире и должны будут претерпеть то, что они посеяли – пока вновь не найдут себя во Мне, Христе Бога, как дети Бога.

Ни одна душа не потеряна. В каждой душе есть искра Избавителя; она является её светом во внутреннюю родину, во внутренний мир, откуда она пришла как существо света и куда она вновь уходит как чистое существо света, как дитя Бога.

25. Но точно так же, как все в Адаме умирают, так все во Христе оживут. И непослушные очистятся через множественный огонь; а те, кто останутся упрямыми, опустятся вниз и будут потеряны на эоны». (Гл. 46, 25)

Я, Христос, объясняю, исправляю
и углубляю слово:

«Но точно так же, как все в Адаме умирают, так все во Христе оживут» означает: оболочка души, материальное тело, которое постепенно возникло в результате падения и которое от этой Земли, умрёт. Однако душа, которая не от этой Земли, а пришла с Небес как чистое существо, как духовное существо из Бога, че-

593

рез Меня, Христа, вновь познает свет своей родины и возвратится туда как чистое существо.

«И непослушные очистятся через множественный огонь; а те, кто останутся упрямыми, опустятся вниз и будут потеряны на эоны» говорит о следующем: огонь является очистительным процессом. Это муки тех душ, которые согрешили перед своими окружающими, перед животными, растениями и камнями. Всё, что не искуплено, требует очищения. Муки души – это образы всего того, что не искуплено. То, что люди, животные, да и вся природа должны были переносить из-за человека, возникает тогда в душе виновника в образах. Душа переживает в своём собственном духовном теле горе, боль и печаль – всё то, что она как человек причинила людям, животным, растениям, камням и минералам. Это тогда и есть огонь, очищение души.

Упрямые, неблагоразумные «опустятся вниз» значит: они отправятся в бедные светом воплощения и в чередовании рождения и смерти погасят то, что причинили. Это может длиться не только один эон, а несколько эонов. Эоны можно также обозначить как космические световые циклы.

26. И когда они сошли с горы, Иисус повелел им, сказав: «Никому не говорите об этом видении, пока Сын Человеческий вновь не воскреснет из мёртвых».

27. И Его ученики спросили Его: «Почему же книжники говорят, что Илия должен прийти прежде?» И Иисус в ответ сказал им: «Илии действительно следовало прийти прежде и восстановить всё.

28. Но Я говорю вам: Илия уже приходил, и они его не признали, а совершили над ним то, что хотели. Точно так же и Сын Человеческий должен будет пострадать от них». Тут поняли ученики, что Он сказал им об Иоанне Крестителе. (Гл. 46, 26-28)

Я, Христос, объясняю, исправляю
и углубляю слово:

Во все времена истинные пророки возвещали о великих духовных существах, светлых посланниках Бога в земном одеянии, и люди их ожидали. Однако, пока истинные провозвестники, пророки, находились среди людей, их не признавали, а ставили под сомнение, дискриминировали, преследовали или вовсе убивали. Люди не верили в их послание, ибо пророки были людьми среди людей, хотя и более высокого, божественного сознания, которого обтянутый этим миром человек узреть и охватить не мог. Лишь когда эти великие провозвестники Бога уже более не находились во временном, их слова вновь оживали во многих ушах. Лишь потом, после их дискриминации, преследований и после их смерти, многие были признаны как истинные пророки и провозвестники Бога и вошли в историю человечества.

Тогда, когда предвещённые великие духовные существа в земном одеянии, будучи ожидаемыми народом, появлялись перед людьми, то их тоже не признавали, но точно так же глумились над ними, высмеивали или даже убивали. Когда их потом уже не было во временном, тогда их вспоминали и говорили о них как об истинных пророках и великих существах из Бога в земном одеянии. Поскольку человек смотрит только на человека, на внешнее, и слышит только слово человека, и не старается охватить смысла слов, масса людей считала всех великих духовных существ в земном одеянии подстрекателями, аферистами, лжепророками или учителями, которые только и хотели повыделяться, и призывала, в переносном смысле: распните их!

Так, люди не признавали ни Иоанна – в котором был не Илия, но тот, кто был облучаем духом Илии – ни своего Избавителя, и настолько же мало праведных пророков и просветлённых мужчин и женщин. Лишь когда великих духовных существ уже не находилось среди них в качестве людей, многих признавали и восхваляли словами. Люди вносили слова некоторых из них также и в книгу институций, которую они называли и называют Библией. Но осуществление того, чему великие духовные существа учили, стояло и всё ещё стоит на месте; ибо и до сегодняшнего дня многие забыли проживать то, что светлые посланцы Небес принесли человечеству: законы бескорыстной любви.

Какое же значение имеет слава, если люди не исполняют того, что прославляемые провозгласили им? Божественные души в земном одеянии, истинные пророки, великие духовные существа, уходили назад в царство Бога и получали награду от Бога. Какая же польза человечеству, если они славно вошли в книгу, в которой написано об их величии и в которой изложены их возвещения – если это, однако, едва ли находит какой-либо отклик у людей, то есть едва ли принимается всерьёз и осуществляется?

ГЛАВА 47

Правильное понимание заповедей – Притча о богаче и нищем Лазаре

О правильном понимании записанных законов; пример: убивание (1-3). Зависть является воровством – Зачатие больных детей – Нарушение супружеской верности (4-5). Уважение ко всем формам жизни (6). Говорить правду; однако, не компрометировать – Уважать свободную волю ближнего (7). Жить в Боге (8-9). Различия между бедными и богатыми: причины и следствия (10-17)

1. И когда они сошли с горы, один из Его учеников спросил Его: «Учитель, войдёт ли человек в жизнь, если он не придерживается всех заповедей?» И Он сказал: «Закон хорош по букве, но ещё лучше по Духу. Ибо буква без Духа мертва, но Дух делает букву живой.

2. Обращайте внимание на то, чтоб вы всем сердцем и в Духе любви следовали всем заповедям, которые Я вам дал.

3. Написано: тебе не следует убивать. Я же говорю вам, кто ненавидят и желают убить, виновны перед законом. Да, если они невинным созданиям причиняют боль и муки, то они виновны. Если же они убивают только, чтобы положить конец страданиям, кото-

рые невозможно излечить, то они не виновны, когда делают такое быстро и в любви. (Гл. 47, 1-3)

Я, Христос, объясняю, исправляю и углубляю слово:

«Закон хорош по букве, но ещё лучше по Духу» означает: закон Бога является истиной. Истина вечна, потому что Бог есть закон, истина.

Кто признаёт закон Бога по букве, тот верит в закон Бога. Однако, он сам ещё не стал законом Бога. Кто проникает сквозь закон Бога своей бодрствующей душой, то есть, Духом истины, тот не цепляется больше за букву. В этом человеке буква оживает, потому что он исполняет то, что выражает буква: закон Бога. Как вы прочитали: «Ибо буква без Духа мертва, но Дух делает букву живой».

Буква оживает только тогда, когда человек начинает исполнять заповеди. Благодаря этому он очень постепенно созревает во всеохватывающий закон любви и жизни. Только кто сердцем и в Духе любви исполняет заповеди, тот познает всеохватывающий закон и, таким образом, найдёт свой путь к истине, находящейся внутри в душе человека.

Познайте: истина, божественный закон, делает человека свободным – не одна лишь буква, в которой содержится закон.

«Тебе не следует убивать» – ни людей, ни преднамеренно животных. К этому Я скажу вам: уже лишь кто ненавидит и желает убить своих ближних и меньших ближних – будь то люди или животные – тот делается также виновным перед законом Бога. Кто людям и животным причиняет мучения, делается также виновным перед законом Бога.

«Если же они убивают только, чтобы положить конец страданиям, которые невозможно излечить, то они не виновны, когда делают такое быстро и в любви» имеет силу только для мира животных.

Познайте: животные не создают никакой душевной вины, то есть, никаких причин. Когда они страдают, тогда страдают они только потому, что человек пренебрегает их жизненными привычками. Поэтому остерегайтесь убивать животных с таким обоснованием, что они страдают. В сегодняшнее время страдают многие животные от последствий техники и из-за мучительных опытов над животными. Потому проверьте, по каким мотивам вы убиваете животных! Также и здесь остаётся в силе закон: что человек посеет – как в своём поведении к людям, так к животным и к природе – то он и пожнёт.

4. Говорится, тебе не следует красть. Я же говорю вам, все, которые не довольны тем, что имеют, и желают и жаждут того, что имеют другие, или которые отказывают работнику в том, что ему причитается, они уже украли в своём сердце, и их вина больше, чем вина того человека, который крадёт буханку хлеба из нужды, чтобы утолить свой голод.

5. И Я вам сказал, вам не следует прелюбодействовать. Но говорю вам, когда мужчина и женщина соединяются в браке больными телами и зачинают больное потомство, то они виновны, даже если и не брали себе жену или мужа своего ближнего. А также и те, которые не взяли себе никакой женщины, принадлежащей другому, но этого желают в своём сердце и жаждут её, они уже нарушили супружескую верность в духе. (Гл. 47, 4-5)

Я, Христос, объясняю, исправляю
и углубляю слово:

Познайте: закон Бога действует в каждой детали вашей земной жизни, вплоть до каждого мгновения этого существования. Во всём, что вы ощущаете, думаете, говорите и делаете, находится управляющий закон Бога. В соответствии с вашим поведением, он становится активным.

Если вы обращаетесь против закона Бога, тогда вы усиливаете своё человеческое «я»; это входит затем как вина в вашу душу. Если вы в своих ощущениях, мыслях, разговорах и поступках позволяете управлять закону Бога, тогда это помогает и готовит вам разнообразными видами и способами пути к бескорыстной любви, к внутреннему счастью, к удовлетворённости и к непритязательности. Тогда ваша душа становится светлее, ваше тело лучезарнее, и вы будете иметь в этом существовании то, в чём нуждаетесь – и сверх того.

Помните слова: «... все, которые не довольны тем, что имеют, и желают и жаждут того, что имеют другие»; или кто отказывают своему ближнему в том, что ему причитается – уже украли в своём сердце.

Зависть – это тем самым уже воровство и таковым входит в душу. Помните о том, что эта вина больше той, чем, если бы человек украл из нужды буханку хлеба, чтобы утолить свой голод.

Я объясняю следующее выражение: «Но говорю вам, когда мужчина и женщина соединяются в браке больными телами и зачинают больное потомство, то они виновны, даже если и не брали себе жену или мужа своего ближнего». Кому его болезнь известна, и он знает, что она заразна, и несмотря на это он вступает в брак и зачинает детей, поражённых тогда похожей болезнью, тот делается виновным перед законом любви и свободы.

Также и это является законом: кто не взял себе женщину, потому как она принадлежит другому, однако в своём сердце её желает и жаждет, тот уже нарушил супружескую верность в духе.

Я повторяю: закон жизни пронизывает все фибры материального бытия. Душа является книгой жизни; закон Бога записывает в неё все «за» и «против». Так, что ничего не теряется – ни доброе, ни менее доброе, ни также и злое. Всё остаётся в книге жизни, в душе.

6. И Я говорю вам вновь: всякий, стремящийся завладеть телом какого-нибудь создания ради питания, ради удовольствия или ради выгоды, загрязняет себя тем самым. (Гл. 47, 6)

Я, Христос, объясняю, исправляю
и углубляю слово:

Под выражением «загрязняет» имеется в виду обременение души. Ибо кто человеку или животному причиняет насилие и пренебрегает жизнью, тот грешит против жизни человека или животного. То же самое касается растений, камней и минералов. Все формы жизни несут в себе жизнь из Бога. Они чувствуют, что их ближние намереваются сделать с ними, и воспринимают это как радость или боль. Что человек причиняет своему ближнему или какой-либо форме жизни, то падает на него назад.

*7. И когда человек говорит своему ближнему прав-
ду с намерением ему навредить, то он виновен, даже
если это буквально и правда. (Гл. 47, 7)*

Я, Христос, объясняю, исправляю
и углубляю слово:

Когда человек говорит своему ближнему правду с
умыслом его пристыдить, разоблачить или оскорбить
– то есть, ему навредить – то он грешит против закона
свободной воли и тем самым вредит самому себе. Ибо
всё, что умышленно происходит из эгоцентричных мотивов, является грехом – даже и тогда, когда при этом
буквально говорят правду. Это имеет силу – в смяг-
чённой форме – даже и тогда, когда из эгоцентричных
мотивов происходит непреднамеренно – ибо многие
знают Десять заповедей Бога.

Познайте: правду надлежало бы только тогда говорить ближнему, когда это происходит бескорыстно, то
есть, без оценочного намерения – и тогда только, когда
передающий правду находится со своим ближним на-
едине; ибо каждый человек имеет свободную волю, и
что он делает, касается единственно лишь Бога и Его
дитя.

Ты можешь бескорыстно обратить внимание своего ближнего на его греховное поведение – и то только

тогда, когда сумеешь такое доказать. Однако не воздействуй на него, делать или оставить это или то.

Кто публично обнажает то, о чём его ближние хотели бы умолчать, тот также становится виновным перед законом свободной воли. Каждому следовало бы добровольно признать открыто свои ошибки и повернуть назад, если это необходимо.

Когда ты, например, публично называешь своего ближнего вором, потому что ты знаешь о воровстве, то ты нарушаешь закон свободной воли. Иди к вору и сообщи ему, что ты знаешь о его воровстве, и попроси его, чтобы он в этом открыто признался и возвратил бы назад то, что похитил. Если он этого не делает, то ты можешь обобщённо говорить перед земными стражами закона, но никогда не указывать на него пальцем и называть его вором. Такова трактовка из вечного закона – но как человек того придерживается, опять же лежит в его свободной воле.

8. Ходите в Духе, так вы исполните закон и созреете для Царства Бога. Пусть закон лучше будет в ваших сердцах, чем на мемориальных досках, которые вам, тем не менее, нужно бы сделать и не оставлять недоделанными. Ибо закон, который Я вам дал – свят, справедлив и добр, и благословенны все, которые ему повинуются и в нём ходят.

9. Бог есть Дух, и кто Богу поклоняются, должны Ему поклоняться в духе и в истине во все времена и во всех местах». (Гл. 47, 8-9)

Я, Христос, объясняю, исправляю
и углубляю слово:

«Ходите в Духе» значит: старайтесь ежедневно исполнять заповеди Бога, и вы всё больше будете врастать в вечный закон и в нём жить.

Итак, стремитесь жить в настоящем времени и бескорыстно исполнять то, что возлагает на вас каждый день. Тогда вы станете свободными от навязчивых желаний и не будете жить ни в прошлом, ни в будущем. Вы также не будете заботиться и насчёт завтра и не захотите обеспечивать своё будущее, ведь вы живёте в современности, в Боге. Кто идёт сквозь свой день с Богом, тот получает всё больше сил от Бога, потому что он послушен Богу. Он будет тогда ходить в Нём, великом Духе, Боге.

Кто ходит в Боге, тот поклоняется Богу также в духе и в истине, потому что он знает: Бог есть Дух. Его свет во всех местах и в каждом мгновении дня – так же, как и в любой ситуации, во всём, что ему встречается.

10. И богатым Он сказал вот такую притчу: «Был один богатый человек, который одевался в пурпур и изысканные льняные одежды, и жил все дни великолепно и в радости.

11. Но был также и нищий по имени Лазарь, который лежал у его двери целиком в гнойных нарывах. И он жаждал насытиться крошками, падавшими со стола богача. Однако приходили собаки и зализывали ему его гнойники.

12. Но случилось так, что нищий умер и ангелами был вознесён в лоно Авраама. Но богач умер тоже и был похоронен с великой пышностью. Когда же он в аду в муках поднял свои глаза, он увидел вдали Авраама и Лазаря в его лоне.

13. И он позвал и сказал: «Отец Авраам, сжалься надо мной и пошли Лазаря, чтоб он обмакнул кончик своего пальца в воду и охладил мой язык; ибо я страдаю от мучений в этом месте».

14. Но Авраам сказал: «Вспомни, сын, что ты в своей жизни получил своё добро, Лазарь же, напротив, получил зло. Но теперь он будет утешен, а ты мучиться. И таковы перемены в жизни для очищения души. И, кроме того, между нами и вами проложена великая пропасть, так что желающие снизойти отсюда к вам, не могут этого сделать и так же мало не могут перейти от вас к нам, пока их время не исполнится».

15. Тут сказал он: «Так прошу тебя, отче, чтоб ты его послал в дом моего отца; ибо у меня есть ещё пять

братьев, с тем чтобы он дал им свидетельство, дабы они тоже не попали на это место мук».

16. Авраам сказал ему: «У них есть Моисей и пророки. Пусть они их слушают». Но он сказал: «Нет, отче Авраам; но если бы один из мёртвых к ним пришёл, то они бы совершили покаяние».

17. Авраам сказал ему: «Если они не слушают Моисея и пророков, то и не поверят, если бы воскрес кто-то из мёртвых». (Гл. 47, 10-17)

Я, Христос, объясняю, исправляю
и углубляю слово:

Каждый человек является дитём Бога и ему не следует ходить по земле в нищенской одежде. Человеку, однако, также не следует наслаждаться роскошью и богатством, заставляя своих окружающих работать исключительно для того, чтоб только ему и благоденствовать. Ибо каждому человеку следует исполнять заповедь «Молись и работай».

Каждый работник достоин своей зарплаты. Кто работает честно, тот и к своему ближнему справедлив. Он не будет для себя одного копить деньги и добро, добывать себе земные богатства и великое имущество. Его стремлением будет то, чтоб все люди могли жить как дети Бога: во внутреннем и во внешнем в гармонии и порядке.

Кто думает только о себе, заставляет работать только на себя и несправедливо оплачивает честного работника, тот будет столь долго жить «в радостях», пока его либо в этом воплощении, либо в дальнейших, или же как душу в местах очищения, не постигнет то, что он причинил. Об этом рассказывает притча о богаче и бедном Лазаре: кто в этом воплощении живёт за счёт своих ближних в радости, тот либо как душа в местах очищения, либо в одном из дальнейших воплощений будет лежать как нищий у дверей тех, которые, как однажды и он сам, предались богатству.

Бедные и богатые будут существовать до тех пор, пока души и люди не обратятся к свету Бога и не станут принимать от света истины, от закона жизни. Тогда все будут жить в единстве друг с другом и будут обладать тем, в чём они нуждаются – и сверх того.

Если душа богата внутренним светом, тогда и человек тоже не беден. Если душа бедна светом и силой Бога, тогда вполне возможно, что человек в этой жизни богат во внешнем – например, потому что он эксплуатирует людей, а прибыль кладёт в свой карман. Либо в царстве душ, либо в одном из других земных воплощений душа – или человек – познает внутреннюю бедность и ей придётся перенести страдания и муки, которые она, будучи однажды человеком, причинила своему ближнему. Тогда душа в земном одеянии будет жить либо в бедности, либо в болезни, либо должна будет переносить и то и другое, и так иной будет довольствоваться крошками, падающими со стола богачей – пока он не станет питаться за столом Господа с людьми, обращёнными к свету.

Различия между богатыми и бедными будут существовать до тех пор, пока все не станут жить во Мне, Христе, в законе любви, объединяющем всех в вечном Отце.

Пропасть между различными степенями сознания сохраняется единственно лишь со стороны более низкого сознания: оно не может подняться до более высоких сфер сознания.

Души на более высоких уровнях сознания, напротив, могут отправляться к душам в более низких уровнях сознания. Однако это случается только тогда, когда они узнают, что могут помочь своему ближнему с ещё низким сознанием, поскольку тот открыт для этого.

ГЛАВА 48

Иисус кормит тысячу человек и исцеляет в шабат

Сопереживание (1-9). Исцеление больных – Клеветнические речи против Иисуса и против последователей Христа (10-13)

1. И случилось, когда Иисус обучал толпы людей, и они проголодались и страдали от дневного зноя, что по дороге шла женщина с верблюдом, нагруженным дынями и иными плодами.

2. И Иисус возвысил Свой голос и прокричал: «О, вы, которые жаждут, ищите живую воду, которая приходит с Небес; ибо это есть вода жизни, и кто её пьёт, тот никогда больше не испытает жажды».

3. И Он взял пять дынь и распределил их среди народа, и они ели, и их жажда была утолена. И Он сказал им: «Если Бог позволяет светить солнцу и наполнять водой эти плоды земли, не Ему ли тогда самому быть солнцем ваших душ и наполнять вас водой жизни?

4. Ищите истину и пусть ваши души будут довольны. Истина Бога – это вода, которая приходит с Небес, без денег и без цены, и пьющие её будут удовлетворены». И кого Он насытил, была тысяча человек – мужчины, женщины и дети – и никто не ушёл

домой голодным или жаждущим. И многие, имевшие горячку, были исцелены.

5. К тому времени Иисус проходил в шабат по зерновому полю, и Его ученики проголодались, и начали срывать колосья и есть.

6. Когда же фарисеи это увидели, они сказали Ему: «Смотри, Твои ученики делают кое-что, чего не подобает делать по закону в шабат».

7. И Иисус сказал им в ответ: «Разве вы не читали, что сделал Давид, когда проголодались он и его товарищи? Как он пошёл в дом Бога и съел хлеба предложения, которые смели есть лишь только священники, но не Давид и бывшие с ним?

8. Или разве вы не читали в законе, что во дни шабата священники в храме безнаказанно выполняют работу? Я же говорю вам, что на этом месте находится тот, кто более велик, чем храм.

9. Но если бы вы познали, что это означает: Я желаю сострадания, а не жертвы, то вы бы не осудили невиновных. Сын Человеческий – господин даже над шабатом». (Гл. 48, 1-9)

Я, Христос, объясняю, исправляю
и углубляю слово:

Изложение о «дынях» означает: кто живёт в Боге и даёт из вечной истины, тот также и получит от вечной истины. Ни душа, живущая единственно от силы Бога, ни человек, принимающий свою земную пищу от силы Бога, не будут ни голодать, ни жаждать.

«Сострадание» – это сожаление. Кто своего ближнего лишь жалеет, тот усиливает самосострадание последнего. Поэтому слово «сострадание» следует понимать как сопереживание.

Кто своего ближнего способен принять таким, какой он есть, и его духовное существо, которое от Бога, воспринял в себе, тот не будет сострадательно и с сожалением смотреть на него сверху вниз. Он будет сочувствовать, то есть сопереживать, и одновременно познает, в чём его ближний действительно нуждается. Он будет тогда бескорыстно помогать и давать – так, как ему самому дано, то есть, насколько это возможно. Это самая прекрасная и справедливая жертва, которая приятна Богу.

Однако кто себя возвышает до судьи над своими ближними, тот выносит приговор своим окружающим. Кто практикует справедливость, тот позволяет справедливости идти впереди правосудия; ибо справедливость – это Бог. Правосудие делается людьми.

10. Он шёл дальше и пришёл в их синагогу. И там был мужчина, чья рука усохла. И книжники и фарисеи

спросили Его: «Разрешено ли по закону исцелять в ша-
бат?» Чтобы они смогли бы обвинить Его.

11. И Он сказал им: «Есть хоть один среди вас, у кого лишь одна овца, и та упадёт в шабат в яму, и он оставит её там лежать и не вытащит? И если вы помогаете овце, почему бы вам не помочь человеку, который в нужде?

12. Поэтому по закону будет добро делать в ша-бат». Затем Он сказал мужчине: «Вытяни свою руку!» И он её вытянул, и она вновь стала такой как другая.

13. И фарисеи вышли и совещались против Него, как бы им суметь Его уничтожить. Когда же Иисус это заметил, Он пошёл со Своими учениками дальше; и великая толпа народа следовала за Ним, и Он исце-лял в ней больных и немощных, и поручал им то, что-бы они об этом не разглашали. (Гл. 48, 10-13)

Я, Христос, объясняю, исправляю
и углубляю слово:

Будучи Иисусом, Я исцелял многих людей — но многим Я также и не мог помочь. К некоторым в час самопознания приходила помощь. Но когда к ним вновь подступали будни, и они снова жили старыми пороками, болезнь прорывалась заново. Ибо кто вновь совершает те же самые грехи, приведшие к болезни, в том вскрывается вновь то, что в душе уже находилось в стадии преобразования: старое страдание или болезнь.

Это слышали и видели книжники и фарисеи и брали такое в качестве обоснования, чтобы подстрекать народ против Меня: будто бы Я был шарлатаном, обманывавшим народ и состоявшим в союзе с Сатаной. Далее они говорили по смыслу так: если бы этот Иисус был божественным, то мнимо исцелённые оставались бы здоровыми. Так что это лишь обманы, которые Он производит, чтобы привязать к себе массы. Это Сатана, так говорили они по смыслу далее; он создаёт истерию исцеления среди народа и возлагает на раны невидимые силы. Когда затем так называемая истерия исцеления – которую они объясняли как гипноз – ослабевает, тогда мнимо исцелённые должны будут признать, что всё ещё переносят старые страдания.

Такие и другие клеветнические речи тогдашних фарисеев и книжников повторялись сквозь все поколения вплоть до сегодняшнего времени. Также и сегодня, в великий поворот времён, происходит подобное, как и в ходе Моего земного существования. Фарисеи и книжники – сегодня это интеллектуальные церковные начальства и им подчинённые – снова клевещут на тех, кто следуют за Мной, Христом и стараются вести настоящую христианскую жизнь, бескорыстно помогать своим окружающим, провозглашать радостную весть о том, что Царство Бога близится.

14. И исполнилось то, что сказал Исаия: «Посмотрите на Моего слугу, избранного Мной, Моего любимца, в ком Моя душа находит удовольствие. Я хочу Мой Дух излить на Него, и Он принесёт справедливость неверующим.*

15. Он не будет ни взывать, ни кричать, и никто не услышит Его голос на улицах. Надломленного тростника Он не переломит, и тлеющего льна не потушит до тех пор, пока не распространит справедливость и победу. И Его имени доверятся язычники». (Гл. 48, 14-15)

** Когда составлялись евангелия, а также при записи «Евангелия Иисуса», термин «душа» часто употреблялся для чистого духовного тела.*

ГЛАВА 49

Истинный храм Бога

*О разрушении храма (1-3).
Каждый человек есть храм Бога, храм Святого Духа (4).
Значение внешних форм (5-7). Кровопролитие и кровавая
жертва (8-10). Только кто ежедневно беспокоится
о жизни в Боге, познаёт Христа и понимает
язык закона (11-12)*

1. Был близок праздник Пасхи. И так случилось, что некоторые из учеников, которые были каменщиками, чинили помещения храма. Иисус проходил мимо, и они сказали Ему: «Учитель, видишь эти великие сооружения и что за порода горного камня здесь и как удивительна работа наших предков?»

2. И Иисус сказал: «Да, это чудесно, и тщательно состыкованы камни, но придёт время, когда не останется камня на камне; ибо враг овладеет городом и храмом.

3. Истинным же храмом является человеческое тело, в котором Бог обитает посредством Духа. И когда этот храм будет разрушен, Бог в три дня воздвигнет ещё более прекрасный храм, которого глаз обычного человека обнаружить не может. (Гл. 49, 1-3)

Я, Христос, объясняю, исправляю
и углубляю слово:

Я Есть Христос Бога, Сын вечного Отца, который вечным справедливым Богом был возвещён через Исаию и дальнейших праведных мужчин и женщин. Я приходил как Иисус из Назарета в этот мир не чтобы ломать, но чтобы сооружать, не чтобы погашать то, что не погашено, но чтобы выводить всех из греха и вести их к Тому, кто Меня послал: к вечному Отцу. Ибо все духовные существа, души и люди являются Его детьми. Моё имя вписано во все души, и все Меня, Христа примут и признают, потому что Я Есть их Избавитель и их избавление. Также и язычники Меня примут и признают; ибо никто не приходит к Отцу, как только через Меня, Христа, Его Сына.

Всё земное пройдёт, также и работа предков. Ибо что является материей – то есть, грубовещественно – то не сохраняется надолго, но лишь до тех пор, пока прасубстанция Земли вновь не возвратится в вечное Бытие, которое является чистым и тонкоматериальным.

Враг добра налагает от поколения к поколению свою руку на сооружения людей и разрушает то, что они ценят как хорошее и драгоценное. Это будет продолжаться до тех пор, пока враг не станет другом добра. Тогда сможет по законам Бога произойти преобразование к более тонкой и высокой жизни.

Истинный храм – это храм из плоти и кости, тело человека, в чьей душе и в чьих клетках обитает Дух Бога.

«И когда этот храм будет разрушен, Бог в три дня воздвигнет ещё более прекрасный храм, которого глаз обычного человека обнаружить не может» означает: когда душа отделится от тела, то есть, когда смерть настигнет земное тело, тогда светлая душа в течение трёх дней преодолеет ещё существующие узы с Землёй – земное притяжение – и пройдёт затем через завесы, которые разделяют друг от друга уровни сознания, так как она эти оболочки сложила с себя уже в земном одеянии. Соответственно своему положению сознания она тогда обретёт жильё там, куда её сопроводят, и откуда она будет притягиваться. В эти три дня, в которые светлая душа разрывает свои ещё существующие узы с Землёй, изменяется соответственно также и её духовное одеяние в цвете и форме.

4. Разве вы не знаете, что вы храмы Святого Духа? И что тот сам будет разрушен, кто один из этих храмов разрушает?» (Гл. 49, 4)

Я, Христос, объясняю, исправляю
и углубляю слово:

Каждый человек является храмом Бога, ибо Дух Бога обитает в каждой душе и в каждой клетке земного тела.

Кто, таким образом, своим ближним, храмом Бога, пренебрегает, тот пренебрегает также и своим собственным храмом – а вместе с тем и Богом. Ибо так, как человек ведёт себя по отношению к своему ближнему, так он ведёт себя и по отношению к Богу. Всякое пренебрежение к ближнему, то есть к храму Бога, это грех против Святого Духа.

Кто убивает своего ближнего, тот разрушает вместе с тем храм Бога. Душа убитого тогда не имеет больше возможности в своём земном теле погасить – или также завершить – то, что ей в этом земном существовании было задано.

Кто своего ближнего, храм Бога, убивает или позволяет убивать, тот испытает то же самое или подобное. Страхи, горе, ужасы и смерть сойдут также и на него. В свой смертный час у него не будет покоя, ибо душа, чьё земное тело он убил и которая ему ещё не простила, будет стоять перед ним. Тогда он на своём душевном теле переживёт то, что при этом должен был выстрадать его ближний, которого он убил или позволил убить.

Я повторяю: каждый человек является храмом Святого Духа. Таким образом, каждому человеку заповедано содержать свой собственный храм чистым и уважать храм своего ближнего. Кто этой заповеди придерживается, тот не будет страдать, и его храм не будет разрушен болезнью, нуждой или насилием.

5. И некоторые из книжников, которые слышали Его, собирались поставить Ему западню из Его же слов и говорили: «Если Ты отвергаешь жертвоприношение овец, быков и птиц, с какой целью был тогда построен этот храм Соломоном для Бога, который вот уже сорок шесть лет как обновляется?»

6. И Иисус сказал в ответ: «Написано у пророков: «Моему дому надлежало бы быть домом молитвы всех народов для хвалебных и благодарственных жертв. Вы же из него сделали бойню и наполнили его мерзостью».

7. И написано далее: «От восхода солнца до его заката Моему имени надлежало бы быть великим среди язычников, и ладан с чистым жертвенным даром следует преподносить Мне. Но вы сделали из него своими кровавыми жертвами место безотрадности и сладкий ладан применяете только, чтобы покрыть им дурной запах крови. Я пришёл, чтобы закон исполнить, а не чтобы его упразднить. (Гл. 49, 5-7)

Я, Христос, объясняю, исправляю
и углубляю слово:

До тех пор, пока человек сам ещё не стал храмом внутренней жизни, в который он входит, чтобы великому Все-Единому посвятить своё мышление и действия, и преподнести Ему благодарность за свою земную жизнь, он нуждается во внешних формах. В мощных сооружениях, которые он называет храмами или церквями, приносит он жертву согласно внешним обычаям. В давние времена это были жертвы забоя; в сегодняшнее время это ритуалы и церемонии, лишённые смысла песнопения и процессии. Также и в сегодняшнем поколении такие внешние, частью ещё языческие обычаи ещё не отменены и всё ещё совершаются «во имя Господа». Это всё перед вечным Отцом и Мной, Христом, является мерзостью.

Вечный Бог, Бог Исаака и Иакова, не желает ни роскошных церквей, ни храмов. Он желает, чтоб Его дети были храмами Святого Духа, чтоб они себя очищали и поддерживали себя чистыми, и свои греховные мысли и поступки жертвовали бы Ему. Им следовало бы собираться в доме молитвы, остающимся открытым для молитвы всем людям — а не только лишь тем немногим, которые объявляют себя солидарными со стражами учения, которое не является больше Моим учением.

Кто учит истине и по ней живёт, не нужно ничего скрывать. Лишь тот запирает врата своих церквей и храмов, кто распространяет своё собственное учение, а не вечную истину, открытую всем, так как в каждой душе находится закон, сама истина, и душе вновь следует найти себе дороги к истине, чтобы как духовному существу вновь быть вечным законом.

Кто имеет уши слышать, да услышит!

Кто имеет глаза видеть, да увидит!

Кто практикует справедливость, тот узнает того мракобеса, который себя Моим именем – Христос – украшает, чтобы обманывать людей и соблазнять. Кто научился смотреть, тот познаёт, где течёт истина. Он признает себя сторонником истины и будет с теми, кто стараются жить по истине.

Моё имя останется великим среди народов, ибо от поколения к поколению будет всё больше праведных мужчин и женщин, которые растопчут голову фальшивой змее, называющей себя христианской. Что дано из Духа – это истина, и она останется; всё языческое пройдёт.

Когда затем будет светить другое солнце, Я, Христос Бога, осознанно буду возвышен – то есть Я, который Я Есть, стану сознанием людей – и буду правителем Царства Бога на Земле. Тогда не будет ни язычников, ни ритуалов. Все люди будут тогда объединены в бескорыстной любви, и их жизнь будет освящена, потому что они исполняют законы Вечного.

Под словом «ладан» подразумевается освящённая жизнь тех людей, которые равняются на Бога, Вечного. Человеку следует посвятить Богу свою земную жизнь, свои человеческие ощущения, мысли, слова и поступки. Тогда он с чистым сердцем будет жить в Боге.

8. Разве вы не знаете, что написано? Повиновение лучше, чем жертва, и послушание лучше, чем тук овнов. Мне, Господу, опостылели ваши жертвенные животные и ваши ничтожные жертвенные дары, ибо ваши руки полны крови.

9. И разве не написано: что такое истинная жертва? Вымойтесь и очиститесь, и удалите зло пред Моими глазами; перестаньте делать зло и учитесь делать добро. Практикуйте справедливость с лишившимися отцов и вдовами, и со всеми, кого угнетают. И таким образом вы исполните закон.

10. Придёт день, когда всё, находящееся во внешнем дворе и принадлежащее кровавым жертвам, будет сметено, и чистые поклонники будут поклоняться Вечному в чистоте и в истине. (Гл. 49, 8-10)

Я, Христос, объясняю, исправляю
и углубляю слово:

До тех пор, пока души людей нечисты, также и их руки запятнаны кровью. Что человек посеял в свою душу злого, то есть греховного, является его причинами; сообразно этому будут также и его дела, которые его изображают. Так, как он посеял, он будет вести себя в своей земной жизни – и точно так же после телесной смерти в качестве души в местах очищения: кровожадный остаётся кровожадным и помышляет о мести, и хотел бы и впредь проливать кровь своих ближних. Все те, кто хотят отомстить, они задиристые, они не останавливаются ни перед чем, даже перед жизнью своих ближних. В своём бреду они рассматривают пролитие крови других даже почётным и не боятся также и животных преподносить Вечному в качестве всесожжения. Любая кровавая жертва является сатанинской и есть осквернение жизни из Бога. Через таких мстительных мракобесов тьма хочет насмехаться над Богом.

Бог, Вечный, желает, чтоб человек принёс в жертву своё инстинктивное, низкое «я» и Ему, Вечному поклонялся в своём сердце мыслями, словами и делами бескорыстной любви.

Под словами «во внешнем дворе», кроме прочего, имеются ввиду также овнешнивание людей и всё, что они создали своей овнешненной жизнью – включая сюда и то, что относится к кровавым жертвам. Ибо все передние дворы, которые символизируют этот мир, растворятся, поскольку будет только лишь о д и н народ: народ Христа Бога.

Близок день, когда всё инстинктивное и страстное будет убрано; ибо то, что обещано, принимает постепенно форму и очертания: Земля будет себя очищать, и жизнь на Земле обновится, и Царство Бога придёт на Землю к детям Бога, которые чистые сердцем.

11. И они возразили: «Кто Ты, желающий упразднить жертвы и презирающий семя Авраама? Ты этому богохульству научился у греков и египтян?»

12. И Иисус сказал: «Прежде чем был Авраам, Есть Я». И они отказывались слушать, а некоторые говорили: «Он одержим демоном». А другие говорили: «Он двинутый». И они уходили своей дорогой и рассказывали всё священникам и старостам. И те приходили в ярость и говорили: «Он хулит Бога». (Гл. 49, 11–12)

Я, Христос, объясняю, исправляю
и углубляю слово:

Кто смотрит только на внешнее и говорит на языке этого мира, и живёт в этом мире, тот не знает вечного закона, а также и языка закона. Кто не узнаёт Меня, тот не узнаёт также и Отца, пославшего Меня к людям. Кто не узнаёт Меня, тот не понимает также и Моего языка, закона, который Я Есть. Так было во все времена, так оно также ещё и в сегодняшнее время: язык вечного закона понимает только тот, кто ежедневно старается возвратиться к праведной жизни, к Богу.

Только тот называет своего ближнего демоническим, кто сам ещё имеет демоническое в себе. Так, Меня, Христа в Иисусе, не могли понять все те, кто вели овнешненную жизнь и поэтому были такого мнения, что Мои речи якобы демонические. Но Я Есть, который Я Есть в Боге, Моём Отце, первоувиденный и перворожденный от Него. Я был в Нём увиден прежде

Авраама. Я Есть в Боге и в четырёх силах сущностей Бога вездесущ. Таким образом Есть Я часть наследства всех детей Бога, которые существуют из вечности в вечность.

ГЛАВА 50

Христос, свет мира

Человеческое суждение и приговор; справедливость Бога (1-4). Истинная самость в каждом: Бог — Кто не любит своего ближнего, тот также и не любит Бога (5-8). Кто верит без осуществления, тот не узрит вечного Отца (9-15)

1. Тут Иисус вновь обратился к ним и сказал: «Я Есть свет мира: кто следует за Мной, тот не будет бродить во тьме, но обретёт свет жизни».

2. Фарисеи же сказали Ему: «Ты свидетельствуешь о Себе самом; Твоё свидетельство не имеет силы».

3. Иисус сказал им в ответ: «Даже если Я и свидетельствую о Себе самом, то Моё свидетельство всё же имеет силу. Ибо Я знаю, откуда Я пришёл и куда иду; вы же не знаете, откуда Я пришёл и куда иду.

4. Вы судите по плоти, Я не сужу никого. Если же Я сужу, то Мой приговор имеет силу: ибо Я Есть не один, но Я пришёл от Моего Отца, который Меня послал. (Гл. 50, 1-4)

Я, Христос, объясняю, исправляю
и углубляю слово:

Под словами «... откуда Я пришёл и куда иду» имеется в виду существо из Бога. Ибо кто чист сердцем, тому осознаётся, что он приходит от Бога и опять возвращается к Богу.

Человек, чья душа обвешана грехом, не знает, откуда пришло его истинное существо и куда оно идёт. Он смотрит лишь на своё тленное тело, о котором он может сказать, что оно вышло из чрева его матери и вернётся во чрево Земли. Однако далее его познаний не хватает. Но живущие во Мне, Христе, знают, откуда они приходят и куда они идут.

Кто «судит по плоти», тот судья. Кто позволяет управлять справедливости, тот является праведником, и он из Бога.

Только те судят, кто ещё в себе несут свой собственный суд, свои причины, по которым они живут и по которым они приговаривают своих ближних. Под словами «Если же Я сужу, то Мой приговор имеет силу» имеется в виду справедливость Бога. Бог совершенен. Бог справедлив.

Каждая душа и каждый человек получают то, на что они равняются. Если душа и человек равняются на Бога, тогда они будут получать от любви и мудрости Бога.

Если человек равняется на внешнее, на этот мир, тогда он также и будет получать от мира – а вместе с тем и всё, что есть в этом мире: горе, болезнь и нужду. По закону посева и жатвы каждый человек сам берёт свою жизнь в руки и оформляет её соответственно своим ощущениям, мышлению, речам и действиям. И так же, как он её по своей воле оформляет, такой и приходит она к нему назад.

5. Также в вашем законе написано, что свидетельство двух людей имеет силу. Я Есть Тот, кто свидетельствует о Себе самом. Иоанн свидетельствовал обо Мне, а он пророк. И Дух истины, который Меня послал, свидетельствует обо Мне».

6. На то они сказали Ему: «Где Твой Отец?» Иисус ответил: «Вы не знаете ни Меня, ни Моего Отца: если бы вы Меня знали, то вы бы знали и Моего Отца».

7. И один сказал: «Покажи нам Своего Отца, и мы Тебе поверим». И Он сказал в ответ: «Когда ты узнал своего брата и почувствовал его любовь, то ты увидел Отца, и точно так же, когда ты узнал свою сестру и почувствовал её любовь.

8. Близко и далеко знает Всесвятейший Своих, да, в каждом из вас можно распознать отцовство; ибо Отец есть единый Бог». (Гл. 50, 5-8)

Я, Христос, объясняю, исправляю
и углубляю слово:

Кто живёт в Отце, тот свидетельствует об Отце. Он словом и делом несёт свидетельство о Боге.

Кто живёт в Боге, душа того вошла в Святыню Бога, в самое внутреннее храма, и несёт через своего человека, свою оболочку, свидетельство о себе, поскольку она есть самость, подобие Бога. Тогда говорит не человек, его низкое «я», но Бог, Я Есть, вечный закон говорит через человека. Тогда может человек сказать, так же, как и Я, Христос, говорил по смыслу:

«Я Есть Тот, кто свидетельствует о Себе самом». Это «самом» и есть самость, Бог, потому что душа вновь стала божественной. Вечный Отец будет видим лишь теми, кто чист сердцем и поэтому также принимает и вмещает своих ближних. Ибо Дух вечного Отца обитает в каждой душе и, таким образом, в каждом человеке.

Кто своего ближнего не принимает и не вмещает, потому что имеет против него предубеждения, его отвергает, обесценивает или даже ненавидит, тот не зрит ни вечного Отца, и он не знает Меня, Сына Отца, Христа – а также ни своих ближних и ни себя самого. Ибо также и в нём обитает Дух вечного Отца, которого он, однако, в своём ближнем не принимает и не вмещает.

Познайте: кто своего ближнего не любит бескорыстно – всё равно, какой он, что он говорит и делает – тот не любит и Бога.

Кто своим ближним пренебрегает, тот пренебрегает Богом.

Кто своего ближнего отвергает, то есть в своём сердце не принимает и не вмещает, тот не принимает и не вмещает также и Бога, своего Отца. Ибо что вы причиняете самому малому из Моих братьев, то вы причинили Мне – и таким образом Богу, Моему Отцу, в котором Я, Христос, живу.

9. Эти слова Иисус произнёс в сокровищнице, когда Он учил в храме. И никто не наложил на Него рук, ибо Его час ещё не настал. Тогда Иисус вновь сказал им: «Я иду Своей дорогой, и вы будете Меня искать и умрёте в своих грехах. Куда Я иду, туда вы не сможете прийти».

10. Тогда евреи сказали: «Не убьёт ли Он сам себя, что говорит: «Куда Я иду, туда вы не сможете прийти?» И Он сказал им: «Вы снизу, Я сверху; вы от этого мира, Я не от этого мира.

11. Поэтому Я и сказал вам, что вы умрёте в своих грехах; ибо если вы не поверите, что Я от Бога, то умрёте в своих грехах».

12. На то сказали они Ему: «Кто же Ты?» И Иисус сказал им: «Никто иной, как Я вам сказал с самого начала.

13. Я имею вам многое сказать, что вас будет судить: святой Единый, Меня пославший, истинен; и Я говорю миру то, что услышал свыше».

14. Затем Иисус сказал им: «Когда вы возвысите Сына Человеческого, тогда познаете, что Я послан от Бога и что ничего от Себя самого не делаю; но как Меня учил Все-Святой, так Я и говорю. И Меня пославший, находится со Мной: Все-Святой не оставляет Меня одного. Ибо Я делаю всегда то, что нравится Вечному».

15. Когда Он такое говорил, многие поверили в Него и сказали: «Он пророк, посланный Богом. Давайте Его слушать». (Гл. 50, 9-15)

Я, Христос, объясняю, исправляю
и углубляю слово:

Слова: «Я иду Своей дорогой, и вы будете Меня искать и умрёте в своих грехах» имеют следующее значение:

Кто идёт путём Христа Бога, путём к Отцу, который Я, Христос, как Иисус показал человечеству на примере Своей жизни, тот не умрёт в грехе, ибо он очистил свою душу и принимает свет Бога, приходящий «свыше».

Кто, однако, путём к сердцу Бога не идёт, тот остаётся в своих грехах и умрёт в грехах; он берёт их тогда с собой как душа в места и пункты, приготовленные им самим посредством своих грехов.

Словами «Куда Я иду, туда вы не сможете прийти» Я намекнул на то, что затем и произошло: после казни Моего тела Я ушёл к вечному Отцу, потому что Моя душа, Моё духовное тело, живёт в Отце. Чья душа живёт не в Отце, а в грехе, тот не сможет прийти к вечному Отцу, потому что грех отстраняет его от Бога.

«Вы снизу, Я сверху; вы от этого мира, Я не от этого мира» говорит вот, что: кто строит на этом мире, тот живёт с этим миром и будет снова и снова возвращаться к этому миру и снова и снова предпринимать свой путь воплощения снизу, от этого мира.

Кто живёт в этом мире, но не с этим миром, тот живёт в Боге – и когда он снова возвратится в этот мир, то он придёт от Бога, свыше – так же, как пришёл свыше Я, Христос, и воплотился в Иисуса, человеческое тело.

«Я имею вам многое сказать, что вас будет судить» значит: Я хочу вам разъяснить о законе посева и жатвы, для того чтобы вы познали, что являетесь своими собственными судьями: ваши судьи – это ваши ощущения, мысли, слова и дела, направленные против вечного закона любви. Той мерой, которой вы мерите, будет измерено вам.

Познайте: одна лишь вера не ведёт к блаженству.

Многие люди верили в Меня, как Иисуса из Назарета. Однако, когда настал час Моей казни, многие отпали от этой веры, начали во Мне сомневаться и стали, таким образом, предателями.

Кто только верит, однако познанного не осуществляет, тот не может стать тем, что Бог ему обещал: быть тем зрячим, который вечного Отца зрит лицом к лицу.

Одна лишь вера не делает ни благословенным, ни зрячим. Вера – это только первый шаг к внутренней жизни. Кто строит единственно лишь на вере и в ней застывает, однако шагов осуществления к Богу не делает, тот снова и снова будет сомневаться в истине, потому что ещё не охватил законов любви; ибо они должны быть проживаемы, чтобы зреть Бога, нашего вечного Отца.

Кто веру в Бога не переводит через бескорыстную любовь в действия, тот может поддаваться постороннему влиянию. Только кто познанное, веру в Бога, осуществляет, тот окрепнет в Духе Господа и выдержит атаки тьмы.

Все-Святой, Бог, никого из детей не оставляет одних, всё равно, как бы они ни думали и ни жили, ибо Дух Бога обитает в каждой душе и в каждом человеке. Он есть то доброе, которое затем разгорается, когда человек старается исполнять волю Бога. Кто всегда исполняет волю Бога – так же как это делал Я, будучи Иисусом и живу в воле Отца как Христос – тот будет нести свидетельство о себе, вечной самости, поскольку он живёт как самость в Боге, истине.

Этой самостью является Бог, и кто живёт в Боге – божественен, он является божественным законом, самостью.

ГЛАВА 51

Истина делает свободным –
О правильном понимании заповедей

«Оставаться в Моём слове» (1). Слуга греха далёк от Бога и от вечной Родины (2). Пред Богом имеет силу лишь осуществление бескорыстной любви (3-6). Сатана, отец лжи; сатана чувств (7-8). Ни одна душа не потеряна (9). Только тот, кто стремится к истине, понимает слово Бога (10). Моисей не одобрял жертвоприношений животных – Пренебрежение жизнью и уважение к жизни – Старое и новое человечество (11-13). Духовные власти и верующие по букве, не осуществляющие того, чему они учат – Уступки пророков народу (14-18)

1. Тогда сказал Иисус евреям, верившим в Него: «Если вы останетесь в Моём слове, то вы Мои настоящие ученики, и вы познаете истину, и истина вас сделает свободными». (Гл. 51,1)

Я, Христос, объясняю, исправляю
и углубляю слово:

«... останетесь в Моём слове» означает: слово Бога наполнять жизнью, его осуществлять. Единственно лишь через осуществление слова Бога человек находит себе дорогу к вечной истине, делающей его свободным, независимым от людей и вещей.

2. Тогда ответили они Ему: «Мы семя Авраама и никогда не были у кого-то слугами. Почему Ты говоришь: «Вам следует стать свободными?» Иисус ответил им: «Истинно, истинно, Я говорю вам: кто делает грех, тот слуга греха. Слуга не остаётся навечно в доме: но сын и дочь остаются вечно. (Гл. 51, 2)

Я, Христос, объясняю, исправляю
и углубляю слово:

«Кто делает грех, тот слуга греха» значит: кто грешит, привязан к плоти и служит плоти – не Богу. Кто служит плоти, будет жить в кабале, потому что он будет зависеть от плоти, от людей, которые тоже строят на плоти, потому что также и они живут в грехе.

Познайте: «слуга греха» – это человеческое «я», которое стремится к признанию и подтверждению и поэтому опять же подчиняется другим грешникам. Кто живёт в грехе, тот живёт в этом мире и с этим миром, а также верит в этот мир. Его родиной потому также является этот мир. Поэтому он не может войти в дом вечного Отца, в вечную Родину. Слуга греха не может быть в доме Отца. Только сын и дочь, исполняющие волю Бога, остаются в Боге, в Отце, который есть вечная Родина.

3. Когда вас ныне делает свободными Сын, то вы действительно свободны. Я знаю хорошо, что вы семя Авраама по плоти; вы же ищете убить Меня, ибо Моё слово не имеет в вас места.

4. Я говорю, что увидел от Моего Отца; а вы делаете, что увидели от вашего отца». Они в ответ сказали Ему: «Авраам наш отец». Иисус сказал им: «Если бы вы были детьми Авраама, то делали бы дела Авраама.

5. Теперь же вы ищете убить Меня, человека, сказавшего вам истину, которую Я услышал от Бога. Этого Авраам не делал. Вы делаете действия вашего отца». Тогда сказали они Ему: «Мы не дети распутниц; у нас есть Отец, а именно Бог».

6. Иисус сказал им: «Если бы Бог был вашим Отцом, то вы бы любили Меня: ибо Я вышел и пришёл от Бога. Я не пришёл от Себя самого, но Все-Святой послал Меня. Почему же вы не можете понять Моего языка? Потому что вы не можете вынести Моё слово». (Гл. 51, 3-6)

Я, Христос, объясняю, исправляю
и углубляю слово:

Сын, который Я Есть, пришёл от Отца, чтобы освободить все души и людей. Поэтому только о д н о м у дана власть и сила вести души и людей к внутреннему свету, к Богу, нашему вечному Отцу – тому, кто ради этого и вышел. Это тот Христос Бога, который Я Есть.

Я имею задание от Бога, Моего Отца, вести домой все души и людей в их внутреннее, где обитает Дух Отца. Я Есть избавление каждой души и путь к вечному Отцу. Никто не приходит к Отцу, великому Все-Единому, Единственному, иначе, как через Меня, Христа, который Я Есть, Избавитель всех душ и людей и путь в вечный Отчий дом.

Евреи говорили, что они семя Авраама – и всё же они не делали добрых дел Авраама. Они были и есть только по плоти от Авраама, однако не по закону, исполнения которого добивался также и Авраам.

Новые люди в поколениях Царства мира Иисуса Христа происходят по большей части от семени Давида. Они ни евреи, ни мусульмане, ни индусы, ни буддисты, ни католики, ни протестанты, ни православные. Они не принадлежат ни к одной из многих внешних религий. Они истинные христиане, ибо исполняют закон Бога, который Я им как Иисус из Назарета принёс и показал на примере Своей жизни – и как Христос Бога вновь проявляю во всех деталях, во всех гранях внутренней жизни через луч божественной Мудрости. Они следуют за Мной, единственным Пастырем, Христом.

Чьи слова не наполнены законом жизни, тот говорит только из своего человеческого «я» – даже если и использует слова истины. Что не наполнено жизнью, Богом, то не проникнуто Богом, жизнью. Это относится также и к словам истины, которые не проживаются тем, из чьих уст они текут. Они не имеют никакой силы. Кто не живёт в вечном законе, тот говорит из своего человека и даёт также свидетельство только как человек – возможно, от своих земных родителей, тоже живших и думавших согласно слову людей.

Слова «Если бы Бог был вашим Отцом, то вы бы любили Меня» гласят: кто любит Бога, своего вечного Отца, тот любит также своего ближнего и всю жизнь; ибо вся жизнь – люди ли это, животные, растения, камни или минералы – она из Бога. Кто своего ближнего не любит бескорыстно, тот не любит также и Бога.

Познайте: язык закона может понять только тот, кто живёт по закону жизни и любви.

Для тех, которые говорят на языке этого мира и любят себя самих больше Бога, закон любви едва ли выносим. Они понимают любовь соответственно своему «я» и любят соразмерно своему «я», которое даёт только, чтобы получить. Кто не с Богом, он против Бога – и, таким образом, также не может понять языка закона, абсолютной любви.

7. Вы от вашего отца, дьявола, и хотите действовать согласно требований вашего отца. Он был убийцей с самого начала и не стоял в истине; ибо истина не в нём.

8. Когда он говорит ложь, то говорит из своего собственного: ибо он лжец и отец лжи. И потому как Я говорю истину, то вы не верите Мне. (Гл. 51, 7-8)

Я, Христос, объясняю, исправляю
и углубляю слово:

Слова: «Вы от вашего отца, дьявола, и хотите действовать согласно требований вашего отца» имеют следующее значение:

Под словом «отец» здесь подразумевается породитель зла, Сатана, который стремился и стремится к тому, чтобы соблазнять всех людей. Это то сатанинское, семя и выводок Сатаны, которые душа и человек присваивали себе – даже и после Моего «Свершилось». В самом широком смысле из этого некогда произошёл закон посева и жатвы, сатанинский закон. Каждый человек, присвоивший себе сатанинское, злое, подвержен теперь своему собственному закону: что он сеет, это он и пожинает.

Инициатор зла выдал себя мужским полом – и демоны выдают себя также – хотя инициатором был женский принцип, и он такой в духе вечно: существо из божественного потока. Через вечную любовь и через

«Свершилось» также и оно вновь вернётся в прапоток как духовное существо из Бога.

Слова «Он был убийцей с самого начала и не стоял в истине; ибо истина не в нём» говорят следующее: от начала падения Сатана хотел, чтоб божественное подчинялось ему. Так как зло, противодействие закону жизни, не стоит в законе истины, то оно не имеет силы на длительный срок. Поскольку зло не имеет места в истине, поэтому пришёл Я, Избавитель и принёс всем душам и людям избавление, так чтобы они вновь нашли себе дорогу назад к истине и в истину. Ибо из истины вышли все, и всё, принадлежащее к событию падения, изменится посредством закона Бога и вновь возвратится к истине.

Ложь не происходит из истины. Кто лжёт, тот лжёт из себя, из своего греха – потому что он несёт ложь, грех, в себе. Породителем греха является ложь.

Кто лжёт, тот обманывает не только своего ближнего, но также и себя самого. Ложь исходит от лжеца и входит опять же в лжеца. Она поражает не только обманутого, но также и лжеца.

Сатана является породителем лжи и, таким образом, также и соблазнённых чувств. Люди, впадающие в ложь, грех, они «соблазнены чувствами», ибо позволили соблазнить себя Сатаной. Зло в человеке потому называется «сатаной чувств».

Потому пусть каждый остерегается лжи! Ибо её дьявольских производных очень много. Они простираются как корневая система дерева. Такая душа, до тех пор, пока это ещё возможно, будет возвращаться в плоть, пока она не охватит каждый корень, включая корневище: пока она не раскается, не попросит прощения, не простит и не исправит ошибки. Тогда, шаг за шагом, человеческое превращается в божественное, и душа возвращается к Богу.

9. Так же, как Моисей в пустыне поднял змею, так должен и Сын Человеческий быть возвышен, для того чтобы все, взирающие на Него с верой, не были потеряны, а имели бы вечную жизнь. (Гл. 51, 9)

Я, Христос, объясняю, исправляю
и углубляю слово:

Сын Человеческий возвышен. Моё распятие как Иисуса, и Моё возвращение как Христа означают: через Меня все будут возвышены, ибо ни одна овца не будет потеряна. Через избавление все души будут вновь возвышены, то есть, станут божественными: после осветления и очищения от своих грехов они вновь как непорочные существа света возвратятся в страну света, вечной любви.

10. Который среди вас может Мне вынести приговор за грех? Когда же Я вам говорю истину, почему вы не верите Мне? Кто от Бога, тот слышит слова Бога. Вы не слышите их, потому что вы не от Бога».
(Гл. 51, 10)

Я, Христос, объясняю, исправляю
и углубляю слово:

В истину не верит только тот человек, кто не живёт и не мыслит правдиво.

Кто живёт в грехе, не знает истины и выносит приговор тем, которые говорят из истины. Кто не знает истины, тот также и не понимает слов истины. Он отвергнет их как неправдивые, потому что он не правдив и оттого обозначает неправдивым всё, что не соответствует его представлению об истине.

Кто же стремится к вечной истине, тот понимает слово Бога, потому что он знает голос Бога, истину. Кто их не знает, тот их не слышит. Его слова также не от Бога, а из его человеческого «я», которое говорит только о себе.

В Царстве мира Иисуса Христа, в Царстве Бога на Земле, обитатели Царства Бога будут не только слышать голос своего Отца и своего небесного брата, Христа, но станут сами словом Бога, законом любви.

11. Тогда евреи в ответ сказали Ему: «Разве мы не правы, что Ты самарянин и охвачен дьяволом?» Иисус ответил: «Я не охвачен дьяволом, но почитаю Все-Святого, а вы бесчестите Меня. Я ищу не Своей собственной славы, а славы Бога. Но тут есть один, который судит».

12. И некоторые из старейшин и книжников храма пришли к Нему и сказали: «Почему Твои ученики учат людей, что против закона есть мясо животных, хотя они всё же по распоряжению Моисея приносятся в жертву?

13. Ибо написано, что Бог сказал Ною: «Страх и ужас пред вами сойдёт на всякое животное полей и на всякую птицу воздуха и на всякую рыбу в воде, когда они попадут в ваши руки». (Гл. 51, 11-13)

Я, Христос, объясняю, исправляю
и углубляю слово:

Моисей про жертвы животных не распоряжался и не одобрял. Он не вмешивался, однако, в сатанинскую волю тех, которые хотели есть мясо. Он обучал и наставлял их, что как поедание, так и жертвы животных – это грех. Поскольку упрямые израильтяне, однако, на этом настаивали, Моисей должен был молчать, ведь израильтяне тоже были детьми Бога и имели свободную волю. Они рассматривали всё только исходя из своего греха, и считали поэтому молчание Моисея за согласие.

Я исправляю:

Слова являются символами и меняют своё значение от одного поколения к другому. Что люди того или иного поколения всякий раз вкладывают в слово, это и является для них значением.

Таким образом, многие слова в той книге, которую Я объясняю, исправляю и углубляю, имеют для вас сегодня, живущих во время поворота от старого к Новому времени, опять же иное значение чем в прошедших эпохах. Например, смысл нижеприведённого высказывания: «Бог сказал Ною: страх и ужас пред вами сойдёт на всякое животное полей и на всякую птицу воздуха и на всякую рыбу в воде, когда они попадут в ваши руки» следующий: страх и ужас охватывают всякое животное полей, всякую птицу воздуха и всякую рыбу в воде, которые попадают в ваши руки. Под этим подразумеваются руки тех людей, которые пренебрегают жизнью и убивают её.

Познайте: всякое животное ощущает и чувствует, что человек намеревается с ним сделать.

На повороте времён, в котором Я объясняю, исправляю и углубляю содержание этой книги, жестокость по отношению к животному и растительному миру достигла невообразимых размеров. Животные и растения страдают от произвола людей. У многих людей больше нет уважения не только перед своей собственной жизнью, но и перед всем Творением. Следствием человеческого поведения является, например то, что нарушаются магнитные потоки. Многим животным не хватает на основании этого ориентации, в особенности перелётным птицам, улетающим в более тёплые страны. Через загрязнения рек, озёр и морей, а также и земной атмосферы вымирают многие виды животных и растений – в воде, в воздухе и на земле.

Поскольку большая часть человечества продолжает жить в грехе, старый мир умирает – а вместе с ним с огромной болью умирают много людей, считавших преходящее единственной реальностью и безответственно обращавшихся со всякой жизнью.

Но Я, Христос, делаю всё новым. Новый мир – это Мой мир, мир Христа, который Я Есть. В новом мире будут жить люди, которые обновлённые изнутри, то есть, очищенные и которые закономерно населяют и возделывают земное царство.

Кто прочтёт Мои слова в Новую эру, тот узнает тем самым о тенях и светлых сторонах старого мира и о переломе в Новую эру. Человеку в Новой эре старый, греховный мир должен бы служить предостережением.

Кто тогда будет внимательно читать эту книгу с объяснениями, исправлениями и углублениями, тот получит представление о законе посева и жатвы, некогда имевшем силу на Земле. Новому человеку следовало бы себе его снова и снова доводить до осознания, поскольку в тонкоматериальных мирах, в которых ещё живут обременённые души, жатва – следствия на установленные причины – продолжает свой ход. Ибо, что человек посеял, своевременно не очистил или ещё не погасил, это он тогда пожнёт как душа. Поэтому хорошо и важно, чтоб люди Новой эры знали течение событий в местах очищения. Ибо когда души новых людей после смерти тела проходят через завесы сознания, то они встретят там те души, которым ещё предстоит искоренить свой посев.

14. И Иисус сказал им: «Вы, лицемеры, здорово сказал Исаия о вас и ваших предках: «Этот народ Мне близок своими устами и почитает Меня своими губами, но их сердце далеко от Меня, ибо они молятся Мне напрасно и учат от Моего имени как божественному учению тому, что является заповедями людей, чтобы удовлетворить свои собственные влечения».

15. И точно так же Иеремия даёт свидетельство, когда говорит о кровавых жертвах: «Я, ваш Бог, ничего такого не повелевал в те дни, когда вы пришли из Египта, но повелевал вам лишь быть честными, придерживаться старых обычаев, заботиться о справедливости и смиренно ходить пред вашим Богом.

16. Вы же не слушали Меня, который от самого начала дал вам все виды семян и плоды деревьев, и зёрна для пищи и к исцелению людей и животных». И они возразили: «Ты говоришь против закона».

17. И Он говорил вновь о Моисее: «Истинно, Я говорю не против закона, но против тех, кто испортил его закон, который он позволил из-за твёрдости ваших сердец.

18. Но, смотрите! Тут более великий, чем Моисей!» И они пришли в ярость и подняли камни, чтобы их бросить в Него. Но Иисус прошёл прямо посреди них и был скрыт от их насилия. (Гл. 51, 14-18)

Я, Христос, объясняю, исправляю
и углубляю слово:

Уже почти 2000 лет тому назад Я, как Иисус из Назарета, обращался к фарисеям и книжникам, которые цеплялись лишь за букву, а своё сердце имели в этом мире, и называл их лицемерами. Также и пророк Исаия, возвестивший Моё пришествие, говорил подобные слова, как и Я, будучи Иисусом из Назарета.

Теперь, в переломное время, Я, Христос, обращаюсь через Мой инструмент к Моим и должен для сегодняшних фарисеев и книжников вновь употреблять подобные слова. Ещё и сегодня многие фарисеи и книжники, теологи, знатоки Библии и самодеятельные проповедники учат по букве Библии – и вновь говорят лишь их уста, и вновь почитают они Меня лишь губами и ханжескими или интеллектуальными молитвами. Их сердца точно так же далеки от Бога, как в Моё земное время и до того, когда великие пророки принесли людям слово Бога.

Многие сановники учат ещё и сегодня именем Всевышнего и Моим именем; но их слова не одушевлены вечной силой, так как они сами не проникнуты Духом истины.

Руководители официальных церквей, учащие Моим именем, создали здание догм, в котором они прячутся, чтобы не быть вынужденными смотреть истине в лицо. В это здание догм они приглашают своих верующих, возлагают на них от Моего имени эти догматические тезисы и обязывают их – под угрозой так называемого вечного проклятия – этого придерживаться.

Это здание догм теперь прогнило и находится в процессе разрушения; оно похоже на карточный домик, который поддерживается лишь внешней властью и внешним богатством – однако, не Мной, Христом, который Я Есть, царство внутреннего.

На протяжении тысячелетий во многих структурах власти именем Вечного злоупотребляли ради человеческих махинаций. С момента Моего «Свершилось» также и Моим именем – Христос – злоупотребляют, вплетая Моё учение, которым Я призываю следовать за Мной, в здание догм.

Так, можно сказать: сатана чувств злоупотребляет именем Единого, Святого, Вечного и именем Его Сына, чтобы соблазнять людей. Но всё мнимое процветание человеческих махинаций увядает, потому что Я несу людям внутреннюю жизнь; это шаги Внутреннего пути, на котором ни догмы, ни человеческие законы не имеют силы, но исключительно тот закон, которому Я уже учил как Иисус из Назарета и по которому жил: универсальный, вечный закон, Бог.

Поскольку каждый человек имеет свободную волю, также и до Моего земного существования великие пророки должны были практиковать сдержанность, когда народ желал иного, чем то была воля Бога, которую они провозглашали. До Моего земного существования вера многобожия была ещё очень жива среди людей и таким образом кровавая жертва тоже. Оттого некоторые пророки должны были делать уступки – с одной стороны, чтобы не нарушать свободной воли людей, с другой, чтобы вести их через самопознание к истине. Это означало зачастую боль и страдание, пока люди не отправлялись на путь к Тому, который есть из вечности в вечность.

Каждая уступка содержит в себе, однако срок ожидания. В нём человек получает силу Бога, чтобы за короткое время суметь преодолеть то, что ещё является человеческим. Если же он его не использует и грешит далее, тогда он будет должен после истечения срока ожидания претерпеть и выстрадать всё то, что он посеял из противоположного и ещё не искупил.

Кто ведёт себя против Бога, против закона жизни, тому придётся вынести то, что он посеял.

Что земледелец сеет на своей пашне, то он пожинает, и что человек вносит в пашню своей души, то он также и пожнёт.

Под высказыванием «придерживаться старых обычаев» подразумевается следующее:

Человеку следует соблюдать время своей молитвы и ежедневно стараться позволить своим молитвам стать плодоносными, осуществляя то, о чём он молился. Тогда он также и Десять заповедей, выдержки из вечного закона всё лучше будет понимать и исполнять, и тем самым созреет во всеобъемлющий, универсальный закон, Бог.

ГЛАВА 52

Иисус объясняет Своё предсуществование – Вера означает понимание

*Смерть тела и духовная смерть (1).
Только тот, кто исполняет заповеди, познаёт и испытывает Бога в себе (2-3). Царство Бога семимерно – Бесконечный кристалл: всё во всём (9-11). Понимание истины только
через осуществление (12)*

*1. В другой раз Иисус сказал: «Истинно, истинно, Я
говорю вам: если кто-то придерживается Моих слов,
то он никогда не увидит смерти». Тогда евреи сказали
Ему: «Теперь мы знаем, что Ты охвачен дьяволом. (Гл.
52, 1)*

Я, Христос, объясняю, исправляю
и углубляю слово:

Будучи Иисусом из Назарета, Я говорил о живом
слове, которое одушевлено от Духа Бога. Кто живёт
живым словом, жизнью из Бога, тот никогда не увидит смерти, потому что он смотрит в вечную жизнь и
лишь сбрасывает свою физическую оболочку, которая
от Земли и опять возвращается в Землю.

Познайте: земное тело принадлежит Земле, потому что оно от Земли. Однако духовное тело принадлежит Богу, потому что оно из Бога. Кто смотрит лишь на тленное тело, тот не понимает Моих слов, потому что для него только земная жизнь является жизнью.

Однако истинная жизнь есть Бог, и духовное тело – из Бога, вечного потока; в Нём оно движется и никогда не умирает.

Душа, однако, может долго пребывать во тьме, когда человек думал, говорил и поступал лишь мрачно. Это тогда духовная смерть, потому что обременённая душа смотрит только на тленное и считает его истинной жизнью.

Но все те, которые посвящают свою жизнь Богу, благородно мысля, чисто говоря и закономерно поступая, несут в себе свет и после телесной смерти войдут в свет, то есть, не останутся во тьме, в духовной смерти.

Кто, таким образом, придерживается закона Бога, слова из Бога, тот не вкусит духовной смерти, ибо он живёт уже в земном одеянии в Боге.

Физическое тело только обёртка духовного тела; оно не может, однако, жить без духовного тела, души, в которой находится источник жизни, приток из жизни, Бога.

Духовный человек, который смотрит единственно лишь на Бога, придерживаясь Его слова и исполняя закон жизни, сбросит свою оболочку, физическое тело тогда, когда для этого тела наступит время, в которое оно снова станет землёй.

Только дьявол дьяволизирует своего ближнего. Кто сам ещё пойман в плен сатанинского, тот приписывает это также и своему ближнему.

Кто стоит в свете истины, тот смотрит всегда на хорошее ядро в своём ближнем, на истину, и будет ему бескорыстно служить и помогать. Он хотя и не упустит из виду тёмное, однако рассмотрит его из света истины, и насколько это уместно, также к нему и обратится.

2. Авраам умер и пророки, а Ты говоришь: «Если кто-то придерживается Моих слов, тот никогда не испытает смерти». Разве Ты более велик, чем наш отец Авраам, который умер? И пророки тоже умерли. Кем Ты делаешь Себя самого?»

3. Иисус ответил: «Если Я почитаю Себя самого, то Моё почитание ничто. Это Мой Отец, который Меня почитает, о котором вы говорите, Он ваш Бог. И вы не знаете Его; Я же знаю Его. Если бы Я сказал: Я не знаю Его, то Я был бы лжец подобный вам. Но Я знаю Все-Святого, и Я известен Вечному. (Гл. 52, 2-3)

Я, Христос, объясняю, исправляю
и углубляю слово:

Кто только говорит о Боге, а заповедей Бога не придерживается, тот не знает Бога, ибо Бог – это универсальный, вечный, вездесущий закон любви. Он не узнает Бога, закон, также и как-либо иначе. Закон любви и жизни находится в каждой душе и в каждом человеке. Поэтому человек может только в себе самом узнать законы Бога и только через исполнение Его заповедей приблизиться к Богу в себе.

Каждый человек может узнать Бога в себе и пережить на себе, когда он по закону жизни – то есть: бескорыстно – ощущает, думает, говорит и поступает.

Во всём, что от человека бескорыстно исходит, действует Бог. Кто бескорыстен, тот узнаёт Бога, а также становится осознающим своё Бого-сыновство или Бого-дочеринство.

Слово «почитать» вам следует заменить словом «уважать». Почтение надлежит единственно Богу.

Также и слово «почитать» в прежние времена имело иное значение, чем сегодня. Поэтому вам следует постараться во всяком высказывании охватить смысл, с тем чтобы вы нашли себе путь к первопричине жизни, к вечному закону, который глубоко коренится в каждом высказывании. Это, однако, возможно только тому человеку, который ежедневно старается исполнять заповеди Бога. Кто охватывает слово Бога лишь буквально, тот и сегодня точно так же будет думать и говорить, как некогда книжники и их приверженцы.

4. Авраам, ваш отец, радовался увидеть Мой день. И он увидел его и радовался». Тогда евреи сказали Ему: «Тебе ещё нет сорока пяти лет, и Ты видел Авраама?»

5. Иисус сказал им: «Истинно, истинно, Я говорю вам: прежде чем был Авраам, ЕСТЬ Я».

6. И Он говорил им: «Все-Святой посылал вам многих пророков, но вы восставали против них, так как они противились вашей алчности, и вы обругивали одних и убивали других».

7. Тогда они подняли камни, чтобы бросать их в Него: но Иисус скрылся и вышел из храма прямо посреди них и удалился вновь, оставшись незамеченным ими.

8. Когда Его ученики опять были с Ним в одном уединённом месте, один спросил Его о Царстве Бога, и Иисус сказал им:

9. «Так же, как оно вверху, так оно и внизу. Так же, как оно внутри, так оно и снаружи. Как справа, так и слева тоже. Как оно спереди, так оно и сзади. Как с великим, так и с малым. Как с мужчиной, так и с женщиной. Когда это познаете, тогда вы увидите Царство Бога.

10. Ибо во Мне нет ни мужского, ни женского, но оба едины, совершенны во вселенной. Женщины нет без мужчины, ни мужчины нет без женщины.

Я, Христос, объясняю, исправляю
и углубляю слово:

Бог – это все-единство. Вечность – это бесконечный кристалл, сияющий в бесчисленных гранях. Слова «Так же, как оно вверху, так оно и внизу. Так же, как оно внутри, так оно и снаружи. Как справа, так и слева тоже. Как оно спереди, так оно и сзади. Как с великим, так и с малым» были даны людям для лучшего понимания. Кто, однако, вошёл в царство внутреннего, тот знает и испытывает в себе: душе, пронизанной светом Бога, три измерения ничего не значат.

Познайте: Царство Бога семимерно.

Трёхмерные формы существуют единственно лишь в материи; в ней имеется верх и низ, внутри и снаружи, правое и левое, спереди и сзади, большое и малое. В Боге жизнь является тем могучим кристаллом, который искрится в бесчисленных гранях. Он лучится, и в его излучении всё проявлено. Он не знает ограничений. Безгранично излучает он, ибо безгранична вечность.

В тебе, о человек, находится всё – самое малое и самое великое. В тебе исполняется всякий божественный импульс, всякое божественное праощущение и всякая божественная мысль. Что спереди, сзади, вверху и внизу, справа и слева, это находится в тебе. Таким образом, в тебе самом проявлено всё, что есть.

Что есть, это есть вечно – и оно вечно остаётся проявленным в духовном существе и во всём Творении. Слова – это понятия. Так что для людей также и внутренняя жизнь должна быть выражена словами.

Бесконечность, всё, что излучается от чистого существа, от Бога, это принимает форму и образ во всей вселенной.

И когда говорится: «великое» и «малое», то под этим подразумеваются эволюционные шаги духовных форм в чистом Бытии: искра света принимает форму и образ и становится постепенно всесилой, активным излучением; из него происходит духовное тело, которое едино с праизлучением, излучением вечности.

Кто посвящает свою жизнь Богу и очищает свою душу, тому это всё вновь осознаваемо, потому что он тогда вновь живёт в сознании, в Боге.

Бог – это Отец-Мать-принцип для всех и во всех духовных существах. Вечный Отец, который также является и Матерью, дарил и дарит каждому из Своих детей всеизлучение, эссенцию бесконечности, в качестве наследства.

В слове «дарит» даётся намёк на все дальнейшие силы эволюции, в которых духовные существа вновь духовно зачинаются через Отец-Мать-принцип в духовных существах. Все они получают от Вечного целую бесконечность в качестве наследства.

Познайте: духовное тело – это сжатый вечный закон, Бог. Оно состоит из эссенции Вселенной, таящей в себе все грани бесконечности.

В законе, Боге, не имеется мужского и женского пола. Бог создал положительный, дающий принцип из Своего Отцовского излучения – и отрицательный принцип, принимающий, из Своего Материнского излучения. Духовные существа – это соответственно положительные или отрицательные принципы. Во всеизлучении, так же, как и в дуальности, их два – и всё же они одно во Вселенной, поскольку оба согласно потоку вечного закона ощущают и в нём живут.

Оба, дающий и принимающий принципы, навечно едины. Принимающий принцип не без дающего принципа, и дающий принцип не без принимающего. Говоря словами этого мира: женщина и мужчина вечно едины. В единстве они действуют; в единстве возникают духовные зачатия из принципа дающего и принимающего, из Отец-Мать-принципа, который активен в каждом духовном существе.

Законы Бога находятся в великом, то есть, в полностью активном излучении, как и в самом малом, на первом шаге эволюции. Всё во всём:

В луче Порядка находятся лучи Воли, Мудрости, Серьёзности, Терпения, Любви и Милосердия. В луче Воли находятся Порядок, Мудрость, Серьёзность, Терпение, Любовь и Милосердие. В луче Мудрости находятся Порядок, Воля, Серьёзность, Терпение, Любовь и Милосердие. Точно так же дело обстоит в лучах Серьёзности, Терпения, Любви и Милосердия.

Все силы, таким образом, содержатся в каждой силе. Рассматривая всё во всём, эти силы образуют всеизлучение, Бога, могучий универсальный кристалл вечности.

Словами «Ибо Бог сотворил все вещи по числу, весу и мере, согласовав одно с другим» выражено всеизлучение: всё в одном. Таким образом, всё во всём.

12. В эти вещи могут поверить те, кто их постигают. Когда они их не понимают, тогда они не для них. Ибо верить значит понимать, а не верить значит не понимать». (Гл. 52, 12)

Я, Христос, объясняю, исправляю
и углубляю слово:

«В эти вещи могут поверить те, кто их постигают» должно бы означать: истину может постичь, то есть понять только тот, кто стремится к истине. Единственно лишь вера не постигает истину, потому что вера является только шагом к истине, однако, ещё не самой истиной.

Кто верит, тот принимает сначала слово истины. Только тот, кто его тогда осуществляет, поймёт истину, потому что он через осуществление истины найдёт свой путь к истине, закону, Богу.

Итак, вера означает: сперва принять истину. Осуществление веры ведёт тогда к пониманию истины.

ГЛАВА 53

Исцеление слепорождённого –
Вопрос саддукеев о воскресении

Не спрашивай о грехах своего ближнего – Используйте мгновения дня (1-2). Внешний врач и внутренний целитель (3-6). Вступить в брак или сочетаться браком пред Богом (7-11)

1. *На другой день Иисус встретил мужчину, который от рождения был слепым. И Его ученики спросили Его, сказав: «Учитель, кто согрешил, он или его родители, что он родился слепым?»*

2. *Иисус ответил: «Что значит, согрешил ли он или его родители, если дела Бога проявятся в нём? Я должен делать дела Моего Отца, который Меня послал, пока длится день; наступит ночь, тогда никто не сможет действовать. Пока Я в мире, Я Есть свет мира». (Гл. 53, 1-2)*

Я, Христос, объясняю, исправляю
и углубляю слово:

Слова: «Что значит, согрешил ли он или его родители, если дела Бога проявятся в нём?» обозначают: вам не следует ни смотреть на грех, ни спрашивать, кто согрешил. Никто не может за другого выплатить долг – разве только он не пришёл в этот мир как душа-страдалец для другого человека.

Однако, когда люди связаны друг с другом грехом, тогда все причастны к греху, например, родители и дети. Тогда они вместе оплачивают то, что они также вместе и причинили.

Познайте: каждый день даётся каждому человеку, чтобы часть своих грехов и ошибок познать и раскаяться в них. Потому никому не следовало бы спрашивать, кто совершил грех, когда или где. Теперь душа находится в земном существовании, чтобы устранить то, что человеку сообщается сегодня через знаки дня или через болезнь, горе, нужду, слепоту или через мрачные мысли, слова и дела.

Я Есть свет мира. Кто познаёт, раскаивается, передаёт своё человеческое Мне и оставляет его во Мне и, таким образом, использует дни, тот будет жить во Мне и воскреснет через Меня, ибо Я Есть вечный день.

Если человек не использовал дни, тогда поверх него прорывается ночь души, тогда душа и человек будут страдать. Потому используйте мгновения дня, ибо каждое мгновение Есть Я, вечность. Кто использует мгновения, тот живёт во Мне, и он будет иметь мир и достигнет спасения.

3. Когда Он такое сказал, Он плюнул на землю и, смешав глину со слюной, помазал ею глаза слепого. И

Он сказал ему: «Иди и помойся в пруду Силоам» (это переводится: посланный). Тогда он пошёл туда, помылся и пришёл зрячим.

4. Соседи и видевшие прежде, что он был слепым, сказали: «Разве это не тот, который сидел тут и попрошайничал?» Некоторые сказали: «Это он», другие же сказали: «Он на него похож». Сам же он сказал: «Это я».

5. Поэтому они спросили его: «Как твои глаза открылись?» Он ответил: «Мужчина по имени Иисус сделал кашицу, помазал мои глаза и сказал: «Иди и помойся в пруду Силоам». Я пошёл туда, помылся, и получил зрение».

6. Тогда они спросили его: «Где Он?» Он сказал: «Я не знаю, где Он, который сделал меня здоровым». (Гл. 53, 3-6)

Я, Христос, объясняю, исправляю
и углубляю слово:

Изложение о глине и слюне символизирует внешнее исцеление.

Познайте: многое из того, что обо Мне, как Иисусе из Назарета, сообщалось и записывалось, происходило не так, как оно дословно написано. Так и здесь тоже глина и слюна – символы того, что Земля и всё, что на ней растёт, травы и плоды, и точно так же вода, ис-

665

целяют и очищают, если причина болезни больше не течёт из души, а лишь ещё отмечает тело.

Когда душа передала причину в тело как следствие, и ничего больше к причинам не подтекает, тогда исцеление может последовать снаружи, через землю и через всё, что она производит, таким образом также через очистительную воду, содержащую много целительных субстанций.

Вопрос: «Где Он?» показывает, что многие люди смотрят лишь на помощь извне и не учитывают силы внутреннего исцеления. Итак, не ищите истинного целителя для души и тела среди людей; не ищите Его в том или ином месте. Если вы хотите Его найти, тогда отправляйтесь в ваше внутреннее. Там Есть Я, Христос Бога, Избавитель, внутренний врач и целитель.

Молитесь, раскаивайтесь и приносите покаяние, прощайте и просите прощения и исправляйте действиями, когда вы навредили вашему ближнему – тогда вы переживёте и получите то же самое и подобное как люди в то время, в которое Я пребывал среди них будучи Иисусом.

Сын Бога, Христос Бога, воскрес, и сила Христа Бога вродилась в каждую душу, так чтобы она могла испытать и достичь того же самого или подобного тому, как люди и души во время Моей деятельности Иисусом из Назарета.

Познайте: Я Есть Христос, ваш Избавитель и подготовитель пути к вечному Бытию, к единению с вечным Отцом. Я Есть также ваш внутренний врач и целитель – сила, которая вас может сделать свободными от болезней, нужды, страданий, мук и скорби.

7. Тут к Иисусу подошли некоторые саддукеи, которые отрицали, что существует воскресение, и они сказали Ему: «Учитель, Моисей написал, если умирает чей-либо брат, и он имел жену и не оставил детей, то его брату следует взять эту его жену и породить семя своему брату.

8. Было же тут шесть братьев, и первый взял жену и умер бездетный. И второй взял её в жёны и умер также бездетный. И все, от третьего до шестого, брали её, не оставляя детей. Наконец, умерла и женщина.

9. Кому она теперь будет принадлежать при воскресении? Ибо шестеро имели её женой».

10. Тогда Иисус в ответ сказал им: «Жена ли с шестью мужами или муж с шестью жёнами, это то же самое. Ибо дети этого мира женятся, и их выдают замуж или женят.

11. Те же, которые будут достойны пережить воскресение из мёртвых, не будут ни жениться, ни выходить замуж, они никогда не смогут умереть, но они как ангелы и являются детьми Бога, детьми воскресения. (Гл. 53, 7-11)

Я, Христос, объясняю, исправляю
и углубляю слово:

Познайте: дети этого мира сватаются и дают себя посватать и вступить в брак. Свататься, давать себя посватать и вступить в брак значит: быть взятым и позволить себя взять, и жить так, как живёт мир: в грехе.

Но те, кто не только соблюдают земные законы заключения брака, но сочетаются браком пред Богом, те поставили на Дух, а не на плоть. Они заключили с Богом союз для своего земного брака.

Бракосочетание означает соединение в Боге и с Богом. Это, таким образом, есть союз с Богом.

В вечном Бытии все братья и сёстры. Бракосочетание перед Богом означает братосестринство и внутреннюю верность. Даже если они производят на Земле детей, они остаются в Духе Господа братом и сестрой. Когда душа очищена и вновь свободна от своего обременения, она после земной смерти тела вновь как духовное существо войдёт в Небеса и вновь возвратится к своему дуалу и олицетворит с ним в Духе Бога единство – так же, как это в них написано из вечности в вечность.

*12. Но что умершие воскреснут, свидетельствовал
даже Моисей у куста, когда он взывал к Богу, и Бог*

ему сказал: «Я Есть Бог Авраама, Исаака и Иакова. Бог не есть Бог мёртвых, но живых». Ибо все живут через Него». (Гл. 53, 12)

ГЛАВА 54

Допрос слепорождённого –
Ученики как духовное тело Христа

Слепые и зрячие (1-16). В космическом Бытии всё содержится во всём и одинаково важно (17-24)

1. Тогда они повели к фарисеям того, который раньше был слепым. Был же шабат, когда Иисус смешивал глину и открыл его глаза.

2. Тут спросили его также и фарисеи, как он получил зрение. Он же сказал им: «Он помазал на мои глаза кашицу, я умылся и теперь зрячий».

3. Некоторые фарисеи сказали: «Этот человек не от Бога, потому что он не придерживается шабата». Но другие сказали: «Как может грешный человек совершать такие чудеса?» И было несогласие среди них.

4. Они вновь сказали слепому: «Что ты скажешь о Нём, который открыл твои глаза?» Он сказал: «Он пророк».

5. Но евреи не верили ему, что он был слепым и стал зрячим, и они позвали родителей ставшего зрячим.

6. И они спросили их, сказав: «Это ваш сын, о котором вы говорите, что он родился слепым? Отчего же он теперь зрячий?» Его родители сказали им в ответ: «Мы знаем, что это наш сын и что он родился

слепым; но почему он теперь видит, мы не знаем; и кто ему открыл глаза, мы тоже не знаем. Он достаточно взрослый, спросите его, пусть он сам за себя скажет».

7. Так сказали его родители, ибо боялись евреев; поскольку евреи уже условились, что если кто-нибудь признает Его Христом, то того исключат из синагоги. Поэтому его родители сказали: «Он совершеннолетний, спросите его самого».

8. Тогда они позвали и в другой раз человека, бывшего слепым, и сказали ему: «Воздай Богу честь: мы знаем, что этот человек грешник». Он сказал в ответ: «Грешник Он или нет, я не знаю; но одно знаю, что я был слепой, а теперь зрячий».

9. Тогда они спросили его снова: «Что Он сделал тебе? Как Он открыл твои глаза?» Он ответил им: «Я это вам уже сказал, а вы не слышали. Отчего вы хотите слышать это ещё раз? Разве вы тоже хотите стать Его учениками?»

10. Тогда они оскорбляли его и сказали: «Ты Его ученик; мы же ученики Моисея. Мы знаем, что Бог говорил с Моисеем. Но откуда этот человек, мы не знаем».

11. Мужчина в ответ сказал им: «Вот это то и удивительно, что вы не знаете, откуда Он, а Он ведь открыл мои глаза. Теперь же мы знаем, что Бог не слышит грешников.

12. Но, если кто богобоязнен и делает Его волю, того Он слышит. С начала мира ещё не было слышно,

чтобы открывались глаза слепорождённому. Если бы этот человек не был от Бога, Он бы ничего не смог сделать».

13. Они сказали ему в ответ: «Ты всецело родился в грехах, и хочешь нас поучать?» И они выгнали его вон.

14. Иисус услышал, что они изгнали его; и когда Он его нашёл, Он сказал ему: «Веришь ли ты в Сына Бога?» Он сказал в ответ: «Господин, а кто это, чтобы я в Него верил?»

15. Иисус сказал ему: «Ты Его видел дважды, и Он тот, кто с тобой говорит». И он сказал: «Господь, я верю». И он поклонился Ему.

16. И Иисус сказал: «Я пришёл в этот мир для суда, чтобы те, которые не видят, стали зрячими, а те, которые видят, ослепли». И некоторые фарисеи, бывшие там с Ним, слышали эти слова и сказали Ему: «Разве мы тоже слепы?» (Гл. 54, 1-16)

Я, Христос, объясняю, исправляю
и углубляю слово:

Охватите смысл написанного — и вы познаете, что духовно слепые и их слепые вожди во все времена реагировали слепо. Также и в сегодняшнее время духовно слепые и их слепые вожди реагируют, как и во время Моей земной жизни: слепо.

Они не знают истину и не могут поэтому также применять законы Бога.

Кто, однако, знает законы Бога, так как он живёт в истине, является зрячим и способен многое сделать из истины. Кто, однако, духовно слеп, потому что позволяет ослепить себя этим миром и оттого живёт в грехе, тот осуждает, отвергает и обвиняет во зле тех, кто говорят и поступают из истины.

«Я пришёл в этот мир для суда, чтобы те, которые не видят, стали зрячими, а те, которые видят, ослепли» означает: Я пришёл в мир, чтобы позволить справедливости Бога стать явной через осуществление вечного закона. Кто в своей земной жизни не исполняет справедливости Бога, тот подвергается своему собственному суду и становится своим собственным судьёй – ибо он пожинает то, что посеял.

Христос показывает людям путь к Богу, потому что Он их Избавитель. Те желающие, кто стараются жить по законам Бога, узрят жизнь, ибо всё совершается в душе человека. Из души текут свет и тень – то, что она сама на себя возложила. Кто рассеивает тени через Меня, Избавителя, в том спасение становится явным. И кто приближается к праисточнику божественности, тому ничего не останется скрытым.

Те, однако, кто полагают, что они видящие, потому что учат евангелию, являются слепыми, потому что они не живут сообразно с этим. Они ведут большие речи и говорят о законе Бога и о делах Моисея. Но в действительности они не знают ни закона Бога, ни указаний Бога через Моисея: кто лишь говорит о Боге, тот не в Боге и потому духовно слеп. Зрячий богонаполнен, потому что он живёт в Боге.

17. Иисус пришёл к одному месту, где росли семь пальм, собрал Своих учеников вокруг себя и дал каждому число и имя, которые знал только тот, кто их получил. И Он сказал им: «Стойте как колонны в доме Бога и выполняйте приказы согласно цифрам, полученным вами».

18. И они встали вокруг Него и образовали четырёхугольник и считали цифры; но не могли. И они сказали: «Господь, мы не можем этого». И Иисус сказал: «Пусть тот, который самый больший из вас, будет равным самому малому, и знак первого будет равен знаку последнего».

19. Так они и сделали, и в любой форме было равенство, и всё же каждый нёс иное число, и одна сторона была как другая, и верхняя была как нижняя, и внутренняя как внешняя. И Господь сказал: «Достаточно. Таков дом мудрого строителя. Он четырёхугольный и совершенный. Помещений много, но это только один дом.

20. Рассмотрите опять же тело человека, которое есть храм Духа. Ведь туловище едино с головой, и это единое тело. И у него много частей, но все вместе они одно тело, и Дух владеет и правит всем. Точно так же оно и в Царстве Бога.

21. И голова не говорит груди: «Я не нуждаюсь в тебе», и правая рука левой: «Я не нуждаюсь в тебе», и левая нога правой ноге: «Я не нуждаюсь в тебе»; и глаза не говорят ушам: «Мы не нуждаемся в вас», а рот носу: «Я не нуждаюсь в тебе». Ибо Бог поместил каждую конечность туда, где она лучше всего пригодна.

22. Если бы голова была всем, где была бы грудь? Если бы кишки были самыми важными, где были бы ноги? Да, те конечности, которые некоторые считают менее почтенными, Бог удостоил самой большой чести.

23. И тем частям, которые некто считает некрасивыми, дано больше изящества, для того чтобы они заботились друг о друге; так страдают все конечности, если хоть одна из них страдает; и если одна из конечностей почитаема, то этому возрадуются все остальные конечности.

24. Теперь вы Моё тело; и каждый из вас – это особенная конечность Меня, и каждому из вас Я даю подобающее ему место, голова над всеми, а сердце как центр всех, так чтобы нигде не было никакой бреши, чтобы как ваши тела, ваши души и ваш дух, также и вы восхваляли Все-Отца через Святой Дух, действующий во всех и через всех». (Гл. 54, 17-24)

Я, Христос, объясняю, исправляю и углубляю слово:

Как Иисус из Назарета, как воплощённый Христос Бога, Я всегда ссылался в Моих учениях на целостный вечный закон, ибо: всё содержится во всём – самое малое в великом целом, и великое целое как эссенция в самом малом. Когда мудрец говорит об одном аспекте жизни, тогда он также и в аспекте зрит целое, то есть все законы жизни.

Семь пальм символизируют семь основных сил Бога от Порядка до Милосердия. В одной основной силе действенны все основные силы. Это то великое целое, всезакон Бог, в котором всё содержится во всём. Будь то число или имя – всё содержится во всём.

Я повторяю: в самом великом находится самое малое, которое живёт и действует в цикле эволюции, и в первых шагах эволюции уже содержится великое, созревшее.

Так же, как каждый орган и каждый самый маленький строительный кирпичик тела имеет значение, так и в Царстве Бога имеет значение самое малое, ибо оно содержит все аспекты бесконечности. Не бывает в космическом Бытии ничего такого, что не имело бы значения, потому что великое как всеобъемлющий закон находится в самом малом и самое малое, развивающееся к великому, к полностью активному божественному закону, уже есть в этом великом, всеобъемлющем активном законе.

Кто обращается к самому малому, находящемуся в процессе эволюции на пути к великому, тот тем самым одновременно обращается к великому, полностью развитому закону, Богу. Таким чудесным, абсолютно совершенным способом создан дом вселенского зодчего: бесконечность. Поэтому не имеется ни верха, ни низа, ни сзади, ни спереди, ни правого, ни левого, ни бедности, ни благосостояния, ни малого и незначительного, ни великого, которое бы над ним возвышалось.

Бог – это равенство, свобода и единство. В вечном Бытии нет ни господ, ни слуг. Все существа света являются братьями и сёстрами, детьми одного Отца, который есть единственный Господь жизни, Творец Неба и Земли.

ГЛАВА 55

Христос, добрый пастух – единый с Отцом

Христос, истинный пастух и единственный путь в Отчий дом – Мои овцы знают Мой голос – Я веду овец в вечный закон – Указание на незаконные притязания и злоупотребление должностью пастыря (1-16)

1. Однажды проходил мимо пастух, который гнал своё стадо в загон. И Иисус взял одного из молодых ягнят на руки и заговорил с ним, преисполненный любовью и прижал его к Своей груди. И Он сказал Своим ученикам:

2. «Я Есть добрый пастух и знаю Своих овец, и они знают Меня. Как Отец всех знает Меня, точно так же и Я знаю Моих овец и отдаю Свою жизнь за овец. И у Меня есть ещё другие овцы, которые не из этого стада; и их Я должен тоже привести, и они услышат Мой голос, и будет одно стадо и один пастух.

3. Я слагаю Свою жизнь, с тем чтобы её снова принять. Никто не отнимает её у Меня, но Я слагаю её сам. У Меня есть власть сложить Своё тело, и есть власть взять его вновь.

4. Я Есть добрый пастух; добрый пастух пасёт своё стадо, Он берёт ягнят на руки и несёт их на Своей груди и ведёт нежно тех, которые беременны. Да, добрый пастух отдаёт Свою жизнь за овец.

5. Наёмник же, который не является пастухом, которому овцы не собственные, видит приближающегося волка, покидает овец и убегает. И волк хватает и разгоняет овец. Наёмник убегает; ведь он наёмник и не заботится об овцах.

6. Я Есть дверь: все, входящие через Меня, будут защищены, и войдут и выйдут, и найдут пастбище. Злой не приходит, разве только, чтобы не воровать, убивать и разрушать. Я пришёл, чтоб они имели жизнь и полный достаток.

7. Но кто входит через дверь, тот является пастухом овец, которому открывает привратник, и овцы слышат Его голос, и Он зовёт Своих овец по имени и выводит их, и Он знает их число.

8. И когда он выпустил Своих овец, Он идёт впереди них, и овцы следуют за Ним; ибо они знают Его голос. За незнакомцем же они не последуют, а убегут от него; ибо они не знают голоса незнакомца».

9. Эту притчу сказал Иисус им; но они не поняли того, о чём Он им говорил. Тогда ещё раз сказал Иисус им: «Мои овцы слышат Мой голос, и Я знаю их, и они следуют за Мной. И Я даю им вечную жизнь. И они никогда больше не погибнут, и никто их из Моих рук не вырвет.

10. Мой Отец, который их Мне дал, больше всех; и никто не сможет их вырвать из рук Моего Отца. Я и Мой Отец одно».

11. Тут евреи вновь подняли камни, чтобы побить Его камнями. Иисус спросил их: «Много добрых дел Я вам совершил от Моего Отца, за которые из этих дел вы побиваете Меня камнями?»

12. Евреи ответили Ему: «Не за доброе дело мы побиваем Тебя камнями, а за богохульство; и что ты человек, а делаешь Себя равным Богу». Иисус ответил им: «Разве Я сказал, что Я равен Богу? Нет, но Я Есть одно с Богом. Разве не написано в писании: Я сказал, вы – боги?

13. Если Он называет богами тех, к которым пришло слово Бога, а писание ведь не может быть порушено, что же вы тогда говорите Тому, которого Отец освятил и послал в мир: «Ты хулишь Бога», потому что Я говорю: Я Есть Сын Бога и поэтому одно со Все-Отцом?

14. Если Я не совершаю дел Моего Отца, то не верьте Мне; но если Я их совершаю, то верьте же делам, если уж вы Мне не хотите верить, для того чтобы вы узнали и поверили, что Дух великого Отца находится во Мне и Я в Моём Отце».

15. Поэтому они вновь пытались схватить Его; но Он ускользнул из их рук и опять отправился на ту сторону Иордана к тому месту, где Иоанн впервые крестил, и оставался там.

16. И многие приходили к Нему и говорили: «Иоанн не делал чудес; но всё, что Иоанн сказал об этом человеке, это истинно. Он есть пророк, которому над-

*лежало бы прийти». И многие поверили в Него. (Гл.
55,1-16)*

Я, Христос, объясняю, исправляю
и углубляю слово:

Добрый пастух знает всех Своих овец, ибо они являются частью Его. И овцы, знающие голос Пастуха, следуют за Ним.

Голос доброго пастуха Христа – это вечный закон любви. Кто его придерживается, тот знает закон любви, и таким образом голос закона, голос пастуха, Христа.

Как Иисус из Назарета, Я отдал Свою земную жизнь ради всех людей. Как Христос Бога Я передал Моё божественное наследство, чтобы всем душам и людям быть опорой и путём в Отчий дом.

Поскольку ныне во всех душах и людях светит искра Избавителя, луч света Моего духовного наследства, то все вновь найдут путь к вечному Отцу. Когда в душе избавление завершено и духовное существо возвратилось во внутренний храм, тогда оно вносит луч света, искру Избавителя, вновь в прасубстанцию, в которой Моё духовное наследство вновь выстраивается.

Овцы, ещё не знающие Моего голоса и всё ещё ищущие своё спасение на пастбищах этого мира и, таким образом, послушные нашёптываниям сатанинского, несут тоже искру избавления в себе. Они также возвратятся в дом Отца и внесут искру Избавителя вновь в прасубстанцию – когда благодаря силе и власти Христа пробудятся и повернут назад, принимая путь к внутренней жизни и находя свои пастбища в законе жизни. Тогда они слышат Мой голос, закон, и следуют за Мной, законом.

Я, Христос Бога, иду за каждой овцой; ибо каждая овца является частью Меня. Ни один человек и ни одна душа не потеряны на вечно.

«У Меня есть власть сложить Своё тело, и есть власть взять его вновь» означает: когда для человека – Иисуса – придёт время, Христос сложит Своё земное тело и вновь будет в Своём божественном теле. Божественное тело – это безупречное тело, которое без греха. После смерти Моего земного тела Я странствовал вновь как Христос Бога, божественное, безупречное тело; ибо Я исполнял как Иисус волю Моего Отца и был без греха.

Слова «которые беременны» гласят: кто преисполнены через исполнение вечного закона.

Наёмником является тот человек, который хочет присвоить себе овец или взять их в наём или пасти. Как бы то ни было – овцы не принадлежат ему; он не может быть пастухом. Единственно Христос есть истинный пастух; только Он является путём в Отчий дом – ибо Он есть свет и светильник души на пути в вечную жизнь.

Кто не знает пути в вечную жизнь, тот также и не может вести овец ко Мне, Христу. Когда тогда волк, сатанинское, врывается в стадо, чтобы соблазнить и рассеять овец, тогда наёмник сдаётся и убегает, поскольку он не знает пути к жизни, закон жизни. Однако кто закон жизни и любви знает, потому что Я, Христос, вёл его вовнутрь к Отцу, и он в законе Бога живёт, ежедневно его бескорыстно исполняя, тот знает путь туда, потому что он уже им шёл.

Такая светлая душа и такой светлый человек становятся тогда проводником, показывающим Моим овцам путь ко Мне, Христу, и сближающим их с добрым пастухом, законом Бога, голосом любви. Он сам не будет ни пастухом, ни вождём овец в дом Отца, но единственно лишь проводником, указывающим на Меня, Христа. Он может сопровождать овец ко Мне. То есть он только сопровождающий, однако, не пастух.

Только те присваивают себе право быть пастухами Моих овец, кто себя ставят выше Меня, Христа, в той вере, будто Я передал им для этого полномочия. Так же, как имеется только о д и н Святой Отец, Отец в Небе, Творец жизни, так имеется только о д и н Пастух: Христос, Избавитель всех душ и людей. Он есть единственный путь к сердцу Бога.

Я, Христос, закон жизни, Есть также врата, дверь и привратник к вечной жизни. Кто входит через дверь в Царство Бога, тот входит через Меня в вечную жизнь. Ибо никто не приходит к Отцу, как только через Меня,

Христа Бога, Соправителя Небес, живущего в Отце. Я, Христос Бога, привожу Моих овец назад в вечное Бытие, ибо Я знаю их всех, потому что принял их в Себе через избавление.

Я Есть дверь, привратник и пастух. Кто за Мной истинно следует, тот знает Мой голос.

Когда овцы следуют за Мной, исполняя закон жизни и любви, тогда они развивают дар различения между голосом вечного закона и чужим голосом, который их манит и хочет соблазнить искушениями. Злой больше не может соблазнять Моих овец, потому что они его распознают. Он хотя и подкрадывается к ним и сладким как мёд голосом хочет их переманить – однако они осуществляют и исполняют закон любви. Так они находятся в безопасности во Мне.

Итак, кто осуществляет и исполняет законы Бога, тот слышит Мой голос и через Меня, Христа, сам станет голосом закона. Ибо Я веду овец в вечный закон. И если они стали законом, они являются голосом закона, жизни и любви. Тогда больше не нужно слышать Мой голос; они стали Моим голосом.

Кто сам себя не знает, тот бросает камнями в своих ближних. Многие евреи не признавали Меня, Христа Бога в Иисусе, потому что они не знали самих себя. Так как они сами не знали, кем они были, то за свои проступки, на которые Я им указывал в зеркале их собственного мышления и действий, у них имелись бесчисленные извинения. Они стремились только к своему телесному благополучию и своему земному престижу. Поскольку они заботились только о себе, они поэтому излагали закон Бога так, как это казалось им верным.

В сегодняшнее время фарисеи и многие книжники, теперь именующие себя теологами, придерживаются этого точно так же. Они излагают книгу, которую они называют Библией, и которая содержит части вечной истины, в соответствии с их представлениями и их мнениями. Кто высказывается против их теологических басен, тот для них состоит – также ещё и сегодня – в союзе с Сатаной. Также и в сегодняшнее время они поднимают камни и бросают их в тех, кто стараются исполнять волю Бога: они клевещут, они искажают истину и высмеивают слово Бога. Они презирают и дискриминируют тех людей, которые не следуют их теоремам, точно так же как в Моё время Иисусом из Назарета делали фарисеи.

Познайте: никогда не может слово Бога протекать через уста грешников. Кто не является каналом любви, тот является каналом зла. Кто является каналом любви, тем, что он за своего ближнего, а не против него, тот слышит голос любви. Однако кто против своего ближнего, тот за зло, тот также и слышит голос зла, многосторонние нашёптывания темноты; она злоупотребляет даже Моим именем: Христос.

Многие говорят о евангелиях и не придерживаются находящейся в них истины. Они берут даже свои евангельские тексты за основу, чтобы из них выводить свои собственные предписания. Это есть институции церкви, которые делают предписания – однако же не Бог.

Таким образом, пионерам Новой эры приходится бороться с подобными сатанинскими методами, как и Мне, будучи Иисусом из Назарета. Так, вновь исполняется Моё слово: если они преследовали Меня, то будут преследовать также и вас. Кто о Боге не только говорит, но старается делать волю Бога, тот претерпит преследование, ибо он противнику как бельмо на глазу.

Пока человек живёт в болоте своего человеческого «я», он смотрит только на болото и не зрит света за материей. Поэтому многие люди не знают дел Господа. Они видят только своё собственное болото и потому такого мнения, что все должны идти, увязая в таком же болоте человеческого «я». При этом истина не признаётся и дело Бога, истина, пренебрегаемо.

Кто не уважает сам себя как существо из Бога, тот пренебрегает собой и пренебрегает также своими ближними. Однако кто исполняет волю Бога, тот уважает свою жизнь, потому что она из Бога. Он живёт осознанно в Отце, и Отец живёт и действует через него.

ГЛАВА 56

Воскрешение Лазаря

О пробуждении мёртвых (1-18)

1. В Вифании, городке Марии и её сестры Марфы, лежал больной по имени Лазарь. Мария же была той, которая смазала Господа и осушила Его ноги своими волосами.

2. Поэтому его сёстры послали за Иисусом и попросили сказать Ему: «Господь, смотри, тот, которого Ты любишь, лежит больной». Когда Иисус это услышал, Он сказал: «Эта болезнь не к смерти, но, чтоб великолепие Бога стало видимым в нём». Иисус же любил Марию и её сестру, и Лазаря.

3. Хотя Он слышал, что он был болен, Он оставался ещё два дня в том месте, в котором Он как раз остановился. Затем Он сказал Своим ученикам: «Пойдёмте снова в Иудею».

4. Его ученики сказали Ему: «Учитель, последний раз евреи хотели побить Тебя камнями, и Ты хочешь вновь туда идти?» Иисус ответил: «Разве у дня не двенадцать часов? Кто идёт днём, тот не оступится; ибо он видит свет этого мира.

5. Кто же идёт ночью, тот оступится, ибо в нём нет света». Так Он говорил, а потом сказал им: «Наш друг Лазарь спит; но Я пойду туда, чтоб разбудить его ото сна».

6. Тогда Его ученики сказали: «Господь, если он спит, то с ним всё будет хорошо». Но к Нему пришёл посыльный и сказал: «Лазарь умер».

7. И когда Иисус пришёл, Он узнал, что он уже четыре дня лежал в могиле (Вифания была вблизи Иерусалима, около часа ходьбы). И многие евреи пришли к Марфе и Марии, чтобы утешить их за брата.

8. Как только Марфа услыхала, что идёт Иисус, она вышла Ему навстречу, Мария же оставалась ещё сидеть дома. Тогда Марфа сказала Иисусу: «Господь, если бы Ты был тут, мой брат бы не умер. Но я знаю также, что Ты попросишь у Бога, то Тебе Бог даст».

9. Иисус говорит ей: «Твой брат спит, и ему следует воскреснуть». Марфа говорит Ему: «Я хорошо знаю, что он воскреснет в воскресение Судного дня».

10. Иисус говорит ей: «Я Есть воскресение и жизнь; кто в Меня верит, тот будет жить, даже если бы он умер. Я Есть путь, истина и жизнь, и кто живёт и верит в Меня, тот никогда не умрёт».

11. Она говорит Ему: «Да, Господь, я верю, что Ты Христос, Сын Бога, пришедший в этот мир». И когда она это сказала, то пошла и позвала тайком свою сестру Марию и сказала: «Учитель тут и зовёт тебя». Когда та это услышала, поспешно встала и пришла к Нему.

12. Ведь Иисус был ещё не в селении, а ещё на том месте, где Марфа Его встретила. Евреи, бывшие у неё в доме и её утешавшие, видели, как Мария поспешно

встала и вышла. Они последовали за ней и сказали: «Она идёт к могиле, чтобы плакать».

13. И вот когда Мария увидела Иисуса и подошла к Нему, она упала к Его ногам и сказала: «Господь, если бы Ты был здесь, мой брат бы не умер». Когда Иисус увидел, что она, а также евреи, пришедшие с ней, плакали, Он вздохнул в духе и был опечален. И Он сказал: «Где вы его положили?» Они сказали Ему: «Господь, приди и посмотри!» И Иисус заплакал.

14. Тут сказали евреи: «Смотрите, как Он его любил!» Но некоторые среди них сказали: «Не мог бы Он, открывший глаза слепому, вызвать то, чтоб и этот человек не должен был умереть?» Тут Иисус вздохнул ещё раз и подошёл к могиле. То была пещера, и камень лежал перед ней.

15. Иисус сказал: «Уберите камень!» Марфа, его сестра, считала его мёртвым и сказала: «Господь, теперь он уже смердит; ибо он уже четыре дня, как мёртв». Иисус говорит ей: «Разве Я не сказал тебе, что, если ты будешь верить, ты увидишь великолепие Бога?» Тогда они отодвинули камень, за которым лежал Лазарь.

16. И Иисус поднял кверху глаза, и призвал нараспев великое имя и сказал: «Мой Отец, благодарю Тебя, что Ты Меня услышал. Всё же Я знаю, что Ты Меня всегда слышишь, но ради народа, стоящего вокруг, Я взываю к Тебе; чтоб они поверили, что Ты

Меня послал». И когда Он это сказал, Он крикнул громким голосом: «Лазарь, выходи!»

17. И умерший вышел, обвязанный по рукам и ногам могильными платками, и его лицо было окутано плащаницей.

18. Иисус говорит им: «Развяжите его и пусть он идёт. Когда нить жизни прервана, то жизнь не возвращается вновь; но, когда она ещё цела, то есть ещё надежда». Теперь многие из евреев, пришедших к Марии и видевших, что делал Иисус, поверили в Него. (Гл. 56, 1-18)

Я, Христос, объясняю, исправляю
и углубляю слово:

Я, Христос в Иисусе, показывал людям, что Бог способен на всё, когда человек старается совершать дела любви и милосердия Бога. Так было оно дано Мне, Христу в Иисусе, позволить делам Бога стать явными — также через исцеление и через пробуждение считавшихся мёртвыми. Ибо величию Отца следовало проявиться в мире через Сына и Соправителя Небес.

Кто идёт днём, то есть, в свете Бога, тот не оступится. Однако кто находится в темноте, тот оступится, поскольку не исполняет дел любви и поэтому не развил свой внутренний свет. Кто находится в темноте, тот смотрит только на тень света. Он также не опознаёт, в

690

чьей душе ярко сияет свет Бога. Однако кто идёт в свете истины, тот един со светом, и Бог, свет, действует через него. Бог облучает светлую душу и пробуждает вновь к жизни человека, который исполняет дела Бога.

Пока душа ещё связана через серебряную ленту – духовную информационную ленту – с земным телом, то она ещё находится вблизи от кажущегося мёртвым тела и может, если это воля Бога, вновь быть призвана назад в тело.

В человеческой жизни бывают фазы веры и фазы сомнения. Если человек осознанно живёт в данном мгновении и в вере в Бога, который есть свет, тогда все его помыслы и стремления светлы, потому что направлены на Бога.

Кто живёт в Боге, тот получает от Бога. Он сохранит жизнь и, если это воля Бога, пробудит человека для внутренней жизни. Пробудить к внутренней жизни не значит только пробудить и сохранить земную жизнь, то есть, привести душу назад в кажущееся мёртвым тело – но значит прежде всего, обратить внимание человека на Христа, то есть послужить проводником, ко Мне, Избавителю всех душ и людей, который Я Есть, жизнь. Кто через светлого человека находит свет Бога, тот также был пробуждён к жизни.

Я Есть Христос, жизнь всех душ и людей. Я Есть воскресение души к вечной жизни. Кто верит в Меня и исполняет дела любви Бога, тот будет жить. Когда скончается его земное тело, душа не будет духовно мертва, но будет ходить в свете истины и стоять в блеске великолепия.

Познайте: Я Есть путь, истина и жизнь. Кто в Меня верит и исполняет законы жизни и любви, тот никогда не умрёт – то есть, он не будет подвержен духовной смерти.

Когда сердцебиения человека больше услышать нельзя, тогда земной врач объявляет человека мёртвым. Пока же душа ещё соединена с человеком через духовную информационную ленту, к телу течёт жизненная энергия. Эта жизненная сила, едва ли ещё воспринимаемая, сохраняет активными определённые стволовые клетки мозга, через которые тогда жизнь в теле может быть снова выстроена.

Внутренний врач и помощник, Христос Бога является жизнью души. Он может привести назад в земную жизнь всех тех, кто своё дальнейшее земное существование направят на Бога, стараясь ещё имеющиеся обременения души устранить со Мной, Христом, и больше не грешить. Эта закономерность действительна также для страдающих и больных.

ГЛАВА 57

О малых детях –
Притча о рыбах – Прощение грехов

Приводите малышей ко Мне – Кто «самый великий в Царстве Бога»? (1-2). Причинение ближнему неприятностей и последствия (3). Задача родителей (5). Земные глаза и духовное око – Бог есть всеизлучение, всеструящийся закон (6-9). Очищение по заповеди мира – Связывать и развязывать – Просьбы к Богу и их исполнение (10-12). Каждый является своим собственным судьёй – Прощение, право и справедливость – Человек и государство (13-20)

1. В то же время пришли ученики к Иисусу и спросили Его: «Кто самый великий в Царстве Бога?» И Иисус подозвал к себе малого ребёнка, усадил его среди них и сказал: «Истинно, Я говорю вам, если вы не изменитесь и не станете такими же невинными и смышлёными, как это малое дитя, вы не войдёте в Царство Небесное.

2. Кто же станет таким простодушным, как этот ребёнок, тот есть самый великий в Царстве Небесном. И кто такого ребёнка принимает Моим именем, тот принимает Меня. (Гл. 57,1-2)

Я, Христос, объясняю, исправляю
и углубляю слово:

Многие души приходят в этот мир с намерением очистить в земном одеянии то, что у них ещё есть противоположного. Они приходят также со знанием того, что их могут проверять и соблазнять. Они чувствуют в своём земном теле, которое ещё развивается, очень точно доброе и менее доброе. Души, которые осознанно воплотились, очень чувствительны, ибо они пришли, воодушевлённые желанием вновь стать божественными.

Кто пренебрегает одним из этих малых детей или вовсе его соблазняет, настраивая его на этот мир, тот грешит против Святого Духа. Для него было бы лучше, если бы он не стремился к земному рождению. Кто, однако, заботится о закономерной жизни и стремится к тому, чтобы малых детей, земные тела которых ещё развиваются, привести ко Мне, тот сам является тем светлым существом, которое устремлено к совершенству, к возрождению в Духе Бога.

Смысл слова «простодушный» такой: благоразумный, простой, милосердный и добрый.

Кто не сомневается в Боге, не высокомерен по отношению к своему ближнему и не хочет быть всезнайкой, но осуществляет заповеди Бога – тот становится мудрым. Мудрый служит своему ближнему бескорыстно. Он не спрашивает о признании и награде. Он дарит себя из жизни Бога, которая является изобилием. Он «есть самый великий» в Царстве Бога, потому что он исполняет законы Бога.

Слово «самый великий» относится ко всезакону. «Быть самым великим в Царстве Небесном» означает: после телесной смерти вновь войти в Абсолютный закон, к существам света, живущим во всезаконе, в самом великом, в Вечном, во Все-Едином, Боге.

3. Горе миру из-за его неприятностей! Невозможно, чтоб не наступали неприятности, но горе тому, через кого неприятность происходит! Потому, если твои вожделения или твои удовольствия доставляют другим неприятность, отбрось их прочь от себя; ибо лучше для тебя войти в жизнь без них, чем с ними быть брошенным в вечный огонь. (Гл. 57,3)

Я, Христос, объясняю, исправляю
и углубляю слово:

Итак, стремитесь к тому, чтоб из ваших уст ничего не исходило того, которое небожественно, и чтоб вы не делали чего-то такого, что повредило бы вашим ближним и царствам природы. Не оказывайте давления на вашего ближнего, чтобы суметь предаться своим вожделениям и страстям.

Итак, не доставляйте никому неприятностей своим человеческим поведением, своими склонностями и порывами. Ибо, если ваш ближний вам не простит, то может быть такое, что вы долго должны будете терпеть страдания и муки, которые ваш ближний должен был вынести и вытерпеть из-за вас.

Познание того, что вы причинили своему ближнему, может быть в вашей душе очень болезненным, подобным огню – в зависимости от того, какие причины были созданы вами.

Смысл высказывания «вечный огонь» такой: страдание, длиною в эоны.

4. Обращайте внимание на то, чтобы вы не пренебрегали ни одним из этих малышей; ибо Я говорю вам, их ангелы постоянно видят лицо Бога. Ибо Сын Человеческий пришёл спасти то, что было потеряно. (Гл. 57, 4)

Я, Христос, объясняю, исправляю
и углубляю слово:

«... их ангелы» означает: светлая душа ребёнка живёт ещё осознанно в Боге и смотрит во внутреннюю жизнь, которая есть Бог.

5. «Точно так же нет воли вашего Отца в Небе, чтоб один из этих малышей понёс ущерб». (Гл. 57,5)

Я, Христос, объясняю, исправляю
и углубляю слово:

Слова «Точно так же нет воли вашего Отца в Небе, чтоб один из этих малышей понёс ущерб» обозначают: дети являются детьми Отца-Матери-Бога и своим земным родителям лишь доверены на это земное существование. При зачатии земного тела и при рождении ребёнка Вечный возлагает на родителей задачу правильным образом заботиться о теле ребёнка, принимать и вмещать ребёнка, охранять его и оберегать, и сопровождать его на его жизненном пути – образцовой жизнью и добрыми делами в семье и к своему ближнему.

6. Тут пришли к Иисусу некоторые, полные сомнений, и сказали: «Ты нам сказал, что наша жизнь и бытие от Бога, но мы никогда не видели Бога, и мы не знаем Бога. Не можешь ли Ты нам показать Того, которого Ты называешь Отцом и единственным Богом? Мы не знаем, есть ли Бог».

7. Иисус ответил им, сказав: «Слушайте эту притчу о рыбах. Рыбы одной реки разговаривали друг с дру-

гом и сказали: «Нам рассказывают, что наша жизнь и бытие происходят из воды, но мы никогда не видели воды, мы не знаем, что это такое». Тогда некоторые из них, которые были умнее других, сказали: «Мы слышали, что в море живёт умная и учёная рыба, которая знает все вещи. Давайте пойдём к ней и попросим её, чтоб она нам показала воду».

8. Так, некоторые из них отправились на поиски большой и мудрой рыбы, и прибыли наконец в море, где жила рыба, и они спросили её.

9. И когда она их выслушала, то сказала им: «О, вы глупые рыбы, что не думаете! Всё же умны немногие из вас, которые ищут. В воде вы живёте и движетесь, и имеете своё существование; из воды вы вышли, к воде вернётесь вновь. Вы живёте в воде, но не знаете этого». Равным образом вы живёте в Боге и всё же просите Меня: «Покажи нам Бога». Бог во всём, и всё в Боге». (Гл. 57, 6-9)

Я, Христос, объясняю, исправляю
и углубляю слово:

Скептик видит вещи и события в пределах границ материи. Земные глаза воспринимают лишь земное, уплотнённое вещество, материю. Лишь вещи и события этого мира воспринимаются земными глазами и регистрируются клетками мозга.

Духовное око, око души, смотрит за материальность; оно просматривает материю насквозь и зрит вещи и события этого мира в свете вечного закона. И тонкие чувства души распознают истинное и ложное.

Бог есть закон – и кто живёт в законе Бога, тот черпает и даёт из источника вечной жизни, из истины. Человек в океане Бог зрит материальность как отражение, как отблеск истины, возникший из-за противоположной деятельности темноты. Скептик, напротив, рассматривает эту грубоматериальность в качестве истинной жизни и видит только отражение человеческого «я».

Кто рассматривает материю в качестве истины, тот принимает незакономерное отражение за реальность, потому что он в этом мнимом свете, в этом мире мыслей, живёт.

Душа и человек, живущие в Боге, не спрашивают: «Кто или что такое Бог?» – или: «Есть ли Бог?» Они живут в Боге, и Бог действует через них.

Бог – это космический океан. Бог – это излучение, Бог – это свет, Бог – это энергия, Бог – это любовь и мудрость. Бог – это природа, мир животных и звёздный небосвод. Бог есть альфа. Он есть омега для грубоматериальности; ибо истина есть вечность – а вечность тонкоматериальна.

Бытие – прасила – в которой живут все чистые создания и существа, вечна, из вечности в вечность, потому что Бог является вечностью.

Человек живёт и передвигается единственно благодаря жизни, Богу, который находится в нём и повсюду – вездесуще. И всё, что живёт, живёт из Бога.

Бог – это всеизлучение, Бог – это всё во всём, океан, жизнь и любовь. Всё чистое состоит из бесчисленных аспектов жизни и любви. Также и чистые существа, духовные существа – как подобия Отца – являются всеизлучением, законом. Бог – это всеструящийся закон. Божественные существа, духовные существа – это сжатый вечный закон; они передвигаются во все-потоке, Боге.

Кто плывёт только в русле преходящего, тот не живёт осознанно в океане Бог; поэтому он спрашивает о Том, кто его сохраняет, кормит и пульсирует через него. Не бывает никакой жизни без Бога, все-океана.

10. Ещё раз Иисус сказал ученикам: «Если твой брат или твоя сестра грешат против тебя, пойди же и обрати внимание твоего брата или твоей сестры на их ошибки; если они тебя послушают, то ты их приобрёл. Если же они тебя не хотят слушать, тогда возьми с собой двоих людей или больше, чтобы устами двоих или троих свидетелей подтвердилось каждое слово.

11. И если они их не хотят слушать, скажи об этом общине, и если они и общину не хотят слушать, тогда рассматривай их такими, которые стоят вне общи-

ны. Истинно, Я говорю вам, что бы вы правомерно ни связывали на Земле, то будет связано и в Небесах, и что бы вы правомерно ни развязывали на Земле, то будет развязано и в Небесах.

12. И Я говорю вам вновь: «Если семеро или даже только трое из вас едины на Земле в том, что они просят, то оно уже исполнено для них Моим Отцом, который в Небе. Ибо если только трое собрались вместе во имя Моё, то среди них Есть Я, и даже если это только один, то в сердце этого одного Есть Я». (Гл. 57, 10-12)

Я, Христос, объясняю, исправляю
и углубляю слово:

Пока имеется грубоматериальность и люди, ещё не живущие в законе, в Боге, Бытии, вечной любви, действует закон посева и жатвы.

Людям, живущим в законе посева и жатвы, Бог дал заповедь, способствующую миру и сохранению мира, когда человек ей следует:

Когда твой брат или твоя сестра грешат против тебя, то пойди же и обрати внимание твоего брата или твоей сестры на их ошибки – без присутствия вторых или третьих лиц. Когда они тебя слушают и принимают то, что ты им – без эмоций – посоветовал, и тогда поступают по заповеди мира, то ты их склонил к Богу.

Но когда они тебя не хотят слушать, даже если то, что представлено, имеет значение для твоей жизни или для жизни твоих ближних или для этого мира, тогда возьми с собой двоих или нескольких людей, так чтобы они могли слышать и подтвердить твои слова.

Если твой брат или твоя сестра даже тогда не хотят тебя слушать и не принимают того, что ты предоставил, тогда вынеси это перед сообществом в присутствии всех соучастных лиц. И если упомянутое лицо не пожелает слушать также и сообщество, тогда он или она тем самым ставит себя вне сообщества, стремящегося исполнять волю Бога. Тогда ему или ей надлежало бы жить на переднем дворе вне сообщества, в этом мире.

Эта заповедь важна. Если вы действовали согласно этой заповеди, однако, ваша просьба не выслушивалась и не принималась, то самое позднее в местах очищения для души или для душ станет очевидным, что они отказались следовать этой заповеди. Тогда также выступят свидетели вновь.

Кто, однако, не хочет изменяться и сохраняет своё греховное и, вопреки просьбе и предложению покинуть сообщество, его не покидает, тот будет рассматриваться сообществом так, как если бы он более не был членом сообщества. Однако, когда он через своё противоположное излучение и свои противоположные речи и действия отравляет членов сообщества, которые затем вместе с ним восстают против стремящихся к Богу, то он несёт основную вину за беспокойство внутри сообщества, и по закону посева и жатвы будет привлечён к отчёту. Ибо когда ты не со своими ближними, тогда ты против них. Тогда тебе придётся притянуть также и последствия.

Слова «правомерно свяжете на Земле» означают: если вы полагаете, что то, что вы законно приобрели, является вашей собственностью – то есть, когда вы это привязываете к себе – тогда такое противоречит Небесному закону свободы, непривязанности, и зарегистрировано в законе посева и жатвы. Никакая привязка – будь то к людям или вещам – не имеет в Небесах места. Земное слово «привязка» обозначает: человек привязывает себя к тому, что ему в этом мире любо и дорого, к тому, что он ставит выше даров Бога.

Привязка – это противоположность свободы, несвязанности. Кто отвязывается от земного, не рассматривая его как свою собственность и своё владение, тот войдёт в Небеса как духовное существо и будет жить в изобилии из Бога.

Последующие указания от Бога, вечного закона, являются одновременно заповедями для людей, помощью, чтобы раскрывать внутреннюю жизнь:

Когда люди, сколько бы их ни было, собираются вместе в Моём имени и сообща стараются исполнять законы Бога, тогда то, о чём они просят Бога, уже исполнено в их душах – если оно хорошо для души и человека. Оно тогда станет для них явным, когда для этого созреет время.

Я, Христос, Есть среди тех людей и душ, которые в своём мышлении и действиях воздают честь Всевышнему. И даже когда только один, который просит даров спасения и старается исполнять законы Бога, тогда также и в его душе уже исполнена просьба, прежде чем он попросил. Ибо вечный Отец зрит Своих детей в свете вечного закона и знает их; и Он даст их честным сердцам то, что для них является хорошим.

Поэтому будьте утешены: Бог знает всех Своих детей. Он зрит в каждое сердце. И когда один из Его детей – из любви к Нему – во всём оказывает Ему честь, то Я, Христос действую в его сердце.

13. Тут к Нему подошёл Пётр и спросил: «Господь, как часто мой брат может грешить против меня, чтоб я простил ему? Семь раз?» Иисус сказал ему: «Я говорю тебе, не семь раз, но семьдесят раз по семь. Ибо также и у пророков случалась несправедливость, даже после того, как они были помазаны Святым Духом».

14. И Он рассказал эту притчу: «Однажды был король, который захотел рассчитаться со своими слугами. И когда он начал расплачиваться, к нему привели одного, который был должен ему тысячу талантов. Но поскольку он не мог платить, его хозяин приказал, чтоб продали его и его жену, и его детей, и всё, чем он владел, так чтобы оплатить долг.

15. Тогда слуга упал в ноги своему хозяину и просил его, говоря: «Хозяин, будь терпелив со мной, и я тебе всё заплачу! Тогда хозяин проникся состраданием и освободил его и отпустил ему его долги.

16. Но тот же самый слуга вышел и встретил одного из своих сослуживцев, который был ему должен сто грошей, и он поймал его и схватил за горло, закричав: «Плати мне свой долг!»

17. И его сослуживец пал пред ним на колени и умолял его, говоря: «Будь терпелив со мной, и я тебе всё заплачу!» Но тот не сжалился, а удалился прочь и велел заключить его в тюрьму, пока он не заплатит свой долг.

18. Когда же другие слуги увидели, что он сделал, они весьма опечалились и рассказали своему хозяину всё, что случилось.

19. Тогда хозяин велел позвать его и сказал ему: «О, ты, злобный слуга, я отпустил тебе твой долг, потому что ты меня просил; разве и тебе не надлежало бы иметь сострадание к своему сослуживцу, точно так же, как и я имел сострадание к тебе?» И его хозяин разгневался и предал его палачам, до тех пор, пока он не заплатит всё, что был должен.

20. Точно так же вас будет судить Небесный Отец, если вы не прощаете от всего сердца каждому его долг, брату или сестре. Тем не менее, пусть

каждый следит за тем, чтоб он оплачивал то, что он должен; ибо Бог любит праведных». (Гл. 57, 13-20)

Я, Христос, объясняю, исправляю и углубляю слово:

Прощение и просьба о прощении делают человека свободным, а душу светлой.

Кто прощает, всё равно, как часто его ближний согрешил и грешит против него, тот не обременяет свою душу, и удерживает свободным от обременения также своё тело. Кто прощает от всего сердца, тот будет прощать снова и снова – всё равно, как часто грешат против него посредством ощущений, мыслей, слов или поступков. Кто прощает своему ближнему, не думая о нём противоположно, тот не привязан к грешнику. Кто, однако, думает о грешнике отрицательно, привязан в соответствии с интенсивностью своих мыслей к должнику.

Судебный приговор гласит: «Той мерой, которой ты меришь, будешь измерен также и ты». Это значит: мера твоих противоположных ощущений, мыслей, слов и поступков является твоим судьёй – однако, не Бог.

Поэтому не производи себе противоположных мыслей о тех, кто грешат против тебя. Прости и прощай вновь снова и снова – и ты останешься свободен от бремени греха, а также не будешь привязан к грешнику.

Грешник, однако же столь долго привязан к тебе, пока он не образумится, и то, что ему тобой уже давно прощено, он тебе и другим окружающим больше не совершает.

Прощай и проси о прощении. Не позволяй причинам стоять в очереди. Как только ты их познал, тебе следует их очистить.

«Точно так же вас будет судить Небесный Отец, если вы не прощаете от всего сердца каждому его долг, брату или сестре» значит: точно так же вам не простит Небесный Отец, когда вы от всего сердца не прощаете каждому его вину.

Познайте: Бог – это не мирское право, а справедливость.

Человек имеет свои земные законы; они для него являются правосудием. До тех пор, пока человек не знает закона жизни, справедливости, он часто верит, что поступает правильно. Но тем самым он запутывается снова и снова в законе посева и жатвы, потому что мирское право не всегда соответствует справедливости. Правосудие людей – это ещё далеко не справедливость Бога.

Кто настаивает на своём праве, полагается на права человеческого закона, однако, не на справедливость. Чего он, настаивая на своём праве требует, достигает и совершает, не может устоять перед законом Бога, справедливостью. Не Небесный Отец судит человека, а он сам, человек, судит себя согласно своему посеву.

Эти закономерности действенны между человеком и человеком, а не между человеком и государством, «Кесарем». Ибо до тех пор, пока воплощённое духовное существо является человеком, оно подчиняется правам и обязанностям земного государства, «Кесаря», и как человеку, ему следует по отношению к государству – то есть «Кесарю» – исполнять то, что не противоречит закону Бога. Поэтому сообщается: Давайте Кесарю то, что кесарево, а Богу то, что подобает Богу.

Если человек придерживается законов государства, то он может также пользоваться законами государства; так и государство, «Кесарь», тоже обязано давать тому, кто даёт ему.

ГЛАВА 58

Радость по поводу раскаявшегося грешника – Притча о потерянном сыне

Истинные сыновья и дочери Бога – Народ Бога на Земле (1-2). Бог сотворил и зрит Своих детей совершенными – Каждое дитя возвращается к Нему через Христа (3-15)

1. Иисус сказал Своим ученикам и народу вокруг Него: «Кто есть сын Бога, кто есть дочь Бога? Они те люди, которые отвращаются от всякого зла и делают правильно, любят милосердие и в полном почтении идут со своим Богом. Это сыновья и дочери людей, пришедших из Египта и которым дано то, чтоб их называли сыновьями и дочерями Бога.

2. И они будут собраны со всех племён, наций, народов и языков, и они приходят с востока и с запада, с севера и с юга, и живут на горе Сион, и едят хлеб и пьют плод винограда за столом Бога, и видят Бога лицом к лицу». (Гл. 58, 1-2)

Я, Христос, объясняю, исправляю
и углубляю слово:

Все люди и существа являются сыновьями и дочерями Бога. Ибо Моим поступком Избавителя Я всех людей и души вновь возвысил в сыновство и дочеринство Бога.

Многие люди этого, однако, не знают, потому что они всё ещё живут в рабстве греха и всё ещё называют себя сыновьями и дочерями людей.

Однако кто старается исполнять волю Бога, тем осознаётся его сыновство или дочеринство в Боге. Он будет также называть себя сыном или дочерью Бога, потому что живёт в Боге через осуществление и исполнение вечных законов.

Настало время, в которое Я, Христос, из всех племён, наций и народов собираю тех людей, которые стараются следовать законам Бога и осознанно живут в сыновстве и дочеринстве Бога, в законе Бога, законе жизни и любви.

Они приходят с востока, с запада, с севера и с юга и образуют о д и н народ: народ Бога на Земле. И они живут в городе Сион, построенном на благословенных возвышенностях, в городе Новый Иерусалим и в общинах, излучение которых подобно Новому Иерусалиму. Исключительно лишь из Меня, Христа, придёт тогда Новый Израиль, истинная обетованная страна, которая после очищения Земли охватит земной шар.

Люди в Боге живут с природой; и природа, которая из Бога, готовит им стол. Они едят, что им предлагает природа, дары из Бога.

За этой жизнью в Боге в Царстве мира Иисуса Христа последует постепенное преобразование и растворение всех ещё уплотнённых форм. Тогда все существа в Боге будут наблюдать вечного Отца лицом к лицу, поскольку живут в вечном законе, Боге.

3. Тогда сборщики податей и грешники все подошли к Нему ближе, чтобы Его слушать. Фарисеи же и книжники возроптали и сказали: «Этот человек принимает грешников к себе и ест вместе с ними».

4. И Он сказал им такую притчу: «Кто из вас, имеющий сто овец и потерявший одну, не оставит девяносто девять в пустыне и не будет искать одну потерянную, пока её не найдёт? И когда он её найдёт, возложит её себе на плечи и возрадуется.

5. И когда он придёт домой, то созовёт своих соседей и друзей вместе и скажет им: «Радуйтесь со мной, ведь Я нашёл свою овцу, которая была потеряна!» Я говорю вам, что точно так же и в Небесах воцарится больше радости от одного раскаявшегося грешника, чем от девяноста девяти праведников, которым не требуется раскаяния.

6. И какая женщина, которая имеет десять серебряников и потеряет один из них, не зажжёт свет и не станет усердно его искать, пока она его не найдёт. И когда она его найдёт, разве она не созовёт своих друзей и соседей и не скажет: «Радуйтесь со мной, ведь я нашла серебряник, который я потеряла»? Точно так же, говорю Я вам, воцарится ра-

дость среди ангелов Бога от одного раскаявшегося грешника».

7. И Он привёл ещё такую притчу: «У одного человека было два сына, и младший из них сказал своим родителям: «Дайте мне часть добра, причитающуюся мне!» И они поделили с ним своё состояние. И спустя несколько дней младший сын упаковал всё своё имущество и отправился в дальнюю страну и растратил там своё состояние в распутной жизни.

8. И после того, как он всё израсходовал, по стране пошёл сильный голод, и он впал в нужду. И он ушёл и нанялся к одному из жителей этой страны. Тот послал его на свои пастбища, чтобы стеречь свиней. И он был бы рад утолить свой голод отбросами, которые ели свиньи, но никто не давал их ему.

9. И когда он опомнился, он сказал: «Сколько слуг моего отца имеют хлеба в достатке и про запас, а я погибаю от голода! Встану и пойду к моему отцу и моей матери и скажу им: «Отец мой и мать моя, я согрешил против Неба и перед вами и более не достоин называться вашим сыном. Возьмите меня к себе одним из ваших слуг!»

10. И он отправился в путь и пришёл к своим родителям. Но когда он ещё был на большой части пути вдалеке от дома, его родители увидели его и испытали к нему сострадание и выбежали ему навстречу и бросились ему на шею и целовали его. И сын сказал им: «Отец мой и мать моя, я согрешил

против Неба и в глазах ваших, и более не достоин называться вашим сыном».

11. Отец же сказал своим слугам: «Принесите самую лучшую одежду и оденьте его и наденьте кольцо на его руку и обувь на ноги его и принесите самые лучшие фрукты и хлеб, и масло, и вино, и давайте есть и веселиться. Ибо этот мой сын был мёртв и вновь ожил; был потерян и найден». И они все стали радоваться.

12. Старший же сын был тогда на поле, и когда он возвратился и приблизился к дому, он услышал музыку и танцы. И он позвал одного из слуг и спросил, что бы это означало. И он сказал ему: «Твой брат, который был потерян, вернулся домой, и твой отец и твоя мать принесли ему хлеб и масло, и вино, и лучшие плоды, поскольку они вновь обрели его целым и невредимым».

13. И он разгневался и не захотел идти в дом. И его отец вышел и просил его настоятельно. И он сказал своему отцу: «Смотри, сколько лет я тебе служил и никогда не преступил твоих заповедей, ты же мне никогда не предоставил такого дорогостоящего праздника, чтоб я повеселился с моими друзьями.

14. Но как только возвратился твой сын, который свою наследственную долю растратил с блудницами, ты готовишь ему праздник из самого лучшего, что у тебя есть».

15. И его отец сказал ему: «Сын мой, ты всегда со мной, и всё, чем я владею – твоё. Теперь же уместно, чтоб мы веселились и радовались, ибо твой брат был мёртв и вновь ожил, был потерян и найден». (Гл. 58, 3-15)

Я, Христос, объясняю, исправляю
и углубляю слово:

Эти притчи одновременно являются заповедями. Кто их придерживается, прощая и воспринимая ближнего в своём сердце, тот тем самым следует заповедям, указывающим ему путь в вечную жизнь.

Кто придерживается заповедей, тот смотрит не только на греховное, но зрит также в сердце, которое показывает истинное раскаяние – так же, как и Небесный Отец не смотрит на недостатки и грехи Своих детей, но единственно лишь на то, что Он сотворил: чистое, благородное и доброе. Когда Его дитя посредством Его вечно сияющей любви сбросит с себя все недостатки и погасит все грехи, Бог воспримет его в Своём великолепии. И Бог, Вечный, не спросит о том, что было; оно свершилось. В Вечном есть сейчас, вечность, и Его дитя – это дитя вечности. Таким Он, великий Дух, его сотворил, и таким Он зрит его вечно. Зачем Богу спрашивать о прошлом, когда Он Своё дитя всегда зрит в современности чистым, благородным и добрым?

Потому как Бог, вечный Отец, каждого из Своих детей хранит в Своём сердце, то они также вновь возвратятся детьми Бога, сыновьями и дочерями Вечного, и Я, Пастырь всех душ и людей, приведу их к Нему.

ГЛАВА 59

О бдительности –
Мытарь Закхей

Сокровище на Небе и земная собственность (1-3). Быть готовым к пришествию Христа (4-6). Хороший домоуправитель (7-8). Кому много дано, от того много и потребуют (1-10). Грешить вопреки лучшему знанию является грехом против Святого Духа (11-12). Ни одна душа и ни один человек не потеряны (13-18)

1. Иисус поднялся на гору и сел там со Своими учениками и учил их. И Он сказал им: «Не бойся, ты, малая стая, ибо это добрая воля вашего Отца, дать вам царство.

2. Продайте всё, что имеете, и делайте то, что хорошо тем, которые ничего не имеют. Запаситесь прочным кошельком, тем сокровищем в Небе, которое не оскудевает, где ни один вор к нему не подступится, и которое моль не съест. Ибо где ваше сокровище, там и ваше сердце.

3. Пусть ваши бёдра будут подпоясаны и ваши огни горят. И будьте подобны тем мужам, которые ждут своего господина, когда он возвратится со свадьбы; так чтобы тотчас отворить ему, когда он придёт и постучит. (59, 1-3)

Я, Христос, объясняю, исправляю
и углубляю слово:

Высказывание: «Продайте всё, что имеете, и делайте то, что хорошо тем, которые ничего не имеют. Запаситесь прочным кошельком, тем сокровищем в Небе, которое не оскудевает, где ни один вор к нему не подступится, и которое моль не съест» означает: вам следует иметь только то, в чём вы нуждаетесь. Вам не следует собирать земные сокровища и называть их своей собственностью. Ибо если вы собираете земные сокровища и называете их своей собственностью, там и ваше сердце. Узкое, эгоцентричное сердце постоянно бьётся в страхе, что у него могут отнять то, что всё же его собственностью и не является.

Как может человек принять жениха, когда его сердце закрыто для Него, жениха, несущего с собой дары Небес для всех, кто раскрыли свои сердца для Бога, внутреннего изобилия, внутреннего богатства?

Кто своё сердце держит открытым для Бога, тот также и в этом мире не будет бедствовать. Он получит то, в чём нуждается – и сверх того. Однако, он не будет цепляться к тому, чем он на Земле обладает, потому что распознаёт, что это дары Бога. Такие люди не отграничивают себя миром представлений моего и твоего, но распоряжаются дарами Бога так, что они приносят плоды также их ближним. Они живут в Боге – и из Бога они дают тому, кто праведно работает по заповеди «Молись и работай».

Кто обращён в своё внутреннее, тот находится во Мне, Христе, и Я Есть в нём, и между нами нет больше ничего разделяющего.

4. Блаженны слуги, которых господин находит бодрствующими, когда он придёт. Истинно, Я говорю вам, он подпояшется и пригласит их к столу и придёт и будет им служить.

5. И если Он придёт во вторую стражу или в третью стражу, и найдёт их такими: благословенны эти слуги.

6. Но это следует вам знать: если бы страж дома знал, в котором часу придёт вор, то он бы бодрствовал и не позволил ворваться в свой дом. Поэтому также и вы будьте готовы, поскольку Сын Человеческий придёт в тот час, когда вы того не ждёте». (Гл. 59, 4-6)

Я, Христос, объясняю, исправляю
и углубляю слово:

Блаженны люди, которые бдительны и отказывают низкому, человеческому «я» в доступе в своё внутреннее. Они держат своё внутреннее, свой дом, очищенным и открытым для жениха. Когда бы Он ни пришёл – они готовы; ибо они следят за самими собой и благодаря тому их чувства будут бодрствующими, когда явлюсь Я, Христос.

В сегодняшнее время уже многие люди бодрствуют и направлены на Меня, и таким образом готовятся к Моему приходу. Многие души и люди уже отправились в дорогу, чтобы принять Меня в своём внутреннем, ибо Царство Бога является царством внутреннего. Оно принимает во внешнем форму и очертания через людей, живущих в царстве внутреннего.

Познайте: Царство Бога на Земле стоит у дверей. Я, Христос, захожу во многие сердца; ибо всё больше людей идут путём вовнутрь, чтобы со Мной, Христом Бога, объединиться. Мой духовный приход заявляет о себе не только на небосводе, но сначала в сердцах тех, кто решился за Меня и Царство Бога на Земле.

7. Тогда Пётр сказал Ему: «Господь, Ты даёшь эту притчу нам или также и всем другим?» И Господь сказал: «Кто же тот верный и умный домоуправитель, которого хозяин ставит над своей прислугой, чтоб он им в надлежащее время давал их долю?

8. Благословен слуга, которого его господин находит бодрствующим, когда он придёт. Истинно, Я говорю вам, он его поставит над всем своим добром. (Гл. 59, 7-8)

Я, Христос, объясняю, исправляю
и углубляю слово:

Кто способен закономерно распоряжаться дарами
из Бога, тот распорядитель многого. Он тот, который
знает и придерживается закона Бога и в надлежащее
время говорит и даёт из закона жизни каждому человеку то, что его душа может принять и исполнить. Зачастую человек ещё отвергает помощь из закона Бога.
Несмотря на это его бодрствующая душа восприняла
её и в подходящее время отразит её своей оболочке,
человеку. Господь вознаградит того, чья душа бодрствующая и созрела для даров жизни. Этот человек
будет хорошо управлять товарами жизни на Земле, заботясь о благе всех, кто работают праведно, исполняя
заповедь «Молись и работай».

Кто бдителен сердцем, тот также и ясен чувствами.
Он находится во Мне, а Я Есть в нём. И кто живёт во
Мне, через того действую Я. Он будет владеть земным
царством.

*9. Когда же этот слуга скажет себе: «Мой господин медлит с приходом», и начнёт тогда бить других
слуг и служанок и есть и напиваться пьяным: то господин этого слуги придёт в тот день, когда он его
не ожидает, и в тот час, которого он не знает; и он
даст ему его долю с неверными.*

10. И слуга, знающий волю своего господина, и не приготовившийся и не сделавший по его воле, должен будет претерпеть много ударов. Не знающий же, но сделавший то, что достойно ударов, получит меньше ударов. Ибо кому много дано, от того много и потребуют; а кому мало дано, от того и потребуют лишь мало. (Гл. 59, 9-10)

Я, Христос, объясняю, исправляю
и углубляю слово:

Кто волю Господа, то есть, законы жизни, знает и их не придерживается, тот также создаст много причин и ему придётся нести соответствующие последствия; он претерпит много ударов, ибо осознанно нарушал закон Бога.

«Ибо кому много дано, от того много и потребуют» означает: душе, которая обладает внутренней прочностью и силой и не стала слугой греха, следовало бы быть за тех и давать и помогать тем, кто стоят ещё в начале духовного пути, души которых лишь постепенно очищаются и открываются для Бога и Его дел. Поэтому те, кто стоят ещё в начале духовного пути к сердцу Бога, «получат ударов» меньше, поскольку их души, подобно молодому ростку, ещё слабы и должны быть защищены, пока они через осуществление вечного закона не достигнут внутренней зрелости.

Вечная любовь защищает прорастающую жизнь в душе и в человеке, с тем чтобы она не смогла быть атакована противником. Только когда душа окрепнет, она будет подвергнута внешним влияниям, чтобы пройти проверку самой себя. Ибо когда душа и человек получили много божественного, то есть, им были знакомы законы внутренней жизни, и они их осуществляли, тогда душа и человек окрепли и могут противостоять бурям и нападениям тьмы. Они смогут тогда также и давать тем, которые ещё должны быть оберегаемы, чтобы окрепнуть. Таким образом, ещё слабые души, стоящие лишь в начале духовного пути, защищены силой любви, так как они ещё не могут вынести ударов тьмы. Однако кто получает от закона внутренней жизни и принимает его, тот тем самым берёт сам на себя обязанность осуществлять принятый вечный закон.

Кто его несмотря на лучшие знания не осуществляет и не исполняет, тот однажды также будет подвергнут бурям. За свою небрежность он тогда пожнёт то, что посеял в пору духовной защиты, в которую он мог бы осуществлять духовные знания.

11. Поэтому те, которые знают Божество и нашли путь жизни и тайны света и, тем не менее, впали в грех, будут наказаны более тяжкими наказаниями, чем те, которые не знали пути жизни.

12. Они возвратятся, когда их цикл будет завершён, и им будет дано время на раздумье, и чтобы улучшить свою жизнь и научиться тайнам и войти в Царство света». (Гл. 59, 11-12)

Я, Христос, объясняю, исправляю
и углубляю слово:

Кто знает законы Бога и несмотря на лучшие знания грешит, будет обременять себя больше, то есть, ему придётся понести гораздо более тяжёлые последствия, чем те, кто о пути во внутреннюю жизнь знают меньше.

Познайте: каждый знает заповеди к жизни. Потому нет неосведомлённых. Кто исполняет заповеди, тот также учится узнавать и путь вовнутрь, эволюционные ступени к вечному блаженству.

Однако кто знает Внутренний путь и уже прошёл несколько эволюционных ступеней, а затем грешит несмотря на лучшие знания, тот грешит против Святого Духа. Как и все другие люди, живущие в глубоких грехах, он, когда умрёт, будучи душою, будет прицеплен к колесу перевоплощений, пока не будет возмещено то, что привязывает душу к этому колесу.

Поэтому высказывание «Они возвратятся, когда их цикл будет завершён» означает: они только тогда по-

степенно войдут в свет, когда покинут колесо перевоплощений.

13. *Иисус шёл по Иерихону. И смотри, там был один мужчина по имени Закхей, который был началь-ником мытарей и был очень богат.*

14. *И он хотел увидеть, кто в толпе был Иисусом, и не мог, ибо был мал ростом. И он выбежал вперёд и взобрался на тутовое дерево, чтобы Его увидеть; ибо там Он должен был бы пройти мимо.*

15. *И когда Иисус подошёл до того места, Он взглянул вверх и увидел его и сказал ему: «Закхей, поспеши, спускайся вниз, ибо Я должен сегодня зайти в твой дом». И он спешно сошёл вниз и принял Его с радостью.*

16. *Когда они это увидели, они все возроптали, что Он гостем зашёл к грешнику.*

17. *Закхей же оставался там и говорил Господу: «Смотри, Господь, половину моего добра я отдаю бедным; и, если я обманул кого, возвращу это четы-рёхкратно».*

18. *И Иисус сказал ему: «Сегодня случилось спасение твоего дома; если ты праведный человек, ты тоже сын Авраама. Ибо Сын Человеческий пришёл отыскать и сделать блаженным то, что было потеряно». (Гл. 59, 13-18)*

Я, Христос, объясняю, исправляю
и углубляю слово:

«Ибо Сын Человеческий пришёл отыскать и сделать блаженным то, что было потеряно» обозначает: Я, Христос, пришёл в Иисусе в этот мир, чтобы собрать всех людей и души и объединить их в Моём свете Избавителя.

Во Мне теперь объединены все души и люди. Поэтому ни одна душа и ни один человек не потеряются. Я, Христос, несу их во Мне. Каждая душа и каждый человек стали через Мой поступок Избавителя клеткой на Моём теле. Каждая душа – даже и тогда, когда она считает себя потерянной – однажды узрит великолепие Отца, тогда, когда она покинет колесо перевоплощений; ибо тогда она осознанно примет и вместит Меня, своего Избавителя и божественного брата. У каждой души когда-нибудь раскроется тоска по её Отчему дому, ибо там находится её духовная страна рождения и её родина.

Познайте: уже сейчас Сын прославлен в сыновьях и дочерях Бога, исполняющих волю Отца.

ГЛАВА 60

Иисус приговаривает книжников и фарисеев как лицемеров

Злоупотребление именем Христа для нехристианских целей – Не существует никаких «святых» – Хищные волки в овечьей шкуре – Антихрист – Христос побеждает (1-18)

1. Тогда Иисус обратился к народу и к Своим ученикам: «Книжники и фарисеи сидят на кресле Моисея. Теперь всё, что они вам повелевают, которое вам следует соблюдать, соблюдайте и также делайте. Однако не делайте по их делам; ибо они говорят, но того не делают. Ибо они сами вяжут тяжёлое и невыносимое бремя и возлагают его на плечи людей; но сами они не хотят к этому и пальцем пошевелить.

2. Все свои дела они же делают для того, чтобы показаться пред людьми. Они делают широкими свои молитвенные пояса и увеличивают кайму своих одежд. Они любят почётные места на праздничных трапезах и председательство в синагогах. Им нравится быть приветствованными на рынке и когда люди их называют рабби, рабби.

3. Но вам не следует позволять называть себя рабби. Ибо Один есть ваш Рабби, Христос. Вы же все братья. И вам никого не следует называть на Земле

отцом, ибо на Земле отцы лишь по плоти отцы, но в Небесах есть Один, кто ваш Отец, кто имеет Дух истины, которого мир принять не может.

4. И вам не следует позволять называть себя мастерами, ибо Один есть ваш Мастер, Христос. Но самым великим среди вас следует быть вашими слугами. Ибо кто сам себя возвышает, тот будет унижен. А которые в себе смиренны, будут возвышены.

5. Горе вам, книжники и фарисеи, вы, лицемеры! Ибо вы закрыли пред людьми Царство Небесное! Вы не входите туда, и желающим войти, не позволяете туда войти.

6. Горе вам, книжники и фарисеи, вы, лицемеры! Вы, пожирающие дома вдов и говорящие длинные молитвы для видимости! Потому тем больше вы получите проклятий.

7. Горе вам, книжники и фарисеи, вы, лицемеры! Вы, проходящие моря и сушу, чтобы склонить кого-то в приверженца евреев; и когда он склонён, вы делаете из него в два раза большее дитя ада, чем сами!

8. Горе вам, вы, слепые вожди, говорящие: «Кто бы ни клялся храмом, это ничего; кто же клянётся золотом храма, тот виновен». Вы, глупые и слепые! Что больше, золото или храм, освящающий золото?

9. И: «Кто бы ни клялся алтарём, это ничего. Кто же клянётся жертвой, которая на нём, тот виновен». Вы, глупые и слепые, что больше? Жертва или алтарь, освящающий жертву?

10. Потому, кто клянётся алтарём, тот клянётся им же и всем, что на нём. И кто клянётся храмом, тот клянётся им же и тем, кто в нём живёт. И кто клянётся Небом, тот клянётся троном Бога и Единым, восседающим на нём.

11. Горе вам, книжники и фарисеи, вы, лицемеры! Вы, кто платите десятину за мяту, анис и тмин, а самое тяжёлое из закона, а именно суд, милосердие и веру, упускаете! Это следовало бы делать, а то не упускать. Вы, ослеплённые вожди, цедящие комаров и проглатывающие верблюда!

12. Горе вам, книжники и фарисеи, вы, лицемеры! Вы, чистящие внешнюю сторону чаш и мисок, а внутри они наполнены вымогательством и развратом! Ты, слепой фарисей, очисти сначала внутренность чаши и миски, так чтоб и внешняя часть стала бы чистой!

13. Горе вам, книжники и фарисеи, вы, лицемеры! Вы подобны выбеленным могилам, которые снаружи выглядят красиво; внутри они наполнены костями мертвецов и всякими отбросами. Так и вы тоже кажетесь внешне пред людьми праведными, внутри же полны лицемерия и притворства.

14. Горе вам, фарисеи и книжники, сооружающие надгробные памятники пророкам и украшающие могилы праведников, и говорящие: «Если бы мы жили во дни наших отцов, то не стали бы виновны с ними за кровь пророков!»

15. Так, вы несёте свидетельство о себе самих, что поступаете как дети тех, кто убивал пророков. Так и вы исполняете меру ваших отцов!

16. Потому святая Мудрость гласит: «Смотри, Я посылаю вам пророков и мудрецов и книжников; и некоторых вы убьёте и распнёте, а некоторых будете бичевать в ваших синагогах и преследовать их из города в город. И на вас падёт вся та праведная кровь, что пролита на Землю, от крови праведного Авеля до крови Захарии, сына Варахии, которого вы убили между храмом и алтарём». Истинно, Я говорю вам, всё это сойдёт на это поколение.

17. О Иерусалим, Иерусалим, ты, убивающий пророков и побивающий камнями тех, кто послан к тебе! Как часто Я хотел собрать твоих детей, как наседка собирает цыплят под свои крылья, а вы не хотели!

18. Смотри, ваш дом будет опустошён! Ибо Я говорю вам: отныне вы не увидите Меня, пока не скажете: «Свят, свят, свят! Восхвалён тот, кто приходит во имя Единого Праведного!» (Гл. 60, 1-18)

Я, Христос, объясняю, исправляю
и углубляю слово:

Что Я как Иисус из Назарета говорил фарисеям и книжникам и их приверженцам, действительно также ещё и сегодня: так же, как они обвиняли в сатанинском Меня, Христа, в Иисусе из Назарета, преследовали Меня и поднимали на смех, именно так и в сегодняшнее время с Моими обходятся теологи, мнимые знатоки Библии и их приверженцы. Опять же, сегодняшние книжники и фарисеи – это многие церковные и отчасти также мирские начальства. Поскольку они свои догмы и свои церковные законы рассматривают фундаментом христианства, они не понимают, что означает истинное христианство.

Многие представители церковного и мирского начальств занимаются политикой и используют слово «христианский» для нехристианских целей. Они используют Моё имя, чтобы своему имени оказать честь. Они говорят народу о евангелии любви, однако очень немногие из них живут по нему. Они издают некоторые законы, которые противостоят божественному закону, и таким образом попирают ногами Святейшее, закон любви и жизни. Они допускают то, чтоб убивали животных. Они едят в больших количествах мясо и пьют крепкие напитки. Многие из них совместно несут ответственность за осквернение, эксплуатацию и отравление Земли, и многие, называющие себя христианами, вооружаются для военных целей.

Так называемые христиане, слепо преданные своему начальству, дают себя обучать обращению с оружием для военных целей, чтобы тогда, когда раздастся боевой клич, убивать людей. Слепые по отношению к вечной истине, они поступают как рабы и делают то, что им приказано. Оглушённые и опьянённые своим низким «я», многие осверняют великого землечеловека, Землю, и вмешиваются в её закономерные процессы. Этим они нарушают и разрушают магнитные поля Земли и земную атмосферу. Всё это сатанинские извращения – низкое «я» людей, считающих себя христианами.

И сегодня ещё церковное начальство восседает на почётных местах, как на банкетах, так и в своих церквях, и позволяет своим верующим обращаться к себе с почётными титулами. Ещё и в сегодняшнее время они всё ещё почитают человека с титулом «Святой Отец», хотя Я, как Иисус из Назарета, учил, что имеется только о д и н Святой Отец: это Отец в Небе, Отец-Мать-Бог всех существ и людей. Они почитают также своих «святых», хотя Я учил, что никаких «святых» не бывает – лишь блаженные существа, которые живут в Боге.

На Земле имеется отец по плоти, мужской пол как зачинающий принцип. Мужчина, который зачинает ребёнка, даёт семя для земного тела воплощающейся души. Он называется тогда отцом по плоти – так же, как и женский пол, который принимает семя мужчины для устанавливающейся плотской оболочки и носит её под сердцем и рожает, называется матерью по плоти.

Земля является местом погашения долгов для душ в земном теле. Сейчас многие из тех тогдашних лицемеров снова находятся в плотской оболочке, чтобы продолжать свои интриги против Меня, Христа, снова преследуя тех людей, которые стараются позволить истине стать явной. Ещё и сегодня действенны Мои слова: «Если они преследовали Меня, то будут преследовать также и вас».

Гонимые честолюбием, властью и сплошными иллюзиями, эти души снова и снова входят в земные тела, чтобы заново начать оттуда, где они остановились, когда их застигла земная смерть. Это будет продолжаться до тех пор, пока воплощения для таких низких душ станут более невозможны — или пока в ещё существующий временной промежуток воплощений честолюбивые и жаждущие власти души не преклонятся, чтобы стать самыми незначительными среди своих братьев и сестёр. Ибо кто сам себя возвышает, должен через «унижение» прийти к прозрению.

Итак, во многих случаях это снова и снова те же самые лицемеры, как и в Моё время, в которое Я как Христос в Иисусе ходил по Земле. Снова и снова совершаются одинаковые и подобные преступления, разумеется — соответственно изменений времени — с иными аргументами и методами. Цель, однако, остаётся одинаковая: исключить всех тех, кто позволяют вечной истине стать явной и осуществляют истинную христианскую жизнь.

Познайте: у демонов те, кто осуществляют истинное христианство, являются величайшей опасностью. Поэтому сатана чувств закутался в «христианский» плащик, чтобы провоцировать большую путаницу, так чтоб не всякий сразу распознал, что же является истинно христианским. Ибо истинно христианская жизнь – это жизнь по законам Бога, которым Я как Иисус из Назарета учил и по которым жил.

Подобно, как и Я, будучи Иисусом, должны были во все времена страдать многие праведные пророки и праведные мужчины и женщины.

Кто евангелие любви и жизни не только проповедует, но также практикует и из своего осуществления знакомит многих людей с законами любви и жизни – то есть, указывает путь ко Мне, Христу Бога в их внутреннем, с тем чтобы они могли следовать за Мной – тот является опасностью для тех, кто лишь обтянул себя плащиком «христианина».

Потому как женщина в земном одеянии, соносительница божественной Мудрости, о которой Я уже сообщил, приносит вечные законы и путь в вечный закон снова в этот мир к людям, она должна – аналогично как Я и многие пророки – выносить издёвки, насмешки, презрение и клевету. Несмотря на всё это вечная истина пробьётся, и Христос, соединённый с божественной Мудростью, выйдет победителем.

Кто хотел бы распознать хищных волков в овечьей шкуре мнимых христиан, тот пусть проверит церковное начальство и их приверженцев – среди них также много и правителей этого мира, использующих Моё имя в качестве средства к цели:

Являются ли эти церковные и светские должностные лица последователями Назарянина?

Делает ли учение церковного начальства людей здоровыми и счастливыми?

Здорова ли мать Земля, предоставляет ли земная атмосфера Земле и человеку защиту?

Кто такие те, которые поддерживают убийства?

Ищите волков в овечьей шкуре мнимых христиан! Тогда вы найдёте Антихриста, который выходит вам навстречу с Моим именем – Христос – и обманывает вас и вводит в заблуждение.

С Моего времени Иисусом из Назарета вплоть до сегодня это снова и снова те же самые лицемеры – только в иных земных телах – которые отдались демонической власти и сатане чувств, чтобы христианским плащиком соблазнять людей. Кто отдался тьме, тот также и служит тьме. Она будет своих посылать в этот мир снова и снова, чтобы обманывать людей и вводить их в заблуждение.

Многие народы, как стадо, последовали за человеческими пастухами и были ввергнуты ими в хаос. Но даже в хаосе есть надежда на доброе, на Новую эру, эру Христа.

Я Есть надежда, Я Есть истина и жизнь.

Я в духе очень близок Моим и подготавливаю через них Мой приход. Это приводило и приводит к борьбе. Ибо не сдастся так сразу тот, кто столетиями накидывал христианский плащик и всё ещё его носит, чтобы тем самым соблазнять ещё многих.

Я, Христос, Есть жизнь; Я не разрушаю. Я разъясняю, так чтобы те, которые увидели змею, её распознали и растоптали её голову. Таким образом Я разоблачаю лицемеров и даю им при этом одновременно возможность преклонить свою голову и стать самыми малыми среди своих братьев и сестёр.

Познайте: Я побеждаю через людей, которые со Мной и которые подготавливают Новую эру. Наделённые Моей силой, они сейчас всё ещё борются против своих собственных ошибок и слабостей, и одновременно силой любви против лицемеров в христианском плащике.

Битва во Мне и вместе со Мной – это справедливая битва. Я, Христос, иду во главе тех, кто стараются делать волю Отца. Земля будет очищена и станет светлее, потому что Я, Христос Бога, приду.

Слово «клясться» следует понимать по смыслу. Оно соответствует слову «подтверждать».

ГЛАВА 61

Иисус пророчествует конец эпохи

По их плодам вы их теперь познаете (1). Реинкарнации жаждущих власти и посланников Бога в ходе времени (2-3). Мракобесы борются всеми методами (4-5). Указания на ужасное время (6-7). Возвращение Христа: учитесь различать (8-9). Изменения в солнечной системе и на Земле (10). Предстоящее конечное время – Эволюционный путь человечества и Земли в светоматериальность – Царство мира – Последний взбрык Сатаны – «Да будет так» Бога: растворение всего грубоматериального – Подготовка возвращения Христа через божественную Мудрость – Приход Христа, величайшее событие (11). Познайте знаки времени (12-14). Кто бодрствует, не пропустит час (15-19)

1. *И когда Иисус сидел на Елеонской горе, к Нему подошли лишь одни ученики и сказали: «Скажи нам, когда это произойдёт? И что будет знаком Твоего прихода и знаком конца мира?» Иисус сказал им в ответ: «Смотрите, чтоб вас никто не соблазнил. Ибо многие придут под Моим именем и скажут: «Я – Христос», и они соблазнят многих». (Гл. 61, 1)*

Я, Христос, объясняю, исправляю
и углубляю слово:

Каждый, кто позволяет почитать своё собственное имя и выдаёт себя за самого великого и позволяет себя почитать, тому не верьте. И каждый, кто говорит, будто бы он вновь инкарнированный Христос, тому не верьте; ибо Я не приду больше во плоти, но Есть с Моими в духе.

Однако каждый, кто служит, восхваляет лишь одно имя Господа, делает добрые дела и приносит их в мир, так чтобы добрые плоды были видимы для многих, тот является праведным проводником; через него действую Я. Не по их словам следует вам их познавать, но по их плодам.

Поворот времён, на котором Я к Моим приближаюсь всё ближе, сопоставим с поздним летом и осенью, ибо время поворота от старого, греховного мира к Новой эре – это время сбора урожая.

Живущие во Мне приносят хорошие плоды, а злоупотреблявшие и злоупотребляющие Моим именем ради своих целей, показывают теперь свои плохие плоды. Поворот времён позволяет очень отчётливо распознать хорошие и плохие плоды.

Познайте! Позднее лето и осень уже начаты для греховного времени. Плоды становятся видимы – жатва набирает ход.

2. И вы услышите о войнах и слухах о войнах; смотрите за тем, чтоб вам не запутаться. Ибо это всё должно произойти, но оно ещё не конец. Ибо один народ восстанет против другого, и одно царство про-

тив другого; и будут голод, эпидемии и землетрясения по разным местам. И это будет лишь началом беды.

3. И в эти дни власть имущие соберут вместе страны и богатства Земли для своего собственного удовольствия и поработят многих других, кто терпят нужду, и будут держать их в оковах, и использовать их, чтобы преумножать свои богатства, и они поработят даже полевых животных и соорудят страшное. Но Бог пошлёт им Своих посланников, и те провозгласят Его законы, которые люди заслонили своими традициями, и те, кто их преступят, умрут. (Гл. 61, 2-3)

Я, Христос, объясняю, исправляю
и углубляю слово:

Что предсказано, уже началось. Предсказанное запускается подобно как часовой механизм. Одна катастрофа хватает другую, и один удар судьбы подаёт руку другому. В этом можно распознать изменение времени.

Греховный мир проходит. В нём уже брезжит рождение новой эпохи, и себя показывают те духовно пробудившиеся поколения, из которых произойдёт духовное человечество Новой эры.

В сегодняшнее время оно так, как во времена Ноя или гибели Помпей. Большинство людей сватаются и позволяют себя сватать. Они хотя и слышат о знамениях времени – а остаются всё же греховными людьми. Со своим богатством и своей внешней властью они погибали и погибают.

В ходе прошедших временных эпох многие из этих душ снова и снова входили в земные тела, и многие начинали снова действовать там, где они прежде прервались в свой смертный час – только в каждом случае в иное время, иными средствами и иными методами. Многие занимали и занимают снова и снова те же самые должности, либо правителей наций и государств, либо церковных лидеров. Снова и снова их неукротимая жажда власти толкала и толкает их на Землю в эти посты.

Будучи людьми, они пытались и пытаются тогда снова и снова удержать колесо мира, внешние структуры, на привычном ходу. Так, они издавали и издают в течение столетий похожие законы для народа. И народы позволяли и позволяют себя более или менее порабощать своим начальствам, и повинуются снова и снова тем вождям, которые уже в предыдущих инкарнациях делали то же самое или подобное. Потому как это всегда те же самые, которые правят странами и отличают себя как церковных лидеров, в некоторых странах снова и снова повторяются те же самые процессы, как и в прошедшие времена. Удары судьбы, катастрофы и хаотичные состояния имеют лишь другие имена. Однако, во многих случаях, они сегодня хуже, чем в прошлом.

Во всяком негативе есть также и позитив: во время прекращения и становления снова и снова прорывается свет Христа, время Духа Бога, Новая эра, эра Христа, который Я Есть.

Познайте: в изменении от старого, греховного мира к Новой эре, приходили, а также всё снова приходят посланники Бога. Многие праведные мужчины и женщины состоят теперь на Моей службе для Новой эры.

Вся истина станет явной – даже если она и на протяжении многих столетий осознанно и неосознанно заслонялась богоудалёнными людьми: посланники Бога снова провозглашают законы Бога и стараются нести евангелие любви вокруг Земли – от континента к континенту, от города к городу, от общины к общине, от села к селу. Они подготавливают Царство Бога на этой Земле. Многие люди через деятельность посланников Бога пробудятся и вступят на путь к внутренней жизни.[*]

4. Затем они подвергнут вас истязаниям и будут вас убивать. И вы будете ненавидимы всеми народами

---

[*] *«Да будет» шагает вперёд. В мессианскую, софианскую эпоху по всему миру возникают свободные сообщества под знаком лилии – Бог в нас – которым предоставлено то, чтобы они созревали до праобщин. Кроме того, радио ¬и телестанции по всему земному шару ¬транслируют до миллионов людей эти слова: Бог в нас.*

за имя Моё. И тогда на многих нападут и будут пре-
давать друг друга и друг друга ненавидеть. И подни-
мутся многие лжепророки и многих соблазнят.

5. И потому как несправедливость возрастёт, во
многих охладеет любовь. Кто же не отступится до
конца, тот будет спасён. И будет проповедовано это
евангелие Царства Бога во всём мире ко свидетель-
ству для всех народов, и тогда наступит конец. (Гл.
61, 4-5)

Я, Христос, объясняю, исправляю
и углубляю слово:

Так происходило в прошедшие столетия: Моих мучили и убивали.

То, что было, продолжается. Это снова и снова те
же самые волки в овечьей шкуре, которые приходят в
мир со своей неукротимой жаждой власти. Они хотят
также погасить тот свет Христа, который у них является бельмом на глазах и злоупотребляют также для
этого Моим именем. Их вой вы сможете услышать
тогда, когда им посланники Бога подносят к глазам их
сатанинские дела, которые они – как они даже говорят
– делают во имя Моё.

Познайте: когда-то посланников Бога мучили, пытали и убивали. В сегодняшнее время на них клевещут,
подымают на смех, издеваются и глумятся. Истинных
христиан теперь преследуют лишь иными средствами

и методами, через скверные сплетни в средствах массовой информации, которые они называют прессой, радио и тому подобным. За этим стоят те, кто ощущают себя под угрозой от истины, представители церквей, пасторы, священники и так называемые уполномоченные по сектам, равно как и так называемые политики, журналисты и репортёры – и все остальные, дарящие им свою веру. Также и в сегодняшнее время многие праведные мужчины и женщины ненавидимы теми, кто называют себя христианами, потому что они следуют за Мной, Христом.

Познайте: как это было во все времена, так оно также и при перемене от старого, греховного мира к Новой эре. Многие люди говорят обо Мне, Христе. Однако если их настигает маленькое дуновение, например, клевета, то они опрокидываются и предают Меня. Из страха за свою земную жизнь, за репутацию и общественное положение они предают и даже ненавидят друг друга.

Мракобес вмешивается самыми различными методами в народы и натравливает один народ против другого. Это возможно, потому что люди не являются едиными друг с другом. Народы рассматривают друг друга как врагов, развивают агрессии и страхи перед будущим. Это всё снова и снова разжигается мракобесами, ибо они хотят держать массы в волнении. Тогда они приходят как лжепророки и выдают себя за приносящих спасение, привязывают людей к своей «миссии» и к своей личности – однако, не ориентируют их на Меня, Христа.

В изменении от старого, греховного мира к Новой эре, эре света, мракобес атакует свет на широком фронте. Кто же, однако, может на длительный срок устоять против света? Ни один человек, а также ни одна душа, никакая тёмная сила – даже и тогда, когда она злоупотребляет Моим именем и выставляет себя против истинных христиан. Свет, который Я Есть, сильнее.

Познайте: Я Есть свет мира, который не привязан ко времени. Свет пронизывает пространство и время и сделает всё новым. Подходит то время, в которое для мракобеса не будет иметься ни назад, ни вперёд, но единственно лишь капитуляция и – как для каждого отдельного человека и каждой души – разворот к свету, который Я Есть.

Даже если в этой финальной битве несправедливость возрастает, и любовь во многих сердцах людей всё больше охладевает – то всё-таки свет уже видим: это Христос, который Я Есть, который через посланников, через пионеров Новой эры, приносит свет на Землю. Многие люди погибнут. Но также и многие спасутся, те, которые выдержали борьбу с силами тьмы. Те, которые остались верными Мне, будут придерживаться евангелия любви и далее провозглашать Царство Бога по всей Земле и нести свидетельство об истине, которая Я Есть, которая в них живёт, которая через них говорит и действует: Христос.

6. Когда вы, поэтому тот ужас опустошения, о котором сказано через пророка Даниила, увидите находящимся на святом месте (кто это читает, да поймёт!), тогда беги в горы, кто в Иудее. И кто на крыше, тот не спускайся вниз забрать что-то из своего дома; и кто на поле, тот не возвращайся, чтобы забрать свою одежду.

7. Но горе беременным и кормящим матерям в эти дни! Молитесь, чтоб ваше бегство не случилось зимой или в шабат. Ибо будет тогда такая великая печаль, какой не было до сих пор от начала мира, а также никогда больше и не будет. И если бы эти дни не были сокращены, то не спаслась бы никакая плоть. Но ради избранных эти дни будут сокращены. (Гл. 61, 6-7)

Я, Христос, объясняю, исправляю
и углубляю слово:

Теперь непосредственно предстоит то, что людям во все времена проявлялось Вечным через пророков – даже если предостережения и указания Вечного через пророков у большинства людей и не находили отклика. Этот великий поворот времён наступает.

Кто всё ещё заботится о своём внешнем, хотел бы его сохранить и приумножить, тот не только останется к нему привязанным – он также со своим имуществом и добром и погибнет. В равной мере, как погибает этот мир, возникает совершенно постепенно – несмотря на печали и нужды – Царство Бога на Земле.

Когда вы познаете, что этот мир трещит по швам, тогда не оборачивайтесь и не останавливайтесь, чтобы забрать или упорядочить это или то. Идите к месту обитания Бога, которое находится в вас, и позвольте себя вести Тому, кто живёт в вас.

Написано: «Но горе беременным и кормящим матерям в эти дни!» Когда плод в теле матери полон света и сил, потому что отец и мать живут в Боге, тогда он останется сохранён. Если, однако, плод в теле матери от этого старого, греховного мира, то есть он беден светом, как бедны светом отец и мать, тогда он может у них быть забран – в зависимости от того, что за причины лежат в основе. Также как и многие тела, приносящие бедный светом плод, будут отняты в это время ужаса, какого мир ещё не испытывал.

Просите, чтобы трубы порядка не зазвучали в шабат, тогда, когда люди ещё больше предаются своей благополучной жизни вместо того, чтобы молиться Богу и благодарить Его за Его руководство и помощь. Многие, кто мог бы оказать внешнюю помощь, будут тогда недоступны. Просите, чтоб великое очищение на Земле не случилось зимой, ибо многие едва ли будут иметь при себе какое-то имущество, и многое будет разрушено, так что они будут находить себе убежище зачастую не в доме, а под открытым небом или под навесами. Тогда многие замёрзнут и обморозятся, также и беременные.

Многие люди, полагавшиеся на этот мир и его правительства, за одну ночь лишатся всего, о чём они полагали, что оно является их собственностью и безопасностью. Вечный добрый Бог, ваш и Мой Отец, уже сократил время для Своих преданных и тогда, когда неразбериха достигнет своей наивысшей точки, сократит его ещё раз. Многие, кто несут знак любви на лбу, будут на обломках и хаосе этого мира продолжать строить Царство мира Иисуса Христа и возводить его во всём мире в знак победы.

8. Если тогда кто-то вам скажет: «Смотри, здесь Христос или там, то не верьте поспешно. Ибо подымутся лжехристы и лжепророки, и будут совершать великие знамения и чудеса, чтобы, где возможно также и избранные были введены в заблуждение. Смотрите, Я вам сказал об этом заранее!

9. Потому, когда они вам скажут: «Смотри, Он в пустыне», то не выходите; «Смотри, Он в тайных палатах», то не верьте поспешно. Ибо подобно как свет исходит с востока и светит до запада, такой будет также и будущность Сына Человеческого. Ибо где постоянно есть падаль, там собираются стервятники. (Гл. 61, 8-9)

Я, Христос, объясняю, исправляю
и углубляю слово:

Знайте, что Я приду к Моим в духе – однако уже не в оболочке плоти.

Когда кто-то говорит, тут или там Христос, то помните о том: Я вам сказал об этом заранее. Я не войду больше в плоть. Я как Иисус принял плоть для вас и для вас её преодолел, с тем, чтоб также и вы смогли её преодолеть через Меня, Христа, и вы тоже бы достигли воскресения и духовного возрождения, а с этим вновь воссоединения с Богом, вашим и Моим Отцом.

Когда вы осуществляете вечные законы, вы учитесь различать; ибо будут не только лжепророки. Именно на этом великом повороте времён имеется много праведных мужчин и женщин – людей, которых Я к вам послал, которые честно и искренне стараются принести вам законы Бога, и которые посреди печали и конца этого мира основывают Царство мира. Это те, которые исполняют евангелие любви и таким образом приносят Царство Бога на эту Землю.

По их плодам вам следует их распознавать.

10. Непосредственно после страданий этих дней солнце затмится, и луна потеряет свой свет, и звёзды падут с неба, и силы Небес сотрясутся. (Гл. 61, 10)

Я, Христос, объясняю, исправляю
и углубляю слово:

При мощных сотрясениях во всей солнечной системе, планеты выйдут из своих орбит и пока ещё сгруп-
пируются в иное движение вокруг тогдашнего солнца.
Также и луна получит другую координацию и вступит
в иное гравитационное соотношение с Землёй. Из-за
этого на Земле изменятся ритмы дня и ночи, времена
года, приливы и отливы. При этих событиях произойдёт временное затемнение солнца.

«Звёзды падут с неба» значит: мощные метеоры будут падать на Землю. Также и из-за этого земная планета соответствующе изменится. Моря будут искать
себе другие бассейны.

Высокогорья исчезнут; возникнут новые возвышен-
ности и долины. Земля в своей общей картине станет
прелестнее.

Познайте: Я делаю всё новым.

*11. И тогда знак Сына Человеческого появится на
небе; и тогда все народы на Земле будут скорбеть и
увидят Сына Человеческого, приходящего в облаках
неба с великой силой и великолепием. И Он пошлёт
Своих ангелов с громкими голосами как у труб, и они
соберут Его избранных от четырёх ветров, от одного края неба до другого. (Гл. 61, 11)*

Я, Христос, объясняю, исправляю
и углубляю слово:

Знак Сына Человеческого – это свет Христа, который Я Есть. В духе Я прихожу к Моим, служащим Мне в земном одеянии и населяющим Царство Бога, правителем которого Я Есть.

Познайте: Я не приду с одного дня на следующий, с сегодня на завтра. Все великие события отправляют свой свет или свои тени заранее. Я Есть свет этого мира. Мой приход в духе – это величайшее событие для Земли и людей. Я, Христос, уже отправился в путь, ибо Мой свет уже действует на Земле и в атмосфере, потому что пророки Бога и преданные мужчины и женщины всё больше и больше прокладывают Мне дороги.

Пророки Бога в Старом Завете и все пророки Бога и просветлённые мужчины и женщины в прошедшие две тысячи лет предупреждали человечество снова и снова о его собственном посеве и призывали к обращению. Человечеству из многих граней вечной истины был проявлен его сатанинский посев и соответствующее будущее, если оно не обратится и не будет исполнять законы Бога. Со всё меньшими интервалами говорилось и говорится о предстоящем конечном времени. Масса людей, однако жила и продолжает жить в грехе и танцевала и продолжает танцевать вокруг своего золотого тельца: вокруг своего «я», стремящегося к «моему», «мне» и к благополучной жизни. Предостережения сбываются. Человечество находится в так называемом конечном времени.

Познайте: слова «конечное время» подразумевают собой не конец материи, не конец земной планеты, а конец всего того, что против Бога: материализм подходит к концу.

Так же, как совершенно постепенно Царство мира возникает на Земле, совершенно постепенно утончится и большая часть материи, ибо написано: Я делаю всё новым. Новое небо и новая Земля возникнут, и люди врастут в новое время, эру света. На этом эволюционном пути к более светлым и тонким формам, всё будет одухотворяться больше и больше – вплоть до светоматериальности, до более тонкой материи. Ибо люди Новой эры увеличат свет в Земле и на Земле, и посредством своей духовной жизни и далее будут приподымать Землю и всю солнечную систему в колебаниях. Тогда, когда Царство мира возникнет на более тонкой материи, на светоматериальной Земле, также будет светить и иное солнце.

Познайте: после Царства мира сатанинскому, демону, будет дозволено ещё раз помериться силами со Мной, Христом, ибо даже и тогда он всё ещё будет стремиться к тому, чтобы отвоевать Землю обратно. Тогда, однако, он должен будет признать, что «Да будет» Бога идёт полным ходом, и что он тот промежуток времени, срок милости, предоставленный ему ещё раз Богом, нашим Отцом, уже полностью израсходовал.

После этих охвативших Землю событий постепенно расколются все сильно уплотнённые планеты, и чисто духовные субстанции в материальных планетах выйдут из своих оболочек, подобно, как и души людей, чьи тела умерли. Покинутые материальные части планет будут тогда всё больше и больше растворяться. Постепенно тогда всё грубоматериальное станет тонкоматериальным, ибо Бог является чистой тонкоматериальной энергией. Бог есть Дух, сила, любовь и мудрость.

Божественная Мудрость приняла на себя великую задачу нести вперёд Мой свет мира и единства, и донести его всем народам этой Земли и таким образом всем людям, которые доброй воли. Через неё Мой свет излучается наружу в бесчисленных гранях жизни: он есть Моё слово, которое проявлено и останется проявленным через уста Моей пророчицы, одновременно являющейся посланницей Бога, и через многих праведных мужчин и женщин. Мой свет приносит также людям Внутренний путь к сердцу Бога. Он провозглашает также Царство мира и способствует тому, чтобы сыновья и дочери Бога, состоящие в Задании избавления – прежде всего из рода Давида, равно как и люди из других родов – распространяли Дело избавления, основывали и выстраивали Царство мира.

Я прихожу до Моих всё ближе. По мере того, как они продвигаются вперёд на пути вовнутрь и, таким образом, от поколения к поколению всё дальше строят Царство мира, Я Есть всё ближе, всё непосредственнее с ними. Поскольку через божественную Мудрость по Моей воле уже многое на Земле свершилось, Мой свет теперь уже излучается в этот мир и сообщает о Моём приходе.

Познайте: ангелы Небес и преданные в земном одеянии уже теперь громким голосом извещают о властителе Царства мира и о самом Царстве мира. Уже теперь собираются многие мужчины и женщины ото всех четырёх ветров, чтобы жить вместе друг с другом и готовиться к величайшему событию в атмосфере и на Земле: Моему приходу. Когда затем с Небес протрубят трубы, когда из Духа Бога херувимы четырёх сущностей возвестят обо Мне, тогда Я явлюсь со всей властью и великолепием и приступлю к владычеству. Тогда люди будут о д н и м стадом, а Я буду их Пастухом – Христос.

Однако, прежде чем это всё случится, по Земле пройдёт великий скорбный плач и будут забраны прочь все те, которые не несут знака на лбу. Как души, они тогда продолжат свой путь.

Познайте: свет Христа – это свет Новой эры. Я извещаю о Моём приходе, излучая Мой свет впереди Себя.

12. Учитесь на притче о фиговом дереве: когда его ветви нежны и сочны и листья распустились, то знайте, что лето близко. Точно так же, когда вы это всё увидите, то знайте, что до двери близко. Истинно, Я говорю вам: не пройдёт и это поколение, прежде чем всё это не исполнится. Исчезнут небо и Земля, а Мои слова не исчезнут.

13. О дне и о часе не знает никто, даже ангелы в Небе, но лишь один Все-Отец. Подобно тому как было во дни Ноя, таким будет также и приход Сына Человеческого.

14. Ибо это подобно тому, как оно было перед потопом: они ели, они пили, они сватали и давали себя сватать вплоть до того дня, когда Ной не вошёл в ковчег. И они не обращали на это внимания, пока не пришёл потоп и не забрал их всех; таким же будет и пришествие Сына Человеческого. (Гл. 61, 12-14)

Я, Христос, объясняю, исправляю
и углубляю слово:

Кто наблюдает за событиями и происшествиями на этой Земле и слышит о судьбах людей по всему миру, тот познаёт, что процессы конца этого мира отбрасывают вперёд свои тени как знаки, и человечество стоит посреди растворения старого, греховного мира. Кто бодрствует, также и познаёт, что греховный человек не может выдержать великих переворотов.

Познайте: эти перевороты являются следствиями столь же огромных причин, через которые закон посева и жатвы отсекает грех с Земли. Люди в глубоком грехе тогда не будут уже иметь на Земле никакого пристанища – ибо Новая эра, эра Христа поднимется из руин и принесёт с собой новое небо и новую Землю.

Кто стоит в тени, тот погибнет от холода своего собственного «я», своих низменных чувств и порывов.

15. Тогда будут двое на поле; один будет забран, а другой оставлен. Две женщины будут молоть на мельнице, одна будет забрана, другая оставлена. Поэтому бодрствуйте, ибо вы не знаете того часа, когда придёт ваш Господь.

16. Но это бы вам следовало знать: если бы управляющий домом знал, в котором часу явится вор, то он бы бодрствовал и не позволил ворваться в свой дом. Поэтому вы тоже будьте готовы; ибо Сын Человеческий придёт в тот час, когда вы Его не ждёте.

17. Кто же теперь тот верный и умный слуга, которого хозяин поставит над своими слугами, чтоб он в надлежащее время давал им пищу? Благословен будет такой слуга, когда хозяин придёт и найдёт его делающим так. Истинно, Я говорю вам: он поставит его над всем своим добром.

18. Когда же плохой слуга в сердце своём скажет: «Мой хозяин ещё долго не придёт», и начнёт бить своих сослуживцев, есть с кутилами и пить с пьяницами,

19. то хозяин этого слуги придёт в тот день, когда он не принимает его в расчёт, и в тот час, когда он его не ожидает. И он даст ему своё вознаграждение с лицемерами во тьме внешней, с жестокими и теми, у которых нет ни любви, ни сострадания: там будет вой и скрежет зубов. (Гл. 61, 15-19)

Я, Христос, объясняю, исправляю
и углубляю слово:

Бодрствуйте и молитесь! Оставайтесь во Мне и знайте, что Я Есть в вас и с вами. Ибо кто бодрствует и ждёт Господа, тот не пропустит час, в который Я приду, и он печали и жестокости переживёт на себе лишь издали, потому что не позволил этому миру усыпить себя и втянуться в них.

Оставайтесь активными в Моём Духе и терпеливо ждите – Я прихожу!

ГЛАВА 62

Притча о десяти девах

Кто исполняет заповеди любви, является бдительным.
Он имеет внутренний свет, знак на лбу (1-7)

1. Тогда царство Небесное будет подобно тем десяти девам, которые взяли свои лампы и вышли навстречу жениху. И пять из них было умных, а пять глупых.

2. Глупые взяли свои лампы, но не взяли с собой масла. Умные же взяли вместе со своими лампами и масла в сосудах.

3. Поскольку жених задержался, все они стали сонными и заснули. Но к полуночи громко прозвучало: «Смотрите, жених идёт! Выходите ему навстречу!» Тогда все девы поднялись и отлаживали свои лампы.

4. Глупые же сказали умным: «Дайте нам вашего масла, ибо наши лампы погасли! Но умные сказали в ответ: «Нет, иначе при этом его не хватит для нас и вас: идите лучше к лавочнику и купите для себя самих».

5. И в то время, когда они пошли покупать, пришёл жених, и те, которые были готовы, пошли с Ним на свадьбу. И дверь закрылась.

6. После пришли также другие девы и сказали: «Господин, господин, отвори нам». Он сказал в ответ: «Истинно, я говорю вам: я не знаю вас».

7. Потому бодрствуйте, ибо вы не знаете ни дня, ни часа, в который придёт Сын Человеческий. Поддерживайте свои лампы горящими». (Гл. 62,1-7)

Я, Христос, объясняю, исправляю
и углубляю слово:

Бдительный человек, ожидающий своего Господа, сравним с умными девами. Они взяли для своих ламп также и запас масла в сосудах. Это означает: они несли свет в себе – через осуществление законов Бога.

Бдительный человек, обращающий внимание на то, чтобы исполнять заповеди любви, будет иметь внутренний свет: это знак на лбу.

Однако, когда человек лишь тогда познаёт, что не несёт в себе света, когда Христос Бога уже очень близок Своим и лишь тогда отправляется идти путём к сердцу Бога, тогда Меня, Христа, его душа в человеческом одеянии больше не узрит. Ибо, кто до последнего послушен этому миру, тот умрёт в то время, в которое Я приступлю к владычеству над этой Землёй. Бедная светом душа тогда в местах очищения вступит на свой путь к высшим формам жизни и будет идти по нему с большими усилиями и скорбью.

Кто Меня не знает, тот Меня также не воспринимает и несёт поэтому также и мало света в своей душе. Такие люди, хотя и слышали о Моём приходе, хотя они и вели разговоры о женихе, но они не украсили себя украшением внутренней жизни и добродетелью бескорыстности, чтобы идти Мне навстречу как жениху. Однако, те истинные невесты, которые украсили себя добродетелью бескорыстной любви и украшением внутренней жизни и, таким образом, разожгли внутренний свет, будут со Мной, женихом.

Чем сильнее на Земле увеличивается свет, тем больше закрывается дверь для тех, кто только слышал и говорил обо Мне, однако, Меня не принял и не признал. Дверь для воплощений душ, которые не развили свой внутренней свет, остаётся тогда закрытой.

В словах «Я не знаю вас» лежит следующий смысл: вы не знаете Меня, потому что вы не знаете себя. И пока вы не знаете Меня, вы также и не сможете войти в свет; ибо Я Есть свет мира, истина и жизнь.

ГЛАВА 63

Притча о талантах

Кому дано, тому следует передавать дальше – Бог награждает только того, кто даёт от сердца (1-12)

1. И Он говорил далее: «Царство Небесное подобно тому мужчине, который, переезжая в дальнюю страну, позвал своих слуг и передал им своё имущество. И одному он дал пять талантов, другому два, а третьему один, каждому по его способностям, и тут же сразу и уехал.

2. Тогда тот, кто получил пять талантов, пошёл и торговал ими, и приобрёл к ним другие пять талантов. Таким же образом и тот, кто получил два таланта, приобрёл к ним тоже два других. Тот же, кто получил один, пошёл и вырыл яму, и спрятал деньги своего господина.

3. Спустя долгое время приехал господин этих слуг и рассчитывался с ними. Тут подошёл тот, кто получил пять талантов, принёс ещё другие и сказал: «Господин, ты мне дал пять талантов; смотри, я на них добыл пять других». Тогда его господин сказал ему: «Хорошо сделано, добрый и верный слуга, ты был верен в малом, я тебя поставлю над многим. Войди в радость твоего господина!»

4. Тут подошёл также и тот, кто получил два таланта и сказал: «Господин, ты мне дал два таланта; смотри, я на них же приобрёл два других». Его господин сказал ему: «Здорово сделано, добрый и верный слуга, ты был верен в малом, я тебя поставлю над многим; войди в радость твоего господина!»

5. Тут подошёл и тот, кто получил один талант и сказал: «Господин, я знал, что ты суровый человек; ты пожинаешь там, где не сеял, и собираешь там, где не просыпал. И я боялся и пошёл, спрятал твой талант в землю, смотри, вот у тебя есть то, что твоё».

6. Но его господин сказал ему в ответ: «Ты злой и ленивый слуга, да разве ты знал, что я пожинаю там, где не сеял и собираю там, где не просыпал? Тебе следовало отдать мои деньги менялам, чтобы начислялись проценты, и когда бы я пришёл, то взял бы своё с прибылью».

7. Потому возьмите у него талант и отдайте его тому, у которого два таланта. Ибо кто приумножил, тому будет дано, и он будет иметь изобилие; но кто не приумножил, у того надлежало бы также забрать, что у него есть. А негодного слугу бросьте во внешнюю тьму; ибо это та доля, которую он выбрал».

8. Иисус говорил также Своим ученикам: «Будьте истинными денежными менялами Царства Бога, от-

вергайте плохое и ложное, и сохраняйте хорошее и подлинное».

9. Иисус сидел напротив жертвенной кружки и смотрел, как люди бросали деньги в эту жертвенную кружку, и некоторые богачи бросали туда много.

10. И тут пришла бедная вдова, и она бросила туда две лепты, которые едва ли чего-нибудь стоили.

11. И Он позвал к себе Своих учеников и сказал: «Истинно, Я говорю вам, что эта бедная вдова в жертвенную кружку бросила больше, чем все остальные.

12. Ибо все остальные давали из своего избытка, она же из своей бедности дала всё, что имела, а именно, свои средства на жизнь». (Гл. 63, 1-12)

Я, Христос, объясняю, исправляю и углубляю слово:

Учтите: кому дано, тому следует принятое не удерживать для себя, а передавать его дальше. Ибо закон – это бескорыстная, дающая любовь. Каждый получил от Бога заповеди. То, что он из заповедей осуществил, ему следовало бы передавать дальше. Ибо тогда оно приумножится в мире на благо многих.

Кто исполняет заповеди, тот чувствует, что ему следовало бы бескорыстно применять свои таланты и способности для божественного. Кто это выполняет на благо своих ближних, тот приносит жизнь Бога в этот мир и протянет многим хлеб внутренней жизни, тем, что он – своими способностями и талантами – бескорыстно подготавливает сердца своих ближних для внутренней жизни, так чтобы они больше не голодали и не жаждали.

Кто, однако, заповедей Бога не осуществил, он является рабом греха и будет пребывать в своём рабстве и страдать от этого до тех пор, пока он через осуществление заповедей не пробудится к статусу дитя Бога.

Кто исполнен сердцем, даёт из своего сердца – то есть бескорыстно. Бог смотрит не на внешние дары, а на бескорыстные дары сердца, на то, что человек осуществил и бескорыстно передаёт дальше. Ибо единственно лишь дары бескорыстной любви содержат в себе силу и свет. Кто способен давать из этого, тот богат в сердце.

Познайте: кто не даёт из сердца, тот также и не получает от сердца Бога. Только кто даёт из сердца, тот также и будет вознаграждён от сердца, от Бога. Бог любит всех Своих детей. Он всем дал одинаково много. Бог вознаграждает не то, что даёт человеческое «я», выставляющее себя напоказ и являющееся самодовольным, но искренность и бескорыстие, то, что исходит из глубины души – то, что из Бога.

ГЛАВА 64

О сущности Бога

Силы Отец-Мать-принципа находятся в мужчине и женщине; поэтому оба они равноценны (1-3). Познайте невидимое в видимом; усматривайте во всём Бога, жизнь (4-5). О законе притяжения во всём Бытии – Решение об Избавительном деле Христа в тронном зале Бога – Задание избавления – Носители божественной Мудрости несут вместе с Христом основную ответственность за Дело избавления – Череда воплощений сыновей и дочерей Бога, состоящих в задании – Воплощение Христа – Задание сохраняется вплоть до его исполнения (6-11). Духовно мёртвый (12). Никогда нельзя оказывать влияния на свободную волю (13)

1. Иисус пришёл к одному колодцу вблизи Вифании, вокруг которого росли двенадцать пальмовых деревьев и куда Он часто проходил со Своими учениками, чтобы учить их тайнам Царства Бога. Там Он сидел под тенью деревьев, и Его ученики с Ним.

2. И один из них сказал: «Господь, издревле написано, что Элохим сделал человека по Своему собственному образу и сотворил мужчину и женщину. Как же Ты говоришь, что Бог один?» И Иисус сказал им: «Истинно, Я говорю вам, в Боге нет ни мужчины, ни женщины, и всё же оба они одно, Бог есть и то и другое в одном. Он есть Она, и Она есть Он. Элохим – наш Бог – совершенен, бесконечен и един.

Я, Христос, объясняю, исправляю
и углубляю слово:

В Духе Бога, законе внутренней жизни, не имеется полов, но есть дающая и принимающая сила. Дающую силу Я называю принципом мужского, а принимающую силу принципом женского.

Познайте: когда Я говорю о мужчине или женщине, то Я высказываюсь о двух полюсах, двух принципах жизни, дающем и принимающем полюсе, то есть, мужском и женском принципе. В мужчине, мужском полюсе или принципе, проявлены силы отца: дающий полюс, также называемый духовно созидающим или зачинающим элементом, однако в нём скрыт также и женский полюс, женский принцип, мать: принимающая и сохраняющая жизнь. Соответственно, в женщине, в принимающем полюсе, женском принципе, проявлены силы матери, которая принимает и сохраняет жизнь, и в ней скрыто также мужское, дающее, отец.

Обе силы, дающий и принимающий принцип, согласованы друг с другом. Как существ, их двое – и всё же одно: дающий принцип и принимающий и сохраняющий принцип. Как дающий принцип, мужской, имеет большую часть созидающих сил и меньшую часть женских, то есть, принимающих сил, то женский, принимающий принцип, принимающий полюс, имеет больше женских, то есть материнских аспектов и меньше мужских, отцовских, то есть, дающих сил.

Познайте: в каждой силе, либо дающей, либо принимающей, содержится Бытие. Поэтому женщину следует уважать точно так же, как мужчину. Ибо в обоих содержатся, соответственно, обе силы, как мужской, так и женский элемент, Отец- и Мать-принцип. Поэтому ваш Отец, который также и Мой Отец, есть Отец-Мать-Бог. Обе силы в Нём объединены и действуют во всём Бытии. Это безличностный Дух внутренней жизни, бескорыстная любовь, сила и мудрость.

Кто в этом мире считает женщину неполноценной и ставит мужчину над женщиной, тот нарушает закон жизни, Отец-Мать-принцип, который является всезаконом.

4. Молитесь Богу, который над вами, под вами, по правую руку от вас и по левую, перед вами, среди вас, за вами, в вас и вокруг вас. Истинно, есть только Один Бог. Он есть всё во всём, и в Нём существуют все вещи, Он источник всей жизни и всех субстанций, без начала и без конца.

5. Вещи, которые видимы и преходящи – это олицетворения того невидимого, которое вечно, так чтоб вы от видимых вещей природы достигли бы невидимых вещей Божества. И чтоб вы через естественное достигли сверхъестественного. (Гл. 64, 4-5)

Я, Христос, объясняю, исправляю
и углубляю слово:

Вы прочитали, что все вещи, которые видимы, являются олицетворениями невидимого, Вечного. Потому учитесь во всех видимых вещах познавать жизнь, то невидимое, которое во всём скрыто.

Человеку, старающемуся исполнять законы Бога, будет проявлено всё. Он зрит то, что от обращённого к этому миру остаётся скрытым: ту жизнь, которая во всём является силой и Бытием. Она является наследством души, Дух, Бог, который есть жизнь и субстанция, и форма жизни – то есть: всё во всём.

Познайте: каждая душа должна вновь вступить в своё наследство, что для человека является невидимым, духовно-божественным. Ибо каждое чистое существо имеет своё первоначало в Духе, в Боге, и каждая душа очистится, и как чистое существо возвратится к первоначалу, в Дух, Бога, в жизнь, в Отец-Мать-принцип.

6. Истинно, Элохим создал человека по подобию Бога, мужское и женское, и вся природа является образом Бога, потому Бог есть и то и другое, мужское и женское, не разделённое, но оба в одном, нераздельное и вечное, в котором находятся все вещи, видимые и невидимые.

7. От вечного они изошли и в вечное возвратятся. Дух к духу, душа к душе, разум к разуму, чувство к чувству, жизнь к жизни, форма к форме, прах к праху.

8. В начале есть воля Бога, и тогда пришли Его Сын, божественная Любовь, и любимая дочь, святая Мудрость, равным образом из единого вечного источника; и из него приходят поколения духовных существ Бога, сыновей и дочерей Вечного.

9. И они спускаются на Землю и живут с людьми и учат их путям Бога, любить законы Вечного и повиноваться им, так чтобы они нашли бы в них избавление.

10. Многие народы видели их дни. Под различными именами они проявлялись им, и народы радовались их свету; и прямо сейчас они вновь приходят к вам, но Израиль их не принимает.

11. Истинно, Я говорю вам, Мои двенадцать, которых Я избрал: всё, что было в прежние времена ими сказано, является истинным – лишь искажено ложными представлениями людей». (Гл. 64, 6-11)

Я, Христос, объясняю, исправляю
и углубляю слово:

Всё чистое находится в Боге, и всё чистое приходит от Бога.

От Вечного приходят существа света на Землю – к Вечному они возвращаются вновь.

Закон притяжения гласит: кто живёт в Духе Бога, тот также и движется в Духе Бога, потому что он в Нём имеет свою Родину.

По этому закону притяжения – подобное притягивает подобное – душа или человек оказываются вместе с теми душами или людьми, которые несут в себе то же самое или подобное, для того чтобы друг с другом очистить то, что является греховным. Так рационалист встретится с рационалистами, которые в своём сознании накопили и движут то же самое или подобное. Эмоциональный человек опять же встретится с людьми эмоциональными. Если им предстоит что-то очистить, то благодаря встрече им будет предоставлена такая возможность.

Таким образом, божественный аспект вновь найдёт себе путь к божественному аспекту. Это значит, души и люди, имеющие те же самые или подобные предрасположенности внутренней жизни, находят друг друга, чтобы взаимно помогать и служить один другому, и всё больше раскрывать внутреннюю жизнь, жизнь, которая всё объединяет. Так форма находит форму. Ибо каждая форма излучает свой уровень сознания и облучается внутренней жизнью, с тем чтобы субстанция и форма способны были подняться к следующей более высокой духовной форме.

Прах вновь находит себе путь к подобной субстанции, праху, и живёт как сила и сознание в Боге, который также живёт и в пылинке, побуждая её к эволюции и ведя её к следующей более высокой духовной форме.

Подобное соединяется с подобным. В материальном мире соединяются люди, в душевных царствах души – и в вечном Бытии соединяется всё, что находится в духовной эволюции: духовные минералы, растения, животные и природные существа.

Бог, вечный Отец, создавал и создаёт из вечного Духа, Отец-Мать-принципа, мужские и женские принципы, сыновей и дочерей Бога, духовных существ, произошедших и происходящих из Его любви и мудрости, из единого источника, Бога.

Когда событие падения дошло почти до самого глубокого уровня, Я, Сын, Соправитель Небес, отправился на Землю, чтобы принести людям избавление. В том «Свершилось», которое Я сказал на кресте через Моё земное тело, Иисуса, спасение произошло во всех душах: Моё наследство, частичная сила из прасилы, разделилось на искры и вродилось во все души. Искра Избавителя начала светить в каждой душе, и с тех пор является её опорой и спасением.

Прежде чем Я, Христос, покинул Небеса, чтобы действовать в качестве Иисуса из Назарета, в тронном зале Вечного было решено Моё могучее, мощное Дело избавления.

Многие сыновья и дочери Бога внесли часть своего духовного светового потенциала в задание Избавителя и тем самым приняли участие в Деле избавления. Дело Избавителя ведёт все души назад, то есть приводит их домой в их внутреннее, так что после умирания земного тела существо из Бога снова способно войти в Бога, в закон жизни и любви.

Сыновья и дочери Бога рождались в различные рода, в первую очередь в род Давида. Он является ведущим в Деле избавления. Впереди всех идёт божественная Мудрость. Она является третьей сущностью Бога, представленная херувимом божественной Мудрости, третьим ангелом закона.

Как Я уже проявил, женский принцип носителя божественной Мудрости находится в земном одеянии, мужской принцип в духовном одеянии. Оба – женский духовный дуал в земном одеянии и мужской духовный дуал в духе – несут со Мной, Христом, основную ответственность за Дело избавления и идут впереди сыновей и дочерей Бога, состоящих в Задании избавления. Все они имеют задачу учить людей пути к Богу, наставлять их, любить и придерживаться законов Вечного – и во всём слушаться Бога. Тем самым люди находят в своих душах дорогу к искре Избавителя и всё больше приводят её к свечению. Она им тогда является светочем на пути в вечное Бытие. Это Христос Бога, который живёт в Отце.

Так происходило и происходит. В некой закономерной последовательности сыновья и дочери, состоявшие и всё ещё состоящие в задании дела Избавителя, рождались в рода этой Земли, прежде всего дуальная пара божественной Мудрости.

В Старом Завете первые эшелоны – первые сыновья и дочери, состоящие в задании дела Избавителя – отправились с Небес на Землю и к воплощению. Они готовили Мне, Христу, пути к людям. Сначала пришёл мужской принцип, херувим божественной Мудрости, в качестве пророка на эту Землю и известил о приходе Избавителя.

Человеком в земном одеянии не осознавалось то, что некоторые сыновья и дочери Бога были поставлены рядом с пророком, чтобы в Старом Завете совместно с ним содействовать тому, что Духом Бога было предусмотрено для того времени. Когда их земное существование подходило к концу, некоторые из этих сыновей и дочерей Бога из первых эшелонов, едва ли обременившие себя, вновь возвращались в вечное Бытие перед троном Отца, впереди был мужской принцип божественной Мудрости, херувим, который на Земле в качестве пророка служил Вечному.

Однако, задание в деле Избавителя оставалось и остаётся как печать для Новой эры в обоих принципах божественной Мудрости – это значит: до исполнения задания неизгладимо выгравировано – точно так же, как и во всех сыновьях и дочерях Бога, состоящих в задании.

Некоторые из них, сложившие своё земное одеяние, собирались снова в местах очищения на дальнейшие эшелоны – вместе с теми, кто теперь приходили с Небес – чтобы опять войти в земное одеяние. Снова и снова эшелоны сыновей и дочерей Бога шли на воплощение, в том числе также и многие, кто не исполнил своей задачи в первых эшелонах воплощений.

В череде воплощений случались отягощения. Некоторые исполняли часть своего задания, другие, напротив, отягощали себя. Они вновь возвращались в душевные царства и задерживались теперь как души в соответствующих сферах, которые отвечали уровню их сознания.

Всё новые эшелоны сыновей и дочерей Бога формировались, чтобы Мне, Христу готовить пути на Земле. Наконец, собрался решающий эшелон для дела Избавителя: Я, Христос, Сын Бога, Соправитель Небес, вошёл в земное одеяние, а со Мной и многие сыновья и дочери Бога, чтобы Мне служить и помогать. Многие из них были среди Моего сопровождения; они воплотились в римские и еврейские семьи. Многие из этих сыновей и дочерей Бога были посредством своих предыдущих инкарнаций уже отягощены и не распознавали теперь в земном одеянии великого события. Тем не менее, Я принёс людям часть Моего божественного наследства. Я был поддержан Отцом и посланниками света, и немногими сыновьями и дочерями в земном одеянии, которые Меня, их брата и Избавителя, Избавителя человечества, признали.

После Моего возвращения к Отцу в качестве Соправителя Небес и Избавителя человечества, в земное существование отправился следующий духовный эшелон. Снова собирались в местах очищения сыновья и дочери Бога вместе с сыновьями и дочерями Бога с Небес, чтобы совместно идти на воплощение. Впереди всех этим эшелоном шёл женский принцип божественной Мудрости. После умирания их тел эти души тоже вновь отправлялись или в душевные царства, или в более светлые сферы.

Так приходили и приходят сыновья и дочери Бога, эшелон за эшелоном, к людям, чтобы наставлять их в законах жизни, с тем, чтоб они любили Бога, слушались Его, для того чтобы они во Христе нашли свою дорогу домой к Богу, их и нашему Отцу. Каждый раз они на Землю приносили также и мысль Царства Бога, так что она постепенно на Земле обретает форму и образ: это Царство мира Иисуса Христа. Впереди всех шёл снова и снова женский принцип божественной Мудрости во взаимодействии со своим духовным дуалом, позитивом божественной Мудрости, который был и остаётся в духовном одеянии, чтобы сыновьям и дочерям Бога и далее готовить пути.

С Моего земного существования теперь прошло почти две тысячи лет. Совершенно постепенно воля Вечного исполняется в сыновьях и дочерях Бога и через них. Всё больше и больше исполняют они на Земле то, что находится в Задании избавления: со Мной, Христом, учить всех людей придерживаться законов жизни и любви, чтобы стать свободными для Царства Бога. Сыновья и дочери Бога, состоящие в Задании избавления, приходят и уходят до тех пор, пока не исполнится то, что Я, Христос обещал: о д н о стадо и о д и н Пастух, о д и н народ во Мне, Христе, о д н о царство на Земле, Царство Вечного.

Задание Сына, который Я Есть – привести домой всё, что казалось потерянным. Это задание в сердцах тех, кто служат Мне в Деле избавления.

Познайте: до тех пор, пока не исполнится всё дело Избавителя – как на Земле, так и в местах очищения – все эти сыновья и дочери Бога, впереди которых божественная Мудрость, состоят в задании Избавителя.

Во Мне, Христе, каждая душа находит свой путь к Отцу.

«Многие народы видели их дни. Под различными именами они проявлялись им, и народы радовались их свету; и прямо сейчас они вновь приходят к вам, но Израиль их не принимает» означает: сыновья и дочери Бога, впереди которых божественная Мудрость, приходили как в Старом, так и Новом Завете, и в сегодняшнее время они вновь находятся среди людей, чтобы как пионеры действовать ради Новой эры.

Поворот времён от старого, греховного мира к новой эпохе света и любви, наступил. Совершенно постепенно жизнь во Мне, Христе Бога, расцветёт.

Потому как Израиль не принял Меня, Сына Бога, и других сыновей и дочерей Бога, которые состояли и состоят в Задании избавления, ныне Израиль возникает в другой стране, и там также возникает Новый Иерусалим.

12. И тогда сказал Иисус Марии Магдалине: «В законе написано, кто оставит отца и мать, тот пусть умрёт смертью. Но закон говорит не о родителях в этой жизни, а о том внутренне присущем свете, который находится в нас вплоть до сегодняшнего дня. (Гл. 64, 12)

Я, Христос, объясняю, исправляю
и углубляю слово:

Смысл слов «... кто оставит отца и мать, тот пусть умрёт смертью» следующий: Отец-Мать-Бог является каждому духовному существу и каждому человеку Пра-Отцом и Пра-Матерью. Он является внутренне присущим светом. Когда человек его покидает, тем, что он сознательно грешит, то он является духовным мертвецом. Он будет до тех пор беспокойно метаться в затенениях своего «я», пока его душа не пробудится и не устремится к возрождению в Духе Бога, чтобы вновь объединиться с Отцом-Матерью-Богом.

13. Итак, кто отказывается от Христа, Избавителя, от святого закона и сообщества избранных, пусть умрут смертью. Да, пусть они будут потеряны во внешней тьме; ибо так они того захотели, и никто не может им воспрепятствовать». (Гл. 64, 13)

Я, Христос, объясняю, исправляю
и углубляю слово:

Эти слова говорят вот о чём: кто отказывается от Меня, Христа, отказывается от вечного закона, от Бога, и от сообщества тех, кто делают Его волю. Он будет до тех пор оставаться во тьме и быть духовно мёртвым, пока не начнёт искать свет мира, который Я Есть в нём.

Каждая душа и каждый человек имеют свободную волю, исполнять законы Бога – или бродить во тьме. Так как духовное тело – в состоянии отягощения называемое душой – из Бога, то для каждой души наступит время, в которое она примет и исполнит то, что её сде-

776

лает свободной: закон любви и жизни. Однако, если душа или человек желают бродить в темноте, то им по закону свободной воли придётся также и понести то, что они во тьме причинили: следствия своего посева.

Закон справедливости говорит так: каждый имеет свободную волю принять или отклонить божественное. Но каждому придётся то, что он создал, понести самому.

Слова «будут потеряны» означают: предоставьте вашему ближнему свободную волю – и также не принуждайте его принимать божественное, делающее его свободным. Божественным законам человека следует обучать; однако, применит ли он их и когда он ими воспользуется, это нужно оставлять на его усмотрение. Кто это соблюдает, тот исполняет волю Бога, которая гласит: каждому следует свободно принимать то, что божественно. Кто своего ближнего к этому принуждает, тот поступает против справедливости, любви и свободы Бога.

ГЛАВА 65

Последнее помазание Марией Магдалиной – Подготовка предательства

Об истинном даре и о помощи бедным – Тени человеческого «я» препятствуют видению света Бога; человек говорит тогда о «тайнах Бога» (1-10)

1. И вечером в шабат перед праздником Пасхи Иисус был в Вифании и отправился в дом Симона, прокажённого, где Ему приготовили ужин. И Марфа прислуживала, в то время как Лазарь был одним из тех, кто сидел с Ним за столом.

2. И пришла Мария, именуемая Магдалиной, у которой был алебастровый сосуд с очень изысканной и дорогой мазью из лавандового масла. Она открыла сосуд и поливала этот елей Иисусу на голову, мазала Его ноги и осушала их волосами своей головы.

3. Тогда один из Его учеников, Иуда Искариот, который собирался Его предать, сказал: «К чему такая растрата елея? Его бы можно было дорого продать, а деньги раздать беднякам». Но он сказал это не из заботы о бедных, а потому, что был наполнен ревностью и жадность, и имел кошелёк и распоряжался деньгами. И они возроптали на Магдалину.

4. Иисус же сказал: «Оставьте её в мире! Чего вы её беспокоите? Она сделала всё, что могла. Она со-

вершила Мне доброе дело. Бедняков вы всегда имеете при себе, Меня же имеете не всегда. Она помазала Моё тело к Моему погребению.

5. Истинно, Я говорю вам, где бы ни проповедовалось это евангелие во всём мире, там будет также сообщено в память о ней о том, что она сделала.

6. Тогда вошёл Сатана в сердце Иуды Искариота, и он пошёл своим путём и секретно советовался с первосвященниками и старейшинами, как он бы смог предать Его. И они обрадовались и договорились с ним на тридцать серебряников, цену за одного раба. Он пообещал им это и искал удобного случая предать Его.

7. И в это время сказал Иисус Своим ученикам: «Проповедуйте всем в мире и говорите: стремитесь к тому, чтобы воспринять тайны света и войти в царство света, ибо теперь пришло для этого время, и теперь день избавления.

8. Не откладывайте это с одного дня на другой, от одного оборота (колеса возрождений) к другому и от эона к эону, в той вере, что вам при возвращении в этот мир тогда удастся овладеть тайнами и войти в царство света.

9. Ибо вы не знаете, когда исполнится число совершенных душ. Ибо тогда закроются врата царства света, и с тех пор никто уже не сможет ни войти туда, ни оттуда выйти.

10. Старайтесь, чтобы вам войти до тех пор, пока звучит призыв, прежде чем число совершенных не бу-

*дет скреплено печатью и не станет полным, и не за-
кроются врата». (Гл. 65, 1-10)*

Я, Христос, объясняю, исправляю и углубляю слово:

Как часто вы слышите в этом мире: это можно было бы «продать, а деньги раздать беднякам». Каждый, кто употребляет эти слова, пусть поставит вопрос себе самому, как честно он это подразумевает, насколько он сам способствовал помощи бедным.

Недостаточно подавать бедным милостыню, как это делают фарисеи, чтобы показаться перед людьми.

Истинное даяние состоит в том, чтоб исполнять закон любви и жизни. Тогда дар – это не милостыня, а настоящая помощь. С ним бедная душа в бедном теле находит свой путь к закону «Молись и работай» и становится богатой сердцем. Тогда и человек тоже получит всё, в чём он нуждается, чтобы жить как дитя Бога.

Итак, где евангелием любви и жизни сначала живут, а затем ему учат, там бедные, которые его принимают и исполняют, становятся богатыми в своих сердцах, а также и бедный человек получит то, в чём он нужда-ется для жизни как дитя Бога. Исполнение евангелия способствует истинно добрым делам.

Слова «Стремитесь к тому, чтобы воспринять тайны света» говорят: тени человеческого «я» обволакивают свет и препятствуют людям видеть свет Бога. Поэтому человек говорит о тайнах света, так как он ещё не способен его видеть. Кто хотел бы заглянуть за тайны, тот должен сначала рассмотреть свои тени и устранить то, что он познал и что привело к теням, с тем чтобы он нашёл свой путь к свету Бога и сумел войти в Царство Бога.

Потому не откладывайте то, что вы познали человеческого, с одного дня на другой, от одного «оборота» к другому, от одного эона к другому, придерживаясь того мнения, что ещё сможете это очистить в одной из последующих земных жизней. Ибо кто из вас знает, когда колесо возрождений остановится для тяжело отягощённых душ и врата для таких воплощений закроются?

Познайте: в этом земном существовании вам следует стараться исполнять законы Бога. Так что не откладывайте осуществление святой жизни с одного дня на другой, говоря, что вам после этой земной жизни в одном из последующих воплощений удастся лучше исполнять законы Бога и проникнуть за завесы, которые не позволяют видеть свет и жизнь.

Познайте: человек говорит о тайнах Бога до тех пор, пока у него самого ещё имеются тайны от своих окружающих. Кто, однако, стремится к совершенству, тот не имеет от своих окружающих никаких тайн, потому что закон Бога, который он исполняет, не скрывает в себе ничего тайного.

Кто исполняет законы любви и жизни, тот является открытой книгой, и ему также всё открыто.

Милость Бога действует сегодня усиленно в этом мире. Он, Всемогущий, дал всем душам и людям ещё раз промежуток времени и тем самым возможность исправить всё, что нечисто.

ГЛАВА 66

Учения о совершенстве

Истинная жизнь – это жизнь в Боге (1-3). Чистые существа живут во все-единстве; они едины – Полярность как единство в Боге – Мария Магдалина, пример принимающего принципа – Всё Бытие построено на полярности (4-11). Триединство: дух, душа и человек – Когда придёт Царство Бога на Землю? (12-13)

1. И вновь учил их Иисус и говорил: «Бог пробуждал свидетелей для истины в каждом народе и в каждую эпоху, так чтоб все услышали волю Вечного и выполняли её, чтобы затем войти как руководители и сотрудники в Царство Бога.

2. Бог есть сила, любовь и мудрость, и эти трое едины. Бог есть истина, доброта и красота, и эти трое едины.

3. Бог есть справедливость, знание и чистота, и эти трое едины. Бог есть сияние, сострадание и святость, и эти трое едины. (Гл. 66, 1-3)

Я, Христос, объясняю, исправляю
и углубляю слово:

В Боге находится всякая субстанция, и все силы Вселенной находятся в Едином, Боге.

Во все времена Вечный посылал посланников в этот мир, дающих свидетельство об истине и приносивших людям свидетельство того, что истина, если по ней жить, наделяет жизнью. Ибо истинная жизнь – это жизнь в Боге.

Слово «сострадание» означает в законе любви и жизни Бога: сопереживать, сочувствовать и иметь понимание ко всем людям и душам и ко всякому созданию.

4. И эти четыре триединства есть одно в скрытой божественности, совершенном, бесконечном, единственном.

5. Так же как в каждом мужчине, который совершенен, есть три личности, сын, супруг и отец, и эти трое едины.

6. Так же как в каждой женщине, которая совершенна, есть эти три личности, дочь, супруга и мать, и эти трое едины. И мужчина, и женщина точно так же едины, как един Бог.

7. Таково оно также и с Богом, Отцом, в котором нет ни мужского, ни женского и в котором есть и то, и другое, и каждое триедино, и все есть одно в скрытом единстве.

8. Не удивляйтесь тому, ибо так же, как наверху, так оно и внизу, и как внизу, так оно и наверху, и то, что на Земле, это так потому, что оно так на Небе.

9. И Я говорю вам ещё раз: Я и Моя невеста едины, так же как Мария Магдалина, которую Я избрал и сам освятил Себе как пример, едина со Мной. Я и Моя община едины. И община – это избранные человечества для избавления всех.

10. Община Перворожденного – это Мария Бога. Так говорит Вечный. Она Моя мать, и она Меня всегда принимала с самого начала и рождала Меня своим Сыном во всякую эпоху и климатическую зону. Она Моя невеста, вечно единая в святом сообществе со Мной, своим супругом. Она Моя дочь, ибо она навечно произошла и вышла из Меня, её Отца, и радуется во Мне.

11. И эти два триединства есть одно в Вечном и утверждены в каждом мужчине и в каждой женщине, которые стали совершенными и будут вечно рождёнными от Бога и радоваться в свете и навсегда возвышаться и делаться едиными с Богом, и навсегда принимать и приносить Бога для избавления многих. (Гл. 66, 4-11)

Я, Христос, объясняю, исправляю
и углубляю слово:

Слова людей являются символами. Слова «мужчина» и «женщина» соотносятся у людей прежде всего с полом. Их здесь следует, однако, понимать также как дуальный принцип Небес, в котором все бесполые.

Так же, как Бог является силой всех сил Вселенной, то и все существа из Бога обладают силами Вселенной. Не земное тело обладает этими силами, а чистое духовное тело в самом внутреннем воплощённой души.

В духе, «мужчина» и «женщина» означают дающий и принимающий принцип. Одновременно, они есть сын или дочь Бога и отец или мать. Оба едины в своём дающем и принимающем излучении, а также едины в Боге, в законе жизни.

Совершенство не знает ни твоего, ни моего. Всё Бытие является для каждого чистого существа также и его, ибо оно не знает никакой личной собственности. Чем владеет одно чистое существо, тем владеет и другое тоже. Они не только во всём едины – они есть одно. Из все-единства проистекают изобилие и внутреннее богатство.

Каждая душа и каждый человек, который един со Мной, Христом, также един со Мной и в вечном Отце. Он избранный и образует со многими избранными общину, которая является избранием из человечества этой Земли к избавлению всех. Со всех четырёх ветров собирал и собираю Я тех, кто един со Мной или идёт по пути становления единым.

Моё соединение с Марией Магдалиной – это символ того, что всё Бытие основано на полярности, также и в соединении мужчины и женщины. Я избрал Себе невесту Моей души в знак того, что дающее и принимающее является единством в Боге, слитое воедино в Вечном. Этим Я давал свидетельство того, что перед лицом Бога женщина и мужчина равны как единство и полярность в Нём.

Душа Марии Магдалины очень близко подходила излучению Моей души. Она жила как живой пример духовной женщины, принимающего принципа, во Мне, а Я, как живой дающий принцип, в ней. Таким образом, она является во Мне священным аспектом Бога, принимающим принципом. В Иисусе из Назарета она была во Мне, и она есть во Мне, Христе – и мы в Боге. Она является живым примером для женщин этой Земли, как принимающий принцип, который несёт в себе также и аспекты дающего принципа.

Мария Магдалина ничего не ожидала. Она была во Мне, Иисусе, и есть со Мной и во Мне вечно. Ибо все небесные силы, дающие и принимающие, объединяются во всём Бытии, в каждом духовном существе, в созвездиях и в царствах природы, ибо всё Бытие построено на полярности. Всё Бытие является субстанциальной жизнью, это Бог во всём.

Познайте: всё, что Земля как свет и силу несёт из Бога, дано Богом к избавлению душ, людей и Земли.

Бог, все-единство, Любовь и Мудрость, вдыхает Своё Я Есть в каждом эоне, в каждом новом акте творения. И что Вечный вдохнул в этот мир, это опять же Он сам, всё во всём. Чистые силы Земли – это также чистые силы Небес. Так же, как чистые силы, чистое

Бытие, действуют на Земле в качестве субстанции, так они действуют всеохватывающе в вечном Бытии.

12. Это тайна триединства в человечестве, через то в каждом человеке должна исполниться тайна Бога, узреть свет, претерпеть страдания ради истины, подняться в Небо и рассылать Дух истины. Это тропа избавления; ибо Царство Бога находится внутри».

13. Тут один сказал Ему: «Господь, когда придёт Царство Бога?» и Он сказал в ответ: «Когда то, что снаружи, будет как то, что внутри, и то, что внутри, будет как то, что снаружи, и мужское и женское будет ни мужским, ни женским, но оба одним. Имеющие уши слышать, да услышат». (Гл. 66, 12-13)

Я, Христос, объясняю, исправляю
и углубляю слово:

Три-единством в человечестве являются: дух, душа и человек. Без духа и без души человек не может дышать. Дыхание есть жизнь. Бог – это дыхание, жизнь, Дух, который дышит через душу и человека и таким образом поддерживает всё человечество.

Для того чтобы человек изменился и нашёл себе путь к своему истинному бытию, Я учу тропе любви.

788

Кто вступил на эту тропу к внутреннему просветлению, тот совершенно постепенно отложит свои страсти и вожделения. Тогда он говорит слова жизни и поступает так, каким он вновь стал: божественным. Только тогда человек изменился. Его внешнее становится его истинным бытием, внутренним.

Только тогда, когда человек изменился в свете истины, Царство Бога придёт на эту Землю. Ибо когда внешнее станет как внутреннее, а внутреннее как внешнее, тогда исполняет человек дела Бога, и жизнь на Земле является тогда жизнью в Боге. Тогда женщина и мужчина, мужское и женское есть одно и являются полярностью в Боге. Положительный и отрицательный принцип – то есть, дающие и принимающие существа – живут тогда осознанно как дети Бога.

Вступление в Иерусалим –
Последний суд

Осанна – Распять Его: кто думает лишь о своём собственном благополучии, непостоянен – Человеку следует уважать Бога в каждой сотворённой форме, поэтому также и в ближнем, иначе он будет стоять слева от Христа (1-10). Искупление и очищение тяжело отягощённых душ (11). Чего вы не сделали одному из самых малых, того вы не сделали и Мне (1-14). Эволюционный путь тяжело отягощённых душ (15)

1. И в первый день недели, когда они неподалёку от Иерусалима подошли к горе Елеонской в Виффагии и Вифании, Он послал двоих Своих учеников и сказал им: «Идите в место, лежащее перед вами; и сразу, когда туда войдёте, найдёте привязанного ослёнка, на которого ещё никто из людей никогда не садился; отвяжите его и приведите.

2. И если кто-то вам скажет: «Почему вы делаете это?», то скажите, он нужен Господу. И они отпустят его сюда».

3. И они пошли своей дорогой и нашли ослёнка, привязанного в одном месте, где пересекались две дороги, и отвязали его. И некоторые, стоявшие там, говорили им: «Что же вы делаете, что отвязываете ослён-

ка?» И они сказали им, как повелел Иисус, и те отпустили их.

4. И они привели ослёнка к Иисусу и возложили на животное свои одежды, и Он сел на него. Многие же стелили свои одежды по дороге, а другие отламывали молодые ветви с деревьев и усыпали ими дорогу.

5. И шедшие впереди и следовавшие позади, громко восклицали: «Осанна, благословен Ты, идущий во имя Иеговы: благословенно царство нашего отца Давида и благословен Ты, идущий во имя Всевышнего! Осанна в самом высшем!»

6. И Иисус вступил в Иерусалим и в храм и, осмотрев всё вокруг, рассказал Он им эту притчу и сказал:

7. «Когда Сын Человеческий придёт в Своём величии и все святые ангелы с Ним, то сядет Он на троне Своего величия. И пред Ним будут собраны все народы, и Он их разделит друг от друга, так же как пастух отделяет своих овец от козлов. И Он поставит овец по Свою правую руку, козлов же по Свою левую руку.

8. Тогда Царь тем, кто справа от Него, скажет: «Подойдите, благословенные Моего Отца, наследуйте царство, приготовленное вам от начала мира. Ибо Я был голоден, и вы Меня накормили. Я жаждал, и вы Меня напоили. Я был чужестранцем, и вы Меня приютили. Я был наг, и вы Меня одели. Я был болен, и вы Меня посетили. Я был пленён, и вы ко Мне пришли».

9. Тогда Ему праведники скажут в ответ: «Господь, когда мы Тебя видели голодным и Тебя накормили? Или жаждущим и Тебя напоили? Когда мы Тебя видели чужестранцем и приютили? Или нагим и Тебя одели? Когда мы Тебя видели больным или пленённым и к Тебе пришли?»

10. И Царь скажет им в ответ: «Смотрите, Я показываю Себя вам во всех сотворённых формах, и истинно Я говорю вам: что вы сделали одному из самых малых среди этих Моих братьев, то вы сделали Мне». (Гл. 67. 1-10)

Я, Христос, объясняю, исправляю
и углубляю слово:

Под словом «ослёнок» подразумевается ослица, которая несла Меня через громко кричавшую толпу евреев, желавших иметь своего земного царя.

Пока человек заботится только о своём материальном благе, он будет похоже думать, говорить и поступать как и евреи, которые Меня прославляли своими устами, в надежде, что Бог им, грешному народу, во Мне послал человека, который их пороки ещё и подкрепит и создаст для них то, что будет способствовать им в порочной жизни: земные радости и распутства, обжорство и пьянство — то есть, сделает им возможным всё то, чего они требуют.

Те же самые евреи, кричавшие «Осанна», «благословенно царство нашего отца Давида, и благословен Ты, идущий во имя Всевышнего», кричали несколько дней спустя: «Распни Его, освободи Варавву!»

Познайте людей по их языку: кто думает только о собственном благе, тот будет сегодня почитать того, кто смог бы ему это сделать возможным, а завтра его же и проклянёт, потому что он того ему не сделал возможным.

Проверяйте себя и свою жизнь, не думаете ли вы, не говорите и не поступаете в малых и в больших вещах как евреи того времени? Таким образом многие становятся иудами. Им придётся понести за это – если уже не в этом воплощении, тогда в душевных царствах или в одном из последующих телесных воплощений; ибо что человек посеет, то он и пожнёт.

Вот уже почти 2000 лет пожинают евреи из одного телесного воплощения в другое то, что они посеяли в то время, а также и в своих дальнейших воплощениях – пока не примут и не признают своего Избавителя и не раскаются в том, что они причинили.

Охватите в своих сердцах: всё, что несёт жизнь, обладает силой Бога, Любовью и Мудростью, и всё, что живёт, живёт потому, что Бог обитает в нём.

Бог во всём является целым. Его сила безраздельна во всём. Поэтому Бог есть всё во всём. В каждой сотворённой форме есть Бог, есть Всё-во-всём. Всё, что на Земле живёт, каждая материальная форма, несёт в себе духовную форму, созданную Богом, и несёт тем самым всё, что есть в Боге, то есть Всё-во-всём.

Кто это не уважает, не почитает Бога и не уважает также и своего ближнего. Поэтому он его не накормил, не напоил, не приютил, не одел и не служил ему. Кто не уважал Бога в каждой форме, тот также и в своём ближнем не распознал Бога, и таким образом он не принял и не признал Бога. Его место будет слева от Меня.

11. Тогда Он также скажет тем, кто слева: «Отойдите от Меня, злые души, в длящийся эоны огонь, который вы себе приготовили, пока семикратно не очиститесь и не освободитесь от ваших грехов». (Гл. 67, 11)

Я, Христос, объясняю, исправляю
и углубляю слово:

Под словом «злой» подразумевается испорченность души, которая тяжкими грехами перекрыла все семь основных сил Бога.

Устранение тяжких грехов происходит в цикле эонов,* ибо глубоко падшая душа зачастую не может

---

* *Под словом «эоны» подразумеваются световые циклы или энергетические циклы.*

устранить свои обременения за короткие промежутки времени. Этого во многих случаях не смогли бы вынести как душа в местах очищения, так и человек. К тому же, такая душа привязана к нескольким или даже ко многим душам и людям и освободится только тогда, когда все они ей простят. Также и различные страдания, которые она, будучи человеком, причинила своему ближнему, она почувствует на собственном душевном теле. Это устранение и очищение может быть для такой души так называемым адом, огнём.

12. Ибо Я был голоден, и вы Меня не накормили. Я был жаждущим, и вы Меня не напоили. Я был чужестранцем, и вы Меня не приютили. Нагим, и вы Меня не одели. Больным и пленённым, и вы Меня не навестили.

13. Тогда также и они Ему скажут в ответ: «Господь, когда мы Тебя видели голодным или жаждущим, или чужестранцем, или нагим, или больным и Тебе не служили?»

14. Тогда Он им в ответ скажет: «Смотрите, Я показываю вам Себя во всех сотворённых формах и истинно Я говорю вам, что вы не сделали одному из самых малых среди этих Моих братьев, того вы не сделали также и Мне». (Гл. 67, 12-14)

Я, Христос, объясняю, исправляю
и углубляю слово:

Бескорыстная любовь – это закон жизни. Только когда его дела бескорыстны, человек живёт осознанно в Боге. Всё иное относится к человеку, к собственной личности и не имеет никакого отношения к Богу, который есть все-единство и бескорыстие. Кто служит своему ближнему только, чтобы получить от него награду, тот имеет уже свою награду и никакой награды от Бога больше не получит.

Все формы жизни живут благодаря вечно струящемуся закону, Богу, который является любовью, жизнью и мудростью. Кто нарушает какую-либо форму жизни в ощущениях, мыслях, словах или поступках, тот нарушает закон, Бога. Каждый человек является сотворённой формой из Бога. Все созвездия, каждый камень, каждое растение и каждое животное – это сотворённые формы из Бога.

Бог, жизнь, показывает себя, таким образом, во всех сотворённых формах. Кто не служит бескорыстно всем обрётшим форму силам Бога, тот грешит перед ними и ему придётся понести и погасить то, что он этим сам на себя возложил. Итак, что вы не сделали бескорыстно одному из самых малых Моих братьев, ваших ближних, того вы также не сделали и Мне.

Познайте: кто своему ближнему причиняет горе, эксплуатирует его, заставляет его работать на себя за ничтожную оплату и тем самым собирает богатство, тот на собственной шкуре ощутит всё то, что он вызвал в своём ближнем.

Я встречаю людей в различных образах и формах. Кто жизнь, которая Я Есть в образе и форме, не принимает и не признаёт, тот отвергает свою собственную жизнь и сможет зачастую найти её вновь только в эонах страданий. Ибо никакая душа не пропадает – потому что Я в каждой душе Есть: Христос, жизнь.

15. И жестокие и безлюбивые будут отправлены к суровому наказанию на эоны, и если они не раскаются, то будут целиком и полностью уничтожены. Справедливые же и милосердные войдут в вечную жизнь и вечный мир. (Гл. 67, 15)

Я, Христос, объясняю, исправляю
и углубляю слово:

Понятие «будут целиком и полностью уничтожены» нужно понимать так: души, возложившие на себя наитягчайшие обременения, грехи против Святого Духа – то есть, согрешившие вопреки лучшему знанию против вечной, святой жизни – и не раскаявшиеся в этом, но умышленно продолжающие грешить, потерпят ущерб в своём душевном теле. Так как каждая душа имеет вечную жизнь, то эти души должны себя регенерировать в духовных уровнях развития, то есть, вновь усовершенствовать своё духовное тело.

Это относится также и к демонам, которые вплоть до распада всех материальных форм и даже после этого борются против Меня. Как падшие существа, они ответственны за общий потенциал обременения и несут его соответствующим образом вплоть до окончания падения. Отдельные же души и люди, наоборот, несут то, в чём провинились они.

Все эти тяжело обременённые души будут включены в духовный эволюционный процесс, чтобы свои духовные жизненные ростки, частицы своего духовного тела, вновь выстроить, и духовные виды атомов вновь направить на Меня. Подобно тому, как оно протекает в духовном эволюционном процессе в вечном Бытии – от камня к растению, от растения к животному и от животного к природному существу – произойдёт и в этих душевных телах. Таким способом такие души выстроят вновь своё духовное тело и вступят тогда вновь осознанно в статус детей Бога – как дети бескорыстной любви. Что им дано, статус детей из Бога, это есть и у них не заберётся.

Я повторяю:

Такие тяжело обременённые души, повредившие части своего духовного тела, отправляются в духовные эволюционные поля, чтобы восстановить то, чему они в результате длительного обременения нанесли урон. Однако статус детей в Боге остаётся ихним.

ГЛАВА 68

Притчи о божественном суде

«Царство Бога заберётся от вас и будет отдано тому народу, который приносит свои плоды» (1-7). Борьба против посланцев Бога, которые также и живут тем, чему они учат (8-10). Я приходил в Иисусе и приду как Христос (11). Внутреннее и внешнее достоинства – Земные властители разобьются на куски о краеугольный камень Христос, который станет ключевым камнем (12-14). Развернитесь вовремя, пока судьба не набрала свой ход – Человеческие слова, понятия, мерки и их значения являются лишь дорожными указателями к истине (15-20)

1. И Иисус сказал другую притчу: «Жил один хозяин дома, который посадил виноградник и проложил забор вокруг него, и вырыл там виноградный пресс, построил башню и передал их виноградарям, и отправился в далёкую страну.

2. И поскольку время созревания приближалось, он послал своих слуг к виноградарям, так чтоб они забрали у виноградарей плоды. Но виноградари схватили слуг и избили одного, забросали камнями другого и убили третьего.

3. Вновь посылал он к ним других слуг, более знатных, чем первые, а они поступали с ними точно так же. Но вот, наконец он послал к ним своего сына и сказал: «Моего сына они признают».

4. Но как только виноградари увидели сына, они говорили между собой: «Вот и наследник приходит, давайте его убьём и завладеем его наследством». И они схватили его, выбросили из виноградника и убили.

5. Теперь же когда придёт хозяин виноградника, что он сделает с этими виноградарями?» Они сказали Ему: «Он презренно убьёт этих злых людей и передаст виноградник другим виноградарям, которые будут приносить ему плоды, когда они поспеют».

6. Иисус сказал им: «Разве вы не читали в писании: камень, отвергнутый строителями, стал ключевым камнем пирамиды? Это действие Господа, и оно чудесно в наших глазах!

7. Потому говорю Я вам: Царство Бога заберётся от вас и будет отдано тому народу, который приносит свои плоды. И кто на этот камень упадёт, тот разобьётся, но на кого этот камень упадёт, тот измельчится в пыль». (Гл. 68, 1-7)

Я, Христос, объясняю, исправляю
и углубляю слово:

Многие притчи, которые Я, как Иисус из Назарета, давал Моим апостолам, ученикам и народу, касаются также и сегодняшнего времени.

Высказывание «Царство Бога заберётся от вас и будет отдано тому народу, который приносит свои плоды», относилось и относится к евреям, и относится точно так же к так называемым «представителям Христа».

Ещё и сегодня Бог зовёт через Своих преданных и через Своих пророков, и ещё сегодня Бог напоминает через них «представителям Христа» приносить плоды внутренней жизни. Хотя они хотели распространять Моё учение, но на этом желании всё и осталось. Поскольку они не могут показать никаких плодов внутренней жизни, а их сердца духовно пусты, ими владели и владеют алчность и жажда власти, они убивали посланцев Бога, они насмехаются и издеваются над ними ещё и сегодня.

Теперь Я собираю ото всех четырёх ветров другой избранный народ, который послушен Богу и приносит свои духовные плоды, и Я вместе с ним создам то, что Я проявлял через многих праведных пророков: Царство Бога на этой Земле.

8. И как только первосвященники и фарисеи услышали эти притчи, они поняли, что Он говорил о них. Но они испугались народа, когда хотели поднять на Него руку: ибо народ считал Его за пророка.

9. Ученики спрашивали Его после того о смысле этой притчи, и Он сказал им: «Виноградник — это мир, виноградари — это ваши священники, а слуги — это служители добрых законов и пророки.

10. Когда потребовать у священников плоды их труда, то не дадут ни одного, но будут жестоко обращаться с посланниками, которые учат истине Бога, так же как они это делали с самого начала. (Гл. 68, 8-10)

Я, Христос, объясняю, исправляю
и углубляю слово:

Что было однажды, современно также и сегодня! Виноградник – это мир; в нём священники всё ещё полагают, что могут распоряжаться. Но настало время, в котором действуют истинные служители и служительницы и истинные пророки, и учат людей жизни из Бога и своей жизнью подают им пример того, чтобы виноградные лозы приносили Мне, Христу, истинные плоды: себя самих.

Познайте: снова и снова это всё те же – безбожники, священники, книжники и фарисеи – кто судят тех мужчин и женщин, которых послал Бог. Все усилия безбожников заключаются в том, чтобы заставить истину замолчать. Однако, кто верит, что истину можно погасить, тому да будет сказано, что даже камни говорят.

Во все времена безбожники предпринимали первые шаги против праведных мужчин и женщин. Те, кто послушен церковникам, трубят тогда в их рог, разрушают и уничтожают то, что противостоит их стремлению к авторитету и богатству.

Люди, которые собирают только в свои собственные амбары, не могут предъявить никаких плодов бескорыстия. Поэтому Бог обращается к эгоцентричному, корыстному, устремлённому к власти и жадному через Своих слуг и служанок, через пророков и через просветлённых мужчин и женщин. Когда они тогда разоблачают сатану чувств в человеке, он встаёт на дыбы и выступает против посланников Бога.

11. И когда приходит Сын Человеческий, сам Христос Бога, собираются они против Святого и избивают Его и выбрасывают из виноградника; ибо они не делали вещей Духа, а искали себе собственного удовольствия и выгоды, отвергая святой закон. (Гл. 68, 11)

Я, Христос, объясняю, исправляю
и углубляю слово:

Я, Христос Бога, приходил к ним в Иисусе и прихожу к ним как Христос. В различных образах они могли бы Меня увидеть и узнать, ибо Я Есть в Отце-Матери-Боге жизнь во всех жизненных формах.

Я приходил и прихожу к ним также с Моим святым словом, которое является вечной истиной. Я призывал и призываю их через пророков Бога придерживаться законов Бога. Но они слушали и слушают лишь нашёптывания того, кому они отдались. Он соблазняет и ведёт их, и потому они стремились и стремятся лишь к своему собственному удовольствию и выгоде. Таким образом они отвергли закон, Бога и отвергают его вплоть до этого поколения.

12. Если бы они приняли единого Помазанника, который есть краеугольный камень и вершина, то всё было бы хорошо для них, и здание бы стояло как храм Бога, в котором бы обитает Дух.

13. Но придёт день, когда закон, который они отвергают, станет тем ключевым камнем, который видят все, и те, кто о него споткнутся, разобьются; те же, кто останутся в непослушании, разобьются на куски.

14. Ибо Бог некоторым ангелам дал владычество над ходом этого мира и поручил им править в мудрости, в справедливости и в любви. Но они пренебрегли заповедями Всемогущего и действовали против добрых повелений Бога. Так пришли в мир жестокость, страдания и печаль, пока не возвратится Учитель и не примет владение всех вещей и не призовёт Своих слуг к расплате». (Гл.68, 12-14)

Я, Христос, объясняю, исправляю
и углубляю слово:

Что здесь объявлено, происходит теперь. Новая эра вынет грешный мир из его стыков и вынесет на дневной свет всё, что до сих пор было скрыто — будь то в правительствах этого мира, среди правителей, желающих сохранить свои властные структуры, чтобы этим подчинять народ; будь это властные структуры церковных институций, злоупотребляющих Моим именем, Христа, чтобы привязать своих верующих к их догмам и учёным положениям.

Если бы они Меня, Христа приняли и признали, то люди были бы осознанно во Мне, Христе, и каждый человек был бы осознанно храмом Бога. Их церкви были бы тогда домами молитвы для всех людей, без пышной обстановки. Но властители церковных институций сделали из домов молитвы роскошные здания, в которых они выставляют на обозрение своё богатство. Туда они направляют своих послушных овец на поклонение во внешнюю пышность и внешнюю роскошь, которые свойственны мамоне, сатанинскому.

Кто в своём самом внутреннем охладел, кто беден, кто потому свой храм не украсил украшением внутренней любви и добродетели, тот нуждается во внешних затратах на огромные, богато украшенные церковные здания. Он тогда также стремится достичь во внешнем достоинства и престижа, и как высокопоставленное лицо блистать в такой рамке.

У кого не достаёт внутреннего достоинства, тот присваивает себе достоинство внешнее.

Закон гласит: кто во внутреннем беден, ищет украсить себя во внешнем. Кто во внутреннем богат, несёт украшение бескорыстной любви, добродетели, доброты и смирения; его глаза ясны и не ослеплены напрасной иллюзией.

Если бы как правители всех народов, так и властители церковных институций приняли и признали Меня, краеугольный камень и вершину, то они были бы служителями живого спасения; они были бы приравнены к своим ближним и не были высокопоставленными. Кто считает себя выше своего ближнего, тот упадёт. Так, все высокопоставленные разобьются о краеугольный камень, который станет ключевым камнем. Всё станет явным. Это закон справедливости, который разоблачает всё.

Бог, Вечный, снова и снова призывал людей быть бескорыстными служителями всех Его детей, с тем чтобы все люди стали бескорыстными, и все объединились в бескорыстной любви. Бог, Вечный, провозгласил им законы внутреннего спасения, так чтоб они вели ангелоподобную жизнь, чтобы действовать на Земле как ангелы в Небесах. Они лишь приняли эти законы, однако не осуществляли в своём существовании. Они злоупотребляли истиной ради своих целей и от имени Всесвятейшего создали тот порочный ад, в котором от Моего имени содержатся многие люди. В слепой вере в хорошее они преподносят в качестве пожертвования свои талеры, которые, однако тогда по большей части используются ответственными лицами в корыстных целях.

Всё это и гораздо большее выносит на дневной свет закон Бога, справедливость, любовь и мудрость. На этом разобьются те, кто держал народ в слепоте. Народу следует распознать своих фальшивых лидеров и из познания добровольно развернуться; ибо каждому человеку дана свободная воля.

Потому как краеугольный камень становится ключевым камнем, у многих откроются глаза, и они познают, за кем они следовали. Тогда многие оставят и снесут внешнюю роскошь и богатство. Таким образом исчезнут структуры власти, которые возвышались на ослеплении и внешнем богатстве.

Поскольку эта книга является историческим трудом, Я хотел бы снова и снова обращаться к людям в Царстве Бога, в Царстве мира Иисуса Христа:

Познайте: в могучий поворот времён пионеры боролись с самими собой, чтобы стать свободными от всего человеческого, что ещё за них цеплялось. Одновременно боролись они против структур власти, которые произошли из человеческого «я». Они знали, что Я был с ними, так же как Я Есть с вами в Царстве мира. Они боролись против всего институционального, потому что знали: Бог есть свобода и предоставляет свободу всем людям.

Также и внутри Союзной общины Новый Иерусалим снова и снова имел место процесс очищения: либо за, либо против Христа. У каждого была свободная воля, оставаться в Союзной общине Новый Иерусалим или покинуть её. Никто не был связан каким-либо заявлением или обещанием. Каждый должен, однако за то, что он совершает, держать ответ единственно лишь перед Богом, а не перед людьми.

Пионеры Царства мира Иисуса Христа боролись за новый мир, мир Христа, в котором единственно лишь законы Небес имеют законную силу. Они знали – и на этом строили:

Я, Христос, делаю всё новым.

Они знали: Я возведу такие храмы, которые Меня принимают и вмещают. Эти храмы будут светящимися факелами истинной христианской жизни. Это храмы из плоти и кости, в которых будут жить светлые души, в которых возведён алтарь Бога, на котором горит огонь бескорыстной любви, мудрости и доброты. Это Есть тогда Я, Христос, в Моих.

15. И Он рассказал другую притчу: «У одного человека было два сына, и он пришёл к первому и сказал: «Сын мой, пойди и поработай сегодня в Моём винограднике», а тот сказал ему в ответ: «Я не хочу». Но позже он раскаялся и пошёл туда. И отец пришёл ко второму и сказал то же самое. А этот в ответ сказал: «Я пойду, отец». Но не пошёл туда. Кто из двоих выполнил волю отца?»

16. Они сказали Ему: «Первый». И Иисус сказал им: «Истинно, Я говорю вам, что мытари и блудницы войдут в Царство Бога прежде вас. Ибо Иоанн пришёл к вам на пути справедливости, а вы не поверили ему; мытари же и блудницы поверили ему, а вы, когда это увидели, позже в этом не раскаялись, так чтоб вы ему поверили».

17. И Господь собрал всех Своих учеников вокруг Себя на одном месте. И Он сказал им: «Можете ли вы дать совершенство тому, что несовершенно? Можете ли вы сделать порядок из беспорядка?» И они ответили: «Нет, Господь».

18. И Он расставил их, каждого соответственно своей цифре в четырёхугольник, на каждую из сторон на одного меньше чем двенадцать; Он сделал это, так как знал, кто Его предаст (кого из людей надлежало бы считать одним из Его, но он таким не был).

19. Первого в седьмом ряду сверху в середине, и последнего в седьмом ряду снизу, и того, который был ни первым, ни последним, Он сделал центром, а осталь-

ных Он поставил по божественному порядку, и каждый нашёл своё место, так что верхние стояли точно так же как нижние, а нижние точно так же как верхние, и левая сторона была равна правой, а правая сторона была равна левой по сумме их чисел.

20. И Он сказал: «Видите, как вы стоите? Я говорю вам, таков же порядок в Царстве Бога, и Один, который всеми правит, находится в середине вас, и Он является центром и с Ним сто двадцать, избранных из Израиля, и за Ним приходят сто сорок четыре тысячи, избранных из язычников, которые являются вашими братьями». (Гл. 68, 15-20)

Я, Христос, объясняю, исправляю
и углубляю слово:

Познайте: кто своевременно познаёт и раскаивается, тот сможет также и вовремя получить, прежде чем судьба примет свой ход. Потому оглянитесь, пока вы не вступили в колесо страданий и к вам подошло то, что вы причинили своими ощущениями, мыслями, словами и делами.

Дни вам даны на то, чтобы вы по ходу дня вычитывали то, что день хотел бы вам передать. Если вы осознанно живёте в дне и научились толковать язык дня, то вы также и познаете себя в нём; и вы очистите то, что встречает вас как предостережение, прежде чем судьба примет свой ход.

Будучи Иисусом из Назарета, Я говорил многими притчами. Кроме того, Я использовал числа и меры, чтобы Моим преданным объяснить царство внутренней жизни.

Слово людей имеет несколько значений, и каждый человек воспринимает только те значения, которые он в состоянии постичь, согласно его уровню сознания на данный момент. Поэтому вам не следует цепляться ни за слова, ни за значения, ни за числа и меры, но всё это познавать как вспомогательные средства, как дорожные указатели, которые вас ведут к внутренней жизни, к истине, не имеющей ни слов, ни понятий, ни чисел и мер, но являющейся самой силой, любовью и мудростью – всесознанием.

Когда душа вновь нашла свой путь ко Все-Отец-сознанию, то есть она чиста, тогда также и человеком многое осознаётся, и он использует тогда вспомогательные средства только лишь до тех пор, пока он живёт в мире слов, понятий, чисел и мер.

Поскольку всё является колебанием, то всё имеет значение. Однако также и значение вещей можно понять только по смыслу; оно не будет самой истиной – последняя есть раскрывающее себя сознание без слов, понятий, чисел и мер.

ГЛАВА 69

О смерти, возрождении и жизни

Возрождение в Духе Бога освобождает от перевоплощений (1-2). О колесе возрождений – Теневые души – Душа находит покой лишь тогда, когда все грехи искуплены – Искупление грехов на Земле легче и быстрее, чем в царстве душ (3-4). Слово человека является словом заблуждения (5-6) – Действие Отец-Мать-принципа в дуалах (7-10). Кто имеет добрую волю, понимает и исполняет закон жизни и свободен от заблуждений (11-13)

1. Когда Иисус со Своими учениками сидел на западной стороне храма, смотри, люди несли мертвеца на носилках, чтобы его похоронить, и один сказал Ему: «Учитель, когда человек умер, будет ли он снова жить?»

2. И Он в ответ сказал: «Я Есть воскресение и жизнь, Я Есть добро, красота, истина, и кто в Меня верит, тот никогда не умрёт, но будет жить вечно. Так же как в Адаме все умирают, так во Христе все вновь оживут. Да будут благословенны те, кто умирают во Мне и стали совершенными подобно Мне; ибо они отдыхают от своей работы, а их дела следуют за ними. Они преодолели зло и стали опорами в храме Моего Бога, и они не выйдут больше отсюда, ибо останутся в вечности». (Гл. 69, 1-2)

Я, Христос, объясняю, исправляю
и углубляю слово:

«... умереть в Адаме» значит умереть в грехе. Воскреснуть во Христе значит быть освобождённым от греха через раскаяние, прощение, просьбу о прощении, через возмещение ущерба и тем, что человек тех же самых и подобных грехов больше не совершает.

Кто стремится к чистоте души, и кто верит в Меня, Христа, Избавителя всех людей и душ, тот будет осознанно жить во Мне и достигнет возрождения в Духе Бога. Он входит в Святая святых, в Бога, и также останется в Боге. Существо, которое вновь осознанно стало подобием Отца, остаётся в вечных Небесах и не идёт больше на перевоплощение в плоть – разве только, чтобы послужить Вечному в земном одеянии.

3. Но тем, кто сделали зло, не бывает покоя; ибо они будут входить и выходить, и сквозь многие века должны будут переносить страдания к своему улучшению, пока они не станут совершенными. Но те, кто сделали добро и достигли совершенства, имеют вечный покой, и они входят в вечную жизнь. Они покоятся в вечности.

4. Над ними смерть и рождение в своём повторении не имеют уже никакой власти, для них не вращается больше колесо Вечного, ибо они достигли того центра, где царит вечный покой, а центром всех вещей является Бог». (Гл. 69, 3-4)

Я, Христос, объясняю, исправляю и углубляю слово:

Кто умирает в грехе, у того не будет покоя, потому что самое позднее в местах очищения грех станет сверлящей болью.

Если душа в этом воплощении не искупила принесённые с собой грехи, а на них и дальше выстраивает, тогда прилипает она и дальше к колесу возрождений и затягивается им в следующее воплощение, поскольку она из-за обременений, из-за грехов, не смогла подняться. Каждый грех созревает по предопределённым законам и напирает тогда к погашению. До тех пор, пока душа прилипла к колесу перевоплощений, её опять же тянет на Землю, потому что она там имеет возможность за короткое время очистить то, что ещё земновесно, то есть укоренилось в земле.

Одна душа может иметь за собой несколько или даже много воплощений. Это может продолжаться до тех пор, пока не будут искуплены все те грехи, которые снова и снова тянут душу к Земле, потому что она всё ещё укоренена в землю.

Если в местах очищения прорывается душевная вина, тогда это может стать для души «огненной печью», в которой она томится. Многие души познают в этом жаре прорвавшегося греха – который причиняет душе боль так, как болят у людей раны в физическом теле – что они вновь бы имели возможность, будучи человеком на Земле, погасить эту вину и точно так же последующие грехи, которые пока ещё лежат латентными. Они узнают от обучающих ангелов, что в последующем воплощении существует возможность скорее и легче погасить отягощения души и быстрее освободиться от того страдания, что возникло из-за греха.

И опять же, иные души проходят многими периодами времени, входят в земное одеяние и уходят снова – приходят и уходят снова. Многие из них обременяют себя опять и опять заново, потому что они ни в уровнях очищения, ни в земном существовании не намерены познавать свои грехи, признавать их своей виной, раскаиваться и больше не грешить. Это зачастую те, которые говорят зло о тех людях, что стараются исполнять волю Бога.

Кто в течение длительных периодов времени живёт в грехе, тот сильно удалён от света – и в конечном счёте он против света, поскольку для него родиной является тень. Это тогда также и такие души, которые в земном одеянии снова и снова преследуют тех людей, которым они в прошлые времена уже наделали зло. Также и по своим соответствиям преследователи могут распознать тех, кто стараются очистить тени – свои грехи – вместе с Христом.

Познайте: многие воплощённые души, то есть люди, встречают по эту сторону жизни в других людях своих жертв из прошлых времён. Тем самым им предоставляется возможность к познанию и к обращению.

Один познаёт, раскаивается и как душа входит постепенно в жизнь и не приходит опять. Другая же душа приходит опять в земное существование, потому что она не использовала предыдущие инкарнации и согрешила заново.

Познайте: в душевных царствах души переживают свои грехи как огонь в душевном теле, когда причины, то есть грехи, становятся активными; это аналогично, как и в земном бытии, когда причины приходят к действию и человеку приходится терпеть судьбу и болезни. Однако, в местах очищения душа переживает действия грехов намного мучительнее, чем, если бы ей, будучи человеком в земном существовании, пришлось бы их погасить и претерпеть. Ибо кто в земном одеянии раскаивается и старается передать свои грехи Мне, Христу, и оставить их во Мне, кто во Мне живёт и больше не грешит, тот входит в вечную, чистую, духовную жизнь. Для него больше не вращается колесо перевоплощений. Он освобождён от смерти и рождения, потому что душа вновь стала существом из Бога и живёт в центре, в Боге.

5. И один из Его учеников спросил Его: «Как же следует входить в Царство Бога?» И Он в ответ сказал: «Если вы не сделаете нижнее как верхнее и левое как правое, то, что сзади как то, что спереди, если вы не входите в центр и в дух, вы не войдёте в Царство Бога».

6. И Он сказал: «Не верьте, что есть какой-нибудь человек без ошибок, ибо даже среди пророков и посвящённых христианства найдётся слово заблуждения. Но есть много заблуждений, которые покрывает любовь». (Гл. 69, 5-6)

Я, Христос, объясняю, исправляю
и углубляю слово:

Слово человека – это слово заблуждения. Ибо слова являются лишь символами и могут быть истолкованы разнообразно. Слово человека понимается людьми лишь настолько, насколько созрело их соответствующее сознание. Духовно бодрствующие люди охватывают смысл слова, потому что они погружены в истину. Люди, чьё сознание ещё в эмбриональном состоянии, остаются зацепленными за буквы и видят во всём противоречия.

Слово истинных пророков, посвящённых и просветлённых зачастую истолковывается ошибочно, потому что оно ошибочно понято. На Земле живут люди

818

с различными степенями сознания, и каждый слышит согласно своему уровню сознания, и каждый истолковывает это соответствующим образом для себя и своих ближних.

Слова «... ибо даже среди пророков и посвящённых христианства найдётся слово заблуждения. Но есть много заблуждений, которые покрывает любовь» высказывают следующее:

Так называемые пророки и посвящённые, которые берут Меня, Христа, только как средство к цели, чтобы продвигать свои собственные интересы, злоупотребляют Моим именем, чтобы приносить в этот мир заблуждение. Такие непросветлённые ссылаются в своих человеческих представлениях – которые они представляют в качестве истины и которые всё же являются заблуждениями – на слово истинных пророков и посвящённых, которое они ошибочно понимают и излагают, чтобы себя узаконить. Этим заблуждениям, которые они несправедливо приписывают истинным пророкам и посвящённым, Вечный не позволяет падать на последних. Однако, Он как бы их покрывает до той поры, пока не созреет время, чтобы вскрыть заблуждение, пришедшее в этот мир.

7. И когда настал вечер, Он отправился в Вифанию с двенадцатью; ибо там жили Лазарь и Мария и Марфа, которых Он любил.

8. И Саломея пришла к Нему и спросила Его: «Господь, как долго смерти надлежало бы иметь власть?» И Он в ответ сказал: «Так долго, пока вы, мужчины, будете возлагать бремя, а вы, женщины, будете рожать. По этой причине Я пришёл, чтобы покончить с делами легкомысленных».

9. И Саломея сказала Ему: «Тогда я хорошо сделала, что не родила». И Господь в ответ сказал: «Ешь с каждого пастбища, которое доброе; но с того, которое имеет горечь смерти, не ешь».

10. И когда Саломея спросила, когда эти вещи, о которых она Его спрашивала, будут поняты, Господь сказал: «Когда вы снимете с себя одежду стыдливости и возвыситесь над похотью; когда двое станут одним, и мужское с женским не будут ни мужским, ни женским». (Гл. 69, 7-10)

Я, Христос, объясняю, исправляю
и углубляю слово:

Мужской и женский принцип называются в Боге позитивным и негативным принципом. Они есть два полюса, действующие в абсолютном единстве. Они есть дающий и принимающий полюс. Они образуют в единстве Отец-Мать-принцип.

Оба полюса, дающий и принимающий принцип, действуют также и в детях Бога. Они вызывают, среди

820

прочего, сведение вместе двух существ, дающего и принимающего принципа. Они сливаются в дуальности и активизируют таким образом Отец-Мать-принцип, духовно порождающую и принимающую силу.

Существа в свете Бога не сватаются и их также не сватают. Они любят друг друга в Боге и из Бога, и в соединении Отец-Мать-силы порождают духовных существ, детей света.

Дуальная пара является дуальностью. Они есть две слитые силы, дающая и принимающая сила. Дуалы – это два существа, и всё же навечно слившиеся к единству. Своих духовных детей они приносят Вечному и возвышают их в статус детей Бога, во все-семью, которая образует великую семью Бога.

11. И опять же другому ученику, который спросил Его: «Когда все будут послушны закону?» «Когда Дух Бога наполнит всю Землю и сердце каждого мужчины и каждой женщины.

12. Я посыпал закон в землю, и он пустил корни и принёс к надлежащему времени двенадцать плодов как питание для всех. Я бросил закон в воду, и он был очищен от всякого зла. Я бросил закон в огонь, и золото было очищено от всех шлаков. Я бросил закон в воздух, и он получил жизнь через Дух живущего Единого, который наполняет все вещи и живёт в сердце каждого».

13. И ещё много других подобных притч говорил Он тем, кто имели уши, чтобы слышать, и понимающую душу. Но для большинства масс это были тёмные речи. (Гл. 69, 11-13)

Я, Христос, объясняю, исправляю
и углубляю слово:

Эти слова говорят: вечный Отец во Мне, Его Сыне, принёс закон жизни в этот мир. Осознанные и неосознанные заблуждения людей оплетают закон любви и жизни. Эти заблуждения Я устраню, так чтоб вечный закон был познан и понят каждым человеком, который доброй воли, для того чтобы он вечный закон осуществлял и в повседневной жизни исполнял.

Когда все люди будут исполнять закон Бога, тогда они узрят свои собственные слова и слова своих ближних; тогда заблуждению больше не будет места. Кто живёт в Боге, тот живёт как дитя Бога во всеохватывающем океане Бог. Дитю Бога известен закон земли, воды, огня и воздуха, потому что оно живёт в законе. Тем самым у него есть также и сила передвигать эти четыре элемента.

ГЛАВА 70

Иисус порицает Петра за его вспыльчивость

Уважайте жизнь на любой ступени развития; всякая форма жизни находится на эволюционном пути к совершенству (1-5). Кто живёт во Мне, тот является свидетельством в этом мире (6-7). Мостящие путь для Христа от старого, греховного мира к Новой эре (8). Христос распинаем снова и снова в борьбе между светом и тьмой (9-10). На повороте времён всеохватывающий свет становится видимым; тьма хочет его погасить (11). Божественная Мудрость выстраивает на повороте времён через свободные сообщества под знаком лилии дальнейшие праобщины, через которые Христос, свет мира, излучает ко всем народам (12-14)

1. А утром того дня, когда они пришли из Вифании, Пётр был голоден и увидел издали фиговое дерево с листьями. В радостных ожиданиях он побежал туда, ибо надеялся найти плоды. Но он не нашёл ничего кроме листьев, ибо время для инжира ещё не подошло.

2. И Пётр разгневался и сказал: «Проклятое дерево, пусть человек никогда больше не ест от тебя плодов!», и некоторые ученики услышали это.

3. А на следующий день, когда Иисус и Его ученики шли мимо, Пётр сказал Иисусу: «Учитель, посмотри, фиговое дерево, которое я проклял, оно зеленеет и цветёт. Почему моё слово не пришло к исполнению?»

4. Иисус сказал Петру: «Ты не знаешь, чей ты дух. Почему ты проклял то, чего не проклял Бог?» И Пётр сказал: «Смотри, Господь, я был голоден, и когда нашёл листья, а не плоды, я разгневался и проклял дерево».

5. И Иисус сказал: «Сын Ионы, разве ты не знал, что время инжира ещё не пришло? Посмотри на зерно в поле, оно растёт по-своему – сначала зелёный побег, затем стебель, а затем колос – разгневался бы ты также и когда бы ты пришёл ко времени нежных побегов или стеблей и не нашёл бы зерна в колосе? А ты хочешь проклясть дерево, которое полно почек и цветков и ещё не несёт зрелых плодов? (Гл. 70, 1-5)

Я, Христос, объясняю, исправляю
и углубляю слово:

Фиговое дерево – это притча для эволюции жизни. Все формы жизни имеют в себе жизнь, которая является эволюцией – также душа и человек. Каждая душа вновь достигнет полной зрелости через Меня, Христа. Но все души и все люди будут зреть по-разному – в соответствии с их уровнем сознания и с их мышлением, речами и поступками. Поэтому уважайте жизнь, всё равно насколько далеко она раскрылась. Ибо на всех ступенях развития есть Бог, жизнь, и Он ведёт душу к совершенству.

Всякое проклятие, слетающее с уст человека или которое в мыслях у человека, станет ему злым роком. Это должен был пережить также и пылкий Пётр. Он должен был познать, что хотя он имел много знаний, однако ещё мало мудрости.

Мудрый знает пути души. Если бы Пётр в те мгновения был исполнен мудрости Бога, тогда бы он знал о законе внутреннего созревания форм жизни, о пути эволюции, на который Я во многих притчах указывал апостолам и ученикам.

Немногие, кто хотели следовать за Мной, понимали смысл Моих изложений, ибо большинство были ещё слишком много заняты самими собой и своими старыми привычками. Поэтому они оставались в заблуждении, поскольку они только слышали слово, а смысла Моих объяснений охватить не могли.

6. Истинно, Пётр, Я говорю тебе, один из Моих двенадцати трижды от Меня отречётся в своём страхе и боязни с проклятиями, и поклянётся, что он Меня не знает, а остальные покинут Меня на некоторое время.

7. Но вы раскаетесь в этом и горько будете сожалеть; ибо вы любите Меня в своих сердцах; и вам следует быть как алтарь из двенадцати обтёсанных камней и свидетельство Моего имени, и вам следует быть слугами слуг, и ключи общины Я дам вам, и вам

*следует пасти Моих овец и Моих ягнят, и вам следует
быть Моими заместителями на Земле. (Гл. 70, 6-7)*

Я, Христос, объясняю, исправляю
и углубляю слово:

Мои слова относились не только к апостолам и ученикам и тогдашнему народу Израиль. Моё слово было и есть слово Отца. Оно относится ко всем народам этой Земли от поколения к поколению, и ко всем душам в местах очищения.

Алтарь Бога должен бы быть образован теми мужчинами и женщинами, чья жизнь покоится во Мне, Христе. Кто живёт во Мне, тот будет свидетельством для Христа в этом мире. Он будет от Моего имени проводником тем членам общин, которые живут во Мне. Он будет во Мне ключом, который открывает всё больше сердец для Меня, Христа.

Тем, которые живут во Мне и через которых живу Я, следует быть слугами всех. Через них Я указываю членам Моих общин, Моим овцам и ягнятам, путь к вечным лугам внутренней жизни.

Время созревает. Так, как зрелость людей и Земли продвигается вперёд, то всё больше овец находят одного Пастуха – Меня, Христа, который живёт во всех душах и людях.

8. И среди них встанут люди, которые последуют за вами, из которых некоторые Меня действительно будут любить и точно также, как ты, и горячие головы и неразумные, и нетерпеливые будут проклинать тех, кого Бог не проклял и преследовать их в своём невежестве, потому что они в них ещё не смогут найти плодов, которых требуют. (Гл. 70, 8)

Я, Христос, объясняю, исправляю
и углубляю слово:

Все люди и души – это плоды на дереве жизни. Каждый плод созревает постепенно навстречу Мне, Христу. Если плод достиг полной зрелости, тогда Я несу его к вечному Отцу, который его принимает и навечно оставляет там, где он имеет своё место в Царстве Бога.

Однако же, пока плод достигнет внутренней зрелости, это продолжается зачастую несколько земных жизней. Поэтому приходили и приходят многие души снова и снова в земное существование. Они проскальзывают в земное тело и при смерти тела вновь выскальзывают, пока не достигнут зрелости, которая их освободит от колеса перевоплощений.

Только когда душа в человеке созревает, человек может бескорыстно передавать дары внутренней жизни тем людям, которые жаждут того, чтоб также и они достигли внутренней зрелости.

Поэтому по закону вечной жизни только тот человек, который в значительной мере стал истиной, может передавать евангелие любви далее и нести его во все страны. Он может тогда коснуться многих сердец, потому что он даёт из вечной истины.

Познайте: со времени Моего земного существования Иисусом из Назарета – через апостолов, учеников и всех праведных пророков и просветлённых – созревает из поколения в поколение Новая эра, эра Христа. Снова и снова приходили из поколения в поколение души, которые в земном существовании позволяли своим плодам внутренней жизни созревать дальше. Что они каждый раз приносили с собой в этот земной мир в качестве осуществления, они делились этим также через обучение и служение. При своей физической смерти они слагали своё земное одеяние; они приходили опять в другом поколении в новое земное одеяние и приносили с собой внутреннюю зрелость, свет Христа, и раздавали из него тем, кто серьёзно старался делать шаги внутренней зрелости.

Многие, кто приходили и приходят вновь, несут в себе в значительной мере зрелый плод, жизнь во Мне, Христе. Они, это теперь те, которые готовят Мне пути от старого, греховного мира к Новой эре, которая расцветает во Мне, Христе.

Познайте: только тот проклинает своих ближних, кто мало имеет душевной зрелости. Кто ещё живёт в грехе, не может распознать зрелых плодов в своих окружающих, потому что он смотрит только на свои собственные тени и поэтому считает, что у его ближних должно быть точно так же, как и у него, богато теней.

9. А другие, которые любят самих себя, будут связаны с королями и правителями мира и будут искать земной власти, богатства и господства, и они будут огнём и мечом нести смерть тем, которые ищут истину и потому истинно являются Моими учениками.

10. И в те дни Я, Иисус, буду снова распят и открыто осмеян; ибо они будут объяснять, что делают это всё от Моего имени». И Пётр сказал: «Да будет же это далеко от Тебя, Господь». (Гл. 70, 9-10)

Я, Христос, объясняю, исправляю
и углубляю слово:

Борьба между светом и тьмой будет длиться так долго, пока для тяжело обременённых душ не закроются врата к воплощению. Эта борьба между светом и тьмой находит себе также место и в этот великий поворот времён. Демонические силы ещё раз мобилизуют всё и используют всех им послушных, будь то души или люди, чтобы погасить тот свет, который на Земле становится всё больше.

Подобно как в то время, когда Я ходил по этой Земле в Иисусе, оно также и сегодня. Те, кто любят себя самих и прилипают к своему земному имуществу и добру, соединяются с правителями этого мира и с церковным начальством, чтобы земной властью исключить тех, кто обратились ко Мне, Христу, и несут Моё евангелие любви в мир. Ибо для самоодержимых представляют опасность те, кто евангелие любви и жизни несут не только лишь на словах, но с бескорыстной любовью и которые становятся активны посредством Моей силы.

В прежние столетия жаждущие власти, правители, церковные начальства и им послушные отправлялись от Моего имени с огнём и мечом, чтобы людям других стран нести евангелие любви. Они практиковали при этом на своих ближних то, что было в них и на них самих: жестокость и убийство.

В сегодняшнее время вновь те же самые – только в иных земных телах – передвигаются с клеветническими речами с места на место. Они разносят через средства массовой информации нынешнего поколения свою неправду среди народа, чтобы таким образом вновь выступать против тех, которые теперь начинают перелом времён и способствуют прорыву Моего света. Тем самым Я от поколения к поколению снова распинаем теми, кто называют Моё имя и злоупотребляют им ради своих целей.

Пионеры Нового времени, времени Христа – это друзья Христа во всём мире. Кто остаётся во Мне, тот Мой ученик и Моя ученица в настоящем и будущем.

11. И Иисус ответил: «Точно так же, как Я буду пригвождён к кресту, так оно будет и с Моей общиной в те дни; ибо она Моя невеста и едина со Мной. Но придёт день, когда тьма отступит и засияет истинный свет». (Гл. 70, 11)

Я, Христос, объясняю, исправляю
и углубляю слово:

Первые праобщины были разрушены тьмой. Однако же это были только внешние учреждения, которые она могла разрушить. Жизнь во Мне пересаживалась из поколения в поколение дальше. Ибо многие, всё светлее становившиеся души приходили вновь и вновь в земные тела и видимо и невидимо устанавливали то, что они приносили с собой. Они начинали основывать малые праобщины, и учили закону истины. Таким образом, всё больше людей находили путь ко Мне, Христу, который обитает во всех душах и людях.

В сегодняшний поворот времён всеобъемлющий свет становится видимым. Союзная община Новый Иерусалим возникла и расширяется всё больше – также как и дальнейшие праобщины в Универсальной Жизни. Она является Союзной общиной для Царства мира Иисуса Христа. Она есть Моя невеста, а Я Есть её жених. Всё больше членов Союзной общины Новый Иерусалим исполняют Мою волю, волю Вечного.

Даже вокруг Союзной общины Новый Иерусалим подкрадываются снова волки и распространяют от Моего имени неправду о членах общины. Снова Я распинаем, поскольку Моим именем злоупотребляют. Моим именем, Христа, они хотят свет мира, то есть Меня, погасить.

Тьма, однако отступит, ибо её дни сочтены. Земля откроется и поглотит ночь, и придут воды и зальют то, что мрачно. Тогда свет, который Я Есть, засияет на всей Земле: Христос.

12. И один будет сидеть на Моём троне, который будет человеком истины и доброты и силы, и он будет преисполнен любовью и мудростью большей, чем все остальные, и он будет вести Мою общину, через четырежды двенадцать и семьдесят два, как прежде. Только лишь тому, что истинно, будет он учить.

13. И Моя община будет исполнена света и будет давать свет всем народам Земли; и первосвященник будет сидеть на троне как король и священник.

14. И Мой Дух будет в нём, и его трон устоит и не поколеблется; ибо он будет основан на любви, истине

и справедливости, и свет придёт к нему и от него бу-
дет излучаться ко всем народам Земли, и истина сде-
лает их свободными». (Гл. 70, 12-14)

Я, Христос, объясняю, исправляю
и углубляю слово:

Высказывание: «И один будет сидеть на Моём
троне, который будет человеком истины и доброты и
силы, и он будет преисполнен любовью и мудростью
большей, чем все остальные, и он будет вести Мою
общину, через четырежды двенадцать и семьдесят два,
как прежде. Только лишь тому, что истинно, будет он
учить. И Моя община будет исполнена света и будет
давать свет всем народам Земли; и первосвященник
будет сидеть на троне как король и священник» имеет
следующее значение:

Слова являются зашифрованными словами. Зашиф-
ровано высказывается то, что принесёт поворот времён.

Эти зашифрованные слова говорят: божественная
Мудрость будет сидеть на Моём троне так долго, пока
Я не возвращусь в духе. Ибо Я поставил трон для Моего прихода в этот мир. Я Есть свет мира. Божественная Мудрость, призванная Отцом и Мной, Христом,
возглавить Моё Дело избавления и подготовить Мой
приход, является истиной, добротой и силой. Боже-

ственная Мудрость, созданная из Любви Отца, будет на повороте времён выстраивать праобщины и наполнять их жизнью и силой. Она будет учить совершенной истине и всем людям давать то, что они в состоянии охватить.

Числа являются символами и были как знаки даны тем, кто могли читать по числам. Однако люди Нового времени воспринимают Моё слово, которое также является словом вечного Отца.

ГЛАВА 71

Очищение храма

Удары плетью для души и тела (1-2). Истинное богослужение (3-4). Только лишь смысл слов делает их живыми (5-7). Каждый человек обозначает самого себя (8-11)

1. *Праздник Пасхи евреев был близок, и Иисус вновь отправился из Вифании до Иерусалима. И Он нашёл сидящих в храме, у которых там были выставлены на продажу быки, овцы и голуби, а также денежных менял.*

2. *Тогда он сделал плеть из семи верёвок и прогнал их всех из храма. Он освободил овец и быков, и голубей, вытряхнул деньги менялам и опрокинул столы. (Гл. 71, 1-2)*

Я, Христос, объясняю, исправляю
и углубляю слово:

Плеть из семи верёвок символизировала семь основных сил Бога, закон жизни.

Кто поступает против закона Бога, тот нарушает семь основных сил Бога и создаёт этим свои причины. Каждая причина, в которой своевременно не раскаиваются и которую не исправляют, это удар кнутом для души и тела.

Кто нарушает все семь основных сил, тот получит соответствующие удары кнутом. Это те следствия, которые ему придётся ощутить на теле.

3. И Он сказал им: «Удалите всё это и не делайте дом Моего Отца торговым домом. Разве не написано: «Моему дому следует называться молельней для всех народов?» Вы же из него сделали воровской притон и наполнили его всевозможными иерзостями».

4. И Он не терпел, чтоб кто-то проносил через храм чашу, наполненную кровью, или чтоб убивали животных. И Его ученики вспомнили о том, что было написано: «Усердие по Твоему дому заедает меня». (Гл. 71, 3-4)

Я, Христос, объясняю, исправляю
и углубляю слово:

«Моему дому следует называться молельней для всех народов» означает: ему следует быть домом или большим помещением, в котором собираются все люди – без разницы какого они вероисповедания или расы, без разницы из какого народа или страны, из какого сословия они также происходят. Там они собираются вместе, чтобы молиться, чтобы восхвалять Бога и почитать – и чтобы учиться законам Бога, а затем их придерживаться.

Бог есть Один, Единственный, Отец-Мать-Бог всех существ и людей – не бывает никакого другого Бога. Поэтому должен бы быть также и о д и н народ, который молится Одному, Единственному, без ритуалов, культов, догм и учёных доктрин.

О Боге не следует дискутировать и обмениваться мнениями.

Бог в сердцах всех существ и людей. Он есть жизнь во всём Бытии. Кто уважает сам себя, тем, что он освящает свою жизнь, тот также уважает своего ближнего и станет приятен Богу. Он не стремится исследовать Бога; ибо он живёт в потоке жизни и не спрашивает о потоке.

Поэтому ему не требуются никакие культы и церемонии, а также и никакие дискуссии. Кто оторван от этих внешних формальностей, тот осознанно избавлен и един с жизнью, которая длится вечно.

Бог не хочет никаких жертв забоя. Они Ему мерзость. Он хочет чистых и искренних сердец Своих детей, которые исполняют законы Бога, сохраняют верность Богу во всех вещах и преданы друг другу в любви.

5. Тогда евреи принялись Ему возражать: «Какой знак Ты покажешь нам, когда бы мы увидели, что Ты делаешь такое?» Иисус в ответ сказал им: «Опять же говорю Я вам: разрушьте этот храм, и через три дня Я воздвигну его».

6. Тогда евреи возразили: «Сорок шесть лет ушло на постройку этого храма, а Ты хочешь его воздвигнуть в три дня?» Но Он говорил о храме Своего тела.

7. Когда Он воскрес из мёртвых, Его ученики вспомнили о том, что Он им это сказал, и они поверили писанию и слову, которое сказал Иисус. (Гл. 71, 5-7)

Я, Христос, объясняю, исправляю
и углубляю слово:

Намного лучше не принимать писание и слово дословно и не верить дословно, то есть, не цепляться за буквы, а понимать смысл написанного и сказанного. Этому человек учится через осуществление божественных заповедей; они являются первыми шагами к исполнению вечных законов. Если человек способен охватить смысл слова в его глубине, тогда он также и не сможет быть больше введён в заблуждение. Одна лишь буква мертва и не приносит жизненности внутренней жизни. Её приносит только смысл, который заложен в букве, в слове. Значение слова делает душу и человека живыми.

Кто слушает одно лишь слово, часто живёт в заблуждении. Кто, однако, понимает смысл, значение слова, тот живёт в слове и также понимает слово, потому что он в нём распознаёт знак Бога.

8. *Книжники же и священники видели и слышали это и испугались, и искали, как бы им суметь Его уничтожить; ибо они боялись Его, видя, что народ слушает Его учение.*

9. Когда наступал вечер, Он выходил из города. Ибо днём Он учил в храме, а ночью уходил на Елеонскую гору. Народ приходил рано утром, чтобы послушать Его во дворах храма.

10. Когда Он теперь был в Иерусалиме на празднике Пасхи, в Него поверили многие, так как видели чудеса, которые Он совершал.

11. Но Иисус им не доверялся, ибо Он знал их всех. И Он не нуждался в том, чтоб кто-то давал свидетельство за другого; ибо Он хорошо знал, что в человеке. (Гл. 71, 8-11)

Я, Христос, объясняю, исправляю
и углубляю слово:

В словах «ибо Он хорошо знал, что в человеке» лежит следующий смысл: пока человек только слышит и только верит в услышанное, однако в повседневной жизни его не исполняет, он остаётся грешным человеком, который осуждает и выносит приговор. Сегодня он кричит: «Осанна» – а завтра: «Распять Его».

Каждый человек рисует сам себя через свои мысли, речи и действия. Его мышление и жизнь являются чертёжным карандашом, которым он рисует своё тело и чеканит своё лицо. Так на лице каждого человека написано, что он думает. Что человек думает, такой он есть.

Кто только верит и свою веру не переводит в поступки, остаётся, несмотря на свою веру, тем прежним человеком, который сохраняет свои привычки и пороки. Такие люди ненадёжны. Ибо, кто не исполняет законы Бога, тот является колеблющимся на ветру тростником.

12. Поскольку предстоял праздник Пасхи, Он послал двух Своих учеников, чтоб они приготовили верхнее помещение, где Он хотел поесть со Своими двенадцатью, и купили всё, что было необходимо для праздника, который Он хотел праздновать с ними. (Гл. 71, 12)

ГЛАВА 72

Прощальные речи Иисуса

Подобие Отца (1-3). Вы совершите дела ещё более великие, чем совершил Я, будучи Иисусом (4). Кто бескорыстно служит, тому Я исполню то, о чём он просит (5). Кто освящает храм, тот живёт во Мне (6-7). Бескорыстная любовь – это коммуникация с Богом (8). Значение слов: «Отец – больше, чем Я» (9-11)

1. Иисус сидел со Своими учениками в Гефсиманском саду и сказал им: «Не позволяйте вашим сердцам быть огорчёнными: если вы верите в Бога, то верьте также и в Меня. В доме Моего Отца жилищ много: если бы оно было не так, Я бы вам это сказал. Я иду приготовить вам место. И когда Я уйду и приготовлю вам место, Я возвращусь и приму вас у Себя, так чтоб где Я Есть, также были и вы. И куда Я иду, вы знаете, а также знаете и путь».

2. Фома сказал Ему: «Господь, мы не знаем, куда Ты идёшь, как можем мы знать путь?» И Иисус сказал им: «Я Есть путь, истина и жизнь. Никто не приходит к Отцу, разве лишь через Меня. Если вы узнали Меня, то вы узнали и Моего Отца. Но теперь вы знаете и увидели Моего Отца».

3. Филипп сказал Ему: «Господь, покажи нам Отца, и того достаточно нам». Иисус сказал ему: «Разве Я не был так долго с тобой, и ты не знаешь Меня ещё,

Филипп? Кто увидел Меня, тот увидел Отца, и почему ты тогда говоришь: «Покажи нам Отца?» Разве ты не веришь, что Я Есть в Отце, а Отец во Мне? Слова, которые Я вам говорю, говорю Я не от Себя самого. Ибо Отец, живущий во Мне, делает все дела». (Гл. 72, 1-3)

Я, Христос, объясняю, исправляю
и углубляю слово:

Кто стал храмом Бога, тот является подобием Отца. А кто зрит подобие Отца, тот узнаёт величие Отца. Отец есть манифестация из праэнергии, текущей жизни, которая также называется Богом.

Бог – это вездесущая жизнь. Все чистые существа являются манифестациями из Бога, праэнергии, текущей жизни. Кто зрит подобие Отца, существо в Боге, тот зрит также и свет Отца, который просвечивает существо в Боге.

Существа света не спрашивают за форму Отца. Они являются манифестацией, формой Отца, и излучают то, чем Он является: любовь, мудрость, силу и жизнь. Всё чистое Бытие движется в потоке жизни, в Боге.

Кто принял и вместил в себя своего ближнего, кто любит его от сердца и всем своим чистым существом, тот зрит подобие Отца, которое является любовью, мудростью и силой.

*4. Верьте Мне, что Я Есть в Отце, а Отец во Мне,
или по крайней мере, верьте Мне ради истинных дел.
Истинно, истинно Я говорю вам, верящие в Меня будут делать те же дела, что делаю Я; и они будут
делать более великие дела, чем эти; потому что Я иду
к Моему Отцу. (Гл. 72, 4)*

Я, Христос, объясняю, исправляю
и углубляю слово:

Одной лишь веры в Меня недостаточно. Многие верят в Меня – и всё же думают, говорят и поступают
они как неверующие. Из веры в Бога дела Бога возникают лишь тогда, когда душа и человек возвышаются к
жизни в Боге через исполнение вечной жизни, которая
является вечным законом.

Кто только верит и не исполняет, не имеет силы делать дела Бога. Кто, однако всё больше и больше осуществляет законы Бога и их придерживается, имеет
тем самым также и силу делать те дела Бога, которые
сделал Я будучи Иисусом из Назарета. Он – с Моей
частичной силой, силой Избавителя, в соединении с
прасилой – будет делать ещё более великие дела. Ибо
Я, Христос, Я, который пришёл в этот мир от Отца и
вновь возвратился к Отцу, чтобы как Христос Бога,
как Утешитель и Избавитель действовать во всех душах, действую теперь через тех, кто придерживаются

закона жизни, так чтоб они делали гораздо более великие дела, чем сделал Я Иисусом.

5. И что бы вы ни попросили во имя Моё, это Я сделаю, чтоб Отец был прославлен в Сыне Человеческом. Что вы попросите во имя Моё, это Я сделаю. (Гл. 72, 5)

Я, Христос, объясняю, исправляю
и углубляю слово:

Слова «И что бы вы ни попросили во имя Моё, это Я сделаю, чтоб Отец был прославлен в Сыне Человеческом» говорят вот, что: кто живёт во Мне, Христе, кто бескорыстно служит, тому Я исполню всё, о чём он просит. Ибо, кто живёт во Мне, тот просит единственно о дарах Духа, потому что он живёт в Духе Бога и не стремится к этому миру, чтобы жить с ним.

6. Если вы Меня любите, придерживайтесь Моих заповедей. И Я попрошу Отца, и Он вам даст другого Утешителя, который останется с вами навсегда: Дух истины, которого мир принять не может; ибо он не видит и не знает Его; но вы знаете Его; ибо Дух живёт в вас и будет в вас.

7. Я не хочу оставлять вас без утешения. Я приду к вам. Ещё немного, и мир Меня больше не увидит; но вы увидите Меня. Поскольку живу Я, то также будете жить и вы. В этот день вы узнаете, что Я Есть в Моём Отце, а вы во Мне и Я в вас. (Гл. 72, 6-7)

Я, Христос, объясняю, исправляю
и углубляю слово:

Человек является храмом Святого Духа, ибо в нём, в самом внутреннем души, обитает духовное тело из Бога. Со времени Моего поступка Избавителя Я Есть в этом храме, в человеке и душе, как Утешитель и Избавитель, как Дух жизни. Кто освящает храм, придерживаясь заповедей, тот живёт во Мне, а Я живу и действую через него.

8. Те, кто имеют Мои заповеди и их придерживаются, они любят Меня; а те, кто Меня любят, будут любимы Моим Отцом, и Я буду их любить и проявлю Себя им». (Гл. 72, 8)

Я, Христос, объясняю, исправляю
и углубляю слово:

Любовь Бога – это небесная коммуникация. Кто Бога любит больше, чем этот мир, тот любит также

845

и своего ближнего. Кто, однако, говорит: «Я люблю Бога» и против своего ближнего, тот не любит Бога. Его слова не наполнены любовью к Богу. Они пустые, эгоистичные слова, не имеющие выразительности. Кто, однако бескорыстно любит своего ближнего, тот любит также и Бога и состоит тем самым в коммуникации с высшей силой, любовью – с Богом. Коммуникация с Богом есть откровение.

9. И Иуда (не Искариот) спросил Его: «Господь, как это, что Ты Себя хочешь показать нам, а не миру?» Иисус в ответ сказал им: «Любящие Меня придерживаются Моих слов: и святой Единый будет их любить, и Мы придём к ним, и Мы останемся с ними.

10. Те, кто Меня не любят, не услышат Моих слов, и слова, которые вы слышите, это не Мои слова, но слова Отца, пославшего Меня. Эти вещи Я вам сказал, пока Я Есть ещё с вами. Но тот Утешитель, которым является Святой Дух, которого Отец пошлёт от Моего имени, научит вас всему и напомнит вам всё, что Я говорил вам.

11. Мир Я оставляю вам, Мой мир даю Я вам: не так, как даёт этот мир, даю Я вам. Не огорчайтесь в ваших сердцах и не пугайтесь. Вы слышали, как Я вам сказал: «Я ухожу, и Я возвращусь к вам». И если вы Меня любили, то возрадуетесь; ибо Я вам сказал: «Я иду к Отцу; ибо Отец больше, чем Я». (Гл. 72, 9-11)

Я, Христос, объясняю, исправляю
и углубляю слово:

Утешитель и Избавитель – это Христос Бога, который живёт в Духе вечного Отца. Я Есть един с Отцом. Отец и Я есть один закон – истина, делающая свободными все души и людей, которые верят и исполняют волю Бога.

«... ибо Отец больше, чем Я» означает: Дух Отца есть Вседух, закон, состоящий из семи основных сил жизни. Бог – это закон.

Христос Бога живёт и действует в Боге, Вседухе, в четырёх божественных основных силах: Порядок, Воля, Мудрость и Серьёзность. Однако Отец есть Всесила. Он является вечным законом, состоящим из семи основных сил: Порядок, Воля, Мудрость, Серьёзность, Доброта, Любовь и Кротость. На Земле эти семь основных сил называются Порядок, Воля, Мудрость, Серьёзность, Терпение, Любовь и Милосердие.

Итак, Отец больше, чем Сын. Он есть Всесила – Я Есть частичная сила во Всесиле.

12. И Я это вам сейчас сказал, прежде чем оно случилось, для того чтоб вы поверили, когда оно случится. Теперь Я не буду больше много говорить с вами; ибо князь этого мира придёт и ничего не найдёт за Мной.

13. Но для того, чтоб мир знал, что Я люблю Отца: как Отец повелел Мне, Я сделаю точно так же. До самого конца». (Гл. 72, 12-13)

ГЛАВА 73

Истинная виноградная лоза

Каждая ветвь винограда во Мне приносит плод (1-2). Кто не пребывает во Мне, тот грешит (3). Жить во Христе (4). Ясное око души обретает дар различения между истиной и заблуждением (5). Преданные приносят от Моего имени добрые плоды (6-8). Зрячий не является больше слепым (9). Почему Христос сегодня вновь Себя проявляет (10-11). Знание законов обязывает к осуществлению (12). Ни один человек не сможет сказать: «Я о Христе ничего не знал» (13)

1. И тогда Иисус сказал им: «Я Есть истинная виноградная лоза, а Мой Отец виноградарь. Всякая ветвь винограда во Мне, что не приносит плод, будет убрана, а всякая, что приносит плод, будет очищена, чтоб она принесла ещё больше плодов.

2. Пребывайте во Мне, а Я в вас. Подобно тому, как ветвь винограда сама по себе не может принести плод, если она не пребывает на виноградной лозе, так и вы тоже не можете, если не пребываете во Мне. Я Есть виноградная лоза, а вы ветви винограда: кто пребывает во Мне, а Я в нём, тот приносит много плодов; ибо без Меня вы ничего не можете сделать. (Гл. 73, 1-2)

Я, Христос, объясняю, исправляю
и углубляю слово:

Плод может созреть только когда он пребывает во Мне, Христе, то есть, когда человек все свои помыслы и стремления посвящает Мне, стараясь исполнять волю Бога, чтобы стать законом Бога. Каждая ветвь винограда – это значит каждая душа и каждый человек, который через Меня осуществляет свою внутреннюю жизнь, то есть очищает себя через Мою силу – станет тем плодом, который вновь приносит плод; ибо добрые плоды дарят себя бескорыстно.

Познайте: каждый человек излучает то, что находится в нём, божественное или небожественное.

3. Те, кто не пребывают во Мне, будут выброшены как бесполезные завитки, и они засохнут; их соберут и бросят в огонь, и они сгорят. Если же вы пребываете во Мне, а Мои слова пребывают в вас, то просите, что захотите, и оно вам будет дано. (Гл. 73, 3)

Я, Христос, объясняю, исправляю
и углубляю слово:

Все те, кто живут с этим миром и посредством своей греховной жизни отрицают Христа Бога, претерпят огонь своих собственных мыслей, слов и действий. Ибо что человек посеет, то он и пожнёт. Каждая небожественная мысль, каждое незакономерное слово и каждый эгоцентричный поступок бесполезны, потому что они лишены силы. Это человеческие орнаменты завитков, и они засохнут.

Кто не пребывает во Мне, тот грешит. Грех придётся нести душе и человеку, который их совершил. Огонь греха вызывает очищение души. Кто, однако, пребывает во Мне, Христе Бога, тот пребывает также в Отце, ибо Отец и Я одно. Его просьбы будут для него исполнены, ибо он просит только то, что является волей Бога.

4. Истинно, Я Есть тот правильный хлеб, который приходит с Небес, субстанция Бога, единая с жизнью Бога. И точно так же, как много зёрен в вашем хлебе, так и вы, верующие и делающие волю Моего Отца, едины во Мне. Не как ваши предки, которые ели манну и умерли; ибо кто ест этот хлеб, будет жить вечно. (Гл. 73, 4)

Я, Христос, объясняю, исправляю
и углубляю слово:

Жизнь в Боге – это духовный хлеб. Это питание души. Кто ест от него, тот также и, будучи человеком, не будет голодать и бедствовать.

Кто исполняет волю Бога и живёт из истины, тот воспринимает истину во всех гранях. Тогда его мысли и дела наполнены силой Бога, а также и его земная жизнь будет исполненной жизнью.

Люди во Мне, Христе, живут, они не прозябают. Прозябает только тот, кто попусту растрачивает свою жизнь, потому что он направляет своё мышление, помыслы и стремления на земной мир и, таким образом, также ему и принадлежит. После земной смерти он будет также духовно мёртвым, потому что был лишь в плену этого мира и не был обращён к Богу; его душа не знает, откуда она пришла и куда она идёт.

Кто живёт в Боге, тот является эссенцией из Бога и знает путь своей души, потому что она живёт во Мне, Христе; ибо Я Есть путь, истина и жизнь.

5. Так же как пшеницу отделяют от плевел, так и вы должны расстаться с заблуждениями этого мира; однако, вам не нужно выходить из мира, но следует обособленно жить в мире для жизни мира. (Гл. 73, 5)

Я, Христос, объясняю, исправляю
и углубляю слово:

Кто хотел бы жить в Боге, тот также расстанется с заблуждениями этого мира, которые он тогда познаёт тем больше, чем яснее становится око его души.

Только ясное око души обретает дар различения между истиной и заблуждением. Ясного ока души достигает тот человек, который вносит в свою жизнь ясность посредством своего богоугодного мышления и жизни.

Кто стремится к Богу, тот будет также жить с теми, которые тоже стараются делать волю Бога, ибо подобное притягивается к подобному. Из этого получается значение следующего высказывания: «Кто Моя мать, кто Мои братья? Те, кто делают волю Моего Отца».

Кто живёт в Боге, тот не избегает этого мира. Он живёт в этом мире, однако, не с этим миром. Кто живёт в Боге, тот живёт в этом мире ради всех тех людей, которые ищут жизни в Боге, чтобы её исполнять.

6. Истинно, истинно, пшеница сушится огнём, так должны также и вы, Мои ученики, пройти через притеснения. Но радуйтесь: ибо как вы страдали со Мной единым телом, так будете вы и властвовать со Мной в едином теле и дарить жизнь миру.

7. В этом будет прославлен Отец, что вы принесёте много плодов; так вы будете Моими учениками. Как Меня возлюбил Отец, так и Я возлюбил вас: пребывайте в Моей любви. Если вы придерживаетесь Моих заповедей, то вы пребудете в Моей любви, точно так же как Я придерживался заповедей Моего Отца и пребываю в Духе любви.

8. Это всё Я вам сказал, с тем чтобы Моя радость осталась в вас, и ваша радость была совершенной. Вот Моя заповедь, чтобы вы любили друг друга, как Я возлюбил вас. Нет большей любви у человека, чем та, что он свою жизнь отдаёт за друга. Вы Мои друзья, если делаете всё, что Я вам заповедую. (Гл. 73, 6-8)

Я, Христос, объясняю, исправляю
и углубляю слово:

Такие по смыслу слова утешения и любви касались не только апостолов и учеников, но они касаются всех людей во всех поколениях, которые стараются следовать за Мной.

Многие, последовавшие за Мной, попадут в притеснения, ибо противник тиснет на них отречься от Бога, равняться на этот мир и вторить его устам.

Кто страдает ради евангелия, тот несёт крест со Мной. Он будет стоять справа от Меня, когда Я появлюсь как правитель Царства мира. И все, кто умирают в своём грехе, увидят тех, на кого они возложили страдания и муки.

Вечный, в котором Я, Христос, Есть, будет прославлен через Моих преданных, которые Ему от Моего имени и посредством Моей силы принесут много зрелых плодов. Кто пребывает во Мне, тот придерживается заповеди бескорыстной любви и отдаст свою жизнь за заповедь любви. Те, кто пребывают во Мне, будут бескорыстно любить друг друга и излучать бескорыстную любовь в сердца всех ищущих людей. Кто пребывает во Мне, того наполняет истинная радость, и он также принесёт радость и тем, кто позволяют своим сердцам наполниться бескорыстной любовью.

9. Отныне Я вас не буду больше называть слугами, ибо слуга не знает, что делает его господин: но Я вас назвал друзьями, ибо всё, что Я услышал от Моего Отца, тому Я вас и обучил. Не вы Меня избрали, но Я вас избрал и вас назначил, для того чтобы вы шли и несли плоды, и ваш плод был бы долговечен. Чего бы вы у Отца ни попросили от Моего имени, то вы получите. (Гл. 73, 9)

Я, Христос, объясняю, исправляю
и углубляю слово:

Истинный слуга – это друг Христа Бога. Кто бескорыстно служит и приносит добрые плоды, тот не является больше невежественным. Он знает законы Бога, потому что он в них живёт. Он больше не встретит слепо слепого, но распознает слепого, потому что через осуществление вечных законов его духовные глаза открылись.

Зрячий уже не слепой. Он зрит слепого таким, каков тот есть – и как он себя подаёт. Ибо кто исполняет волю Бога, тот выходит из колеса перевоплощений и достигает духовного возрождения. Тогда Я Есть ему уже не Утешитель и Избавитель, но брат и друг.

10. Вот, что Я заповедую вам: чтобы вы любили друг друга и точно так же все создания Бога. Когда вас этот мир ненавидит, то знайте, что он Меня ненавидел прежде, чем он возненавидел вас. Если бы вы были от этого мира, то мир бы вас любил как своих; но поскольку вы не от этого мира, ибо Я вас избрал из мира, поэтому вас ненавидит мир.

11. Помните о слове, которое Я вам сказал: слуга не больше, чем господин. Как они преследовали Меня, так будут они преследовать и вас; как они следовали Моим словам, так они будут следовать и вашим словам. Но всё они будут делать вам ради Моего имени; ибо они не знают Того, кто Меня послал. (Гл. 73, 10-11)

Я, Христос, объясняю, исправляю
и углубляю слово:

Кто избрал Меня, Христа, тот избрал себе отделиться от этого мира. Он из-за Меня будет ненавидим миром.

Что случалось со Мной как Иисусом, это случится также со всеми, кто Меня любят, ибо они не любят махинации этого мира. Кто от этого мира, тот также и любим этим миром, и принимается за своего. Но кто обратился ко Мне, Христу, тот будет ненавидим миром, так же, как и Я был и буду ненавидим миром.

Познайте: нынешнее поколение ненамного лучше прошедших поколений. Чего люди не познавали в прежних инкарнациях, не познают они также и в этом поколении, а именно дела любви. Что они в предыдущих инкарнациях неверно истолковывали, они истолковывают также и в этом поколении неверно.

Многие говорят о Моей земной жизни, о Моей деятельности как Иисуса из Назарета – и не понимают всё же того, чему Я учил. Многие излагают ещё и сегодня слова Вечного – как в Старом Завете, так и в Новом Завете – по своему усмотрению, также и слова Бога, переданные через Моисея. Если бы мир изменился, то Я больше не проявлял бы Себя в откровениях. Однако, поскольку мир не изменился, Вечный и Я, Христос, говорили и говорим теперь вновь через пророческое слово к людям, чтобы исправить то, что ложное, чтобы вывести людей из путаницы догм, представлений и неправильно понятых слов.

Многие слова из вечной истины цитировались и цитируются, и ими злоупотребляют для человеческих махинаций. Многие так называемые христиане только говорят по-христиански, однако думают, как Антихрист. Итак, они только притворяются христианами – во внутреннем они хищные волки.

12. Если бы Я не пришёл и им не сказал, то были бы они без греха. Теперь же у них нет прикрытия для своих грехов. Кто Меня ненавидит, тот ненавидит также и Моего Отца. Если бы Я не совершил среди них тел дел, которые никто другой не совершал, у них бы не было грехов; теперь же они у них есть, и они видели и ненавидели Меня и Моего Отца. Но это всё должно случиться, с тем чтобы исполнилось слово, написанное в их законе: «Они ненавидели Меня без причины». (Гл. 73, 12)

Я, Христос, объясняю, исправляю
и углубляю слово:

«Если бы Я не пришёл и им не сказал, то были бы они без греха» означает: если бы Я не пришёл и им не сказал, то они не узнали бы своих грехов и воображали бы себя безгрешными. Но Я пришёл и сказал о законе Отца и показал его им на примере Своей жизни.

Кто цитирует вечного Отца и Меня, Христа, и истинных пророков, тот также принял слова Вечного, Мои слова и слова пророков. Кто, однако сообразно этому не живёт – так, как ему заповедано – тот грешит против закона Бога; он является грешником. У него нет больше за свои действия никакого прикрытия, называемого невежеством.

Вечный давал Своё слово во все времена: все народы слышали Его через пророков и просветлённых. Моисей принёс Десять заповедей, выдержки из вечного закона. Будучи Иисусом из Назарета, Я учил людей закону и показывал его им на примере Своей жизни.

Закон, который Я им принёс, гласит: любите Бога, вашего Отца, от всего сердца и всеми вашими силами, и ваших ближних как самих себя. – Ни один человек не может сказать, что он невежественен!

Познайте: кто своего ближнего не любит бескорыстно, тот не любит также и Бога. Кто своего ближнего ненавидит, тот ненавидит также и Бога, своего вечного Отца. Кто своим ближним пренебрегает, тот пренебрегает также и Богом, своим вечным Отцом.

«Если бы Я не совершил среди них тех дел, которые никто другой не совершал, у них бы не было грехов; теперь же они у них есть, и они видели и ненавидели Меня и Моего Отца» означает: если бы Я не совершил дел Бога, то многие люди не знали бы дел в Боге и были бы такой веры, что у них нет грехов. Но поскольку они видели Мои дела или им про них сообщалось, то им тем самым было показано, как им следует думать, говорить и поступать. И если они того не делают, они познают в этом свои грехи. В Моём мышлении, речах и поступках как Иисуса они видели и слышали

Моего Отца, и они слышат Его, Вечного во Мне, Христе, в преданиях о делах, которые Я совершил.

Кто думает, говорит и поступает не из бескорыстной любви, а сохраняет за собой и не разрушает свои труды корыстолюбия, скупости, стремления к власти, тот является грешником. Во многих ситуациях грешит он также и против Святого Духа.

Итак, кто увидел Меня или кому было передано о Моих делах, тот увидел Отца и узнал Его во Мне, Христе.

Кто признаёт дела Бога через Его пророков и дела Христа, тот обязуется тем самым также думать и жить, как Я, Христос, это заповедал людям.

13. Но придёт Утешитель, которого Я вам пошлю от Отца, а именно Дух истины. Он изойдёт от Отца и будет свидетельствовать обо Мне: и вы все дадите свидетельство; ибо вы были со Мной с самого начала. (Гл. 73, 13)

Я, Христос, объясняю, исправляю
и углубляю слово:

Во всех поколениях многие люди давали и дают свидетельство обо Мне, также и в этом поколении. Ни один человек не сможет однажды сказать: «Я ничего не знал о Христе». Ибо пионеры Новой эры, состоящие в Моём задании, будут нести истину, которая Я Есть, во все страны. И евангелие любви будет протянуто многим людям. Христос Бога – это Утешитель и Избавитель, истина и жизнь в потоке вечного закона.

Время делает своё: так же, как сегодняшнее время преследует и подгоняет людей, так и причины приходят всё быстрее в следствие. Многие, сейчас ещё мчащиеся за материализмом, падут под тяжестью этих следствий. Однако те люди, которые останутся в конце поворота времён мира, признают евангелие любви, и многие будут также по нему жить.

ГЛАВА 74

Иисус готовит Своих учеников к грядущему

Борьба под именем Христа против Христа (1).
Дело избавления исполняется (2-3). Сегодня истина течёт
великим потоком (4-5)

1. Это всё Я вам сказал, чтобы вас предупредить. Они будут вас исключать из синагог, да и наступит время, когда каждый, вас убивающий, будет думать, что он этим оказывает Богу честь. И они будут делать так, потому что не познали ни Отца, ни Меня. (Гл. 74, 1)

Я, Христос, объясняю, исправляю
и углубляю слово:

Во всех поколениях происходило и происходит – и по смыслу также около двухтысячного года – то, что Я говорил Моим апостолам и ученикам: поскольку они не знают Моего Отца и Меня, они будут изгонять вас из своей жизни и не позволят вам участвовать в своих богослужениях, потому что вы не принадлежите их вере. Многих из вас они будут убивать, а на других опять же клеветать и отдавать на посмеяние народу. Познайте: кто по отношению к своему ближнему без любви и уважения, не любит ни вечного Отца, ни Меня, Христа.

В минувшие столетия власти снова и снова подстрекали народ против истинных последователей Христа. Из страха перед последствиями народ им был послушен. Поэтому было возможно то, чтоб от Моего имени совершать зверства к людям, следовавшим за Мной или имевшим иной образ мыслей, чем церковные начальства.

Позорным образом Моим именем злоупотребляли и торговали. Не только в так называемых крестовых походах люди, называвшие себя христианами, однако жившие не по-христиански, пытались с мечом в руках христианизировать иноверцев. Церковные начальства злоупотребляли и злоупотребляют Моим именем, заковывали и заковывают его в свои догмы, утверждали и утверждают, что единственно лишь они имеют спасающую милость, потому что полагают, что Меня, Христа, они заключили в ярмо своих догм.

Подобно тому как оно происходило с некоторыми апостолами и учениками, происходит это около двухтысячного года с некоторыми друзьями Христа, истинными пионерами Новой эры. Опять это церковное начальство, которое подстрекает народ против них. Опять совершается это подобными аргументами, с тем чтобы подстрекаемые люди становились против Моих истинных последователей. Как и прежде, друзей Христа, пионеров Новой эры лишают прав, полагающихся каждому гражданину страны. Как и в прежние времена, подстрекающие и исполняющие также называют себя христианами.

Многие из Моих истинных последователей в глазах государства и церквей и всех тех, кто им послушен, являются изгоями. Юридический закон во многих случаях интерпретируется против них, с тем чтобы это имело вид, будто друзья Христа были неправы. Благодаря этому они осложняют жизнь людей, стремящихся быть истинными христианами.

Познайте: даже ещё и сегодня сатанинское сидит в высших рангах власти и управляет теми, кто ему предался – теми людьми, которые довольствуются тем, что даваемо им «сверху». Без того, чтобы проверить самим, они принимают приговоры властей о своих ближних. Однако, этому начальству не долго управлять человечеством. И ведь так, сатанинскому от Бога для обращения был дан огромный период времени в качестве срока милости. Но также и у этого периода времени есть свой конец; перед этим концом и стоит тьма. Ибо Я, Христос, свет мира, истина и жизнь, прихожу!

2. Но это всё Я вам сказал для того, чтобы, когда придёт время, вы бы вспомнили, что Я вам об этом уже сказал. И Я вам этого не сказал ещё вначале, потому что был с вами. Но теперь Я иду Своим путём к

Моему Отцу, который Меня послал; и никто из вас не спрашивает Меня: «Куда Ты идёшь?» Но поскольку Я вам это всё сказал, то вы печальны.

3. Несмотря на это Я скажу вам истину; для вас необходимо то, чтоб Я ушёл; ибо если Я не уйду, то Утешитель не придёт к вам; если же Я уйду, Я пошлю вам Мой Дух. И когда Он придёт, Он укажет миру на грехи, справедливость и суд. (Гл. 74, 2-3)

Я, Христос, объясняю, исправляю
и углубляю слово:

Утешитель – это Дух Христа, который Я Есть, жизнь в Боге, Моём Отце. Дух Христа-Бога вездесущ в четырёх сущностях Бога, в тех творящих и созидательных силах – которые каждая душа несёт в себе как силу и жизнь.

Утешитель, Мой Дух, является искрой Избавителя, в которой действуют утешение и избавление. Избавлением является Моё дело, которое Я принял от Отца для возвращения домой всех душ и людей.

Многие люди действуют в Моём деле Избавителя и несут Мой свет в мир. Благодаря их бескорыстной помощи оно за несколько земных лет разрослось по всей Земле. Многие существа входили и входят ради Дела избавления в земное одеяние, чтобы учить людей истине и являть её им на примере своей жизни, подобно тому, как делал это Я, будучи Иисусом из Назарета. Многие сердца и многие люди будут затронуты мышлением, жизнью и деятельностью этих пионеров и будут побуждены к тому, чтобы поразмышлять и осуществлять вечные законы.

Это всё сверхчеловеческие достижения женщины, живущей в Отце и во Мне, Христе, что за немногие годы Дело избавления стало всемирным. Она остаётся в божественном задании, вместе с пионерами Новой эры звать всех людей, которые доброй воли и учить их тому, чтобы они находили внутренний свет любви и истинную жизнь, вечный закон Вселенной. Ибо истина, закон Вселенной находится внутри в каждом человеке.

Познайте: вечный закон Вселенной является истинным законом, который победит все законы материи и каузальный закон, потому что он безличностен и абсолютен.

В этот могучий поворот времён действуют многие существа в земном одеянии. Неустанно они совершают великое для Эры света и таким образом для Меня, Христа Бога, и для всех после них грядущих поколений.

Кто в Новую эру, когда в людях обитает мир, будет читать эти слова, тот едва ли сможет некоторое понять. Мои слова сохранят, однако своё значение, ибо многие существа, которые будут врождаться в Новую эру, будут нести в себе как воспоминание этот старый мир, преодолённый ими со многими усилиями, муками и страданиями.

Этот потенциал воспоминаний останется столь долго в душах и людях Новой эры живым, пока также и в местах очищения не будет исполнено то, что происходило на Земле, сцене старого мира. Ибо сатанинское хотя на Земле на некоторое время и связано, однако не в местах очищения. Там душа погашает и дальше свои грехи, которые она возложила на себя в земном одеянии.

Я прихожу в различных образах к людям, чтобы им указать на их грехи, на их суд и на справедливость Бога.

4. На грех, потому что они не верят в Меня; на справедливость, поскольку Я иду к Отцу, и вы Меня впредь не увидите; на суд, потому что князь этого мира осуждён.

5. Я имею вам сказать ещё многое, но вы не сможете сейчас этого ещё постичь. Когда же придёт тот, который Дух истины, Он поведёт вас во всю истину; ибо Он будет говорить не от себя самого, но то, что Он услышит, это Он будет говорить. И Он вам покажет то, что наступит. Он будет Меня прославлять. Ибо Он это получит от Меня и проявит вам. (Гл. 74, 4-5)

Я, Христос, объясняю, исправляю
и углубляю слово:

Дух истины – это Христос Бога, о котором Я говорил, будучи Сыном Человеческим. Я эти обещания приводил к исполнению в течение почти двух тысяч лет. Дух истины приходил во всех поколениях, и Его дела в этом мире прибавляли всё больше в свете и силе, ибо многие люди слышали и читали из закона жизни, вечной истины, и так многие начинали развивать в себе жизнь.

Однако на этом повороте времён, свет – Я, Христос, вечная истина – прорывается широким спектром и излучается на весь мир. Закон истины течёт как великий поток через пророческое слово, ибо Я послал божественную Мудрость к людям, для того, чтоб истина была проявлена и растормошила людей, живущих в пристрастиях этого мира и грехах.

Истина проявляет также то, что присутствует теперь и что наступит. Она орошает и поит многие души и людей, и подкрепляет их любовью, силой и мудростью. Кто очищает свои грехи, познает Меня, Христа; ибо грех затуманивает духовное око. Кто способен видеть, тот познаёт Меня, Христа, в себе самом и в тех, кто истинно следуют за Мной. И живущие во Мне прославят Вечного во Мне, ибо они принимают от Меня, чтобы передать это людям.

6. Всё, что имеет Мой Отец, то Моё. Поэтому Я и сказал вам, что Утешитель это возьмёт от Меня и проявит его вам. Через некоторое время вы Меня не увидите, но опять же через некоторое время вы Меня увидите, ибо Я иду к Отцу». Тогда некоторые из Его учеников заговорили между собой: «Что это означает, что Он нам говорит: «Через некоторое время вы Меня не увидите, но опять же через некоторое время вы Меня увидите», и: «ибо Я иду к Отцу?»

7. Тут заметил Иисус, что они хотели спросить Его, и сказал им: «Вы спрашиваете друг у друга по поводу Моих слов: «Спустя некоторое время вы Меня не увидите», и: «через некоторое время вы Меня опять увидите». Истинно, истинно, Я говорю вам, вы будете плакать и жаловаться, но мир будет радоваться: вы будете печальны, но ваша печаль обратится в радость.

8. Женщина, когда она в родовых схватках, то у неё печаль, ибо пришёл её час; когда же она родила ребёнка, не помнит уже о страхе из-за радости, что человек явился на свет. И вы теперь тоже полны печали; но Я увижу вас вновь, и сердце ваше возрадуется, и вашу радость никто не отнимет у вас.

9. И в тот день вы ни о чём не будете спрашивать Меня. Истинно, истинно, Я говорю вам: если вы Моего Отца будете просить от Моего имени, то вы это получите. До сих пор вы ни о чём не просили от Моего имени. Просите, так вы получите, чтоб ваша

радость была совершенной. Это всё Я говорил вам притчами; но придёт время, что Я не буду больше говорить с вами тайнами, но открыто возвещу вам о Моём Отце.

10. В тот день вы будете просить от Моего имени: и Я не говорю вам, что Я захочу просить Моего Отца за вас; ибо Он сам вас любит, потому что вы любите Меня и верите, что Я изошёл от Бога. Я изошёл от Бога и пришёл в мир; и Я покидаю мир вновь и иду к Моему Богу».

11. Тогда Его ученики сказали Ему: «Смотри, теперь Ты беседуешь свободно и не говоришь загадок. Теперь мы знаем, что Ты знаешь всё, и нет необходимости, чтоб Тебя кто-то как-то спрашивал; ибо мы верим, что Ты изошёл от Бога».

12. Иисус ответил им: «Вы верите теперь? Смотрите, настанет час, да он уже рядом, когда вы рассеетесь, и каждый пойдёт домой и оставит Меня одного; но Я не один, ибо Отец со Мной.

13. Такое Я вам сказал, чтоб вы имели мир во Мне. В этом мире вы будете иметь притеснения; но будьте уверены, Я преодолел этот мир. Пойдёмте, пора отправляться в путь!» (Гл. 74, 6-13)

ГЛАВА 75

Последняя пасхальная трапеза

Будьте чисты сердцем (1-2).
О предательстве – Терпимость и понимание по отношению
к незнающим (3-6). В Новую эру Христа нет больше никако-
го кровопролития (7-9). Очищенная Земля дарит в изобилии
(10). Жизнь во Христе ведёт к благородству души и к ис-
тинной свободе (11-12). Закон жизни, заповедь любви – Пре-
небрегающий своим ближним не найдёт пути ко Христу, к
истине, в вечное Бытие – Каждый судит себя сам (13-16).
Новый Израиль и Новый Иерусалим (17). Из всех народов и
племён побратаются те, кто совершают дела Бога (18).

1. Вечером пришёл Он в дом, где собрались две-
надцать и их спутники: Пётр, Иаков, Фома, Иоанн,
Симон, Матфей, Андрей, Нафанаил, Иаков, Фаддей,
Иуда, Филипп и их товарищи (и там был также Иуда
Искариот, который причислялся людьми к двенадца-
ти до тех пор, пока он не разоблачил себя).

2. И они были все одеты в одежду из чистого белого льна; ибо лён есть справедливость святых. И каждый нёс цвет своего племени. Учитель же был одет
в Своё чисто-белое одеяние без швов и пятен. (Гл. 75,
1-2)

Я, Христос, объясняю, исправляю
и углубляю слово:

Как Сын Человеческий, Я ушёл от людей. Как Христос Бога, их Избавитель, Дух истины, Я возвратился.

Кто собирает в Моём имени, тот не разбрасывает. Разбрасывает только тот, кто хотел бы собирать в своём собственным имени, даже когда он при этом использует Моё имя – и вместе с тем злоупотребляет.

Становитесь чистыми, тогда вы во всём узрите Бога, жизнь. Ибо чистый зрит чистое. Он видит, однако также и нечистое, к которому нужно обратиться, для того чтобы его познать и преодолеть.

Познайте: чистая белизна льна считалась в те времена символом внутренней чистоты. Я говорю вам: вам не следует украшать себя только во внешнем и выдавать этим чистоту в Боге, но вам следует быть чистыми в своём сердце. Тогда вы будете также носить более чистую и более светлую одежду. Если сердце чисто, тогда это отражается также и во внешнем, в поведении и в одежде человека, стремящегося к Богу.

3. И они начали спорить о том, кого из них следует считать самым великим, поэтому Он сказал им: «Цари язычников осуществляют господство над ними, и господствующих там называют благодете-

лями. Но вам не следует такими быть. Кто из вас самый великий, тому следует быть как самому малому, и кто первый, тот должен бы служить».

4. И Иисус сказал: «С огромным томлением Я жаждал отпраздновать эту пасхальную трапезу с вами, прежде чем Я буду страдать, и чтобы учредить воспоминание о Моей жертве для служения и избавления всех людей. Ибо смотрите, наступает час, когда Сын Человеческий будет выдан в руки грешников».

5. И один из двенадцати спросил Его: «Господь, не я ли это?» И Он ответил: «Тот, кому Я дам кусок пищи, он тот».

6. И Иуда Искариот сказал Ему: «Смотри, вот пресный хлеб, смешанное вино, масло и травы, но где же ягнёнок, о котором велел Моисей?» (Ибо Иуда купил ягнёнка; но Иисус запретил, чтоб его забивали.) (Гл. 75, 3-6)

Я, Христос, объясняю, исправляю
и углубляю слово:

Люди предают людей, своих ближних. Бог, однако же не предаёт Своё дитя. Также и человек, живущий в Боге, не предаёт своего ближнего. Так и Я, как Иисус из Назарета, не предавал Иуду. Я говорил в общем о предателе, который без внутренней молитвы принимает первый кусок.

Ни апостолы, ни ученики не распоряжались забивать ягнёнка. Всё же как Мне, так и апостолам и ученикам были поданы в качестве дара любви части приготовленного ягнёнка. Наши ближние хотели нам таким образом сделать подарок, поскольку не знали ничего лучшего. Я благословил дар и начал принимать мясо. Мои апостолы и ученики сделали это подобно Мне. В заключении они задали Мне по смыслу вопрос: нам следовало бы отказаться от употребления мяса. Так Ты нам повелел. Теперь же Ты сам съел мясо.

Я указал Моим: человеку не следует преднамеренно убивать животных, а также поедать мясо животных, убитых для потребления их мяса. Но когда люди, которые ещё незнающие, приготовили мясо в пищу и делают из этого гостю подарок и подают ему на застолье, тогда гостю не следовало бы отклонять этот дар. Ведь есть различие, поедает ли человек это мясо из жадности или же в качестве благодарности хозяину за его хлопоты.

Однако знающему человеку следует, когда это ему возможно и позволяют внешние обстоятельства и время, дать хозяину общие указания, не желая, однако, наставлять его в чём-то лучшем. Когда подоспеет время, хозяин также поймёт эти общие указания.

К бескорыстной любви принадлежат в этом мире также понимание и терпимость. Предоставьте каждому человеку свободную волю, хотел бы он или нет понять и принять ваши общие указания. Когда вы всегда бескорыстно думаете, говорите и поступаете, тогда вы пребываете в любви, и любовь благословит вас. Что вам тогда подносится как дар любви, оно благословенно.

7. И Иоанн пророчествовал из Духа: «Посмотрите на агнца Бога, доброго Пастуха, отдающего жизнь Свою за Своих овец». Иуда был поражён этими словами, ибо он знал, что Его предаст. Но Иуда ещё раз спросил: «Учитель, не написано ли в законе, что ягнёнок должен быть забит на Пасху в пределах ворот?»

8. И Иисус ответил: «Когда Я буду поднят на крест, тогда воистину Агнец будет забит. Но горе тому, благодаря кому он будет доставлен в руки мясников. Было бы для него лучше, если бы он никогда не родился.

9. Истинно, Я говорю вам, для того Я пришёл в мир, чтобы отменить все кровавые жертвы и поедание мяса зверей и птиц, забиваемых человеком». (Гл. 75, 7-9)

Я, Христос, объясняю, исправляю
и углубляю слово:

Кто любит жизнь в Боге, тот любит Бога и един с жизнью из Бога.

Я пришёл в этот мир, чтобы учить евангелию любви, закону Небес, и показать его на примере своей жизни. Кто осуществляет закон любви Небес, найдёт свой путь к наполненной жизни.

Жизнь в Боге включает в себя не только ближних, но также и все другие формы жизни, такие как животные, растения, минералы и камни, ибо всё Бытие несёт в себе жизнь, Бога. Кто в единстве с жизнью, тот не убивает преднамеренно ни животных, ни уничтожает преднамеренно и растения. Он уважает также и жизнь – силы сознания – минералов и камней.

Кто уважает жизнь, тот уважает также своего ближнего, потому что он уважает себя самого. Ибо в душе находится жизнь, Бог, как субстанция и сила. Кто уважает своего ближнего, тот таким образом живёт в мире со всем Бытием и со своим ближним, ибо все существа и люди являются детьми Отца-Матери-Бога.

Познайте: кто осуществляет закон любви, тот изменяет своё мышление и жизнь. Он утончает тем самым свои чувства и отказывается постепенно от сознательного убийства животных, а также от забоя животных, чтобы употреблять их мясо.

Кто делает ставку на плоть, тот и употребляет также плоть. Кто делает ставку на Дух, тот питается тем, что ему дарит Земля, так же как это было когда-то прежде.

Познайте: ни одно изменение, будь оно в человеке или в мире, не происходит прям с сегодня на завтра.

Это постепенный процесс преобразования. Кто обращается к Богу, тот совершенно постепенно изменяет своё мышление и жизнь, и облагораживает таким образом свои чувства, да и всего своего человека. При этом он всё больше отстраняется от мясного питания и поддерживает мир с людьми и царствами природы.

Со сменой поколений не будет больше места кровавым жертвам; ибо люди познают, что они этим не оказывают Богу честь, и что их самопридуманные боги не реагируют на их мышление и действия.

Познайте: кто больше не завидует, кто больше не спорит, кто больше не привязывает и кто больше не хочет господствовать и быть самым великим, тот является человеком истинного мира.

До тех пор, пока в самом человеке нет мира, будут иметь себе место кровавые жертвы – будь то на войнах или через катастрофы. Когда же люди найдут свой путь к внутреннему миру, тогда не будет места ни войнам, ни катастрофам, а также больше и никакому кровопролитию.

Всё это придёт; однако будет ещё продолжаться, поскольку ещё не все причины искуплены и уплачены. Они возвращаются как следствие на тех, кто их посеял. Но назревает время, в которое мир наступит в сердцах людей; это будет тогда, когда Новая эра, время Христа, возвысится больше и больше.

Нынешнее человечество живёт на великом повороте времён от старого, греховного мира к Новой эре. Когда эта смена в значительной мере осуществится, люди станут всё больше и больше исполнять законы Бога, и будет так, как Я предсказал, будучи Иисусом: будет о д и н Пастух и о д н о стадо, и народы будут о д н и м народом. Тогда будет отменена всякая кровавая жертва, а также поедание мяса животных.

10. В начале Бог дал всем для пропитания плоды деревьев и семена, и травы; но те, которые любили себя больше Бога или своих ближних, испортили свои нравы и принесли болезни в свои тела, и наполнили Землю вожделениями и жестокостью. (Гл. 75, 10)

Я, Христос, объясняю, исправляю
и углубляю слово:

Низменное, сатанинское подходит к концу. Жизнь в Боге и с Богом становится у всё большего числа людей потребностью. Оттого также и Земля будет очищаться и кормить детей Бога так, как оно было в начале человеческого рода: мать Земля дарит жителям Земли вновь в изобилии то, в чём они нуждаются для земного тела. Это тогда вновь является чистым для, в значительной мере, чистых тел.

11. Не пролитием невинной крови, но праведной жизнью вы найдёте мир Бога. Вы называете Меня Христом Бога, и говорите верно; ибо Я Есть путь, истина и жизнь.

12. Идите же этим путём, и вы найдёте Бога. Ищите истину, и истина вас сделает свободными. Живите в жизни, и вы не увидите смерти. Все вещи живут в Боге, и Дух Бога наполняет все вещи. (Гл. 75, 11-12)

Я, Христос, объясняю, исправляю
и углубляю слово:

Праведная жизнь – это жизнь в Боге. Кто праведен, тот не обманывает, не приговаривает и не судит своих ближних. Кто во всех вещах стремится к праведности, тот находит свою дорогу на путь правдивости. Он верен самому себе в благородных мыслях, словах и делах. В соответствии со своим мышлением и жизнью он ведёт себя также и со своими окружающими: он их не обманывает, не приговаривает и не судит, потому что он облагородил себя самого.

Познайте: мир и истинное христианство могут прийти в этот мир только через людей, облагородивших свои души украшением добродетели и скромности, миролюбивыми мыслями, бескорыстными словами и действиями.

Я Есть путь, истина и жизнь. Кто возвышает свою душу ко Мне, тот также и находит свой путь ко Мне. И кто живёт во Мне, истине, тот свободен от внешних привязок и мишуры этого мира. Кто живёт в истине, тот наполняет все слова и вещи жизнью, потому что он сам наполнен Духом Бога.

13. Держитесь заповедей. Люби своего Бога всем своим сердцем и своего ближнего как себя самого. За это подвешен весь закон и пророки. И сумма закона такова: не делайте никому другому того, чего вы не хотите, чтоб другие сделали вам. Делайте другим то, чего вы хотите, чтоб другие сделали вам.

14. Благословенны, исполняющие эту заповедь; ибо Бог проявлен во всех созданиях. Все создания живут в Боге, и Бог скрыт в них».

15. И затем Иисус обмакнул кусок пищи, подал его Иуде Искариоту и сказал: «Что ты делаешь, делай это скорее!» Но тот, после того как принял кусок, немедленно вышел. И была ночь.

16. После того, как Иуда Искариот вышел, Иисус сказал: «Ныне Сын Человеческий прославлен среди Своих двенадцати, и Бог прославлен в Нём. И истинно, Я говорю вам, те кто принимают вас, примут Меня, а кто принимают Меня, примут Отца, пославшего Меня. И вам, следующим за Мной в духовном обновлении в качестве Моих избранных, Я воздвигну царство, так же, как и Мне оно было сооружено, и вы, оставшись верными истине, будете сидеть на двенадцати тронах и судить двенадцать колен Израиля». (Гл. 75, 13-16)

Я, Христос, объясняю, исправляю
и углубляю слово:

Кто исполняет заповеди бескорыстной любви, сердце того наполнено любовью и мудростью Бога, истиной, которая длится вечно, потому что она является законом жизни.

Кто исполняет заповедь «Люби своего Бога всем своим сердцем и своего ближнего как себя самого», тот живёт в законе Бога, ибо бескорыстная любовь охватывает все силы Вселенной, от Порядка до Милосердия.

Во все времена и во всех поколениях истинные пророки и все праведные мужчины и женщины исполняли закон Бога. Кто исполняет закон Бога, передаёт себя Богу и даёт то, что является волей Бога: любовь и мудрость.

Кто хочет стать законом любви, пусть обратит внимание на первый шаг к внутренней жизни, к бескорыстной любви: «Не делайте никому другому того, чего вы не хотите, чтоб другие сделали вам. Делайте другим то, чего вы хотите, чтоб другие сделали вам».

Кто исполняет закон жизни, любовь, тому Бог проявлен во всех людях, животных, растениях, минералах, камнях и во всех силах Вселенной. Ничто не остаётся скрытым от того, кто открывает себя Богу. Однако вещи и силы Вселенной скрыты от того, кто из-за своих грехов хотел бы скрыться от Бога.

Иуда принял кусок пищи. Поскольку он молился неискренне, он отложил часть куска назад и покинул небольшую группу. Этим он показал свои взгляды; потом он выполнил то, что имел в своих чувствах.

Что Я говорил небольшой группе, должно бы послужить вам и всем грядущим поколениям для познания вашего мышления и жизни. У вас тем самым есть критерий к познанию вашей духовной зрелости.

Кто обесценивает и приговаривает своих окружающих, тот не принял и не признал ни их, ни Меня. Он отвергает и приговаривает тем самым также и Меня, Христа Бога, ибо Я живу в вашем ближнем. С таким поведением он также и не сможет найти свой путь к истине, ибо Я, Христос, Есть путь, истина и жизнь. Кто отвергает своего ближнего, тот отвергает также и Меня. Он не сможет, поэтому также и найти свой путь к вечному Отцу, который действует через Меня, Христа.

И кто не живёт во Мне, тот также не избран – ни для Царства Бога на Земле, ни для вечного царства, вечных Небес; ибо вечное Бытие – это Отец во Мне. Кто пренебрегает своим ближним, не знает также и Его, Отца.

Кто нашёл свой путь к истине, тот не будет ни судить, ни приговаривать.

Слово «судить» означает:

Колено Израиля будет судить само себя соответственно своего мышления и действий.

Познайте: каждый человек судит себя сам, ибо всякое нечистое ощущение, всякая незакономерная мысль, всякое эгоцентричное слово и всякий самоодержимый поступок несут в себе суд. Мера, которой человек мерит, и есть его собственный суд: это его самоодержимость в его ощущениях, мыслях, словах и поступках.

Я, Христос Бога в Иисусе, пребывал в Отце. Так Отец был прославлен через Меня, Христа.

17. И один спросил Его: «Господь, Ты хочешь вновь воздвигнуть королевство Израиль?» Иисус же ответил: «Моё царство не от этого мира, и не все те Израиль, которые называют себя Израилем». (Гл. 75, 17)

Я, Христос, объясняю, исправляю
и углубляю слово:

Моё царство не от этого мира.

Слово «воздвигнуть» означает: Я воздвигну Израиль – с Иерусалимом в центре – там, где люди исполняют волю Бога. Моё царство состоит из людей, выполняющих волю Бога во Мне, Христе.

Познайте: Израиль и Иерусалим не относятся к какому-либо определённому месту. Они находятся там, где люди действуют во имя Всевышнего и исполняют закон бескорыстной любви. Они с любовью и мудростью Бога будут основывать и выстраивать то, что проявлено: Царство Бога на Земле, правителем которого буду Я, Христос.

Царство Бога на Земле не будет там, где правит эгоизм упрямых евреев и тех людей, которые принимают Меня лишь на словах. Новый Израиль и Новый Иерусалим будут основывать и выстраивать те люди, которые приняли и вместили Отца и Меня, Сына, которые, таким образом, исполняют законы любви и мудрости Бога. Они являются теми, кто приносят духовное обновление. Они стоят в Моём задании, основать, выстроить и завершить то, что проявлено: Царство Бога, Царство мира Иисуса Христа на этой Земле.

Познайте: Израиль и Иерусалим будут там, где бьёт ключом тот источник Бога, из которого истина, как поток, пронизывает весь мир.

Судить будут себя те души и люди, которые приговорили сами себя неисполнением вечных законов.

Многие духовные существа приходили из Святыни Бога в земное одеяние. Они воздвигнут и будут оберегать трон Бога на Земле. Оттого Израиль и Иерусалим будут там, где источник Бога берёт своё начало и течёт сильнее всего – вдали от старого Израиля. Когда старый Израиль будет упразднён, то Новый Израиль будет на месте старого Израиля, потому что через революционные мировые процессы и через изменение так называемой земной оси земные массы земного шара сдвинутся.

18. Те в каждом народе, которые не оскверняют себя жестокостью, которые практикуют справедливость, которые любят милосердие и почитают дела Бога, которые оказывают помощь слабым и угнетённым – они и есть Израиль Бога». (Гл. 75, 18)

Я, Христос, объясняю, исправляю
и углубляю слово:

Ото всех четырёх ветров, из всех народов и племён всей Земли Я собираю людей, которые не оскверняли и не оскверняют себя жестокостью, но которые практикуют справедливость и милосердие, бескорыстно помогают слабым и угнетённым и совершают дела Бога.

Они побратаются и соединятся с теми, кто возводят Новый Израиль и Новый Иерусалим, Царство Бога на этой Земле, то Царство мира Иисуса Христа, которое охватит всю Землю.

ГЛАВА 76

Омовение ног –
Последняя вечеря

Освоение семи основных сил души начинается с Порядка (1-3). Кто бескорыстно любит, тот исполняет закон и зрит Бога во всём (4-5). Истинные борцы за Христа чисты сердцем (6). Цель и задача души: вновь стать законом (7). Значение ладана (8). О вечере – Не церемония, а символ (9). Молитва Иисуса за Своих: исполняйте слово Бога и заповедь любви; источайте то, что Бог дарит вам (10-19). Молитва единства (20-21). Хлеб и вино (22). Духовная субстанция в дарах природы (23-25). Из уступок Моисея произошли незакономерные нравы и обычаи (26-28). Предательство Христа – Почему Иисуса стало возможным пленить и распять – Поступок Христа для рода Давида (29-30)

1. И когда закончилась пасхальная трапеза, зажгли огни, ибо был вечер. И Иисус встал из-за стола, снял Свою верхнюю одежду и повязал себе передник. Затем Он налил воды в чашу, вымыл всем четырежды двенадцати ноги и осушил их передником, которым был препоясан.

2. И один из них сказал: «Господь, Тебе не следует мыть мне ноги». И Иисус сказал: «Если Я тебя не помою, то ты не имеешь части во Мне». И он ответил: «Господь, не одни только ноги, но также мою голову и руки».

3. И Иисус сказал ему: «Кто вышел после купания, тот должен помыть только лишь, ибо он целиком чист». (Гл. 76, 1-3)

Я, Христос, объясняю, исправляю
и углубляю слово:

Также и омовение ног было символом. Оно означает внутреннее очищение.

Чтобы достичь совершенства, душа и человек должны начинать с раскрытия «самой нижней» основной силы, Порядка. Это означает, очищать ощущения и мысли и облагораживать их так, чтоб также и слова человека были одушевлены Моей жизнью. Тогда человек постепенно познаёт волю Бога. Одновременно человек, стремящийся к Богу, всё больше и больше будет утончать свои человеческие чувства, чтобы достичь внутреннего благородства. Это совершается от одного эволюционного шага к другому. Созревающая душа и пробудившийся человек становятся благородными и добрыми.

Таким образом, душа и человек постепенно раскрывают семь основных сил души, которые являются законом Бога. Когда душа полностью раскрыла эти семь основных сил от Порядка до Милосердия, тогда она вновь является незапятнанным духовным телом, каплей в океане Бог, в законе жизни.

4. Когда же Он теперь вновь надел Своё одеяние из чистейшего белого льна без пятен и загибов, Он вновь присел к столу и сказал им: «Знаете, что Я сделал вам? Вы называете Меня Господом и Учителем, и говорите правильно, ибо Я Есть такой. И так же, как Я теперь омыл ваши ноги, так и вам надлежало бы омывать ноги друг другу. Ибо Я подал вам пример, чтоб вы делали то, что Я сделал вам.

5. Новую заповедь даю Я вам, чтоб вы любили друг друга и все творения Бога. Любовь есть исполнение закона. Любовь от Бога, и Бог есть любовь. Кто не любит, тот не знает Бога. (Гл.76,4-5)

Я, Христос, объясняю, исправляю
и углубляю слово:

Кто способен бескорыстно любить всех людей и все формы жизни, то есть, кто больше не оценивает, не переоценивает и не осуждает, тот исполняет закон.

Закон, Бог является любовью, потому что Бог есть любовь. Кто живёт бескорыстной любовью, тот чист. Он зрит Бога, закон любви, во всех людях, во всех формах жизни и во всех вещах, потому что он знает Бога, закон любви.

Кто себя самого не знает, тот не знает также и закон, Бога, и не зрит также во всех людях, формах жизни и вещах закон любви, Бога.

6. Теперь вы чисты через слово, которое Я сказал вам. В том вас все узнают, что вы Мои ученики, что вы друг друга любите и оказываете милосердие и любовь всем творениям Бога, особенно тем, кто слаб и угнетён и невинно страдают. Ибо вся Земля полна тёмными местами жестокости, с мучениями и страхом из-за себялюбия и невежества людей. (Гл. 76, 6)

Я, Христос, объясняю, исправляю
и углубляю слово:

«... чисты через слово» означает: кто Моё слово, которое является жизнью и силой, осуществляет, станет чист душой и телом. Кто чист сердцем, тот также и в этом мире способствует тому, чтоб все люди, которые тоскуют по Богу, нашли удовлетворение, и чтоб тёмные места ужаса, в которых господствуют мучения, страх и смерть, стали светлее. Ибо тогда даже и там пробудится и расцветёт жизнь в Боге, и люди найдут себе пути к внутреннему миру.

Кто живёт в Боге, тот становится истинным бескорыстным борцом за Царство Бога, которое есть мир. Он борется оружием любви против себялюбия и невежества своих окружающих, для того чтобы Земля была обновлена через Меня, Христа.

7. Я говорю вам, любите ваших врагов, благослов-
ляйте тех, кто проклинают вас и давайте им свет в
их мраке, и пусть Дух любви живёт в ваших сердцах
и изливается ко всем. И опять же говорю Я вам: лю-
бите друг друга и все творения Бога». И когда Он за-
кончил, все говорили: «Хвала Богу». (Гл. 76, 7)

Я, Христос, объясняю, исправляю
и углубляю слово:

Что Я говорил как Иисус из Назарета, касалось не только Моих, которые были со Мной, Иисусом, и не только тогдашнего народа. Оно касалось и касается людей всех народов и всех поколений, ибо оно является словом Бога, которое направлялось и направляется ко всем людям. Оно будет даваться до тех пор, пока многие люди не станут законом жизни и не будут тогда сами говорить слово, закон, Бога. Тогда всё, что было предсказано Мной, как Иисусом, и истинными пророками Бога, исполнится.

Когда Я затем возвращусь в духе, Земля будет очищена так, что будет способна воспринимать Мой свет, свет Христа. Тогда все люди, живущие на очищенной Земле, будут исполнять заповеди Бога и говорить слово, закон, так как они живут по закону.

Это есть задача души, в её различных земных жизнях разных временных эпох вновь стать законом Бог,

890

словом жизни. Люди, достигшие более высоких степеней очищения, будут любить друг друга и все творения Бога, как Я их полюбил и люблю.

8. И тогда Он возвысил Свой голос, а они сплотились теснее и сказали: «Так же как олень жаждет водных ручьёв, так стремится моя душа к Тебе, о Боже!» И когда они закончили, один из них принёс Ему кадильницу с раскалёнными углями, и Он посыпал на них ладан, тот самый ладан, который Ему дала Его мать в день Его проявления, и сладость аромата наполнила помещение. (Гл. 76, 8)

Я, Христос, объясняю, исправляю
и углубляю слово:

Так называемая кадильница стояла в помещениях знатных граждан. Ладан символизирует освящённую жизнь. Он применялся и применяется многими людьми, без того, чтобы они и тогда и сейчас осознавали его значение. Также и в институте церкви ладан всё ещё применяют при обрядах. Зато освящённая жизнь многими людьми и даже в институте церкви, не проживается. Что, однако не проживается, остаётся символом и потому также не имеет значения.

9. Тогда Иисус поставил перед собой чашу, а позади кубок и, поднявши взор к небу, Он благодарил Бога за Его доброту во всём и для всех, и взял в руки пресный хлеб и благословил это. Потом Он смешал вино с водой и благословил его, спел обращение к семикратно святому имени, воззвал Триединого, для того чтобы Он ниспослал Святого Духа и превратил хлеб в Его тело, то есть тело Христа, а вино в Его кровь, то есть кровь Христа, к прощению грехов и к вечной жизни для всех, кто послушны евангелию. (Гл. 76, 9)

Я, Христос, объясняю, исправляю
и углубляю слово:

Кто занимает в этом мире должность, тот также и использует запас слов, необходимый для этого. Также и переводчики способны передавать тексты только своим словарным запасом, который соответствует их уровню сознания. Также и переводы не всегда могли и могут следовать смыслу, ведь те же самые слова для каждого могут иметь иное значение — в соответствии с его сознанием и его представлениями. Так, что и Моё слово во многих случаях рассматривалось через очки веры тех, кто его передавал. Поэтому Я объясняю, исправляю и углубляю слово, написанное в книге «Евангелие Иисуса».

Как Иисус из Назарета, Я много молился Богу, Моему Отцу, и вёл с Ним диалог. Ему, Вечному, молился Я о благословении последней вечери с Моими.

По смыслу Я говорил им: что Я делаю сейчас, то делайте и впредь в память обо Мне. Еда, она для тела. Я подаю её вам как символ внутреннего укрепления.

Познайте: Моё тело будет отдано, для того чтобы вы достигли вечной жизни. Пусть же ваше тело станет храмом, для того чтобы Дух был способен действовать в вас и через вас. Через воскресение Моего духовного тела также воскреснете и вы, ибо Христос Бога, который идёт к Отцу, есть Дух истины в Боге. Дух истины очистит ваше духовное тело, и свет мира, который Я Есть, будет светить в вас и через вас. Ибо через Моё воскресение Я Есть свет в вас и очищение вашей души. Кто верит в Меня и исполняет законы Небес, через Меня, Христа, достигнет возрождения в Дух Моего Отца.

Я взял вина, добавил немного воды и сказал по смыслу: что Я вам сейчас говорю является символом. Познайте значение – и думайте обо Мне, когда вы едите и пьёте, ибо во всём находится Дух жизни, который Я Есть.

Вино является символом Моей крови, которую Я пролью ради всех душ и людей. Дух души должен быть вновь пробуждён душой и человеком, то есть, перенесён в земную жизнь. Кто Дух истины – в виде символа: Моя кровь – не принимает и не вмещает, душа того не может вернуться в вечность, потому что она не живёт в абсолютной истине. Душа остаётся так долго вне Небес, пока она не примет и не вместит Меня, свет этого мира, своего Избавителя. Итак, кто Меня, своего Избавителя, Соправителя Небес, не принимает и не вмещает, тот не достигнет абсолютного совершенства.

Познайте: кто Меня не принимает и не вмещает, тот также не принимает и не вмещает Отца – ибо Отец и Я одно.

Это символическое событие Я в Иисусе из Назарета осуществил среди Моих, чтобы объяснить им то, что жизнь, Дух Бога, как субстанция и сила находится во всех формах жизни, как в пище, так и в напитках. Ибо Я умер ради всех душ и людей, для того, чтоб они достигли воскресения. Вам следует во время еды и во всём, что вы совершаете, думать единственно обо Мне. Ибо что вы истинно делаете от Моего имени, то делается во благо.

Многие люди на могучем повороте времён будут истекать кровью, потому они что не приняли и не вместили Меня и поэтому остались в своих грехах. Стремящийся к Богу человек, однако будет проводить трапезу со Мной. Итак, просите благословения Бога для вашей трапезы и думайте за едой о силе и любви Бога, тогда вы будете думать также и о вашем Избавителе, Христе Бога, который в Отце.

10. И Он поднял к небу жертвенные дары и сказал: «Сын Человеческий будет вознесён над Землёй, и Я привлеку к Себе всех людей. Тогда все узнают, что Я Есть посланный Богом».

11. И когда это произошло, Иисус произнёс эти слова и поднял Свой взор к небу: «Авва, час настал, прославь Сына Твоего, чтоб да прославился Сын Твой в Тебе.

12. Да, Ты Меня прославил, Ты наполнил Моё сердце огнём, Ты поставил светильники справа и слева от Меня, так чтоб ни одна часть Меня не осталась без света. Твоя любовь светит по правую руку от Меня, а Твоя мудрость по левую. Твоя любовь, Твоя мудрость и Твоя власть проявлены во Мне.

13. Я прославил Тебя на Земле, Я закончил то дело, которое Ты поручил выполнить Мне. Святой Единый, сохрани Своим именем тех двенадцать и их спутников, которых Ты Мне дал, чтоб они были едины, точно так же, как и Мы едины. Пока Я был с ними в этом мире, Я вёл их от Твоего имени, и никто из них не потерян; ибо ушедший от нас был не наш, но Я молюсь за него, чтоб он был спасён. Отец, прости его, ибо он не знает, что делает.

14. И ныне иду Я к Тебе и говорю это миру, с тем чтобы радость Моя в них исполнилась. Я даю им Твоё слово, и мир ненавидит их; ибо они не от этого мира, точно так же, как и Я не от этого мира.

15. Я не прошу, чтоб Ты их забрал из этого мира, но чтоб Ты уберёг их от зла, пока они в этом мире. Они не от этого мира, точно так же, как и Я не от этого мира. Благослови их Твоей истиной. Твоё слово есть истина. Как Ты послал Меня в мир, так и Я посылаю их в мир, и ради них Я освящаю Себя, для того, чтоб и они освятились через истину.

16. Я молюсь не за них одних, но за всех, кто присоединятся к ним, и о семидесяти двух, которых Я также послал, и за всех, кто поверит в истину через Твоё слово, чтобы они также были едины как Ты, Всесвятейший, во Мне, а Я в Тебе, чтоб они также были едины в Тебе, и чтоб мир узнал, что Ты послал Меня.

17. Святой Отец, Я хочу также, чтоб все, которых Ты Мне дал, да, все, кто живут, были со Мной, где Я Есть, с тем чтобы они разделили то великолепие, которое Ты даёшь Мне, так как Ты любишь Меня во всех и всех во Мне до того, как мир был сотворён.

18. Мир не узнал Тебя в Твоей справедливости, но Я знаю Тебя, и они знают, что Ты послал Меня.

19. И Я провозгласил им Твоё имя, чтобы любовь, которой Ты полюбил Меня, была в них, и чтоб она

разливалась от них на все Твои творения, да, на всех». И когда Он произнёс эти слова, все возвысили свои голоса вместе с Ним и молились, как Он их учил: (Гл. 76, 10-19)

Я, Христос, объясняю, исправляю
и углубляю слово:

Эта переданная по смыслу молитва была произнесена не только для Моих апостолов и учеников, она предназначалась и предназначается для всех людей, для всего Бытия.

Всё больше и больше исполняющие волю Бога понесут в мир слово Бога, которое они исполняют. Это происходит в настоящее время и будет происходить в будущем, пока Я не возвращусь в духе.

В божественную эру, в Царстве Бога на Земле, жизнь людей является проживаемой молитвой, жизнью, которая есть вечный закон. Ибо любовь к Богу и к ближнему – это исполнение закона.

Кто бескорыстно любит, того Я, Христос, возвышу, так же, как и Меня возвысил вечный Отец. Одновременно Я притяну его к Себе, его брату, и мы будем жить в Боге как дети Бога.

Я принёс в мир Дело избавления – во все души и людей. Избавление завершается в тех душах и людях, которые достигли совершенства, то есть, чистоты.

Они вновь стали едины с вечным Отцом и достигли братства во Мне. Они состоят со Мной в братстве – а в Отце-Матери-Боге в сыновстве и дочеринстве.

Никогда не исключайте вашего ближнего из своего сердца, даже если он вас предал и выдал, так же как это сделал со Мной Иуда. Держите его в своём сердце, даже если он теперь не с вами, а против вас. Он есть и остаётся вашим ближним. Так написано это в Небесах, в вечном законе.

Соблюдайте и исполняйте заповедь любви: любите вашего Отца всем сердцем, всеми своими силами, любите Его в каждом ощущении, в каждой мысли, в каждом слове и в каждом поступке – и любите вашего ближнего, так же как вы любите самих себя. И если в ваших ощущениях, мышлении, речах и действиях преобладает любовь к Богу, то вы будете уважать самих себя как детей Бога, а также и ваших ближних, которые тоже являются детьми вечного Отца и которых Бог, наш Отец, точно так же любит, как Он любит вас. Ибо в Боге, вашем и Моём Отце, все являются Его детьми. Он любит всех одинаково – без различия. И если вы это познаете и примете, то также и вы не будете делать различий.

Любовь к Богу включает в себя также и прощение. Кто живёт в Отце, имеет внутреннее величие, которое прощает, без затаивания обид.

Кто исполняет слово Бога, тому также и дано провозглашать миру слово Бога и учить ему. Кто, однако, сам не осуществил слово Бога, тот пусть молчит. Ибо кто только говорит о слове Бога, тот отягощает свою душу. Он грешит против Святого слова, против Бога. Кто слово Бога только проповедует и ему учит, без того, чтобы он его осуществил, слова того не входят в сердце ближнего; они становятся для того, кто их посылает, бумерангом. Итак, кто слово Бога только проповедует и ему учит, без того, чтобы он его осуществлял, тот также и не сможет наполнять его силой и властью, потому что он сам бессилен.

Кто наполняет Моё слово жизнью и силой через собственное осуществление и этому учит в мире, тот не будет понят людьми этого мира – и будет многими ненавидим из-за евангелия.

Кто исполняет слово Бога, тот не от этого мира, так же, как и Я, будучи Иисусом из Назарета, был не от этого мира. Кто исполняет слово Бога, тот является живым источником и потоком внутреннего спасения, которое струится ко всем творениям и протекает через всё; ибо Бог является всепроникающей силой. Итак, кто живёт в Боге, тот источает то, что дарит ему Бог: любовь, мудрость и силу, поток для всех и для всего.

20. «Отец наш, Ты, который над нами и в нас, да святится имя Твоё в триединстве. Да придёт Твоё царство ко всем в мудрости, любви и справедливо-

сти. Да свершается всегда Твоя святая воля как на Небе, так и на Земле. Дай нам ежедневную долю Твоего святого хлеба и плодов Твоей живой виноградной лозы. Так же как Ты прощаешь наш долг, так пусть и мы простим других, кто провинились перед нами. В то время, как мы пытаемся вести к совершенству других, совершенствуй нас в Твоём Христе. Подари нам Твою доброту, так чтоб мы могли другим делать то же самое. В час искушения освободи нас от зла.

21. Ибо Твоё есть царство, сила и великолепие: в начале, теперь и всегда. Аминь». (Гл. 76, 20-21)

Я, Христос, объясняю, исправляю
и углубляю слово:

Со времени Моей деятельности как Иисуса из Назарета прошли эпохи. Приходили и уходили поколения. Люди молились во все времена. Содержание многих их молитв было одинаковым, однако соответственно данному поколению они произносились иными словами. Поэтому человеку не следует придавать земному слову слишком большого значения, так как оно от эпохи к эпохе, от поколения к поколению приобретало и может приобретать иной смысл. Так что старайтесь охватывать смысл, а также и вкладывать правильный смысл.

Я дал людям через внутреннее слово посредством воплощённого частичного луча божественной Мудрости молитву единства как молитву благодарности и любви к Богу. Ею можно молиться по смыслу. Она указывает также на приближение Царства Бога на Земле и на Моё духовное возвращение. Она стала молитвой друзей Христа:

Отец наш, Ты, который на Небе,

свято Твоё имя.

Наше царство приходит, Твоя воля свершается

как на Небе, так и на Земле.

Наш повседневный хлеб Ты даёшь нам сегодня

и прощаешь нам наши долги,

и мы прощаем нашим должникам;

Ты ведёшь нас в искушении

и избавляешь нас от зла.

Ибо наше есть царство и сила

и великолепие

из вечности в вечность.

22. Тогда наш Учитель взял святой хлеб и преломил его, и точно так же плод виноградной лозы и смешал их и благословил и то и другое. И Он опустил кусочек хлеба в чашу и благословил святое объединение. (Гл. 76, 22)

Я, Христос, объясняю, исправляю
и углубляю слово:

Слова «И Он опустил кусочек хлеба в чашу и благословил святое объединение» показывают, что пишущий нёс на себе отпечаток церемониального мышления.

Познайте: всё едино в Боге. Ничто не может существовать без другого, потому что Бог является субстанцией и силой во всём. Из этого получается объединение с жизнью. Таким образом также хлеб и вино находятся в Боге и приходят от Бога для людей и не могут быть разделены. Земля – это кормилица, мать всех людей, принимающих от неё через Дух Бога. Он пронизывает Землю и людей и даёт жизнь всему Бытию на Земле.

23. И затем Он подал хлеб, который Он благословил, Своим ученикам и сказал: «Ешьте, ибо это Моё тело, тело Христа, которое дано для вас к избавлению тела и души».

24. Таким же образом Он дал им плод виноградной лозы, который Он благословил, и сказал им: «Пейте, ибо это Моя кровь, кровь Христа, которая проливается ради вас и ради многих к избавлению души и тела».

25. И когда все приняли в этом участие, Он сказал им: «Сколь часто бы вы ни собирались во имя Моё, проводите эту жертву в память обо Мне, приготовьте хлеб вечной жизни и вино вечного избавления и ешьте, и пейте от чистого сердца, и вы примете субстанцию и жизнь Бога, живущую во Мне». (Гл. 76, 23-25)

Я, Христос, объясняю, исправляю
и углубляю слово:

Хлеб и вино служили единственно символом полной отдачи Моего тела и Моей крови. Вам, однако не следует делать из этого никакого обряда, но всегда надо помнить обо Мне во всех своих ощущениях, мыслях, словах и поступках.

Также, когда вы принимаете себе в пищу дары жизни, которые даны вам Богом из чрева матери Земли, помните с благодарностью о Вечном, и помните также о Моём поступке Избавителя. И если вы это делаете с искренним сердцем, то не только ваше земное тело получит духовную субстанцию, духовную жизнь, но также и ваша душа. Ибо во всём, что природа дарит людям, находится жизнь, Бог, духовная субстанция, сила.

26. И когда они пропели хвалебную песнь, Иисус встал посреди Своих апостолов, и они ходили вокруг Него, который был их центром, как в торжественном танце и радовались в Нём. И затем Он отправился на Елеонскую гору, и Его ученики последовали за Ним.

27. И вот, Иуда Искариот пошёл в дом Каиафы и сказал ему: «Смотри, Он праздновал Пасхальную трапезу в пределах ворот с мацой вместо ягнёнка. Я же купил ягнёнка; но Он запретил его убивать. Смотри, человек, у которого я его купил, свидетель».

28. И Каиафа разорвал на себе одежды и сказал: «Поистине, это не праздник Пасхи по закону Моисея. Он совершил поступок, достойный смерти; ибо это тяжёлое нарушение закона. К чему нам нужны ещё другие свидетели? Да, только что два разбойника ворвались в храм и украли книгу закона; это результат Его учения. Давайте скажем людям, которые за Ним следуют, что Он сделал; ибо они боятся власти закона». (Гл. 76, 26-28)

Я, Христос, объясняю, исправляю
и углубляю слово:

Слова «... и они ходили вокруг Него, который был их центром, как в торжественном танце ...» говорят вот, что: Мои апостолы и ученики подошли ко Мне ближе и передвигались вокруг Меня, так как Я в эти мгновения был для них центром, ибо они чувствовали боль Моего сердца – и стали бояться за свою собственную земную жизнь.

Моисей должен был делать израильтянам некоторые уступки, поскольку они, как и все существа и люди, имели и имеют от Бога свободную волю придерживаться законов жизни или пренебрегать ими. Несмотря на предостережения и указания Моисея, что их мышление и действия не соответствуют воле Бога, многие израильтяне оставались в грехе. Многие не придерживались законов Бога или придерживались их лишь частично.

Также и поэтому они много лет провели в пустыне, потому что их нравы не соответствовали воле Бога, и жизнь многих из них походила на пустыню. Мышление и жизнь многих израильтян кружились снова и снова вокруг золотого тельца. Своё порочное, эгоцентричное поведение и своё упрямство против исполнения законов Бога они принесли частично с собой в так называемую обетованную землю и превратили уступки Моисея в свои законы – при таком мнении, что они получили их от Бога через Моисея. Кто был против их обычаев в храме и против их незакономерных нравов – якобы проявленных Богом через Моисея – тот был врагом того, что они считали правильным и справедливым.

Аналогичное тому происходит и в настоящее время. Кто разоблачает поведение представителей церковных институций, тот ими обозначается как нехристианский. Кто не верит в догмы и ритуалы – аналогичные тем, как были у израильтян в их обычаях и нравах – над тем насмехаются, издеваются и того ненавидят.

Многие представители церковных институций злоупотребляют Моим словом – аналогично тому, как израильтяне злоупотребили словом Бога, данным через Моисея, и уступками Моисея.

Так было во все времена: кто не за господствующие взгляды и мнения людей, то есть не думает и не верит так, как они, тот в их глазах является предателем. Во все времена власти натравливали народ против праведных мужчин и женщин.

29. И один, присутствовавший там, когда Иуда вышел, спросил его: «Думаешь ли ты, что они Его убьют?»

30. И Иуда сказал: «Нет, ибо Он совершит чудо, чтобы освободиться из их рук. Когда они в синагоге в Капернауме поднялись против Него и привели Его на вершину горы, чтобы сбросить Его вниз, разве не ушёл Он между ними невредимым? Наверняка Он ускользнёт от них снова и открыто заявит о Себе и воздвигнет то царство, о котором Он сказал». (Гл. 76, 29-30)

Я, Христос, объясняю, исправляю
и углубляю слово:

Предавая Меня, Иуда хотел нечистым способом приобрести серебряники.

Будьте внимательны, вы, люди, чтобы с вами не случилось ничего подобного как с Иудой. Ибо за почти 2000 лет снова и снова бывали Иуды, предававшие своего Господа за несколько серебряников.

Предательство Христа Бога также и в сегодняшнее время очевидно для тех, кто стараются исполнять закон Бога: многие сегодняшние книжники, фарисеи и ответственные представители в церкви, политике и экономике используют Моё имя ради своих личных стремлений и выгод. Это злоупотребление святым именем и таким образом грех против Святого Духа.

Иуда был уверен, что Я бы уклонился от пленения, так же как Я это делал и раньше во многих ситуациях. Снова и снова те, кто был против Меня, хотели Меня связать или побить камнями, или сбросить со стен – но Я всегда, словно невидимый, защищённый вечной силой, проходил сквозь них и шёл Своей дорогой.

Но теперь должно было произойти то, что затем и произошло. Те, кто был против Меня, смогли взять Меня в плен, передать Меня первосвященнику и позволить распять.

Многие люди задавали и задают снова и снова вопрос: почему Иисус так часто ускользал от Своих преследователей и почему так не было в эту ночь? О том, что тогда произошло, Я хочу сегодня изложить лишь существенные аспекты, ибо речь идёт об избавлении, которое Я принёс всем душам и людям:

Частичная сила прасилы, часть Моего духовного вездесущего наследства, была изъята потому, что в целом весь еврейский народ Меня не принял и Моё учение, закон жизни, не вместил в себя, то есть не исполнил его.

Я взял на себя часть вины рода Давида и часть вины некоторых людей из других родов. Этими энергетическими силами из закона посева и жатвы Я окутал незадолго до взятия в плен Своё чистое духовное тело. Эта оболочка сделала Меня видимым и осязаемым для тьмы.

Познайте: род Давида является мостом воплощения тех духовных существ, которые включились в план Бога для Земли и приходили и приходят непосредственно из центра вечного Бытия, чтобы со Мной привести назад всё, что казалось потерянным.

Со времён Давида они приходили снова и снова, чтобы прокладывать Мне дороги и подготавливать проведение плана Избавителя, плана спасения. Предусматривалось то, чтоб эти духовные существа из рода Давида в земном одеянии, прежде всего сами исполняли бы законы. Тем самым им следовало бы приближать до евреев законы жизни и быть для них хорошими примерами – с тем, чтобы также и последние исполняли законы, чтобы признать Меня, Христа, когда Я приду к ним в Иисусе.

Многие духовные существа в земном одеянии запутывались, однако, как люди от инкарнации к инкарнации всё больше, то есть они грешили и отягощали свои души, так что они из-за грехов уже не ощущали, для чего были отправлены. Вследствие этого также и воплощённые духовные существа из других родов, которым надлежало бы действовать для плана Бога, не могли найти опоры в людях из рода Давида.

В ходе Моей деятельности как Иисуса из Назарета Я был должен познать, что духовные существа – в качестве людей, бывших евреями из рода Давида – Меня не поддерживали, потому что их духовные тела были слишком затенены, то есть запутались в законе посева и жатвы. Кроме того, Я должен был познать, что евреи, хотя и говорили о законах внутренней жизни, их, однако не придерживались и ими даже и порабощали своих ближних. Подобно, как и люди из рода Давида, они были ослеплены грехом.

Я знал, что должен пострадать ради Дела избавления. Я знал – и Мне это было также проявлено при возвышении, при преображении, когда Мне явился херувим в духовном одеянии – что духовные существа – в земном одеянии в качестве людей из рода Давида и из других родов, должны были бы выполнить со Мной весь план Бога, избавление, основание и строительство Царства Бога на Земле. Я знал, что род Давида находился для этого на первом месте.

Для того чтобы сыновья и дочери Бога снова могли идти на воплощение через племя Давида и могли это и впредь, чтобы затем также и на Земле действовать для плана Бога, Я окутал Себя прежде всего частью вины рода Давида, то есть виною тех душ, которые находились в плане Бога и в предыдущих инкарнациях настолько отяготили себя, что они в течение многих воплощений не могли бы больше действовать для плана Бога. Посредством окутывания Моего духовного тела частью этой вины, Я стал для сил тьмы видимым и осязаемым. Поэтому они смогли взять Меня в плен.

Что затем последовало, допрос, бичевание, крестный путь, на котором Я снова и снова падал, вплоть до распятия, Я перенёс ради рода Давида – а также ради всех евреев и, наконец, ради всех людей всех прошедших и будущих поколений, пока Царство мира не охватит Землю.

Если бы род Давида был светонаполненным и если бы евреи со времени Моисея следовали законам Бога, тогда они вместе с сыновьями и дочерями из рода Давида жили бы по всеобъемлющим законам. Поступка на Голгофе для избавления не должно было бы быть, потому что тогдашний Израиль и тогдашний Иерусалим затем были бы истинным Израилем и истинным Иерусалимом – Царством Бога, которое в то время могло бы действовать по всей Земле.

Ещё до Моего земного времени, Духом Моего Отца на Земле снова и снова создавались возможности для возведения Царства Бога. Но люди всё больше впадали в грех.

Если бы род Давида выстоял, тогда бы не должно было быть распятия. Если бы еврейский народ был истинным народом Бога, тогда весь план Избавителя протекал бы иначе, и Я бы не должен был изымать часть Моего наследия, частичную силу из прасилы. Но теперь это свершилось, и путь для всех душ и людей к сердцу Бога свободен.

Ныне род Давида и люди из других родов начинают всё больше и больше исполнять своё задание в деле Избавителя, для того, чтоб Царство Бога смогло прийти на Землю. Это свершилось. Крест Я потому называю также и крестом Христа-Давида.

ГЛАВА 77

Страдания в Гефсиманском саду

*Спящие ученики в Гефсиманском саду – Кто только лишь ко-
пит духовные знания, однако их не применяет, не может охватить ситуацию и засыпает во время нужды своего ближнего – Воля и план Бога будут исполнены (1-13)*

1. Когда они шли на гору Елеонскую, Иисус сказал
им: «В эту ночь Я стану для вас всех неприятностью;
ибо так и написано: «Поражу пастуха, и овцы стада
рассеются». Когда же Я воскресну, Я приду в Галилею
прежде вас».

2. Симон сказал в ответ Ему: «Даже если бы и они
все рассердились на Тебя, то я ни в коем случае не буду
сердиться». И Иисус сказал ему: «Симон, Симон, смотри, Сатана хотел овладеть тобой, так чтобы он
просеял бы тебя как пшеницу. Но Я за тебя молился,
чтоб вера твоя не ослабла. И если ты крепок, тогда
укрепи своих братьев».

3. И он сказал Ему: «Господь, я готов идти с Тобой
в тюрьму, а также на смерть». И Иисус сказал: «Говорю тебе, Симон, не прокричит этой ночью и петух,
прежде чем ты трижды не отречёшься, что Меня
знаешь».

4. После того, как они пересекли ручей Кидрон, Иисус пришёл с ними в Гефсиманский сад. И Он сказал Своим ученикам: «Посидите тут, пока Я пойду вон туда и помолюсь». (Иуда, который Его предал, знал это место тоже; ибо Иисус часто проводил там время со Своими учениками).

5. Тогда Он сказал им: «Моя душа огорчена теперь до смерти; оставайтесь здесь и бодрствуйте со Мной».

6. И Он отошёл немного дальше, упал на лицо и молился, сказав: «О, Мой Отец, если возможно, то пусть эта чаша минует Меня; однако не как хочу Я, но как хочешь Ты».

7. И вот явился Ему ангел с Неба и укрепил Его. И Он пришёл к Своим ученикам и, найдя их спящими, сказал Петру: «Разве вы не можете один час побудрствовать со Мной?

8. Бодрствуйте и молитесь, чтобы вам не впасть в искушение: хоть Дух и готовый, плоть же слаба».

9. Он ушёл во второй раз опять и молился: «О, Мой Отец, если такое невозможно, если эта чаша не может миновать Меня, то свершится воля Твоя».

10. И в глубоких муках Он молился ещё усерднее. И Его пот падал на землю как большие капли крови.

11. И Он вновь пришёл и нашёл их спящими; ибо глаза их были тяжелы.

12. И Он оставил их и ушёл ещё раз, и молился в третий раз, сказав: «О, Мой Отец, да свершится не Моя воля, а Твоя, на Земле как в Небесах».

13. Затем Он пришёл к Своим ученикам и сказал им: «Спите же теперь и отдыхайте, смотрите, близок тот час, когда Сын Человеческий будет передан в руки грешников. Вставайте, пошли: смотрите, вот и тот, кто предаёт Меня». (Гл. 77, 1-13)

Я, Христос, объясняю, исправляю
и углубляю слово:

Апостолы и ученики, бывшие со Мной в Гефсиманском саду, снова и снова впадали в сон. Это показывает то, что их души ещё не были достаточно бодрыми, чтобы суметь охватить значимость события, теперь подступавшего ко Мне.

Многие из Моих апостолов и учеников не могли понять в своей глубине Меня и Моё учение, закон жизни. Поскольку они слишком часто были заняты самими собой, они не могли охватить великого целого, а также приобрести более глубокий взгляд. Снова и снова Я должен был их призывать, чтобы о законе, Боге, которому Я учил и показывал на собственном жизненном примере, не только говорить, но и исполнять его в повседневной жизни. Всё же и они — как и многие люди во всех поколениях — собирали и собирают только духовные знания. Некоторых из Моих апостолов и учеников вновь охватывала гордыня от того, что они шли рядом со Мной, и они соблазнялись к завышенной самооценке.

Мои неоднократные предостережения у многих падали на неплодородную почву; ибо они сеяли снова и снова на плоть, вместо того чтобы сеять на Дух, Бога. Поскольку они были около Меня или снова и снова собирались вокруг Меня, чтобы услышать о вечной истине, они накапливали духовные знания и могли поэтому дать ответ на многие вопросы. Так, они верили, что одного лишь знания о законах Бога достаточно, чтобы душу наполнить любовью и силой. Они путали знание с мудростью, и это вовлекало многих в водоворот завышенной самооценки.

Также и в Гефсиманском саду Я хотел объяснить им, что означает спать в такой решающей ситуации. Я будил их поэтому и разъяснял им, что они едва ли способны охватить ситуацию своего ближнего. Их физические глаза были тяжелы, потому что их духовные глаза не видели того, что прокладывало себе пути. Так, они оставались безучастными по отношению к серьёзным событиям, лежащим передо Мной – хотя Я неоднократно говорил об упомянутом выше часе, когда Я стану видимым и уязвимым для тьмы.

Познайте: духовные знания не пробуждают душу к внутренней жизни, и они также не делают её бодрой и осознающей вещи и события, которые лежат перед ней и её ближними.

Человек, сосредоточенный на себе, спит во время страданий своего ближнего, потому что душа ещё слаба, то есть, имеет слишком мало духовной силы, так как человеку не хватает осуществления. Эгоцентричный человек просыпает также и те импульсы, которые даются ему день за днём, потому что он сеет только на плоть, а не на Дух, Бога. Из-за этого он не познаёт самого себя и остаётся также безучастным по отношению к нуждам своего ближнего.

Если бы Мои апостолы и ученики осознанно несли Меня в себе, то есть, приняли Меня в свои сердца через осуществление вечных законов, тогда бы они не заснули, и намечающееся событие было бы ими тогда осознано, ибо Я раскрывал его им снова и снова в притчах.

Только после Моей телесной смерти во многих наступило великое пробуждение, и многие стали верными последователями и начали исполнять то, что Я им заповедовал как Иисус. Пока же они ходили рядом со Мной, многие не понимали, что Я им говорил, и кто Я был и Есть.

Воля Отца, которая также в Иисусе была и Моей волей, и является Моей волей как Христа, была исполнена. Я совершил то, что должно было произойти, потому что закон, Бог, как следствие греха сыновей и дочерей из рода Давида, из других родов и евреев, не признавался. Поскольку они вместе со Мной не воздвигли Царства Бога на Земле, должен был быть воздвигнут крест. Благодаря «Свершилось», вопреки всем превратностям, Моё царство, Царство мира, будет воздвигнуто.

Так оно в плане Бога. Воля Бога исполняется. Бог безграничен, без времени и пространства. Даже если Его воля и не исполнилась в то время, когда Я в Иисусе ходил по земле, она всё же исполнится в более позднее время. Свет, Бог, есть Всесила. Всесила является победительницей над тьмой.

Бог не смотрит на время человека. Что для человека сегодня или завтра, то для Бога современность. Бог предоставляет каждой душе и каждому человеку свободную волю. Когда Его план не был исполнен на пути освобождения через исполнение закона Бога – тогда это будет через избавление. Оно дано людям и душам в поддержку и помощь, и остаётся при них, с тем чтобы они достигли освобождения из кабалы греха.

ГЛАВА 78

Предательство Иуды –
Отречение Петра

Пленение: тьма обрела власть схватить Иисуса –
Кто берёт меч, от меча и погибнет –
Кричащий петух, голос совести (1-18)

1. Пока Он ещё говорил, смотри, тут подошла толпа, и Иуда, названный Искариотом, шёл впереди них. Ибо Иуда от первосвященников и фарисеев получил в подкрепление отряд воинов и их предводителей. Они пришли сюда с фонарями, факелами и оружием.

2. Иисус же знал всё, что с Ним должно было бы случиться. Он выступил вперёд и сказал им: «Кого вы ищите?» Они ответили Ему: «Иисуса из Назарета». Иисус сказал им: «Это Я».

3. Как только Он сказал им: «Это Я», они тотчас отпрянули назад и упали на землю. Когда они встали, Он спросил их вновь: «Кого вы ищите?» И они сказали: «Иисуса из Назарета». Иисус ответил: «Это Я». И когда они это услышали, они снова отпрянули назад и упали на землю. И когда они поднялись, Он спросил снова: «Кого вы ищете?» И они сказали: «Иисуса из Назарета». И Иисус ответил: «Я вам сказал, это Я. Если вы ищите Меня, то отпустите их».

4. И вот предатель подал им знак и сказал: «Кого я поцелую, это Он, того и хватайте».

5. И он подошёл к Иисусу и сказал: «Приветствую Тебя, Учитель», и поцеловал Его. И Иисус сказал ему: «Друг, зачем ты пришёл? Поцелуем предаёшь ты Сына Человеческого?»

6. Тогда Иисус обратился к первосвященникам и высоким чинам храма и к старейшинам, которые пришли с ними: «Вы вышли как на вора, с мечами и палками. Когда Я ежедневно бывал у вас в храме, вы не простирали ко Мне своих рук; теперь же ваш час и власть тьмы».

7. Тогда они подошли и возложили на Него руки. И Симон Пётр потянулся рукой, извлёк свой меч, ударил слугу первосвященника и отсёк ему ухо.

8. Тогда Иисус сказал ему: «Вложи свой меч вновь на его место; берущие меч, от меча и погибнут». И Иисус коснулся его уха и исцелил его.

9. И Он сказал Петру: «Разве ты думаешь, что Я не мог бы теперь попросить Моего Отца, чтоб Он немедленно послал Мне более чем двенадцать легионов ангелов? Но как же тогда исполнится писание, согласно которому это должно произойти?»

10. Тогда все ученики покинули Его и убежали. Схватившие же Иисуса, повели Его к Каиафе, первосвященнику. Но они привели Его сначала к Анне, тестю Каиафы, который был в этот год первосвященником.

11. Между тем, именно Каиафа был тот, кто дал совет евреям, что было бы выгодно, если бы один человек умер за грехи народа.

12. Собрались книжники и старейшины, Пётр же, Иоанн и Иуда следовали издали до дворца первосвященника. Они вошли туда и подсели к слугам, чтобы увидеть, какой это примет конец.

13. И они зажгли огонь в середине зала; и когда они сели, Пётр сел среди них и грелся.

14. Но одна служанка, увидев его, сидящего у огня, рассмотрела его точно и сказала: «Этот человек тоже был с Ним». Он же отрицал и сказал: «Женщина, я не знаю Его».

15. И спустя некоторое время его увидел другой и сказал: «Ты тоже один из них». И Симон Пётр сказал: «Человек, это не я».

16. И ещё не прошло и часа, как другой достоверно заверял и сказал: «Истинно, вот этот был с Иисусом из Назарета. Его речь выдаёт его».

17. И Симон клятвенно отрёкся в третий раз и сказал: «Я не знаю этого человека». И тотчас, когда он ещё говорил, прокричал петух.

18. И Господь обернулся и взглянул на Симона. И Симон вспомнил о слове Господа, как Он сказал ему: «Прежде чем прокричит в этот день петух, ты трижды отречёшься от Меня». И Симон вышел и горько заплакал. (Гл. 78, 1-18)

Я, Христос, объясняю, исправляю
и углубляю слово:

Отступление солдат показывает, что они Меня ещё
не познали. Они отступали пред Моим светом. Поцелуем Я был предан и мог быть арестован. Он символизирует предательство всего еврейского народа и
предательство сыновей и дочерей из рода Давида и из
других родов. Я понёс крест ради всех евреев и несу
его ради всех душ и людей — ибо Моё деяние Избавителя действует во всех душах и людях, которые прилипли к колесу перевоплощений.

«Когда Я ежедневно бывал у вас в храме, вы не простирали ко Мне своих рук; теперь же ваш час и власть
тьмы» означает: тьма до сих пор не имела надо Мной
власти, потому что Моё духовное тело было и остаётся
безупречным. Они обрели власть схватить Меня только тогда, когда Я окутал Себя виной из рода Давида и
из других родов и тем самым стал видимым для тьмы.

Вы, люди, помните о том: «Берущие меч, от меча
и погибнут» означает: кто вооружается против своего
ближнего, и будь это только через одобрение противоположного, тот посредством того, что он одобрил,
погибнет или же ему придётся от этого страдать. Ибо
что благодаря этому творилось и творится в противоположном, он тому способствовал. Кто это, однако, вовремя познает, раскается в своём ошибочном поведе-

нии и исправит его, тот получает спасение и не должен при определённых обстоятельствах нести последствия – или же нести только их часть. Должно ли прийти к вынашиванию всё греховное или только его часть, это зависит от комплекса вины.

Написано: «Между тем, именно Каиафа был тот, кто дал совет евреям, что было бы выгодно, если бы один человек умер за грехи народа».

Познайте: Я умер за грехи народа.

Написано: «... когда он ещё говорил, прокричал петух».

Что происходило тогда, происходит даже ещё и сегодня: когда человек осознанно нарушает закон жизни, в его внутреннем кричит петух. Это совесть, которая обращается к нему. Благо тому, кто прислушивается к своей совести и вовремя поворачивает назад.

ГЛАВА 79

Допрос перед первосвященником Каиафой

Поведение при обвинении – Значение слов: «Я могу разрушить храм Бога и в три дня воздвигнуть его» (1-10)

1. Первосвященник спросил тогда Иисуса о Его учениках и Его учении и сказал: «Сколько Тебе лет? Это Ты, сказавший, что видел нашего отца Авраама в Его время?»

2. И Иисус ответил: «Истинно, прежде чем был Авраам, Я Есть». И первосвященник сказал: «Тебе нет ещё и пятидесяти лет, почему Ты говоришь, что видел Авраама? Кто же Ты? Кого Ты делаешь из Себя? Чему Ты учишь?»

3. И Иисус отвечал ему: «Я открыто говорил перед миром, Я всё время учил в синагоге и в храме, где собираются все евреи, и втайне Я ничего не говорил. Почему ты спрашиваешь Меня? Спроси тех, кто Меня слушали, что Я им говорил; смотри, они знают, что Я сказал».

4. Когда же Он это сказал, один из военачальников, стоявших рядом, ударил Иисуса ладонью и сказал: «Так Ты отвечаешь первосвященнику?» Иисус ответил ему: «Если Я говорил злое, то докажи, что это зло; если же Я говорил правильно, чего ты бьёшь Меня?»

5. И тут первосвященники, старейшины и весь совет искали ложных свидетельств против Иисуса, с тем чтобы они смогли бы Его убить, но не нашли ни одного. Да, выступило много лжесвидетелей, но они не согласовывались между собой.

6. Наконец пришли два лжесвидетеля. И один из них произнёс: «Вот, Он сказал: Я могу разрушить храм Бога и в три дня вновь воздвигнуть его». А другой произнёс: «Этот человек сказал: Я хочу разрушить этот храм и построить другой».

7. Тогда первосвященник встал и сказал Ему: «Ты ничего не отвечаешь? Как насчёт того, что эти свидетели выдвигают против Тебя?» Иисус же молчал. Ибо было против закона евреев допрашивать человека ночью.

8. И они спросили его: «Ты ли Христос? Скажи нам». И Он сказал им: «Если Я это вам скажу, вы Мне не поверите. И если бы Я вас точно так же спросил, вы бы и не ответили, и не отпустили бы Меня».

9. И они спрашивали Его дальше, сказав: «Отрицаешь ли Ты законы и запрещаешь ли Ты есть мясо, которое повелел Моисей?» И Он ответил: «Смотри, здесь стоит более великий, чем Моисей».

10. И первосвященник сказал Ему в ответ: «Я заклинаю Тебя живым Богом, чтобы Ты нам сказал, Ты ли Христос, Сын Бога». Иисус сказал ему: «Ты это сказал; Я же говорю вам: скоро вы увидите Сына

Человеческого сидящим по правую руку силы и приходящего на небесных облаках». (Гл. 79, 1-10)

Я, Христос, объясняю, исправляю
и углубляю слово:

Высказывание «Если Я говорил злое, то докажи, что это зло; если же Я говорил правильно, чего ты бьёшь Меня?» должно было бы указать вам на закономерное поведение: если о вас говорят ложное или к вам прикладывают руки, то вам следует объяснить и исправить ситуацию. Но вам не следует ради истины бороться огнём, мечом или клеветой. Так делают только те, кто не живут во Мне. Я, Христос, знаю, как вас защитить и знаю, как вас оправдать – если не в этой земной жизни, тогда в потусторонних мирах, в душевных царствах.

Написано: «И тут первосвященники, старейшины и весь совет искали ложных свидетельств против Иисуса, с тем чтобы они смогли бы Его убить, но не нашли ни одного. Да, выступило много лжесвидетелей, но они не согласовывались между собой».

Познайте: Моё духовное тело было и остаётся безупречным. В нём не была выгравирована вина, которую Я принял от рода Давида и от отдельных лиц из других родов, ибо Я её не совершал. Принятая часть вины о к у т а л а только Моё тело.

Написано: «Вот Он сказал: Я могу разрушить храм Бога и в три дня вновь воздвигнуть его».

Познайте: кто смотрит только на материю, тот видит только камни здания храма и не знает внутреннего храма, воскресающего в Боге. Когда серебряная лента, соединяющая душу с телом, разорвана, тогда духовное тело возвращается к Вечному, который его создал. Это возможно тогда, когда духовное тело безупречно.

Написано: «скоро вы увидите Сына Человеческого, сидящим по правую руку силы и приходящего на небесных облаках». Да, Я, Христос, приду. Я уже отправился в путь. И Я через Моих и с Моими воздвигну Царство Бога, которое находится в плане Вечного.

11. Тогда первосвященник разорвал свои одежды, говоря: «Он богохульствует; к чему нужны нам дальнейшие свидетели? Смотрите, сейчас вы услышали Его богохульство. Что думаете?» Они сказали в ответ: «Он подлежит смерти».

12. Тогда они плевали Ему в лицо, били Его руками и говорили: «Пророчествуй нам, Ты, Христос, кто тот, кто ударил Тебя?»

13. А когда настало утро, все первосвященники и старейшины народа и весь совет провели совещание об Иисусе, чтобы суметь казнить Его.

14. И они вынесли свой приговор против Иисуса, что Он подлежит смерти, и чтоб Его связали и увели, и они передали Его Пилату. (Гл. 79, 11-14)

ГЛАВА 80

Раскаяние Иуды

Несправедливость к ближнему может стать погибелью – Прегрешения посвящённого являются прегрешениями против Святого Духа – Кто осознанно нарушает евангелие любви, распинает Христа заново (1-10)

1. Когда же Иуда увидел, что Иисус был приговорён к смерти, он раскаялся в том, что предал Его. Тогда он принёс тридцать серебряников обратно первосвященникам и старейшинам и сказал: «Я согрешил, предав невинную кровь».

2. Они сказали: «Что нам до этого? Смотри сам!» И он выбросил серебряники в храм, ушёл и повесился.

3. Первосвященники же взяли серебряники и сказали: «Так не по закону, чтобы мы их положили в сокровищницу; ибо это кровавые деньги».

4. И они посоветовались и купили на них поле горшечника, с тем чтобы хоронить там чужаков. Оттого это поле до сегодняшнего дня называется Акелдама, то есть, кровавое поле.

5. Этим исполнилось то, что было сказано пророком Захарией: «Они взвесили тридцать серебряников за Мою цену. И они взяли тридцать серебряников, сумму, на которую Он был оценён детьми Израиля, и отдали их за поле горшечника, и бросили их гончару в доме Господа».

6. И вот, Иисус сказал Своим ученикам: «Горе тому, кто принимает посвящение, а затем впадает в грех!

7. Ибо для таких нет места покаяния в этом цикле, когда они понимают, что вновь распяли небесного Сына Бога и человека, ввергнув Христа в самих себе также в глубочайший позор.

8. Ибо такие хуже животных, которых вы по незнанию определяете на погибель; ибо в вашем писании написано: что происходит с животными, то происходит также с детьми человеческими.

9. У них у всех одно дыхание; точно так же, как умирает одно, так умирает и другое; так что ни один человек не имеет преимущества перед животным; ибо все уходят в то же самое место – все выходят из праха и возвращаются в прах».

10. Так говорил Иисус для тех, кто ещё не возродились, кто ещё не приняли Дух Бога в свои души, Дух божественной любви, кто, приняв однажды свет, всё же распинали Сына Бога заново и ввергали Его в глубочайший позор. (Гл. 80, 1-10)

Я, Христос, объясняю, исправляю
и углубляю слово:

Об Иуде написано: «Я согрешил, предав невинную кровь». Помните об этом, когда вы против ваших ближних, хотите им вынести приговор и судить их!

928

Кто предаёт, выносит приговор или судит своего ближнего, тот отдаёт себя самого тьме, которая его тогда, если она считает это хорошим и это ей возможно, доводит его до смерти, чтобы приобрести для себя его душу на довольно длительное время.

Высказыванием «Смотри сам!» они довели Иуду до смерти. Они не дали ему больше возможности то, что он сделал, объяснить и исправить.

Поэтому обращайте внимание на вашу речь и действия! Очень быстро несправедливость может привести к беде. Причину несёт автор – однако также и те, кто её одобряют, извлекают из неё выгоду и увеличивают её.

Познайте: в каждой ситуации, касающейся Меня и Моей жизни как Иисуса, вы можете распознать символику. Таким образом, всё что происходило и совершалось со Мной как Иисусом, является символом для многих.

Написано: «Горе тому, кто принимает посвящение, а затем впадает в грех!» Кто законы жизни слушает и принимает, тот обязуется тем самым их исполнять. На основании этого он принимает посвящение, благословение, чтобы как посланник Бога нести законы жизни тем людям, которые желают их услышать.

Если посвящённый вновь впадает в грех, тогда он грешит против Святого Духа. В зависимости от интенсивности и объёма он зачастую больше не может исправить свою вину за один цикл. Ибо кто осознанно нарушает евангелие жизни, тот распинает Меня, Христа, в себе – а тем самым также и себя самого.

Вы, люди во всех поколениях, помните это: «Что происходит с животными, то происходит также и с детьми человеческими».

Что человек причиняет животным, то он причиняет самому себе. Ибо жизнь, Бог, есть во всех формах жизни; Бог не давал человеку права ставить себя выше животного. Он дал ему заповедь любить жизнь – без разницы, в какой форме она проявляется.

Высказывание «Так говорил Иисус для тех, кто ещё не возродились» должно бы указать: душе и человеку заповедано достичь возрождения в Духе Бога. Кто к этому стремится, тот осознанно воспримет в себе Дух Вечного и также будет отдавать любовь, которую он получает от Бога.

Кто, несмотря на лучшие знания, опять грешит, тот распинает Меня, Христа, заново.

ГЛАВА 81

Допрос у Пилата

Кто живут в истине, справедливы в мышлении, речах и действиях (8-9). Противоположные силы пытались предотвратить дело Избавителя – «Я не нахожу никакой вины в Нём» – Во все времена тьме позволено помериться силами со светом – Власть мнимого христианства на исходе – Праведник пострадал из-за несправедливости – Крест: знак избавления и воскресения или поражения (10-32)

1. Тогда они повели Иисуса от Каиафы до зала суда к Понтию Пилату, наместнику. Было рано, и они не входили в зал суда, чтобы не оскверниться, но суметь провести праздник.

2. Поэтому Пилат вышел к ним и сказал: «Что за обвинения вы приводите против этого человека?» Они сказали в ответ ему: «Если бы Он не был злодеем, мы бы Его тебе не доставили. У нас есть закон, и по нашему закону Он должен умереть; ибо Он хочет нравы и обычаи, которые нам повелел Моисей, отменить, да, Он делает сам себя Сыном Бога».

3. Тогда Пилат сказал им: «Так берите Его и судите Его по вашему закону». Ибо он знал, что они Его передали в суд из зависти.

4. На это евреи сказали ему: «Право не дозволяет нам того, чтобы мы кого-либо приговаривали к смер-

ти». Так исполнилось слово Иисуса, сказавшего, какой смертью Он умрёт.

5. И они обвиняли Его дальше и сказали: «Мы нашли этого человека в том, как он подстрекал народ и запрещал ему платить дань кесарю, и что Он говорил о себе, что Он Христос, царь».

6. Тогда Пилат вновь вошёл в зал суда и позвал Иисуса и спросил Его: «Ты царь евреев?» Иисус ответил ему: «Ты говоришь это от себя самого или так тебе другие сказали обо Мне?»

7. Пилат ответил: «Разве я еврей? Твой собственный народ и первосвященники передали Тебя мне; что Ты сделал?» Иисус ответил: «Моё царство не от этого мира. Если бы Моё царство было от этого мира, то Мои приверженцы боролись бы за то, чтобы Меня не выдали евреям; ныне же Моё царство не отсюда».

8. Тогда Пилат спросил: «Так Ты всё же царь?» Иисус ответил: «Ты говоришь, что Я царь. Я родился и пришёл в этот мир для того, чтобы Я свидетельствовал об истине. Каждый, кто из истины, слышит Мой голос».

9. Пилат сказал Ему: «Что есть истина?» Иисус произнёс: «Истина приходит с Небес». Пилат сказал: «Тогда истина не на Земле». Иисус сказал Пилату: «Поверь, истина находится на Земле среди тех, кто её принимают и ей повинуются. Те, кто в истине, осуждают справедливо». (Гл. 81, 1-9)

Я, Христос, объясняю, исправляю
и углубляю слово:

Воистину, «истина приходит с Небес». Она приходила на Землю через всех богонаполненных пророков и через Меня как Иисуса из Назарета – и она приходит через Меня, Христа, и через всех, кто живут в истине. Истина делает душу и человека свободными. И стремящиеся к истине, знают Мой голос, истину.

Царство Бога, которое Я как Иисус из Назарета провозгласил и хотел с еврейским народом воздвигнуть, приходит на Землю. Так всё обстоит, как уже было проявлено, в плане Бога. Живущие в истине, приносят справедливость Бога и отменяют тем самым обвинительный приговор.

Написано: «Те, кто в истине, осуждают справедливо». Слово «осуждать» не имеет в это время больше того смысла, который оно имело многие поколения назад. Увидьте здесь в слове «осуждать» такой смысл: быть справедливым, верным и искренним. Ибо живущие в Боге, будут справедливыми в своём мышлении, речах и поступках.

10. И когда он услышал это, он вновь вышел к евреям и сказал им: «Я не нахожу никакой вины в Нём». И когда Его обвиняли первосвященники и старейшины, Он не отвечал им.

11. Тогда Пилат сказал Ему: «Разве Ты не слышишь, как много они выдвигают против Тебя?»

12. И Он не отвечал ему ни единого слова больше, так что наместник очень удивился. И он снова сказал им: «Я не нахожу никакой вины в этом человеке».

13. И тут они ещё больше пришли в ярость и кричали: «Он подстрекает народ и обучает по всей Иудейской земле от Галилеи досюда». Когда же Пилат услышал имя Галилея, он спросил, не галилеянин ли этот человек.

14. И когда он услышал, что Он подпадает под юрисдикцию Ирода, он послал Его к Ироду, который в это время тоже был в Иерусалиме.

15. Когда же Ирод увидел Иисуса, то очень обрадовался; ибо он Его уже давно желал увидать; ибо он много о Нём слышал и надеялся увидеть от Него чудо.

16. И он спрашивал Его многословно; но Он не отвечал ему. Первосвященники и книжники присутствовали при этом и резко обвиняли Его, и множество лжесвидетелей поднялось против Него и обвиняло Его во многих вещах, о которых Он не знал.

17. И Ирод со своими воинами презирал и высмеивал Его, облачил Его в роскошную одежду и отправил Его снова к Пилату. И в тот же день Пилат и Ирод стали друзьями; ибо прежде они враждовали друг с другом.

18. И Пилат пошёл снова в зал суда и спросил Иисуса: «Откуда Ты?» Иисус же не дал ему ответа.

Тогда Пилат сказал Ему: «Ты не разговариваешь со Мной? Разве Ты не знаешь, что я имею власть распять Тебя и власть освободить Тебя?»

19. Иисус ответил: «Ты не имел бы надо Мной никакой власти, если бы она не была дана тебе свыше; поэтому тот имеет больший грех, кто выдал Меня тебе».

20. С этого часа Пилат стремился к тому, как бы выпустить Его; евреи же вопили и кричали: «Если ты отпустишь этого человека, то ты не друг кесарю; ибо кто делает себя царём, тот говорит против кесаря».

21. И Пилат созвал первосвященников и ответственных лиц народа. Когда он воссел на судейское кресло, его жена послала к нему посыльных и велела сказать: «Не делай ничего с этим праведным человеком; ибо сегодня ночью во сне я много выстрадала из-за Него».

22. И Пилат сказал им: «Вы привели ко мне этого человека, якобы подстрекающего народ, и смотрите, я допросил Его перед вами и не нашёл никакой вины в Нём насчёт тех вещей, в которых вы Его обвиняете. И Ирод, к которому я послал Его, не нашёл в Нём ничего достойного смерти.

23. Но у вас есть обычай, чтобы я вам освобождал кого-то к Пасхе. Не хотите ли теперь, чтобы я освободил царя евреев?»

24. Тогда они снова все вместе закричали: «Не этого человека, а Варавву!» Варавва же был разбойник, брошенный в тюрьму за подстрекательство в городе и за убийство.

25. Пилат же хотел освободить Иисуса, и он спросил их ещё раз: «Какого из двоих вы хотите, чтобы я отпустил? Варавву или Иисуса, которого называют Христом?» И они кричали: «Варавву!»

26. Пилат сказал им: «Что же мне делать с Иисусом, о котором говорят, Он Христос?» Тогда они все закричали ему: «Вели распять Его!»

27. И наместник спросил: «Что же Он совершил злого?» Но они кричали всё громче: «Распни Его! Распни Его!»

28. И Пилат выступил вперёд и сказал им: «Смотрите, я доставляю Его вам обратно и говорю вам, что не нахожу вины в Нём». Они же кричали вновь: «Распни Его, распни Его!»

29. И Пилат спросил их в третий раз: «Почему? Что Он совершил злого? Я не нашёл никакой вины в Нём, достойной смерти: я Его вместо этого велю бичевать и отпустить».

30. Они же непрерывно кричали громкими голосами и требовали, чтобы Его распяли. И их голоса, и голоса первосвященников заглушали всех.

31. Когда же Пилат увидел, что не одержал верха над ними, но что возникло изрядное волнение, он взял воды и умыл свои руки перед народом, сказав: «Я не виновен в крови этого праведника: смотрите сами!»

32. Тогда весь народ в ответ закричал: «Его кровь пребудет на нас и на наших детях!» И Пилат отдал приказ, чтобы всё свершилось так, как они того требовали. И он выдал им Иисуса по их воле. (Гл. 81, 10-32)

Я, Христос, объясняю, исправляю
и углубляю слово:

Пилат говорил по смыслу: «Я не нахожу вины в Нём». Ни перед законом Бога, ни перед законом этого мира Я не был виновен. Моё воплощённое духовное тело было безупречным, однако было окутано частью вины рода Давида и виной других отдельных лиц. Это побуждало противоположные силы использовать все возможности и каждое активное соответствие у первосвященников, книжников, старейшин и у народа, чтобы уличить Меня. Ибо если бы Я совершил хотя бы о д и н грех, к примеру, сказал одно незакономерное слово или каким-либо образом Себя защищал, тогда дело Избавителя не могло бы осуществиться.

Частичная вина тех, кто состоял и состоит в задании Избавителя, которой Я окутал Себя и которая сделала возможным взятие Меня в плен, не могла воспрепятствовать поступку Избавителя. Я сам, Христос, должен был бы согрешить против Моего Отца. Чтобы этого достичь, противоположные силы использовали всё. Каждого еврея, склонного к этому, демонические силы побуждали говорить против Меня. Все обвинения были выдуманы, чтобы сбить с ног Пилата и прежде всего Меня.

С Пилатом они этого достигли. Даже если он и умыл в невиновности руки, то всё же впал в грех. Хотя он и был убеждён в Моей невиновности, он выдал Меня, невиновного. Пилат не выдержал испытания, ибо дал распоряжения вопреки своему убеждению.

От внутреннего познания мало пользы, когда человек не делает того, что он познал.

Во все времена – также и сегодня – подстрекают народ те, кто верят, что должны управлять законами Бога. Хоть они и проповедуют слово Бога по букве, однако без того, чтобы его осуществлять и исполнять.

Кто не живёт тем, что он провозглашает, тот живёт постоянно в страхе перед тем, чему он учит своих ближних, а сам не исполняет. Такие люди имеют страх перед своей собственной доктриной, поскольку они чувствуют, что то, что не исполняется, оборачивается против них. Так, ещё и сегодня они перекручивают закон Бога и применяют его к своей выгоде.

Из книжников, фарисеев и старейшин, а также из еврейского народа кричало сатанинское. Противоположные силы воздействовали на всех евреев, позволивших себя соблазнить, чтобы натравливать против Меня и давать ложные свидетельствования.

Во все времена противоположным силам предоставляется возможность помериться силами со светом. Так оно было также почти две тысячи лет назад. Тьме было позволено помериться силами со светом. Она могла применить все возможности, чтобы всё же воспрепятствовать тому, что уже было указано в местах очищения, а также в атмосферном слое Земли: избавление через Меня, Христа Бога, ставшего человеком и поместившим Себя в качестве человека перед противоположными силами, так чтобы они могли помериться силами с человеком Иисусом – и тем самым, с Христом Бога, Соправителем Небес в земном одеянии.

Преследование Иисуса и Его выдача указывают на следующее:

Кто следует за Мной, тот, как и Я, будучи Иисусом из Назарета, претерпит преследование. Он, как и Я, должен будет перенести позор и страдания. Ведь так же, как они преследовали Меня Иисусом из Назарета, они на протяжении почти двух тысяч лет снова и снова преследовали, оклеветывали, а также убивали тех людей, кто вступили в Моё последование.

Преследование Моих истинных последователей продолжается вплоть до сегодняшнего времени. Снова и снова они те же самые, те кто преследуют Меня в Моих, ибо вопреки «Свершилось», Я Есть всё ещё шип в сердцах тех, кто хотели бы сохранить и расширить государство демонов. В сегодняшнее время это вновь книжники и те, кто послушные им в церковном и светском начальствах. Также и они натравливают всякими неправдами народ против последователей Христа.

Но всему приходит конец. Что происходило за почти две тысячи лет, то приносит ныне свои последствия и обрушивается на тех, кто на протяжении двух тысяч лет продолжали вести себя так, как в Моё время Иисусом из Назарета. Также и сегодня они боятся потерять своё положение и авторитет. Но их власть постепенно подходит к концу – следствия их причин обрушиваются на них.

Позиция противоположных сил становится всё слабее. Теперешние книжники, фарисеи, государственные и церковные начальства кричат как тонущие. Они чувствуют, что уже на подходе прилив, который их смоет. То, что за две тысячи лет было ошибочно построено от Моего имени, исчезает: власть, которая хотя и называла и называет себя христианской, однако не была и не является христианской, которая всевозможными путями и способами злоупотребляла и злоупотребляет Моим именем, Христа.

Новая эра пробуждается и возникнет из развалин прошлого. Своим бескорыстным трудом Мои вновь приведут опустошённую землю к цветению. То, что уже теперь, во время поворота, выстраивается, а затем после конца греховности на Земле завершится, это Новый Израиль – в его центре Новый Иерусалим, союзный город со своими общинами в Царстве мира Иисуса Христа.

Познайте: выражение «Ты не имел бы надо Мной никакой власти, если бы она не была дана тебе свыше; поэтому тот имеет больший грех, кто выдал Меня тебе» означает: только над теми людьми тьма имеет власть, кто затемнили свет Вечного и держат его затемнённым. Мой вечный Отец допустил взятие в плен, потому что Я вступился за род Давида и за других, и пострадал ради многих евреев, желавших иметь царя этого мира. В конечном итоге это одновременно произошло ради всех душ и людей, которые согрешили и грешат против закона жизни: праведник пострадал за несправедливость и терпел то, что с Ним произошло, чего Он сам не причинял.

Силы Небес не спешили ко Мне на помощь в той мере, как это могло бы быть, если бы род Давида и другие вследствие своего греха не спали и еврейский народ принял бы Меня своим Мессией и строителем Царства Бога на Земле. Я был бы их царём – однако, не для этого мира, но для Царства Бога на Земле, для мира, в котором бы исполнялись законы Бога.

«Не этого человека, а Варавву!» обозначает: слепые и демоны держат слепых слепыми. Они могут только духовно слепых ослепить ещё больше и подстрекать их так, чтобы они слепо кричали и неистовствовали, и требовали праведника вместо неправедника.

Они кричали: «Распни Его!» «Распни Его!»

Только тот призывает: «Распни Его, распни Его», кто ещё сам висит на кресте своего греха. Кто распял себя самого грехом, тот видит только глазами греха и желает всех видеть там, где находится он сам: на кресте греха.

Крест был поднят с телом Иисуса, но тело было снято с креста, и Воскресший Себя показал и проявил. Это означает, что Я, Христос, Есть воскресшая жизнь во всех душах и людях.

Истинный христианин видит крест, который без распятого, как знак избавления и как воскресение в Боге. Крест без тела символизирует также путь от Земли в Небеса, к сердцу Бога. Только т о т человек смотрит на крест с распятым, кто своё «я» ещё не распял и своё человеческое хотел бы удерживать.

Демоны создали крест с телом. Этим они хотят символизировать Моё поражение. Но крест и распятый были и остаются и х крестом и их поражением.

Истинный христианин помнит о Моём воскресении, поскольку он во Мне и через Меня воскрес. Только тот скорбит о Моей смерти как Иисуса, кто ещё осознанно не воскрес во Мне, Христе. Кто ещё не воскрес осознанно во Мне, то есть, кто ещё живёт в грехе, тот призывает снова и снова: «Распять Его, распять

Его!» Поэтому держат высоко крест с телом те люди, которые всё ещё высоко держат свои грехи, которые ценят своё низкое «я».

Человек, который любит свой грех и этот греховный мир, думает о распятом, а не о Воскресшем, поскольку он сам ещё не воскрес во Мне.

«Его кровь пребудет на нас и на наших детях!» означает: всякая причина уже несёт в себе следствие. Каждый, кто создаёт причины, должен также и сам нести следствие. Итак, кто сеет, тот и пожинает свой посев – в этом воплощении или в другом воплощении. Так, что приходят снова и снова всё те же самые в качестве детей на эту Землю, пока не будет искуплено то, что они причинили.

ГЛАВА 82

Распятие Иисуса

Иисус выдержал все нападения и стал Избавителем (1-2). Пилат пожертвовал невинным, чтобы сохранить своё положение (3-4). Зачатие и рождение в грехе или же в бескорыстной любви (5-7). Человек определяет ту одежду, которую носит его душа в потустороннем мире (8-13). Раскаявшийся грешник (14-16). Мнимый триумф тьмы стал победой Христа к прославлению Отца – Только чистое духовное тело может войти в Небеса (17-19). «Мой Бог, Мой Бог, почему Ты покинул Меня?» (20). Закон любви и единства (21-23). Землетрясение, знак силы Христа (24-27). Не существует никакого права приговаривать к смерти или убивать (28)

1. Тогда он освободил им Варавву. После того, как он распорядился бичевать Иисуса, он выдал Его с тем, чтобы Он был распят. И вот, воины наместника взяли Его к себе в зал суда и собрали вокруг Него целый отряд солдат.

2. И они раздели Его и надели на Него пурпурную мантию. И они сплели терновый венец и возложили Ему на голову, и дали Ему в правую руку тростниковую палку, преклоняли перед Ним колени, насмехались над Ним и говорили: «Приветствуем Тебя, царь евреев!» (Гл. 82, 1-2)

Я, Христос, объясняю, исправляю
и углубляю слово:

Все средства, находившиеся в распоряжении демонов, они применяли, чтобы искусить Меня, чтобы заставить Меня усомниться в Моей миссии. Ибо всякое сомнение в Боге есть грех.

Я не сомневался и не грешил, и таким образом могло быть произнесено «Свершилось», для того, чтобы частичная сила из прасилы, часть Моего духовного наследства, искрами смогла втекать в души. Ни издевательства, ни насмешки с пурпурной мантией, терновым венцом и тростниковой палкой не смогли пододвинуть Меня к греху. Я пребывал в Вечном, в котором Я Есть, Христос.

Никто не приходит к Отцу в Небе, как только через Меня, Сына Бога и Соправителя Небес, который стал Избавителем всех душ и людей.

Если бы еврейский народ и род Давида стояли за Меня, тогда Я бы не должен был претерпеть крестную смерть. На глазах у всех Я вознёсся бы в Небеса, и Небеса остались бы среди Моего народа, поскольку люди осуществили бы небесные законы – и Я бы вновь пришёл к ним как правитель Царства Бога на Земле.

Познайте: кто закон жизни только слышит и не осуществляет, тот остаётся тем, кто он есть, и будет злоупотребляем со стороны того, кто полагает, что управляет миром: сатана чувств, противоположные силы.

Я оставался в вечном Отце и в духе совершил Дело избавления, которое было решено в Небесах: приведение домой всех душ и людей посредством дела любви.

3. Так Иисус вышел вперёд. Он носил терновый венец и пурпурное одеяние. И Пилат сказал им: «Посмотрите на этого человека!»

4. Когда первосвященники и начальники народа увидели Его таким, они закричали: «Распни Его! Распни Его!» И Пилат сказал им: «Возьмите Его и распните; ибо я не нахожу вины в Нём». (Гл. 82, 3-4)

Я, Христос, объясняю, исправляю
и углубляю слово:

Даже если и Пилат по смыслу сказал такие слова: «Возьмите Его и распните; ибо я не нахожу вины в Нём», то он всё же сделал себя виновным. Пилат, используя своё внутреннее познание и своё внешнее положение, смог бы многих евреев привести в чувства.

Помните: невозможно целый народ сразу вдруг побудить к возвращению. Каждый человек в отдельности является частью народа и важен для народа. Если бы Пилат так думал и соответственно поступал, он был бы за Меня, Христа. Но таким образом он противопоставил себя Мне.

Пилат показал свою слабость. Он боялся народа, ибо хотел сохранить своё положение в мире. Также и поведение Пилата было и остаётся символом для многих. Мирскоориентированный человек зависим от масс, чтобы удержать в этом мире свою власть и положение. Для этого он жертвует своим ближним, чтобы сберечь свой авторитет и сохранить свою внешнюю власть.

5. И они плевали на Него и взяли палку и били Его ею по голове. И когда они над Ним поиздевались, они стянули с Него мантию, одели на Него Его собственные одежды и увели Его прочь, чтобы распять.

6. И когда они Его выводили, то остановили одного человека, Симона, киринеянина, как раз пришедшего в страну. Они принудили его к тому, чтоб он нёс крест за Иисусом. За Ним следовала большая толпа народа и много женщин, которые жалели и оплакивали Его.

7. Иисус же обернулся к ним и сказал: «Дочери Иерусалима, не плачьте обо Мне, но плачьте о самих себе и ваших детях. Ибо смотрите, придут дни, в которые скажут: «Блаженны бесплодные и чрева, не рожавшие, и груди, не кормившие!» (Гл. 82, 5-7)

Я, Христос, объясняю, исправляю
и углубляю слово:

Познайте: только те люди оплёвывают своего ближнего и избивают его, кто сами оплёваны и избиты своими грехами. Так, Я, будучи Иисусом, был для многих символом. Также и Симон, который помогал Мне нести Мой крест, был символом для многих.

Многие простые люди, которые держат свои сердца свободными от мишуры, роскоши и великолепия этого мира, станут истинными бескорыстными помощниками в винограднике Господа. Они помогут многим людям нести их крест.

Моя жизнь как Иисуса из Назарета так долго является символом для всех людей, пока в каждом не проснётся духовная жизнь, жизнь во Мне. И Мои слова так долго имеют в этом мире силу, пока свет мира не проникнет во все души и людей. Однако до тех пор, пока ещё многие люди позволяют тьме управлять собой, они также снова и снова соблазняют тех, которые являются качающимся на ветру камышом, которые однажды обращаются к Духу Бога, а потом опять к этому миру. Многие из них снова и снова создают новые причины и будут также снова и снова рождать детей с такими же или подобными причинами.

Значение слов «Блаженны бесплодные и чрева, не рожавшие, и груди, не кормившие!» таково: всем тем следует печалиться о самих себе, кто являются качающимся на ветру камышом и вновь зачинают, и рождают то же самое или подобное, как и они сами. Ибо то же самое снова и снова тянется к тому же самому. В словах заложен закон притяжения и устранение причин, которые связывают родителей и детей друг с другом и которые им вместе придётся искупить и очистить.

Слова «Блаженны бесплодные и чрева, не рожавшие, и груди, не кормившие!» также говорят вот о чём: кто зачинает и беременеет в грехе и безнравственности, тот вновь рождает то же самое или подобное, и грешнику вновь придётся страдать от греха. Это особенно касается тех дней, в которые случится то, что Я проявил: материалистический мир разрушится. Горе тем, кто живут в грехе.

Однако, не всякое так называемое бесплодие припишешь вине как причине. Люди света будут тогда рождать светлые души, когда для светлых душ настанет время прибыть на Землю.

Познайте: блаженны те, кто родили и рождают светлые души; ибо они зачинали и зачинают не в грехе, вожделении и страсти, и они рождали и рождают также не в грехе. Они зачинали и зачинают в бескорыстной любви и рождают в бескорыстной любви. Такие груди также и дадут бескорыстную жизнь.

8. Тогда они начнут говорить горам: «Падите на нас!» и холмам: «Накройте нас!» Ибо если это делают с зелёным деревом, то что сделают с высохшим?»

9. Но привели также и двух других, злодеев, чтоб казнить их вместе с Ним. И когда они подошли к месту, называемому Кальварией и Голгофой, что означает место черепа, они распяли Его; и точно так же злодеев, одного справа, а другого слева.

10. И был третий час, когда они Его распяли, и они дали Ему пить уксус, смешанный с жёлчью. И после того, как Он его попробовал, Он не захотел пить. И Иисус сказал: «Отец, прости их, ибо они не знают, что делают!»

11. После того как воины распяли Иисуса, они взяли Его одежду и разделили на четыре части, на каждого воина по одной части, и к тому же хитон. Хитон же был без швов, сотканный одним куском. Они говорили поэтому между собой: «Не будем его делить, а бросим жребий, кому его иметь».

12. С тем чтобы исполнилось писание, которое гласит: «Они поделили Мои одежды между собой, а на Мой хитон бросили жребий». Вот так и поступили воины. И они сели, и несли караул.

13. И над Ним была прикреплена надпись с греческими, латинскими и еврейскими буквами: «Это есть царь евреев». (Гл. 82, 8-13)

Я, Христос, объясняю, исправляю
и углубляю слово:

Они поделили между собой Мою одежду и бросали
на неё жребий. Жадность людей не останавливается
даже перед одеждой приговорённого к смерти. Жадное
«я» не имеет уважения ни к чему и ни к кому – даже к
самому себе. Со всем своим имуществом и добром, которое себе человек честным или нечестным способом
присвоил, он не может войти в Небесное Царство. Он
должен будет отдать даже и свою последнюю одежду.

Душа же, напротив – со своими одеяниями греха
или добродетели – уходит в потустороннюю жизнь.
Ни душа, ни человек не могут предотвратить это. Что
человек посеял, то и несёт душа. Она не может этого
скрыть, а также и сложить с себя, разве лишь через
прощение, через просьбу о прощении, через возмещение и благодаря тому, что она тех же самых грехов
более не совершает. Только тогда одеяние греха может
быть с неё снято.

Какое одеяние ты несёшь, будучи душой, или хотел
бы с себя сложить, определяет не жребий, а определя-
ешь ты сам – благодаря тому, как ты ведёшь себя по
отношению к закону Бога.

Слова «Это есть царь евреев» произносились как
насмешка; однако Пилат догадывался, что они означают больше: это есть царь, правитель Царства Бога на
Земле, Нового Израиля и Нового Иерусалима.

14. Этот титул читали многие евреи; ибо место, где Иисус был распят, находилось вблизи города. Тогда первосвященники евреев сказали Пилату: «Не пиши, царь евреев, но что Он сказал: Я есть царь евреев». Пилат ответил: «Что я написал, то написал».

15. Один из злодеев, которые были повешены, насмехался над Ним и сказал: «Если Ты Христос, то помоги Себе и нам!» Тогда другой упрекнул его и сказал: «Неужели ты не боишься Бога, раз находишься ведь в том же проклятии? Мы тут по праву; ибо получаем должную награду за наши дела; этот же человек не совершил ничего неправильного».

16. И он сказал Иисусу: «Господь, вспомни обо мне, когда придёшь в Твоё царство.» И Иисус сказал ему: «Истинно, Я говорю тебе: сегодня же будешь со Мною в раю». (Гл. 82, 14-16)

Я, Христос, объясняю, исправляю
и углубляю слово:

Те по смыслу слова, которые Я, будучи Иисусом, сказал раскаявшемуся грешнику: «Истинно, Я говорю тебе: сегодня же будешь со Мною в раю», были словами прощения. Он вошёл в более высокие сферы жизни, в которых ему не пришлось терпеть ни боли, ни мук, ибо он познал себя самого, раскаялся и иску-

952

пил, и этим был принят во Мне, Христе. Он украл для своей голодающей семьи.

Другой был убийцей и получил свою награду.

17. И они проходили мимо креста и насмехались над Ним, качали головами и говорили: «Ты хотел разрушить храм и вновь построить его в три дня. Помоги теперь Себе самому! Если Ты Сын Бога, спустись с креста!»

18. И также первосвященники насмехались над Ним, вместе с книжниками и старейшинами и говорили: «Он помог ягнёнку, Себе же самому Он помочь не может. Если Он царь Израиля, то пусть теперь спустится с креста, и мы в Него поверим. Он полагался на Бога, предоставьте Его теперь Ему, пожелает ли Он Его возыметь. Ибо Он сказал: Я Есть Сын Бога».

19. Ростовщики и торговцы животными высказывались подобным же образом и говорили: «Ты изгнал из храма торговцев волами, овцами и голубями, но сам и есть овца, принесённая в жертву». (Гл. 82, 17-19)

Я, Христос, объясняю, исправляю
и углубляю слово:

Всё это Я претерпел, для того чтобы избавление могло прийти ко всем душам и людям — в места очищения и в этот мир. Тьма клеветала, высмеивала и убивала Моё земное тело; но чего она этим хотела достичь, того она не достигла, а именно: через сомнение в Боге отделить Меня от Него. Я пребывал в Моём Отце, и Отец пребывал во Мне.

Таким образом, Я прославил Отца во Мне. И так пришло великолепие Отца, как свет избавления в этот мир через Меня, Христа. И никто не может погасить этот свет мира. Он вродился во все души и людей – даже в самого темнейшего демона. Хотел ли бы он это признавать или нет: также и он принял от Меня свет Избавителя. Также и он благодаря этому освободится от своих грехов.

Я спустился с креста, однако, не вместе с Моим земным телом. Не земное тело может войти в Небеса, но единственно лишь чистое духовное тело. Кто, однако, земное тело видит мерилом всех вещей, тот желает сохранить физическое тело. И если он живёт в грехе, то он также через грех и в грехе сложит с себя своё физическое тело. Это может быть связано со множеством страданий, ибо то его грех, который он хотел бы удержать. Грех привязывает себя к физическому телу и, таким образом, к этому миру.

То же самое или подобное как было у Меня, придётся претерпеть всем тем, кто следуют за Мной – до конца этого греховного мира. Для них имеет силу следующее: если они преследовали Меня, то они будут преследовать и вас. Если они клеветали и высмеивали

Меня, то они также будут клеветать и высмеивать вас. Если они говорили обо Мне злое, то они и о вас будут говорить злое. Если они убили Меня, то они и многих из вас будут убивать и мучить – словами ли, делами или и тем и другим.

20. И с шестого часа была тьма над всей страной вплоть до девятого часа. Некоторые же, стоявшие вокруг, зажгли свои факелы; ибо тьма была очень велика. И в шестом часу Иисус закричал громким голосом: «Эли, Эли, лама сабактани?», то есть: «Мой Бог, Мой Бог, почему Ты Меня покинул?» (Гл. 82, 20)

Я, Христос, объясняю, исправляю
и углубляю слово:

Слова «Мой Бог, Мой Бог, почему Ты Меня покинул?» взывало сердце Иисуса.

С креста Я видел многие народы – бесчисленное количество людей, души которых снова и снова входили в земное одеяние и на протяжении многих веков бродили во тьме. Они потеряли Внутренний путь. В своём невежестве, в своей нужде, болезни и одиночестве они взывали к Богу. Однако они думали только о своём материальном теле, а не о своей душе. Они позволяли последней зачахнуть.

Так, Мой возглас на кресте был возгласом многих поколений, которые верили и верят, что они потеряны. Ибо Мои страдания и смерть были и остаются символом страданий и смерти людей. Мои слова «Мой Бог, Мой Бог, почему Ты Меня оставил?» являются словами людей всех народов и поколений, в своём неверии обвинявших и обвиняющих за свои грехи Бога. Я говорил эти слова не для Себя, но как символ для многих.

Также и сегодня ещё Мои слова на кресте для многих людей являются символом. Также и сегодня ещё они взывают в своей внешней нужде: «Мой Бог, Мой Бог, почему Ты меня покинул?» Ибо они также и сегодня ещё не охватывают того, что спасение, помощь и исцеление приходят исключительно изнутри. Также и сегодня ещё многие борются единственно лишь за свою земную жизнь, потому что их истинное бытие им ещё чуждо.

Так, Мой возглас на кресте был возгласом тех, кто верил и всё ещё верит, что они потеряны. Их возглас будет услышан – тогда, когда они откроют свои сердца для Бога и больше не будут своими чувствами цепляться за свою земную жизнь. Тогда они будут услышаны, поскольку они нашли путь к сердцу Бога.

Утешитель и Избавитель, Христос Бога, который Есть Я, путь, истина и жизнь, принёс и приносит заново в этот мир путь любви, ведущий к сердцу Бога.

Так же, как Отец прославился во Мне, Иисусе, и прославляется во Мне, Христе, так прославлюсь Я в тех, кто истинно взывают к Богу, ибо они найдут то, к чему стремится их сердце: Бога, любовь и жизнь, своё истинное бытие.

21. Некоторые из тех, кто там стоял и это слышал, сказали: «Этот человек взывает к Илие», другие опять же сказали: «Он призывает солнце». Остальные сказали: «Давайте останемся и посмотрим, придёт ли Илия и спасёт Его».

22. Стояли же возле креста Иисуса Его мать и сестра Его матери, Мария, жена Клеопа, и Мария Магдалина.

23. Когда Иисус увидел Свою мать и стоящего рядом ученика, которого Он любил, Он сказал Своей матери: «Женщина, посмотри на твоего сына!» И Он сказал ученику: «Посмотри на твою мать!» И с того часа ученик взял её к себе в свой дом. (Гл. 82, 21-23)

Я, Христос, объясняю, исправляю
и углубляю слово:

Те по смыслу слова к Марии «Женщина, посмотри на твоего сына!» и к ученику «Посмотри на твою мать!» символизируют закон бескорыстной любви и единства. Эти слова были поняты теми, к кому они относились. Ученик исполнил закон любви и единства и взял Марию к себе. Ибо заповедь из закона Бога гласит: Один за всех – Христос; и все за Одного – Христа; каждый за каждого – в добрых мыслях и в правильной любви и заботе.

Кто придерживается закона любви и единства, тот ведь за своего ближнего. Он принимает его не только в своё сердце, но также в свой дом, когда тот воистину нуждается в помощи.

Кто придерживается закона любви и единства и сам живёт в доме Бога, в сердце Бога, тот ведёт также и людей, которые доброй воли, к любви Бога и единству.

24. Иисус знал теперь, что всё случилось, и писание было исполнено. Он сказал: «Я жажду». И из сосуда, наполненного уксусом, они наполнили губку и наложив её на иссоп поднесли Ему ко рту.

25. И Иисус крикнул громким голосом: «Отец, в Твои руки предаю Я Дух Мой!»

26. Когда же Иисус принял уксус, Он громко крикнул: «Свершилось!» И Он склонил Свою голову и испустил дух. И был девятый час.

27. И смотри, прогремел сильный гром и сверкнула молния, и перегородка святилища, перед которой висела завеса, упала и разбилась на две части. Земля дрожала, и даже скалы растрескивались. (Гл. 82, 24-27)

Я, Христос, объясняю, исправляю
и углубляю слово:

Землетрясение символизирует не только свободу душ, но прежде всего ту силу, жизнь, которую приняли все души, были ли они воплощёнными или развоплощёнными: Это частичная сила прасилы, сила Христа, которая разделилась на искры и вошла во все души – даже в души демонов.

Посредством могучего космического излучения некоторые люди временно становились ясновидящими и видели души, которые благодаря этой силе избавления переходили в более высокие сферы внутренней жизни; ибо они достигли внутренней зрелости к более высоким ступеням жизни и трепетно ожидали силы избавления, искры Избавителя, указавшей и указывающей им путь к сердцу Вечного.

28. Главный же страж и бывшие с ним и охранявшие Иисуса, видели землетрясение и всё, что случилось. Они очень испугались и сказали: «Это был действительно Сын Бога». (Гл. 82, 28)

Я, Христос, объясняю, исправляю
и углубляю слово:

Написано: «Они очень испугались и сказали: «Это был действительно Сын Бога».

Когда познание повергает людей в страх, тогда им следует проверить свою совесть: как часто они уже совершали действия, о которых они теперь познают, что они являются незакономерными? Страх и познание были в конечном итоге угрызениями совести; они пытались предостеречь так называемого главного стража и тех, которые были с ним и охраняли Иисуса, и сказать им то, что человеку не дозволено ни убивать самому, ни становиться сопричастным к смерти своего ближнего, например, тем что он отдаёт приказ на смерть человека. Ибо у кого есть право приговаривать других к смерти или убивать?

Бог, Вечный, такого не заповедовал. Он, великий Все-Единый, который является законом жизни, скорее заповедал человеку: тебе не следует убивать. Ибо Он есть жизнь, а не смерть.

Так называемая смерть есть уход земного тела, которое от земли и вновь возвращается к земле. Это закономерный процесс, обусловленный воплощением души и протекающий в соответствии с мышлением и жизнью человека и с состоянием его души.

Бог есть жизнь. Поэтому человек не вправе убивать земное тело своего ближнего или распоряжаться о его смерти. Кто осознанно убивает или осознанно распоряжается о смерти, должен будет по закону посева и жатвы претерпеть и выстрадать то, что он в своей богоудалённой жизни причинил.

29. И было там много женщин, следовавших из Галилеи и служивших Ему. Среди них были Мария, мать Иакова и Иосии, и мать детей Зеведеевых, и они плакали и, сетуя, говорили: «Свет мира скрыт от глаз наших, Господь нашей любви распят!»

30. Но поскольку это было накануне шабата, евреи попросили Пилата о том, чтобы у казнённых были переломаны ноги, и они были бы сняты, чтобы их не оставалось на крестах в шабат (ибо это был пасхальный шабат).

31. Тогда воины подошли и поломали ноги двоим, распятым вместе с Ним. Когда же они подошли к Иисусу и увидели, что Он уже умер, они не ломали Ему ног, но один из воинов пронзил Его копьём в сердце, и тотчас оттуда потекли кровь и вода.

32. И кто это видел, тот это засвидетельствовал, и свидетельство его истинно. Он знает, что говорит истину, чтобы также поверили и вы. Ибо такое случилось, чтобы исполнилось писание: «Вы не сломаете Его ног», и: «Они будут смотреть на Того, которого они пронзили». (Гл. 82, 29-32)

ГЛАВА 83

Погребение Иисуса

О захоронении умерших (1-3). Почитание умерших и стража при мёртвом (4-10)

1. Когда же теперь наступил вечер, пришёл Иосиф из Аримафеи, почтенный член городского совета, который также ожидал Царства Бога. Он осмелился и вошёл к Пилату и попросил тела Иисуса. (Он был хорошим и справедливым человеком и не одобрял решения совета.)

2. И Пилат удивился, что Он был уже мёртв, и позвал главного стража и спросил его, давно ли Он уже умер. И когда он от главного стража узнал об этом, он передал Иосифу тело. Тот пошёл и забрал тело Иисуса.

3. Пришёл же и Никодим, приходивший прежде ночью к Иисусу. Он принёс смесь мирры и алоэ, около ста фунтов. Тогда они взяли тело Иисуса и завернули Его в льняные полотна с травами по еврейскому погребальному обычаю. (Гл. 83, 1-3)

Я, Христос, объясняю, исправляю
и углубляю слово:

Написано: «Тогда они взяли тело Иисуса и завернули Его в льняные полотна с травами по еврейскому погребальному обычаю». Это был еврейский погребальный обычай – то есть обычай, однако не заповедь. Потому Я, Христос говорю:

Если это позволяет ваш ещё существующий земной закон, заворачивайте мёртвые земные тела в полотна и предавайте их земле; или же, если сознаёте, что душа умершего живёт в Боге, потому что человек вёл праведную, богонаполненную жизнь, то передайте – спустя несколько дней после смерти – тленное тело огню. Благодаря этому субстанции могут быть быстрее доставлены к земле, из которой сделан человек.

4. Был же в том месте, где Его распяли, сад, и в саду новая могила, в которой ещё никого не было. Туда они положили Иисуса, и это было вначале второй стражи, когда они Его похоронили ради подготовительного дня евреев, потому что могила была близко.

5. И Мария Магдалина и другая Мария, и Мария, мать Иосии, смотрели на могилу, в которую Он был положен.

6. А также женщины, пришедшие с Ним из Галилеи, проследовали туда, неся лампы в руках, осмотрели могилу и как положили Его тело, и начали плакать и причитать.

7. И они возвратились назад и готовили смеси из трав и мази и ждали конца шабата.

8. И вот на следующий день, идущий за подготовительным днём, к Пилату пришли первосвященники и фарисеи и сказали: «Господин, мы помним, что этот обольститель, когда Он ещё был жив, говорил: «Через три дня Я воскресну».

9. Прикажи поэтому, чтобы могила охранялась, пока не пройдёт третий день, с тем чтобы не пришли ночью Его ученики и не украли Его и не сказали бы народу: «Он воскрес из мёртвых», и последний обман хуже первого.

10. Пилат сказал им: «Вот вам стража, идите своим путём и делайте это настолько безопасно, как можете». Так, они ушли и охраняли могилу, опечатали камнем и поставили перед ним стражу, пока не минует третий день. (Гл. 83, 4-10)

Я, Христос, объясняю, исправляю
и углубляю слово:

Познайте: ваши земные обычаи показывают вам, где вы находитесь. Почему вы охраняете своих мертвецов? Возможно, вы скажете: чтобы почтить умершего. Я, Христос, спрашиваю вас: кого вы хотите почтить? В чью честь?

Если человек не оказывал и не оказывает честь Богу, тогда он стремится к почитанию людей и приложит всё для того, чтобы его чествовали как человека

964

или как умершего. Когда люди почитают людей, тогда они не отдают честь Богу, который знает все вещи, который является жизнью души.

Кто охраняет мёртвых из беспокойства о том, чтобы земное одеяние души не похитили, как это случилось со стражей у могилы Иисуса, тот осознаёт своё собственное злодеяние и вместе с тем свой грех.

ГЛАВА 84

Воскресение Иисуса

Ангел у могилы (1-5). Светлая, исполненная силами душа ближе к Богу (6). Послание и руководство через ангелов (7-8). Задача земного и духовного тела Христа (9). Преобразование физического тела Иисуса – Крест с телом или без тела (10-13)

1. В конце шабата, когда ранним утром первого дня недели начинало рассветать, Мария Магдалина пришла к могиле и принесла пряности, что она приготовила, и с ней пришли ещё и другие.

2. И пока они шли, то говорили друг другу: «Кто откатит нам камень от входа в могилу?» Ибо он был большой. И когда они пришли к месту и посмотрели, то увидели, что камень был отвален.

3. Ибо смотри, там было великое землетрясение. Ангел Господа спустился с Небес, откатил камень от входа и сидел на нём. Его образ был как молния, а одежда бела как снег. Стражники же так сильно испугались, что как мёртвые упали на землю.

4. И ангел сказал женщинам: «Не бойтесь! Я знаю, вы ищете Иисуса, которого распяли. Его здесь нет; ибо Он воскрес, как Он и сказал.

5. Подойдите, осмотрите то место, где лежал Господь! И идите скорее, и скажите Его ученикам, что

Он воскрес из мёртвых. И смотрите, Он идёт впереди вас в Галилею, там вы Его увидите; смотрите, я об этом вам сказал». (Гл. 84, 1-5)

Я, Христос, объясняю, исправляю
и углубляю слово:

Стражники не видели ангела. Землетрясение повлияло на их нечистую совесть, и страх кратковременно повлиял на кровообращение в их телах, в результате чего они упали в обмороке на землю.

Познайте: также и ангел Господа – один из многих ангелов, бывших со Мною как Иисусом – был воспринят только теми женщинами, которые через осуществление закона любви привели свои души к сиянию; их внутренний слух открылся, и они понимали язык любви. Эти женщины сообщили своим ближним о том, что они восприняли. И поверившие в это, следовали этому.

Кто живёт в Боге, тот живёт в законе любви и свободы и соблюдает свободную волю. Поэтому ангел уважал свободную волю людей и сказал по смыслу: «Если хотите, посмотрите в могилу, в которой лежало земное тело Господа и, если хотите, пойдите, скажите Его ученикам, что Господь не знает смерти. Сын Вечного воскрес и, если вы останетесь в вере и в поклонении, Он встретит вас на том пути, который вы предпримете».

6. И они вошли и не нашли тела Иисуса. Тогда они выбежали и пошли к Симону Петру и другому ученику, которого любил Иисус, и сказали им: «Они забрали Господа из могилы, и мы не знаем, где они Его положили». (Гл. 84, 6)

Я, Христос, объясняю, исправляю
и углубляю слово:

«... которого любил Иисус» означает: который через свою жизнь и мышление был Ему ближе всех.

Бог любит всех Своих детей одинаково – но тогда, когда дитя очистило свою душу и посвятило свою жизнь Ему, оно ближе подходит к Нему.

Кто видит Бога, как центр своей земной жизни, и живёт, предаваясь Богу, тот достигает всё большей чистоты своей души. Очищенная душа находит затем свой путь в глубокую, интенсивную коммуникацию с Богом, её Отцом.

Подобное было и с упомянутым учеником, о котором написано. Он был ближе к Богу, потому что его душа была светлее и больше полна сил через его постоянное обращение к Богу, Вечному.

Соединение между Вечным и светлой душой вызывает одновременно интенсивную коммуникацию между теми людьми, которые стремятся к божественному. Таким образом, Моё духовное тело и его светлая душа были соединены с Богом и осознанно едины в Боге. Благодаря этому он понимал смысл Моих слов ,и мог из немногих слов охватить то, о чём действительно шла речь.

Познайте: понимание ближнего и взаимопонимание ведут к близости к Богу и к совместным действиям в Духе Господа.

7. И они побежали и пришли к могиле, заглянули в неё и увидели лежащие там льняные полотна и платок, которым была обвязана голова Иисуса, не с льняными полотнами, а сложенный в стороне на отдельном месте.

8. И случилось, что они совсем вышли из самообладания; ибо смотри, два ангела стояли рядом с ними в сверкающих, белых одеяниях и сказали им: «Почему вы ищете Живого среди мёртвых? Его тут нет, Он воскрес, и смотрите, Он идёт впереди вас в Галилею, там вы увидите Его. (Гл. 84, 7-8)

Я, Христос, объясняю, исправляю
и углубляю слово:

Могила была осмотрена евреями и римлянами. Их подгонял страх, ибо они не могли истолковать Моих слов: «Через три дня Я воскресну».

Существ из Бога, ангелов, о которых написано, восприняли лишь некоторые в своих сердцах. Не все присутствовавшие поверили высказываниям тех, которые в своих сердцах восприняли существ из Бога. Из-за этого у могилы возник переполох: некоторые теряли самообладание и также начинали сомневаться. Так что одни верили – другие сомневались. Рассерженные скептики не предприняли путь в Галилею.

Поскольку среди людей очень часто царят разногласия, Бог и существа из Бога ведут людей опосредованно. Они вели верующих через их богонаполненные ощущения, не называя, однако, слова «Галилея».

9. Разве вы не помните, как Он вам сказал, когда был ещё в Галилее, что Он, Сын Человеческий, будет распят и что Он воскреснет на третий день?» И они вспомнили Его слова. Они поспешно вышли и бежали от могилы, ибо дрожали и были ошеломлены. Также они никому не говорили об этом, ибо боялись. (Гл. 84, 9)

Я, Христос, объясняю, исправляю
и углубляю слово:

Страх и бегство от пустой могилы отчётливо выявляют сомнения, которые были у многих. Многие были также разочарованы во Мне и озадачены Мною, ибо они ожидали так называемого чуда. Они надеялись на

970

воскресение Моего земного тела. Земное тело – это, однако, только лишь исполнительный орган духовного тела. Если духовное тело чисто и находится в Боге, тогда человеческое тело, орган, выполнило свою функцию.

Так оно и было. Я совершил это: часть Моего наследства, частичная сила прасилы, смогла отделиться из прасубстанции и стала энергией Избавителя, потому что Моё духовное тело оставалось в Боге и было без греха.

10. Мария же стояла, плача перед могилой. И когда она плакала, то склонилась и посмотрела в могилу, и увидела двух ангелов в белых одеяниях , одного у изголовья, а другого в ногах там, где лежало тело Иисуса. И они обратились к ней: «Женщина, чего ты плачешь?»

11. Она сказала им: «Потому что они забрали моего Господа, и я не знаю, куда они Его положили». И когда она это сказала, то обернулась и увидела стоящего Иисуса и не узнала, что это был Иисус.

12. Иисус сказал ей: «Женщина, чего ты плачешь? Кого ищешь ты?» Она подумала, что это был садовник, и сказала Ему: «Господин, если Ты Его унёс, скажи мне, где Ты Его положил, и я заберу Его». Иисус сказал ей: «Мария!» Тут она повернулась и сказала Ему: «Раббони», что значит учитель.

13. Иисус сказал ей: «Не прикасайся ко Мне, ибо Я ещё не вознёсся к Моему Отцу. Иди же к Моим братьям и скажи им: Я возношусь к Моему Отцу и к Отцу вашему, к Моему Богу и к вашему Богу». (Гл. 84, 10-13)

Я, Христос, объясняю, исправляю
и углубляю слово:

Также и глаза Марии оставались так долго закрытыми, пока обращением «Мария» Я не открыл глаза её души. После этого она узрела Моё тонкоматериальное тело. «Не прикасайся ко Мне» означает среди прочего также: «Верь!»

Человек может касаться только материального, земного тела, однако, не тонкоматериального.

В то время, когда Я явился Марии и некоторым апостолам и ученикам, Моё земное тело находилось в стадии преобразования. Это преобразование Моего физического тела было для людей невидимым. Оно совершалось вплоть до вознесения. Поскольку Моё духовное тело абсолютно просвечивало Моё земное тело, то Моё земное тело постепенно было поглощено духовными атомами. Итак, вечная сила Отца, прасила, преобразовала Моё грубоматериальное тело, так что просвечиваемая Мною материя была выведена из грубоматериальной материи.

Кто устанавливает крест с мёртвым телом и поклоняется ему, тот указывает на физическое тело и тем самым ошибочно представляет человечеству Моё поражение. Он почитает мёртвое тело, вместо того чтобы молиться Воскресшему, внутреннему свету, Отцу во Мне, Христе. Символ воскресения, вознесения – это крест без тела.

14. Мария Магдалина пошла и рассказала ученикам, что она видела Господа и что Он сказал ей такое и дал ей задание сообщить о Своём воскресении из мёртвых. (Гл. 84, 14)

ГЛАВА 85

Воскресший Иисус является двум ученикам в Эммаусе

Слепота тех, кто были против Меня (1-13) – Изменения в сатанинских иерархиях после вознесения (14-16)

1. В тот же день двое учеников шли в село Эммаус, расположенное в трёх часах от Иерусалима. И они разговаривали между собой обо всём том, что произошло.

2. И в то время как они разговаривали друг с другом, случилось, что сам Иисус приблизился к ним и шёл с ними. Однако, глаза их были закрыты, так что они не могли Его узнать.

3. И Он сказал им: «О чём вы друг с другом говорите, что бредёте столь печально?»

4. И один из них, по имени Клеопа, ответил: «Ты, наверное, единственный чужак в Иерусалиме и ещё не знаешь, что здесь случилось в эти дни?» И Он сказал им: «Что?»

5. И они говорили Ему об Иисусе из Назарета, который был пророком, могучим в деле и слове перед Богом и всем народом, и как первосвященники и их начальники выдали Его, чтобы приговорить Его к смерти, и как они затем прибили Его к кресту. «Мы же верим тому, что Он тот, кто должен был избавить страну

Израиль. И, несмотря на это, за эти последние три дня все эти вещи произошли здесь.

6. Да, и несколько женщин, тоже из наших, поразили нас. Они были рано утром у могилы и не нашли тела. И они пришли и рассказали нам о том, что им явились ангелы, сказав, что Он воскрес.

7. И некоторые из наших пошли к могиле и нашли всё так, как рассказывали женщины. Но Его они не видели».

8. На то Он им сказал: «О, вы, глупые и ленивые сердцами, и не верите в то, что сказали пророки! Разве не должен был Христос выстрадать всё это, чтобы войти в Своё великолепие?»

9. И начиная с Моисея и всех пророков, Он разъяснил им все писания, касающиеся Его самого.

10. И они подошли к окрестностям села, к которому они шли. А Он действовал так, как если бы хотел идти дальше. Но они упрашивали Его, говоря: «Останься с нами, ведь наступает вечер, и день почти на исходе». И Он зашёл, чтобы остаться у них.

11. И случилось, когда Он сидел с ними за столом: Он взял хлеб и плод виноградной лозы, поблагодарил, благословил, разломил хлеб и дал его им. И их глаза раскрылись, и они узнали Его. И Он исчез у них из виду.

12. И они сказали друг другу: «Не зажглись наши сердца, когда Он обратился к нам в дороге и пояснял нам писание?» И они тотчас же поднялись и возвратились в Иерусалим, и там застали собравшимися

вместе одиннадцать с их сторонниками. И они ска-
зали: «Господь истинно воскрес, и Он явился Симону».

*13. И они рассказали, что случилось с ними в дороге
и как они узнали Его в преломлении хлеба.*

*14. Пока они шли в Эммаус, в город пришли несколь-
ко стражников и доложили Каиафе, что случилось.*

*15. И они собрались со старостами и посовеща-
лись, сказав: «Смотрите, когда солдаты спали, пришли некоторые из Его учеников и вынесли Его тело. И
разве не является Иосиф из Аримафеи одним из Его
учеников?*

*16. Потому он и попросил Пилата о трупе, что-
бы похоронить Его в своём саду, в своём собственном
склепе. Давайте тогда дадим солдатам деньги, чтобы они сказали, что ночью приходили Его ученики и
похитили тело, когда они спали. И когда эта весть
дойдёт до ушей наместника, то мы убедим его и за-
щитим вас». (Гл. 85, 1-16)*

Я, Христос, объясняю, исправляю
и углубляю слово:

Эта ложь подобна предательству. Так, до последнего часа Меня не признавали и до последнего часа пре-
давали. Ибо те, которые были против Меня, из страха
передо Мной, хотели воспрепятствовать тому, чтобы
народ поверил в Моё воскресение.

После смерти на кресте и исчезновения Моего земного тела, о котором они полагали, что его убрали, они считали, что победили Меня, поскольку и их незримые предводители, живущие в сатанинских иерархиях, также не заметили Меня там. Потому они полагали, что Я всё ещё вблизи Земли, может быть, даже как привязанная к Земле душа, которая ещё пытается спрятаться от них.

Они ещё не познали, что произошло и что, незаметно для их чувств, свершилось. Лишь после Моего вознесения, после возвращения к Отцу, души во всех сферах падения вплоть до ворот чистого Бытия пережили на себе то, что всё вдруг изменилось: сатанинские иерархии стали ступеньками лестницы на небеса; они стали уровнями очищения. Последние простираются от ступени очищения порядка до ступени очищения серьёзности. Последующие три уровня – терпение, любовь и милосердие – стали уровнями развития. Они являются преддверием Небес, равным образом относящимся к лестнице на небеса; на них светлая душа, ставшая духовным телом, вновь учится применять во всех подробностях вечный закон.

ГЛАВА 86

Иисус является в храме, и кровавые жертвы прекращаются

Духовные события в Иерусалиме и его окрестностях в дни после телесной смерти Иисуса (1-8)

1. Это было в тот же самый день во время принесения жертв в храме. Посреди торговцев скотом и птицами появился Один в белом одеянии, сияющий, как свет, и был у Него в руках бич с семью шнурами.

2. И при виде Его торговцы и покупатели, полные страха, побежали прочь, а некоторые упали на землю словно мёртвые; ибо вспомнили, как Иисус перед Своей смертью подобным же образом изгонял их из внутренней части храма.

3. И некоторые объясняли, что видели призрак, а другие, что видели Того, которого распяли, и что Он воскрес из мёртвых.

4. И жертвы в тот день прекратились в храме; ибо все боялись продавать или покупать; и они освободили своих пленников.

5. И священники и старосты пустили слух, что рассказывавшие это были пьяны и ничего не видели. Многие же уверяли, что видели Его собственными глазами и чувствовали на спине бич; но были не способны защитить себя. И хотя некоторые, из более

отважных среди них, и вытягивали свои руки вперёд, они не могли ни схватить ту фигуру, которую видели, ни поймать бича, который их бил.

6. И с этого дня они поверили в Иисуса, что Он был послан Богом, чтобы освободить угнетённых и избавить тех, кто был связан. И они образумились ,и не грешили более.

7. Он являлся и другим в любви и сострадании, и исцелял их Своим прикосновением, и освобождал их из рук преследователя. И много подобных вещей сообщали о Нём, и многие говорили: «Истинно, пришло Царство Бога».

8. И некоторые из тех, кто умерли и поднялись, когда Иисус воскрес из мёртвых, появились и были замечены многими в святом городе, и великий страх напал на злых, в то время как свет и радость наполнили сердца праведных. (Гл. 86, 1-8)

Я, Христос, объясняю, исправляю
и углубляю слово:

Многое из того, что произошло в дни перед Моим возвращением домой к Отцу, а также то, что передавалось, соответствует истине.

Некоторые люди зрили Меня глазами своей души, другие же видели лишь то отражение, которое могла притянуть их аура из атмосферной хроники .

Моя жизнь, как Иисуса из Назарета, вошла не только в сердца многих людей, но и в атмосферную хронику. В ней всё ещё сохраняется часть мышления и жизни людей ,и воздействует на Землю. Моя телесная смерть привела земные и астральные силы в более сильное движение. Также и атмосферная хроника пришла в движение, так что некоторые люди видели Меня посредством отражения атмосферной хроники; другие же, чьи сердца были преисполнены Моей жизнью, видели Меня своими духовными глазами. Иные опять же через атмосферную хронику видели души, отправлявшиеся в те плоскости очищения, которые соответствовали их душевному уровню сознания.

Посредством Моих страданий, смерти и Моего воскресения, Иерусалим и окрестные места, в которых Я действовал как Иисус, были возвышены в излучении, так что многие люди смотрели духовно и многие могли воспринимать атмосферную хронику.

В общем, нужно прояснить : не следует стремиться к восприятиям из атмосферной хроники, но единственно к восприятиям из Духа Бога, что может стать возможным лишь через осуществление и исполнение законов Бога.

ГЛАВА 87

Иисус является Своим ученикам

Почему ученики могли наблюдать узрять Воскресшего? (1-2). Крест без тела, символ воскресения и победы над тьмой (3-6). Избавление посредством одной лишь веры? (7). Крещёные Святым Духом (8). Бескорыстная любовь охватывает всё Бытие (9). Вести жизнь, посвящённую Богу (10). Дух Бога использует словарный запас и понятия человеческих посредников; значение слов и понятий со временем могут изменяться – Общины во Христе вплоть до Эры света (11-15)

1. Вечером того дня, первого дня недели, ученики собрались и заперли двери из страха перед евреями. Тут явился Иисус и встал посреди них и сказал им: «Мир вам!» Они же испугались и подумали, будто бы видят призрака.

2. И Он сказал им: «Смотрите, это Я сам, как вы видели Меня прежде. Дух воистину может являться во плоти и кости, как вы видите, они у Меня есть. Посмотрите на Мои руки и ноги, дотроньтеся и узрите!» (Гл. 87, 1-2)

Я, Христос, объясняю, исправляю
и углубляю слово:

У Меня не было тела из плоти и кости, но Я прировнял Своё духовное тело с земными вибрациями и одновременно возвысил также сознание учеников, чтобы они могли Меня видеть и чувствовать.

3. И когда Он это сказал, Он показал им Свои руки и Свои ноги. Тогда ученики обрадовались, когда увидели Господа.

4. Фома же, называемый Дидимом, один из учеников, сказал им: «Если не увижу на Его руках следы от гвоздей и не положу свой палец в эти следы, и не натолкнусь рукой на Его сердце, иначе в это не поверю». Тогда Он сказал Фоме: «Посмотри на Мои руки, на Моё сердце и на Мои ноги; протяни свою руку и положи свой палец на следы от гвоздей, и положи свою руку на Моё сердце и не будь неверующим, но верующим».

5. И Фома сказал Ему: «Мой Господь и Мой Бог!» И Иисус сказал ему: «Фома, потому как ты увидел Меня, то поверил. Блаженны же те, которые не видят и всё же верят».

6. Тогда Иисус вновь сказал им: «Мир вам! Подобно тому как Мой Отец послал Меня, так и Я посылаю вас». И, произнеся это, Он дохнул на них и сказал им: «Примите Святого Духа; проповедуйте евангелие и возвещайте всем народам о воскресении Сына Бога. (Гл. 87, 3-6)

Я, Христос, объясняю, исправляю
и углубляю слово:

Истинно: «Блаженны же те, которые не видят и всё же верят». Кто живёт в Боге и из Бога, тот не требует никаких внешних доказательств внутренней жизни. Лишь тот человек хочет доказательств от жизни внутреннего, кто больше живёт во внешнем, кто видимые процессы ценит выше внутренних событий.

Выражение «Примите Святого Духа» означает: примите силу из вечного закона, Святого Духа, чтобы говорить и действовать из закона любви и мудрости, чтобы возвещать народам о воскресении Сына Бога и нести евангелие любви и мудрости.

Истинно, вам следует нести в сердцах воскресение Сына Бога и через Меня, Христа, Воскресшего, восстать из своих грехов, чтобы вы смогли войти в жизнь, которая Есть Я в Отце.

Я повторяю: кто думает о Распятом и поклоняется телу, висящему на кресте воскресения, тот сам висит ещё на кресте греха. Он ещё не принял и не вместил Меня в своём сердце. Итак, кто одобряет тело на кресте и закрепляется на кресте с измученным телом, тот ещё не воскрес во Мне, Христе. Он свидетельствует от самого себя , что живёт ещё в рабстве греха и поддаётся греховному влиянию .

Ибо демоны желают видеть Распятого, крест с телом. Он означает для них поражение Назарянина – не победу Христа. Мёртвым телом на кресте они желают внушить человечеству представление, что Сын Бога поддался греху.

Однако, Я воскрес и возвратился к Вечному. Я принёс вам избавление. Крест без мёртвого тела символизирует воскресение и победу над тьмой. Потому все люди, живущие во Мне и через которых живу Я, придерживаются того креста победы, который без тела. Ибо точно так же, как Я одержал победу над тьмой, так одерживают победу над грехом те люди и души, которые осознанно верят в Меня и ежедневно всё больше выполняют волю Все-Святого.

7. Учите их святому закону любви, который Я дал вам. Тем, кто отрекаются от своих грехов, они прощены, а тем, кто грешат дальше, они остаются в сохранности. (Гл. 87, 7)

Я, Христос, объясняю, исправляю
и углубляю слово:

Слова «Тем, кто отрекаются от своих грехов, они прощены, а тем, кто грешат дальше, они остаются в сохранности» означают: кто просит о прощении и прощает и, если это ещё возможно, исправляет то, что он причинил, и подобное, что привело к греху, более не делает, то есть более не грешит – тот отрекается от греха. Кто же несмотря на лучшие знания, несмотря на прощение и просьбу о прощении, вновь совершает те же грехи, с того грех снят быть не может – даже тогда, когда он и попросил о прощении.

И если твой ближний, против которого ты согрешил, не прощает тебе, то и небесный Отец не может снять с тебя этот грех. Однако, Его милость и любовь повлияют на то, что твой ближний быстрее познает себя и простит тебе – тогда, когда он по свободной воле будет готов к этому.

Никому не следует говорить: единственно через веру в Меня, Христа, его грехи были бы с него сняты. Кто не познаёт своих грехов, кто не раскаивается и тем самым грешит дальше, тот остаётся грешником. Моё деяние Избавителя не снимет с него греха. Ибо кто сам себя не познаёт, тот не познает и своих грехов, также не раскается в них и не исправит того, что он сделал своему ближнему. Итак, кто не совершает этих шагов к самопознанию, к истинному раскаянию и прощению, просьбе о прощении и исправлению, тот вновь и вновь будет впадать в те же грехи.

Хотя свет спасения, избавления, светит во всех душах, тем не менее, лишь тот станет совершенным, кто очищает свою душу, а также хранит её в чистоте. Моё деяние Избавителя не погасило грехов мира, грехов всех душ и людей. Оно является силой и источником силы для всех, кто каиваются в грехах и больше их не совершают. Избавление – это опора души и защита против растворения души. Оно также является светом на пути к сердцу Бога.

Ни одному человеку и ни одной душе не обойтись без того, чтобы не познать своих грехов, не раскаяться в них и более их не делать. Лишь когда душа и человек больше и больше исполняют закон любви, они становятся чистыми. Избавление души завершается лишь тогда, когда она вновь обретает чистоту и осознанно становится дитём с чистым сердцем.

Одна лишь вера в Меня, Избавителя всех душ и людей, не вызывает очищения души и человека.

Избавление не может растворить никакого греха, когда этому не предшествуют познание и раскаяние грешника. Избавление означает опору, силу и свет для души и вызывает тогда растворение греха, когда грешник свои грехи познаёт, раскаивается и более их не совершает – а причинённое исправляет, насколько это ещё возможно. Благодаря этому он позволяет свету Избавителя стать тем внутренним огнём любви, который его тогда освобождает и сопровождает на пути в дом Отца к сердцу Бога.

8. Крестите тех, кто верят и раскаиваются, благословляйте и помазывайте их, и приносите ту чистую жертву плодов Земли, которую Я ввёл в память обо Мне. (Гл. 87, 8)

Я, Христос, объясняю, исправляю
и углубляю слово:

Познайте: лишь исключительно духовное крещение имеет силу. Всё иное является символами, и они как таковые не имеют никакой выразительности и силы, потому что не принадлежат закону Бога. Ритуальное благословение, помазание и жертву плодов Земли Я ввёл не для внешнего. Об этом говорится в качестве символа для внутренней жизни и не подразумевает внешнего церемониала.

Лишь тот воистину является духовно крещёным, через которого действует Дух Бога, и кто более не грешит. Потому учите своих ближних придерживаться закона Бога.

Когда человек отказался от греха, вследствие чего он стал чист сердцем и придерживается закона Бога, то он также наполнен Духом истины. Тогда он также является и духовно крещёным.

Ваша задача, придерживаться законов Бога – а потом учить. Святой Дух будет тогда крестить того, кто чист сердцем. Ибо Я, Христос в Отце, крещу огнём внутренней жизни, Святым Духом.

9. Смотрите, Я пожертвовал Своим телом и Своей кровью на кресте ради избавления мира от грехов

Я, Христос, объясняю, исправляю
и углубляю слово:

Так будет в настоящем и в будущем, что те, кто искренне раскаиваются в своих грехах и более их не совершают, также дистанцируются от кровавых жертв и от распутных празднеств. Кто больше не грешит против бескорыстной любви, тот осознанно находится в любви Бога и бескорыстно любит всех людей и всё Бытие – всё, что из Бога: животных, растения, а также камни.

Облагороженный человек и проникнутая любовью Бога душа не станут более покушаться на жизнь. Кто за Бога, тот также за своего ближнего, а также за мир животных, растений и минералов.

10. И вам следует приносить в жертву хлеб жизни и вино избавления в чистом даре вместе с ладаном, как написано обо Мне, и вам следует есть и пить из этого ,в память о том, что Я освободил от старого рабства ваших предков, всех тех, которые верят в Меня. (Гл. 87, 10)

Я, Христос, объясняю, исправляю
и углубляю слово:

«И вам следует приносить в жертву хлеб жизни
и вино избавления в чистом даре вместе с ладаном»
по смыслу означает: кто ведёт освящённую, то есть,
богонаполненную жизнь, кто своё мышление, речь и
поступки посвящает Вечному, тот будет помнить обо
Мне во всём. Всякая трапеза будет трапезой вместе со
Мной, потому что он благодарно принимает дары из
рук Бога и осознанно их в себя умещает.

И кто верит в Меня, своего Избавителя, и принимает и осуществляет то, чему Я учил, тот освобождён от
рабства греха.

Всё, что было выужено из Моих слов и овнешнено,
не принадлежит ни к внутренней жизни, ни к Моему
учению.

*11. Ибо они превратили свой живот в некого бога
и жертвовали этому богу невинных созданий Земли
вместо телесной природы в самих себе.*

*12. И они ели мясо и пили кровь к своей собствен-
ной погибели, разрушая свои тела и укорачивая свою
жизнь, так же, как и язычники, не знавшие истины
или же знавшие её и низведшие её до лжи.*

*13. Так же, как Я посылаю вас, так и вам следует
посылать других, чтобы они делали эти вещи от Моего имени», и Он возложил на них Свои руки.*

14. И таким же образом, как апостолов, Он также назначил пророков и евангелистов, и пасторов, святое священство, и Он возлагал Свои руки на всех тех, кого они избрали дьяконами, на каждого из четырежды по двенадцать, в отдельности.

15. И они предназначены для руководства и ведения универсальной общины, чтобы все были безупречны, каждый на своём месте в единстве тела Христа. (Гл. 87, 11-15)

Я, Христос, объясняю, исправляю
и углубляю слово:

Познайте: также и слова в книге, названной «Евангелие Иисуса», следовало бы понимать по смыслу.

Моё слово является вечной истиной. Поскольку же вечная истина не обладает языком и словами людей, Я наполняю вечной истиной слова богонаполненных людей, чтобы люди могли Меня слышать и – соответственно открытости своего сознания – понимать.

Истина, закон Вселенной, действует во всём и не является оболочкой, материей. Всё, что Земля порождает к жизни, природные и животные царства, а также человек, являются лишь рефлексией вечной истины, вечного закона. Так и произносимое через человеческие уста слово Бога, тоже является лишь отражением истины. То есть, если человек хочет понять Меня, то он должен вчувствоваться в слово и охватить смысл слова, истину, которая Я Есть в слове богонаполненного человека. Слово Бога, произнесённое через человека, является посредником истины и, таким образом, должно быть охвачено по смыслу.

Так же, как от эпохи к эпохе люди в своём мышлении, речах и действиях подвержены изменению, так изменяются также их понятия и слова. Дух истины, который Я Есть, в каждую эпоху всякий раз использует слова и понятия живущих в ней пророчествующих и просветлённых людей.

Сегодня многие слова и понятия имеют другое значение, чем в минувшие времена. Вследствие этого Я объясняю и исправляю написанное, когда сегодняшние понятия отличаются от тогдашних. Также должен учитываться и словарный запас посредников, доставивших божественное послание соответственно в словах своего времени.

Когда посредник инспиративно принимает божественное послание, тогда Дух жизни использует для передачи истины словарный запас и понятия посредника. Поэтому, как было проявлено, слова следует понимать лишь согласно смыслу, то есть точно по смыслу, а не воспринимать буквально. Кто цепляется за букву, тот считает материальную оболочку за истину и не может понять смысла живого слова. Поэтому сообщается: осуществляйте сначала то, что вы можете понять; тогда ваше духовное сознание расширится для дальнейших аспектов из вечной истины, и вы сможете постепенно больше понимать и осуществлять.

Поэтому и такие слова, как, например, «евангелисты», «пасторы», «святое свяценство» и «дьяконы», должны пониматься по смыслу. Тот посредник, который записал послание много земных лет тому назад, брал свой запас слов и понятия, которые были ему привычны для сообществ и общин людей в Духе Бога.

Я повторяю: Дух жизни вкладывает истину в слово богонаполненных людей, и человек произносит слово на своём родном языке. Дух, Бог, может использовать лишь те слова человека, которые привычны самому человеку. Поэтому слова истины должны пониматься по смыслу. Поэтому Я должен снова и снова объяснять и исправлять. Это имело и имеет силу во всех эпохах времени.

Я объясняю: Я обращался к Моим по смыслу так: Я поставлю пророков, и просветлённые мужчины и женщины будут нести свидетельство о жизни в Боге. Во все времена будет даватся преисполненное множество людей, которые стремятся к Богу, которые всё больше и больше исполняют волю Бога. И исполняющие волю Бога, будут жить в сообществе, в братстве со Мной, Христом. Многие из них, которые призваны, будут основывать общины в Моём Духе.

Пока все люди не будут жить во Мне, Христе, в общинах будут необходимы старосты, духовные учителя, руководители и целители. Из праобщин во Мне,

Христе, снова и снова следовало бы старостам, учителям, руководителям и целителям выходить, которые бы с членами праобщин всё обсуждали и сообща голосовали, а затем бы начиналось и выполнялось то, что было совместно решено.

Из праобщин во Мне, Христе, снова и снова должны выходить старостам, учителям, руководителям и целителям, которые с членами праобщин всё обсуждают и сообща голосовают, а затем начинают и выполняют то, что было совместно решено. Эти общины являются прообразом жизни в сообществе людей со Мной. Старосты, учителя, руководители и целители равноправны с членами общин. Все друг другу являются братьями и сёстрами во Мне, Христе. Пока же все люди не стали одним народом во Мне, Христе, и не соблюдают закон любви и жизни, следуя единственно за Пастырем, Христом, необходимы старосты, учителя, руководители и целители, которые, однако не возвышаются над остальными членами общины.[*]

Когда Землю окружит время света, тогда больше не будет учителей, руководителей и целителей, потому

____

[*] *Новое поколение, сменившее предыдущие поколения, хотело бы тут придерживаться того, как учил Иисус из Назарета: «Только один ваш Учитель, Христос — вы же все братья.» Чтобы предотвратить какие-либо «Вверху» и «Внизу», ¬они отказываются от духовных должностей и обозначений.*

что тонкоматериальное царство охватит Царство Бога на Земле; среди людей и существ света будет одно сообщество, и будет один властитель и вождь – Христос. И как наверху, подобно будет и внизу, то есть, на Земле в Царстве Бога.

Когда Моя жизнь станет жизнью всех членов праобщин, то и так называемые старосты в праобщинах примут на себя иные функции. Это будут тогда старейшины и мудрецы, которые знают обо всех вещах внутренней жизни и которые знают также о развитии в направлении к Царству мира Иисуса Христа; члены праобщин также смогут спросить их о многих вещах.

ГЛАВА 88

Восьмой день после Воскресения

Израиль и Иерусалим находятся там, где люди исполняют волю Бога – Греховный мир не постигает истинных сыновей и дочерей Бога, а также и ту высокую женщину, которая подготавливает Христу путь (1-3). Через неё Он излучает Свой свет на всю Землю (4-7). Желающие люди находят путь внутреннего (8). Тьма проиграет в борьбе против света мира (9-10). Избавительное деяние Христа воспрепятствовало намерению женского ангела: регрессию всех жизненных форм и распад творения (11-12)

1. И семь дней спустя Его ученики вновь были в верхнем помещении. Двери были закрыты. Тогда явился Иисус и встал посреди них и сказал: «Да пребудет мир с вами!» И Он был узнан ими во время святой памятной трапезы.

2. И Он сказал им: «Любите друг друга и все создания Бога! Я же говорю вам, не все те являются людьми, кто имеют человеческий образ. Разве по подобию Бога те мужчины и женщины, которые практикуют насилие, угнетение и несправедливость и говорят скорее ложь, чем правду?

3. Нет, поистине, пока они не родятся вновь и не воспримут в своих сердцах Духа любви и мудрости.

Ибо лишь тогда они являются сыновьями и дочерями Израиля; и когда они от Израиля, тогда они, как таковые, являются детьми Бога. И потому Я пришёл в мир, и потому пострадал в руках грешников». (Гл. 88, 1-3)

Я, Христос, объясняю, исправляю
и углубляю слово:

Кто не придерживается заповеди бескорыстной любви, тот не любит ни своих ближних, ни миры животных, растений и минералов.

Лишь бескорыстно любящие любят бескорыстно своих ближних и всё Бытие, как и животных, растения и минералы. Кто не живёт в любви из Бога, тот также не даёт из потока бескорыстной любви и потому слеп по отношению к истине. Слепец бьётся вокруг себя вслепую – каков он и есть. Он думает лишь о себе и тем самым становится сыном или дочерью жестокости.

Поэтому не все, имеющие человеческий образ, являются сознательными подобиями Бога. Лишь те истинно будут называться сыновьями и дочерями Бога, кто стремятся к бескорыстной жизни и едины со своими ближними и со всеми формами жизни. И лишь те истинно будут называться сыновьями и дочерями Израиля, которые живут в истинном Израиле, в истинном Иерусалиме, и которые исполняют волю Бога в истинном Израиле и в истинном Иерусалиме. Ибо Израиль и Иерусалим находятся там, где люди стараются исполнять волю Бога. Израиль и Иерусалим находятся там, где спасение широким потоком течёт по Земле.

Кто верит, что Израиль и Иерусалим, где Я действовал две тысячи лет назад как Иисус из Назарета, также будет Израилем и Иерусалимом грядущей эры Духа, тот ошибается: он зависит не от места, а от излучения Земли. Из Земли пробивается излучение для Царства Бога на Земле. Излучение будет выстраиваться там, где находятся люди, которые истинно называются сыновьями и дочерями Бога.

Поскольку сыновья и дочери старого Израиля не приняли Меня, Я пострадал в руках грешников. Старый Израиль и старый Иерусалим остались в своих грехах и исчезнут.

На обломках старого, греховного мира вырастет Новый Израиль и Новый Иерусалим, Царство Бога на Земле. Сыновей и дочерей Бога, которые дают возникнуть Новому Израилю и Новому Иерусалиму, будут – подобно, как Меня Иисусом из Назарета – преследовать, высмеивать и оклеветывать. Грешный мир, состоящий из сыновей и дочерей жестокости, не узнает сознательных сыновей и дочерей Бога – так, как они не узнали и Меня, Сына Бога, их Избавителя.

Также и возвышенную женщину, духовное существо в земном одеянии, пребывающую среди них для того, чтобы подготовить Мне, Христу, пути, узнают, как и Меня, Иисусом из Назарета, лишь немногие – не мир, и даже не все в пределах внутреннего круга. Многие сыновья и дочери мира против неё, потому что она стойко стоит за евангелие любви и живёт во Мне, Христе – и со Мной в Отце ради Новой эры, эры Христа, который Я Есть.

Так же, как евреи ещё и сегодня ждут Мессию и Меня, Христа, Мессию, не принимают, таким же образом происходит и с женщиной, идущей впереди Меня, Христа, чтобы подготовить Мой приход.

Многие люди говорили о Мессии и не узнавали Меня, когда Я, будучи Иисусом из Назарета, пребывал среди людей. Многие люди говорят – как об этом уже давно было передано – о некой возвышенной женщине, идущей впереди Господа, чтобы подготовить Ему пути. Она является человеком среди людей – однако они не узнают её. Так же, как Я неузнанным ушёл с Земли, подобно и она уйдёт неузнанной с Земли. Многие и впредь будут ждать возвышенную женщину, готовящую Мне, Христу, пути; и всё же она была уже среди них.

Лишь когда созреет время, когда истина достигнет прорыва, люди познают, что частичный луч божественной мудрости пребывал в земном одеянии среди них: возвышенная женщина во Мне, Христе, и мы в

Боге, нашем вечном Отце, ради Новой эры, Царства Христа.

Под словами «возвышенная женщина» имеется в виду не человек, а существо в Боге, пребывающее в земном одеянии.

4. И Иисус сказал: «Я стоял посреди мира и Меня видели и слышали во плоти, и Я нашёл всех людей пресыщенными своими собственными вожделениями и опьянёнными своею собственной глупостью, и Я не нашёл никого, кто бы голодал и жаждал мудрости Бога. Моя душа скорбит о человеческих детях; ибо они слепы в своих сердцах и глухи в своих душах, и не слышат Мой голос.

5. Это есть те слова, которые Я сказал вам, когда Я ещё был с вами, чтобы исполнилось всё, что написано обо Мне в законе Моисея, и у пророков и в псалмах».

6. И Он открыл их понимание, чтобы они смогли осмыслить писание, и сказал им: «Так написано и так подобало Христу пострадать и воскреснуть из мёртвых на третий день. И Моим именем пусть проповедуются покаяние и прощение грехов среди всех народов, начиная с Иерусалима. И вы являетесь свидетелями этого.

7. И Я посылаю вам обещание Моего Отца, которого вы не видели на Земле. Ибо истинно, Я говорю вам, так же как целый мир был разрушен через грех и тщеславие женщины, так же будет он спасён через простоту и истину женщины, и через вас ему надлежало бы спастись. (Гл. 88, 4-7)

Я, Христос, объясняю, исправляю
и углубляю слово:

Написано: «Я стоял посреди мира и Меня видели и слышали во плоти, и Я нашёл всех людей пресыщенными своими собственными вожделениями и опьянёнными своею собственной глупостью, и Я не нашёл никого, кто бы голодал и жаждал мудрости Бога».

Прошло почти две тысячи лет. Всё ещё многие люди пресыщены своими собственными вожделениями и опьянены своей собственной глупостью. Я истинно стоял посреди мира – и нашёл немногих людей, голодавших и жаждавших мудрости Бога.

Подобное происходит с женщиной, готовящей Мне пути. Она стоит посреди мира. Моё слово, слово спасения, звучит через неё пророческим словом и пронизывает весь мир. Многие слышат Мои слова через неё – и всё же остаются грешниками. Однако многие разворачиваются и стараются оставить старый, грешный мир, то есть больше не грешить, чтобы вступить в ряды тех, кто возводит Новую эру, время Христа, который Я Есть.

Поскольку старый мир остался грешен, он и умрёт в своих грехах – а с ним все те люди, которые преклоняются перед грехом.

Написано: «... так же, как целый мир был разрушен через грех и тщеславие женщины, так он будет спасён через простоту и истину женщины, и через вас ему надлежало бы спастись».

Познайте: женщина, то есть, женское духовное существо, манифестация женской части Бога, вызвала падение. Бог, Вечный, является как мужским, так и женским; это значит, Он является дающим и принимающим. Женский принцип, проявленная женская часть Бога, захотел быть как мужской принцип, как Бог в Своей вездесущности, мужское и женское, дающее и принимающее, всепоток, Бытие.

Женщина, о которой написано «... так он будет спасён через простоту и истину женщины» есть частичный луч – серафим – божественной мудрости, высокое духовное существо пред троном Всемогущего – теперь в земном одеянии. Вместе с сыновьями и дочерями Бога она способствует спасению многих. Совместно с ними она сооружает новый мир, Царство Бога на Земле.

Слово «простота» означает: просто. Воистину просто, без чинов и авторитета в мире, без великого имени, она идёт по Земле – и Я, Христос, излучаю через неё Мой свет на всю Землю ко всем людям, готовым принять и исполнить Моё святое слово. Я несу истину, путь и жизнь, которая Я Есть, тем, кто верят в Меня, кто осуществляют и исполняют то, чему Я их через пророческое слово учу и им даю: закон Бога – как и прежде, будучи Иисусом из Назарета.

То, чему Я учил, будучи Иисусом из Назарета, Я учу вновь и углубляю это как Христос через неё, идущую впереди Меня, женщину перед троном Бога. Она останется неузнанной до тех пор, пока в сердца людей не вродится истина. И тогда преисполненные истиной и из истины говорящие и дающие, её узнают, и будут свидетельствовать о женщине, которая в земном одеянии не была узнана миром, однако жила и действовала ради истины и несла истину во Мне, Христе, на весь мир.

Многие существа света состоят в Моём Задании избавления, чтобы нести в мир закон любви и позволить ему стать зримым: Царство Бога на Земле. Невидимые для людей существа из Бога готовят любимой дочери мудрости и сыновьям, и дочерям Бога пути в Новую эру.

Слова послания, которые Я обращал к Моим апостолам и ученикам, обращались не только к ним, но одновременно они были обращены ко всем людям и ко всем сыновьям и дочерям Бога на Земле, которые всё больше исполняют волю Вечного.

8. Итак, радуйтесь и будьте веселы; ибо вы благословеннее всех на Земле; ведь вы, Мои двенадцать

тысяч, являетесь теми, которые избавят весь мир.
(Гл. 88, 8)

Я, Христос, объясняю, исправляю
и углубляю слово:

Слова «... ибо вы, Мои двенадцать тысяч, являетесь теми, которые избавят весь мир» следует понимать по смыслу.

Число имело в то время несколько иное значение, чем в сегодняшнее, быстротечное время, которое Вечным уже укорочено. Держитесь не за числа, но единственно за Меня, Христа.

Познайте: не те избавят мир, которые живут во Мне, Христе, и состоят в Моём задании; они, однако, способствуют тому, чтобы желающие люди узнавали Меня, их Избавителя, и на пути внутреннего, которому Я их учу, находили свой путь к сердцу Бога.

9. И вновь говорю Я вам, когда великий тиран и все семь тиранов начали напрасно бороться против света, они не знали, с кем и против кого они боролись.

10. Ибо они не видели ничего, кроме ослепляющего света, и поскольку они боролись, то растратили свои силы, один против другого, и так оно и есть. (Гл. 88, 9-10)

Я, Христос, объясняю, исправляю
и углубляю слово:

«Великий тиран» был предводителем демонов. Семь остальных тиранов образовывали с ним голову тьмы, ибо тьма пыталась и пытается возвести свою территорию подобно тому, как построено Царство Бога: Вечный и семь небесных князей.

Когда Я, Соправитель, сходил с небес, Мой свет был прикрыт. Я проходил сквозь сатанинские иерархии – ставшие после деяния Избавителя уровнями очищения – и остался не узнанным. Лишь когда Я вошёл в одеяние материи, то есть, воплотился, Я был узнан тьмой. С этого момента власть тьмы боролась против Меня, чтобы наложить на Меня руки.

Познайте: кто борется против своего ближнего, растрачивает свои душевные и физические силы и тем самым становится всё слабее. Таким образом, уже с падения тьма ослабляет себя и всё больше теряет почву. Свет мира, который Я Есть, победит и озарит всю Землю, и настанет мир в людях, живущих в луче света.

11. И потому Я забрал четверть их силы, чтобы они не имели так много сил и не упорствовали в своих злодеяниях.

12. Ибо через инволюцию и эволюцию избавление мира завершится: спуском Духа в материю и подъёмом материи в Дух, сквозь все времена». (Гл. 88, 11-12)

Я, Христос, объясняю, исправляю
и углубляю слово:

Я исправляю следующее выражение: «И потому Я забрал четверть их силы, чтобы они не имели так много сил и не упорствовали в своих злодеяниях». Не Я забирал и забираю у людей силу. Они сами растрачивают свои жизненные силы своим незакономерным мышлением, речами и поступками, и в борьбе со своими ближними.

Познайте: если бы души таким образом всё больше теряли в жизненной силе, то наступило бы то, чего пыталась достичь женщина, пожелавшая быть как Бог: растворение божественного творения, чтобы все жизненные формы, растворившись, перешли бы в прапоток, в праэнергию. Каждое духовное существо, каждая душа и каждая дальнейшая жизненная форма постепенно растворились бы. Ибо женский принцип, женский ангел, женская манифестация Бога, захотел опять первоначального состояния: всетекущая, вездесущая праэнергия без духовных форм жизни. Ибо тогда она вновь оказалась бы в вездесущем потоке, тем самым

1005

победив Отца-Мать-Бога, и сотворила бы себя вездесущей богиней и из себя самой все жизненные формы.

Так что её стремлением было то, чтобы все души всё больше теряли жизненную силу, чтобы ставшая формой субстанция, душа и духовное тело, вновь бы расформировались и вошли в прапоток. Из прапотока она бы тогда черпала и создавала новое.

Моим деянием Избавителя и врождением света Избавителя во все души и людей Я положил конец такому обратному развитию. С момента Моего поступка Избавителя более не является возможным, чтобы созданные Богом жизненные формы могли бы раствориться и войти в праэнергию, в текущий поток, в поток творения. Всякая душа хотя и может обременять себя, однако, не может раствориться. В деянии Избавителя заложена эволюция души.

Дух Бога во Мне, Христе, спустился в материю; это частичная сила прасилы. Эта частичная сила прасилы в душах вновь вместе с душами взойдёт в вечное Бытие. Это происходит «сквозь все времена», через трансформацию и эволюцию – пока каждая душа вновь не станет чистой духовной формой, тем духовным существом в Боге, каким оно вышло из Бога.

Отец-Мать-Бог в Своём Сыне, который Я Есть, Христос, является победой над тьмой и материей.

ГЛАВА 89

Иисус появляется у Генисаретского озера

Воскресший встречает Своих учеников (1-5). Истинные ученики: проводники, а не пастухи; скалы веры и исполненности Богом – Праобщины являются единой паствой Пастуха Христа (6-8). Ключи к царству Небесному (9). Ключи царства Небесного (9). «Подпоясанный» и ведомый человеческим «я» или Вечным (10). Что делает твой ближний, то тебя не касается (11-12)

1. Затем Иисус вновь показался ученикам у озера возле Тивериады следующим образом: были вместе Симон Пётр и Фома, названный Дидимом, и Нафанаил из Каны в Галилее, и Яков, и Иоанн, и двое других Его учеников.

2. Пётр сказал им: «Я хочу пойти ловить рыбу». Они ему говорят: «Тогда и мы пойдём с тобой». Они вышли и тотчас сели в лодку, и в ту ночь они ничего не поймали. И когда наступило утро, на берегу стоял Иисус; ученики же не знали, что это был Иисус.

3. Тут Иисус сказал им: «Дети, есть ли у вас что-нибудь поесть?» Они ответили Ему: «На всех не хватит. Лишь маленькая буханка хлеба, немного масла и несколько сушёных фруктов». И Он сказал им: «Этого будет достаточно. Пойдёмте и поедим!»

4. И Он благословил их, и они ели и насытились. И был там также кувшин, полный воды, и Он тоже его

Я, Христос, объясняю, исправляю
и углубляю слово:

Благодаря тому, что Я трансформировал вниз колебания Моего духовного тела и повысил колебания их
душ, Я стал видимым для Своих апостолов и учеников. Тем самым Я показал им, что Я Есть с ними. Мы
встречались, таким образом, на более высоком уровне
колебаний. Они, однако, узнавали Меня лишь тогда,
когда Я говорил или делал то же самое или подобное
как будучи Иисусом из Назарета. То, что им напоминало обо Мне, то Я и мог вызвать в них, ибо эти образы
запечатлелись в их внутреннем, так что по ним они узнавали Меня.

Однако, Я не ел и не пил с ними материальной субстанции, ибо духовное тело живёт исключительно из
чистой субстанции, Бога.

да же они поели, Иисус говорит Петру: «Сын Ионы, любишь ли ты Меня больше, чем они?» Он сказал Ему: «Да, Господь, Ты знаешь, что я Тебя люблю». Он говорит ему: «Паси Моих ягнят!» Он вновь, во второй раз говорит ему: «Пётр, сын Ионы, любишь ли Меня?» Он сказал Ему: «Да, Господь, Ты знаешь, что я Тебя люблю». Он сказал ему: «Паси Моих овец!»

7. Он в третий раз говорит ему: «Пётр, сын Ионы, любишь ли Меня?» Пётр опечалился, что Он в третий раз сказал ему: любишь ли Меня? И он сказал Иисусу: «Господь, Ты знаешь всё, Ты знаешь, что я Тебя люблю».

8. Иисус говорит ему: «Паси Моё стадо. Истинно, истинно, Я говорю тебе: ты скала из большой скалы, и на этой скале Я хочу построить Мою общину, и Я хочу возвысить тебя среди Моих двенадцати до Моего наместника на Земле, до центра единства для двенадцати, и другой будет призван и избран, чтобы заполнить твоё место среди двенадцати, и тебе следует быть слугой слуг и пасти Моих баранов, Моих овец и Моих ягнят. (Гл. 89, 6-8)

Я, Христос, объясняю, исправляю
и углубляю слово:

Вопрос к Петру обращён ко всем людям, которые всё более и более исполняют волю Бога и станут законом любви.

Я, Воскресший, не говорил голосом человека, ведь Я не был больше человеком. Моё духовное одеяние, духовное тело, было и остаётся подобием Отца. Голосом вселенной Я говорил в голосе сердец тех, кто могли воспринимать Меня. Мои божественные слова «… любишь ли ты Меня больше, чем они» были направлены не только к Петру, но и к присутствовавшим ученикам и, в конечном итоге, ко всем людям. Ибо более всего любит тот, кто в значительной мере исполняет закон Бога и Меня любит больше, чем этот мир.

Такие люди являются скалами во время прибоя, твёрдые верой и богоосознающие. Им дано истолковывать евангелие любви и учить законам жизни – потому что они сами черпают из Духа Бога и живут в Духе Господа. Такие люди могут из Духа Вечного заботиться о Моих ягнятах на пастбищах вечной жизни и выводить их на луга духовного Бытия, так как Я живу и действую через них, кто живут в Духе любви и в законе Бога, и знают его. Им дана сила учить Моих овец, знакомить их с законом жизни, чтобы они тоже нашли путь к пастбищам жизни и стали ягнятами, чтобы объединиться с Вечным.

Кто живёт в законе жизни, в Боге, тот приведёт овец в единое стадо, Пастухом которого Являюсь Я, Христос. Он постарается, чтобы овцы не рассеялись и не разделились. Сам, однако, он будет лишь проводником – а не пастухом.

Из людей, ставших во Мне скалою веры и богонаполненности, произойдут универсальные общины во Мне, Христе.

Слова «наместник» и «центр» имеют сегодня другое значение. Центром среди праобщин является первая праобщина, Союзная община Новый Иерусалим со своими старостами, учителями, руководителями и целителями; она является наместницей для всех праобщин.* Она является центральным светом всех общин и олицетворяет единство.

Члены праобщин стараются держаться друг друга, что Я заповедовал им: быть преданными в бескорыстной любви друг к другу и ко всем созданиям Земли. И человеку, чьё сознание созрело наиболее всего, следует быть в Моих праобщинах слугою всех и служить членам общин. Ему следует вместе со всеми членами праобщин вести баранов, овец и ягнят к высотам жизни, чтобы они стали одним стадом, Пастухом которого Являюсь Я – Христос.

9. И встанет ещё другой, и он будет учить многим вещам, которым Я уже учил вас, и он с великим усердием станет распространять евангелие среди язычников. Ключи же Небесного царства Я хочу дать тем, которые последуют тебе в Моём Духе и будут послушны Моему закону. (Гл. 89, 9)

---

* *Смотри сноску на стр. 993.*

Я, Христос, объясняю, исправляю
и углубляю слово:

«И встанет ещё другой, и он будет учить многим вещам, которым Я уже учил вас, и он с великим усердием станет распространять евангелие среди язычников» означает:

После Моего воскресения, в последующие временные эпохи в мир отправятся ещё и другие, и станут распространять евангелие, закон любви, которому Я учил. Ключи же Небесного царства находятся во Мне и в тех, кто исполняет Мою волю. Я буду действовать через того, кто следует за Мной, в том, что он соблюдает законы любви и жизни. Через него Я буду раскрывать небеса многим людям к избавлению и к жизни их души.

Эти слова относились не только к Петру, но ко всем присутствовавшим ученикам, и они относятся также ко всем людям, которые в последующие эпохи становились и будут становиться Моими истинными последователями и которые жили и будут жить в братстве Христа. Ибо кто осуществляет и исполняет законы Бога, тот осознанно живёт во Мне, а Я живу через него. Он становится истинным проводником внутренней жизни, ведущим овец ко Мне, к единственному Пастуху, Христу.

Ибо Я единственно Есть путь, истина и жизнь. И Я, Христос, Есть ключ к вратам небес, ключ к вратам жизни.

10. И ещё раз говорю Я тебе: «Когда ты был молод, то опоясывался и шёл, куда хотел; когда же ты станешь старым, то протянешь свою руку, и другой опояшет тебя и поведёт тебя туда, куда ты не хочешь». Сказал же Он это, чтобы показать, какой смертью он прославил бы Бога. (Гл. 89, 10)

Я, Христос, объясняю, исправляю
и углубляю слово:

Пока человек опоясывается своим человеческим, он идёт туда, куда его направляет человеческое «я». Когда же он становится более зрелым и протягивает руку Вечному, Вечный опояшет его и поведёт его – не туда, куда хочет человек, однако туда, по чему тоскует душа.

Он станет праведным человеком, распространяющим в мире евангелие любви, закон Бога и вновь собирающим вокруг себя людей. Среди них опять же окажутся такие, кто чист сердцем, а также несут дальше евангелие любви и жизни. Эти люди опоясаны украшением любви, красоты, добродетели и чистоты.

11. И когда Он сказал это, то обратился к нему: «Следуй за Мной!» Пётр же повернулся и посмотрел на ученика, которого любил Иисус. И когда увидел его, то сказал Иисусу: «Господь, а что делать ему?» Иисус сказал ему: «Если Я хочу, чтобы он остался, пока Я не приду, то какое тебе дело до этого? Ты следуй за Мной!»

12. Тогда прошёл разговор среди братьев, что этот ученик не умрёт. Однако, Иисус ведь не сказал ему: «Он не умрёт», но: «Если Я хочу, чтобы он остался, пока Я не приду, разве это тебя касается?» (Гл. 89, 11-12)

Я, Христос, объясняю, исправляю
и углубляю слово:

Такие по смыслу слова «Если Я хочу, чтобы он остался, пока Я не приду, разве это тебя касается?» означают: и даже если он в последующие времена вновь и вновь будет входить в земное одеяние, чтобы служить Мне на Земле – разве это тебя касается?

Слова «... разве это тебя касается» означают также: не заботься о своём ближнем в том, желает ли он следовать за Мной или нет. Следуй ты за Мной и помоги своим осуществлением ещё слабым, чтобы и они вступили в последование, благодаря твоему доброму примеру. Когда и как – это предоставь Мне и твоим ближним. Ибо то, что делает твой ближний, за это он должен отвечать перед Богом, и это касается единственно лишь Бога и Его дитя – не тебя.

ГЛАВА 90

Что есть истина?

О способности понимать вечную истину (1-3). Всё является сознанием (4-5). Человек может постичь лишь осуществлённую истину – Обретение совершенства (6-11). Кто обладает истиной? (12). Не имеющий бескорыстной любви, не живёт в истине и не постигает её – Каждый человек ведом в соответствии с уровнем своего сознания (13-16)

1. И вновь собрались двенадцать в кругу под пальмами, и один из них, а именно Фома, сказал остальным: «Что есть истина? Ибо те же самые вещи являются разным людям и даже одному человеку в разное время по-разному. Так что же есть истина?

2. И когда они так говорили, среди них появился Иисус и сказал: «Истина, единая и абсолютная существует только лишь в Боге; ибо никто, ни один человек, не знает того, что знает лишь Бог, который находится во всём. Истина может быть открыта людям в соответствии с их способностью понимать и постигать.

3. У истины много сторон, и один видит только одну сторону, другой – другую, а некоторые видят больше, чем другие, так, как оно им дано. (Гл. 90, 1-3)

Я, Христос, объясняю, исправляю
и углубляю слово:

Вечная истина излучается многими гранями в этот мир. Однако, каждый может лишь настолько принять и понять от неё, насколько он сам осуществил из вечной истины, то есть, насколько широко раскрыто его духовное сознание.

«Способность понимать и постигать» означает: раскрыть своё духовное сознание – через осуществление и исполнение законов Бога – настолько широко, чтобы правильным образом понимать закон, Бога, истину, а также многие грани истины, излучающиеся в этот мир.

Божественным законам будут обучаться, и этим самым они будут людям открыты. Человеку, живущему по ним, истина будет открываться грань за гранью. Таким образом будет развиваться его духовное сознание, и он сможет всё больше воспринимать и понимать из истины.

«... так, как оно им дано» означает: в том же объёме, в каком человек осуществил из вечной истины, из закона Бога, развито и его духовное сознание. Раскрытой частью своего духовного сознания он зрит ту грань истины, которая для него проявлена в соответствии со степенью его осуществления. Кто осуществил больше граней из вечной истины, зрит больше, другой же, который раскрыл меньше граней, зрит также меньше. Человек, таким образом, постигает из вечной истины более или менее, в соответствии с тем, что он раскрыл из своего духовного сознания.

4. Осмотрите этот кристалл: так же как один луч света проявляется в двенадцати плоскостях, да пусть даже в четыре раза по двенадцать, и каждая плоскость отражает один луч от этого света, и один обозревает одну плоскость, а другой другую, то это всё же один кристалл и один луч света, который светит во всех плоскостях.

5. И смотрите, когда кто-то поднимается на гору, и достиг определённой высоты, тогда он говорит: там вершина горы, давайте её достигнем; и когда он достиг этой высоты, смотрите же, за ней находится ещё одна повыше, пока он не доберётся до той высоты, с которой уже не увидеть никакую другую, если он сможет её достигнуть. (Гл. 90, 4-5)

Я, Христос, объясняю, исправляю
и углубляю слово:

Бесконечность сравнима с могучим кристаллом, излучающим различные аспекты вечной истины. Всё является сознанием. Поэтому во всём, в каждом кирпичике бесконечности содержится целостная истина.

Каждый человек рассматривает истину с другой стороны или с другой ступени, то есть, с другой степенью зрелости души. Истинно мудрый раскрыл все грани истины и зрит вечную истину во всём.

Кто живёт в истине, тот имеет глаза истины. Ими он зрит также и человеческое. Кто живёт в истине, тот обращается к человеческому, однако он не живёт в человеческом.

6. Так и с истиной. Я Есть истина, путь и жизнь и Я дал вам истину, которую Я принял свыше. И что увидено и принято одними, то не может быть увидено и принято другими. Те, кто в долине внизу, не видят того, что видят стоящие на вершине горы.

7. Однако, для всех истиной является то, как она выглядит для отдельно взятого разума, и так продолжается до тех пор, пока им не проявится более высокая истина; душе, которая может принимать больше света, будет дано больше света. Потому не проклинайте других, чтобы вас не проклинали.

8. Когда вы будете придерживаться святого закона любви, который Я вам дал, то истина вам будет всё больше и больше раскрываться, и Дух истины, приходящий свыше, поведёт вас во всю истину, и пусть даже множеством ложных путей, так же как огненное облако сопровождало через пустыню детей Израиля.

9. Доверяйте свету, который имеете, пока не будет вам дан свет более высокий. Ищите больше света, и будет у вас с избытком. Не успокаивайтесь, пока не найдёте.

10. Бог даёт вам всю истину для освобождения и совершенствования души, словно лестницу со множеством ступенек. Истину дня сегодняшнего вы оставите ради более высокой истины дня завтрашнего. Стремитесь к совершенству.

11. Те, кто придерживаются святого закона, который Я дал, спасут свои души, какой бы разной ими не виделась та истина, которую Я им дал. (Гл. 90, 6-11)

Я, Христос, объясняю, исправляю
и углубляю слово:

Выражение «И что увидено и принято одним, то не может быть увидено и принято другим» имеет следующее значение: вечная истина излучается в бесчисленных гранях в бесконечность. Из вечной истины живёт целая вселенная, всё Бытие. Божественная тонкоматериальная вселенная, чистое Бытие, опять же поэтому является истиной. Все аспекты сознания живут от той жизни, которой является истина – и все аспекты божественного сознания опять же являются истиной.

Соответственно своему мышлению и жизни, каждый человек либо затенил своё духовное сознание негативным, эгоцентричным, либо расширил через позитивную, обращённую к Богу жизнь.

Человек, в зависимости от уровня сознания, распознаёт многие или только некоторые грани из вечной истины, или же – когда он ориентирован лишь на мирское – то вовсе ни одной. Таким образом, что один человек может принять из вечной истины, того другой, чьё сознание ещё не имеет дальновидности внутренней жизни, принять и поэтому также понять, не может. Его свет сознания простирается ещё не столь далеко, как у его ближнего. Что одному, кто расширил своё духовное сознание, кажется истинным, то ближнему, чьё сознание несёт ещё мало духовного света, кажется неверным. Поэтому и такое выражение: «Те, кто в долине внизу, не видят того, что видят стоящие на вершине горы».

Другое выражение «Однако, для всех истиной является то, как она выглядит для отдельно взятого разума, и так продолжается до тех пор, пока им не проявится более высокая истина; душе, которая может принимать больше света, будет дано больше света» имеет следующее значение: пока отдельно взятый человек не исполняет проявленную ему грань из вечной истины, ему не может быть раскрыта также и никакая последующая грань истины. То есть: хотя он и может её услышать, однако, не может исполнять, потому что не совершил ещё первого шага, осуществления первой грани. Человек своим разумом так долго будет рассматривать и расценивать проявленные ему грани вечной истины, пока он шаг за шагом не станет осуществлять то, что он познаёт в каждом случае. Тогда лишь он будет способен принять более высокую истину. Если ему проявлены соотношения всех граней вечной истины, тогда он погружается в закон жизни, в истину.

Бог, вечный свет, излучает самого себя, целостную вечную истину, в бесконечность бесчисленными гранями сознания.

Лишь тот человек взбирается по лестнице к совершенству, кто день за днём старается познать и очистить то, что показывают ему день и события дня. Дни наглядно показывают человеку его собственное мышление и жизнь – а не мышление и жизнь его ближнего. Ибо человеку следует сначала познать и обработать бревно в своём глазу, прежде чем искать щепку в глазе своего брата.

Кто не живёт в дне, тот попусту растрачивает дни. Тогда он также и не сможет взбираться по лестнице к совершенству ни на какие последующие ступеньки. Кто, однако, добивается совершенства своей духовной жизни, познавая себя самого в дне и очищая то, что стоит на очереди, тот его и достигнет.

12. Многие скажут Мне: Господи, Господи, мы усердствовали в Твоей истине. Я же скажу им: нет, вы усердствовали только в том, чтобы другие видели её такой, какой вы её видите, а в противном случае никакой иной истины. Вера, без любви к ближнему, мертва. Любовь есть исполнение закона. (Гл. 90, 12)

Я, Христос, объясняю, исправляю
и углубляю слово:

Кто об истине лишь говорит и считает, что его ближние должны видеть её точно так же, как он, тот на лестницу к вечной истине ещё не вступил. Кто не осуществляет грань истины, которая ему проявлена и которую он признаёт истинной, тому не раскроются дальнейшие грани из вечной истины.

Итак, кто только говорит об истине, тот не сможет раскрыть истины и своему ближнему, потому что он не знает пути осуществления.

А кто полагает, что единственно то, что он говорит, было бы правильным, и не признаёт никаких иных граней истины, тот глупец и слеп для истины.

Итак, кто верит лишь в то, что он сам способен понять, и настаивает на этом, считая, что он обладает целостной истиной, тот противопоставляет себя тем, кто осуществляет одну грань вечной истины за другой, чтобы достичь вечной истины.

Познайте: кто против своего ближнего, независимо, по какой причине, тот против Бога. Кто против Бога, тот не находится в истине, в исполнении закона Бога, любви.

13. Как же вера, которую они приняли, принесёт им пользу, когда они не практикуют её по справедливости? Те, кто имеют любовь, имеют всё, и без любви нет ничего, что имело бы ценность. Позвольте же каждому придерживаться того, что он осознаёт за истину, в любви и в познании того, что там, где нет любви, истина является мёртвой буквой и не приносит пользы.

14. Остаются доброта, истина и красота; однако, самой великой из них является доброта. Когда некоторые из ваших братьев возненавидели и отвердели сердцем по отношению к созданиям рук Бога, то как же могут они видеть истину к своему избавлению, когда глаза их слепы, а сердца их отвердели к творению Бога?

15. Какой Я принял истину, такой же Я её вам дал. Позвольте каждому принимать её по своему озарению и по своей способности понять её, и не преследуйте тех, кто принимает её в некотором ином толковании.

16. Ибо истина есть власть Бога, и в конце она будет властвовать над всеми заблуждениями. Святой же закон, который Я дал, понятен для всех и справедлив, и добр. Пусть же все следуют ему к избавлению своих душ!» (Гл. 90, 13-16)

Я, Христос, объясняю, исправляю
и углубляю слово:

Вера в истину не является самой истиной, законом жизни. Кто довольствуется единственно лишь верой в истину, тот никогда не познает истины, а также и не будет в ней жить.

Настоящая вера – это предпосылка осуществлять познанные грани из вечной истины. Кто же не расширяет своё сознание посредством осуществления, тот не сможет познать справедливости Бога и потому не сможет и практиковать справедливости.

Он не может и бескорыстно давать, потому что в себе самом не раскрыл бескорыстную любовь, закон жизни, истину. Лишь то, что человек осуществил из закономерностей Бога, он сможет и бескорыстно давать, ибо единственно лишь из осуществления познанных граней истины растёт бескорыстная любовь, которая опять же дарит себя бескорыстно. Кто не имеет бескорыстной любви, тот также и не живёт в истине. Он занят только самим собой; он любит себя самого, однако, не истину, ибо она свободна от человеческого «я».

Что даётся не из бескорыстной любви, то также ничего и не стоит. Даже если человек и много говорит о вечной истине и желает обучать ей своего ближнего, то это остаётся пустыми словами, как бы мёртвыми оболочками, ибо они лишены духовной жизни, то есть являются мёртвыми буквами.

Кто даёт не из исполнения закона, из Бога, а лишь распространяет то, что он себе прочитал и считает за истину, тот не является учителем истины – будь он теолог, священник, пастор или верующий в Библию, даже если он носит высокие титулы.

Чьё сердце очерствело, тот слеп для жизни. У него нет любви – ни к людям, ни к животным, растениям или камням.

Чьё сердце очерствело и чьи глаза слепы, говорит и поступает против своих ближних и против творения.

Потому проверяйте глазами справедливости, тогда вы по их плодам распознаете праведных и ложных учителей.

Кто живёт в истине, тот зрит, что другие не видят и слышит, что другие не слышат; поэтому он предоставит каждому быть в своей вере.

Люди в Духе Господа не станут ни приговаривать, ни преследовать своих ближних, принимающих и соответственно излагающих духовное знание из других источников.

Каждый человек ведом в соответствии с его уровнем сознания, зачастую через многие препятствия или через другие источники, до тех пор, пока он не окажется способным постичь источник истины.

Истина есть жизнь, Бог, любовь, власть бесконечности. После возвращения всех падших духовных существ она полностью проникнет во всё. Тогда души вновь как чистые существа из Бога найдут себя в Боге, и всё грубоматериальное станет прасубстанцией, то есть божественной эссенцией. Тогда не будет ни людей, ни душ, ни материи, ни частичного уплотнения. Всё будет объединено в Вечном. Всё Бытие вновь станет абсолютным законом, Богом, любовью, жизнью. Пока же все души вновь не достигнут сознательного статуса детей в Боге, Я останусь Избавителем всех душ и людей: Христом, ключом к вратам жизни.

Примечание
к данному в 1987 году Общинному порядку

Эволюционный процесс из поколения в поколение, о котором в Своём откровении говорит Христос, происходит в Союзной общине Новый Иерусалим уже в ходе двух поколений.

Многое из того, что было изложено в Общинном порядке, осуществилось, многое приняло внешнюю форму: слово Бога выходит сегодня в букве и звуке по всему миру, возникли социальные учреждения и учреждения для базовых основ жизни для многих людей, заложен и расширяется краеугольный камень, мирный участок земли как корень для начинающегося Царства мира Иисуса Христа.

Многое должно было быть одерживано против ожесточённого сопротивления церковных и послушных им мирских властей. Но, впрочем, и борьба, и очистительные процессы, о которых Христос снова и снова упоминает в Своём откровении, на этом не останавливались. Снова и снова поэтому приходилось прибегать к более затруднительным путям. И всегда это была божественная мудрость, Габриеле, пророчица и посланница Бога, которая шла впереди и прокладывала путь воле Господа для Дела Христа-Бога в Царстве мира Иисуса Христа, как уже и объяснил херувим божественной мудрости в предисловии к этому откровенческому произведению.

Через Габриеле теперь был предпринят дальнейший большой шаг для Царства мира Иисуса Христа, ибо объявлена Новая эпоха:

В могущественном откровении от августа 2016 года Бог, Вечный, протянул Своей дочери, серафиму божественной мудрости, называемой на Земле Габриеле, лилию Своей чистоты, любви и мудрости как знак Софии и провозгласил начало Новой эпохи: мессианской, софианской эпохи.

В мессианскую, софианскую эпоху лилии Христос Бога приведёт в исполнение то, о чём Он возвестил как Иисус из Назарета: что Он придёт в Духе. Он посылает вперёд Свой свет появления и призывает души и людей обратиться к Нему, Христу Бога, ибо Он хочет многих изнурённых и обременённых вести к Богу в праоснове души.

Эпоха лилии находится под знаком свободного Духа, без внешних форм. Это значит: «Бог в тебе, Бог в нас». В каждой душе и в каждом одушевлённом человеке должен бы быть слышим призыв свободного Духа: «Бог в тебе, Бог в нас».

Прошлое протягивает мессианской, софианской эпохе, свету появления Христа Бога, руку.

Под руководством божественной мудрости центральный свет сияет сегодня уже во весь мир. Прахристианство охватило людей всемирно, ибо все они принадлежат к одному племени, центральному свету для Христа Бога, для Царства мира Иисуса Христа. Во всех учреждениях всемирного Дела Христа-Бога развевается флаг: «Бог в нас» в сознании: Христос Бога посылает Свой свет вперёд.

Чтобы в мессианской, софианской эпохе появления света Христа Бога жить в Его святом законе, чтобы с Ним, Духом истины и жизни, строить Новый Иерусалим для Царства мира Иисуса Христа, Общинный порядок кардинально изменился.

Поэтому подготавливать Его пришествие означает, соорудить по-новому в Духе истины основную концепцию Союзной общины Новый Иерусалим, так как новые поколения переживут в Его Духе другое измерение, которое больше не соответствует прошлому, ориентированной на этот мир программе.

Поэтому для следующих тут изложений Общинного порядка имеет силу такое: многие из описанных там внешних процессов и заданий обусловлены временем и устарели в эпоху свободного Духа.

То, что имело силу в то время, переходит сегодня в исполнение законов Царства мира Иисуса Христа.

*Предисловие к Общинному порядку**

Я, Христос, объясняю:

Нижеследующий Общинный порядок будет иметь силу до тех пор, пока люди, живущие на всё более обновляющейся Земле, не станут, в значительной степени, чисты сердцем и не будут исполнять закон Бога. Так будет в Царстве мира Иисуса Христа, в Царстве Бога на Земле, которое затем охватит всю Землю.

Общинный порядок действителен для всех праобщин в Универсальной Жизни и для всё более и более растущего и совершенствующегося Царства мира.**

Кроме того, Общинный порядок станет для людей в светлом Царстве мира, в Царстве Бога на Земле, документом, из которого они смогут увидеть, что люди, будучи ещё грешными, но всё более и более стремившиеся к чистоте, имели этот Общинный порядок в качестве масштаба. Они узнают, что люди в становя-

---

* *Пояснительные указания в сносках к главам с 91-й по 94-ю, включая предисловие, были даны для грядущего времени посредством откровения Христа через Габриэле и из её божественного сознания.*

** *Отдельные лица не освобождаются через Общинный порядок от соблюдения мирских законов, насколько последние не нарушают божественный закон, ибо написано: давайте кесарю то, что кесарево, а Богу то, что подобает Богу.*

щемся Царстве мира ещё нуждались в таком порядке, чтобы суметь всё больше и больше исполнять законы внутренней жизни.

Точно так же и различные книги общины, в которых записаны «за и против» праобщин и их членов, предоставляют взгляд на борьбу отдельных членов и праобщин за закономерную жизнь, жизнь в Боге.

ГЛАВА 91

Система правил для общины (1-я часть)

Язык, являющийся вибрацией (1-4). Присвоение имени и крещение новорождённых – Воспитание в честности (5-6). Воспитание подрастающих детей (7). Вхождение в жизненный принцип общины: покой и гармония (8). Духовное крещение – Заповедь «Молись и работай» – Ангел общины – Староста – Совет старост – Книга общины (9). Помазанник (10)

1. После Своего воскресения из смерти Иисус пробыл ещё девяносто дней с Марией, Своей матерью, и с Марией Магдалиной, помазавшей Его тело, и с Марией Клеопой, и с двенадцатью и их сторонниками, учил их и отвечал на их вопросы о Царстве Бога.

2. И когда они сидели за ужином, Мария Магдалина спросила Его: «Учитель, хочешь ли Ты теперь объяснить нам порядок в Царстве Бога?»

3. И Иисус сказал в ответ: «Истинно, Я говорю тебе, о, Мария, и каждому из Моих учеников, Небесное царство внутри вас. Но придёт время, когда то, что внутри, станет явным во внешнем, для спасения мира.

4. Порядок истинно хорош и полезен; однако поверх всего находится любовь. Любите друг друга и все создания Бога, и по этому все люди узнают то, что вы – Мои ученики». (Гл. 91, 1-4)

Я, Христос, объясняю, исправляю
и углубляю слово:

Я вновь и вновь являлся Моим и учил их посредством внутреннего слова, ибо кто более не пребывает во плоти, тот не говорит больше языком этого мира. Он предоставляет тот язык, который является вибрацией, во внутреннем человека, так что тот, у кого душа очищена и обращена ко Мне, может воспринять Меня. Таким образом Мои воспринимали Моё слово.

5. Тут спросил его кто-то: «Учитель, хочешь ли ты, чтобы дети принимались в общину через обрезание, как повелел того Моисей?» И Иисус ответил: «Для тех, кто во Христе, не существует ни обрезания, ни кровопролития.

6. Спустя восемь дней принесите ребёнка с благодарностью и молитвой Отцу, который на небе. Пусть его родители дадут ему имя, а старосты прольют на макушку его головы чистую воду, как это написано в пророках. Пусть родители смотрят за тем, чтобы он воспитывался в честности, чтобы не ел мяса и не пил крепких напитков, и не ранил бы созданий, которых Бог дал человеку в руки под защиту». (Гл. 91, 5-6)

Я, Христос, объясняю, исправляю
и углубляю слово:

Новорождённого следует после нескольких дней посвятить вечному Отцу, Отцу-Матери-Богу на небе. Родителям следует поблагодарить Вечного за своего ребёнка и дать ему то имя, которое поднимается из их ощущений и восприятий. Ибо ребёнок является частью матери, под сердцем которой он лежал, и частью отца, который его зачал. Наследственные данные ребёнка сходны с наследственными данными отца и матери. Так и вибрации души ребёнка находятся в соединении с душою матери и отца. Если имя проистекло из мира восприятий матери и отца, и они согласны насчёт имени, то это может оказаться верной вибрацией имени новорождённого, соответствующим также и душе ребёнка.

Привычные функции по передаче посланий Бога такими должностями как священник, первосвященник и церковнослужитель, не соответствуют божественному закону. Поэтому замените слово «священник» словом «староста», ибо в Моей общине есть старосты, которые возглавляют общину.

Внешний знак внутренней силы – проливать воду на макушку головы – вы можете сохранить. Но оно вовсе не обязательно. Если же вы его применяете, соблюдайте следующее:

Один из старост прольёт воду на макушку головы новорождённого, что означает: Бог – это движущий, вечный элемент, жизнь. Двигайся, дитя, и знай, что сквозь тебя течёт движущий элемент, текущий Дух. Ты благословен и принят Богом, который является тебе Отцом и Матерью.

А родителям старосты говорят по смыслу следующее: если вы живёте честно, то и своего дитя, который является дитём Отца-Матери-Бога, воспитаете правильным образом. Вы научите его тому, чтобы он не ел мяса и не пил крепких напитков, не ранил и не убивал созданий неба, земли и вод, чтобы он жил в единстве с камнями и растениями, и познавал светлое излучение созвездий как свет Бога. Если вы честны, порядочны, то и ваше дитя будет мудрым.

7. А другой спросил Его: «Учитель, что Ты хочешь, когда они подрастут?» И Иисус сказал: «Через семь лет или когда они начнут отличать зло от добра и учатся искать добро, позвольте им прийти ко Мне: принять благословение из рук старосты или ангела общины с благодарностью и молитвой, и призывайте их воздерживаться от мясной еды и крепких напитков, и от охоты на невинных созданий Бога; ибо разве они стоят на более низкой ступени, чем лошади или овцы, которым такое против природы?» (Гл. 91, 7)

Я, Христос, объясняю, исправляю
и углубляю слово:

Если вы воспитывали своих детей по закону бескорыстной любви, и они входят в тот возраст, когда учатся отличать добро от зла, то позаботьтесь о том, чтобы ваши дети – которые являются детьми Отца-Матери-Бога – находили в своих ближних добро. Приведите вашего ребёнка или ваших детей в дом общины ко Внутренней церкви. Вместе со многими другими, стремящимися к Богу, им следует от старосты общины – которого выбрала община и которого Я посвятил – принять Моё благословение.

Истинный староста излучает много духовности и таким образом, справедлив. Он является наполненным человеком; его бескорыстие является признаком посвящения.

Община приводит ко Мне своих подрастающих братьев и сестёр; и через старосту, обладающего доверием общины, Я благословлю Моих детей – то есть, наделю их умноженной силой.

Родители и староста передадут затем детей богонаполненным воспитателям и учителям, которые обучат их мирским обязанностям и в течение первых школьных лет объяснят им законы Бога в той мере, в какой они понимают их в своей ещё детской форме.

Научите их также воздерживаться от употребления мяса животных.

И родителям пусть скажут: если ваш ребёнок порывается есть мясо, то пусть он его попробует, поскольку вы не знаете, как жила душа в предыдущем воплощении и чем человек питался. Однако, вы остаётесь примером для ваших развивающихся детей. Обучение и осуществление вечных законов постепенно утончит чувства ребёнка, и он тогда станет воздерживаться от этого.

В Моей общине животных не забивают и не едят. Если тот или иной находится на переходе от мясного к закономерному питанию, и время от времени имеет ещё потребность в мясе, тогда ему следует потреблять его – вне общины. Однако, это касается лишь мясного питания, а не крепких напитков.*

Чьи чувства больше не требуют мясной пищи, тот живёт по закону «Тебе не следует убивать»; он не станет поедать своих меньших ближних, животных. Чьи же чувства ещё омрачены, тот предоставлен заповеди оставить это.

---

* *Крепкие напитки принципиально не разрешены членам общины. При этом имеются в виду те напитки, которые опьяняют человека и отнимают у него ясное мышление. Иначе говоря, это значит: не употреблять алкоголь для помрачения чувств.*

В Моей общине не следует подавать ни крепких напитков, ни мяса животных.

Научите детей не охотиться на невинных созданий, животных, и не растаптывать их сознательно. Ибо кто охотится на невинных созданий, тот будет преследуем своими чувствами и всеми теми, кто влияет на его чувства. Кто осознанно растаптывает животных или осознанно мучит и убивает их, тот будет мучим своими чувствами и своими мыслями, и будет как духовный мертвец прозябать среди живущих; он будет духовно мёртвым и в царстве душ.

Потому учите своих детей тому закону жизни, что всё, что живёт, воспринимает и имеет право жить, пока прасубстанция, Дух, не удалится из материальной формы и войдёт в закон всегармонии.

И учите ваших детей, которые также являются и Моими, любить природу, уважать растения и оставаться в коммуникации с эссенцией жизни в них. Так они примут в свои тела жизнь природы и останутся крепкими и здоровыми.

Учите детей также благодарно принимать ту пишу, которую Все-Отец дарит им из Своих рук.

Учите их также правильному питанию: спокойствию при приёме пищи и соединяться с божественной эссенцией в дарах, чтобы организм оказался способным правильным образом их переварить. И когда они пьют, то им не следует вливать напитки в свои тела, но принимать их глотками, так чтобы организм мог правильным образом их переработать.

Только таким образом человек достигает благородства своей души и осознанно становится духовно живущим человеком, родиной которого является Царство Бога внутри и вокруг него.

8. И он спросил далее: «Если к нам придёт тот, кто ест мясо и пьёт крепкие напитки, следует ли нам принимать его?» И Иисус сказал ему: «Оставьте таких на переднем дворе, пока они не очистятся от грубых недостатков; ибо пока они не постигнут это и не раскаются, они не способны воспринять более высокие указания». (Гл. 91, 8)

Я, Христос, объясняю, исправляю
и углубляю слово:

Кто не желает включаться в общинную жизнь, тому следует оставаться там, где он до сих пор жил, и читать, и осуществлять законы общины, которые ему следует вручить. По закону ему разрешается посещать снаружи учебные занятия в общине, пока он не очистится и не признает, и не осуществит законы жизни.

В общине, покой и гармония должны быть жизненным принципом, объединяющим всех Моих человеческих детей.

Кто внутри общины создаёт трудности своим ближним, ссорится со своим ближним и живёт в ссоре, тем самым нарушая порядок общины, мир и гармонию, тому следует покинуть общину и жить вне её, пока он вновь не будет един с законами Бога для общины – а также в гармонии со своим ближним.*

9. И ещё один спросил Его: «Когда Ты хочешь, чтобы они приняли крещение?» И Иисус ответил: «Опять же по истечении семи лет или же тогда, когда они узнают учение и будут делать то, что является добрым и обучатся ремеслу, посредством которого они смогут жить и твёрдыми шагами идти по праведному пути. Тогда позвольте им попросить о посвящении и пусть их проверит ангел или староста общины и посмотрит, достойны ли они, и пусть они поблагодарят Бога и помолятся, и окунутся в очистительную воду, чтобы они возвысились к новой жизни и признали Бога своим Отцом и торжественно пообещали, что будут соблюдать святой закон и сторониться зла этого мира». (Гл. 91, 9)

** Эта закономерность имеет силу для всех праобщин в Универсальной Жизни, однако, не для Союзной общины Новый Иерусалим. Ей даны более высокие указания*

Я, Христос, объясняю, исправляю
и углубляю слово:

Под крещением подразумевается духовное крещение. Только *тот* человек является посвящённым и
крещёным Духом жизни, кто Им исполнен, кто в значительной мере является Моим словом через осуществление вечного закона.

Кто осуществляет вечные законы, тот будет придерживаться и заповеди «Молись и работай», данной Отцом-Матерью-Богом Своим земным детям.

Чтобы придерживаться этой заповеди, требуется
подходящая профессия, которую человеческому дитю
следует выбирать соответственно своим способностям, талантам и качествам.

Кто твёрдым шагом и прямолинейно шествует путём к сердцу Бога, тот является тем, кто соблюдает
вечные законы и крещён законом жизни.

Крещение водой – это старый ритуал. Он не должен
совершаться в Моей общине.

Ангел общины – это тот человек, который стал Моим
словом, который его возвещает и его придерживается.
Кто стал словом Бога, тот в значительной мере совершенен; он в значительной мере стал законом. Это могут быть старосты и другие просветлённые мужчины
и женщины.

Кто имеет должность обучающего пророка* или провозглашающего пророка, может так же являться Моим словом: Бог говорит через пророка, чтобы непосредственно сообщать что-либо общине. Если пророк стал словом, тогда он является посланником Царства Бога. Однако, лишь тот является пророком и посланником Царства Бога, кто находится в божественном задании, кто снизошёл с небес для того, чтобы принести и возвестить миру Моё слово.

Староста слышит в себе слово Бога, знает вечный закон и исполнен им посредством осуществления вечных законов.

Ангел общины или староста проверят то человеческое дитя, которое говорит о себе: «Я духовно крещён, так как моя жизнь является законом Бога» или же о нём в такой манере сообщают его ближние. Ангел или староста проверят, достоин ли член общины быть принятым в совет старост или в круг духовно крещёных.

---

* *Эти слова Господа относятся к обучающей пророчице Бога, Габриэле-Вюрцбург, на время её обучающей должности. Бог говорит: «После её деятельности Я больше не буду призывать черпающих обучающих пророков, поскольку Моё слово через них было подарено миру в широком спектре. После её земного времени люди сами будут находить свой путь ко Мне, и они будут для самих себя слышать Моё слово и в дальнейшем ходе событий станут Моим словом, законом. Всё это совершается в Моей общине. Там происходит рост от человека к богочеловеку».*

Ангел или староста, или оба будут вместе с общиной восхвалять Отца-Мать-Бога, славить и благодарить Его, чьими детьми все являются. Посвящённый, принятый общиной, торжественно обещает соблюдать законы, посвятить свою жизнь Богу в восприятиях, мыслях, словах и поступках.

Не каждый назначается в совет** старост. Это не только лишь те мужчины и женщины, которые на основании своего осуществления вечных законов и своей духовной деятельности и способностей в общине, стали мудрыми, то есть: говорят и дают из истины и ответственно действуют в общине.

Лишь те будут приняты в святыню, в круг духовно крещёных, кто через осуществление вечных законов и через бескорыстные дела, исполнен Духом любви.***

** *Совет означает деятельность старост в объединённости с общиной.*

*** *Исполнены любовью Бога все те, которые действуют бескорыстно для Царства Бога. Это значит те, кто не отражает своё человеческое «я», чтобы выставиться, но кто в значительной степени стали безличностными, то есть, законом Бога.*

Кто постепенно становится законом Бога, тот слышит голос Бога, и кто стал законом Бога, у того восприятия, мысли, слова и поступки являются законом и являются словом.

Кто верит, что обладает этими бескорыстными дарами, тот пусть проверит самого себя. Если он верит, что к нему говорит Бог, то есть Бог обращается к нему, тогда

Они станут старостами, целителями верой и духовными учителями.

Кто находится на высокой степени осуществления, тот может быть руководителем различных видов деятельности внутри общины. Лишь кто, в соответствии

ему следует проверить, осуществил ли он уже то, что Бог говорит ему или уже исполнил из этого большей частью.

Словесные обращения Бога даются тому, кто просветил в себе первые четыре области сознания. К кому Бог обращается, тот ещё не стал словом Бога. Он может воспринимать Бога через свои, ставшие более светлыми, душевные оболочки, то есть, ещё через свои осветлённые тени.

Такое обращение – а это значит: восприятие слова Бога – ясно предназначено для того, к кому обращается Бог, не для вторых или третьих лиц.

Пока Бог Своим словом обращается к человеку, душа ещё не в значительной степени чиста и таким же является и слово Господа, дошедшее до человека. Это опять же означает: хотя Бог и может обратиться к Своему дитя, однако, поскольку человек ещё должен прислушиваться, то вместе с этим в верхнее сознание проберутся и человеческие аспекты. Хотя слово Бога и достаточно ясно, однако, когда оно прибывает в сознание ещё отягощённого человека, оно является смесью и поэтому предназначено для отдельного человека. Кто стал законом Бога, тот уже покинул четыре ступени очищения; он погружается в Абсолютный закон.

Если в общину приходит человек и говорит о себе: «Я пророк и послан к вам от Бога», тогда старостам следует сказать ему: «Помолчи пока с пророческим словом. Приди в общину, поживи в общине, поработай в общине и пусть община за несколько лет проверит тебя».

со своими способностями, выполняет различные степени бескорыстного служения, то есть, кто уже многосторонне действовал в общине, тот постепенно попадает в круг ангелов и старост.

Всё, что происходит в общине, жизненное крещение новорождённого и духовное крещение вслед за внутренней зрелостью, бракосочетание, рождение детей и все важные события следует фиксировать в *Общинной книге*, которую хранят старосты и которую ведёт староста.

10. И другой опять спросил Его: «Учитель, к которому времени им следует принять помазание?» И Иисус ответил: «Когда они достигнут возраста зрелости и в них обнаружатся семикратные дары Духа, то пусть ангел помолится за них и поблагодарит, и даст им печать помазания. Это хорошо, что все на каждой ступени подвергаются испытанию в течение семи лет. Однако, пусть с каждым оно случается в соответствии с его ростом, в любви и в мудрости Бога». (Гл. 91, 10)

Я, Христос, объясняю, исправляю
и углубляю слово:

Помазанником является тот человек, который воспринимает в себе как дар любви, семь основных сил вечной жизни – через которого Я стал словом.

Кто возвысил своё сознание ко Мне и чьи восприятия, мысли и чувства покоятся во Мне, тот является *ангелом общины*, о котором Я уже говорил. Он является Моим словом и словом Отца-Матери-Бога. Ибо кто стал законом, чьими восприятиями, мышлением, речью и действиями Являюсь Я сам, закон, тот является помазанником, то есть посвящённым посредством Бога, закона. Он сможет тогда стать ангелом общины.

Если среди вас есть такой, кто достиг степени помазания, то ангелу общины и старосте следует поблагодарить Бога за то, что Он пробудил ещё одного ангела для этой или другой общины.

Тот, кого община принимает помазанником, должен бы вначале в течение нескольких лет оправдать себя и, посредством своей жизни, которую следует проводить мудро, вносить в общину семь основных сил жизни.

Проверка гласит: помазанник является законом; поэтому он должен знать семь основных сил Бога, вечный закон, жить по ним и вносить их в общину. Благодаря этому община узнает его внутреннюю зрелость и его духовную пробуждённость в любви и в мудрости Вечного.

Если община приняла и вместила его, тогда община будет рекомендовать его в восхвалении и благодарности к Отцу-Богу и ко Мне, Христу, и будет следить за тем, чтобы он придерживался законов Бога для общины, а также и исполнял их в общине.

GLAVA 92

ГЛАВА 92

Система правил для общины
(2-я часть)

Брак и партнёрство, соединение по закону бескорыстной любви и верности – Бракосочетание в общине, союз с Богом (1-3). Родители несут перед Богом ответственность за своих детей – Дом отца-матери – Не рассматривать детей как свою собственность – О духовных дуальных парах и рождении «духовных детей» (4). Об ужине в общине – Недельный обзор – Никаких церемоний (5). Внешние формы и действия являются уступками, а не закономерностями (6-7)

1. И другой спросил Его: «Учитель, хочешь ли Ты, чтобы среди нас заключались браки, как среди народов Земли?» И Иисус сказал в ответ: «Среди некоторых есть обычай, что женщина выходит замуж за нескольких мужчин, говорящих ей: будь нашей женой и сними с нас позор. Среди других принят обычай, что мужчина женится на нескольких женщинах, говорящих ему: будь нашим супругом и сними с нас позор; ибо те, кто любят, чувствуют, что не быть любимым достойно упрёка.

2. Вам же, Мои ученики, Я хочу показать путь лучший и более совершенный: брак должен бы быть между мужчиной и женщиной, соединённых совер-

шенной любовью и симпатией, в полной свободе и так долго, сколько продлится любовь и жизнь. Но пусть они обращают внимание на то, чтобы они были совершенно здоровыми, и чтобы истинно любили друг друга во всей чистоте, а не только ради мирских преимуществ. И пусть они тогда перед свидетелями дадут клятву верности друг другу.

3. Затем, когда придёт время, пусть ангел или староста общины помолятся, поблагодарят и, если того хотите, соединят их багряным шнуром, и повенчают их. Проведите их трижды вокруг алтаря и дайте им отведать одного хлеба и отпить из одной чаши. Затем, положа их руки вместе, пусть он скажет им так: будьте двое в одном, да будет благословенно это святое соединение. Пусть вас, кого Бог соединил вместе, никто не разлучит, пока продолжаются жизнь и любовь». (Гл. 92, 1-3)

Я, Христос, объясняю, исправляю
и углубляю слово:

Не соответствует вечному закону то, что мужчина имеет несколько жён, а женщина несколько мужей.

На Земле следует быть как на небе: мужчина выбирает женщину, и если избранная принимает соединение с мужчиной, то обоим надлежало бы поставить себе вопрос, что их соединяет.

1048

На небе два существа, духовный мужчина – называемый позитивом – и духовная женщина – называемая негативом – соединяются через подобные ментальные задатки. Это значит, оба схожи друг с другом по своим существенным признакам. Они дополняют друг друга в их совместных действиях, так как их способности согласованы друг с другом. Ибо закон Бога гласит: «Подобное соединяется с подобным». Это относится и к менталитету. Любовь к Богу и ко всему Бытию – это лента, навечно объединяющая все чистые существа. Так что если двое существ подобны в нескольких основных силах жизни, например, в основной силе терпения и порядка, то они могут вступить в дуальную связь. Единство в любви Бога соединяет все существа между собой, как братьев и сестёр.

Объединяющая любовь есть выражение полярности, которая соединяет двоих существ, настроенных друг на друга посредством их менталитета. Подобное притягивается к подобному. Это вечный закон притяжения. Отсюда проистекает дуальная связь.

Для Моей общины на Земле всё ещё имеет силу следующее:

Когда женщина или мужчина одиноки и не любимы, то он или она нарушили закон любви.

Это значит: одинокий, который не любим, не способен любить сам. Вследствие этого он также излучает мало любви – и потому также может притягивать лишь немного таких людей, кто любят бескорыстно.

Он или остаётся один, или опять же притягивает людей с одинаковыми колебаниями, также едва ли способных любить. Такие люди тогда связаны друг с другом посредством мирских желаний, идей и телесной зависимости.

Если же два человека, мужчина и женщина, преданны друг к другу в бескорыстной любви, симпатии и с глубоким доверием, тогда они будут встречаться свободно, без того, чтобы один принуждал другого исполнять свои желания. Такие браки и партнёрства будут существовать до тех пор, пока продолжается земная жизнь, и в духе партнёры станут братом и сестрой, как на Земле, так и на небе.

Если два человека идут на соединение, тогда ангелу – человеку, ставшему Моим словом – и одному из старост, следует объяснить им закон бескорыстной любви и верности. Если в общине ещё нет ангела, человека, ставшего Моим словом, то эту обязанность следует исполнить одному из старост.

Когда два человека соединяются браком* во имя Отца-Матери-Бога – это может быть также и партнёр-

---

1050

ство** – то они заключают союз с Богом. Соединению следовало бы проходить внутри общины при свидетелях.

Община обязуется затем взять шефство над парой. Она следит за тем, чтобы торжественное обещание перед Богом, оставаться в бескорыстной любви друг к другу, сохранялось в силе.

Если один из партнёров покидает другого, потому что уже нет в насличии никакой согласованности в мышлении и жизни обоих, и невозможно уже навести никакого моста, и если они договорятся к тому, чтобы сохранять братско-сестринские узы, тогда оба могут вступить в следующий брак или партнёрство, если до этого оба жили в своём первом браке или партнёрстве. Третий брак или партнёрство одобрены быть не мо-

---

** *Это положение соответствует божественному закону. Оно будет иметь полную силу в то время, когда Царство мира Иисуса Христа примет на Земле свою форму. Согласно светскому закону, в отдельных государствах в настоящее время не допускается такое партнёрское соединение внутри общины без предварительного, зарегистрированного в государственном учреждении бракосочетания. Члены прахристианских общин в Универсальной Жизни, само собой разумеется, также и в этом пункте придерживаются государственных законов, требующих, чтобы пара, прежде чем заключить союз с Богом внутри общины, совершила бракосочетание, зарегистрированное в государственном учреждении.*

гут.* Кто, несмотря на это, такое совершает, тот пусть покинет общину. В случае смерти одного из партнёров это правило не действует.

Соединение пары по законам бескорыстной любви в церемониях не нуждается: ангел, ставший Моим словом, старосты и община молятся вечному Отцу в небе и благодарят Его за любовь, которую Он вложил в бескорыстно любящих друг друга людей. Они также просят о силе, чтобы муж из бескорыстной любви к жене зачал бы детей, а жена из бескорыстной любви к мужу родила бы детей. Затем община молится о том,

---

* *Когда в первом браке или партнёрстве совместная духовная эволюция более невозможна, потому что партнёры идут различными путями — один стремится к мирскому, другой к более высоким идеалам и ценностям — тогда может быть одобрен второй брак или партнёрство, если они заключаются и ведутся по божественным законам на более высоком духовном уровне, с целью духовного соединения и единства со всеми людьми и существами. Кто хотел бы жить по дуальному принципу небес, тот также может после расторжения второго брака или партнёрства войти в божественное соединение, которое больше не является телесно ориентированным. Телесно ориентированный третий брак или партнёрство уже не позволен согласно загонам Бога. Если человек решается вступить в общину, то для него начинается новый период жизни по вечному закону. Он в свете этого обсудит со старостами свою сложившуюся ситуацию и получит от них совет и поддержку для его нового жизненного пути.*

чтобы они стали членами общинной жизни и принимали своё участие в великой семье Бога.

Кто желает при вступлении в брак, в качестве масштаба использовать земные законы, тому оно не запрещается. Однако, ему следовало бы, в качестве масштаба поставить на первое место слово, которое он дал Богу.

Кто, всё-таки заключает брак или партнёрство ради мирских выгод, тому следует делать это не перед Богом, а перед теми, кто такое одобряет. Этой паре, однако, следует вести свою личную жизнь не в общине, а вне общины, чтобы община из-за этого никак не раздражалась, и эта пара не становилась неприятностью.

Того, кто заключает брак, чтобы извлечь из этого выгоду, не отвергают. Община несёт обоих супругов в молитве с просьбой к Вечному, чтобы Он всё направил бы так, чтобы они постепенно научились бескорыстно любить друг друга и стали прочным звеном в цепи большой семьи.

4. «И когда они зачинают детей, то пусть делают это с осторожностью и рассудком, в соответствии со своими возможностями их прокормить. Тем же, кто хочет быть совершенным и кому это дано, Я скажу: пусть они будут как ангелы Бога на небе, которые ни женятся, ни выходят замуж, и не имеют детей, и не заботятся о дне завтрашнем, но свобод-

ны от всяких связей, так же как Я, и хранят в себе и накапливают силы Бога для своего служения и для дел исцеления, как то делал Я. Но большинство не могут постичь этих слов, а лишь те, которым оно дано».
(Гл. 92, 4)

Я, Христос, объясняю, исправляю
и углубляю слово:

Кто зачинает детей, тому следует нести ответственность за них перед Богом, чтобы они стали теми богонаполненными людьми, которые придерживаются Моих законов и являются опорой и силой у общины.

Многие, кто зачали и родили детей, пробуждаются для служения ближнему, и видят в этом свою задачу. Им следовало бы не запускать своих детей, а доверить Дому отца-матери, в котором их должным образом воспитают по законам бескорыстной любви.

Однако, родители останутся соединёнными со своими детьми и не покинут их. Кто состоит в бескорыстном служении, тот хранит заповеди бескорыстной любви:

Родители будут столь часто, насколько оно им возможно, забирать детей к себе. Они будут поддерживать Дом отца-матери и позволять втекание положительных сил, чтобы все дети уютно чувствовали себя в Доме отца-матери и имели также и там свой домашний очаг.

Бог заботится о душах и людях, исполняющих Его волю. Кто доверяет себя и своих детей Богу, и действует в бескорыстном служении ближнему, тот не привязан к людям и не станет также привязывать себя к своему ребёнку и рассматривать его как свою собственность. Он воспитает его по закону вечной любви и станет ребёнку добрым советчиком, помощником и другом.

Кто же делает своих детей своей собственностью, тот должен заботиться о дне завтрашнем, так как он рассчитывает лишь на свои человеческие силы. Он рассматривает всё то, чем владеет, включая жену или мужа и детей, своей собственностью, и своим своеволием привязан к своему имуществу, к жене или мужу и детям.

Связанный не может жить и действовать свободно и бескорыстно, как ангел Бога. Он состоит в браке с материей, с телом жены или с телом мужа, и его детям надлежало бы исполнять его волю. Вследствие этого они будут порабощены, привязаны к нему. Он удерживает их как собственность.

Люди, чьей родиной является этот мир, чьи мысли относятся лишь к человеческим учреждениям, благам и земным радостям, и к людям, думающим так же и живущим как они, не могут понять смысла следующего высказывания «Евангелия Иисуса»:

«Пусть они будут как ангелы Бога на небе, которые ни женятся, ни выходят замуж, и не имеют детей, и не заботятся о дне завтрашнем, но свободны от всяких связей, как и Я, и хранят в себе и накапливают силы Бога для своего служения и для дел исцеления, как то делал Я».

Только тот, кто обрёл внутреннюю свободу, кто всё больше и больше осуществляет законы бесконечности, тот понимает Моё слово; для него небо открывается не только в слове, но и в делах. Те, через которых Я действую на Земле, понимают Мои нижеследующие слова, которые Я говорю с небес:

Ангелы в небе, небесные существа, не вступают в брак в том смысле, как это делают люди. Они находят друг друга посредством вечного закона любви, который сводит их вместе. Они не сватаются и их не сватают. Они не зачинают, как зачинает человек. Они не имеют половых признаков, но в Духе Отца-Матери-Бога они два полярных существа: духовная женщина – негативный принцип – и духовный мужчина – позитивный принцип – два существа в соединённых полярных силах позитив и негатив.*

---

* *Кто лишь вступает в брак, тот привязан к телу, и таким образом, к человеку. Кто вступает в бракосочетание, тот соединён с Богом и с тем, кого он себе избрал. Поэтому каждый мог бы познать различие: быть в браке или бракосочетании. Кто лишь вступает в брак, тот не может жить как ангелы на небе, которые находят и любят друг друга в Боге, нашем Отце.*

Для лучшего понимания Моими человеческими детьми Я снова и снова называю духовный позитивный принцип «мужчиной» и духовный негативный принцип «женщиной».

Из струящейся любви женского и мужского принципов, дуальной пары, из духовного мужчины и из духовной женщины, вновь возникают духовные принципы – для лучшего понимания называемые «духовными детьми». Дуалы, духовный мужчина и духовная женщина, посвящают ребёнка Отцу-Матери-Богу, ибо Бог, Отец-Мать-Принцип, позволил получиться духовному телу из одного из Своих лучей любви.

Дуальная пара придала подаренной ей от Бога, созревшей субстанции духовного тела, силу своей дуальной любви и возвысила эту субстанцию до статуса детства. Для лучшего понимания Моим земным детям: дуальная пара возвысила созревшее природное существо до статуса детства в Боге.

Дуальная пара является несущей и сохраняющей жизнью для духовно возвышенного существа, для духовного дитя, которое является позитивом или негативом – у людей говорят: мальчиком или девочкой. Дуальная пара, которая благодаря Отцу-Матери-Богу и ради Него, возвысила природное существо до статуса детства, является духовной родительской парой. Через

духовную родительскую пару Отец-Мать-Дух передаёт природному существу свойства статуса детства.

5. И спросил Его другой: «Учитель, каким способом нам преподносить святую жертву?» И Иисус сказал в ответ: «Жертвой, которую Бог любит втайне, является чистое сердце. Но как память и к благоговению, жертвуйте пресный хлеб, разбавленное вино, масло и ладан. Когда вы собираетесь в одном месте, чтобы принести святую жертву, и горят лампы, то пусть у того, кто приносит жертву, у ангела общины или старосты, будут чистые руки и чистое сердце, и пусть он возьмёт от жертвенных даров, пресного хлеба, разбавленного вина и ладана. (Гл. 92, 5)

Я, Христос, объясняю, исправляю
и углубляю слово:

В Моей общине не требуется никаких церемоний. Их Я уступил евреям, так как они ещё не знали, как вы в это время, непосредственного пути к сердцу Бога, а также ещё не несли в себе избавления.

Моей общине, однако, следует собираться вместе раз в неделю; это должно бы быть в субботу вечером. Мои встречаются в чистой одежде, если возможно, празднично одетые, чтобы за накрытым столом, при горящих свечах, принять трапезу в честь Того, кто их кормит и сохраняет здоровье. Кто с Моим именем, в Духе истины, принимает пищу, тот имеет Меня своим гостем.

Перед трапезой один или двое из старост проводят обзор недели: всё существенное, «за и против», следует открыто высказать.

Старосты, возглавляющие общину, задают общине вопрос: что за прошедшую неделю было, в общем, положительным и конструктивным и почему? И: кто содействовал или что способствовало этому?

Община сообщает об имеющихся «за». Старосты, возглавляющие общину, вносят затем в книгу общины соответствующие заметки. Также и достойные внимания дела членов общины для Духа Христа, которые поспособствовали благу и росту общины, следует зафиксировать в книге общины.

То же самое происходит и с «против». Кто был или что было причинами отрицательных аспектов в прошедшую неделю? Также и об этом вносятся заметки в книгу недели, которая является частью книг общины; также кто был виновником или совиновным — и из-за чего они имели или ещё имеют трудности и проблемы.

После вечерней трапезы старостам, способным подойти к сути вопроса, следует поговорить с теми, кто, возможно, ещё отягощён трудностями или проблемами. И если дело касается вторых или третьих лиц, то и им надлежало бы участвовать в беседе.*

Горящие свечи символизируют внутренний свет, вокруг которого собираются богонаполненные люди.

Трапезу, как и любую пищу, следует проводить молча – в осознании того, что человек получает и принимает дары Бога.

Одному из вас, искреннему сердцем, то есть, исполненному любви к Богу, следовало бы перед трапезой и после неё произнести благодарственные молитвы и вверить общину Господу, чтобы и последующая неделя оставалась под знаком бескорыстной любви и ещё отягощённые братья и сёстры познали и обрели бы силу очистить то, что ещё предстоит. Ибо новая неделя вновь принесёт каждому то, что ему необходимо очистить.

В Моей общине каждый должен бы служить каждому.

---

* *Только серьёзные проблемы, очищение которых занимает довольно длительное время, следует обсуждать после вечерней трапезы с одним или несколькими старейшинами. Простые же проблемы и трудности, очищение которых занимает непродолжительное время, следует обсудить со старостой п е р е д вечерней трапезой*

Каждую неделю разным членам общины следова
ло бы по очереди накрывать стол к трапезе, разносить
пищу и бескорыстно обслуживать своих ближних, сидящих за столом. Также и приготовление пищи должно бы происходить по очереди, так чтобы каждый оказывал каждому меньшую или большую услугу.

Община Христа, Моя община, должна бы быть наполнена духовной жизнью. Поэтому в начале каждого
дня каждому члену общины следует предаться Отцу-
Матери-Богу с просьбой о том, чтобы Вечный наделил
его силой стать чистым сердцем, ибо чистые сердцем
узрят Бога и овладеют земным царством. Каждому
следует брать с собой в день смысл следующих слов:
жертвой, которую любит Бог, является чистое сердце
Его детей.

Под жертвой имеется в виду не «жертвоприношение», а внутреннее желание человека радостно отдать
себя Тому, кто любит его, и быть вместе с теми, кто
любят Его.

Я повторяю: не требовалось никаких церемоний в
прошлом, и не требуется церемоний в настоящем и в
будущем. Слова, которые вы читаете в книге «Евангелие Иисуса» – это символы жизни в Духе, символы
пищи и питания тех, кто воспринял Бога в свои сердца.

Кто осознанно пьёт, тот принимает эссенцию жизни, и кто осознанно ест, тот принимает хлеб небес. По-

тому совершайте всё от сердца; тем самым вы делаете это осознанно, и оно не требует никаких дополнительных посвящений и церемоний.

Кто делает всё осознанно, ориентируясь на Меня, Христа, тот совершает это в память обо Мне.

6. И пусть он поблагодарит за всё и благословит их и воззовёт к Отцу в небе о том, чтобы Он послал бы Своего Святого Духа, чтобы Он сошёл на них и сделал бы их теми телом и кровью, субстанцией и жизнью Вечного, которые постоянно преломляются и проливаются для всех.

7. И пусть он возвысит их к небу и помолится за всех, за тех, кто предшествовал, за тех, кто ещё жив, и за тех, кто ещё придёт. Как Я учил вас, так и молитесь, и пусть он отломит хлеб и обмакнёт кусочек в чашу и затем благословит святое соединение, и пусть затем подаст его верующим и скажет при этом следующим образом: это есть тело Христа, субстанция Бога. Это есть кровь Христа, жизнь Бога, постоянно преломляемая и проливаемая для вас и для всех к вечной жизни. И так же, как вы видели, что делал Я, точно так же делайте и вы в Духе любви; ибо слова, которые Я говорю вам, являются Духом и жизнью». *(Гл. 92, 6-7)*

Я, Христос, объясняю, исправляю
и углубляю слово:

Эти изложения также являются уступками, однако не закономерностями. Люди тогдашнего времени искали внешней опоры и нуждались во внешних манерах. Соответственно их менталитету, Я пошёл навстречу их желаниям. Кто же ищет и находит Дух жизни в себе, тому открывается внутренний храм. Он с благоговением посвятит свою жизнь Богу, и таким образом всё, что он совершает.

ГЛАВА 93

Система правил для общины (3-я часть)

О прощении и просьбе о прощении (1-2). Исцеление из Духа Бога (3-4). Ответственные в общине (5-10)

1. И другой спросил: «Учитель, а если кто совершил грех, то может ли человек простить ему его грех или нет?» И Иисус сказал: «Бог прощает все грехи тем, кто раскаивается; но что вы посеяли, то вы должны и пожинать. Ни Бог, ни человек не могут прощать грехи тем, кто не раскаиваются и не отрекаются от своих грехов, с такой же малостью они не могут и удержать грехи у тех, кто от грехов отрекаются. Но когда один находится в Духе и ясно осознаёт, что другой раскаивается в своих грехах и от них отрекается, тот может истинно сказать раскаявшемуся грешнику: твои грехи тебе прощены; ибо всякий грех прощается через раскаяние и исправление, и отрекающиеся от него, будут от него отвязаны, но грешащие далее, останутся к нему привязанными.

2. Тем не менее, плоды греха продолжаются на некоторое время; мы сеем, так мы должны пожинать. Ибо Бог не позволяет насмехаться над Собой, и сеющие во плоти, пожнут погибель, но сеющие в Духе, пожнут вечную жизнь. Итак, кто отрекается от своих

грехов и признаёт их, тому староста да скажет в таком виде: пусть же Бог простит тебе твои грехи и поведёт тебя к вечной жизни. Все грехи против Бога будут прощены Богом, а все грехи против людей, людьми». (Гл. 93, 1-2)

Я, Христос, объясняю, исправляю
и углубляю слово:

Только тот, перед кем согрешил ближний, может простить грех. Непричастный к этому, второе или третье лицо, простить ему грех не может.

Что человек посеет, то он и пожнёт – разве только он вовремя не раскается в своих грехах, нарушениях закона, и попросит через Меня, Христа, своего ближнего о прощении. Когда тот прощает ему, то грех с него снят, ибо Бог стирает всё, в чём раскаялись и что простили – и когда человек старается подобного более не совершать.

В чём же не раскаялись и не простили, то должно быть погашено либо в этой, либо в одной из последующих земных жизней или в местах очищения, куда душа уходит после своего развоплощения.

В чём же не раскаялись и не простили, то должно быть погашено либо в этой, либо в одной из последующих земных жизней или в местах очищения, куда душа уходит после своего развоплощения.

И когда кто-то просит о прощении и не получает прощения своей вины, то и Бог не снимет её с него. Однако, любовь и милость Бога будут усиленно облучать своим светом непрощающего, так что и он осознает своё неправильное поведение, простит своему ближнему, а также и сам попросит прощения. Ибо в проступке не всегда провинился только один. Во многих случаях оба являются теми, кто несут вину через своё поведение.

Прежде, чем причины станут действенными на теле, любовь и милость Бога вновь и вновь трогают сердце грешника и двигают его вовремя очистить грех через прощение и просьбу о прощении, ибо всякий грех есть вина, то есть нарушение божественного закона.

Только тот может войти в Небесное царство, кто получил прощение от своего ближнего. Потому следи, о человек, за своими мыслями и своей речью, чтобы как мысли, так и речь соответствовали Моему закону.

Человек хотя и может простить, но пятно с души может стереть только Бог. Староста может просящему о прощении и прощающему объяснить согласно закону возмещения, что растворяются лишь те грехи, которые больше не совершаются в будущем. Грехи отпустить не может ни один человек, только Бог.

Если двое ссорятся и не могут разрешить ссору, поскольку не знают божественных законов, то они могут, если захотят, посоветоваться с мудрым старостой или с ангелом общины о том, что гласят насчёт этого вечные законы – чтобы для обоих вновь стало возможным праведно думать и поступать.

3. И другой спросил Его: «Если кто-то из нас заболеет, будет ли у нас сила исцелять как Ты?» И Иисус ответил: «Эта сила исходит из совершенной чистоты и из веры. Рождённые из Бога, хранят своё семя в себе.

4. Если же кто из вас болен, то пусть пошлёт за старостой общины, чтобы он именем Господа помазал его оливковым маслом. Молитва веры, излияние силы, связанное с благодарственной молитвой, поднимут его, если он не придавлен грехом из этой или из прошлой жизни». (Гл. 93, 3-4

Я, Христос, объясняю, исправляю
и углубляю слово:

В Моей общине будут люди, обладающие даром исцеления. Для того чтобы уметь исцелять из Духа Бога, их души должны быть очищены в той мере, чтобы Мой исцеляющий поток мог течь через них к слабой душе и к страдающему телу.* Однако, выздоровеет лишь тот, кто передаст Мне нагрузку своего тела, грех, который там проявляется. Тогда исцеление произойдёт через его душу, при условии, что это хорошо для души и тела. Если же человек и впредь совершает те же ошибки, то для его души будет лучше, если он несёт своё страдание и от этого зреет, даже если так будет и в одной из последующих земных жизней, ибо ошибки равны его страданию.

На небе нет никаких церемоний. Их, во многих случаях, Я допустил как уступки к тем неосведомлённым, которые знали лишь одну часть закона жизни, так как ещё твёрдо придерживались ритуалов и через ритуалы находили свой путь к спокойствию и погружению в себя.

Мои, знающие закон и живущие в Моей общине, которая является строительным камнем Царства Мира, не нуждаются ни в церемониях, ни потому даже и в помазании. Небо является законом любви, и так тому надлежало бы быть и на Земле среди Моих.

---

* *Целители верой, также называемые целителями Христа или целителями молитвой, должны по закону жизни прослужить в общине довольно длительное время. Также и тут община определяет, развил ли член общины для этой задачи внутренние качества.*
Исцеление верой не исключает консультации врача или целителя-практика.

Кто просит Меня об исцелении, тому следовало бы одновременно также и поблагодарить за исцеление; ибо кто просит от сердца и делает дела бескорыстной любви – и более не совершает те же грехи – тот уже обрёл исцеление в своей душе. Благодарите и будьте уверены: кто благодарит от сердца и больше не совершает своих ошибок, тот уже получил.

5. И другой спросил его: «Учитель, а как должна быть устроена святая община, и кому надлежало бы служить в ней?» И Иисус ответил: «Когда Мои ученики соберутся вместе во имя Моё, то пусть выберут из своих рядов верных и преданных мужчин и женщин, которые возьмут на себя задачи мирских вещей и будут советовать в этом, которые позаботятся о потребностях бедных и о тех, кто не может работать, и пусть они управляют общинным имуществом и помогают при жертве, и пусть с вашей помощью будут вашими дьяконами.

6. И когда такие оправдали себя в их служении, пусть они выберут из своих рядов тех, кто обладает духовными дарами: либо руководства, либо предсказаний, либо проповедничества, либо учительства, либо исцеления, чтобы они духовно обустраивали паству, приносили святую жертву и праздновали мистерии Бога, и пусть они будут вашими старостами и их помощниками.

7. И из тех, кто хорошо служил на своём месте, пусть будет выбран один, который кажется наиболее достойным, и пусть он стоит над всеми, и быть ему вашим ангелом. И пусть ангел назначит дьяконов и посвятит старост, помажет их и возложит на них руки и подышит на них, чтобы они приняли Святой Дух для того служения, к которому они призваны. И пусть ангел помажет и посвятит одного из высокого руководства, одного из высшего совета.

8. Именно как Я послал апостолов и пророков, так Я посылаю также евангелистов и пастырей – сорок восемь колонн храма – чтобы служением четырёх Я воздвигал и совершенствовал Мою общину. Им следует восседать в Иерусалиме на святом собрании, каждому со своим помощником и дьяконом, и внешним собраниям следует сообщать им по всем вещам в содержании общины. И так же, как приходит свет, так им следует руководить Моей святой общиной, вести, обустраивать и учить её. Им следует принимать свет от всех, и они должны всем давать ещё больше света.

9. И не забудьте при ваших молитвах и обращениях, ходатайствах и благодарностях жертвовать ладаном, как об этом написано в последних из ваших пророков: от восхода солнца до его заката во всех местах во имя Моё преподносить ладан, как чистый жертвенный дар; ибо Моему имени надлежало бы стать великим среди язычников.

Я, Христос, объясняю, исправляю
и углубляю слово:

В Моей общине служат все те, кто на Внутреннем пути к царству сердца, осознали и осуществили вторую ступень, божественную волю. Они созреют для дел в Моём Духе.

Состоящими на Моей службе являются ангел общины, старосты, целители верой, духовные учителя и руководители Внутренний Дух=Христос-Церквей и те, кто действуют бескорыстно в служении своим ближним.

У общинной жизни нет застывших форм. Жизнью в Моём Духе является эволюция. Не существует никаких начальников и подчинённых.

Из общины вновь и вновь будут избираться созревшие в Духе мужчины и женщины, которые возглавят растущую общину или создадут дальнейшие общины, так что Земля будет населена людьми, которые выполняют волю Отца-Матери-Бога.

Избранники будут сначала приставлены к духовным учителям и руководителям Внутренних Дух=Христос-Церквей и к тем, кто исполняют различные задачи, например, в сфере образования или в социальной сфере, в производственной и хозяйственной областях, а также к тем, кто заботится о бедных и управляет общинным имуществом. Таким образом они созревают для последующих и самостоятельных задач в Моём Духе, чтобы община – а в самом широком смысле, общины – росли, и так на Земле вырастало бы Царство мира.

Также и избранным мужчинам и женщинам следует увеличить отряд старост. Поэтому пусть некоторые одарённые управляют жизнью общины под присмотром старосты, будь то на общинных вечерах, на молитвенных вечерах, во Внутренний Дух=Христос-Церквях и во всём, что входит в обязанности старост.*

Некоторые из назначенных старост или ангел будущей общины составят для последующих общин книгу общины и будут хранить её, и следить за тем, чтобы в ней фиксировалось всё существенное, что происходит внутри общины.

И если кто-либо из избранных выделяется добрыми, бескорыстными делами, соблюдением вечных законов, дайте ему возможность стать ангелом общины. Он лишь тогда будет назначен старостами и общиной в качестве ангела, если успешно пройдёт годы испытаний и истинно закончит четвёртую ступень, божественную серьёзность, и станет Моим словом, законом.

---

* *В обязанность старост входит задача заботиться и вести общину во всех областях и обращать внимание на то, чтобы вечные законы соблюдались и проживались.*

Да будет сказано: Я учу Моих Моему закону, чтобы на Земле стало так, как на небе.

Мои, которые знают Мои законы и их придерживаются, потому что они идут Внутренним путём к царству внутреннего, к закону жизни, не нуждаются в церемониях – а также в евангелистах и пастырях.

Кто выполняет Мою волю, тот знает закон. Тогда пастырем является закон: это Христос внутри вас через человека, который является Моим словом и слышит в себе Моё слово.

Кто является Моим словом – ангел – и те, кто слышат Моё слово – старосты – и те, кто близки Моему слову – целители верой, духовные учителя и руководители Внутренних Дух=Христос-Церквей – и все те, кто бескорыстно состоят на службе для Моей общины, являются ответственными за Мою общину.

ГЛАВА 94

Система правил для общины
(4-я часть)

О погребении мёртвых – Сознательная жизнь – Духовно мёртвые – Бог не желает повторных воплощений (1-4). Нашедший путь к своему внутреннему Богу, в земных вождях не нуждается – Критерий подлинности ответственных: бескорыстное служение – Об одежде: внутренняя красота становится видимой во внешнем (5-7). Рост и средства на поддержание жизни общины, общая задача (8-10)

1. И другой спросил Его: «Учитель, как Ты хочешь, чтобы мы хоронили наших умерших?» И Иисус ответил: «В этом деле попросите совета у дьяконов; ибо оно касается только тела. Истинно, говорю Я вам, нет смерти для тех, кто верит в грядущую жизнь. Что вы считаете смертью, есть врата к жизни, а могила есть дверь воскресения для тех, кто верит и повинуется. Не печальтесь и не плачьте о тех, кто покинул вас, но лучше радуйтесь об их вступлении в жизнь.

2. Так же как все создания исходят в этот мир из невидимого, так они возвращаются в невидимое, и так они будут приходить вновь до тех пор, пока не очистятся. Предайте их тела элементам, и Отец, обновляющий все вещи, поручит ангелам позаботить-

ся о них. Пусть старосты помолятся, чтобы их тела покоились в мире, а их души пробудились к радостному воскресению.

3. Есть воскресение из тела и воскресение в тело. Есть подъём из жизни плоти и спуск в жизнь плоти. Пусть произнесут молитвы за тех, кто уже ушёл, и за тех, кто ещё живёт, и за тех, кто ещё придёт; ибо все есть одна семья в Боге. В Боге они живут, передвигаются и имеют своё бытиё.

4. Тело, которое вы кладёте в могилу или которое поглощается огнём, не является тем телом, которое будет; ибо те, которые придут, получат иные тела, тем не менее, свои собственные, и что они посеяли в одной жизни, это они пожнут в другой. Блаженны те, кто переносят несправедливость в этой жизни; ибо у них будет большая радость в грядущей жизни. Блаженны те, кто практиковал праведность в этой жизни; ибо они получат венец жизни». (Гл. 94, 1-4)

Я, Христос, объясняю, исправляю
и углубляю слово:

Есть только *одно* тленное тело; им является материальное тело, которое из земли и вновь становится землёй.

Потому Я советую вам, мёртвое тело, то, что из земли, вновь предать земле. Так же, как листва деревьев, падающая осенью на почву, вновь возвращается земле, так и тленное тело тоже вновь возвращается земле.

Ваши кладбища не следует украшать могильными плитами и всевозможными декорациями. Цветы, которые производит земное царство – это самое прекрасное украшение. И если вы хотите, и так принято по земному закону, то небольшой камень или небольшая деревянная дощечка может нести имя тленного тела, преданного земле.

Когда тленное тело было предано огню, то поместите пепел в сосуд, который будет храниться в склепе до тех пор, пока не придёт время, когда и он распадётся, и станет тем, из чего он состоит. Сосуды из глины были бы хороши для останков тела.

Когда это соответствует ещё существующим земным законам, то вы можете пепел тела предать ветру, элементу воздух. Ветер рассеет пепел прежнего тела и отдаст его земле назад.

Не бывает никакой смерти души. То, что приходит из Бога, живёт вечно – а что приходит от земли, вновь станет землёй.

Потому стремитесь исполнять вечный закон и жить в законе любви, чтобы ваша душа уже в теле обрела воскресение от духовной смерти, а именно, ту осознанную жизнь, которую душа уже в человеке осуществляет в слове и деле.

Осознанная жизнь означает: осуществлять и исполнять законы любви. Благодаря этому человек обретает ясность и будет закономерно думать и поступать. Тогда, после телесной смерти душа сразу же воскреснет и войдёт в более светлые сферы в соответствии с жизнью души и тела, или вознесётся в свет, в небеса.

Пока существуют земные законы, имеют силу слова: давайте кесарю то, что кесарево, а Богу то, что надлежит Богу. Итак, устремляйтесь придерживаться законов Бога, а также исполнять земные законы – насколько они не нарушают божественного закона. Ибо кто преступает против Бога, универсального закона, тот обременяет себя.

Кто не знает вечного закона жизни и не хочет узнать и испытать, является духовно мёртвым. Потому лишь духовно мёртвые будут оплакивать своих умерших, потому что полагают, что те будто бы ушли от них. Однако, они лишь перешли в ту тонкоматериальную жизнь, которая не может быть воспринята глазами тела.

Радуйтесь, когда светлая душа вышла из могилы человеческого «я» и после смерти тела входит в светлое царство, в небеса – в ту жизнь, которая дарована тем, кто уже в земном одеянии жил в Духе, в истинной жизни.

Воля Отца-Матери-Бога и Сына, который Я Есть, такова, чтобы душа в земном одеянии настолько очистила себя, чтобы она больше не возвращалась в плоть, в новое тело из земли, зачатое земным мужчиной и выношенное земной женщиной. Если душа вновь возвращается на Землю, то новое тело вновь соответствует состоянию души, её существенным признакам. Светлые и теневые стороны души чеканят, таким образом, земное тело. Материальное тело вновь воплощённой души является тем домом, в который она вошла, чтобы на Земле, в жизненной школе воплощённых душ, искупить свои тени.

Свет дней показывает человеку то, что в каждом дню ему следует преодолеть. Так что мгновения и минуты являются для самопознания драгоценной энергией. Кто использует мгновения, минуты и часы и, таким образом, живёт в настоящем, тот достигает мастерства над самим собой. Он обладает драгоценной энергией жизни в своей душе и в своём теле.

Душа будет желать вновь входить в плоть до тех пор, пока она не понесёт больше света, чем теней.

Также и светлые души стремятся к Земле, чтобы служить тем, кто борется со своими тенями. Если эти души остаются в свете, они не привязаны к закону посева и жатвы. После смерти тела они вновь уходят назад в свет. Таким образом, есть подъём из жизни плоти и спуск в жизнь плоти.

Молитесь Отцу-Матери-Богу, чтобы Он ежедневно дарил вам новые жизненные энергии, чтобы вы познали то, что вам следовало бы преодолеть в этот день — чтобы вы после телесной смерти возвратитились в более светлые царства, чтобы больше не спускаться в жизнь плоти.

Молитесь за ушедших, чтобы они познали свой путь и пошли по тропе к божественному, к Царству мира. Молитесь же и за тех, кто придёт, чтобы они в местах очищения познали то, что в земном одеянии важно.

Кто живёт в Боге, тот движется в Боге и имеет в Боге своё существование.

Кто живёт в этом мире и с этим миром, тот снова и снова будет иметь своё существование в этом мире и будет жить в этом мире до тех пор, пока он не станет использовать дни, чтобы обрести то духовное, которое в конечном итоге является жизнью.

Кто, будучи человеком, несмотря на искушения тьмы, выстоит и останется в свете истины, в Боге, и выстрадает несправедливость в Боге, тот будет иметь в вечном Бытии великую радость, ибо он не должен будет прощать, а также просить о прощении. Он прожил в Боге и живёт в Боге. И кто, несмотря на искушения, пребывал в праведности, то есть придерживался вечных законов, тот будет в вечной жизни нести венец любви.

5. И вновь один спросил Его: «Учитель, согласно закону, Моисей одевал священников в роскошные одежды для их служб в храме. Следует ли и нам также одевать тех, кому мы доверяем священные службы, которым Ты научил нас?» И Иисус ответил: «Белое полотно является справедливостью святых; но истинно придёт время, когда Сион будет опустошён, и когда минует время его скорби, он воскреснет и наденет свои прекрасные одежды, как написано.

6. Ищите же сначала господства справедливости, и всё это вам будет дано. Ищите во всех вещах простоту и не давайте никакого повода знатной роскоши. Ищите, прежде всего, того, чтобы быть одетыми в милосердие и в платье избавления и плащ справедливости.

7. К чему польза от того, когда у вас их нет? Вы как звук металла и звучание цимбал, когда не имеете любви. Ищите справедливость, любовь и мир, и вам добавятся все вещи красоты». (Гл. 94, 5-7)

Я, Христос, объясняю, исправляю
и углубляю слово:

Познайте: в законе любви не бывает никакого самобичевания. Закон не отнимает у человека ничего такого, чего он ещё хотел бы держать. Закон выводит человека из его привычек, традиций, мнений и эгоцентризма и допускает многое, пока человек не найдёт себя во Мне, законе. Так поступал и Моисей.

Кто же смотрит единственно на Меня и осуществляет законы, тот не нуждается во внешней роскоши, а также в человеческих вождях. Он нашёл своего вождя и Избавителя в себе. Это Христос, который Я Есть, добрый Пастух всех верных овец.

Потому не стремитесь к внешнему авторитету, а также к человеческим вождям. В Боге находится равенство. Поэтому в Моей общине ангелу и старостам общины не следует быть больше или меньше, чем община. Во Мне имеется лишь *один* народ, который хранит вечные законы любви.

Отчего люди вновь и вновь избирают своих земных вождей? Потому что они не поставили Дух Христа в центр своей жизни. Человечество до тех пор будет нуждаться в своих земных идолах, пока не найдёт пути к внутренней истине. Если человек нашёл свой путь к своему внутреннему Богу, Отцу-Матери-Богу, тогда он не смотрит ни на какого человеческого идола, но исполняет вечные законы и приятен Богу. Вместе с единомышленниками он образует затем семью Бога на Земле.

Пока люди, образующие общину или общины во Мне, Христе, находятся в эволюции, будут вновь и вновь иметь людей, которые уже достигли более высокой духовной зрелости. Тогда они будут ангелами и старостами, целителями веры, духовными учителями и руководителями Внутренний Дух=Христос-Церквей в общине. Кто созрел в Духе, тот не предъявляет никаких притязаний на то, чтобы быть лучше своего ближнего.

Критерием подлинности ангела и старосты, и всех остальных, кто возглавляет общину, является бескорыстность, бескорыстное служение, без запрашивания наград и признания.

Это не касается деятельности на христианских предприятиях и в социальных учреждениях. Там человек осуществляет закон «Молись и работай» и получает за это зарплату, чтобы иметь возможность существовать в материальной жизни. Но также и здесь обозначено: действуй бескорыстно в служении своему ближнему. Тогда и ты получишь.

Бескорыстность в служении общине в качестве ангела и старосты не следует подчинять закону «Молись и работай». Оно является бескорыстным служением без зарплаты.

Ищите прежде того, чтоб достичь справедливости и бескорыстной любви, тогда вы получите всё и будете обладать всем, в чём нуждаетесь – и сверх того. Кто бескорыстно служит, тот будет и зарабатывать. Ибо с ним воля Бога, и Отец-Мать-Бог позаботится о нём, чтобы он ни в чём не имел недостатка.

Одевайтесь украшением добродетели, силой любви и милосердия – и вы будете избавлены от того, что имеет ещё при себе мирской человек: своё человеческое «я», отзеркаливающее себя во многих гранях: в блеске и роскоши, во внешнем богатстве, в желаниях быть и в притязаниях на владение, в зависти, ненависти и враждебности.

Моисей уступил священникам великолепные одеяния, поскольку те не достигли ещё милосердия, и народ так того хотел.

Кто проникнут любовью, милосердием и справедливостью, тот является избавленным. Он будет одеваться и предоставлять себя в соответствии со своим внутренним излучением.

Кто соблюдает вечные законы, тот будет и одеваться в такие цвета, которые соответствуют гармониям божественного закона. Основные силы Духа являются семью основными цветами небес. Они подобны цветам радуги.*

Бескорыстный аккуратно, чисто и добротно одет в один из цветов спектра радуги. Однако, он не станет укутываться в блеск и роскошь.

Бескорыстный не станет себя выставлять и держаться вызывающе. Он излучает то, что осуществил – также и через свою одежду.

Как человек воспринимает, думает, говорит и поступает, таков он есть – и так он подаёт себя в своей семье и на публике.

Каков он есть, так он кушает. И каков он есть и как он кушает – так он себя ведёт и одевается.

---

* *В них также и для трёхмерного мира – как в природе – содержатся гармоничные промежуточные цвета (смешанные цвета).*

Человек может долгое время скрывать своё «я» и вводить непросветлённого в заблуждение. Время приходит для каждого, когда становится видимым его «я» и он показывает себя, каков он есть в действительности.

Каждый познаёт на себе самом, как у него обстоят дела, каждый является самому себе масштабом; его ближний при этом является ему зеркалом: ибо, что ему в его ближнем не нравится, что его возбуждает и над чем он в возбуждении размышляет и говорит, то же самое или подобное он имеет при себе и в себе. Всякое возбуждение по поводу ближнего является собственным масштабом.

Находите внутреннюю красоту через бескорыстную любовь, мир и справедливость – и всё вам будет дано Отцом в небе!

Бог хотел бы, чтобы Его дети не бедствовали, но были богаты в Духе. Тогда, как и люди, они также будут иметь то, в чём они нуждаются, и намного больше – чтобы они поделились с теми, кто находится на пути от внешней бедности и обременения души к внутренней красоте и к внутреннему богатству.

Потому стремитесь, прежде всего, к Царству Бога и Его справедливости, тогда вы получите всё то, в чём нуждаетесь, и сверх того. Это не означает, однако того, что вам следует сидеть, сложа руки. Закон для людей гласит «Молись и работай».

8. И ещё другой спросил Его: «Учитель, сколько из богатых и властвующих войдут в жизнь и соединятся с нами, кто беден и презираем? Как нам следует вести труды Бога в духовном обновлении человечества?» И Иисус сказал: «Это также есть дело дьяконов и общины в совете старост.

9. Когда же Мои ученики соберутся вместе вечером в шабат или утром первого дня недели, то пусть каждый пожертвует монету, даже если это лишь самая малая часть их добра, как того дал им Бог, и положите это в жертвенный сосуд для содержания общины и служб, и их дел. Ибо говорю Я вам, давать блаженнее, чем брать.

10. Так нужно делать все вещи – размеренно и по порядку. А остальное упорядочит Дух, исходящий от Отца в небе. Я осведомил вас теперь по основным правилам, и смотри, Я с вами всегда, до самого конца времён». (Гл. 94, 8-10)

Я, Христос, объясняю, исправляю
и углубляю слово:

Ни один богач, называющий своё добро и имущество своей собственностью, не войдёт в Царство Бога, и ни один властвующий, осуществляющий власть над Моим народом, не придёт на небо.

Оба, как богатый, так и властвующий, бедны Духом любви и делами милосердия. Только когда они преклонят свои головы, праведным образом используют своё добро и имущество на общее благо, для народа и станут равны тем, кто любит Меня больше этого мира с его соблазнами, прелестями и удовольствиями, тогда они возрастут в Моём Духе и будут затем вместе с вами, кому следует быть богатыми внутренними ценностями.

Кто раскаивается в своих притязаниях на власть, в своей нетерпимости, в своём властолюбии и своём высокомерии, и исправляет то, что он причинил – а именно там, где оно необходимо и уместно – кто, таким образом, подчиняется вечным законам, тот будет с Моими и Мои с ним.

Так что не говорите, что вы бедны, вы, избравшие Царство Бога. Истинно богатыми являются те, кто выполняют волю Моего и своего Отца.

Близко то время, в которое Мои овладеют земным царством. Ибо во время Христа не будет ни богатых, ни бедных, ни властвующих, ни подчинённых. Во Мне все равны: Мои братья и сёстры – и мы все сыны и дочери Бога.

Пока внутреннее царство постепенно прорастает наружу, то есть, становится видимым на Земле через тех, кто выполняет волю Отца – а также через тех, кто начал путь к царству внутреннего, чтобы узнавать и исполнять волю Отца – Моим в их общине всё ещё требуются служители: ангел, старосты, целители верой, духовные учителя, руководители Внутренний Дух=Христос-Церквей и другие бескорыстные слуги Бога в общинных домах, школах, детских садах, Христос-местах (названных вами «предприятиями Христа» и «поместьями для жизни»), в «Домах к здоровью», в «Домах к внутренней родине» (домах престарелых) и во многом другом, что требуется человеку и в чём он нуждается, чтобы жить во временном.

Чтобы община могла сохраниться и расшириться, требуется помощь каждого в отдельности. Потому каждому следовало бы вносить десятину, каждую неделю или каждый месяц, и благодарить Бога, что он здоров и полон сил и тем самым может служить Вечному, общине и своему ближнему.

Бескорыстный будет добровольно способствовать этому, ибо он знает: всё приходит от Бога, и всё вновь уходит к Богу.

Так же, как море питает озёра, реки и ручьи, а они опять же море, так же как вода становится водяным паром, облаками, а они вновь поят землю, так и Моим следует позволять энергиям течь. Только здоровый кругооборот, течение силы, гарантирует здоровый рост и приумножение энергии. Кто подключён к этому бескорыстному кругообороту, тот никогда не будет бедствовать. Он соблюдает текущий, вечный закон бескорыстной любви и придерживается заповеди «Молись и работай».

Кто придерживается закона и заповедей, являющихся выдержками из вечного закона, тот будет принадлежать к народу Христа, у которого есть лишь один вождь и Избавитель: Христос, который Я Есть как Сын в Отце-Матери-Боге из вечности в вечность.

Пока все люди и существа не станут едиными в Боге, Моём Отце, этим правилам общинного порядка следует быть действительными для жизни общины.

Не отчаивайтесь. Я с вами до конца времён — и как брат, на всю вечность.

Не отчаивайтесь. Ангелы небес находятся с Моими, а Мои с ангелами небес, божественными существами, чтобы на Земле стало как на небе, где царят любовь и мир.

Кто со Мной, тот шествует под знаменем Христа, символизирующим внутреннее царство, Царство мира: свободу, единство и братство.

Все люди — это один народ во Мне, Христе.

ГЛАВА 95

Вознесение

Воскресший наставляет Своих учеников об исполнении задания Избавителя и о влиянии негативных сил – Возвращение назад и Царство Бога на Земле записаны в могучем источнике-накопителе Вселенной, а также в атмосферной хронике в виде позитивной энергии и выстраиваются всё больше и больше (1). Земное господство от имени Христа посредством инструментов демонов (2-3). Этот могучий поворот времён позволяет всему противоположному стать явным – Тьма в своих последствиях и собственно выкованных цепях (4). Обещание Святого Духа (5). Неси Христа в себе (6). Я приду вновь во всём величии (7). Бескорыстная любовь – это неразрывная лента (8). Иисус на себе испытал и претерпел как человек то, что значит быть человеком (9-10)

1. После Своего воскресения Иисус показал себя Своим ученикам живым и провёл с ними девяносто дней. Он учил и говорил о Царстве Бога и о том, что к нему относится, и довёл до конца всё, что должен был совершить. Затем Он позволил двенадцати вместе с Марией Магдалиной и Иосифом, Его отцом, и Марией, Его матерью, и другим верным женщинам пойти в Вифанию на Елеонскую гору, которую Он назвал им. (Гл. 95, 1)

Я, Христос, объясняю, исправляю
и углубляю слово:

Написано: «После Своего воскресения Иисус показал себя Своим ученикам живым и провёл с ними девяносто дней. Он учил и говорил о Царстве Бога и о том, что к нему относится, и довёл до конца всё, что должен был совершить». Также и эти слова следует понимать по смыслу.

Мои ученики всё время оставались вместе. Они молились и всецело предавались Тому, кто ушёл от них и всё же был и остаётся с ними – Христос Бога в вечном Отце.

В эти дни молитвы и преданности Я, Воскресший, вновь и вновь являлся к молящимся. Через тех, кто воспринимал внутреннее слово, Я учил Моих учеников придерживаться законов Бога, с которыми Я как Иисус познакомил их и показал на примере Своей жизни; ибо им следовало суметь исполнить то, что Я как Иисус не мог больше проводить из-за богоотдалённости евреев; ибо они не хотели видеть во Мне никого иного, кроме как своего царя этого мира.

Что Я проявлял Моим ученикам, имело силу – и имеет силу – к тому же и для всех последующих поколений, ибо снова и снова приходили и приходят богонаполненные люди, чтобы это осуществить. Моё мышление, жизнь и деятельность в качестве Иисуса вошли также в великий источник-накопитель Вселенной и в атмосферную хронику, чтобы вновь и вновь излучаться оттуда на Землю.

Этот могучий источник-накопитель Вселенной и атмосферная хроника регистрируют все энергии, исходящие от человека, равно как и то, что проявлялось и проявляется из чистого Бытия. Ибо ничего, что было подумано, сказано, проявлено и сделано, не теряется.

Я проявлял ученикам Царство Бога, вечное Бытие, и говорил о Царстве Бога на Земле. Я проявлял им «за и против», влияние и борьбу негативных сил этого мира, которые будут продолжаться до тех пор, пока чистое, закон жизни, не найдёт доступа в сердца многих людей и не будет исполняться ими. Ибо если человек чист, благороден и добр, он будет возводить на этой Земле со Мной, Христом, Царство Бога.

Эту задачу Я, как Иисус из Назарета, исполнить не мог, потому что Мои не были со Мной. Я передал её поэтому через откровение в источник-накопитель Вселенной и в атмосферную хронику. Там выстраивалось, невидимо для людей, всё задание Избавителя: возвращение детей Бога и Царство Бога на Земле. Оно является тем могучим Делом избавления, в которое включены многие чистые духовные существа, а также духовные существа в земном одеянии – то есть люди.

Во все времена, существа – верные своему заданию – отправлялись в земное одеяние и начинали части из него приносить в мир. Они или вели бескорыстную жизнь в служении к ближнему или вновь и вновь брали на себя меньшие или большие части духовного задания и делали его этим ‚реальным. В жизни друг с другом и для ближнего они создавали учреждения, в которых они старались жить истинно по-христиански. Однако снова и снова приходил мракобес, чтобы разрушить внешние учреждения.

В течение поколений тёмные души отправлялись на воплощения, чтобы в земном одеянии служить демонам в качестве инструментов. Пока демоническое ещё обладало властью, оно могло разрушать внешний вид истинных христианских учреждений – однако не то, что как позитивная энергия в источнике-накопителе Вселенной, в атмосферной хронике и в Земле всё больше и больше выстраивалось: Царство Бога на Земле.

В могучий поворот времён многие из этих воплощённых тёмных душ теперь испытывают на себе воздействия своих прежних дел и из-за этого ослабевают. Поэтому демоны имеют теперь всё меньше доступа к деятельности для Царства Бога на Земле. Вследствие чего, они также не едины между собой, и едва ли уже способны к обширным негативным действиям, разрушать и убивать тех людей, которые кажутся им опасными, потому что они стремятся к жизни во Мне, Христе.

Таким образом, негативные силы всё больше лишаются почвы, а с этим влияние и силу. Одновременно, во многих людях, а тем самым также и на Земле возрастает свет небес. Тёмная власть отступает.

Написано: «Затем Он позволил двенадцати, вместе с Марией Магдалиной и Иосифом, Его отцом, и Марией, Его матерью, и другим верным женщинам пойти в Вифанию на Елеонскую гору, которую Он назвал им».

Я просил Моих преданных присутствовать при Моём вознесении, чтобы событие вошло в их души, и они осознали, что на небеса отправятся все, кто истинно принимают и вмещают Меня, Христа. Они пошли на указанную Мной гору.

При Моём вознесении присутствовали многие духовные существа. Они сопровождали Меня к вечному Отцу, к которому Я возвращался как Сын и Соправитель небес.

Я исправляю: среди духовных существ находилось также и духовное существо, бывшее однажды в земном одеянии Моим приёмным отцом Иосифом, сыном которого было Моё земное одеяние Иисус. Иосиф уже умер. Его духовное тело, существо из Бога, находилось среди многих посланников Бога.

2. И Иисус сказал им: «Смотрите, Я избрал вас из людей и дал вам закон и слово истины.

3. Я поставил вас как свет мира и как город, которого невозможно скрыть. Но придёт время, что тьма покроет Землю и великий мрак накроет народы. Под Моим именем будут царствовать враги истины и справедливости, и воздвигнут господство этого

Я, Христос, объясняю, исправляю
и углубляю слово:

Написано: «Смотрите, Я избрал вас из людей и дал
вам закон и слово истины. Я поставил вас как свет
мира и как город, который не может быть скрыть».

Я говорил это, по смыслу, не только к преданным в
земном одеянии, но заодно ко многим присутствовавшим посланникам Бога – а также к тем, кто в царствах
душ готовился для дальнейших воплощений, чтобы в
смене времён и поколений исполнить своё задание в
деле приведения домой, избавления, чтобы возвестить
о нём и соорудить Царство мира на Земле. Сегодня
многие существа из Бога воплотились вновь для того,
чтобы распространять то послание любви, которое Я
заново проявил и проявляю, и чтобы возводить Царство Бога на Земле.

То, что Я проявил Моим перед Моим вознесением,
сбылось:

«Но придёт время, что тьма покроет Землю и великий мрак накроет народы. Под Моим именем будут

царствовать враги истины и справедливости, и воздвигнут господство этого мира. Они будут порабощать народы и принуждать врага к богохульству, заменяя Моё учение воззрениями людей и от Моего имени учить тому, чему Я не учил, и своими традициями затемняя то, чему Я учил».

Демоны воспользовались своими инструментами и от Моего имени, Христа, возвели господство в этом мире. Моим именем, Христа, они поработили целые народы и всё ещё порабощают многих людей. Под Моим именем они вели крестовые походы и убивали многих людей. Другие насильно обращали их в христиан, так что и последние тоже злоупотребляли Моим именем, так же как это делали и всё ещё делают армии тьмы.

Святое слово, имеющее для Земли и для людей силу, они брали и берут под своё господство и свою цензуру, и сделали из него свою книгу, своё «Святое Писание». Хотя они и учат от Моего имени, от имени Иисуса и Христа; хотя и обозначают свою книгу как истину — однако, сами не живут тем, что они провозглашают как истину. Чтобы загнать людей под своё господство, они устанавливают учёные положения, выдуманные людьми. Эти учёные положения не являются законом жизни, которому Я как Иисус из Назарета учил и как Христос Бога проявляю вновь. Они превознесли языческие обычаи, составили «традиции» и этим скрывали и скрывают истину.

Этот человеческий мир представлений, не имеющий ничего общего с миром Бога, они украшали и украшают Моим именем в качестве «христианства» и затемняют Моё учение, чтобы и впредь привязывать таким образом народ к себе и держать его слепым к истине. Под Моим именем, Христа, соблазнённые основывают даже политические партии, чтобы Моим именем, Христа, побудить народ к выбору своих нехристианских целей.

Так над Моим именем глумятся самыми разными способами, а все те, кто истинно желают следовать за Мной, высмеиваются, подымаются на смех и обвиняются в лжеучении. Об истинных последователях они утверждают то, кем являются сами, а именно, инструментами тьмы, злоупотребляющими Моим именем.

Так, Мои слова имеют силу вплоть до сегодняшнего поколения: если они преследовали Меня, то они будут преследовать и вас. Если они глумились надо Мной, издевались и надсмехались, то они будут глумиться и над вами, высмеивать и подымать на смех публично. Если они убили Меня, то они убьют также многих из вас.

4. Но будьте в бодром настроении; ибо также придёт время, когда истина, которую они скрыли, станет явной; и будет сиять свет, и исчезнет тьма, и будет воздвигнуто истинное царство, которое будет в этом мире, но не от этого мира. Слово справедливости и любви выйдет из центра, из святого города на горе Сион, и гора, расположенная в стране Египет, будет признана алтарём во свидетельство Господа. (Гл. 95, 4)

Я, Христос, объясняю, исправляю
и углубляю слово:

Новая эра, эра Христа, приходит властно. Человечество стоит на повороте времён, которого для материи ранее ещё никогда не было. Я, Христос, прихожу – а со Мной те, кто признают Меня своими делами истинной и бескорыстной любви.

В этот могучий поворот времён станет явным всё противозаконное, чтобы все люди, согрешившие против закона жизни, смогли познать себя, раскаяться и исправить это.

Я Есть Господь любви и жизни, и не разрушаю. Разрушает лишь дух времени. Я отстраиваю и ободряю всех тех, кто от сердца раскаиваются и исправляют то, что они причинили. Так, возможность к самопознанию, к раскаянью и к исправлению даётся также и тем, кто своими сатанинскими действиями и своими традициями прикрыли Моё святое слово, истину. Им даётся возможность публично, перед всеми народами признать то, что они в сатанинских целях злоупотребляли Моим именем, Христа, чтобы сделать себе имя в мире, и чтобы соблазнить людей, которые были им послушны.

Закон причины и следствия всё больше вмешивается в церковные институции, в которых многие ответственные лица украшали и украшают себя Моим именем и злоупотребляли и злоупотребляют им ради своего собственного авторитета в мире.

Закон причины и следствия также всё больше вмешивается и в так называемые христианские партии и охватывает тех людей, которые поставили себя под их знамёна и которые не проживают и не исполняют того, чему Я учил, будучи Иисусом.

Кто раскаивается, признаёт, просит прощения и сносит то, что он при злоупотреблении Моим именем, Христа, понастроил, тот также обретёт милость и помощь Вечного.

Однако, кто упорно продолжает строить Моим именем, Христа, на здании человеческого «я», тот будет снесён – вместе со всем, что он понастроил и удерживает.

Ибо смотрите: Я, Христос, делаю всё новым. Радуйтесь и будьте в бодром настроении. Противник связывает себя всё больше. В законе посева и жатвы он выковал свои собственные цепи, и на всех, кто ему послушен и остаются послушными, накладываются эти цепи.

Кто упоминает Моё имя, однако, Моего учения, являющегося законом жизни, не исполняет, тот против Меня, тот за противника, и привязывает себя также к его цепям.

Кто упоминает Моё имя, Христос, тот обязуется тем самым перед законом жизни, осуществлять и исполнять то, чему Я учил как Иисус и учу как Христос Бога. Кто этого не делает, тот против Меня и является врагом истины.

В то время как тьма через свои следствия всё больше и больше приковывает себя к своим цепям, свет Бога во Мне, Христе, всё сильнее излучается в этот мир. На очищенной Земле возникает новый мир, мир Христа.

И даже сейчас, перед тем, как Земля очистится, и Царство Бога, Царство мира Иисуса Христа, охватит Землю, Моё царство постепенно-постепенно возникает в этом, идущем по наклонной, старом, греховном мире – и всё же оно не с этим миром.

Написано: «Слово справедливости и любви выйдет из центра, из святого города на горе Сион, и гора, расположенная в стране Египет, будет признана алтарём во свидетельство Господа».

Я, Христос, говорю вам: израильтяне получили от Вечного довольно длительный период милости на то, чтобы опомниться в законе любви и справедливости и во Мне, их Избавителе. Поскольку же израильтяне, вплоть до этого мощного поворота времён, не опомнились и всё ещё закреплены на мире своих представлений и своих традиций, и всё ещё ведут борьбу со своими ближними, вместо того, чтобы позволить царствовать любви и справедливости, и всё ещё ждут Мессию, который, однако, однажды был среди них как Иисус, Вечный забрал благо от Израиля и передал его другому народу. Вследствие этого благо исходит от Нового Иерусалима и от находящегося в процессе становления Нового Израиля. И гора Господа будет там, где люди живут согласно возвещению блага. И они дадут свидетельство того, что Царство Бога может проживаться на Земле, на материи, и что законы жизни могут быть исполнены во всех подробностях.

В постепенно выстраивающемся Новом Иерусалиме – который включает в себя все учреждения для жизни в Боге – люди живут и работают по законам Нагорной проповеди. Они исполняют всё больше и больше законы бескорыстной любви, и таким образом, позволяют свету Бога во Мне, Христе, излучаться в этот мир.

В этом случае всё более заметным станет то, что построено не на Мне, Христе. И те люди, которые злоупотребили Моим святым именем и не раскаялись, и не очистились от того, что отчётливо показал им свет, разоблачат себя и всё больше будут себя привязывать к цепям тьмы. Свет показывает им их низкую, эгоцентрическую жизнь, которую они приукрасили Моим именем, чтобы соблазнять людей, привязывать их к себе и пополнять ими свои церкви – и он показывает им то, что они в прошлых земных жизнях насильно в крестовых походах обращали людей в христиан или от Моего имени и с крестом избавления пытали их или позволяли их убивать. Всё это станет явным до того, как исчезнет этот греховный мир.

5. А теперь Я иду к Моему и вашему Отцу, к Моему и вашему Богу. Вы же оставайтесь в Иерусалиме и придерживайтесь молитвы, и спустя семь дней вы примете силу свыше, и обещание Святого Духа исполнится в вас, и вы пойдёте из Иерусалима ко всем родам Израиля и в самые отдалённые части Земли».
(Гл. 95, 5)

Я, Христос, объясняю, исправляю
и углубляю слово:

Эти слова «... и спустя семь дней вы примете силу свыше, и обещание Святого Духа исполнится в вас, и вы пойдёте из Иерусалима ко всем родам Израиля и в самые отдалённые части Земли» имеют следующее значение:

Я, Христос, иду к Моему и к вашему Отцу, к Моему и к вашему Богу, ибо Я, Христос, остался в Боге – безо всякого пятна греха.

Я, Христос, Есть в Отце, который является любовью и истиной, законом жизни. Закон, Бог, состоит из семи основных сил Бога. Они являются всепотоком, законом и Духом жизни, который проникает всё. Я прохожу через все семь основных сил жизни к Отцу жизни и посылаю вам силу, Дух, жизнь – семь основных сил небес. После вознесения Я снова действую в семи силах в Боге, в Духе жизни, и во всех формах жизни, поскольку все силы содержатся во всех силах, также и четыре сущностные силы, творческие силы творения, в которых Я вездесущ.

Святой Дух, которого Я посылаю вам, является Отцом во Мне, Христе. Он позволит на вас, в вас и через вас – и во всех, кто преданно следует за Мной – исполниться тому, что Я вам сказал. Я воздвигну через вас и через людей в дальнейших поколениях, ступивших в следование за Мной, Царство Бога на Земле.

И это, и другое Я говорил через слово сердца к тем, кто присутствовал там в земном одеянии и в духовном одеянии. Ибо многие, кто находились там в духовном одеянии, готовились к воплощению, чтобы то, чему Я учил, будучи Иисусом из Назарета, продолжить, насколько им это будет возможно в том поколении, в которое они воплотились.

Это исполнилось:

Истина, которая Я Есть, изучается во всех частях Земли. Кто её принимает и по ней живёт, тот является слугой всех и самым малым среди Моих. Ибо велик в

Духе тот человек, который бескорыстно служит и является слугой всех, без почестей, титулов и признания.

Кто велик в Духе, Боге, тот живёт в Боге, а кто живёт в Боге, тот живёт в истине, которая является законом, Богом. Кто живёт в истине, тот живёт также и в исполнении: он зрит то, что другие не видят, и слышит то, что другие не слышат. Он действует и даёт из закона жизни то, что другие ещё постичь не способны. Он богат внутренними ценностями, потому что живёт в царстве внутреннего.

6. И когда Он сказал это, Он поднял Свои чистые и святые руки и благословил их. И случилось, когда Он их благословлял, Он был отделён от них, и облако, сияющее как солнце, забрало Его прочь с их глаз. И когда Он поднимался вверх, некоторые удерживали Его за ноги, а другие молились и падали лицом на землю. (Гл. 95, 6)

Я, Христос, объясняю, исправляю
и углубляю слово:

«Облако», о котором написано то, что оно сияло как солнце, было излучением семи основных сил Бога, вечного закона, который окутал Меня и которого способен постичь лишь тот, кто живёт в законе, Боге.

Выражение «... некоторые удерживали Его за ноги» показывает: человек хотел бы удержать и иметь при себе зримо и ощутимо то, что он ещё не развил в себе самом. Однако кто Меня, Христа Бога, осознанно в себе несёт как закон жизни и истины, тому нет нужды знать Меня как человека. Он един со Мной в своём сердце. Поэтому молитесь и живите по закону, и становитесь законом жизни, которым Я Являюсь в Отце. Тогда вы осознанно едины со Мной, Христом Бога.

7. В то время, как они смотрели Ему вслед на небо, гляди, возле них встали двое в белых одеждах и сказали: «Вы, мужчины Израиля, чего вы стоите и смотрите на небо? Этот Иисус, взятый от вас в облаке, так же и возвратится из облака. И как вы увидели Его отправившимся к небу, так Он и возвратится на Землю». (Гл. 95, 7)

Я, Христос, объясняю, исправляю
и углубляю слово:

На семи лучах, семи основных силах Бога, Я, Христос, возвращусь и буду править Царством Бога на Земле, которое Я возвёл вместе с Моими как Христос Бога, как их божественный брат. Это Я обещал Моим. Моё слово в силе.

Я вновь приду во всём великолепии к тем, кто живут во Мне. Ими будут после очищения и просветления Земли все люди, обитающие на ней. Я, Христос, приду к Моим не в земном одеянии, а в одеянии духовном. И всё же они узрят Меня, потому что через исполнение вечного закона они открыли внутренние небеса.

8. Тогда они стали возвращаться в Иерусалим с Елеонской горы, отдалённой от города на расстояние пути в шабат. И когда они вернулись, то недосчитались Марии Магдалины, и они искали её и не нашли. И некоторые из учеников сказали: «Учитель взял её с Собой» и они очень удивились и впали в великое благоговение. (Гл. 95, 8)

Я, Христос, объясняю, исправляю
и углубляю слово:

Мария Магдалина ушла, чтобы помолиться, в том месте, в котором Я бывал вместе с некоторыми верными учениками и ученицами, и с ней, и говорил о законе любви, которым является в нас вечный Отец. Она чувствовала Мою внутреннюю близость и хотела быть там, где она воспринимала самые святейшие ощущения, бескорыстную любовь, которая нас объединяла и вечно объединяет.

Бескорыстная любовь – это неразлучная, братско-сестринская лента, соединяющая всех, кто находится в чистоте друг с другом и друг для друга. Ибо кто живёт в ближнем, тот чувствует то, в чём нуждается ближний, и служит ему бескорыстно.

Мария Магдалина ощутила тягу к удалённости. Но когда Я погрузил в неё Мои лучи воскресения, то тяга к удалённости стала чувством близости, радости и словом сердца, которое Я Есть.

9. И была середина лета, когда Иисус вознёсся в небо, и Он не достиг ещё Своего пятидесятилетия; ибо было необходимо, чтобы в Его жизни исполнилось семь раз по семь лет.

10. Да, чтобы Он стал бы совершенен через испытания всех переживаний и был бы примером для всех, как для детей, так и для родителей, как для состоящих в браке, так и для холостых, как для молодых, так и для старых, да, во все времена и во всех ситуациях земной жизни. (Гл. 95, 9-10)

Я, Христос, объясняю, исправляю
и углубляю слово:

Семь раз по семь лет символизируют семь основных лучей. В каждом основном луче соответственно в качестве силы содержатся и остальные шесть лучей.

Они образуют в основных лучах подрегионы. Поэтому они являются семь раз по семь силами, лучами, которые вытекают из семи основных лучей – называемых также основным излучением или праизлучением.

Будучи Иисусом из Назарета, Я пережил и исполнил то, что имеет значение для избавления всех людей: Я узнал и претерпел то, что означает человеческое бытие и пострадал ради людей. Благодаря этому, в качестве воспоминаний, Я воспринял семь раз по семь лучей, пережитое и выстраданное, «за и против» людей.

В искре Избавителя Я ощущаю радость и горе каждой души и каждого человека – будь то подрастающие дети или их родители, состоящие в браке или холостые, молодые или старые. Количество земных лет людей Я не прожил, однако, почувствовал их горе, и как оно продолжается, когда человек грешит дальше.

Я видел, наблюдал и ощущал людей. Я испытал и узнал их. Я узнал женский и мужской принцип, и увидел брак как давление и привязь, и, будучи человеком, испытал бракосочетание – то есть духовное соединение. Я воспринял всё в искру Избавителя, чтобы каждой душе и каждому человеку Я смог передавать помощь, благо и слова, которые могли бы быть ему утешением и указанием на пути во внутреннюю жизнь, к Царству Бога во внутреннем, когда он принимает и исполняет жизнь во Мне, Христе.

ГЛАВА 96

Излияние Святого Духа

О задачах и положении учеников (1-3). Кто велик в Духе, служит и даёт со смирением и благодарностью (4-5). Истоки церковной иерархии через высокопоставленных и сановных лиц – Бескорыстные служители всё дают из сердца (6-7). Что происходило при втекании Святого Духа? (8-9). Истинное братство Христа в служении на общее благо (10). Один за всех, Христос (11). Человеческое в праобщинах – Раскол праобщин из-за разногласий и авторитарного мышления (12-13). Церемонии и другие человеческие дела не принадлежат к учению Назарянина (14-15). Созвучие убеждений способствует свободе и единству (16). Объяснение основных принципов веры (17-23). Кто последует за Мной, тот становится храмом любви (24-25). Я Есть истина (26). Через произведение «Это – есть Моё Слово» жизнь будет изливаться в мир

1. После того, как ученики спустились с горы, они собрались в верхней комнате, и все объединились в общей молитве и жертвенной просьбе; и их число было около ста двадцати.

2. И в тот день Иаков встал и сказал: «Мужчины и братья, вы знаете, как Господь, прежде чем Он покинул нас, избрал Петра, чтобы он стоял во главе нас и следил за нами от Его имени, и сказал, что необходимо одного из тех, кто был с нами и был свидетелем Его воскресения, избрать и поставить на Его место».

3. И они избрали двоих, Варсаву и Матфия, и они молились и говорили: «О Бог, Ты, знающий сердца всех людей, укажи нам, кого из двоих Ты избрал принимать участие в апостольстве, из которого Ты возвысил Своего слугу Петра возглавлять нас». (Гл. 96, 1-3)

Я, Христос, объясняю, исправляю
и углубляю слово:

Я не возвышал никого из людей, чтобы следить за Моими. Всмотритесь глубже в слова «... избрал Петра, чтобы он стоял во главе нас и следил за нами от Его имени» и охватите смысл.

Всем, кто последовали за Мной – также и Петру, спросившему Меня о том, кому же стоять во главе – Я, среди прочего, сказал по смыслу следующее: кто среди вас самый великий, тот пусть станет наименьшим, и кому дано более всего в свете и силе, благодаря его жизни в любви Бога, тот пусть будет для многих проводником к любви Бога.

Я избрал вас всех быть носителями света, чтобы с теми, кто придёт после вас и с кем вы, возможно, вновь окажетесь вместе, исполнить то, что Я, Христос Бога, будучи Иисусом, хотел принести в мир. Становитесь впереди членов возникающих общин лишь настолько, насколько это соответствует проводнику, и никогда не позволяйте вас возвышать и почитать как самого

1109

великого. Ибо кто позволяет себя возвышать и почитать, тот не живёт в Моём Духе; он будет унижен. И внутренние школы, которые ведут к внутренней мистерии жизни и которые Я не могу больше воздвигать – которые, однако, возникнут – должны бы строиться и воспламеняться в Моём Духе теми, кто живёт во Мне, Христе.

Таким образом, всем Моим ученикам и ученицам в настоящем и на будущее дана задача исполнять то, чему Я как Иисус из Назарета научил и что исполнил. Ибо вы и многие вместе с вами в ходе времени будете много раз возвращаться, чтобы подготовить и воздвигнуть то, что Я, будучи Иисусом, не смог – из-за неверия, упрямства и греха еврейского народа и тех, которым следовало бы Мне помочь.

Когда же Я, Дух истины в Боге, вашем и Моём Отце, возвращусь, на Земле произойдёт всё то, что Я сказал вам и подготовил в духе. Ибо тогда Я буду с Моими в духе и возведу и построю с ними всё то, что Мне, как Иисусу из Назарета, не было возможным.

4. И они отдали свои голоса, и жребий пал на Матфия, и двенадцать приняли его, и он был причислен к апостолам.

5. Тогда Иоанн и Иаков отделили Петра из их числа возложением рук, чтобы он возглавил их от имени Господа, и сказали: «Брат, будь как обтёсанный камень с шестью гранями, ты, Пётр, есть Петра, несущий на каждой стороне свидетельство истины». (Гл. 96, 4-5)

Я, Христос, объясняю, исправляю
и углубляю слово:

Так же, как ученики придерживались голосования, происходило оно и в праобщинах, которые образовывались после Моего возвращения домой к Отцу. И подобное совершается также вновь в Союзной общине Новый Иерусалим и во всех праобщинах в Моём Деле избавления, Универсальной Жизни.

Члены общин не возлагали и не возлагают рук на головы тех, кого они избрали в своё сообщество. Они молятся и предлагают новых членов праобщин Вечному и Мне, Христу.

Кто позволяет членам праобщины избрать себя, тот обязуется стать «обтёсанным камнем»: отшлифованным камнем, излучающим в мир многими гранями истину Бога и несущим истину всем, кто её жаждет. Кто стал обтёсанным камнем, тот нашёл в себе «камень мудрости» и лучится в этот мир со смирением и благодарностью, без того, чтобы отличаться.

Ибо кто велик в Духе Вечного, тот наименьший среди Моих. Без того, чтобы отличаться, он даёт то, что развил в себе: истину из источника истины-Бог. Он не

будет главой, а лишь только свидетелем внутренней
жизни созревающим членам общины, служить ,и тому
учить и то давать, в чём они для внутренней зрелости
ещё нуждаются , чтобы и в них достиг полного развития камень мудрости, вечное сознание, и они тоже
излучали то, чем является небо: закон любви.

*6. И апостолам были даны посохи, чтобы направ-
лять свои шаги на пути истины, и заодно, венцы славы, а пророкам горящие лампы, чтобы бросать свет
на дорогу, и кадильницы с огнём; а евангелистам книгу
и святой закон, чтобы напоминать народу о первых
принципах; а пастырям были даны чаша и тарелка,
чтобы кормить и питать стадо.*

*7. Но никому не было дано то, что не было дано
всем; ибо все были одним свящество при Христе,
как их учителе и первосвященнике в храме Бога; и дья-
конам были даны короба, чтобы они складывали в них
вещи, необходимые для святой жертвы. И их число
было сто двадцать, и Пётр возглавил их. (Гл. 96, 6-7)*

Я, Христос, объясняю, исправляю
и углубляю слово:

Что изложено здесь, не соответствует Моему учению как Иисуса из Назарета.

После Моего вознесения в ходе времени развивались так называемые главы учреждений, которые пользовались своей должностной силой, поскольку многие люди, что приходили к апостолам и ученикам, и в течение времени образовывали общины, нуждались в руководстве. Некоторые из учеников вспоминали из своей юности об обычаях, считавшихся закономерными в религиозных учреждениях того времени, однако пришедшими из язычества. Эти языческие аспекты они приносили в ходе времени в возникающие христианские общины.

Вместе с тем всё больше и больше развивалось так называемое христианство с внешними ритуалами, церемониями и иерархией так называемых должностных лиц, то есть, высокопоставленных и сановных лиц. Этому Я как Иисус из Назарета и как Христос Бога не учил.

Познайте: величайший среди Моих тот, который раскрыл «камень мудрости» – это есть священное сознание в глубине души. Он бескорыстный слуга всех. Он не пастух, но лишь проводник к внутренней жизни, которую он сам раскрыл через осуществление вечных законов. Как Иисус из Назарета Я не говорил ни о венцах, ни о званиях, ни о высокопоставленных лицах. Это наименования для тех отдельных людей, которые желали выделиться на фоне народа.

Что Я говорил как Иисус, является законом. Это Я говорю также и как Христос. Я не назначал никаких евангелистов, дьяконов и священников. Я хотел и хочу о д н о г о стада, Пастухом которого Являюсь Я, Христос.

Я говорил Петру и при этом имел в виду всех тех, кто преданно следовали за Мной. Им надлежало и надлежит быть проводниками к внутренней жизни, однако, не отличаться, чтобы определяющим образом воздействовать на народ.

Что написано здесь в так называемом «Евангелии Иисуса», присоединилось лишь позже. Оно было внесено в зарождающиеся общины некоторыми учениками, желавшими отличаться.

Также и так называемого свящества Я не призывал в жизнь , но призывал группы бескорыстных слуг, которые являются слугами всех. Праведные пророки не носят никаких ламп; они сами являются лампами, светильниками истины, которую они несут в мир – на благо всех, тоскующих по истине, по внутренней жизни.

Я учил нести евангелие сердца – это то, что осуществил каждый в отдельности, однако, ни в коей мере не букву.

Тем, которые истинно хотели следовать за Мной, давалось снаряжение для их странствия – то, в чём они нуждались, будучи людьми. Ибо они уходили далеко, чтобы учить тому, чему учил их Я и показал им на примере Своей жизни. У них не было никаких книг. То, чему Я учил, истинные последователи несли в своих сердцах. Оттуда они бескорыстно отдавали дальше. Ибо лишь то, что истекает из сердца, вновь находит доступ в сердце – не то, что приходит из рассудочного мышления и из книжного знания.

Истина, записанная в слове, может быть путеводной для тех, кто тоскует по истине. Буква сама по себе не является истиной, но лишь отражением истины.

8. И когда наступил седьмой день, они все вместе дружно находились в том же доме, и когда они молились, то сошёл звук с неба как шум могучего ветра, и комната, в которой они собрались, сотряслась, и шум наполнил весь дом.

9. И явились разделённые языки, словно огненное пламя, и воспарили над головой каждого из них. И все они наполнились Святым Духом, и начали говорить на языках, как дал им высказаться Дух. Тогда Пётр встал и проповедовал закон Христа толпе со всех стран и языков, какие здесь собрались. По рассказам тех, кто это видел и слышал, каждый человек воспринимал слово на своём собственном языке, на котором он был рождён. (Гл. 96, 8-9)

Я, Христос, объясняю, исправляю
и углубляю слово:

Когда после упомянутого времени, многие собрались в молитве, то в душах, возвышенных к Богу, приумножилась святая сила, Святой Дух. Многие полагали, что воспринимают «звук с неба как шум могучего ветра», который наполнил всю комнату, весь дом.

Познайте: вечный Дух, Святой Дух, не обладает человеческим звуком, проникающим в человеческие уши. Втекание Святого Духа во многих праведных мужчин и женщин вызвало в них бурный приток крови, ибо сердца наполненных бились громко. Тогда они услышали голос истины в своих сердцах – каждый на своём родном языке. В этой внутренней затронутости и во внешней взволнованности они полагали, что видят огненные языки. Те, кто истинно их видели, наблюдали втекание Святого Духа в их души и сердца. И те, кто слышали слово Бога, произнесённое человеческими устами, воспринимали его в своих сердцах так, как если бы оно было произнесено на их языке. Однако то, что они понимали, было тем, что они могли понять в соответствии со зрелостью их духовного сознания. Поскольку они в своём самом внутреннем сумели понять слово Бога, произнесённое человеческими устами, они полагали, что это будто бы был их язык.

Познайте: во многие высказывания что-то добавлялось и убиралось, всякий раз в соответствии с пониманием переписчика или переводчика. И при переводах использовались те слова, которые были известны переводчикам и соответствовали их пониманию истины.

10. Из тех, кто слушали, собрались в этот день в общину три тысячи душ, и они получили святой закон, раскаялись в своих грехах и приняли крещение и продолжили свою жизнь в братстве апостолов, в постоянной жертве и молитве. (Гл. 96, 10)

Я, Христос, объясняю, исправляю
и углубляю слово:

Познайте: не все, собравшиеся в этот упомянутый выше день, искренне раскаялись в своих грехах, прощали и просили прощения и больше не грешили. Многие лишь верили, что так делали. Они вновь впадали обратно в свои старые грехи и вновь становились теми, кем они были до божественного события.

Никто из них не был крещён – однако, все были благословлены Духом истины. И все, кто оставались верными истине, тем, что они день за днём исполняли свои молитвы и больше и больше осуществляли законы жизни, постепенно становились законом жизни.

Благодаря этому, они обретали духовное крещение, поскольку они погрузились в вечный закон, Бог, и таким образом стали законом любви.

Все, кто стремились к жизни во Мне и добросовестно себя совершенствовали, вступали в братство Христа, в жизнь в Духе Бога. Она является исполнением вечного закона, как для собственного внутреннего развития, так и через заповедь «Молись и работай». «Молись и работай» относилось и относится не только к личным интересам; оно охватывает также и истинное, бескорыстное служение ближнему.

Как это тогда было, так оно продолжалось на протяжении столетий: снова и снова люди вступали в Моё последование – в истинное братство Христа, не отгораживающее себя по-монастырски, но растущее посреди этого мира – между теми людьми, которые стараются жить во Мне, Христе, для всех людей, имеющих добрую волю. Настоящее братство во Мне и со Мной, Христом – это исполнение вечных законов посреди этого мира.

11. И те, которые поверили, отдали всё своё имущество, всё у них было общим, и они жили вместе в том же самом месте и оказывали любовь и доброту Бога своим братьям и сёстрам, и всем созданиям. Они трудились своими руками на общее благо. (Гл. 96, 11)

Я, Христос, объясняю, исправляю
и углубляю слово:

Все, кто исполняли закон Бога, равенство, свободу, единство, братство и справедливость, разместили своё имущество вместе, управляли всем сообща и исполняли таким образом закон жизни: Один за всех – Христос. Все за Одного – Христа. И все с Христом – за всех людей, которые доброй воли. Они жили – так же, как существа света – друг с другом в бескорыстной любви как братья и сёстры и служили общему благу.

Это братство в Моём Духе, возникшее после Моего вознесения среди тех, кто истинно следовал за Мной, происходило во все последующие эпохи. Вновь и вновь во имя Моё собирались вместе люди для того, чтобы во Мне и со Мной жить в истинном братстве – в служении общему благу для ближнего. Ведь только это является истинным, абсолютным следованием.

Что было однажды, теперь происходит снова:

Всё больше людей стараются следовать за Мной, чтобы жить во Мне и дойти до братства со Мной, и единством способствовать общему благу – и таким образом принести небо на Землю, Царство мира Иисуса Христа.

Основа братства во Мне – это бескорыстная любовь в совместной деятельности ради общего блага, ибо как на небе, подобное будет и на Земле – в материи, в пределах трёх измерений.

Кто живёт во Мне, Христе, тот живёт в мире со своим ближним и с природными царствами, с животными, растениями и камнями.

12. И из них были призваны двенадцать, чтобы быть пророками с двенадцатью евангелистами и двенадцатью пастухами, и их помощники, и дьяконы универсальной общины, и было их по числу сто двадцать. И так был возведён храм Давида, из живых людей, полных доброты, как указал им Учитель.

13. И община в Иерусалиме предоставила Иакова, брата Господа, настоятелем и ангелом, и к тому же двадцать четыре священника в четырёхкратных должностях, а также дьяконов и их помощников. И шесть дней спустя многие собрались вместе, и присоединились шесть тысяч мужчин и женщин, принявших святой закон любви, и они с радостью принимали слово. (Гл. 96, 12-13)

Я, Христос, объясняю, исправляю
и углубляю слово:

Как Иисус из Назарета, Я хотя и говорил об универсальных общинах, являющихся универсальной жизнью, жизнью из Духа Бога – однако, не о евангелистах, пастухах и дьяконах или о других должностных лицах. Человеческие представления обвивают то, что Я принёс в этот мир как учение и силу.

Что Я, будучи Иисусом, хотел соорудить с теми, кто состояли и состоят в задании – в первую очередь, с людьми из рода Давида и кроме этого, также и с людьми из других родов – то должно было бы быть воздвигнуто после Моего воскресения во всей простоте и скромности, Моими – со Мной, который после воскресения был с ними в духе.

Многие из тех, кто позволили себя благословить, однако не исполняли того, что Я всем заповедал, приносили с в о и представления в простое внутреннее сооружение, которому надлежало бы стать видимым также и во внешнем, в мире. Своё обвязанное традициями мышление, всё ещё охваченное системой правил начальства и подчинённых, они смешивали с Моим учением. Они назначали должностных лиц и словознавцев, и поручали им развивающиеся общины. Они передавали им руководство и всё меньше прислушивались к слову Бога и к ангелу соответствующей общины. Начальственное мышление брало верх; отсюда получались разногласия и ссоры.

Через авторитарное мышление начало процветать человеческое поведение, поскольку каждый хотел быть самым великим. Следствием стали споры, размежевание членов первых праобщин, из чего тогда получался раскол. Моим стремлением было то, чтобы Мои сооружали бы внутренний храм и выполняли то, что было и остаётся заповеданным роду Давида и отдельным лицам из других родов: основать и построить Царство Бога, Царство мира Иисуса Христа.

Итак, возникли разногласия. Однако все, кто становились истинными последователями и оставались верными Моему учению, принимали праведное слово, закон жизни. Умевшие его постичь, принимали его с внутренней радостью и благодарностью.

14. И когда они в день Господа, по прошествии шабата, собрались вместе и принесли священную жертву, то недосчитались Марии и Иосифа, родителей Иисуса. И они искали их, но не нашли.

15. И некоторые из них сказали: «Наверняка их забрал Господь, как и Магдалину». И они наполнились благоговением и пели хвалу Богу. (Гл. 96, 14-15)

Я, Христос, объясняю, исправляю
и углубляю слово:

Мой приёмный отец к этому времени был существом в Боге и не был человеком. Он находился среди многих невидимых, готовившихся к исполнению задания. Некоторые оставались в духе, служили Мне в духе и незримо служили тем, кто были в земном оде-

1122

янии. Другие же готовились к воплощению, чтобы в качестве людей служить Мне, Христу.

Марию Я доверил Иоанну. В тихом месте она была соединена в молитве со Мной и со всеми, окружавшими её в духе.

В то время, вскоре после Моего воскресения и вознесения, а также после втекания Святого Духа, среди апостолов и учеников, и среди тех, кто к ним присоединился, возникла великая неуверенность; она вела к разногласиям.

Всякое разногласие имеет свои голоса. Одни понимали Моё учение и Мои притчи по смыслу, так же, как они могли постичь их в соответствии со своим духовным сознанием; другие твёрдо придерживались своих представлений и верили, что истина должна быть такой, как они постигли Моё учение и Мои притчи своим умом.

Начиная с Моего вознесения эти разногласия оставались вплоть до распада первых праобщин. Из этого затем произошли начальства. Они решали о том, что должно бы быть правильным, и сделали из Моего учения – содержанием которого является закон жизни и свобода воли – связывающее вероучение. Потому те слова, которые были вначале символами, которые делали понятной внутреннюю жизнь, были включены в человеческий мыслемир. Под прикрытием Моего имени, Христос, они выбирали начальство, а именно, пастырей, священников и многих других. От Моего имени они с течением времени выстраивали конфессиональную иерархию с роскошными домами Бога, соборами и дворцами, в которых они имели свои резиденции. Потому христианство окостенело и стало институцией с догмами, предписаниями веры, культами, мирским господством, церковными податями и налогами и многим чем ещё.

Поскольку они в своих сердцах обеднялись, они набирали в свою конфессиональную научную систему всё больше языческих культов, чтобы взамен предлагать людям внешние празднества, которые они приукрашивали множеством церемониала, чтобы стимулировать своих верующих. Они называли это христианскими праздниками, которые якобы должны были быть в честь Бога. В действительности же это были — и таковыми частично являются ещё и сегодня — ловушки, которыми они привязывали и привязывают к себе своих верующих. Церковные законы, догмы, предписания веры, структуры и обычаи стали для многих тюрьмами, из которых тяжело выходить.

На заповедь свободы они не обращали и не обращают внимания; они определяли и определяют, например, то, что люди, будучи детьми, сперва должны быть крещены, прежде чем они будут обучены и смогут воспринять благословение церкви.

Заповедь же свободы гласит: сначала учите. Это значит: учите ваших детей законам жизни — и если они их придерживаются и исполняют в повседневной жизни, они будут крещены Мной, Духом Христа, вместе с Духом истины, поскольку они погрузились в истину, в закон жизни. Кто же сам больше не может различить между истиной и обычаем, кто смотрит на вуаль традиций, тот видит только лишь церковные заповеди и учёные положения, церемонии и культы, и верит, что все эти человеческие произведения будто бы принадлежат учению Назарянина, потому что всё было приукрашено и пока ещё приукрашивается Моим именем.

Во Мне, Христе, существует о д н о стадо, и Я Есть о д и н Пастух.

Во Мне, Христе, не существует никакого начальства и никакого начальственного мышления – и поэтому также никакого раболепия . Во Мне, Христе, есть только братья и сёстры, которые живут в вечном Отце и во Мне, и которые едины духом.

В вечном Бытии есть семь херувимов и серафимов, князей небес, и старосты. Но они приравнены ко всем духовным существам: все являются детьми Отца – без исключения. Такие имена – как херувим, серафим и старосты – это имена-указатели, указывающие на соответствующие, обусловленные творением задачи.

16. И Дух Бога сошёл на апостолов и пророков среди них, и тут они вспомнили, чему учил их Господь, признали и все в один голос восхваляли Бога и говорили: (Гл. 96, 16)

Я, Христос, объясняю, исправляю
и углубляю слово:

«... в один голос» означает: они были одних убеждений. Созвучие убеждений постепенно вызывает свободу и единство во Мне, Христе.

17. *«Мы верим в Единого Бога: в бесконечный, тайный источник, в вечного Отца, от которого приходят все вещи, невидимые и видимые. Всё во всём через всё и вокруг всего. Святой Единый, в котором существуют все вещи, что было, что есть и что будет.*

18. *Мы верим в единого Господа, нашу Госпожу, совершенного святого Христа: Бога от Бога, свет от света порождённого. Наш Господь, Отец, Жених и Сын. Наша Госпожа, Мать, Невеста и Дочь. Три образа в одной неделимой сущности. Двукратное триединство. Чтобы Бог был проявлен как Отец, Жених и Сын каждой души, и чтобы каждая душа стала бы совершенной как Мать, Невеста и Дочь Бога.*

19. *И это через восхождение души в Дух и спуск Духа в душу. Дух приходит с неба и стал плотью из вечно благословенной девы, в Иисусе и каждом Христе Бога*, и родился и учил пути жизни, и страдал от мирских властителей, и был распят, и погребён и сошёл в ад. И который вновь воскресает и возносится в великолепие, откуда Он даёт всем свет и жизнь.*

____

* *По смыслу должно бы означать: в Иисусе, Христе Бога.*

20. Мы верим в семикратного Духа Бога, в дарителя жизни, который происходит из святых двух, приходит через Иисуса и через всех, верных внутреннему свету; который живёт в общине, в Богом избранном Израиле; который постоянно приходит в мир и озаряет всякую душу, которая ищет; который даёт закон, что судит живых и мёртвых; который говорит через пророков всех времён и стран.

21. Мы верим в святую всеобщую и апостольскую общину: свидетельницу всей истины, её хранительницу и дарительницу. Сотворённую Духом и огнём Бога; вскормленную водой, семенами и плодами Земли. Которая через Дух жизни, свои двенадцать книг и таинств, свои святые слова и труды соединяет избранных в мистическом соединении и объединяет человечество с Богом, которая делает нас участниками божественной жизни и сути, выражая это в святых символах.

22. И мы ждём возвращения всеобъемлющего Христа и Царства Бога, в котором существует справедливость. И святого города, имеющего двенадцать ворот: в нём есть храм и алтарь Бога. Откуда происходят три порядка в четырёхкратной должности, учить всей истине и приносить ежедневную жертву восхваления.

23. И как внутри, так снаружи. В большом как в малом. Как вверху, так внизу, как на небе, так и на Земле. Мы верим в осветление души через множество

*рождений и опытов, в воскресение из мёртвых, в веч-
ную жизнь всех праведных, из вечности в вечность, и
покой в Боге навсегда. – Аминь». (Гл. 96, 17-23)*

Я, Христос, объясняю, исправляю
и углубляю эти принципы веры
по законам жизни:

(Стих 17) «... тайный источник» должно бы означать: освящённый источник. Ибо в Боге нет никаких
тайн.

(Стих 18) В высказывании «нашу Госпожу» имеется в виду мать-принцип в Отце-Матери-Боге.

«Бога от Бога, свет от света порождённого» означает: Христос есть Сын Бога, произошедший из Отца-
Матери-Бога, Увиденный, сотворённый в нескольких
аспектах внутренней жизни и порождённый в других
аспектах внутренней жизни, Сын из святого, вечного
Отца и Матери.

В Отец-Мать-принципе находится также и дочь,
женский принцип, который больше имеет материнских частей.

Жених и невеста символизируют соединение – называемое также бракосочетанием – обеих сил, позити-
ва и негатива, мужской и женской, Отца и Матери.

«Три образа» обозначает: три силы, позитивная
сила, позитивный полюс, дающий принцип, Отцов-

1128

ская сила – негативная сила, негативный полюс, принимающий принцип, Материнская сила. Обе силы вместе, Отец-Мать-принцип, называются также прасилой или Святым Духом, в котором действенна частичная сила, вездесущая сила Соправителя, Христа Бога. Поскольку все силы содержатся во всём, то эти три силы – Отцовская и Материнская силы и частичная сила в прасиле, сила Христа-Бога – нераздельно содержатся в каждом существе.

Поскольку все силы содержатся во всех существах из Бога, то Отец-принцип олицетворяет Сына, а Сын Отца. Мать-принцип олицетворяет дочь, а дочь Мать.

Жених и невеста символизируют внутреннее соединение, бракосочетание.

(Стих 19) «И это через восхождение души в Дух и спуск Духа в душу» говорит о том: кто делает первый шаг в направлении к Духу жизни, тому и Дух также идёт на¬встречу. Душа на пути к совершенству поднимается к Духу жизни, к Отцу-Матери-Богу, вверх – и Дух, Отец-Мать-Бог, идёт ей навстречу.

Так же, как душа вновь принимает своё наследство, силы бесконечности, в той мере в неё и вливается Дух, Бог, Отец-Мать-принцип, благодаря чему она вновь обретает совершенство в Боге, Отец-Мать-принципе.

«Дух приходит с неба и стал плотью из вечно благословенной девы» означает: Дух Христа Бога пришёл в этот мир в Сыне Бога. Он был и является Соправителем небес, Сыном, который в Иисусе стал Христом, Избавителем.

Законы природы являются благородными законами, если человек их в чистоте хранит . Посредством чистого зачатия Я, Сын Бога, вродился в молодую женщину, ставшую матерью Иисуса. «Дева» означает: молодая женщина.

Будучи Иисусом из Назарета, Я учил святым законам Бога и показывал их людям на примере Своей жизни. В учении и в жизни Я указывал им путь в вечную жизнь. Я страдал от мирских властителей и был распят, потому что Мои, к которым Я пришёл, Меня не приняли и не обымали.

Тело Иисуса было положено в могилу, а затем обожествилось через преобразование материи в божественную субстанцию.

Как Христос Бога, Избавитель, Я спускался, «сошёл в ад», просветив все царства падения и сделав их уровнями очищения.

Воскресший, который вознёсся к Богу, вечному Отцу, и вновь живёт в Боге как Соправитель небес, возвратится во всём великолепии, когда на Земле будет возведено Царство Бога.

Мой Дух, избавительная сила, находится во всех душах и людях. Кто поворачивается ко Мне, Христу Бога, Избавителю, через исполнение законов, тот всё больше воспринимает света и силы и войдёт в жизнь, которая Я Есть.

(Стих 20) «... семикратного Духа Бога» обозначает: это семь основных сил Бога, которые даруют жизнь всему Бытию. Эти семь основных сил Бога – это вездесущий закон, Бог, жизнь во всём, что есть.

«Святых двух» обозначает: две прасилы; дающая и принимающая сила – мужская, Отец, и женская, Мать.

Две прасилы образуют ядро Працентрального солнца, являющееся генератором жизнетворения, из которого жизнь – семь основных сил – струится в семь призменных солнц. В семи призменных солнцах, прасвет – семь основных сил, прасила – расщепляется и сияет в семижды семи силах во Вселенную. Эти семь раз по семь сил также называются излучениями сознания. Ибо они просвечивают все аспекты сознания бесконечности, включая материю.

Это есть Дух, Бог, во Мне, Христе, который живёт и действует в истинных христианских общинах и в членах общин, исполняющих волю Вечного во Мне, Христе.

Дух, Бог, во Мне, Христе, избрал и основал Новый Иерусалим в Новом Израиле. Оттуда жизнь излучается по всей Земле, а от светлых людей и от очищенной Земли в уровни очищения ко всем душам.

Дух, Бог, истина, излучается во Мне, Христе, в этот мир. Кто ищет, стремясь к заповедям внутренней жизни, тот найдёт свой путь к закону, Богу, и станет вечным законом, который Есть Я, Христос, в Боге, Моём и вашем Отце.

«... который даёт закон, что судит живых и мёртвых» означает: кто живёт законом, Богом, входит в закон, Бога, в вечную истину.

Закон внутренней жизни не останавливается ни перед людьми, ни перед покойниками, так называемыми «мёртвыми», душами в царствах по ту сторону завес сознания, которые расположены между посюсторонним и потусторонним миром.

Кто нарушает закон, Бога, тот судит себя сам в той мере, в какой он нарушил закон жизни, вечную истину.

Истинно, во все времена – в прошедшие и нынешние – Дух, Бог, говорил и говорит через истинных пророков.

Моё слово, слово Духа, неограниченно. Оно течёт сквозь все времена и во все страны. И кто пробуждён в Духе жизни, тот знает Мой голос. Да, Мои овцы знают Мой голос, всё равно в какой стране они живут, будучи людьми.

(Стих 21) «Мы верим в святую всеобщую и апостольскую общину» обозначает:

Выстраивать следует на тех основных столпах внутренней жизни, на которых основали праобщины Мои истинные апостолы и ученики. Духом общины является лишь один Святой. Если члены общины исполняют закон жизни, живя в истине, тогда они благословенны. Эти благословенные, братья и сёстры, живущие в Моём Духе, образуют истинную общину.

Они являются свидетелями истины, а община, которая из них образуется, есть хранительница и дарительница истины. Всё иное является лишь человеческими представлениями, а также махинациями, не имеющими со Мной, Христом, ничего общего.

Кто живёт во Мне, Христе, тот живёт в Боге и совершает дела Бога – также и в этом мире.

В истинных общинах во Мне, Христе, нет ни высокопоставленных, ни подчинённых. Истинные общины во Мне, Христе, состоят из братьев и сестёр, которые стараются исполнять волю Бога и которые её уже исполняют. Эти общины во Мне, Христе, созданы Духом жизни и проникнуты огнём Бога.

Кто воспламенён огнём Бога, тот исполняет законы Бога. Он за всех людей, а также за царства природы. И так он живёт со всеми людьми в сердце. Он ценит и уважает жизнь в природе, и он Богом посредством Земли будет сохранён и накормлен водами, семенами и плодами.

Следующая запись: «Которая через Дух жизни, свои двенадцать книг и таинств, свои святые слова и труды соединяет избранных в мистическом соединении и объединяет человечество с Богом, которая делает нас участниками божественной жизни и сущности, выражая это в святых символах» была принесена в праобщины л ю д ь м и . Она не соответствует вечному закону.

Кто истинно живёт по закону Бога, тот является чистым храмом Бога. Он не нуждается в книгах, таинствах и символах. Он стал святым словом, законом, Бог.

Кто стал законом Бога, тому ничто не остаётся закрытым. Жизнь в Боге является законом, Бог, и кто живёт в вечном законе, тот знает также и все закономерности Бога – ибо он просвечен прасветом, семью основными силами жизни, которые открывают ему всё. Оттуда он черпает и даёт.

Это люди, которые истинно собираются во имя Моё, которые являются истинными участниками божественной жизни.

Мистическая жизнь означает внутреннее соединение в храме внутреннего со всеми стремящимися к Богу. Это было Моим стремлением как Иисуса из Назарета; это также и Моё стремление как Христа Бога. Вместе с людьми, старающимися исполнять волю Бога и уже живущими в исполнении, Я буду в зарождающемся Царстве Бога на Земле, в возникающем Царстве мира Иисуса Христа, знакомить Моих с внутренней жизнью. Когда Царство Бога, Царство мира Иисуса Христа, охватит Землю, тогда в Царстве Бога на Земле будут жить люди, не нуждающиеся для своей жизни ни в религиозных книгах, ни в церемониях, культах, ритуалах, таинствах и тому подобном. Они объединены в Боге, потому что живут во Мне, Христе.

Они исполняют вечный закон и, таким образом, знают обо всех вещах жизни.

Книга <Это есть Моё Слово >станет для них историческим справочным пособием, служащим им для понимания минувших событий, из которых они познают «за и против» человечества, продолжающееся ещё и далее в душах и между душами – в душевных царствах.

(Стих 22) Возвращение Христа Бога, который Я Есть, предстоит. В сегодняшнее время и в последующие временные эпохи Я постепенно возвожу Царство Бога на Земле, в котором царят мир, единство и справедливость.

«И святой город, имеющий двенадцать ворот» – это Новый Иерусалим на Земле. Ибо оттуда свет Вечного во Мне, Христе, излучает законы внутренней жизни ко всем общинам. Жители Царства Бога на Земле будут их узнавать, признавать и придерживаться, и будет порядок. Долгом каждого отдельно взятого члена общины является бескорыстное служение, при котором все члены общины восхваляют и прославляют Бога.

(Стих 23) «И как внутри, так снаружи. В большом как в малом. Как вверху, так внизу, как на небе, так и на Земле» обозначает:

Бог вездесущ. Так же, как в самом внутреннем, чистом, так оно и во внешнем бытии. Так же, как вверху, то есть, в небе, так оно будет и на Земле: чисто.

Земля в своей земной структуре является лишь отблеском небес, однако не самим небом. Через силу любви, однако, также и небо придёт на Землю, чистое к чистым. Ибо души будут просветлять себя силой Христа, которая Я Есть – и даже если они будут проходить через многие земные рождения и опыты, до тех пор, пока они сами не познают себя и не раскаются в своём познанном человеческом, грехах, чтобы попросить прощения, простить и исправить то, что они причинили, и затем больше не грешить. Они пробудятся от духовной смерти и воскреснут в вечную жизнь и, как чистые существа из Бога, вновь возвратятся к Богу, своему Отцу, из которого они, как чистые существа, изошли. В вечном Бытии они будут тогда жить и действовать со всеми чистыми существами в любви, мудрости и справедливости, и любви и великолепию не будет конца. Ибо вечный свет, Бог, в котором они живут, е с т ь , как и все они е с т ь – из вечности в вечность.

Кто живёт во Мне, тот не нуждается ни в каких принципах и символах веры, ибо он живёт законом – так же, как живут и являются законом существа небес.

24. И когда клубы ладана поднялись вверх, то послышался звон колоколов, и множество небесных толи прославляли Бога и говорили:

25. «Слава, честь, восхваление и хвала Богу, Отцу, Жениху и Сыну, единому с Матерью, Невестой и Дочерью, от которого происходит вечный Дух, которым созданы все существа. Из всей вечности, ныне и во всю вечность – Аминь – Аллилуйя, Аллилуйя, Аллилуйя. (Гл. 96, 24-25)

Я, Христос, объясняю, исправляю
и углубляю слово:

Человек в Боге не нуждается ни в каких внешних формах и ритуалах. Звон так называемых колоколов – это тогда мелодии небес, протекающие сквозь светлую душу, чистое сердце, потому что существо из Отца-Матери-Бога вновь живёт в Боге, Отце и Матери. Это является путём каждой души, в которой Есть Я, Христос. Я Есть путь, истина и жизнь.

Кто следует за Мной, тот становится храмом любви. Этот храм не имеет никаких внешних обычаев. В нём восприняты все люди и существа, и всё творение. Кто живёт в этом храме, в своём самом внутреннем, в святыне Бога, тот будет вместе с существами из Бога прославлять, почитать, восхвалять и хвалить Вечного исполнением святого закона, которым является Бог, Отец-Мать-Бог. Вечный зрил и зрит все существа, давал и даёт небо, в котором они живут вечно.

*26. И если кто-то отнимет от слов этого еванге-
лия или добавит к ним, или как бы под колпаком скроет
этот свет, тот свет, который дан посредством Святого Духа нам, двенадцати свидетелям, избранным
Богом для просветления мира, для его избавления: то
пусть будет на нём анафема Маранафа, вплоть до
появления Христа Иисуса, нашего Избавителя, со всеми святыми. Аминь». (Гл. 96, 26)*

Я, Христос, объясняю, исправляю
и углубляю слово:

Я Есть Христос Бога, путь, истина и жизнь.

Я Есть истина, и истина, которая Я Есть, бесчисленными гранями сияет в этот мир.

Так называемое «Евангелие Иисуса» является одной из многих граней истины. Не какой-то человек,
но Я, Христос Бога, взял его, объяснил, исправил и
углубил, и придал ему дальнейший свет, то есть дальнейшие грани истины, чтобы люди современного поколения и будущих поколений видели вечную истину,
Меня, Христа Бога, сияющего из различных граней
истины.

Я Есть истина, и истина даёт детям истины — и таким образом это истина.

Я, Христос, не кляну, не проклинаю ни одного человека. Это делают сами себе те люди, которые злоу-

1138

потребляют Мной, Христом, истиной, ради своих человеческих целей.

Я Есть евангелие истины, и истина, которая Я Есть, даёт поколениям так, как они могут понять это в свете истины сегодня и в будущем.

Здесь заканчивается святое евангелие совершенной жизни Иисуса, Христа, сына Давида по плоти, Сына Бога по духу.

Здесь заканчивается также евангелие святых двенадцати, первоначально записанное апостолами и позднее переданное истинным последователям Учителя в первые дни общины Иерусалима.

Честь Богу, силой которого это было написано!

Я, Христос, объясняю, исправляю
и углубляю слово:

«Здесь заканчивается святое евангелие совершенной жизни Иисуса, Христа, сына Давида по плоти, Сына Бога по духу» обозначает: здесь заканчивается книга «Евангелие Иисуса», которая была включена в произведение «Это – есть Моё Слово», данное из истины.

Лишь внешнее может иметь конец, однако не то, что божественно. Оно течёт и течёт, и всегда что-то говорит. Это закон жизни, являющийся постоянным откровением.

Поэтому пусть жизнь струится через произведение «Это – есть Моё Слово», которое одновременно является историческим справочником. Если вы не домогаетесь буквы, а охватываете смысл, для вас откроются небеса, которым Я позволяю открыться в Моих, переданных через человеческие уста, словах для всех тех, кто стремятся к небу посредством истинного следования.

Благословенные восприятия Иисуса – сына Давида по плоти, Сына Бога по духу – не кончаются никогда. Они были во Мне, Иисусе, чисты и во Мне, Христе, едины со всеми, кто ощущают подобно Иисусу.

Через Союзную общину Новый Иерусалим и через все универсальные праобщины это произведение «Это – есть Моё Слово» отправляется в этот мир к детям Бога и к детям этого мира.* Будучи детьми Бога, все объединятся во Мне, Христе. Это истина. Ибо ни одна овца не пропадёт, не потеряется.

Также и дети этого мира осознанно станут детьми света, потому что они тоже несут в себе свет Вечного, вечную жизнь.

Я Есть Христос Бога, который как Иисус пришёл в этот мир и совершил то, что ведёт к единению всех

---

* *Смотри сноску на стр. 740.*

народов и к очищению Земли, к утончению и ассимиляции всех грубоматериальных форм. Ибо Бог есть Дух, есть тонкоматериальная, чистая жизнь. Всё будет вновь приведено обратно в чистое Бытие через прасилу, Бога, Отец-Мать-принцип, и через частичную силу прасилы, через Сына и Соправителя небес, который придёт к Своим в Царстве мира Иисуса Христа как Яеховей, как брат к братьям и сёстрам, находящимся в земном одеянии.

Я Есть Христос в Боге, вашем и Моём Отце, жизнь из вечности в вечность.

Это есть, это было и это будет:
Жизнь в Духе Бога.

Моё слово дано для вчерашнего, сегодняшнего и для будущего.

Во Мне, Христе, всё является современностью, ибо Я Есть непреходящий, непогибающий.

Во Мне всё решено и для Моих оно явно.

Что для людей ещё будущее, то во Мне есть современность.

Моё слово – это слово современности. Что будет, находится во Мне и во Мне также уже завершено.

Всякая борьба против твоего ближнего уже является твоим концом.

Кто борется против своего ближнего, тот уже погиб.

Поэтому по закону внутренней жизни этот мир уже погиб, и Я Есть уже в действии:
Мир.

Я Есть мир.

*Законы Бога
для Царства мира Иисуса Христа*

*Я Есть Господь, ваш Бог,
Один-Единственный из вечности в вечность.
Из вечного закона Я проявляю людям
законы жизни
для Царства мира Иисуса Христа*

Царство Бога на Земле находится во Мне, вашем Отце, и во Христе, правителе Царства мира.

Я Есть Господь, ваш Бог, Вечный, Единый, закон жизни. Ваш Бог, который Я Есть, находится с вами.

Мой Сын, Христос Бога, является правителем Царства Бога на этой Земле. Он, как Иисус из Назарета, принёс людям законы жизни и подавал пример Своей жизнью. Как Христос, Избавитель всех людей и душ, Он проявил их вновь через инкарнированный частичный луч божественной мудрости.

Правитель находится со Своими и те, кто Его, придерживаются вечных законов.

Законы Царства мира Иисуса Христа являются выдержками из вечных законов. Эти выдержки действительны для трёхмерного мира, в котором Мои дети живут в земном одеянии, то есть, в одежде материи.

Люди будут существовать до тех пор, пока Земля производит плоды, чтобы накормить человека и животных.

Познайте: бесконечность является абсолютным порядком. Она состоит из бесчисленных солнц, планет-накопителей и обитаемых планет. Каждая обитаемая планета небес несёт на себе чистых существ; каждая обитаемая планета в уровнях очищения несёт на себе души – а материальная обитаемая планета, Земля, несёт людей.

Мой Абсолютный закон является дающей и принимающей жизнью. Каждая планета, являющаяся чистым праматериалом, вибрирует в Моём Абсолютном законе. Существа света, которые населяют чистые, тонкоструктурные планеты, образуют со своими обитаемыми планетами абсолютное единство в единстве великого целого, в законе излучения, Бог. Донесённое до вас человеческими словами, это означает: Один за всех, все за Одного.

Эволюционный процесс совершается на уровнях очищения и на уровнях подготовки, а также и в материальных небесных телах, включая обитаемую планету Земля. Он вливается в закон единства, в божественный закон излучения.

Начиная с земной планеты с её обитателями, постепенно все материальные небесные тела будут одухотворены настолько, что чистые части в планетах, «планетные души», смогут без великих трудностей отделиться, когда для этого созреет время, чтобы затем вновь подключиться в закон излучения, в вечный закон.

Это мощное преобразование материи в более тонкие субстанции более высокого колебания осуществляется с Земли. Это значит: сначала утончаются колебания души и тела человека, а затем – начиная с человека – происходит преобразование самой грубой структуры, Земли. Это значит: Вследствии утончения человека и Земли тогда точно так же совершается – пошагово – просветление материи всех материальных небесных тел. Утончение происходит через очищение человека и Земли – через людей, которые обращаются ко Мне, Духу истины, и следуют тому, что Я им заповедовал: познать свои ошибки и грехи, просить о прощении, прощать своему ближнему, и, если это необходимо, исправлять то, что привело к греху, и более таких же или подобных грехов не совершать. Лишь тогда Мне возможно действовать через них, потому что они исполняют Мою волю: закон любви, жизни и свободы.

Кто включается в этот эволюционный процесс, тот содействует тому, чтобы обновить в целом весь закон излучения Земли и возвысить Землю в её колебаниях, так чтобы она прибавила в свете и силе. Ибо кто очищает себя в Моём Духе, тот обновляет себя и постепенно вновь становится самим вечным законом – и, благодаря этому, божественным. Он будет тогда также участвовать в этом великом эволюционном процессе, чтобы более коротким циклом завершилось избавление во всех сферах вне вечных небес, чистого Бытия.

Земля собирается очистить себя, сначала стряхивая всё, что мешает ей, выше колебаться. Благодаря этому она даёт людям возможность жить на ней так, как это соответствует Моей воле, Моему закону. Этот могучий поворот времён наступил. Я, Дух истины, делаю всё новым.

В это переломное время от старого мира к Эпохе света, следует также перелом и во многих из Моих человеческих детей. Они чувствуют в себе движения Моего Духа и стараются применять Мои силы, законы жизни, в повседневности. Однако, в них также ещё действуют каузальные энергии, так что многие колеблются туда и сюда между Мной, Духом вечности, и материей: между исполнением вечных законов и следованием человеческому, человеческим желаниям и страстям. Это туда и сюда вызывает колебания Моих человеческих детей.

Фаза преобразования сущности Моих человеческих детей, а также преобразований в Земле и на Земле подойдёт к своему концу. В переломное время тьма атакует снова и снова, чтобы спасти для себя свою территорию, Землю. Потому во всех народах и между всеми народами снова и снова имеются вторжения тьмы, борьба и мир, туда и сюда, за и против.

Вторжения демонических сил будут ещё возрастать, потому что люди ещё недостаточно укреплены во Мне, Духе. Снова и снова народы будут подыматься и быть друг против друга. Борьба, нужда, болезни, страдания и немощи унесут людей. Многие будут бежать из центров концентрации негативной энергии – то есть, от тех народов, в которых отражаются войны, беспорядки, катастрофы, болезни и эпидемии. Из этого хаоса причин и следствий возникнет Новая эпоха, Эпоха света. Она примет на всё больше и больше очищающейся Земле всё более ясные и более обширные формы и очертания.

Таким же образом, как очищается Земля и восходит Эра света, одухотворяются также и люди, серьёзно и последовательно идущие путём ко Мне, Вечному. Из обломков человеческого «я» возникает новый человеческий род – люди во Христе и с Христом, род Христа.

Род Христа, имеющий свои корни в роде Давида, образует богочеловечество, которое характеризуется соблюдением вечных законов. Правителем боголюдей, рода Христа, является Христос, Мой первоувиденный и перворождённый Сын, Соправитель небес. Он – правитель Царства Бога на Земле, Царства мира. Правитель Царства Бога, Мой Сын, является в то же время боголюдям братом и другом. Они будут называть Его Яеховей, божественный.

Я, ваш Господь и Бог, проявляю ныне из Моего вечного закона выдержки для Царства мира Иисуса Христа в трёхмерном мире.

Уже сейчас люди, стремящиеся к богочеловечеству, могут ориентироваться на эти закономерности для Царства Бога на Земле.

Боголюди покоятся в себе, в своём очищенном храме. Они сохраняют Мне, Богу, своему Господу, верность, тем, что они придерживаются вечных законов. Верность по отношению ко Мне включает в себя также и верность в мышлении, речах и поступках по отношению к ближнему.

Это заповедь, и она гласит: сберегай в каждой жизненной ситуации открытость, тогда ты также сохранишь верность в Боге и своему ближнему.

Небеса открыты и доступны богочеловеку, потому что они в нём активны и действенны: закон чистоты, справедливости, абсолютной, бескорыстной любви. Поэтому в твоём сердце не может быть никакой фальши и никакой скрытности.

Боголюди любят друг друга бескорыстно, так же как люблю их Я, их Господь и Бог. Каждая мысль, каждое слово и каждый поступок боголюдей являются божественной акцией.

Каждая закономерная акция уже несёт в себе закономерную реакцию, вечно текущую жизнь, это Я Есть.

В Царстве мира Иисуса Христа Мои не растрачивают энергии нечистыми восприятиями, мыслями, словами и поступками. Они позволяют вечному закону течь, ибо их восприятия, мысли, слова и поступки являются Абсолютным законом – даже тогда, когда они говорят о вещах и событиях, когда они разговаривают друг с другом в свободные часы или же до или после праздничной трапезы. Они покоятся во Мне, и Я, вечный закон, протекаю сквозь них, через каждое восприятие, через каждую мысль, через каждое слово, через каждый поступок.

Боголюди в Царстве мира Иисуса Христа живут во времени и пространстве. Поэтому у них есть их установленное время, их рабочие часы и их свободное время.

Также и на работе они закономерными восприятиями, мыслями, словами и поступками активизируют текущий через них вечный закон. Через них и работу их рук, он тогда начинает усиленно вызывать и доводить до конца то, что они внесли в текущий поток, в закон. Их жизнь есть отдача и приём.

Боголюди исполняют закон, который гласит: каждое восприятие, каждая мысль, каждое слово и каждая деятельность закономерны и потому являются молитвой. Таким образом, боголюди не будут больше «зарабатывать свой хлеб в поте лица своего».

Работа является действующей молитвой.

Боголюди живут сообща, действуют и работают сообща, потому что Один за всех и все за Одного: Христа. Поэтому они не разобщаются друг от друга и формируют также и своё свободное время сообща, закономерно.

И в своём совместном проживании они будут жить точно так же по этой высокой этике и морали, чтобы они в любое время могли показаться перед Моим лицом благородными, чистыми существами.

Боголюди живут в единстве с природными царствами, и животные, и растения служат им. Поэтому они будут закономерно владеть Землёй.

Боголюди в Царстве мира Иисуса Христа действуют своими развитыми духовными талантами и способностями на Земле и для Земли, трёхмерного мира. Вся Земля, планета Бога, Творца, станет сплошным садом Бога, в котором жилища богоподобных людей гармонично впишутся в ландшафт. Точно так же будут интегрированы в ландшафт и их предприятия-мастерские. Там они работают и действуют в служении своим ближним.

Таким образом, в божественном человеке развиты творческие силы служения, отдачи и приёма: богочеловек обладает чувством общности. Он находится в единстве с Богом и своим ближним и культивирует общение со всеми братьями и сёстрами. Его жизнь является отдачей и приёмом. Богочеловек не имеет никаких притязаний на владение, поскольку он живёт в изобилии; всё принадлежит ему.

Он работает не ради талеров, так называемых денег, а для сообщества, для великого целого.

Богочеловек является владельцем бесконечности, потому что изобилие из Бога живо в нём, и он благодаря этому знает великое целое, бесконечность, как свою собственность. Он всё называет своим имуществом, сохраняет его и заботится о нём согласно вечным законам единства и общности. Он знает: владение обязывает.

Богочеловек добр и изливает любовь. Во всех вещах своей жизни он олицетворяет своего божественного брата, правителя Царства мира, Христа, посредством закономерных восприятий, мышления, жизни и поступков.

Мысли боголюдей – это светлые мысли и не знают никаких ограничений. Потому и их места проживания не разграничены заборами или стенами. Так же, как они едины с Богом, Вечным, который Я Есть, и с правителем Царства мира, их братом Яеховеем, Божественным, так они связаны в бескорыстной любви и между собой.

Они ощущают себя великим единством в Боге, той семьёй Бога на Земле, в которой живут отдельные семьи. Среди них не сватаются.

Божественные люди находят друг друга по вечным законам; то есть, они соединяются как мужчина и женщина в соответствии со своим излучением – это с обеих сторон равно-колеблющиеся энергетические силы, и основываются на вибрациях их менталитета. Такие равно-колеблющиеся энергии действуют в мужском принципе как позитивное излучение, как дающий элемент, в женском же принципе как негативное излучение, как принимающий элемент. Оба являются полюсами, настроенные друг для друга; их основная тенденция колеблется одинаково.

Они находят друг друга через соприкосновение вибраций их менталитетов. Они входят в бракосочетание в Моём Духе и в торжественном обещании верности заключают союз со Мной, Вечным, и друг с другом. Они вступают в великую семью Бога, чтобы жить и действовать в законе единства, в великом целом.

Соединение мужчины и женщины возникает лишь тогда, когда они желают ребёнка. Желание иметь ребёнка затрагивается одновременно в обоих людях единственно чистым законом излучения. Зачатие происходит по законам природы для человеческого тела; оно чисто, и совершается в чистом излучении закона, в котором они живут и в котором они движутся.

Как мужчина, так и женщина остаются в служении к своему ближнему; они вносят свои способности и таланты в общее благо.

Они живут во Мне, Отце-Матери-Боге. Что они делают, то они делают полностью. Во всё, что они делают и творят, они вкладывают энергию Бога.

Всё есть энергия. Я, ваш Господь и Бог, использую ваши слова и говорю вашими словами об энергии. Таким образом, энергия предмета одежды не менее ценна, чем энергия чаши фруктов, ибо всякая энергия одушевлена Моей жизнью, Моей силой. Каждый даёт в соответствии с тем квантом энергии, который он принял.

Богочеловек чувствует тот потенциал энергии, который излучается из товаров и услуг. Он отдаёт взамен соответствующий потенциал энергии. Для строительства дома, например, он отдаст соответствующий потенциал энергии в рабочих услугах или товарах. Энергетический потенциал может быть измерен – говоря вашими человеческими словами – также количеством или объёмом. Соответственно объёма вновь течёт количество энергетического потенциала.

Когда человек живёт во Мне, Духе Бога, тогда он мудр, и он даёт из Меня, интеллигентности Бога. Он тогда больше не будет по-человечески оценивать и взвешивать то, что меньше или больше стоит. Он знает это в себе из Меня, Интеллигентность, Бог, и черпает из этого. Это не бартерная сделка, а отдача и приём энергии. Он создаёт во всём справедливое уравнивание. Нет ни «моего», ни «твоего».

Дары боголюдей – это высоко-колеблющиеся энергетические потенциалы. Боголюди выполняют высококачественную работу, потому что их духовное сознание пронизывает всё. Их товары и услуги являются дарами Духа Бога. Из своего раскрытого сознания они знают, что вечные энергии должны течь, потому что Земля и всё, что находится на ней и в более светлом материальном космосе, могут лишь тогда возрастать в свете и силе, когда подобные энергии объединяются. Они знают, что через вечно текущую энергию они сами, а также слои Земли, достигают всё более высоких энергетических колебаний – и что благодаря этому материя постепенно всё более утончается, чтобы, наконец, вновь войти в прасубстанцию, в семимерное, вечное творение.

Кто, например, служит в сфере ухода за детьми или учителем в школьной сфере, тот принимает соответствующие дары, товары или талоны на обслуживание, от тех семей, о чьих детях он, как учитель или помощник, заботится и которых он вводит в закономерную жизнь. В то время как учитель при знакомстве с языком и числами наставляет и помогает молодым людям развивать их способности и таланты, он вводит их одновременно в закон Бога.

Также помощь и уход за пожилыми людьми включены в службу помощи. Пожилые люди остаются в семье Бога и будут также сопровождены ею в тонкоматериальную жизнь. Находится ли душа в молодом или старом теле – люди Духа помогают друг другу.

Таким образом, боголюди исполняют закон духовной эволюции, более высокого развития. Их мышление, жизнь и работа совершаются в потоке вечного закона. Благодаря этому, они способствуют тому, чтобы Земля – а помимо того, целая материальная вселенная – всё более и более одухотворялись.

В Царстве мира, в Царстве Бога на Земле, закон излучения Земли – это духовная жизнь детей Бога. Они, таким образом, связаны со всей бесконечностью, потому что едины со Мной, Вечным. Также и атмосфера

Земли, которая является зеркалом Земли, станет ясной и восприимчивой к более высоким энергиям и формам жизни.

Так же, как среди людей будут находиться чистые небесные посланники, так же и с человеческими братьями и сёстрами будут вновь соединятся и частично материальные существа из более высоких источников света, которые служат в Избавительном деле Христа, потому что они и их человеческие братья и сёстры едины духом во Христе, их божественном брате – названным Яеховеем, Божественным – правителе Царства мира Бога на Земле.

В конце Царства мира Иисуса Христа демоны смогут ещё раз померяться силами с человеком и с Землёй. Их стремления всё ещё таковы, чтобы отвоевать Землю, их бывший опорный пункт. Это будет им предоставлено Мной, чтобы они познали себя и приняли во Христе, Моём Сыне, Меня, вечного Бога, и преклонились бы пред властью, силой и любовью. Это вторжение демонического в те области Земли и атмосферы, в которых ещё находятся центры концентрации противоположной энергии, станет – как и порывы человеческого «я» – всего лишь жалкой попыткой и на всю Землю не распространится. Всякий порыв с целью овладеть всей Землёй будет неудачен, потому что боголюди пронизали Землю светом и силой.

После этого вторжения последует тогда дальнейшее преобразование: поскольку Я через деятельность духовных людей преобразовал слои грубо-материального в более высоко-колеблющиеся энергии, земная мантия стала более проницаема. Она расширится и разорвётся, и земная душа, духовная частичная планета из вечного Иерусалима, ассимилируется в чистое Бытие. Разорвавшаяся мантия Земли будет во вселенной утончаться дальше и введёться в вечно текущею энергию.

Одновременно также сотрясутся и другие материальные солнца и небесные тела. Также и их духовные частичные аспекты будут постепенно введены вечному Бытию. Так завершится растворение всех материальных форм и энергий.

Кто эти Мои слова слышит и читает – посвящён в грядущие события и в Бытие. Верит ли он в это или же он отвергает Меня, истину жизни, Бога, его Господа – это каждому из Моих детей решать свободно, ибо Я им дал свободную волю. Потому каждый сам несёт ответственность за себя – за свою веру или неверие, за «за» или «против» Меня.

Кто имеет глаза, да увидит; кто имеет уши, да услышит. Чья душа чувствует свет Вечного, та знает, что эти законы даны для Царства мира Иисуса Христа из Меня, Бога, вечной истины, которая Я Есть из вечности в вечность – Пра-Отец всех Моих детей из вечности в вечность.

Десять Заповедей БОГА & Нагорная Проповедь Иисуса из Назарета

Десять заповедей Бога и Нагорная проповедь Иисуса из Назарета не имеют ничего общего с религией!

Это выдержки из вечного закона любви к Богу и ближнему – и данные для кажды человек, независимо от культуры и национальности.

Откройте также и для себя предложение Бога, Свободного Духа, для вашей жизни — и узнайте, как эти простые жизненные предложение могут изменить нашу жизнь к лучшему. Прочтите толкования Десяти Заповедей, объясненные словами наших дней, и вникните в объяснения, данные Самим Христом учению Нагорной проповеди, данные через Габриэле, пророчицу и посланницу Вечного Царства.

Номер для заказа: S182TBru; 220 стр., ISBN 978-3-96446-357-9, Мягкая обложка

Великие космические учения *Иисуса из Назарета*

Его апостолам и ученикам, которые могли постичь их

Великие космические учения Иисуса из Назарета являются абсолютным законом, законом истинной жизни, которому Он учил внутренний круг Своих апостолов и учеников, которые могли понять их, 2000 лет назад.

Сегодня, посредством действия божественной Мудрости, Габриэле, Его великие космические учения доступны для всех людей – впервые в истории человечества.

Они проявлены Духом Христа Бога в пророческом слове через Габриэле, поскольку пришло время в которое Он, Христос, проявляет закон жизни всем людям, чтобы они могли найти Его.

Мы можем вчувствоваться в жизнь глубоко в нашей душе, где находится наша родина, узнавая таким образом кем мы являемся на самом деле, откуда мы пришли и куда мы идём.

Номер для заказа: S136ru; 298 стр., ISBN 978-3-96446-031-8, тв.переплёт
Номер для заказа: S136TBru; 298 стр., ISBN 978-3-96446-284-8, Мягкая обложка